일본어의 음운

■ 김공칠 저작집 9

일본어의 음운

김공칠 지음

백산출판

책머리에

언어의 바탕은 문법인데 그 중에서 음운해석부에서의 어휘의 음운적 측면이 기본적인 부분으로 생각된다. 한 언어의 이해에서 음운해석의 부분이 잘못된다는 것은 그 바탕에 하나의 모래성을 쌓는 데 불과하다. 그것은 음운이 의미의 변별과 의사소통에 큰 몫을 하기 때문이다. 제 소리로 읽지도 못하고 해석하지 못한다는 것은 그만큼 허전한 일이다.

소리의 언어적 기능 단위인 음운에 대한 이해 없이는 소리의 세계를 제대로 접할 수 없다. 그 표상인 음운의 목록이나 체계가 언어마다 다르기 때문에 그것에 대한 이해 없이는 한 언어의 음운의 특색을 이해할 수 없고 당연히 다른 언어와의 유사성과 차이점을 파악할 수 없다.

일본어는 한국어와 동계 언어로 생각되고 계보상으로는 일본어는 한국어의 딸 언어로 파악되는 언어다. 이러한 점을 분명히 밝히기 위해서도 일본어의 음운 자체의 연구는 물론 한국어와의 비교 연구도 필요하다. 이는 저절로 음운의 역사적 측면도 추구할 필요가 있게 된다. 이에는 한국어나 일본어의 한자음도 연관이 되어 그 이해도 불가결하다. 일본어에서는 아주 오래전부터 한자를 공용하여 왔기 때문에 더욱 그렇다. 더 나아가서는 한국어나 일본어도 넓게는 알타이어계에 속하는 언어이므로 알타이어계 언어의 음운과도 맞춰 볼 필요가 있게 된다. 그러한 일은 일본어의 음운의 특색을 부각시켜 줄 것이다.

이러한 여러 과제는 한 책에 담아서 해명해 낼 수 있는 일은 아니지만 가능한 한, 여러모로 접근해 보도록 할 것이다.

변변찮은 필자의 이러한 시도를 호의적으로 이해하고 잘못된 부분이 있다면 고언(苦言)을 아끼지 않기를 기대한다.

이번에도 졸저를 다듬고 잘 엮어주신 이경민 씨에게 감사의 인사를 드린다.

차례

머리글

언어는 소리의 흐름이고 동시에 의미의 흐름이다. 여기서 유의할 것은 소리나 의미의 흐름은 마디 없는 흐름에 따라 자연히 서로 연관되는 것은 아니고 흐름의 마디마디의 분절에 따르고 있다는 것이다.

일본어의 비근한 예를 든다면 'ははは'의 소리의 흐름은 글자 하나하나의 소리와 의미가 바로 연합적으로 나타나는 것은 아니다. 여기서는 실지 소리의 표음으로 나타내지 않고 문자로 나타냈기에 정확한 기술이 못되어서 더욱 그럴 수 있다.

여기서 글자 하나하나를 또박또박 발음한다면 웃음소리를 나타낸다고 볼 수 있고, 'はは'에서의 분절성을 인식한다면 haha・wa의 명사 + 조사의 구조가 되어 '어머니는'의 의미가 연상될 것이다. 첫 번째 'は'에서 분절성을 인식한다면 は(歯), 내지 は(歯)-は(wa)로도 인식될 수 있다.

이렇게 보면 소리나 의미의 흐름은 형태적인 분절성 여하에 따라 달라지는 것이 되어 그러한 분절성을 자아내는 한, 형태의 형태론이나 형태연결의 통사론의 지시에 따르고 있다고 말할 수 있다.

소리와 의미가 연합하여 최소의 언어적 형태를 이루는 것을 형태소라고 하는데, 소리는 이러한 형태소의 한 측면이 된다.

형태소는 통사적으로는 문의 최소의 단위가 되는 것인데 이 형태소와 문과의 관계에 대하여는 두 가지 관점이 있을 수 있다.

첫 번째는 문에서 내려오기 식인데,

문 → 구절 → 단어 → 형태소 식으로 문 요소의 분석에서 도달되는 것이고,

두 번째는 이와 정반대로,

형태소 → 단어 → 구절 → 문으로 문의 요소의 쌓아 올리기 식이다.

첫 번째의 → 표시는 곧 A → B는 A에서 B로 분석되어 A는 B로 구성된다는 것을 나타내고,

두 번째의 → 표시는 곧 A → B는 A로부터 B가 된다는 것이며 B는 A로 구성된다는 것을 나타낸다.

어느 식이든 기본이 되는 것은 형태소이며 음운의 기본적인 구실은 형태소의 음운적 실현에 있다 볼 수 있다.

문제는 일본어에서 형태소를 이루는 소리에 어떤 것이 있느냐 인데 이것을 밝혀내는 것도 음운 연구의 과제이다.

일본어의 음절표인 50음도(音図)를 보게 되면 모음은 a i u e o의 5단의 가로줄에, 자음은 '(제로음소)의 a행을 비롯해서 k(a) s(a) t(a) n(a) h(a) m(a) j(a) r(a) w(a)의 10행의 세로줄에 배열되어 있다.

이것은 일본의 비분절문자인 kana(仮名)도 자음과 모음의 분절적 특성을 지니고 있음을 간접적으로 나타낸다. 이러한 구별의식을 보아서는 일본 사람이 무의식적이든 의식적이든 일본어의 글자의 발음은 자음과 모음으로 분절되고 그 자음과 모음은 나름대로의 체계성을 지니고 있다는 것을 인지하고 있는 것으로 볼 수 있다.

이 50음도의 유래에 대해서는 일본인이 창안한 고유적인 것이라든지, 산스크리트어 문자의 자모의 결합원리(자음+모음)를 응용한 것이라든지, 한자음의 반절(反切) 곧 한자 2자를 가지고 음절(첫자는 자음을, 둘째자는 모음(그리고 종성까지를))을 나타내는 방식에서 연유한 것이지 일본 고유의 것은 아니라고도 하는 의견들이 있지만, 어떻든 외국의 이론에서 계몽되었다 하더라도 결과적으로 일본어 음절의 분절성 나아가서는 일본의 자음과 모음의 목록을 인지하고 있는 것은 사실이다.

처음에 이 50음도의 행단(行段)은 지금과 같지 않았고 다른 모습으로 보

여 주었던 것인데, 오래된 것으로는 Heian(平安)시대(794–1086년) 중기의 공작경음의(孔雀經音義, kuzyakukyoo'ongi)(醍醐寺소장)의 권말에 있는 것과 이보다 약간 뒤지는 금광명최승왕경음의(金光明最勝王經音義, konkoomyoosaisyoo'ongi)(大東急記念文庫 소장)(1079년)에 3개의 음도(音圖)(하나는 본문 처음 범례(凡例)에, 나머지 두 종류의 것은 본문 끝에)에 있는 것이 있다.

이것들은 당시에는 일반인에게 접근하기 어려운 상황이어서 당시부터 일본인들이 일본어의 발음의 분절성을 인지하고 있었다고 말하기 어렵겠지만, 보다 이전의 만엽(萬葉)kana의 용자의 사용에서의 갑을(甲乙)의 구별의 예를 보게 되면 이미 지식층에서는 앞서부터 일본어 음운의 분절성을 인식하고 있었다고 볼 수 있다.

예컨대 $kami_2$(神)와 $kami_1$(上)의 구별과도 같이 ka의 표현에는 '可'의 용자를 공용하면서 mi_2에는 '微, 未'류 만을 쓰고 mi_1에는 '美, 瀰'류 만을 쓰고 해서 절대로 혼용해서 쓰는 법은 없었다는 점에서 mi의 발음에는 자음-모음의 분절성만 아니라 mi_2와 mi_1의 발음에서의 모음의 차이 곧 자음은 같으나 모음은 다르다는 것을 확실히 인지하고 있었다는 것이 되며 그래서 구별해서 쓸 수 있었다고 본다.

Edo(江戸)시대에 와서 Gimon(義門)의 문법서(山口栞yamagucinosiori, 3권 1836 : 206–8)에서는 하나의 체언이 두 가지 음형(音形)으로 나타나는 경우를 음의 전용(轉用)이라 하며 다음과 같은 5가지 예를 들었다.

1. 제4음(e) → 제1음(a)	ame – ama (天)
	take – taka (竹)
	te – ta (手)
2. 제2음(i) → 제5음(o)	ki – ko (木)
	hi – ho (火)
3. 제2음(i) → 제3음(u)	cuki – cuku (月)
	kami – kamu (神)

4. 제5음(o) → 제1음(a)　　siro – sira　(白)
5. 제3음(u) → 제5음(o)　　mayu – moya　(眉)

여기서 예시의 전항은 명사의 단독형에서, 후항은 명사의 복합형에서 보이는 것이다. 이는 형태소와 이형태의 교체관계에 해당하는 것인데 이는 동사의 a~o 활용단(제1음~제5음)의 모음교체의 경우와 함께 모음 분절성과 그것의 다름에 따른 형태적(활용단의 경우 통사적인 경우까지) 기능까지 인지하고 그것으로 명사의 형태음운 변이를 명시하려는 일단을 보여주는 것이다.

이처럼 일본의 옛 사람들은 무의식적으로 자유자재로 발성하는 데도 어떤 이치가 있고 그 이치에 따라 형태의 구별을 인식하고 있었음을 알 수 있다. 이러한 형태음운의 변동의 이치를 밝혀내는 것도 음운 연구의 하나이다.

일본에서도 외국의 음성학과 음운론 연구의 영향으로 일본어의 자음도 서양에서의 알파벳이나 발음기호를 이용하여 예컨대 ta나 da처럼 분절적으로 표기하게 되었고, 이들 자음은 조음 위치와 조음방식 그리고 무성 : 유성의 구별에 따라 t는 무성치경폐쇄음. d는 유성치경폐쇄음으로 구별하여 부르기도 하였는데, 그 호칭 속에는,

t [+치경, +폐쇄, +무성]
d [+치경, +폐쇄, +유성]

와 같은 속성이 함유된 것으로 보게 되고 t와 d와는 무성 : 유성과 같은 다른 점도 있지만 [+치경, +폐쇄]와 같은 공통성이 있다는 것을 명시할 수 있게 된다. 그리고 이들 음과 가까운 경구개음(폐쇄음)과 연구개음(폐쇄음)과의 공통성과 차별성을 나타내기도 한다.

생성음운론에서 변별자질을 이용하여,

t [+anterior](전방성) [+coronal](설정성) [−voiced](무성성) [−strident](찰음성)
d [+anterior] [+coronal] [+voiced] [−strident]

와 같이 자질표시를 하게 되었다. t와 d는 [−voiced]/[+voiced]에서 구별된다.

이들 음이 i단에서 다르게 변음되는 다음 음은,

tʃ [−anterior] [+strident] (ta행의 i단에서 실현)
dʒ [−anterior] [+strident] (da행의 i단에서 실현)

곧 이들 소리는 경구개음이기에 [+전방성]과 [+설정성]이 상실하고 [+찰음성]의 소리로 변한 것을 나타내고 있다.

곧 소리의 분절음은 변별자질의 집합체로 이루어져 있음을 생각하게 되고 자음 간의 차이성도 변별자질의 한 두 자질의 차이에 불과하다고 생각하게 되어서 다른 소리도 여러 면에서 공통성을 지니고 공통의 소리 역할을 하는 자연부류를 이루는 면도 있음을 알게 된다.

이와 같이 자질집합으로 이루어진 각 단음이 그것이 놓여지는 환경에 따라 변하는 일들을 음운규칙으로 나타내게 되는데, 예컨대 다음과 같은 규칙의 표시에서,

t → d / V_V
tʃ → dʒ / V_V

이는 자음 t, tʃ가 모음의 사이에서 d 또는 ʤ로 변한다는 것을 나타낸다.

이를 자질 표기를 사용하면 다음의 한 가지 규칙으로 줄일 수 있고 자연부류를 이루는 자음들이 환경의 모음에 동화된다는 것을 명시적으로 보여줄 수 있다.

[−continuant] → voiced / [+voiced] __ [+voiced]

여기서 continuant를 [계속성]으로 [−cont]는 그러한 속성이 없는 폐쇄

음, 파찰음 등의 음류를 나타낸다.

이러한 유성음화와 관련해서, 일본어에서의 연탁(連濁)현상의 경우를 생각해 보기로 한다.

보통 연탁은 [+유성성]의 유성음 다음의 [−유성성]의 무성음이 선행유성음의 [+유성성]의 자질에 동화하는 현상을 말한다.

그러나 이러한 현상이 환경이 동일하다고 모든 경우에 일어나는 것은 아니다. 다음에서,

ama − kasa(雨傘) → amagasa

[−유성성]　　[+유성성]

이와 같은 예를 보이는 것으로,

sake − taru(酒樽) → sakedaru
yama − tera(山寺) → yamadera
iro − kami(色紙) → irogami

등을 들 수 있다. 다음의 경우는 동일한 환경조건임에도 유성음화가 되지 않고 있다.

kami − kaze(神風) → *kamigaze

[+유성성][+유성성]

이 경우는, 후항의 kaze의 내부에 [+유성성]의 z를 지니고 있어서 이미 그러한 특성의 소리를 함유한 후항의 어두음은 비록 무성음으로서 전항의 유성음의 영향을 받게 되는 처지에 있어도 유성음화가 되지 않는 다는 것을 보여준다.

그런데 앞서의 sake − daru의 경우에는 r가 유성성을 지니고 있는데도 유성음화가 되고 있다. 여기서 같은 유성음이라도 z와 r의 차이점에서 연

유되는 것으로 짐작할 수 있다. z는 저해음(阻害音)에 속하고 r는 유음(流音)에 속한다. 다음과 같은 자질상의 차이가 있다.

	음절주음성	자음성	공명성	모음성
저해음	−	+	−	−
유 음	−	+	+	+

그런데, 어두에 무성음이 있고 그 뒤에 유성저해음과 유음(유성)이 있는 차이에 따라 연탁의 실현 여부가 갈리는 이유가 확실하지 않다.

다음과 같은 어례를 보게 되면,

mata (又) : mada (未)
mato (的) : mado (窓)

와 같이 모음 사이에서도 무성음/유성음의 대립이 있는 것을 보면 바꿔 말해서 한 형태소의 최소 대립항을 보면 유성성은 본유적으로 지정되어 있는 것으로 볼 수 있다. 본유적인 탁음은 본탁(本濁), 유성화로 인한 탁음을 연탁으로 구별 짓기도 한다. 따라서 앞에 (kami-kaze)처럼 저해음이 본탁으로 유성음으로 실현되고 있는 경우는 또다른 연탁을 저지한다고 생각할 수 있다. r과 같은 유음이나 m과 같은 비음이 함유된 것은 본탁으로 보지 않기 때문에 연탁음을 유발할 수 있는 것으로 풀이된다. (앞에의 yama-dera, iro-gami).

무성 : 유성의 대립이 있는 일본어와 무성 : 유성의 대립이 없는 한국어를 대비할 때 일본어는 유성음이 어두와 어중에 동시분포가 가능하나 한국어는 어두는 무성, 어중은 유성의 상보분포이다. 곧 한국어는 무성음은 반드시 어중에서 유성음으로 실현하지만 일본어는 꼭 그럴 필요는 없다. 어두나 어중에 무성성이 얼마든지 지정될 수 있다.

따라서 일본어의 연탁에서도 후항 형태소의 내막에 따라 후항 어두에 꼭 유성음으로 지정되어야 하는 것은 아니다.

한국어에서 /mata/의 음연속은 반드시 자연적으로 [mada]로 실현되지만, 일본어는

mata　　　mada
|　　　　　|
[-유성성]　[+유성성]

식으로 본유적으로 지정되어 두 갈레의 음형의 실현이 가능하다는 것이다.

앞에서 kaze(風)에는 저해음 z는 유성을 간직한 소리다. 그러한 유성의 저해음이 간직된 어휘의 어두가 유성음화 될 수 있는 환경에 놓여 있어도 유성음(화)이 지정되는 일이 없다는 것을 보았다.

oo - kaze(大風) → *oogaze
　　　　　　　/　|
[유성성][유성성]

이것도 마찬가지로 한 형태소 안의 저해음의 두 유성음은 금지되어 있다는 것이 된다.

이상을 보아도 유성음화 현상에 대해 언어에 따라 그리고 전후의 환경의 조건에 따라 설명을 달리하고들 있는데, 그만큼 음운의 연구도 언어마다 음운의 속성에 대한 인식과 통찰이 다르고 또 그것을 천착하는 깊이도 더해 가고 있음을 엿보게 한다.

또 하나의 예를 보이면 5단동사의 연용형과 과거조동사의 결합시에,

kaki-ta → kai-ta　*kai-da

yomi-ta → yon-da　*yomi-da

tori-ta → tot-ta　*tori-da

와 같은 특수한 일이 있게 된다. 이를 전통문법에서 i음편, n음편, t음편으로 나뉘고 있다.

이들은 모두 자음동사로 역사적으로는 다음과 같이 거슬러 올라갈 것인데,

a. kaki-ta → kai-ta

b. yomi-ta → yon-da

c. tori-ta → tot-ta

자음 어간과 ta 사이에 일종의 매개모음이 개재되어야 할 사정이어서 그렇다면 유성음화를 야기할 환경인데도 a.에서는 어간말자음이 탈락하고, b.에서는 어미(하나의 매개모음)가 탈락한 경우와 같고, c.에서는 어간말 자음의 r/t 교체가 있게 되었으니, b.에서만 후행형태소의 어두를 유성음화시키고 있는 정황이다.

생성문법에서는 이러한 현상의 설명에서 기저형을 가정하고 음운규칙의 적용으로 표면형(실지 사용하는 것)을 도출하는 식으로 설명하기도 한다(기저형의 표시를 기저표시, 표면형의 표시를 음성표시라는 말로 나타내기도 한다). 음운 규칙의 설정과 도출 과정이 연구자에 따라 여러 가지가 제안되고 있는데 여기서는 용이한 예를 보인다.

기저표시	kak-ta	
$\begin{Bmatrix} k \\ g \end{Bmatrix} \rightarrow \begin{Bmatrix} x \\ \gamma \end{Bmatrix}$	kax-ta	여기서의 규칙의 가정은 대번에 k탈락하지 않고 k/g의 약화과정을 거친 것으로 보는 것이다. (g는 oyogu(泳)와 같은 유성말자음을 염두에 둔 것)
i삽입	kaxi-ta	
$\begin{Bmatrix} x \\ r \end{Bmatrix}$ 삭제	kai-ta	k/g → x/γ의 규칙을 세우지 않으면 이 규칙은 불필요.
음성표시	kai-ta	

간결하게,

	kak-ta
i삽입	kaki-ta
k탈락	kai-ta
음성표시	kai-ta

로 할 수 있어도 k가 탈락하는 이유를 제시하지 못하는 단점이 있다. k/g 어간말자음 뒤의 ta는 유성음화되지 않는다는 것을 보여준다.

기저표시	yom−ta
유성음화	yom−da
역행동화	yon−da
음성표시	yon−da

전통문법에서는 과거조동사 ta는 동사의 연용형에 이어진다는 일관성에 입각하고 있는 것을 보면 여기서도 i삽입의 규칙이 있어야 하는데 그것은 적용되지 않고 있다.

기저표시	tor−ta
역행동화	tot−ta
음성표시	tot−ta

여기서도 i삽입의 규칙이 적용되고 있지 않다. 만일 그러한 규칙을 먼저 적용하게 되면 그것을 다시 지우지 않으면 n음편과 t음편의 이유를 설명하기 어렵다.

일본어의 특수한 음편형에 대한 설명을 위해서 위와 같은 음운과정을 거친 것으로 하는 것이 최적의 것인지는 더 생각해 볼 필요는 있다.

동사의 연용형에는 i삽입이 원칙이지만 과거조동사 ta와 같은 형태가 후행하면 i삽입을 못하는 제약이 있는 것으로 상정할 수 있다.

어떤 방식이든 인간 두뇌에 본유적인 형태소 구조를 가정하고 그러한 형태소의 연결시의 소리의 변동을 가져오게 하는 과정을 명시해 보려는 노력의 한 모습이다.

그런데 동사와 과거조동사의 연결과정은 어휘부 내부의 일이 아니다. 어휘부에 저장되고 있는 yom(u)와 ta(/da)는 통사부에서 도출 위치가 다르다.

다음의 수형도처럼 동사와 과거조동사의 도출 위치는 계층적으로 차이를 보여준다.

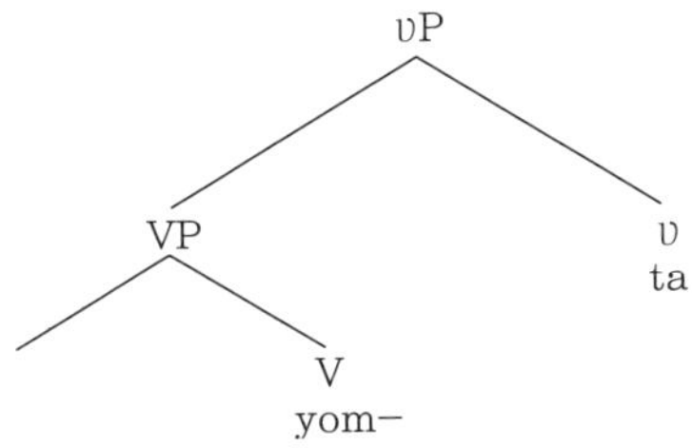

여기로부터는 통사부의 소관이다. 어휘부에서 목록화된 어휘항목의 동사 yom(u)는 통사부의 연산의 시발점인 동사 어근핵(V)에 도출되는데, ta는 핵문 술어핵(υ) 자리에 도출된다.

원래 일본어도 m종성을 지닌 것으로 보이고 그것이 음운의 역사에서는 n종성화하는 경향을 보여준다. 특히 동가관적인 후행의 t(a)에 역행동화되어 n화되면서 t(a)도 d(a)로 유성음화되는 상호동화현상이 있게 된 것으로 볼 수 있다.

이와 같이 음운의 문제에는 개별적인 소리만의 것이 아니고 의미와 관련된 형태소(단어)와 연관된 형태론에도 미치고, 또 다른 형태소와의 연결을 위해 원래의 의미를 지닌 채 여러 가지 음형으로 변하는 형태음운론의 문제도 있고, 또한 문의 생성을 위해 통사부에 도출될 때 통사론 층위에서의 음운론의 관여 문제 등이 있게 되므로 다양한 음운론의 구실도 이해할 필요가 있다.

이상에서처럼 일본 사람들이 내는 소리가 단순한 소리의 나열에 그치지 않고 의식적이든 무의적이든 형태론과 통사론과 관련되면서 내고 있는 것이니 이러한 일들을 명사적으로 나타낸다는 것은 언어에 대한 인간의 통찰의 깊이를 더하는 것이 된다.

우리나라에 없는 음운적인 무성/유성의 구별이 일본어에 있는 현상 한 가지에도 거기에 많은 사연이 얽히고 있음을 알 수 있고, 이러한 일을 해명하는 것도 음운의 비교로서 유용한 것으로 생각된다.

이상의 예시들은 일본어의 음운현상 중에 특히 음운의 변별적 자질과 유성음화에 관련된 일부의 일들을 보인 것에 불과하다. 더 나아가서는 그러한 음운현상의 기반이 되는 일본어의 음운 단위인 음소와 변별자질의 체계, 음절의 특성, 그러한 체계에서 이루어진 형태소의 음운표시와 그 변동의 음운과정과 그것을 유도하는 음운규칙 등도 살펴볼 필요가 있고 이들 분절음과 복선적인 관계에 있는 악센트도 살펴볼 필요가 있다.

이러한 현대의 음운의 연구뿐만 아니라 과거로부터 오늘에 이르기까지의 변화과정을 되돌아보고 (음운사), 일본의 어휘의 대다수를 이루는 한자의 음운의 내용도 살펴볼 필요가 있다.

그리고 가능한 한, 일본어 음운의 특색을 구체적으로 드러내기 위해서 일본어와 동계로 생각되는 언어들(알타이어)과 특징적인 사항을 중심으로 살펴볼 필요가 있는데 이 책에서는 그러한 문제가 있을 때마다 보주(補注) 표시를 하고 이 책의 말미부분에서 그 풀이를 일괄하는 식으로 다루고 있다.

이 책에서 일본어의 표기는 kana 대신에 로마자를 사용하였다. 자음과 모음을 분절적으로 표기하는 이점이 있어서 음성기호와 연관될 수 있기 때문이다. 일본어의 로마자 전사(轉寫)를 50음도의 구도로 보이면 다음과 같다.

a	i	u	e	o					
ka	ki	ku	ke	ko	ga	gi	gu	ge	go
sa	si	su	se	so	za	zi	zu	ze	zo
ta	ci	cu	te	to	da	zi	zu	de	do
na	ni	nu	ne	no					
ha	hi	hu	he	ho	ba	bi	bu	be	bo
ma	mi	mu	me	mo					
ya		yu		yo					
ra	ri	ru	re	ro					
wa	i	u	e	o					
n	t								

이 책의 본문은 한글로, 표음은 로마자 또는 음성기호로 표기된다. 한자어는 괄호 안에 표시되기도 하고 노출되기도 한다. 노출되는 경우는 한자음의 술어의 경우가 많고 저자명과 옛 서명에서 그런 경우가 있다.

이 책에서 참고 혹은 인용한 문헌의 경우 연도(재록의 경우 원저와 병기)와 페이지를, 논문의 경우 게재지의 연도와 페이지를 표시하였다. 그리고 일본의 음운과 음운사에 관련된 문헌은 참고문헌 (1)로, 한자음 분야는 참고문헌 (2)로, 일본어 음운과 관련된 알타이제어의 것은 참고문헌 (3)으로 구분하여 문헌의 혼합으로 인한 번잡성을 피하려고 하였다(관련성 때문에 다른쪽에 보이는 경우도 있으니 유념하도록). 어느 경우든 참고문헌에서 누락된 부분이 있다면 그것은 필자의 기장의 실수이므로 양해를 구한다.

색인은 한글 위주로 하되 영자는 따로 하였다. 참고문헌의 각 저자의 논고의 내용을 쉽게 참조할 수 있도록 색인에 저자명을 열기하였다. 인명, 서명, 기타 등에 따라서는 영자 또는 한자 병기로, 또는 영자만으로 나오기도 한다. 그리고 이 자리를 빌어서 혹시나 각 저자의 논고 중에서 필자가 잘못 이해한 부분이 있다면 양해를 구한다.

제1장 음운론과 음성학적 기초

1.1. 음운론의 할 일

1.1.1. 음운 연구

언어라고 하면 일본어, 한국어, 영어와 같은 개별언어의 측면도 있고, 이들 언어들이 지니는 공통성, 보편성의 측면도 있다. 양자의 관계는 개별언어 → 보편성 혹은 보편성 → 개별언어의 두 관점이 있다. 전자는 개별언어의 특징에서 보편성을 골라내는 것이고 후자는 보편성의 뿌리에서 개별성이 나온다고 하는 것이다.

따라서 언어연구에서는 각 개별언어에 대한 개별적 연구가 있게 되고, 한편으로 이들 언어들의 보편성의 종합적 연구가 있게 된다. 언어 연구의 한 부분인 음운론도 마찬가지다. 각 개별언어의 음운의 연구가 있고 여러 언어의 음운의 보편성의 연구가 있게 된다. 소리의 속성을 생각하면 보편적 성격이 더 짙다고 말할 수 있다.

일본어의 음운연구는 개별언어인 일본어를 대상으로 하는 것이므로 일본어 음운의 특성의 연구다. 그런데 일본어 자체의 전통적 연구의 기반과 현대의 음운 연구의 기반과는 거리가 있다. 전자는 주로 산스크리트어(梵語)나 중국어의 운학(韻學)에 기초를 두고 있는데 50음도는 그 산물이다. 후자는 주로 서양과 미국의 음운 연구의 흐름을 따르고 있는데, 그 대표적인 흐름은 구조주의 음운론, 생성음운론 그리고 생성음운론에서 파생하여 온 갖가지 이론들이다. 이러한 이론들을 원용한 일본어의 음운 연구가 결과적으로 음운의 공통성, 보편성의 측면의 보완에 이바지하기도 한다.

여기서 일본어 음운론의 할 일을 크게 생각하면,

1. 일본어 음운 자체의 기술을 통한 특성의 파악
2. 일본어 음운의 특성의 다양성의 바탕이 되는 보편성의 추구와 설명

으로 요약할 수 있다.

일본어의 음운 자체도 일본어 화자가 사용하는 것인데 (언어능력/언어사용능력) 결코 난해하게 번잡한 요소를 복잡하게 조립하여 복잡한 과정을 거쳐서 사용(생성)한다고 볼 수는 없다. 그러한 일들을 모르는 일반인들도 얼마든지 언어구성의 음운요소를 훌륭히 분간하고 구사하고 있기 때문이다. 따라서 음운론의 할 일은 그러한 일 속에 간직한 정교한 규칙이나 과정을 캐내기 위하여 여러 가지 도구적인 개념이나 이론을 구사하면서도 어떻게 해서라도 간결하고 용이하게 설명해내는 일이다. 이러한 점에 유의하여 머리말에서 음운 연구의 할 일을 예시한 바와 같이 음운 구사에 있어서 분간해야 할 일들을 중심으로 가급적 쉽게 다루어 보고자 한다.

1.1.2. 음운부

언어 생성에 있어서의 한 부서인 음운부의 구실은 형태론과 협력하여 단어를 생성해서 그 단어를 통사부에 도출시켜 통사적인 연산에서의 통사체 구실을 하게 하고 음운해석부에서 최종적으로 문에서의 음운해석을 완결하게 하는 일이다.

따라서 기본적으로 음운부에서는 단어(형태소) 생성에 있어서 발음에 대한 지식(능력)을 명시해야 한다. 곧 음운부에는 그러한 발음의 요소인 단음(혹은 변별자질)의 목록이 존재해야 한다. 이 목록은 개별언어마다 그 내용이 다르나 그 기반이 되는 단음이나 변별자질은 보편성을 지닌다. 그 중에서 언어에 따라 어떤 것을 사용하고 안하는가의 차이에 불과하다. 단음이 자음과 모음으로 되어있고 자음과 모음의 결합으로 음절을 이루고 음절이 모여서

단어가 된다는 것은 보편적인 일이다. 물론 그러한 조립에 있어서의 규칙의 특수성이 각 언어마다 간직하고 있는 개별성은 있다. 단음에서 일본어는 한국어의 경음이나 격음의 음운이 없는 대신 한국어에 없는 유성음의 음운이 존재한다. 그러나 이러한 음들은 한국이나 일본에는 음성적으로 존재하는 것들이다. 또한 일본어에는 음운적으로 한국어와 같은 CVC구조는 존재하지 않으면서 음성적으로 그것이 실현되는 특수성도 있다.

여기서 음운론의 할 일은 사람들의 언어구사에서 음성과 음운의 구별을 무의식적으로 수행하고 있지만 그것의 구별을 명시화하는 일을 생각할 수 있다. 음운능력의 자성에 도움을 준다. 음성분야는 음성학의 분야이므로 이 책에서는 음성학적 기초 부분만 다룰 것이고, 음운론의 분야에서는 그러한 구체적 음성 중에서 의미 분간의 기본이 되는 음운의 목록을 추려내는 일을 한다.

그렇다면 음운부에서는,

1. 음운 목록이 이루어져 있어야 하고,
2. 음운 목록이 형태부와의 협력으로 어휘부에서 형태소 내지 단어를 이루어 어휘 목록이 마련되어야 하고,
3. 그 어휘 목록은 단일어 레벨의 것만 아니라 복합어, 합성어의 레벨의 것까지 포함된다. 그것은 통사부의 출발점이 되는 명사핵과 술어핵에 도출되기 위함이고, 더 나아가서는 도출과정에서의 음운변동을 수월하게 하기 위함이다.

따라서 음운부의 기본은 우선은 형태부에서의 자립형태소와 의존형태소에 어우르고 그것을 통사부의 기반인 어휘부에서 어휘목록화하는 일이다.

이러한 단어형성이 음운부와 형태부가 수시로 협력하여 이루어 내는 것인지 또는 음운형태부라는 부서가 있어서 거기서 함께 하는 것인지 또 그것이 어휘부와 별도로 있는 것인지 의문시되는 점들은 많으나 생성부문의 간소화를 위해서는 어휘부를 확대하여 어휘음운부와 어휘형태부가 그 안에서 협력하여 단어를 생산한다고 생각한다. 이 경우의 어휘음운부는 음운부의

처지에서 어휘부 레벨에서의 협력체로 볼 수 있다.

어떤 형식으로든 음운부와 형태부의 협력으로 이루어진 형태소는 어휘부에서 어휘목록으로 축적이 된다. 이 때 보편이론적으로는 음형을 단음으로가 아닌 변별자질의 집합체로 보고 있다. 자질로 연산되는 통사부 이후의 수행체계에서 음형으로 실현되는 것으로 보기도 하나, 문의 생성과정의 국면마다 음운부도 관여하여 (김공칠 2011 : 39) 어형이 주어지기도 하고 변동되기도 한다고 보고 있다. 이 책에서는 전통적인 처리를 함께 염두에 두고 있기 때문에 적어도 어휘부에서는 어형이 주어지는 것으로 하고 있다.

어휘목록으로 등재되는 형태소는 자립형태소와 의존형태소의 목록이 모두 포함된다. 파생어는 어휘부에서 산출되는 것으로 보기 때문에 의존형태소가 등재되어 있어야 가능하다.

어휘 목록에 등재된 형태소는 본래의 음성적 특색을 그대로 보존하는 것이 원칙이다. 하나의 구조보존의 원리다. 그러나 다음과 같은 어형성과 발화에서,

천리(千里) → 철리　　sinpai(心配, 걱정) → simpai

처럼 어휘부에서는 변음(자음접변)되는 규칙도 내재되어 있는 것으로 보아진다. 그렇지 않으면 이 단어가 통사부에 출력할 때 변음하지 않은 채 출력하면 통사부에서 변음시켜야 하는 번거로움을 가져온다. 이러한 일도 어휘부와 음운부가 서로 정보를 주고받으면서 처리한다기보다 어휘부 안에 어휘(혹은 형태)음운부의 부서가 있어서 그 곳에서 등재목록 '천리'를 '철리'로 조정하고 출력시키고 있다고 볼 수 있다. 그렇다면 자음접변화의 규칙도 내재하는 것으로 보게 된다. 복합어 형성 시에도 마찬가지다. 복합어도 통사부에 내보낼 때는 이미 어휘부 안에서 형성되고 어휘목록화되었다고 보면 어휘부 안에 앞서와 같은 부서가 있어서 내재되는 규칙대로 복합어를 형성하고 있다고 볼 수 있고 그것을 어휘목록으로서 저장하고 있는 것이라고 보게 된다.

어휘부에서 출력한 요소가 통사부에서 그대로 통용되지 않는 경우가 있다. 앞에서도 언급한 바 있지만 kak(u)라는 동사가 통사부의 VP국면의 동사핵(V)에 출력하고 υP국면의 술어핵(υ)의 ta(과거조동사)와 병합하게 되면 kai-ta와 같이 변음(i음편)이 있게 된다. 이러한 음운적 현상을 관장하는 일은 어휘부의 범위를 벗어난 것으로, 이는 음운부와 형태부(내지 통사부)의 협력을 받아야 하는 것으로 보인다. 곧 어휘목록의 내부적인 처리로서가 아닌 통사체의 병합과정에서의 변음의 처리가 되는 것이다. kak- 동사(어간)와 ta형태소(과거조동사)의 병합을 위해 형태소의 구조보존(어간유지)하면서 음운부의 조정을 받아(i 매개모음 삽입) kai로 변한다.

이렇게 본다면 음운부와 형태부는 언어생성의 통사부의 여러 과정 중에도 관여하고 있다고 볼 수 있다.

요컨대 음운부의 할 일은 기본적으로 형태부와 협력하여 형태소를 조립하기 위해 그 일에 지장 없도록 음운목록을 지녀 있어야 하고 그 음운목록을 기반으로 형성한 어형을 목록화하여 어휘부에 어휘목록으로서 저장하게 하는 일이다. 어휘부에서의 어휘목록의 충족을 위하여 음운적으로 형태소의 원활한 결합을 위해 작용(음운(음소)결합규칙)하는 일 그리고 복합어 형성시의 음운변동의 형태음운규칙도 포함된다. 형태소를 이루는 과정에서의 음절 구성의 음운적 현상(두음법칙, 말음법칙)에도 관여한다.

음운부의 할 일은 이외에도 악센트의 부여와 억양의 부여 그리고 탁립(卓立)이 있다. 악센트의 부여는 어휘부에서 행해진다고 보기는 어렵다. 그것은 같은 말이라도 지방에 따라서 악센트가 다르고 또 악센트의 위치는 문 구조상의 어휘의 위치에 따라 달라지기도 하므로 애초부터 어휘목록에 지정되어 있다고 보기 어렵다. 물론 언어의 형성이 화자의 성장지에서 이루어지는 것으로 본다면 초기부터 어휘항목마다 지정되어 있다고 볼 수 있으나 문의 최종적 형성에 이르기까지의 여러 가지 변수(구와 절 관계)를 고려하면 최종 발화 단계에서 지정되는 것으로 볼 수 있다. 언어생성의 기저는 구체적이기보다 추상적인 것으로 본다.

억양의 경우도 마찬가지다. 단어로든 구로든 그것이 문말의 문 결말핵 위치에서의 서법이 결정되면서 음운부에서 상승, 하강, 강조의 음조가 부여된다고 보는 것이다. 강조탁립도 문의 완결되는 단계에서 화자의 의도가 어느 부분에 뚜렷이 나타나는가에 의한 음조의 구별이 있게 된다.

이러한 일들은 어느 언어에서나 볼 수 있는 보편성을 띠는 것으로 볼 수 있다.

1.2. 음성학적 기초

1.2.1. 소리의 속성

사람의 입에서 발성하는 소리는 1초에 약 340m의 속도로 퍼지는 음파가 되어 그것이 사람의 귀에 닿으면 소리로 인지하게 된다. 발성 부분을 연구하는 분야를 조음음성학, 음파의 부분을 연구하는 분야를 음향음성학, 귀에서 인지하는 분야를 청음음성학이라 한다.

이 책에서는 음향과 조음음성학적인 측면에서 소리의 속성을 이해해보고자 한다.

소리는 발성체가 반복적으로 움직임으로써 진동이 되어 이루어진다. 그 진동의 시작은 외부의 자극에 의해 야기된다. 사람의 소리는 조음기관의 발성에서 비롯되는 것이다. 그것을 시각적으로 인지할 수 있는 것은 예컨대 연못에 돌을 던지면 물결이 사방으로 퍼진다든지 그네를 탈 때 뒤에서 누가 힘껏 밀어준다든지 자신이 뒤로 물러서서 앞으로 움직이면 반복적으로 흔들리는 것에 비길 수 있다.

그러한 것이 주기(周期)적으로 아니면 비주기적으로 반복되는 구별이 있는데 전자를 주기음, 후자를 비주기음이라고 한다.

주기음의 예를 들자면 기둥시계에서의 시계추의 왕복운동과도 같은 것이다. 다음의 1.의 예시에서, (a), (b)는 주기음이고 (a.는 단순음, b.는 복합음), c.는 비주기음이다.

1.

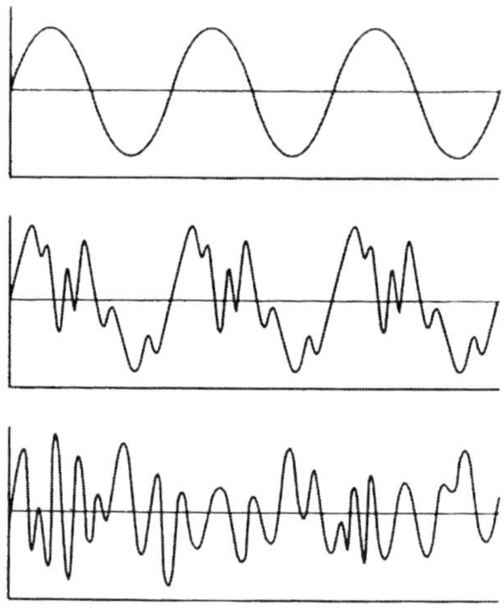

(齋藤 1997 : 147)

2. 시계추

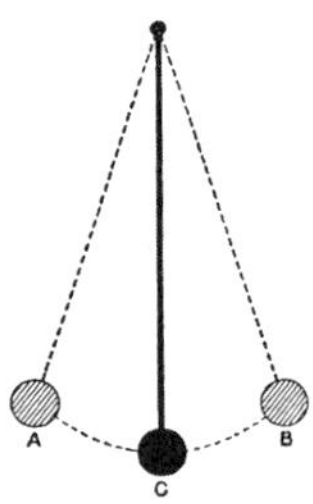

3.

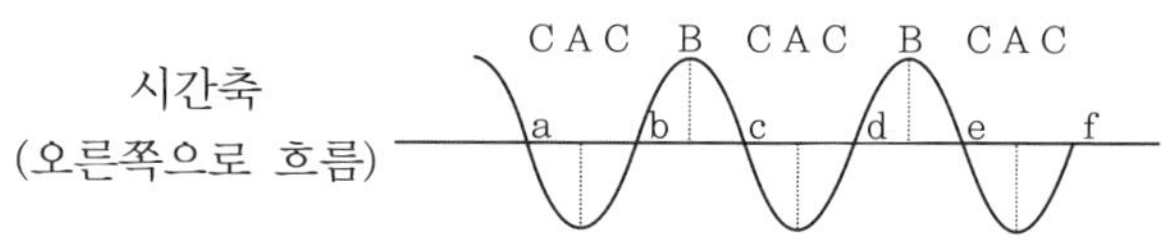

괘종시계에 달려있는 추의 움직임과 같은 반복운동을 시간의 축에 따라 파형(波形)으로 나타낸 것이 오른쪽 그림이다. 소리의 진동의 전파가 이와 같아서 음성파(音聲波)라는 이름이 있게 된다. 음성의 파형화에는 oscillograph의 기계가 이용된다.

공중에 전해지는 음파 자체는 소리와 그 매체(공기)의 방향이 동일한 종파이다. 비유컨대 배가 진행하는데 파도도 그 방향에 맞추어 출렁이는 것과 같다. 종파와 상대 개념인 횡파(橫波)는 배가 앞으로 나아가는데 그 옆 방향으로 파도가 치는 것과 같은 것이다.

공기의 진동은 주기적으로 농축된다든지(농밀파(濃密波)) 희박된다든지(희소파(稀疏波)) 하는 것으로 결국 음파는 농밀파와 희소파의 섞임이다. 그래서 소밀파라고 한다.

1.과 2.에서의 C – A – C, C – B – C를 진동(1진동)이라 하고 그 회수를 진동수라고 한다. 중앙선상의 극대점(공기 압축이 가장 높음)으로 진동이 농후해지면 반대편은 희박해지고 그 반작용으로 희박해진 쪽 곧 극소점(공기압축이 가장 낮음)으로 다시 진동이 농후하게 되는 일이 되풀이 되는 것이다. 중앙선상과 극대점 또는 극소점의 사이를 진폭(振幅)이라 한다(…· 점 표시부분). 진폭은 움직이게 하는 강도와 관계된다. a – b – c를 순환이라 하고 한 번의 순환의 양은 주기(周期, period)라 하며, (a에서 c까지가 1주기, e까지는 2주기) 1초 이내의 순환수는 진동수(frequency)라고 한다. 주파수/주기수 또는 cycle로 불린다.

주파수(周波数, frequency)는 단위 시간 내에 있어서의 진동수이고 진동폭의 크기는 진폭이다. 주파수는 초(second) 단위의 진동으로 나타낸 것이다(Hz 또는 cps(c/s)). 진동수는 여러 가지 요인(성대, 긴장, 구강, 양 등)에 의해 결정된다. 무거운 곧 크고 넓은 상황이면 가벼운 곧 작고 좁은 상황보다 느리다. 진동수가 많을수록 소리고 높고(강도도 커진다) 진폭이 클수록 소리가 강하며 소리의 파형(波形)은 음색을 다르게 한다. 이와 같은 소리의 높이, 강도, 음색을 음의 3요소라고 한다.

실지로 생기는 음성은 밀실에서가 아닌 이상, 많든 적든 환경소음을 포함하므로 음성파에는 저절로 소음파(騷音波)가 섞어들게 된다. 이 경우의 소음파는 음성파의 본질적인 하나인 조음파(噪音波)와 구별된다. 조음파는 주기적인 진동을 하는 악음(樂音)에 대해 비주기적인 진동을 하는 것을 이른다. 소음과 조음은 영어로는 같은 noise이지만 소음 쪽이 말 그대로 시끄럽고 불쾌한 소리다.

사람의 귀가 들을 수 있는 소리의 가청(可聽)범위는 다음과 같이 나타낼 수 있다. 쉽게 말해서 최저 주파수는 20Hz의 범위이고 최고는 젊은 사람은 20,000Hz, 60세 노인은 12,000Hz이다. 가청범위 이상의 것은 초음파라 해서 일반적인 소리하고는 구별된다.

4.

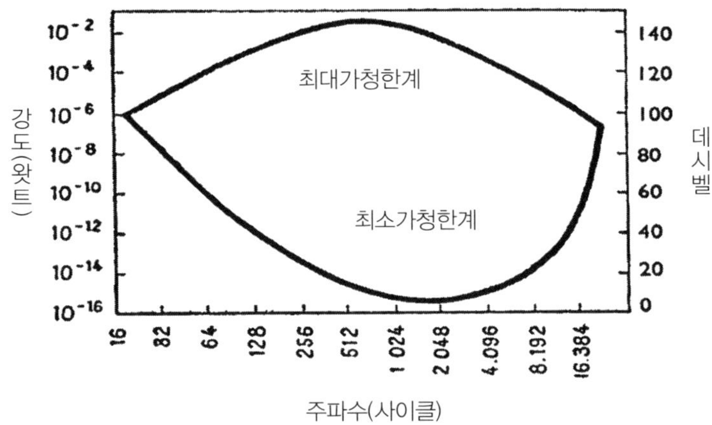

(Malmberg 1963 : 7)

여기서 x축(횡축)은 최소한도(16c/s)에서 최고한도 (약16,000c/s) 사이의 주파수를 보여주고, y축(종축)은 decibel(dB)로 강도를 나타낸다. 데시벨은 소리의 양적인 상대적 크기를 나타낸 척도(절대적 척도가 아닌)이다. 10dB는 기준음의 강도의 10배, 20dB는 기준음의 강도의 100배, 30dB는 1,000배 식으로 등차서열로 증가하는 것을 나타낸다.

왼쪽의 파워(강도)를 인간이 들을 수 있는 1000c/s의 최소의 강도 10^{-16} watt/cm^2를 기준으로 하고 표시한 것이다. 앞 그림에서는 위에 올라 갈수록 강도가 더함을 나타낸다.

아래 선은 소리로 느낄 수 있는 약한 소리의 한계, 윗 선은 들을 수 있는 강한 소리의 한계로 그 이상은 통증을 느끼게 된다.

언어에서는 진동수 90 내지 1,000의 소리가 이용된다. 귀가 가장 분별할 수 있는 범위의 소리가 언어로서 이용되는 것이다.

1.2.2. 단순음과 복합음

소리는 대별해서 악음(樂音)과 조음(噪音)으로 나뉘고 악음은 단순음과 복합음으로 나뉘어진다. 악음은 주기적인 진동을 하는 것이고 조음은 비주기적인 진동을 하는 것이다.

악음에서의 단순음은 다른 진동을 전혀 포함하지 않은 정현파(正弦波)이다.

5.

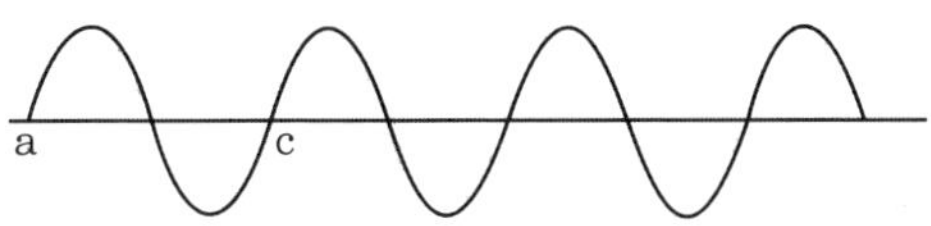

복합음은 두 개 이상의 단순음으로 되어있고 진동은 역시 주기적이고 그리고 그 단순음을 복합음의 부분음이라고 한다.

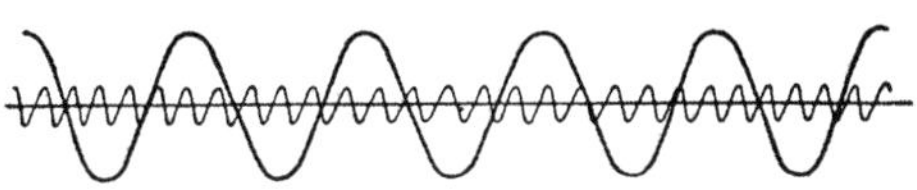

두 개의 정현 곡선이 합성하면,

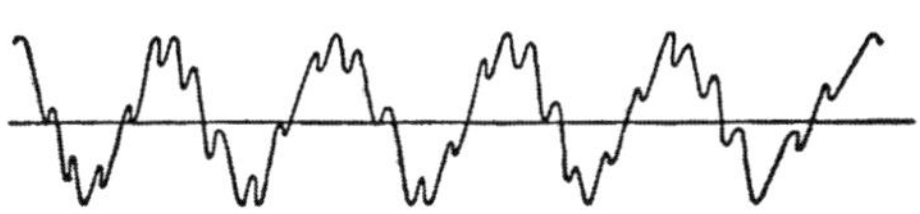

(Malmberg 1963 : 9)

주파수가 같은 두 개의 진동(C와 B)이 합성하면 위상(동일 순간의 동일 방향)이 같을 때 진폭은 다음 A처럼 커지고 소리의 강도가 더해진다. A의 진폭은 C, B의 진폭이 겹친 결과이다.

6.

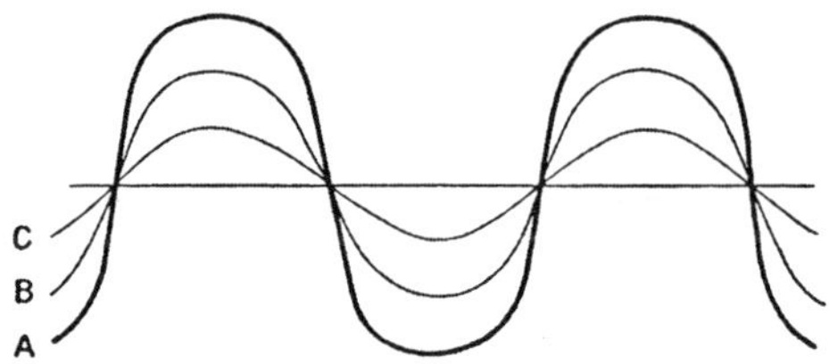

모든 소리(음차(音叉)같은 단순음을 제외하고)는 복합음이다. 복합된 부분음의 다름에 따라 소리의 다름이 있게 되는 것인데 그것이 음색(音色, timbre)이다. 복합음을 구성하는 각 부분음 중에서 제일 진동수가 작은 음을 기본음으로 하고 그 음의 진동수의 정수배(整数倍)인 경우를 배음(倍音)이라고 한다. 기본음을 기본으로 2배음(제1상음(上音)), 3배음(제2상음) n배음이라고 한다. 이것은 기본음을 기준으로 해서 그 2배, 3배, n배의 진동수를 가진다는 것이다.

다음에서,

7.

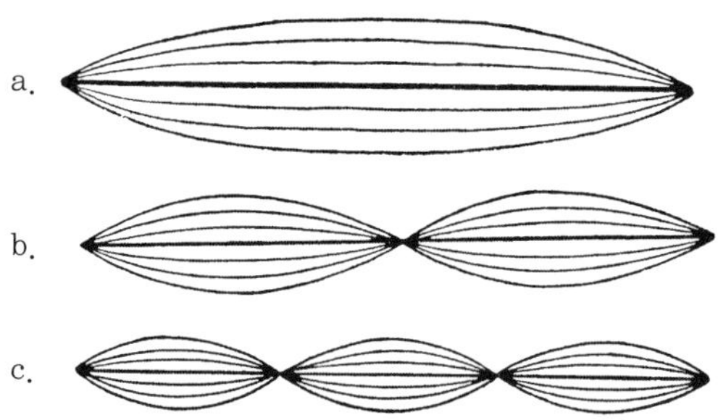

(Malmberg 1963 : 8)

곧 발성체(여기서는 줄)가 진동할 때 각 부분음은 전체와의 비율에 응하는 속도로 동시에 진동한다. a는 줄 전체의 진동(기본음), b에서는 반 부분이 전체(a)의 2배의 속도로(제1상음, 2배음), c에서 1/3부분이 3배의 속도로(제2상음, 3배음)(1/4는 4배의 속도로) 진동한다는 것을 보여준다.

기본음의 진동수가 같아도 배음이 어떻게 포함되는가에 따라 음색이 달라진다.

1.2.3. 발성의 메카니즘

소리는 공기의 진동이고 그 진동의 다름에 따라 소리가 달라진다. 그것들은 각각의 특유의 진동수, 강도, 지속시간을 갖는다. 소리는 공기 이외에도 액체 그리고 고체에도 전달은 된다.

사람이 소리를 내기 위해서는 발성기관에 공기가 있어야 한다. 대개 그 공기는 호기(呼氣, expiration)와 입기(入氣, inspiration)로 나뉘는데 입기에 의해 공기의 기류가 인체에 들어오고 호기에 의해 진동이 일어나게 된다. 입기를 사용하는 언어도 있으나 대부분은 호기를 사용하는 언어이다.

공기(기류)가 들어와서 발성에 사용되는 자리는 구강(口腔)(다음 그림에서 M), 비강(鼻腔)(N), 인(두)강(咽(頭)腔)(P), 폐(肺)(L), 및 식도강(食道腔)(E)이지만, 언어의 특성이 결정되는 곳은 주로 구강, 비강, 인두강에서의 기류이다.

이들 중에서 특정음에 대해 특정적으로 사용되는 기실(氣室) 곧 그 음에 필요한 기류가 들어 있는 곳이 활동기실, 그 외에는 비활동기실이다. 예컨대 비강기실은 모든 구음(口音)에서는 비활동기실이다. 성문폐쇄에서는 구강기실, 비강기실은 비활동적이다. 아래의 (1)은 5개의 강(腔)을 보이고 (2)에서는 t음을 낼 때의 활동기실은 A로, 비활동기실은 P로 나타냈다. (3)에서는 n을 나타낼 때의 활동기실은 A, 비활동기실은 P로 나타냈다. S는 측면(side)기실로 그것은 활동기실이기는 하지만 기류가 직접 그 안쪽을 지나지 않고 단지 그 측면을 지나는 경우를 나타낸다. 이들 예에서는 식도기실은 비활동적이다.

9. (1) (2) (3)

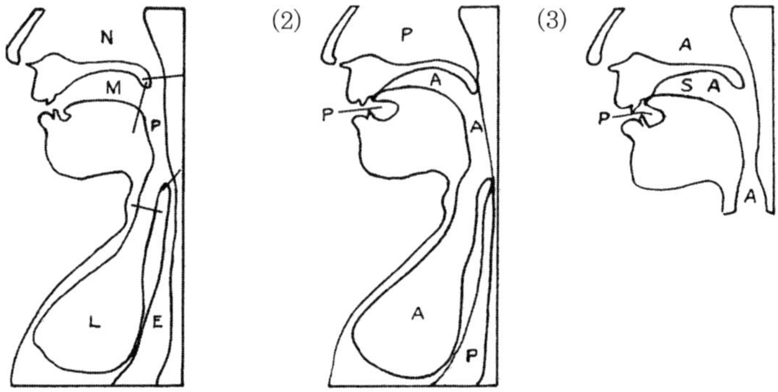

강(腔)들	기실(氣室)들	측면기실
여기서 E는 식도(esophagus) L는 폐(lungs) E는 입(mouth) N는 코(nose) P는 인두(咽頭)(pharynx)	t음을 낼 때 여기서 A는 활동기실(氣室) (active chamber) P는 비활동기실 (passive chamber)	n음 낼 때 S는 측면기실 (側面氣室)(side chamber) (A는 활동기실, P는 비활동기실)

(Pike, 1972:86-7)

이제부터는 호기가 지나가는 관문이나 통로에 대해 간단히 살펴보기로 한다.

폐강에서는 공기가 있는 폐의 신축에 의해 공기를 몸속으로 빨아들이기도 하고 몸 밖으로 내밀기도 한다. 전자를 흡기(吸氣) 혹은 입기(入氣), 후자를 호기(呼氣) 혹은 출기(出氣)라고 한다. 후자의 호기가 음의 원동력이다.

이 호기가 나가는 통로가 기관(氣管)이다. 기관은 좌우 1대 1의 기관지가 하나로 합쳐져서 후두(喉頭)에 이어진다. 기관은 자기 자신의 힘으로 기류에 작용할 수 없기 때문에 후두에게 단순한 통로의 구실만을 한다. 따라서 언어음의 산출에는 무관계하다. 다만 길이의 신축이 가능하여 그 상단의 후두를 상하로 움직이게는 할 수 있다.

10.

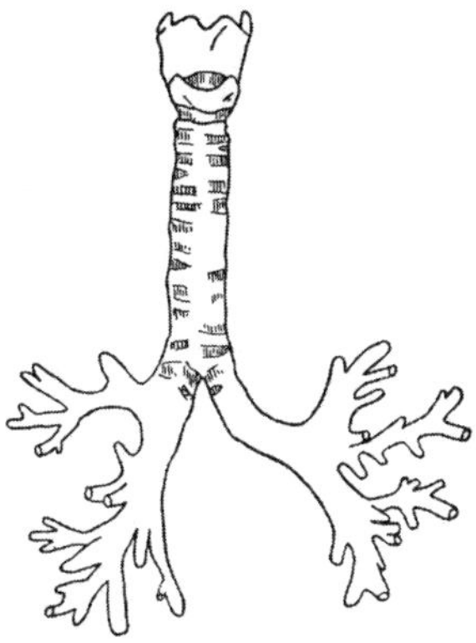

(Malmberg 1963 : 21)

맨 아래의 두 갈레가 기관지, 중간이 기관 그리고 상부가 후두이다. 다음은 뒤에서 본 후두이다.

11.

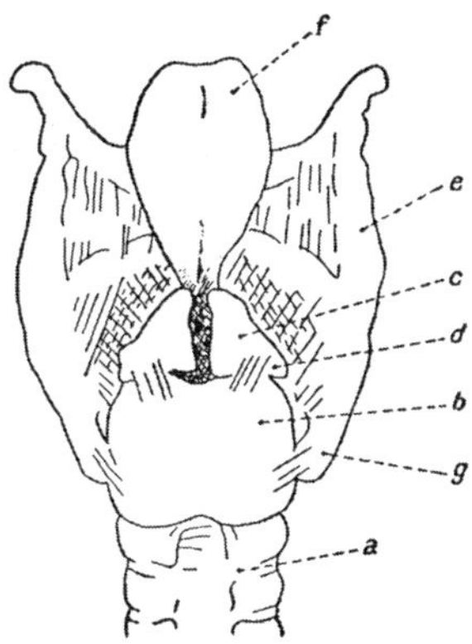

(Malmberg 1963 : 22)

a가 기관, b는 환상연골(環狀軟骨, cricoid)(윤상(輪狀)연골이라고도 함)이다. 후두의 토대를 이룬다. 가락지에 닮은 모양이기에 그 이름이 있다. 후방은 넓으나 전방은 폭이 좁다.

c.는 피열연골(披裂軟骨, arytenoid)로 두 개 있다. 피라미드형을 한 작은 연골로, 환상연골 위에서 근육계통의 지휘에 의해 전후좌우의 운동, 상

하운동, 회전운동을 할 수 있다. 성대의 한쪽(후단)은 이 연골의 하부의 안에 붙어 있다(나머지 한 쪽은 갑상연골(전방)의 모서리에 고정됨).

d.는 근돌기(筋突起)로 피열연골의 후부에 있다. 피열연골을 움직여서 성문(聲門)의 개폐를 수행하는 근육의 받침이 된다.

e.는 갑상연골(甲狀軟骨, thyroid)로 두 부분으로 나뉘어 있으나 앞 부분에서 합쳐져서 앞에 돌기(突起)한다. 밖에서 쉽게 보이는 것 곧 Adam's apple이라고 하는 것이다.

f.는 후두개(喉頭蓋, epiglottis)로서 후두를 덮어서 음식물이 후두에 들어가는 것을 막는다. 이는 발음운동에 참가하지 않는다.

g.는 갑상연골의 하각(下角)이다.

이상의 후두의 구조는 마치 성문을 받쳐주고 감싸주는 양이며 성문을 움직이게 하고 자신의 상하운동에 의해서 상부의 인두의 용적 곧 공명효과를 바꾸기도 하므로 후두는 성대와 더불어 음성기관 중에서 매우 중요한 부분이다.

12.

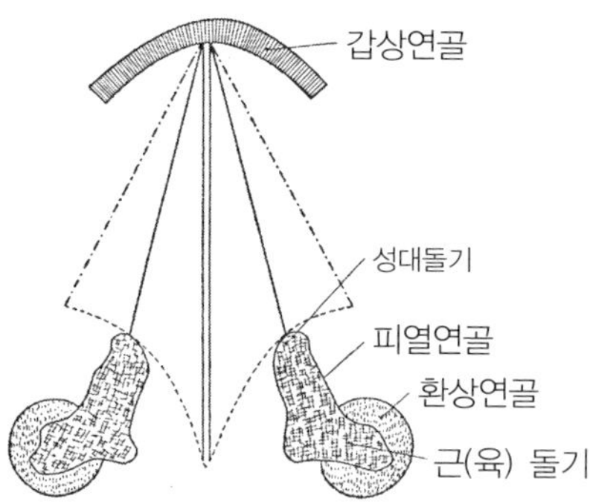

(Malmberg 1963 : 25)

이 모양은 전후로 한자의 개(介)자와 비슷하다. 갑상연골이 2장의 병풍과 같고 그 뒤쪽에 전후로 두 줄로 성대가 부착하고 있는 모양새다.

아래쪽의 약도는 참고로 첨부하였다.

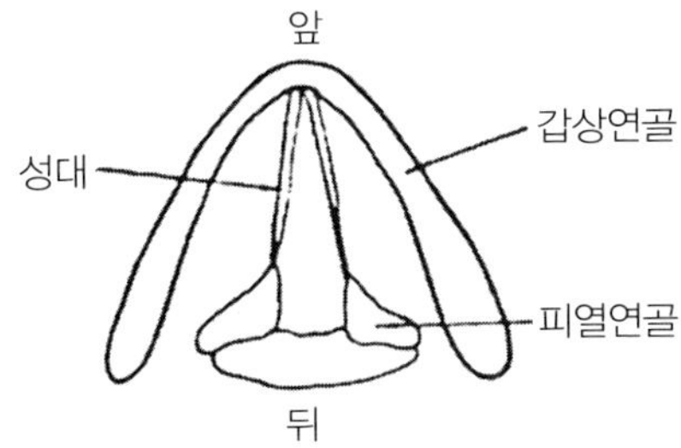

성대의 앞과 옆은 갑상연골에, 뒤는 두 개의 피열연골의 안의 한 쪽에 붙어 있음을 볼 수 있다. 12의 그림에서 발성(═══ 선)인가, 정상호흡(─── 선)인가, 심호흡(- · · - - · · - 선)인가에 따라 성문의 개폐가 달라진다. ─── 선은 피열연골의 운동방향이다. 곧 피열연골이 자유로이 운동할 수 있어서 성문을 열기도 하고 닫기도 한다. 성대의 길이도 다소 바꿀 수 있다.

성대 주변 부분을 얼굴의 옆면으로 보이면,

14.

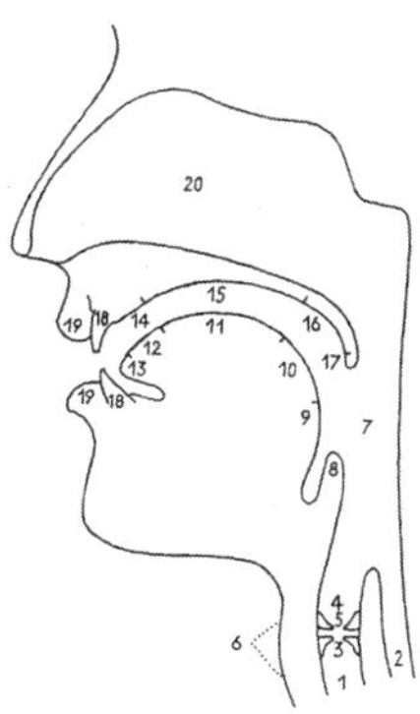

(Schubigel 1970 : 16)

1.은 기관, 2.는 식도(食道), 3.은 성대(참성대), 4.는 가성대(假聲帶), 5.는 Morgani(씨)실, 6.은 후두, 7.은 인두(咽頭)(뒤는 인두벽), 8.은 후두개 연골이다. 9.는 설근(舌根), 10.은 후부설배(舌背), 11.은 중부설배, 12.는 전부설배(설단), 13.은 설선(舌先), 14.는 치경(齒莖), 15.는 경구개(硬口蓋), 16.은 연구개(軟口蓋), 17.은 구개수(口蓋垂), 18.은 문치(門齒), 19.는 입술, 20.은 비강(鼻腔)이다.

목의 정면에서 보면 다음과 같다.

15.

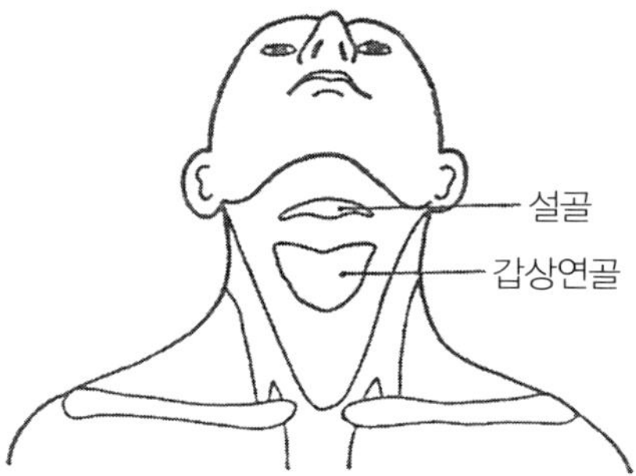

(日本音聲學會 1976 : 318)(이하에서 대사전으로)

여기서 설골(舌骨)은 후두의 상부에 있는 반원형(半圓形)의 것이며 인대(靭帶)와 근육으로 후두의 연골에 접속하고 있다.

피열연골 앞 끝에서 갑상연골의 내부 한 가운데 수평으로 좌우 1대 1로 되어있는 주름이 성대(聲帶, vocal chords)다. 성대를 피열연골의 움직임과 자신의 근육의 신축에 의해 여러 가지 모양으로 바꿀 수 있다. 입술같이 생겼고 길이는 전후 남자가 2cm, 여자(그리고 어린이)는 1.5cm 정도이다.

성대의 입구를 성문(聲門, glottis)이라 하고 두 성대간의 틈을 성문열(聲門裂)이라고 한다. 그리고 성문 중에 두 성대 간의 부분이 성대성문(聲帶聲門, chord)이다.

후강의 앞 단면에서 성대 부근을 보면,

16. 후강의 앞 단면

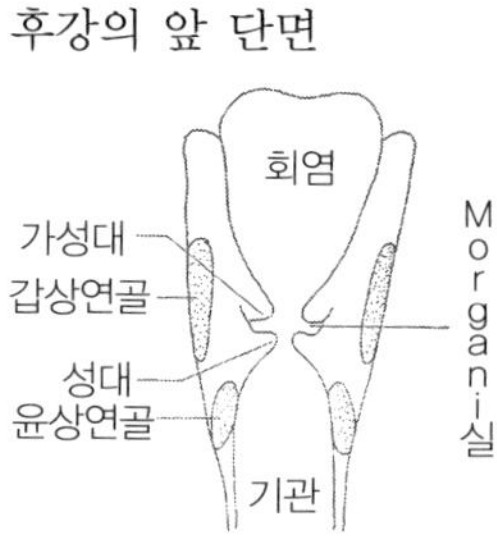

(대사전 1976 : 786)

17. 후두의 단면 약도

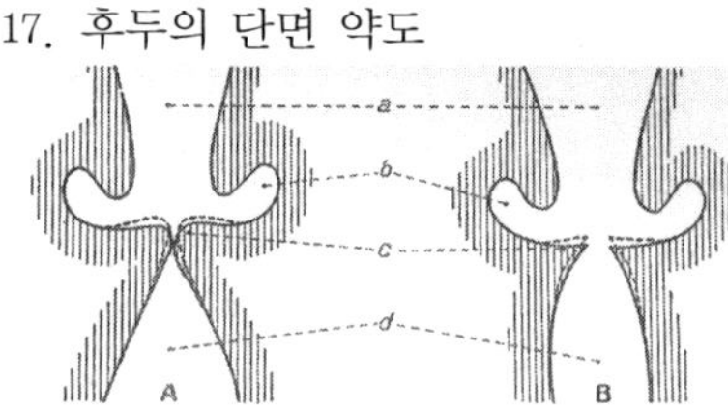

a.인두강, b.Morgani실, c.성대, d.기관(氣管)
A.저성역(聲域), B. 고성역(聲域)

(Malmberg 1963 : 24)

왼쪽 그림에서 회염(會厭)은 후두개를 말하며, 후두의 작용에 의해서 음식물이 후두에 들어가지 않도록 후두의 입구를 보호한다.

후두개에 의해 후두와 인두(咽頭)의 경계가 지어진다. 곧 후두의 상부가 인두이다. 여기서 음식물의 통로와 음성기류의 통로가 갈린다. Morgani(씨)실(室)은 성대와 그 위에 있는 가성대(假聲帶, false vocal cord) 사이에 있는 우묵한 곳이다. 앞의 단면도에서는 새의 양 날개처럼 수평으로 움푹 들어가 있다. 그 곳의 점막(粘膜)에는 점액선(粘液腺)이 많아서 그 점액이 성대에 물기를 주어서 성대의 본래의 발성운동을 보다 매끄럽게하게 한다고 한다.

가성대는 Morgani(씨)실 위에 좌우에서 좁아지는 두 개의 주름으로 된 것인데, 그 모양이 마치 성대와 닮다 해서 가성대라고 한다. 성대의 조음에 다소의 보조적 구실을 한다.

가성대 위는 공간이 넓어지고 그 주변에 후두개(연골)가 있고 인두강이 자리하고 있다. 오른쪽 그림(17.)(후두의 단면약도)에서 a.가 인두강, b.가 Morgani실, c.가 성대, d.가 기관(氣管)이다.

A는 낮은 성구(聲區)(胸聲區)로 인강 공명의 음색을 지니는 성구이고, B는 높은 성구(頭聲區)로 비강 공명의 음색을 지니는 성구임을 나타내고 있다. 곧 A는 성문의 개폐운동을 주로 하는 소리로 인강 공명의 중심을 두는 것이며, B는 비강 공명에 중심을 두는 성구이다. 성구는 성대의 진동양식에 의해 구분되는 부분적 성역(聲域)을 이른다.

12.도의 성문개폐의 움직임이 정지한 상태로 호흡 혹은 발성과의 관계를 표시하면,

18.

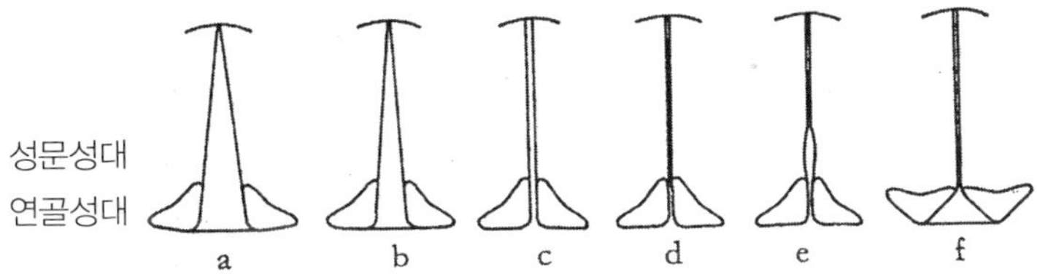

(Schubigel 1970 : 17)

여기서 성문성대는 앞부분의 갑상연골 사이의 것이고, 연골성대(cartilage)는 뒷부분의 파열연골 사이의 것이다. 두 성문은 독립적으로 개폐될 수 있다.

a.는 보통호흡시의 성문의 상태이다.

b.는 유기음(有氣音) 낼 때의 상태이다. 유기음은 한국어의 k‘ (kʰ) t‘ (tʰ) p‘ (pʰ)에서 보이며 이는 의미구별의 기능을 지닌 음운으로 변별하고 있다. 일본어는 그러한 음운으로서의 변별성은 없으나 음성적으로는 존재한다. 예를 들면 aka(赤)/akai(赤い)에서 k음은 경우에 따라 유기음(k‘)으로, 경음(k’)으로 나타나지만(아카이/아까이), 다른 소리로 의식하지 않을 뿐이다.

c.는 연골성문이 닫히고 성대성문의 약한 틈새가 있는 상태이다. 그 틈새로 호기가 나오면서 성대를 규칙적으로 진동하게 되면 유성음이 생긴다.

d.는 양쪽의 성대가 밀착하고 성문이 완전히 닫힌 상태이다. 성문 아래 부분이 기압을 높이려고 폐쇄를 풀면 폐쇄음(성문폐쇄음/파열음)(glottal stop) [ʔ]이 생긴다.

일본어의 촉음(促音)은 이것으로 표시하기도 하고,

ita (在た)
iˀta (行った)

a행의 어두에서 긴장음을 ˀ로 표시하기도 한다.

ˀa, ˀi, ˀu ……

음운적으로는 음절구조의 CV의 일관성을 위해 어두 자음(C-)구실을 하는 것으로 하기도 한다. 음성적으로는 어두, 어중에서 k, t, p 폐쇄음에서 많이 실현된다.

e는 낮게 속삭일 때의 약한 상태이다.

f는 무대에서 속삭일 때의 강한 상태이다. 성대성문은 닫혀 있고 연골성문은 열려있다.

이렇게 보면 후두(성문)에서의 언어음의 생성은 성문폐쇄음, 유기음, 유성음인데 이중에 유기음만은 일본어에서의 지적 변별력이 없는 것이 된다. 그리고 성대의 진동은 폐에서 올라오는 공기를 농박(濃薄)시키므로 여기서 기류는 진동하는 공기의 흐름이 되고 성대 이상의 공명실을 지날 때에 변형되어 고유의 주파수를 만들게 한다.

성문 이상의 부분에서 여러 가지 음성이 산출되는 것을 조음(調音)이라 하고 그러한 일을 하는 음성기관을 조음기관이라고 한다. 보통 우리가 발음이라고 하는 것은 이러한 일을 포함해서 언어음을 내는 것을 일반적으로 일컫는 말이다.

1.2.4. 음성통로

성문 위에 인강(咽腔), 구강(口腔), 비강(鼻腔)이 있어 이것이 음성통로가 된다. 곧 후두에서 올라온 기류에 대해 공명실 구실을 하는 공명체가 된다.

먼저 인두(咽頭, pharynx)는 14의 그림에서 7의 부분이다. 그 공간이 인강(咽腔)이다.

인두는 후두의 상부이고 후두개에 의해 경계가 지어진다. 설근과 인두벽 사이에 있다. 그 좌우를 다소 줄일 수 있어 그 좁은 공간에서 마찰음이 생성될 수 있다. 또 공동(空洞) 모양의 변형(곧 공명실의 변형)으로 모음의 음색에도 영향을 준다.

목 부분인 후두와 그 상부의 인두를 합쳐서 인후(咽喉)라 하는데, 다음 19처럼 두 구역으로 나뉘어 후강과 인강으로 나누어 음의 산출의 차이를 나타낸다.

앞에서 본대로 후강에서는 유기음, 무성/유성의 구별, 성문폐쇄음(ʔ)이 생기는데 마찰음의 h, ɦ도 여기에 포함된다. 이를 후두음이라고 한다. 보통 성문음(聲門音, glottal)이란 말을 쓴다.

인강에서는 마찰음의 h, ç의 구별이 있으나 일본어의 ha, he, ho는 후강의 성문의 무성 마찰의 h다(그 유성음은 ɦ). 따라서 인두음은 일본어에서는 특별히 구분하지 않는다.

19.

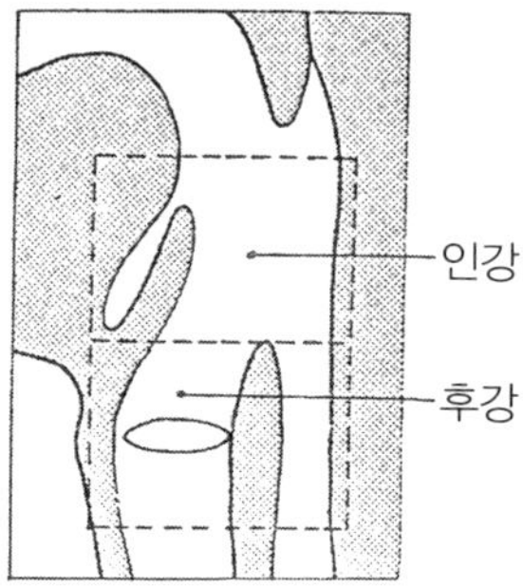

(대사전 1976 : 64)

20.

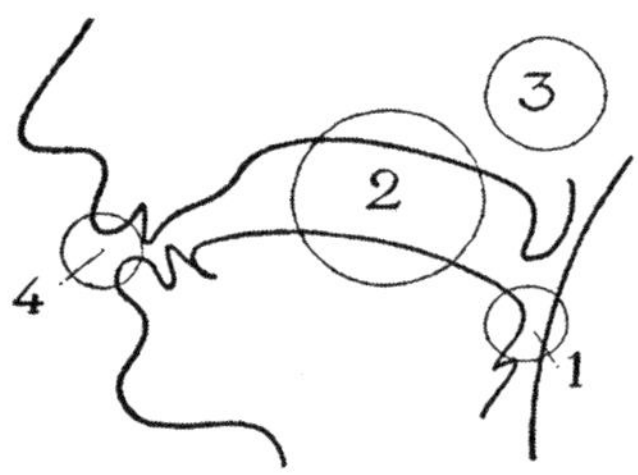

(Malmberg 1963 : 27)

21.

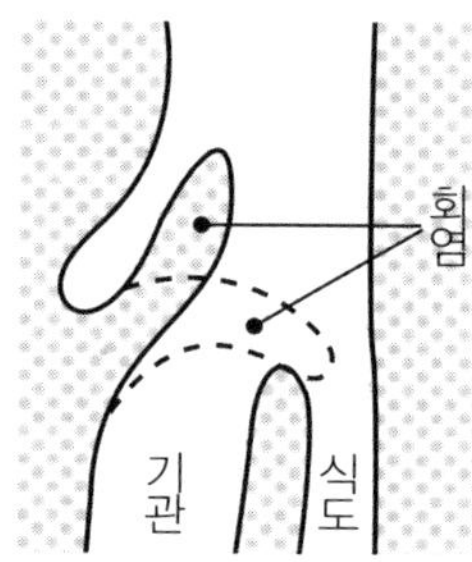

(대사전 1976 : 95)

인두로부터의 기류의 출구에는 두 개가 있다. 20의 ②의 구강과 ③의 비강이다. 따라서 인강, 구강, 비강이 공명체로서 그 크기와 모양에 따라 고유의 주파수를 지닌다. 같은 주파수의 음파라도 이들을 통과할 때 반응하여 고유의 진동수를 가진 음파를 발생시켜 본래의 음파와 겹치게 된다(복합음). 앞의 20의 그림은 음성기관의 4대 공명실을 보인 것이다.

①은 인강에서의 설근 내지 연구개와 인두벽 사이의 조절에 의한 것이고, ②의 구강에서는 혀의 조음점에 대한 여러 가지 변형으로, ③은 비강에 공기가 흘러감으로써, ④에서는 입술에서의 원순화에 의한다.

인두는 제1 아래에 있는 공명실이고, 비강은 제1 위에 있는 공명실이다. 이같이 공명(共鳴, resonance)이란 하나의 진동이 다른 공명체(앞서의 인두, 구강, 비강, 입술)에서 생긴 진동(수)과 맞으면 진폭이 큰, 곧 강한 음을 내게 되는 것을 이른다.

21.은 후두개 연골의 회염(會厭)이 기관에 음식물이 들어가지 못하게 하는 기제를 보인 것이다. 말을 하면서 식사하게 되면 바쁘게 상하로 움직여야 한다.

22.

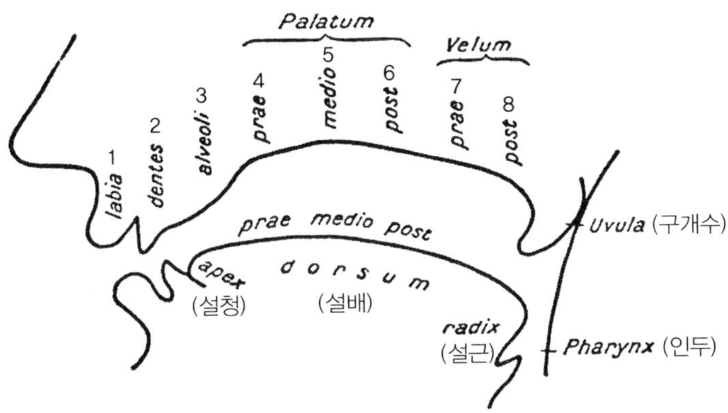

(Malmberg 1963 : 26)

여기의 명칭은 음성학 용어의 바탕이 되는 라틴어의 명칭이다.

1은 입술, 2는 이, 3은 치경, 4는 경구개 전부, 5는 그 중부, 6은 후부이다. 7은 연구개 전부, 8은 연구개 후부이다.

그림 20은 연구개 혹은 구개범(口蓋帆, velum)이 비강에의 통로가 열려있는 것이고, 22는 막혀있는 상태다. 연구개의 가장자리에 아래로 늘어져있는 부분은 구개수(口蓋垂) 또는 현옹수(懸壅垂)라고 한다. 비강에의 통로를 실지로 막고 있는 것은 22에서 보이듯 구개수가 아닌 구개범 또는 연구개이다.

비강(鼻腔)은 목젖(懸壅垂) 이상으로부터 콧구멍(鼻孔)에 이르기까지의 빈 공간을 가리킨다. 중앙벽(鼻中隔)이 있어서 좌우의 두 통로가 두 구멍으로 기류가 나오게 된다.

다음의 23 그림에서 비강에의 통로가 막혀있고 구강에 기류가 흘러서 생기는 소리를 구(강)음(口(腔)音), 비강에의 통로가 열려있어서 그 쪽으로 기류가 흘러서 생기는 소리를 비(강)음(鼻(腔)音)이라고 한다.

23.

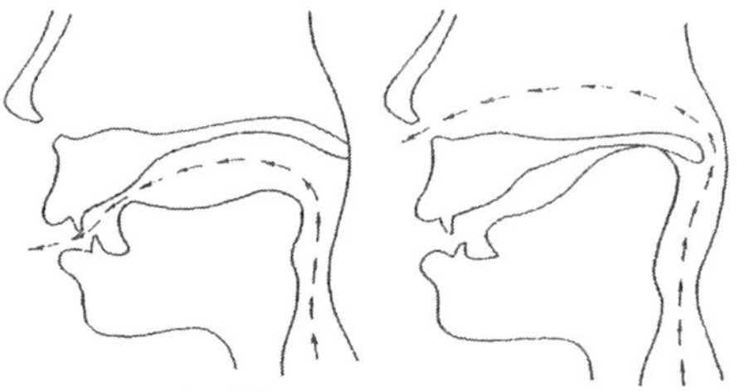

(대사전 1976 : 309)

비강은 입술이나 혀처럼 자유스럽게 움직이지 못한다. 목젖이 아래로 늘어져 인두벽 사이가 비어있을 때만 기류가 흘러 들어와서 특유의 공명음을 생기게 하는 것이다.

비음에는 양순의 m, 치경의 n, 연구개의 ŋ이 있고, 이외에 일본어에 구개수(현옹수)에서의 N이 있다. 조음점은 폐쇄음의 경우와 같고 모두 유성음이다.

목젖을 포함해서 연구개 끝부분(연구개 단(端)음)과 이에 상응하는 후설(後舌)면과의 사이에서 조음되는 소리는 현옹수음(uvula sound)이라 하는데 다음과 같은 것이 있다.

무성 (연)구개단 폐쇄음 q
유성 (연)구개단 폐쇄음 ɢ
무성 (연)구개단 마찰음 χ
유성 (연)구개단 마찰음 ʁ

이들 자음은 일본어에서는 안 보이며, 이들과 같은 위치의 일본어의 N ((연)구개단 비음)만이 숨이 비강으로 흐르는 비음성을 지닌다. 일본어의 'ん'이 이에 해당한다.

구강(口腔)은 인두 앞에 있고 양순에 의해 개폐된다. 구강의 천장을 구개(口蓋, palate)라고 한다. 다음과 같이 세분된다.

다음은 Jespersen(1913 : 29)에서 빌린 것인데,

23.

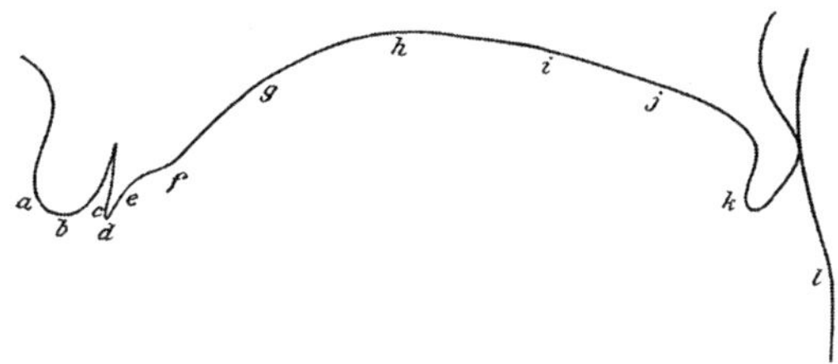

a, b, c.는 윗입술부분(앞, 아래, 뒤) ((22) 그림의 1.부분이 세분화되어 있다.)

d.는 앞니의 하단(下端)이고, e.은 앞니의 뒤쪽(齒裏), f.는 치조(齒槽)(突起)로 흔히 치경(齒莖)이라 한다. g.는 경구개(硬口蓋), h.는 고구개(高口蓋), i.에서 j.까지는 연구개인데 그중 j.는 구개범(口蓋帆), k.는 구개수(口蓋垂), l.은 인두벽이다.

곧 구개부분은 그 고점인 고구개를 기준삼아 그 앞쪽을 경구개, 뒤 쪽을 연구개로 2분된다.

22.도에 맞추어 보면 4~6까지가 경구개, 7~8까지가 연구개다. 구개는 고정적이고 아래의 혀가 자유자재로 상부에 접촉하여 조음이 된다. 상부(구개)와 하부(혀)를 정지된 상태에서 대응시키면 (22도 참조),

e.(22도 2)	——설첨(舌尖)
f.(22도 2~3 사이)	——설단(舌端)
g.(22도 4 경구개 전부)	——전설(前舌)면
h.(22도 5, 경구개 중부)	——중설면
i. - j.(22도 6~7, 경구개 후부, 연구개 전부)	——후설면
k.(22도 8, 연구개 후부)	——설근(舌根)

이와 같이 혀는 이빨을 상대하는 부분, 치경을 상대하는 부분, 경구개에 상대하는 부분, 연구개에 상대하는 부분에 따라 설첨, 설단, 전설 내지 중

설, 후설 내지 설근으로 6가지로 나뉘어진다. 설근의 혀뿌리는 혀의 뒤쪽의 1/3정도의 부분이다. 설첨과 설단은 구별하지 않기도 한다. 이 두 부분은 동시에 조음점에 접할 수 있어 설첨·설단음이 생긴다. 설첨·설단은 이빨, 잇몸(치경), 경구개에 닿을 수 있다.

일본어의 t, d는 치경 부분에서 나오는 순수한 설단음이 아니라 설첨을 상치(上齒)에 닿고 설단을 치경에 붙이고 폐쇄시켜서 내는 소리다. 설단설첨음, 치경치음(dentoalveolar)이라고 불리기도 한다. 영어의 t, d는 순수한 설첨음이라고 한다(대사전 1976 : 492). Hattori(服部 1983b : 101)는 같은 국제음성기호의 [t]로 표기되는 폐쇄음도 일본어의 t는 혀끝과 아래의 앞니(門齒)에서 조음되는 dental이고 영어의 t는 혀끝과 잇몸에서 조음되는 alveolar로 현저히 음색이 다르다고 하였다.

세계의 많은 언어들의 조음 부위가 각양이어서 구개 부위의 세분이 필요할 때도 있겠지만, 일본어의 경우에는 대개 입술 부분(양순음), 치경 부분(치경음), 경구개 부분(경구개음), 연구개 부분(연구개음)의 구별이면 충분하고 이외에 성문 부분(성문음)까지 보태서 자음 분류가 가능하다.

1.2.5. 자음의 조음(調音)

구개와 같이 고정된 장소는 조음점이라 하고, 혀처럼 움직이는 조음활동체를 조음체라고 한다. 조음체가 조음점에서 소리 내는 방식을 조음 방식이라고 하는데, 대개 자음은 조음점과 조음법의 2차원의 평면도에서 배열하는 식으로 배치되고 있다. 아래 24.는 국제음성학협회의 음성자모표이다. 그 표에서 A╲B표시는 필자가 임의적으로 나눈 항목인데 전자는 조음 방식, 후자는 조음위치를 나타낸다. 이외에 성문(聲門)에서의 무성/유성의 구별을 더하여 (같은 칸에서 왼편은 무성, 오른편은 유성) 그 세 가지의 구분으로 음성의 명칭이 부여된다.

24.

<table>
<tr><td></td><td>O</td><td>△</td><td>O</td><td>△</td><td>O</td><td>△</td><td>O</td><td>O</td><td>O</td><td>△</td><td>O</td></tr>
<tr><td>B / A</td><td>양순음</td><td>순치음</td><td>치음과
치경음</td><td>반전음</td><td>경구개
치경음</td><td>치경경
구개음</td><td>경구
개음</td><td>연구
개음</td><td>구개
수음</td><td>인두음</td><td>후두음</td></tr>
<tr><td>자음 폐쇄음</td><td>p⃝ b⃝</td><td></td><td>t⃝ d⃝</td><td>ʈ ɖ</td><td></td><td></td><td>c⃝ ɟ⃝</td><td>k⃝ g⃝</td><td>q ɢ</td><td></td><td>ʔ⃝</td></tr>
<tr><td>비음</td><td>m⃝</td><td>ɱ</td><td>n⃝</td><td>ɳ</td><td></td><td></td><td>ɲ⃝</td><td>ŋ⃝</td><td>ɴ⃝</td><td></td><td></td></tr>
<tr><td>측음 마찰</td><td></td><td></td><td>ɬ ɮ</td><td></td><td></td><td></td><td></td><td></td><td></td><td></td><td></td></tr>
<tr><td>비마찰</td><td></td><td></td><td>l</td><td>ɭ</td><td></td><td></td><td>ʎ</td><td></td><td></td><td></td><td></td></tr>
<tr><td>전동음</td><td></td><td></td><td>r⃝</td><td></td><td></td><td></td><td></td><td></td><td>ʀ</td><td></td><td></td></tr>
<tr><td>탄음</td><td></td><td></td><td>ɾ</td><td>ɽ</td><td></td><td></td><td></td><td></td><td>ʀ</td><td></td><td></td></tr>
<tr><td>마찰음</td><td>ɸ⃝ β⃝</td><td>f v</td><td>θ ð | sz⃝ | ɹ⃝</td><td>ʂ ʐ</td><td>ʃ⃝ ʒ⃝</td><td>ɕ ʑ</td><td>ç⃝ ʝ</td><td>x⃝ ɣ⃝</td><td>χ ʁ</td><td>ħ ʕ</td><td>h⃝ ɦ⃝</td></tr>
<tr><td>반모음과
무마찰지속음</td><td>w | ɥ</td><td>ʋ</td><td>ɹ</td><td></td><td></td><td></td><td>j(ɥ)</td><td>(w)</td><td>ʁ</td><td></td><td></td></tr>
</table>

(Schubiger, 1970:67)

B의 조음위치의 위쪽에 O을 친 것은 일본에서의 음성적으로 실현이 되는 것이고, 나머지는 그렇지 않은 것이다. 구개수음은 연구개음에 포함시키는 것이 보통이다. 그리고 후두음은 성문음의 이름으로 분류된다. O표시한 조음점에서도 일본어에 실현되지 않은 단음(單音)에는 O표시하지 않았다. △표시한 순치음은 중국어에서(현대는 f만), △의 반전음(反轉音, 전설음)도 현재 중국어에서(설첨후음), △의 치경경구개음은 역시 중국어에서(설면음, 예전에는 舌上音) 나타난다.

A의 조음법에 파찰음이 보이지 않고 있다. 일본어에서 파찰음은 치경음과 경구개음에 보이는데 치경음에서의 ts, dz, 경구개음에서의 tʃ, dʒ가 그것이다. 경구개음의 tʃ, dʒ는 앞표에서의 c, ɟ와 같은 표기로 나타내기도 하지만 폐쇄음 자리에 있어서 맞지 않는 것 같다.

파찰음의 표기는,

1) 연자(連字)로 ts tʃ dʒ

2) 합자(合字) ʦ ʧ ʤ

3) 연음부(連音符) t͡s t͡ʃ d͡ʒ

등의 방식이 있는데 이 책자에서는 연자로 하고 있다.

그리고 자음표기에 쓰이는 구별부호에 다음과 같은 것이 있다.

무성화	n̥	d̥
유성화	s̬	t̬
유기화	tʰ	t‘
순음화	t_w	
구개화	ƫ	

무성화는 유성음이 무성음화되는 것이고, 유성화는 무성음이 유성음화되는 것이고, 유기화는 무기음(평음)이 유기음화가 되는 것이다. 순음화는 순음이 아닌 음이 이중조음으로써 입술이 w에 가까운 모양을 갖추는 것이다. 일본어의 방언에서 kaʃi(菓子)의 k가 순음화되어 k^waʃi로 나타남과 같다. 연구개의 폐쇄와 입술의 원순화가 동시에 행해진다. 구개화는 구개음이 아닌 소리가 구개음화되는 것이다.

구개음화도 이중조음의 경우도 있으나 (tj dj nj sj) 제1조음을 거의 변화시키지 않은 채 낼 수도 있다.

이상의 국제음성자모에 실린 자음은 인간의 음성으로서 세계의 많은 언어에서 실현되는 것을 기호화한 것으로 일본에서 실현되지 않은 많은 것들이 포함되어 있다. 이하에서는 일본어에서 보이는 음성을 분류하면서 보이면 다음과 같다.

25.

조음위치 / 조음방법	양순음	치경음	경구개음	연구개음	성문음
폐쇄음(파열음)	P b	t d		k g	ʔ
마찰음	ɸ β(w)	s z	ʃ ç ʒ(j)	x ɣ	h ɦ
파찰음		ts dz	tʃ dʒ		
비음	m	n	ɲ	ŋ N	
유음		r(l, r, ɾ)			

이는 일본어의 공통어의 동경어를 기준으로 한 것이고, 방언에서는 이외의 음들이 실현될 수 있다.

여기서 조음위치 별로 정리해 보면,

양순음	조음점	윗입술		
(兩唇音, bi-labial)	조음자	아랫입술		
	조음법	폐쇄음	무성	p
			유성	b
		마찰음	유성	ɸ
			유성	β
		파찰음	없음	
		비음	유성	m (ま행의 두자음)
		유음	없음	

p는 외래어의 표기에 쓰이는 pa행의 두자음으로, 혹은 한자어에서도 촉음이나 발음(撥音) 다음의 pa행의 두자음으로 나오는 소리다.

ピアノ(piano)　　　いっぱい(一杯)　　　しんぱい(心配)

b는 ba행의 두자음으로 실현된다.

ɸ는 ha행의 u단음에서 나타난다. /h/의 조건이음(條件異音, conditional allophone)이다.

β는 어중의 b음이 약하게 발음할 때 나오는 자유이음이다. ba행의 u단 곧 'ぶ'의 두자음과 같은 것이다.(あぶない(危)의 ぶ의 두자음).

[ɸ]는 /h/가 -u 앞에서 꼭 그러한 소리로 나타나는 조건이음이고, [β]는 /b/가 -u의 앞에서 그렇게 낼 수 있고 그렇게 나지 않을 수 있는 자유이음(自由異音, free allophone)이다. 곧 [ɸ], [β] 그 자체는 의미변별 기능을 지닌 음운이 아니다.([ ]는 음성을, / /는 음운을 나타낸다).

치경음 (齒莖音, alveolar)	조음점	앞니의 치경	
	조음자	설단	
	조음법	폐쇄음	무성 t
			유성 d
		마찰음	무성 s
			유성 z
		파찰음	무성 ts
			유성 dz
		비음	유성 n
		유음(설전음)	유성 r

일본어의 ra행 두자음은 음성적으로는 설전음의 r이기보다 설탄음(舌彈音)의 ɾ이다. 모음 사이에서 더욱 그렇다. 설측음의 l도 실현되기도 한다. Kumamoto(熊本)방언에서 la행으로 발음된다. 이들을 r로 표시하였다. 여기서는 r음을 치경음으로 분류하였지만 일본어의 경우 조음점이 약간 뒤쪽이다. 후부치경음이라는 이름도 있다.

파찰음의 ts는 ta행의 u단의, dz는 da행의 u단의 소리다. 마찰음의 z와 다른 점은 주로 z는 모음 사이에, dz는 어두 또는 n 다음에 실현된다.

경구개음(硬口蓋音, palatals) 두 가지로 나뉜다.

1) 경구개치경음(palato-alveolar)

조음점	경구개(전부)		
조음자	설단(내지 전설)		
조음법	폐쇄음	없음	
	마찰음	무성	ʃ
		유성	ʒ
	파찰음	무성	tʃ
		유성	dʒ
	비음	없음	
	유음	없음	

무성 마찰음의 ʃ는 일본어의 sa행의 i단에서 실현되는데 구개음화된 [s]다. 유성의 ʒ는 모음 사이에 있는 za행의 i단에서 실현된다.

무성 파찰음의 tʃ는 ta행의 i단에서 실현되는데 구개음화된 [t]다. 유성의 dʒ는 za행의 i단에서 실현되는 것(어두 또는 n 다음)이다. 비음의 ɲ도 n가 i단에서 실현되는 음이다.

이처럼 앞서의 치경음(t d n)이 [i] 후행모음 앞에서 전설면이 경구개에 다가서서 경구개 마찰음이나 파찰음이 되는 것을 구개음화(口蓋音化, palatalization)라고 한다. 이 때의 혀와 구개의 접촉면은 넓어진다.

Hattori(服部 1983b : 101)는 일본어의 [ʃ], [tʃ]의 마찰음이나 파찰음은 혀 끝과 아래의 앞니와 위의 잇몸 부근에서 조음된다고 하였다. 같은 paratal(구개음)이라도 일본어의 [ʃ], [tʃ]는 자세히는 pre-palatal이고, 불어의 [ʃ], 러시아어의 [tʃ]는 혀끝과 위의 잇몸 부근에서 조음되는 palato-alveolar이어서 양자는 현저히 음색이 다르다고 하였다. 이러한 음성적인 구개음화말고 음운사적으로 비경구개음이 경구개음으로 변화한 것도 구개음화라고 한다. ta행 i단의 ti＞ci, 고대의 ki음의 ci음화(kinofu＞cinu(昨日))등의 그것이다.

여기서의 경구개음은 경구개의 전부에서 나오는 것이고 다음의 것은 보다 뒤의 것인데, 일본어에서는 일반적으로 하나로 묶는다. 경구개치경음에서 폐쇄음, 비음, 유음이 없는 것은 조음자가 조음점에 일단 정지하고 파열시키기 어렵고 비음이나 유음을 낼 정황을 갖출 수 없기 때문이다.

2) 경구개음

조음점	경구개(중부)	
조음자	전설면	
조음법	폐쇄음	없음
	마찰음	무성 ç
		유성 j
	파찰음	없음
		유성 ɲ
	비음	없음

[ç]는 ha행 i단 및 ha행 요음절(拗音節)에 나타난다.

çi (火)　çaku (百)

[ɲ]는 na행의 i단 및 na행 요음절에서 나타난다.

ɲiku (肉)　ɲo:bo: (女房)

앞에서의 경구개음(경구개치경음)에서의 ʃ, ʒ, tʃ, dʒ와 마찬가지로 i모음에 선행하는 환경적 조건을 지닌다. 모두 독립된 음운으로 인정되지 않고 전자는 /h/의, 후자는 /n/의 이음(조건적 이음)으로 처리된다.

여기서 폐쇄음 그리고 유음이 없는 것은 앞서의 경구개치경음의 경우와 같고, 비음의 ɲ는 본래의 치경음의 n의 비음성을 지탱하고 있기 때문이다.

연구개음(軟口蓋音, velars) 두 가지로 나뉜다.

1) 연구개음

조음점	연구개		
조음자	후설면		
조음법	폐쇄음	무성	k
		유성	g
	마찰음	없음	
	파찰음	없음	
	비음	ŋ	
	유음	없음	

마찰음이나 파찰음 그리고 유음이 없는 것은 구개의 끝자락에서 조음자의 그러한 발음의 불가능하기 때문이다.

k는 ka행의, g는 ga행의 두자음이다. ŋ은 동경어에서 어중 ga행음에서 보인다.

kagami —— kaŋami(鏡), kagi —— kaŋi(鍵)

2) 구개수음(口蓋垂音, uvular sounds)

조음점	연구개 최후부(口蓋垂)		
조음자	후설면 후부		
조음법	폐쇄음	불가능	
	마찰음	유성	x
		유성	ɣ
	파찰음	불가능	
	비음	N	
	유음	불가능	

[x]는 [h]보다 강한 마찰적 조음(噪音)을 수반하는 것이다. 긴장된 마음에서 하는 'はい'에서는 [x]가 나타난다. 그저 하는 'はい'에서는 [h]가 나타난다. 따라서 [x]는 /h/의 자유이음이다.

[ɣ]는 ga행 비음[ŋ]이 없는 방언에서 모음 사이에서 나타난다.

kago(籠) → kaŋo, kaɣo　　agaru(上) → aŋaru, aɣaru

음질상 ɣ음은 kagami〉kaŋami〉kaɣami처럼 ga음이 점점 약해져서 거의 [가아미]와 같이 나게 되는 소리다.

[N]은 일본어(공통어)에서 하나의 mora로 발음되는 소리다.(本 ほん). 이 음이 [ŋ]보다 연구개의 후부라는 것은 다음 발음을 미루어 알 수 있다. [kaŋi](鍵)의 ŋi와 [kaNi](簡易)의 'Ni'의 발음을 견주어 보면 후자의 조음점이 전자보다 더 안쪽에 있는 것을 알 수 있다.

성문음(聲門音, glottals)

조음점과 조음자	성문음은 구개음이 아니므로 조음점과 조음자는 지정할 수 없다. 양쪽의 성대의 개폐의 작용에서 생기는 소리이므로 넓게 양쪽의 성대가 조음점이면서 조음자라고 할 수 있다.

조음법	폐쇄음	무성 ʔ	
	마찰음	무성 h	
		유성 ɦ	
	파찰음	불가능	
	비음	불가능	(성대는 기류가 비강에 빠지기 이전의 장소)
	유음	불가능	(유음은 비강에서 산출)

[h]는 ha행의 두자음으로 ha, he, ho에서 실현된다. 성대가 완전히 개방된 상태에서 나는 소리이다.

[ɦ]는 h가 모음 사이에서 유성화 되면서 [h]음이 들릴 듯 말 듯 할 때의 소리다. 더 약해지면 a행 소리가 된다.

haha(母) 〉 haɦa 〉 ha'a

이 외에 반자음(반모음)의 w는 양순음(마찰음, 유성)의 [β]가 더욱 약하게 되어서 거의 마찰이 없게 되는 소리다. wa(輪)의 w와 같은 소리로 그 자체는 음절주음(音節主音, syllabic sound)이 되지 못한다. u(ɯ)처럼 자체력으로 발음하지 못하고 후속 주모음의 앞에서 u(ɯ) 발음 준비만 하고 다음의 주모음과 함께 wa(우아가 아닌 와)로 동시에 내는 소리다. 따라서 그 자체는 하나의 음절을 이룰 수 없으며 (그리서 비성절음(非成節音, non-syllabic) 곧 하나의 부음(副音, non-syllabic)으로 다른 주음과 더불어 이중모음을 이룬다. 다만 이중모음은 한 음절만 이루기 때문에 그저 중모음(重母音)이라고 하기도 한다.

경구개음의 j(로마자(알파벳)의 표기와의 혼돈을 피해서 y로 쓰기도)도 이와 마찬가지인데, 이들은 반모음(半母音, semi-vowel) 혹은 반자음(半子音, semi-consonant)이라고 한다. w를 양순반모음(/반자음), j를 경구개 반모음(/반자음)이라고 부른다. 반모음이란 이름은 주음의 모음과 행동을 같이 하는 데서, 반자음이란 이름은 음성적 특징은 모음보다 오히려 자음에 가까운 데서 온다.

일본어의 앞서의 반모음은 wV, jV의 경우는 있어도 Vw, Vj의 경우는 없다. 전자의 경우를 상승적(上昇的) 이중모음(rising diphthong)이라 하고 후자의 경우를 하강적(下降的) 이중모음(falling diphthong)이라고 한다. 상승적 이중모음의 반모음은 주모음쪽에서는 이행이 시작되는 점에서 on-glide(시활음〈始滑音〉)의 소리라고 한다.

이에 대해 하강적 이중모음의 반모음은 주모음쪽에서는 이행을 넘기는 점에서 off-glide(착활음〈着滑音〉)이라고 한다. 한국어의 조사 '의'의 경우는 하강적 이중모음의 경우다. 중심이 '으'에 있다.

이번에는 조음방법의 다섯 가지에 대하여 알아보면,

구강 상하의 조음기관(조음점, 조음자)이 구강 내의 기류(호기(呼氣))의 흐름을 어떤 식으로 방해하고 있는가가 조음방법이다. 조음단계는 on-glide, 지속부(持續部, hold/retention), of-glide로 나뉘어지는데 폐쇄음의 경우 뚜렷이 나타난다.

1. 폐쇄음(閉鎖音), (/파열음(破裂音))(plosive) 상하위 기관에서 일시 폐쇄되어 있다가 갑자기 방출(放出)되는 소리다.

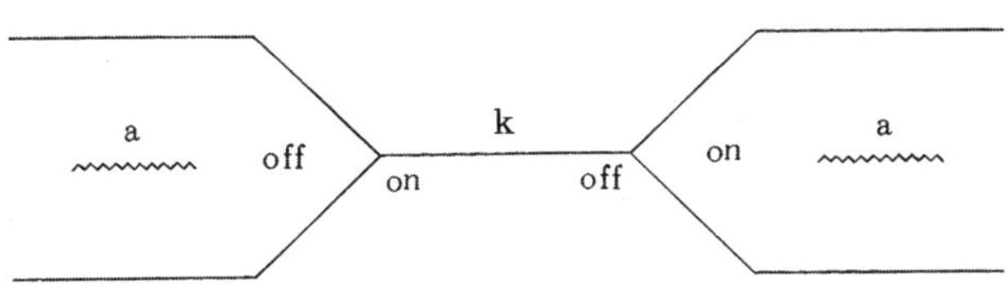

a에서 k로 후설면이 연구개를 폐쇄하는 과정은 a 처지에서는 후설의 연구개 폐쇄로 옮기는 과정(off-glide)이고, k쪽에서는 폐쇄의 시작을 일으키는 과정(on-glide)이다. 그 상태가 지속되다가, 파열하여 다음 a로 넘긴다(off-glide). 이는 후행의 a의 처지에서는 발음이 시작되는 과정(on-glide)이 된다. 이와 같이 폐쇄음은 on-glide-지속부-off-glide의 3단계의 조음운동을 보여준다.

윗 그림에서 a가 ak처럼 k가 파열되지 않은 채로 끝났을 때는 k는 내파음(內破音 implosive)이며 aka의 k처럼 파열된 것을 외파음(外破音 explosive)이라고 한다. 곧 전자는 k에서 on(on-glide)이 지속된 상태이고, 후자는 off(off-glide)하였을 때의 상태이다.

일본어에서는 ka행 : ga행, ta행(ta, te, to) : da행(da, de, do), ba행 : pa행의 자음이 폐쇄음이다. 성문음의 ʔ도 포함된다.

2. 마찰음(摩擦音, fricative) 상하위 발음 기관의 간격이 협착한 데를 기류가 마찰하면서 방출하는 음이다.

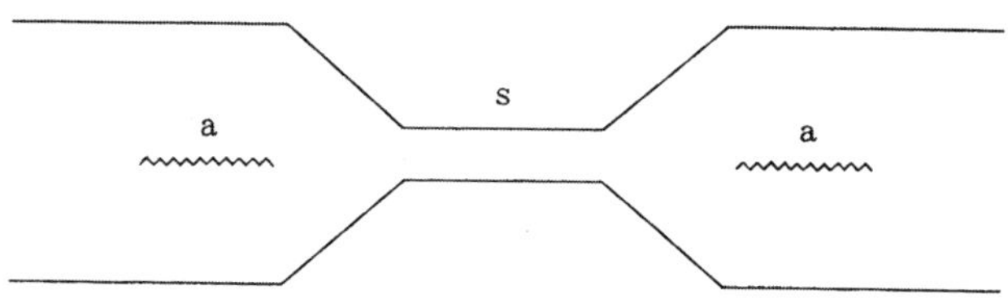

a에서 s로 옮기는 과정에서 협착한 s의 지속부에서 마찰이 있게 되어 생기는 것이다.

마찰음은 모든 조음 위치에서 산출된다. 양순음의 Φ, β. 치경음의 s, z. 경구개음의 ʃ, ç, ʒ, 연구개음의 x, γ. 성문음의 h, ɦ가 그것이다.

3. 파찰음(affricate) 폐쇄 다음에 곧 이어서 마찰이 일어나는 음이다.

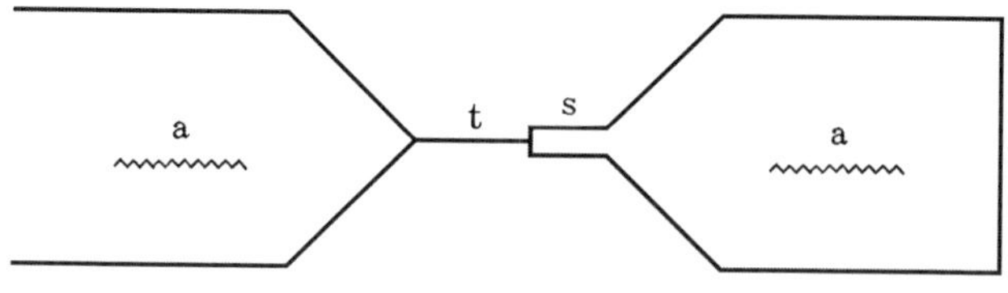

여기서 t의 on-glide와 폐쇄 지속은 폐쇄음과 같으나 off-glide가 다르

게 행해진다.

폐쇄음의 경우는 갑자기 개방되지만 폐쇄의 힘이 약하고 좀 느린 경우는 서서히 개방되면서 그 틈을 기류가 마찰하면서 유출되어져 생긴다. 폐쇄와 마찰의 두 조음이 밀착되어 있기 때문에 두 소리로서가 아니고 하나의 소리로 느끼게 된다.

파찰음은 치경음과 경구개음 자리에서만 생길 수 있다. 치경음 자리에서의 ts dz, 경구개음자리에서의 tʃ, ʤ가 그것이다.

4. 비음(鼻音, nasal) 기류가 비강을 지나 거기서 공명하는 소리다. 조음위치는 후음 자리 이외에 모든 자리에서 산출된다.

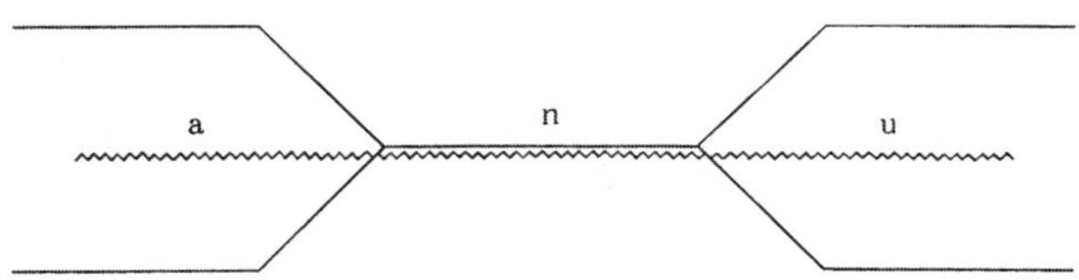

일본어의 비음 m, n, ŋ 그리고 N은 어말에서 음운적으로 특수음소로서 /N/에 통합된다. /N/이 여러 가지 음성 환경에 따라서 m, n, ŋ의 이음으로 실현된다고 보는 것이다. 근세의 일본의 음운학자는 한자음에서의 ŋ을 후내(喉內), n을 설내(舌內), m을 순내(脣內)의 3내음으로 구별했었지만 지금의 한자음에서는 그러한 말은 잘 쓰지 않는다.

5. 유음(流音, liquid) 구강음을 통하여 나가는 기류에 대해서,

1) 구강의 어느 부분에서 조음기관이 중앙부를 폐쇄하여 그 양쪽 또는 한쪽으로 나오는것. l(설측음〈舌側音〉)
2) 탄력성 있는 설단이 비교적 빠르게 몇 번 떨리며 울려서 나오는 것. r(설전음〈舌顫音〉)

3) 한번만 두들겨서 나오는 것. ɾ(설탄음〈舌彈音〉)

이들 음은 ra행 두자음의 소리인데 어두나 발음(N) 다음에는 [l]로, 어중 모음 사이에서는 [ɾ], 그것을 노래로서 떨게 울리며 부를 때는 [r]로 나타난다. 어떻게 보면 이들은 조건이음적이지만 매끄럽게 나오는 소리인 이상 수시로 변할 수 있는 자유이음적인 것이다. 이들은 /r/의 음소로 통합하고 있다.

여기서 참고로 음성을 가시적인 모양으로 기록하는 장치의 하나인 kymograph로 찍은 무기와 유기의 폐쇄음과 마찰음 그리고 파찰음의 과정을 보이면 (Schubiger 1970 : 75),

26.

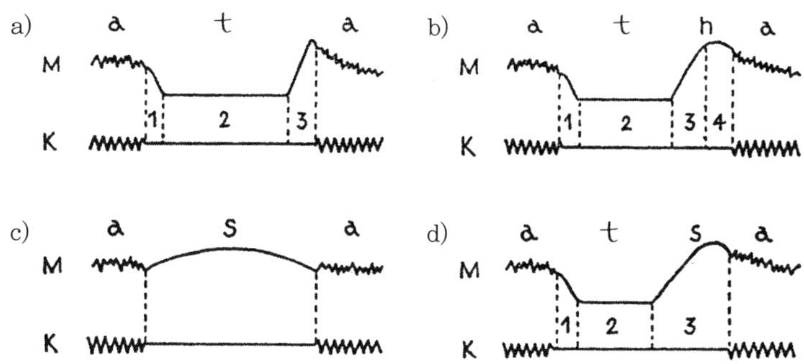

a)는 무기폐쇄음, b)는 유기폐쇄음, c)는 마찰음, d)는 파찰음이다.

1의 단계가 내파, 2의 단계가 지속부, 3의 단계가 외파이다. 파형은 성대의 울림을 나타낸다. a)와 b)의 무기/유기의 차이는 b)에서 외파 3의 다음에 제4의 부분으로서 짧은 단계가 있다(M은 구강곡선, K는 후두선).

이상의 조음 부위의 조음법 이외에도 일본어와 관련될 수 있는 것을 보태두고자 한다.

6. 치간음(齒間音)(interdental)

조음점	윗니의 첨단(尖端)		
조음법	마찰음	무성	θ
		유성	ð

이들 음은 영어학습시에 익히던 것이므로 발성에는 익숙할 것이다. θ는 Tosa(土佐)방언에서 toθa(土佐) 등에, ð는 Nara현의 일부 방언에서 eða(枝), kaðe(風) 등에서 보인다고 한다(服部 1951a : 95).

7. 순치음(脣齒音)(labio-dental)

조음점	윗니		
조음자	아랫입술		
조음법	마찰음	무성	f
		유성	v
		유성	ɱ

[f], [v]는 영어학습에서 익히던 것이므로 발성법에 익숙할 것이다.

중국에서는 당초(唐初)때 f, v, ɱ을 경순음(輕脣音)(非 f, 奉 v, 微 ɱ)이라 하여 중순음(重脣音)과 구별하고 있었다. 당시의 당의 중국음과 일본 한자음이 밀접한 관계에 있었다고 보면 일본의 한자음 연구에 참고되는 소리다.

참고로 몇가지 자음의 조음의 단면도를 보이면, 다음의 27의 1) (k), 2) (t)는 Schubiger (1970:77)에서, 3) (r), 4) (ɹ), 5) (ɩ)은 역시 Schubiger (1970:86)에서, 7) (ts), 7) (tʃ)은 Malmberg (1963:52)에서 뽑은 것이다.

27.

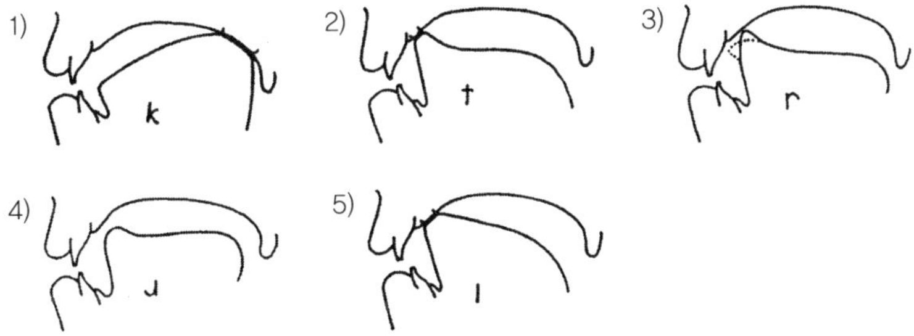

6) ts

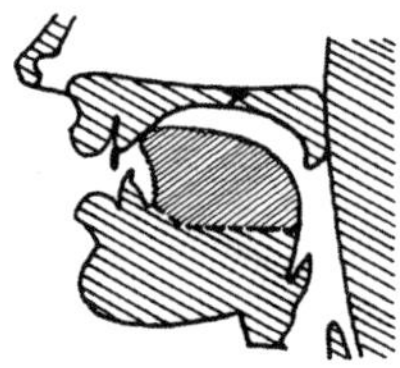

7) tʃ

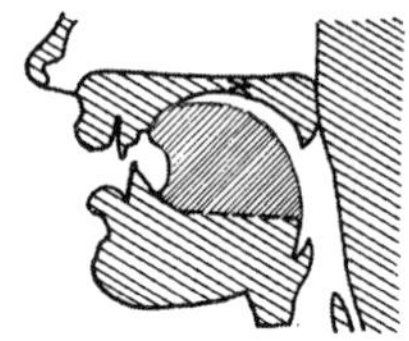

이러한 단면도는 X선으로 찍은 것을 그 윤곽만을 선으로 그어 보인 것인데, 3)은 전설의 치경설전음, 4)는 전설(치경)마찰음이다. 5)의 l은 기류가 혀의 측면으로 유출한다.

1.2.6. 모음의 조음

거의 모든 모음은 구음(口音)이다. 따라서 모음의 음질은 구강 공명실의 모양 곧 어떤 구개 아래에서 혀가 어떤 특정의 자리에서 조음 활동을 하는가에 의해 구별된다.

	양순음 자리	경구개 자리		연구개 자리
		전설	중설	후설
협(狹)(閉)	(y ʉ u)	i y	ɨ ʉ	ɯ u
반협(半狹)(半閉)	(ø o)	e ø		ɤ o
반광(半廣)(半開)	(œ ɔ)	ɛ œ	ə	ʌ ɔ
		æ	ɐ	
광(廣)(開)	(ɐ)	a		ɑ ɒ

이상은 국제음성기호의 일람이다(구분도는 필지가). 이들의 이해를 위해 D. Jones(1960:52)의 기본모음의 이해가 필요하다. (28)의 1), 2)가 그것이고 3), 4)는 Malmberg(1963:38)에 의해 1)의 모음에 상응하는 혀의 움직임을 나타낸 것이다.

28. 1) 제1차적 기본 모음

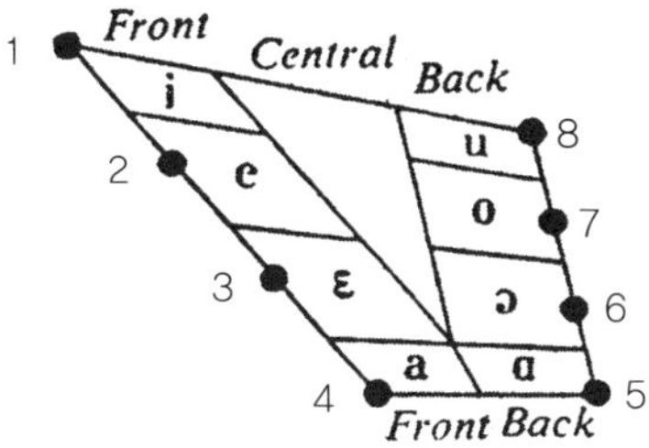

2) 제2차적 기본 모음

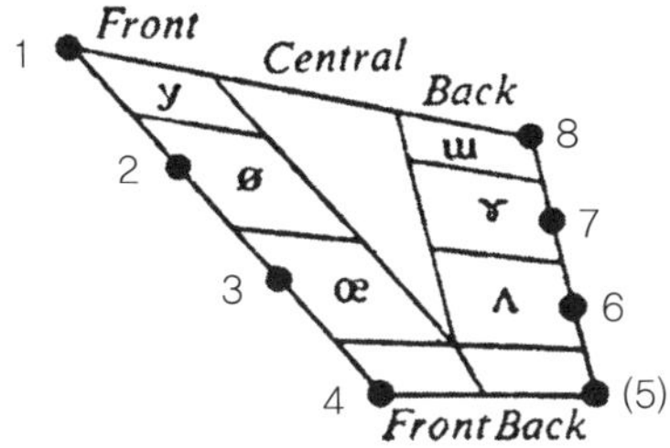

3) 전설모음(평순)

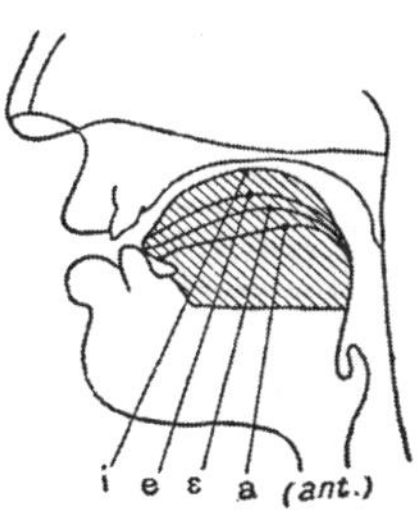

4) 후설모음(원순)

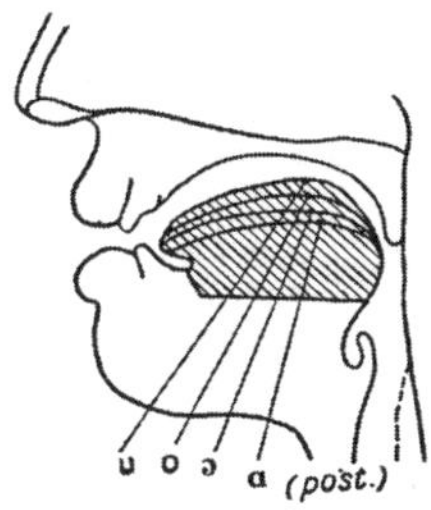

28의 1)의 전설(前舌)모음(front vowel)은 구개를 향하여 전설면이 올라가고, 28.의 2)의 후설(後舌)모음(back vowel)은 혀의 후설면이 올라간다. 그 중간의 것을 중설(中舌)모음(central vowel) 이라고 한다.

중설모음에 해당하는 음의 자리는 대개 다음과 같다.

29.

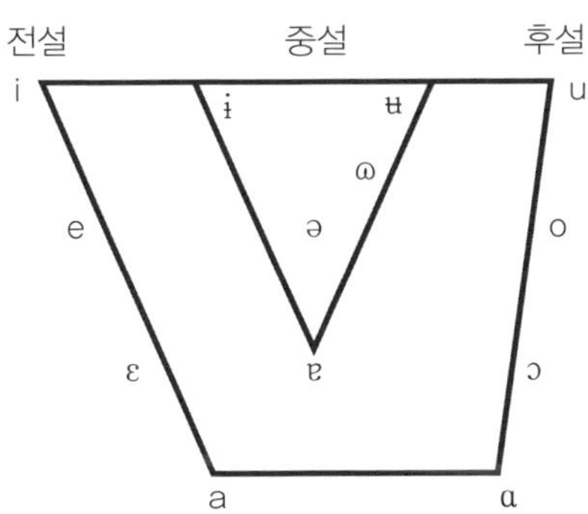

중설 모음에서 ɨ는 비원순·협모음, ʉ는 원순·협모음, ɵ 원순·반의 반폐모음, ə는 비원순·중앙모음(애매모음, shwa), ɐ는 비원순·반의반개모음이다. 이외에 원순·반폐모음의 ɵ가있다.

28.의 왼쪽 그림의 둘레에 있는 8개의 모음(번호는 필자가 붙임)이 제1차적 기본모음(좌변의 정점에서 내려오는 차례로 1, 2, 3, 4, 의 번호가, 우변의 밑에서 올라가는 차례로 5, 6, 7, 8의 번호가 주어진다.)이고, 오른쪽 그림의 둘레에 있는 6개의 모음이 제2차적 기본모음이다(번호 부여 순서는 앞에와 같다. 다만 오른쪽의 맨 아래칸의 ɒ를 인정하면 그것이 4가 되고 7까지 부여된다(단 그림에서는 8까지 부여했다).

모음이 구개와의 대응에서 경구개, 연구개 범위에 있다는 것은 28.의 3)을 보아서 알 수 있다. 1)의 좌변의 소리는 3)에서, 1)의 우변의 소리는 4)에서 보여주고 있다.

입의 열림의 크기가 턱의 움직임에 따라 바뀌는데 그 좁힘과 열림의 정도에 따라 나타난 것이 모음도의 칸의 벌림이다. 협(狹)모음(/폐(閉)모음, close), 반협(반폐)모음(half-close), 반광(廣)(/반개(閉)모음)(half-open), 광(/개)모음 (open)의 이름이 있다.

이러한 광협의 정도는 혀의 높이와도 대응하므로 협(/폐)모음 = 고(高)모음(high), 반협과 반개모음 = 중모음(mid), 광(/개)모음 = 저(低)모음(low)으로 3분하기도 한다.

28.의 1)은 입술모양으로는 원순성이 없는 평순(平脣)/장순(張脣, spread 또는 unrounded)모음이고, 2)는 원순성이 있는 원순(圓脣, rounded)모음이다. 평순과 원순의 입모양을 대비해보면 왼쪽은 평순, 오른쪽이 원순이며 이들이 위쪽의 폐모음에서 아래쪽의 개모음에 이르는 입술의 변화를 보여준다.

30.

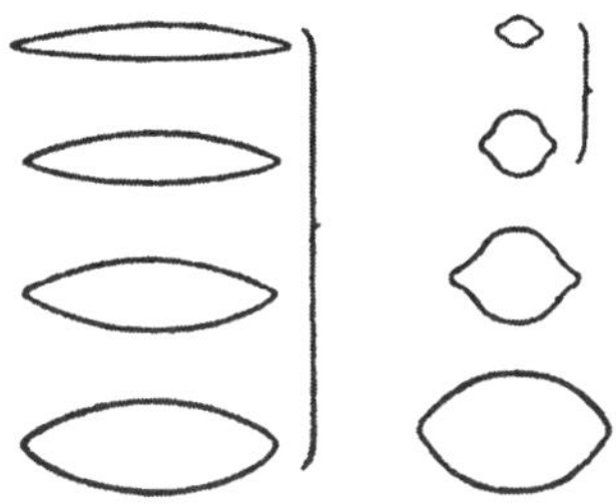

(cf. Malmberg, 1963:31)

이들 모음이 일본어에서의 예를 보이면(예시된 일본어는 Hattori(服部, 1951a:159-)에서 인용하였다. 괄호( )안의 설명은 참고사항이다),

1) 제1차적인 것

1. 장순전설폐모음 [i]	동경 방언 [iː](良い).
2. 장순전설반폐모음 [e]	Niigata현 일부지방의 ecigo (越後). (동경어는 이보다 넓어 다음 ɛ와의 중간쯤)
3. 장순전설반개모음 [ɛ]	Niigata현 남부지방의 [nɛː](無い)
4. 장순전설개모음 [a]	동경방언 [ʃake] (鮭), [ha] (葉, 歯)의 [a]는 다음의 [ɑ]와의 중간음.
5. 장순후설개모음 [ɑ]	동경방언의 [wɑo](輪を)
6. 원순후설반개모음 [ɔ]	Niigata현 남부지방의 [tɔː](塔)
7. 원순 후설 반폐모음 [o]	Niigata현 남부지방의 [toːe](遠い), 동경방언 [toː] (10)는 열린 o.
8. 원순후설폐모음 [u]	동경방언의 [kuːki] (空気). 기본모음보다 u+(여기의 +는 앞에 다가있다는 뜻. 곧 ɯ에 가까워짐). 원순성은 없다.

2) 제 2차적인 것

1. 원순전설폐모음 [y]	Nagoya 방언의 [ɸuryː] (古い)
2. 원순전설반폐모음 [ø]	Nayoya 방언의 [kurøː] (黑い)
3. 원순전설반개모음 [œ]	
4. 원순후설개모음 [ɒ]	

5. 장순후설반개모음 [ʌ]
6. 장순후설반폐모음 [ɤ] (일본어의 o는 원순성이 없기 때문에 이 소리로 보는 이도 있다.)
7. 장순후설폐모음 [ɯ] 동경 방언의 [kɯːki] (空気) 기본모음보다 ɯ+.

(앞에서의 폐모음, 개모음, 후설의 용어는 Hattori(服部)는 협(狹)모음, 광(廣)모음, 오(奧)모음을 쓰고 있다.)

예시어처럼 일본어 방언에서는 여러 가지 모음이 나타나지만 공통어인 동경어에서 여섯가지의 간단한 것으로 나타난다.

31.

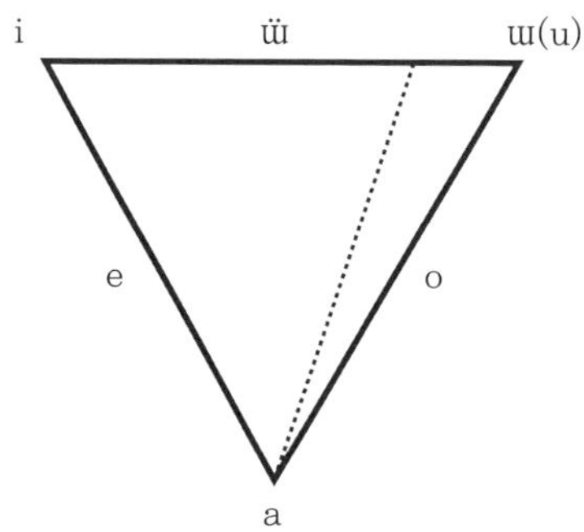

일본어의 /u/음이 음성적으로 비원순의 /ɯ/로 보게 되듯이 /o/도 원순성이 약하여 [o]와 [ə] 사이의 음으로 보아진다. 점선으로 그린 위치의 것이 되겠지만 일본어는 음운적으로 /u/와 /ɯ/의 대립이 없고 /o/와 [ə]의 대립이 없기 때문에 u와 o로 표기하고 심리적인 등거리 간격의 역삼각형 위치에 자리잡게 해도 무방하다.

여기서는 음운적으로 존재하지 않는 ɯ̈의 음성적인 실현에 대해 언급하고자 한다. 이 음은 /su/, /zu/, /cu/의 경우에 후설의 /u/ [ɯ]가 [sɯ̈], [zɯ̈], [tsɯ̈]와 같이 중설의 [ɯ̈]로 나타난다. 이를 중설화(中舌化, centralization)라고 한다

ɯ → ɯ̈ / s, t, z ____

ɯ와 ɯ̈의 구별은 보통의 귀로는 구별하기 어려운 미묘한 것이다. /suuzi/(数字) [sɯ̈ːdʒi]와 /su'u/(吸う) [sɯ̈'ɯ]에서 전자는 중설의 [ɯ̈]의 조음에는 변함이 없으나, 후자에서는 중설의 /ɯ̈/ 다음에 본래의 [ɯ]가 오므로 [ɯ̈]와 [ɯ]를 분별할 수 있다. 이 중설의 [ɯ̈]를 [ɯ]와 대립되는 별개의 음운으로 볼 것인가에 대하여는 이견(異見)들이 있으나 일본의 kana문자에는 /う/ 하나밖에 없으므로 동일한 음운 /u/의 이음으로 보는 것이 보통이다.

1.2.7. Formant

소리는 성대의 진동에 의해 폐에서 나오는 기류를 진하게도 얇게도 하여 공기의 진동이 되고, 성대 다음의 여러 공명실 (인두, 구강, 비강 등)을 거치면서 변형도 되고 공명실의 모양도 바꾸면서 고유의 진동수가 생기는데, 그것은 기본음과 기본음의 정수배의 주파수를 지닌 배음(倍音)으로 된다.

그러한 기본음의 고유의 주파수와 강도를 성분의 집합별로 음향 spectrograph 로 그려낼 수 있다. 이를 formant라고 한다. 형성음(形成音), 대역(帶域) 이라는 이름도 있다.

먼저 모음의 차이는, 음성파(音聲波, speech wave)를 횡파(橫波)로 기록하여 가시화(可視化)하는 oscilograph 로 파형의 다름으로 파악될 수 있는데, 여기서 모음 i, u 그리고 자음 v, f의 예시를 보이면,

32.

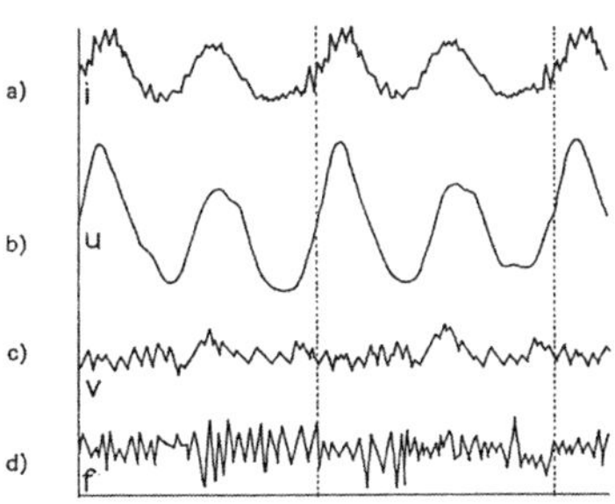

(Schubiger, 1970:30)

다음은 spectrograph에 의해 영어의 i, u 음의 formant의 에너지의 상태를 가시화한 것이다.

33.

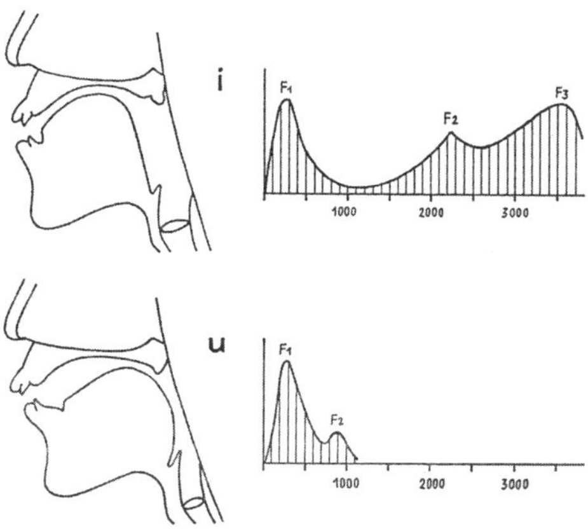

(Schubiger, 1970:58)

왼쪽은 [i]와 [u]의 발음 단면도이고, 오른쪽은 spectrogram이다. 어떤 조사에는 제1 formant의 [i]의 주파수는 240-480, [u]는 260-430이고, 제2 formant의 (i)의 주파수는 1620-1920 (여기서는 좀 다르게 나타남), [u]는 540-855라고 한다.

34.

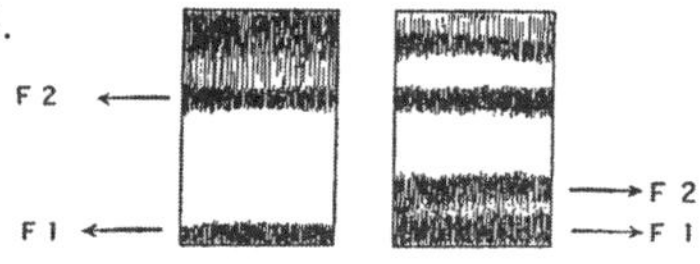

35.

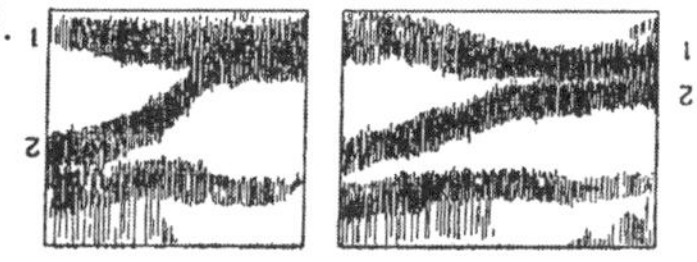

(Malumberg, 1963:18)

34.에서는 줄무늬가 formant이다(33.에서는 곡선의 정점). 왼쪽은 모음 [i]의 경우고 오른쪽은 [u]의 경우다. 33.과 맞추어보더라도 [i]는 제1 formant와 제2 formant가 크게 분리되고 있는데, [u]는 두 formant가 접근하고 있고 낮은 음역 부분에서 이어짐을 보여준다.

35.는 참고로 영어의 이중모음 [ay](왼쪽)와 ɔi(오른쪽)의 경우를 보인

것이다. 제1 요소에서 제2 요소로 서서히 옮기는 모양을 알 수 있다. formant가 점점 사이가 크게 벌어지고 있다. 농담 (濃淡)은 음요소의 강약을 나타낸다.

이상과는 달리 어떤 일순간에서의 음 구조를 토막지어 보이고 싶으면 다음 36.처럼 그려낼 수 있고 (가로에 주파수, 세로에 강도를 나타내는 것은 33.과 다름없다) 다른 음과 구별하고 싶으면 (시간의 경과에 따른 변화도) 35.의 방법을 택한다든지 할 수 있다.

36.

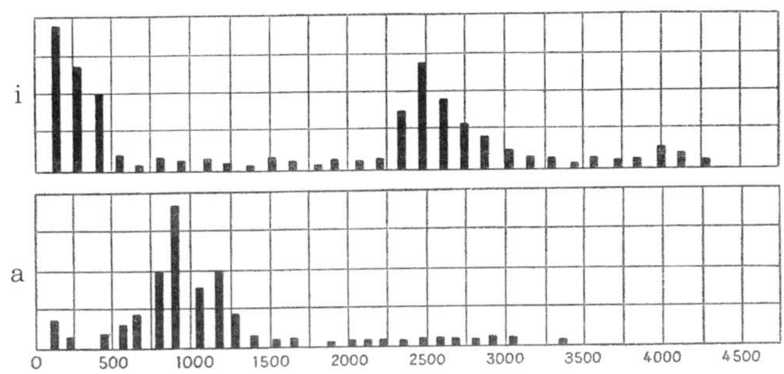

(Malmberg, 1963:12)

이러한 도표의 막대기 높이의 정점이 formant이며 그러한 형상화는 모음의 특색을 나타내준다. 곧 우리의 청각 인상에 차이를 가져오는 요인을 시각적으로 알게 한다, 이렇게 일부의 모음의 formant를 보아서 알 수 있듯이 진동수가 적은 것(강도는 강한 고점)이 제1 formant, 그 다음의 순에 따라 제2, 제3…formant의 이름이 있다.

모음의 구별에서 중요한 것은 제1 formant(F1)와 제2 formant(F2)이다. F1은 혀의 높이에 의해 규정되는 공명실의 상태에 의한다. 혀의 위치가 높을수록(i) F1은 낮아지고, 음성통로에서 형성되는 공명실의 길이가 길수록 F2는 낮아진다(u)(33도)(i는 공명실이 짧아서 F2는 올라간다).

이때에 공명실을 길게 하고 짧게 하는 것은 입술로서 (후두도 약간의 구실을 한다), 입술을 옆으로 넓혀서(장순) 후두를 가볍게 높이면(i) 공명실은 최단(最短)이고, 입술을 둥글게 하고(원순) 후두를 약간 내리면(u) 최장(最

長)이 된다.

참고로 앞에 나온 i와 u의 F1과 F2의 진동수를 다시 보이면,

i	F1	240-480
	F2	1620-1920
u	F1	260-430
	F2	540-855

이러한 숫자는 조사자와 피조사자에 의해 약간 다르게 나타날 수 있다. 이러한 formant를 세로축(F1)과 가로축(F2)으로 나타내면 다음과 같이 각 모음의 구강 내의 위치를 그려 낼 수 있다.

다음 36.은 불어의 기본모음의 제1 formant(세로의 축)와 제2 formant(가로의 축)를 보여 주고 있다(Malmberg, 大橋역, 1970:22). 오른쪽의 37.의 영어의 것(Schubiger, 小泉역 1973:52)과 비교해도 큰 차이는 없는 것 같다, 그 그림들 안에서 점선으로 나타낸 것은 일본어의 5모음이다.

36.

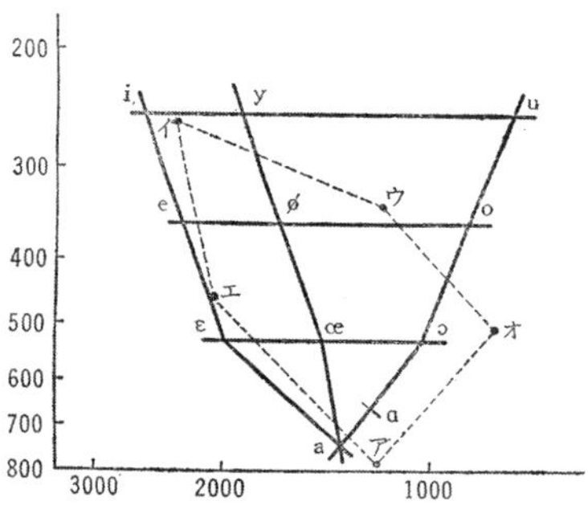

가로는 제2 formant의 주파수
세로는 제1 formant의 주파수

37.

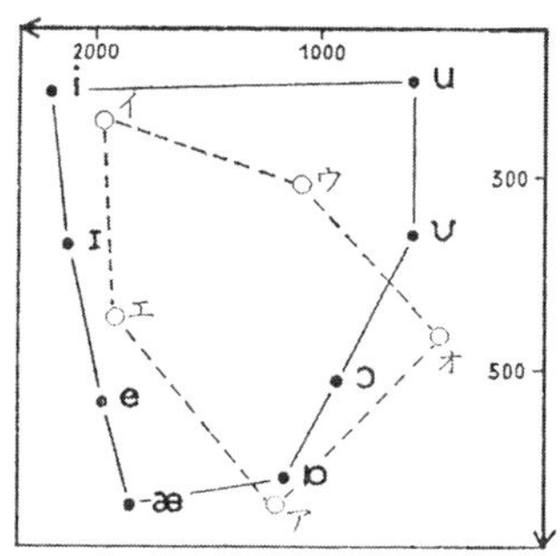

가로는 제2 formant의 주파수
세로는 제1 formant의 주파수

일본어의 모음(1음절)의 formant 주파수(남성의 발성)에 대해 다음의 기록도 있다(대사전, 1976:706).

	a	i	u	e	o
F1	750	250	350	500	500
F2	1050	2200	1350	1850	700
F3	3100	3200	2370	2650	2850
F4	3750	3750	3600	3650	3700

F1에서 i와 u는 혀의 위치가 높아서 낮다. 이보다 낮은 o, a는 상대적으로 높다. 그러나 F2에서 o와 a는 공명실이 길어서 상대적으로 낮다.

제3 formant는 일부모음 (예컨대 권설음) 이외에는 음성의 음질과는 무관하다(권설음은 formant가 내린다). 따라서 제4, 제5…의 formant는 음성의 음질과는 더욱 무관한 것이 된다(개인 음색의 구별에는 도움될 것이다).

제2장 음운

2.1. 음운과 음운적 해석

2.1.1. 음운의 뜻

지금까지 언어음으로 발음되는 조음 위치와 방법, 그리고 그것에 따르는 음성의 분류를 보아왔다. 또 그것에 관련되는 음성기호의 여러 가지도 볼 수 있었다. 이 중에는 일본어에 해당하지 않는 음성 그리고 그 기호들이 포함되어 있지만 대조적으로 이용될 점도 없지 않다.

한편으로 일본어의 음절도인 50음도의 문자들이 일본인의 현재의 발음에 해당하는 것이 모두 반영되어 있는 것은 아니라는 것도 알 수 있었다. 예를 들어서 ka행의 ka의 문자의 경우 전형적으로 [ka]이지만, 이 소리는 경우에 따라 (성급하게/화가 나서/강조해서) [k'a](까와 같은 소리), k'a(카와 같은 소리) 소리로 나올 수 있는 일이다. 그러나 그러한 소리는 의미를 구별을 한다고 일본 사람들은 느끼지 않았기에 글자로도 구별하지 않았지만 구별을 느끼는 유성음은 따로 보조부호를 쓰고 있다.

한국어의 예에서 ta(모두), t'a(摘), t'a(乘) 발음에서 상승조의 음조를 보태면 나름 대로의 의문조로 의미변별이 생긴다. 일본 사람들은 그런 소리를 들어도 비슷한 소리의 변이 (變異)로만 느낄 뿐 의미의 환기는 한가지의 '밭(田)'의 ta 정도이다.

결국 한국어에서는 자음의 평음, 경음(硬音, 된소리, glottalized), 유기음(有氣音, aspirate)이 변별적 특징을 가지지만, 일본어에는 그러한 변별성을 의식하지 않고 하나의 동일한 소리로 의식한다는 것이 된다.

여기서 음성(音聲)과 음운(音韻, phoneme)의 뜻이 갈리는 것이다. 곧 음성은 실지로 나오는 구체적 음성이지만, 그 음성에는 의미의 구별에 도움이 되지 않는 소리도 포함되는데, 음운은 비슷한 구체적 음성 가운데서 의미에 구별에 소용되는 소리로, 대표적으로 내세우는 추상적인 음성이 된다.

앞 예들에서 평음, 경음, 기음 중에서 일본어는 평음만을 대표적 음으로 내세우고 있고, 한국어에서는 이 모두를 대표음으로 내세우고 있다. 소리에 따라 의미의 차이를 가져오는 음성적 특징은 변별적 특징(辨別的特徵, distinctive feature)이라고 하고, 시차적(示差的) 특징이라고도 하는데 이 외에도 무성/유성의 구별이 변별적 특징이 되는가 여부가 한국어와 일본어의 차이가 된다.

일본어의 50음도상에는 안 보이나 음절표에는 ka행 외에 ga행이 있다. 한국어의 음절표에는 '가' 행 외에 유성음의 ga행이 없다. 이것을 보아서도 일본어는 무성/ 유성의 변별성이 있고, 한국어에는 그것이 없다는 것을 알 수 있다. 일본어에서 naka(中), naga(長)에서처럼 k, g 는 변별성을 보인다. 바꿔 말해서 일본어의 k : g를 kaku(書) : kagu (嗅) : gaku(額)와 같이 동시적 분포를 이루는데 한국어의 경우는 이러한 동시적 분포를 이루지 못하고 상보적 분포로만 존재할 수 있다. 곧 한국어에서는 [naka]의 음성적 실현은 곤란하다. 한국에서는 k 음성은 대충 말해서 어두에서는 대표적인 평음의 k가 음운으로서 실현되지만 어중에서는 [k]로 실현되지 못하고 그와 비슷한 소리의 특징을 지니면서 유성의 [g]로 실현되어 [naga]로 된다.

곧 한글표기 '나가'는 음운적 표기로 /naka/지만, 음성적으로는 [naga]로만 실현된다, 이같이 /k/ 라는 음운은 어두에서는 무성의 [k]로, 어중에서는 유성의 [g] 로 실현되는 특징이 있다. 이같이 한글의 'ㄱ'(k)은 어두와 어중이라는 환경적 조건하에서 [k]와 [g]음의 두가지 구실을 하고 있는 셈이다. 이때 [k]가 대표적이 되어 음운으로, [g]는 그 이음(異音 allophone)으로 처리된다. 'ㄱ'(k)이 두 가지 구실을 하고 있다는 것은 그 구실을 하는 위치가 구별되어 있기 때문에 서로가 그 위치를 범하는 일은 없다. 이렇게 구체적인 음성 [k], [g]가 각각 다른 위치에서 하나의 음운의 구실을 하도록 분포되어 있는 것을 상보적 분포(相補的分布, complementary distribution)라 하고 상보적이 아닌, 같은 위치에서의 분포를 동시적분포(同時的分布〈중복분포 overlapping distribution〉)라고 한다. 한국어에서는 k와 g는 같은 위치 곧 동시적 분포는 불가능하다. 분포에 의한 음운과 음성의 가름의 예를, Bloch(Miller, R.A편, 林栄一 역, 1975:132-3)에서 /h/와 그 이음으로 [f, f˙, h]를 들고 있다. (여기서의 f는 ɸ, 필자주).

1) /h/가 u 앞에서 [f] furui (古), fuufu (夫婦)
2) /h/가 t, k, c, č 앞에서 [f˙] f˙toru(太), gof˙kuya(呉服屋)(u의 무성화에서)
3) /h/가 i, y 앞에서 [*h*] *h*ima(暇) *h*ifu (皮膚), *h*yaku (百)(구개음화)

이 외의 모음 앞에서는 대표적인 /h/로. ha(歯), hebi(蛇), hôn˙(本) 등이 예시된다.

이것은 역으로 말해서 h의 소리를 조사하는 중에 이상의 여러 구체적 음성이 나타나서 그 소리의 환경을 조사해 보니, h는 a, e, o 앞에서, f와 f˙(무성모음 앞)는 u 앞에서, *h*는 i 앞에서 실현되는 것을 알게 되어서 그 위치가 상보적 분포라는 점에서 /h/로 추상화할 수 있는 것이다. 이외에도 [x˙]의 예 [x˙to](人), [x˙kui](低)의 예가 거례되고 있으나 보통은 h의 이음으로 ɸ(앞의 f)와 ç(앞의 *h*)(앞의 h)가 지적되는 게 보통이다.

이렇게 여러 가지 구체적 음성 중에서 그것을 아우를 수 있는 음운을 찾아내는 일에 치중하게 되는 데서 음성은 구체적 음성, 음운을 추상적 음성이라는 말이 있게 된다.

음성과 음운의 어느 쪽이나 인간의 언어생성에 있어서의 소리의 역할 관계는 어떻게 되는가? 의미의 변별적 구실을 가진 음운 쪽도 중요하고 실지 언어 발화에서 실현되는 음성면도 중요하다. 그래서 어느 쪽이 기저가 되는가에 대해 이견이 있을 수 있다. 예전에는 음성쪽의 구체적 양상이 관심이 되는 시기가 있었다. 특히 미지의 언어의 연구에서 실지로 화자(피조사자)와 접할 수 있는 것은 구체적 발화이기 때문이다. 그러한 발화를 음성적으로 분석하여 실현되는 환경관계를 정리하는 가운데 그 많은 음성 중에서 그 언어의 바탕이 되는 것은 추상적인 음운이고 그것이 한 언어의 체계를 이루고 있음을 확인하게 된다. 여기서 가지가지로 발음되는 음성을 조사하고 특징별로 분류하고 그러한 특징들의 동시적 분포와 상보적 분포를 가려내고 최소 대립항을 조사하고 해서 하나의 음운 단위로 추상화하는 일이 중요하게 되었다. 이러한 방식은 구조적 언어학에서 잘 쓰이던 것이다. 한 음운에 내포되는 이음(異音)을 /h/−{h, ɸ, ç}와 같이 표시하기도 하였다. 그것은 음운 h는 h, ɸ, ç의 음성의 집합으로 된다는 것이다. 이에 대해 생성음운론에서는 요소의 분석에서 요소의 생성과도 같은 정반대의 방식을 취하고 있다. 추상화된 기저음운에서 어떤 환경이나 규칙에 따라 구체적 음성으로 나타나는 방식이다.

h→ ç(/*h*) / ___ i
h→ ɸ(/f)/ ___ u

이것은 h의 음운이 특정 환경에서 ç, ɸ의 음성으로 나타남을 뜻한다.

따라서 인간의 언어생성에서 음운과 음성은 양면에서 활용되는 것이다. 추상화된 기저음운의 설정 그리고 그것이 어떤 규칙의 적용으로 실현되는 구체적인 음성의 특징의 파악도 중요한 일이 된다.

기저표시(基底表示, underlying representation)(음운)에서 음성표시(音聲表示, phonetic representation)(음성)를 도출하는 규칙표시 등을 나타내는 한 예를 참고로 보이면,

기저 표시(음운 표시)	/hurui /	/huuhu /	/hutoru /	/hima /
경음화	[ɸurui] (furui)	[ɸuuɸu] (fuufu)	[ɸutoru] (futoru)	____
모음탈락	____	____	[ɸ˙toru] (f˙toru)	____

구개음화	——	——		[çima] (*h*ima)
음성표시	[ɸurui] (furui) (古い)	[ɸuuɸu] (fuufu) (夫婦)	[ɸ˙toru] [f˙toru] (太る)	[çima] (*h*ima) (暇)

음운이 기저 표시의 바탕이 되는 점에서 음운을 어떻게 규정짓는가도 중요한 음운론의 몫이다. 음운을 개별적 단위로 볼 때 음소라는 말을 쓸 수 있는데 음소를 결정하는 수순에 대해서 앞에서도 간단히 언급하였지만, 상보적 분포의 확인 방법이 이용되고, 이외에 최소대립항(最小對立項, minimal pair)의 확인을 통한 방법이 있다. 여기서는 일본어에서 무성과 유성의 음운적 대립을 이루는 최소 대립항을 예거하는 것으로 그 방식을 보이겠다. 동시적 분포를 이루는 하나의 자음이나 모음의 차이로 의미가 변별된다면 그 하나의 자음이나 모음은 음운의 값을 지니고 있다는 것이 된다.

kasicu(過失) : gasicu(画室)　　kicyoo(機長) : gicyoo(議長)

kusai(臭) : gusai(愚妻)　　ko(子) : go(5)

sai(差異) : zai(罪)　　si(詩) : zi(치질), su(초) : zu(図)

sei(키) : zei(税)

take(竹) : dake(丈)　　tenki(天気) : denki(電気)

toku(德) : doku(毒)

다음과 같은 음운적 대립의 경우는 음운적인 해석이 요하게 된다.

1) ci(血) : zi(치질)　　cureru(데리고 가다) : zureru(어긋나다)
2) hara(腹) : bara(장미)　　hikei(秘計) : bikei(美景)

1)은 ta행에서 i단(ti)을 ci로, u단 (tu)을 cu 로 해석하는 처지(이에 대해서는 후술)에서는 ti, tu 의 최소 대립항을 구할 수 없고 (그러한 음절은 존재하지 않는다) 게다가 그것들과 상대되는 da행의 di, du도 비어있기 때문에 짝지을 수 없다. 역사적으로 ti〉ci, tu〉cu로 또 di〉zi, du〉zu 로 변했다고 보기에 ci : zi, cu: zu로 맞춘 것이다.

2)도 일본어의 h는 역사적으로 p에서 유래하였기 때문에 h : b로 맞춘 것인데 이는 현재 복합어의 후항 어두의 h/b 교체를 보아 인정된다.

hukai(深) → yokubukai(欲深)　　heya → benkyoobeya(勉強部屋)

2.1.2 음운적 해석

일본어에서의 음운의 판별이나 수효의 헤아림은 전통적인 50음도에 의해 그 대강을 파악할 수 있다. 50음도에는 유성음이 포함되어 있지 않으므로 그것을 따로 오른쪽에 적으면 다음과 같이 된다.

a	i	u	e	o					
ka	ki	ku	ke	ko	ga	gi	gu	ge	go
sa	si	su	se	so	za	zi	zu	ze	zo
ta	ti	tu	te	to	da			de	do
	(ci)	(cu)							
na	ni	nu	ne	no					
ha	hi	hu	he	ho	ba	bi	bu	be	bo
ma	mi	mu	me	mo					
ra	ri	ru	re	ro					
ya		yu		yo					
wa									
(N)									

오른쪽의 유성음(탁음〈濁音〉)을 제외하면, 5단 10행으로 되어 있는데 군데군데 구조상의 구멍은 있다. 어떻든 이 50음도의 소리는 음절 단위로 되어 있지만 이를 자음+모음으로 분절시키면 최소의 단위인 음운(/음소)이

도출되는 것이다. 다만 50음도(음절표)가 구조상의 구멍이 군데군데 있어서 균제(均齊)적으로 잡혀 있지 않아서 이하에서 각행에 대한 해석을 가할 때 그것에 대해서도 언급하기로 한다.

1) **a행**은 자음+모음의 CV기본구도로 볼 때는 자음이 없다. 그래서 a행에도 자음이 있는 것으로 보는 처지가 있다. 실지로 a 행을 발음할 때는 성문에서 긴장감이 수반한다. 성문 파열의 ? 기호로 자음을 대신해서,

/ ʾa, ʾi, ʾu, ʾe, ʾo /

로 보는 것이다. 실지로 모음을 표기할 때마다 일일이 그것을 표시할 필요는 없다. 모음에는 당연히 따르는 것으로 생각하면 되는 것이다. 다만 발음(撥音)(N)(보통 n으로 표기) 다음의 모음의 경우, 다음 예로 보아서,

tan'i (單位)
tani (谷)

전자는 n과 i사이에 끊김이 있고 후자는 없는 것으로 구별할 때 표기한다. 절음(絶音)의 끊김을 확실히 보여 줄 수 있다. 다음의 모음의 연속의 경우도 마찬가지다. oooku (大奥)의 경우, o-ooku, oo-oku 로 분절되어야 하는지 분명하지 않을 적에 oo'oku와 같이 '음소의 표기로 전항은 같은 모음의 연속으로 장모음으로, 후항은 어두에 제로 음소가 있어서 단모음으로 되었다는 것을 알 수 있어서 발음의 혼돈을 막을 수 있다.

그 다음 a행에서 음운적 해석이 필요한 부분은 u단과 o단이다. 일본어의 'う'는 원순성이 약하기 때문에 음성적으로는 보통 [ɯ]소리로 보고 있다. 그리고 이 소리도 s-, z-, ts- 다음에서는 중설화된 [ɯ̈] 소리로 보고 있다. 그렇다고 일본어에는 [ɯ]소리에 대립하는 [u]소리가 있는 것도 아니다. 그래서 음운표시에는 간편하게 /u/로 표시해도 무방한 것이다. 음운표시에는 /u/, 음성표시에는 [ɯ]가 쓰인다고 보면 될 것이다. [ɯ̈]소리도 앞

에서 언급한 바도 있지만 특수한 환경에서 나는 소리이기 때문에 그러한 환경지시나 중설화의 규칙이 적용된다면 음성표시가 될 수 있다.

일본어의 'お'도 원순성이 약하기 때문에 음성적으로 [o]로 보기 어렵다. 그렇다고 원순성이 전혀 없는 [ɤ]로 보기도 어렵다고 한다((ɤ)로 보는 이도 있다.). 물론 현대의 'お'음은 예전은 모를까 지금은 중설의 [ə]도 아니다(방언에서 ə로 나는 지방도 있다. 德之島방언 [mə:]〈前〉).

이와 같이 음성적으로는(비원순성으로) ɤ 혹은 ə로 실현될 수 있는 소리임에도 원순성이 미약하게 있다는 의미에서 [o]에 가깝게 보는 것인데, 음운적으로는 /o/, /ɤ/, /ə/의 대립성이 있는 것이 아니므로 이러한 소리를 추상한 음운으로 /o/로 내세우는 데는 별 문제가 없다. 다만 음성표시를 어떻게 하느냐에 대해서는 /o/에서 [ɤ], [ə]를 도출하게 되는 환경요인이나 규칙이 있는 것이 아니기 때문에 음성표시도 그대로 [o]로 하고 있는 실정이다.

2) **ta행** 다음에 두자음에 대한 음운적 해석이 필요한 부분은 sa행과 ta행 그리고 ha행이다. 먼저 ta행의 경우를 보기로 한다. i단과 u단이 ti, tu 의 경우다. 아주 예전에는 그 글자 대로 발음했을 때도 있었지만, 지금은 일본어 공통어(동경어)에서 i단은 구개음화(口蓋音化, palatalization)된 [tʃi]로, u단은 파찰음화(破擦音化)된 [ts]로 발음한다. 따라서 ta행에서는 세 가지의 다른 음성(t, tʃ, ts)가 있는 셈이다. 이중에 t가 3단을 차지하고 있고 다른 것은 각각 1단에 머무르고 있다. 다수결의 원칙에 따라서도 ta행에서 대표음은 t 이다. 그것은 t를 기본음으로 삼아서 t→tʃ, t→ts의 설명은 가능하나 그 반대의 경우는 설명이 복잡하게 된다. 전자는 t→tʃ/___i, 후자는 t→ts/___u라는 규칙으로 나타내듯 t의 환경적 요인에 따른 일시적인 변동으로 설명하고 있다. 그런데 ti, tu를 음운으로 내세우는데는 여러 가지 의견이 있을 수 있다. ta행을 전체가 t의 행으로서 ta, ti, tu, te, to,로 보기도 하고, 실지 발음대로 ta, tsi(tʃi대신), tsu, te, to로 보기도 한다. 글자 모양상으로 tsi(ʧi)나 ts는 자음 2개가 겹친 모양이 되어서 기본구조

CV의 원칙에 위배되는 인상을 주므로 실지 음성을 반영하되 그 문제되는 자음을 c로 통일하여 ci, cu로 하고,

/ ta, ci, cu, te, to /

로 나타내는 것이다. 이것은 Hattori(服部, 1960:289)가 제안한 것인데 필자는 이 방식을 따르고 있다. 앞서의 제로음소의 제안도 Hattori의 제안이다(服部, 1960:290).

3) **sa행** sa행의 경우도 i단에서의 변음을 생각하면,

sa, ʃi, su, se, so

처럼 sa행에 두개음의 음운이 존재한 듯 싶으나 ʃ는 i단에서만 실현되어서 나머지 단과는 상보적이므로 ʃ를 특별히 별개의 음운으로 내세우지 않고 s의 조건이음(條件異音, conditional allophone)으로 다루어서,

/ sa, si, su, se, so /로 해석한다.

4) **ha행** 다음에 음운적 해석에서 문제되는 것은 ha행이다. 먼저 ha행만 가지고 보아도, 실지 구체적 음성으로 다음처럼 세 가지 음이 보인다.

/ ha, çi, ɸu, he, ho /

다수결에 의해서도 h음이 대표적이고 ç나 ɸ는 특정한 환경에서 실현되는 조건이음이다. 그래서 ha행은 /h/ 한 가지 자음 음운으로 해서,

/ ha, hi, hu, he, ho /

로 기술한다. 문제는 무성의 ha행에 대비해서 유성음의 ba, bi, bu, be, bo 가 맞추어져 있다는 것이다. h와 b는 음성상으로 짝이 될 수 없는 것이다. h는 성문에서, b는 입술에서 나오고, 조음 방법도 전자는 마찰음이고, 후자는 폐쇄음이다. 그런 점에서 동일 음운의, 무성/유성의 경우로 볼 수

없게 된다. 그런데, 다음에서처럼,

hon-hako(本 - 箱)는 hombako(本箱)로,
tabi-hito(旅 - 人)는 tabibito(旅人)로

후항의 어두의 h는 선행 유성음에 순행동화되어 b로 실현되고 있다. 음성적으로 짝이 되지 않은 두 음이 이 경우에는 음운적으로 짝이 되고 있는 모양새다. 현대의 방언에 h에 대응하는 p음이 존재하는 것이 있다. Yaeyama(八重山)방언에서 hana(花)를 pana 라고 한다. 여기에는 역사적인 이유가 있다. 일본어의 ha 행은 원래 pa행음이었다. 그 p음이 시대의 흐름에 따라 양순성이 약해져서(양순의 밀폐가 약해져서) 양순 사이가 틈이 생기기 시작하여 p 〉 ɸ(활자 관계로 f로 표기하기도)〉h / w / ø(이는 h나 w소리가 아니면 ø가 된다는 것)로 변하여 ha행이 있게 된 것이다.

한국어와 맞춰 보면,

pata(海): wata　이 경우는 어두에서 p 〉 w
par (足): asi　이 경우는 어두에서 p 〉 ϕ
pur(吹): huku　이 경우는 어두에서 p 〉 h

일본어 자체에서,

kaha(河) 〉 kawa　이 경우는 어중에서 p 〉 w
kahi(貝) 〉 kai　이 경우는 어중에서 h 〉 ϕ
kahu(買) 〉 kau　이 경우는 어중에서 h 〉 w (/ø) (미연형에서 kawa(-nai))

p〉ɸ(f)의 단계는 1492년 iroha(伊路波)에 보이는 일본어에 대한 음표기를 보아 알 수 있다.

い(이), ろ(로), は(바), に(니), ほ(뿌), へ(펴), と(도)

에서처럼 h음이 순경음(唇輕音)에 대응 되고 있다.

곧 고대에는 일본어의 ha행음이 한국어의 p행음과 같았다는 것이고, 그

때의 p가 유성음 b와 짝을 지었던 것인데 그 음운관념이 그대로 후대까지 답습해 온 것이 된다.

현대에는 일본어(공통어)에 pa행음은 없으며 외래어, 의성어 등 표기에 쓰이는 p음은 한국어의 된소리(어떤 경우에는 유기음과 같은)의 음질을 지닌 특별한 것이다.

5) **da행**. 다음에 구조상의 구멍이 있는 da행, ya행, wa행 에 대해 차례로 알아보기로 한다

먼저 da행에서는 다음의 1. 처럼 i 단과 u단이 구조상의 구멍이 되어 있는데 옛적에는 2. 처럼 완비되어 있었다.

1. /da __ __ de do/
2. da di du de do

지금도 Sikoku(四國)의 Tosa(土佐) 방언, 규우슈우(九州)의 방언에는 그와 같은 구별이 유지되고 있다.

di와 du의 경우는 구개음화로 dʒ, 마찰음화로 dzu가 되어서 결국은 za행의 zi, zu 와 동음이 되어서 구로상의 구멍을 그것들이 메꾸는 격이 되었다.

6) **za행**. za행도 실은 여러 가지 음성이 실현되는 행이다.

za < ʒi / dʒi < zu / dzu ze zo

z (치경유성마찰음), ʒ (경구개유성마찰음), dʒ (경구개유성폐쇄음), dz (치경유성파찰음)이 보인다.

다수결에 의해서도 z가 다수고 대표적인 음이 된다. 이것은 -a, -e, -o 앞에서, 나머지 이음들은 -i, 또는 u 앞에 분포되어 상보적이다. 다만 i단, u단에서 동시적 분포를 이루는 인상을 주지만 전후 환경은 다르다. i단에서 ʒ는 모음사이에, dʒ는 어두 또는 n 다음에 실현된다.

あじ(味) aʒi　　　じかん(時間) dʒikan
あんじる(案じる)　andʒiru

결국 za행은 /za, zi, zu, ze, zo/로 해석된다.

7) **ya행**. ya행의 경우 5단 배열은 다음과 같이 될 것인데,

ya, yi, yu, ye, yo

i단은 비슷한 음이 겹쳐 있는 것이어서 원래부터 빈 자리이다. e단의 ye는 예전에는 있었으나 y음이 떨어져서 a행의 e와 같아지게 되어서 빈자리가 되었다 그래서,

/ya, yu, yo/ 의 3단만이 남았다.

이 y를 요음(拗音), 반모음(半母音), semi-vowel)이라고 한다. 이 요음이 모음적 성격을 지닌 것인가, 자음의 성격을 지닌 것인가에 따라서 반모음, 반자음(반자음, semi-consonant)이라는 말이 있게 되는데, 모음적 성격에 가까운 것이다.

다음에 보는 w음도 요음인데 y와 구별해서, y는 개요음(開拗音), w는 합요음(合拗音)이라고 한다. 그리고 y, w 이외의 모음을 직음(直音)이라고 한다. 자음+모음의 구조는 직음절, 요음+모음의 구조는 요음절이다.

자음이 선행하는 예컨대 k-y-a의 요음절의 경우 y는 어느 쪽에 더 가까운 것인가? kj-a인가, k-ya인가 아니면 그대로 k-y-a인가

kj 쪽은 많은 자음군이 생기게 된다. k-y-a처럼 y를 별도의 음소를 세우되 모음과의 밀착성을 인정하는 것이다. 별도로 세우면 반모음(반자음) 음소를 인정하는 것이 된다.

일본어에서 실현되는 y음절은 다음과 같다. 다음의 표기에서 어두에서 y(자음이 선행하는 경우는 j)를 쓴 것은 어두에서 j자음의 표기와 혼돈을 피하기 위해서이다.

다만 음성기호로서가 아니라 문자 표기로 쓰이는 것으로 이해된다면 그대로 통일적으로 j 또는 y로 쓸 수 있다.

ya (/ja)	yu (/ju)	yo (/jo)
kja (/kya)	kju (/kyu)	kjo (/kyo)
gja (/gya)	gju (/gyu)	gjo (/gyo)
sja (/sya)	sju (/syu)	sjo (/syo)
zja (/zya)	zju (/zyu)	zjo (/zyo)
cja (/cya)	cju (/cyu)	cjo (/cyo)
nja (/nya)	nju (/nyu)	njo (/nyo)
hja (/hya)	hju (/hyu)	hjo (/hyo)
(pja (/pya))	piu (pyu)	(pjo (/pyo))
bja (/bya)	bju (/byu)	bjo (/byo)
mja (/mya)	mju (/myu)	mjo (/myo)

j를 모음쪽에 밀착시켜 k-ja로 본다면 자음이 선행하지 않는 경우 CV 구조에서 C-가 없는 경우와 같게 되어서 제로음소의 '를 가미하여 'ja와 같이 표기 해야하는 것이지만, a행의 모음 연속의 경우 절음의 필요상 '를 사용하지만 일본어의 특징상 j가 하강적 이중모음의 표기로 aj를 쓰이는 것이 없으므로 '를 표기하지 않아도 문제되지 않아 실용적으로는 쓰이지 않는다.

8) **wa행**. 다음 wa행을 보면,

wa wi __ we wo
/wa/

제 3단의 wu는 w요음과 u모음이 비슷한 성격의 음이므로 그러한 음절이 성립되지 않아 빈자리 된다.

예전에는 앞서의 네 가지 음절이 존재하였으나 시대의 변화에 따라 wa 행의 a단 것만이 남았다. 다만 외래어 표기에서는 다른 세 음절도 쓰이기는 한다. wo의 문자는 표기에 (本を) 쓰이지만 어디까지나 전래적인 표기의 전통을 이은 것으로 실지 발음대로의 것은 아니다 ('本お'의 음과 같다).

wa는 어두에 그리고 어중에 단독으로 쓰일 수 있다.

wakai (若) kawai (可愛い) 귀엽다!

ya행의 경우에는 자음을 앞세우고 요음을 개재할 수 있으나 (kjaku 〈客〉) wa의 경우는 그런 예가 없다. (*kwa) 한자어에서는 예전에는 자음+wa의 형식이 씌었지만 ((kwaro -〉 karoo)〈過勞〉) w합요음은 탈락되었다.

w합요음의 경우도 예전이면 개요음처럼 k-w-a, kw-a, k-wa 의 어느 쪽인가 의 논의가 있을 수 있다. 자음에 가까운 것으로 보아서 $k^w a$, 혹은 $k_w a$와 같이 순음화된 자음으로 보기도하고, 후행 모음과 일체가 된 것이면 $k\dot{a}$의 순음화된 모음이 후행하는 것으로 보기도 할 것인데, 지금은 w합요음이 자음을 선행하지 않기 때문에 그러한 문제는 없어진다. w는 y가 하나의 반모음음소로 해석하는 이치 그대로 독립된 반모음 음소로 해석한다.

2.1.3. 자음

이상과 같이 일본인이 전통적으로 답습해온 50음도의 분석을 통해서,

자음 음소 ', k, g; s, z; t, d, n; h, b, m;
반모음음소 y, w

를 매길 수 있다. y, w는 자음음소에서 빼고 따로 반모음 (또는 반자음) 음소로 세운다.

음성학적으로 흔히 쓰이는 자음의 조음위치와 조음방법에 의한 분류 중에서, 일본어에서 앞에서와 같은 자음 음운목록으로 오르는 것은 괄호 쳐서 가리도록 하였다(補注 1.(p.465)).

조음위치 / 조음방법	양순음	순치음	치경음	경구개음	연구개음	성문음
폐쇄음	ⓟ ⓑ		ⓣ ⓓ		ⓚ ⓖ	(ʔ)
마찰음	ɸ β(w)	f v	ⓢ ⓩ	ʃ ç ʒ(j)	x ɣ	ⓗ ɦ
파찰음			tsⓒ dz	ʧ ⓒ dz		
유음			lⓡɾ			
비음	ⓜ	ɱ	ⓝ	ɲ	ŋ Ⓝ	
반모음 (glide)	ⓦ			ⓨ	(w)	

유의할 사항을 예거해보면,

경구개음에서 동일음의 두 표기가 다음과 같이 쓰인다.

ʃ = š, ʒ = ž, tʃ = č, dʒ = ǰ, j = y

마찰음에서 ɸ 와 β는 p와 b의 이음, f, v는 옛 한자음에서(ɱ도) 쓰인 것이고, ʃ와 ʒ는 s와 z의 이음, x는 h의, ɣ는 g의, ɦ는 h의 이음이다.

파찰음에서 ts 와 dz는 전자는 c, 후자는 z에 함유되는 이음이다. tʃ와 dʒ는 전자는 c의, 후자는 z에 함유되는 이음이다. 유음에서 l, ɾ 는 r의 이음이다. 일본어의 ra행음은 음성적으로 설탄음 ɾ의 표기에 해당하나 음운적으로 r로 추상화된다.

비음에서 ŋ 은 N의 이음이다.

이들에 대한 예나 설명은 이미 음성의 분류에서 언급되어 있다, 다만 우리에게 익숙치 못한 성문음에 대해 부연하면, 양성대가 근접하고 그 사이에 약간의 틈이 생기면 기류가 사이를 지나면서 마찰음 h, ɦ가 생긴다.

h 성문, 마찰, 무성음

ɦ 성문, 마찰, 유성음 /gohan/ [goɦan](ご飯)

ɯ 앞에서 ɸ 내는 사람, χ(후설마찰음) 내는 사람이 있다.

양 성대가 굳게 닫히고 기류를 차단하면 성문 폐쇄음 ʼ이 나온다.

2.1.4. 모음

이번에는 모음의 경우를 생각해보기로 한다.

50음도에 의하면 공통어의 모음은 a, i, u, e, o 의 다섯이다. 이중에서 제3단의 u음에 대하여는 표기는 u이지만 u는 원순적인 것이어서, 원순성이 약한 일본어의 u를 표기하는 데는 ɯ를 사용함직 하지만, 로마자(활자상)로 표기하는 데 불편하고 또 일본어에는 u와 ɯ의 대립이 있으면 모를까 그것이 없으므로 어느 한가지로 표기해도 음운표기에는 문제없는 것이다. 그래서 보통 u로 나타낸다.

이 u는 선행자음의 여하에 따라서 중설의 {ɯ̈}로 나타난다.

$$u \rightarrow \ddot{\text{ɯ}} \ / \left\{ \begin{array}{c} s \\ z \\ c \end{array} \right\} \underline{\qquad}$$

곧 su, zu, cu로 표기해도 실지로 소리는 sɯ̈, zɯ̈, cɯ̈[tsɯ̈]이다. 다른 데서는 모두 [ɯ]로 나타나고, 앞의 자리에서만 [ɯ̈]로 나므로 [ɯ]와 [ɯ̈]는 서로 상보적 분포를 이룬다. 다수결에 의해서도 ɯ가 많이 쓰이고 앞서의 세 가지 경우에만 ɯ̈로 쓰이는 것이므로 ɯ가 대표음이 되는데, 앞서 말한 대로 음운표기는 /u/이다.

일본어 a 행의 각단의 모음의 차이성은 다음의 최소 대립항을 보아서도 알 수 있다.

a)	b)	c)
asi (足)	ha (歯)	kama (釜)
isi (石)	hi (火)	kami (神)
usi (牛)	hu (歩,졸)	kamu (咬, 깨물다, 씹다)
esi (絵師)	he (방귀)	kame (亀, 거북)
osi (벙어리)	ho (穂, 이삭)	kamo (鴨, 오리)

a)는 어두에서 대립의 경우고, b)는 1음절에, c)는 2음절에서의 어말의 대립의 예다.

다음은 모음 사이의 관계를 등간격(等間隔)으로 나타낸 것인데 음성적인 그림과는 다르다. 음성적인 그림은 구강에서의 실지 입의 개폐와 혀의 고저에 따라 그린 것이기에 다를 수밖에 없다.

여기서는 일본어에서의 5개의 모음의 상대적 관계를 좌우가 등변(等邊)인 역삼각형으로 그린 것이나, 일본 사람의 머리와 마음속에는 5개의 모음이 이처럼 대응한 역학 관계로 이루어져있는 것으로 생각해 볼 수 있다(補注 2(p. 483)).

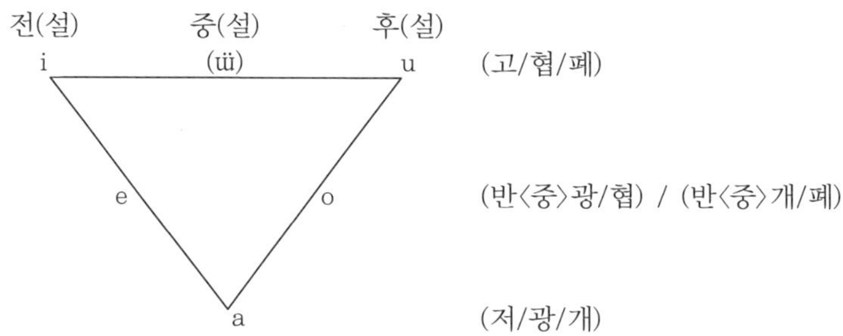

음성 혹은 음운으로서의 모음에는 대략적으로 다음과 같은 것이 있다. 혀의 전후, 높이 그리고 입술 모양에 의한 것이다. 이 중에서 일본어의 5모음은 O을 쳐서 나타냈다. 그만큼 일본어의 모음목록은 간단한 것이다.

전후 / 원순 여부 / 높이	전모음		후모음	
	비원순	원순	비원순	원순
고	ⓘ	ü(y)	ɯ(ɨ)	ⓤ
중	ⓔ	ö(ø)	ʌ	ⓞ
저	æ	œ	ⓐ	ɔ

일본어의 a를 앞에서처럼 중설모음으로 구별하기도 하나 후모음의 비원순으로 하였다.

일본어의 u, o는 원순성이 약하므로 비원순의 자리에 있는 모음으로 표시해야 하겠지만 그래도 원순성이 약하게나마 있고 또 비원순모음과의 음운적 대립이 있는 것도 아니어서 원순 자리에 O 표시했다.

한국어에는 원순(u)과 비원순(ɯ)의 대립이 있으므로 엄격히 구별해서 쓴다. o음도 대립 항은 o(오), ə(어) 로 나뉜다.

e의 대립항도 한국어에 있어서 e(에) æ(혹은 ɛ)(애)로 나뉜다.

한국어에서 원순성의 전모음은 위(ü 또는 y), 외(ø)가 보인다. 이들 음은 일본어의 방언에서 실현되는 경우가 있다.

그렇게 보면 한국어나 일본어에 보이지 않는 것은 œ, ʌ, ɔ인데 이들은 영어에서는 보인다. 제주방언의 'ᄋᆞ'는 ɔ 또는 ɔ와 ʌ사이에 있는 음으로 보기도 한다.

일본어의 각 모음에는 다음의 이름이 주어진다.

/a/ 장순중설(/후설)/ 개모음 [비원순, 중설(/후설), 저성]. 중설(/후설)은 중설이 따로 분리되는 여부에 의한다.
/i/ 장순전설 폐모음 [비원순·전설·고성]
/u/ 원순후설 폐모음 [원순·후설·고성]
/e/ 장순전설 반폐모음 [비원순·전설·중성]
/o/ 원순후설 반폐모음 [비원순·후설·중성]

여기서의 장순/원순은 입술의 모양에 의한 것으로 장순(평순)을 비원순으로 표현할 수 있다.

전설/중설모음은 대개가 입술이 평순(장순)이고, 후설모음은 대개가 원순이다. 앞에서 /u/와 /o/가 후설에 있어서 원순으로 했지만 원순성이 약한 음이다. 비원순으로 해도 다른 모음의 자질과 겹치는 일은 없다.

그리고 개모음은 저성(低性, low), 폐모음은 고성(高性, high), 반폐모음은 중성(中性)으로 나타낼 수 있다. 혀의 높낮이에 의한다.

이외에도 지방방언에 따라서 다른 모음이 보인다. 이해의 혼돈을 피하기 위해서 여기서는 공통어만 대상으로 하였다.

2.1.5. 장모음의 음운적 해석

모음에서 음운적 해석에서 논의될 수 있는 것은 장모음의 처리문제이다. 일본어에서는 단모음과 장모음은 음운적 대립을 이룬다(補注 3(p.502)).

obasan(아주머니)	obaasan(할머니)	a의 장음 여부
siru(알다)	siiru(강요하다)	i의 장음 여부
suzi(筋, 줄거리)	suuzi(数字)	u의 장음 여부
seto(瀬戸, 좁은해협)	see(/i)to(生徒, 학생)	e의 장음 여부
kako(過去)	kakoo(加工)	o의 장음 여부

표기법상으로 o의 장음은 ou의 형태로 취하고(kakou, 書こう), 이에 대해 ookii おおきい(大)와 같은 경우는 'o-ki-'처럼 발음된다기보다 'o'oki-'로 발음된다. 또박또박 '오'오' 로 발음되는 것이다.

하나는 제로음소가 개재하여 절음되는 경우이고, 다른 하나는 그것이 없는 장음의 경우다. 곧 o의 장음의 경우는 'おう'의 표기를 취하고 있다.

e의 장음의 경우는 [ee]와 [ei] 의 경우가 있을 수 있다. ee의 경우만 장음의 경우다. 이 갈림은 발음경향의 다름에 의한다.

장음에 대한 음운적 해석에는 여러 가지가 있을 수 있다.

1) a, i, u, e, o 의 짧은 모음음운 외에 a:, i:, u:, e:, o: 의 긴 모음음운을 따로 설정하여 10개로 하는 방법이다.

이러한 방법은 음의 장단의 구별을 확실히 하는 이점이 있으나 음운수가 갑절이나 불어나는 단점이 있다.

2) 그 단점을 해결하는 방법으로 장음부 '-'를 인정하여 장모음을 a-, i-, u-, e-, o-로 하면 음운수를 줄일 수 있으나 '-'라는 부호를 인정해야 하는 난점이 있다. '부호로서 아니고 '~'라는 부호로 소리를 길게 끄는 장음소(長音素(R라는 글자로 나타내기도))를 설정하기도 하지만(金田一春彦, 1950=1967:143) 특수한 음소가 하나 있게 되는 것은 매한가지다.

砂糖屋 / satoR(~)ja/ 里親 satooja /
業苦 / /goR(~)ku/ 五億 gooku/

R음소를 인정하지 않아도 애매성(satooya : sato-oya)은 제로음소의 설정(satooya): sato'oya)으로 해결하는 방법은 있다(cf. 服部, 1960:360).

앞 예는 모두 복합어로서 형태적으로 2분되는 것인데 형태상의 경계를 없애고 표기한다면

1) 砂糖屋 satooya 里親 satooya
2) 業苦 gooku 五億 gooku

와 같아서 구별되지 않는다. 1), 2)의 전항의 표기는 동일모음의 연속의 장음을 나타낸다는 약정이 있는 한, 별 문제는 없으나, 1), 2)의 후항에서는 그러한 약정으로는 의도하는 발음이 나올 수 없다.

동일모음의 연속은 장모음의 표기로 보지 않고 하나하나 발음하는 것을 원칙으로 하고, 장모음은 ~(R)로 표기해서 구별하려고 한 것이 장음소 R의 설정의 취지다.

현행의 표기법은 다음같이 o의 장음은 ou의 표기로 나타내고 있다.

1) さとうや さとおや
2) ごうく ごおく

여기서 일본어의 문자 표기에서 お 다음이 'う'는 u의 음가를 지닌 음운이 아니고 'お'를 길게 빼는 - 곧 R와 같은 구실을 하는 것을 알 수 있다.

장음의 음성적 표기는 장음부호 :를 붙이는 식이고,

[a:], [i:], [u:], [e:], [o:]

음운적으로는 장음부를 쓸 수 없으니 대신 R자를 쓰는 것인데,

ā ī ū ē ō (장모음 음소설)
aR iR uR eR oR (/R/설/

이들의 문제점은 앞에서 언급한바 있다.

3) 음운적 해석의 또 다른 것으로 동일모음의 중복으로 하는 방법이 있다.(cf. Bloch, B 〈林榮一 역〉, 1975:140), Hattori(服部, 1960:360)에서 이미 VV(国広, 1962:47에 의해 VV 설(說)로)로 해석된바 있다.

aa ii uu ee oo (VV설)

이것의 단점은 앞에서 언급한 바와 같이 그 중간에 끊김이 있는 경우와의 구별인데 여기에는 제로음소를 개재시키는 방법이 있음을 앞에서 언급하였다. 제로음소를 인정하는 것은 /R/ 설처럼 여분의 더 하나의 음소를 인정하는 것이 되지만, /R/음소는 장음의 표기에만 쓰이는데, 제로음소는 일본어의 모음만의 구조도 CV구조의 전체 구조의 일환으로 보고, 제로음소가 C의 역할을 하듯, 모음의 연속에서 끊김의 첫머리의 구실을 하는 것으로 본다면 여분의 특수한 음소를 안정하는 것과 다르다고 할 수 있다.

필자는 장모음에 관한 한 여분의 음소가 없는 VV설의 처지에 있다.

2.1.6. 특수음소(特殊音素)

1) **발음(撥音)** 일본어의 음운에 모음과 자음 외에 특수음운(음소)이 있다. 앞에서의 장음소(R)의 경우가 그것이고 발음(撥音)의 'ん'(N)과 촉음(促音)의 소자(小字)의 'っ'(T)가 그것이다. 이들 특수음소의 한 글자가 쓰이면 짧은 한 박자의 음절인 mora를 이루는 특색이 있다.

한자 '簡単'의 경우 한국어에서는 '간단'(kantan)의 2음절이지만 일본어는 'かんたん'(kaNtaN) '가ㄴ다ㅇ'의 4음절이다. 이 때 한국어의 ㄴ과 ㅇ에 해당하는 것이 'ん'이다. 이것의 음운표기(音韻表記, phonemic transcription)는 대문자의 /N/이지만 쓰기에 편리하게 소문자의 n을 쓰기도 한다. 그것은 어말의 경우 일본어에 /n/ 이라는 음운이 없기 때문에 혼동될 염려가 없고 /N/는 어두에 쓰이지 않으므로 더욱 그렇다.

음운표기와 음성표기(音聲表記, phonetic transcription)를 보이면,

	음운표기	음성표기
身体	siNtai	ʃintai
新聞	siNbunN	ʃinbɯŋ
参考	saNkoo	saŋko:

이를 보면 /N/은 그 놓여 있는 환경(그것은 상보적 분포)에 따라 [n, m, ŋ]으로 나타나고 있다. 이를 /N/으로 추상화할 수 있고 그와 같은 변동은 비자음(鼻子音)의 동기관화(同器官化)이다.

/N/음운이 그 놓여 있는 환경에 따라 이음으로 나타나는 규칙의 표시로는,

N→n /V__t, d, (z), r	(치경음 앞에서) dantai (团体)
N→m /V__p, b, m	(양순음 앞에서) ʃimbɯŋ (新聞)
N→ŋ/V__k, g, (ŋ)	(연구개음 앞에서) kaŋko: (観光)
N→ɲ/V__s, y, tʃ, dʒ	(경구개음 앞에서) kaɲʃa (感謝)
(N→ṽ/V__V)	(모음사이에서) tañoŋ (単音)

(　　)에 묶은 것은 N이 비모음으로 나오는 경우다.

다음 예에서

/moNha/ → [moɯ̃wa] → (門は)
/haNei/ → [haẽei] → (繁栄)
/siNai/ → [ʃiãi] → (親愛)
/uNei/ → [ɯẽei] → (運営)
/eNee/ → [eẽe:] → (遠泳)

여기서 /ei/ 표기가 ei의 연모음식과 e:의 장모음식의 두 가지가 나와 있지만 필자 개인의 판단이다. 1 mora를 이루는 /N/의 비모음 발음이 후행음과 밀접한 관계를 가지고 있음을 볼 수 있다. 곧 후행음의 준비 자세를 보여주고 있음을 보여준다. 혹은 지방과 사람에 따라서 선행모음의 자세

그대로 비모음을 발할 수 있다고 본다.

2) **촉음(促音)** 다음 /T/음운에 대해서 보면 이 역시 그자체가 1 mora를 이루고 후행음운의 여하에 따라 역행동화되어 몇 가지 이음으로 실현된다.

T → p/V__p /iTpiki/→ [ippiki] → (一匹)
T → k/V__k /iTko/ → [ikko] → (一個)
T → t/V__t /iTten/ → [itteŋ] → (一点)
T → s/V__s /iTsai/ → [issai] → (一切)
T → s/V__ʃ /itsjoo/ → [iʃʃoː] → (一生)

자음의 중복화의 현상이다. 이들을 보아 /T/는 그 놓여 있는 현상 (이것도 상보적 분포)에 따라 p, k, t, s, ʃ로 나타나고 있다. /T/는 이들의 추상화라 할 수 있다.

/N/에서 n, m, ŋ의 종성이 있게 되고 /T/에서 p, k, t, s(ʃ)의 종성이 있게 되는 것을 볼 수 있는데, 한국어의 종성(r제외)이 모두 일본어에 나타나는 셈이다. 옛적에는 한국어처럼 (특히 한자어에서) 종성이 있는 폐음절이 실현되고 있었는데 중국어에서 나중에 입성(入聲)인 -k, -t, -p가 사라지듯 일본어도 종성(한자의 입성 -k, -t, -p: 그리고 비음 -m, -n, -ŋ)의 구별이 사라지기 시작하여 /T/와 /N/으로 차차로 추상화되어 간 것을 알 수 있다

/N/, /T/ 이외의 특수음소로 /R/을 인정하기도 하지만(전술), 여기서는 택하지 않기로 한다.

2.1.7. 음운목록

여기서 일본어의 음운 (/음소)의 일람을 보이면, (cf. 補注 1. (p. 465), 2(p. 483))

자음음소	/h, ʼ/	(후음)
	/m, n/	(비음)

/r/ (유음)
/p, t, k/ (폐쇄음〈무성〉)
/b, d, g/ (폐쇄음〈유성〉)
/c/ (파찰음)
/s/ (마찰음〈무성〉)
/z/ (마찰음〈유성〉)

반모음 음소 /y, w/
모음음소 a, i, u, e, o
특수음소 /N/, /T/

이외에 /R/의 설정 여부와 비음에서의 /ŋ/의 설정 여부도 있다. 전자에 대해서는 앞에서 논의한 바 있고 여기서는 후자에 대해서 논의하고자 한다. 문제되는 여례는 다음과 같은 대립의 존재에서 온다.

1) daigo (第5) : daiŋo (醍醐)
2) dzɯːgo (15) : dzɯːŋoya 15夜
(cf. 有坂, 1959:58)

1)은 최소대립항이고, 2)는 그렇지 않지만 go와 ŋo가 대립을 하고 있는 모양새다. 그런데 일본어 문자에는 이것을 구별할 글자가 없다. 그래도 일본인은 심리적으로 서로 다르게 발음하려는 목적관념을 지닌 것으로 본다(有坂 1959 : 59). Hattori(服部 1960 : 337)도 별개의 음운으로 보고 있다(하나의 음운으로 주장하는 이로 浜田敦과 亀井孝가 거명되고 있다). 앞의 1), 2)를 보아서는 g와 ŋ는 분명히 거의 동일한 환경인 모음과 모음 사이에 동시적 (중복적) 분포를 이루고 있다.

다만 이들이 음운적으로 구별된다면 문자상으로 구별되어 있어야 하는데 그렇지 못해서 동일한 음운으로 느껴질 수 있다. 그래도 별개의 음운으로 둘 사이에 변별성을 느껴진다면 별개의 글자(예컨대 か와 か゚ 식으로)를 만들어내야 한다.

여기서 약간 문제가 있지만 형태적인 문제를 개입시켜 g는 어두에서, ŋ은 어중에서 나는 것으로 분석해 보는 것이다.

1)은 dai-go 와 daiŋo의 다름으로, 2)는 dzɯː-go 와 dzɯːŋoya의 다름으로, 곧 하나는 두 형태의 것, 다른 하나는 한 형태의 것으로 생각해보는 것이다. 실지로 숫자는 하나하나가 독립적인 형태로 쓰이므로 쪼개고, daigo 는 하나의 식품명으로, dzɯːgo 는 십오야(15夜)의 한 단어로 뭉쳐진 것으로 할 수 있다. 그와 같이 해석하게 되면 g와 ŋ는 동일 음운으로서 전자는 어두에, 후자는 어중에 분포하는 식으로 해석할 수 있다.

Teruya(1979:43)는 '高等学校'의 발음이 [koːtoːgakkoː]와 [koːtoːŋakkoː]로 갈리는 경우는 /gakkoo/(学校) 앞에 어경계 (#)가 약하면 (곧 한 단어로 느끼게 되면(#(어경계) → = 형태소경계)), /g/) → [ŋ]가 일어난다는 식으로 설명하고 있는데 역시 형태의 분할 여부의 문제와 관련시키는 것과 같다.

Teruya(1979:43)는 g → ŋ의 현상을 연구개음 비음화(velar nasalization) 규칙으로 형식화 하고 있다.

$$\begin{bmatrix} +\text{obst} \\ +\text{back} \\ +\text{voice} \end{bmatrix} \rightarrow \begin{bmatrix} -\text{obst} \\ +\text{nas} \end{bmatrix} \;/\; [+\text{seg}]\underline{\qquad}$$

이 규칙은 [저해음성, 후설성, 유성성] 의 특징을 지닌 g가 segment(分節音) 다음의 환경에 있을 때는 [비저해음성, 비음성]의 ŋ으로 바뀐다는 것을 나타낸다. 곧 어중에 있을 때 g → ŋ이 된다는 것이다. 분절음은 자음이나 모음을 가리키는데 일본어에서는 자음 다음에 g가 나타나는 경우가 없으므로(특수음소 N은 제외), 환경(/)은 결국 모음(그리고 N) 다음이라는 것을 지시하고 있다.

이상에서 보아온 대로 여러 가지 음운현상을 음운적 해석을 통하여 음운으로 추상화하는 일, 혹은 생득적으로 음운의 체계를 터득하고 있기에 그것이 쓰이는 음성적인 환경 요인에 의해 각가지 음성으로 실현되는 것을 구명하는 일도 있게 되는데 일단 음운론으로서는 음운을 중심적인 대상으로 삼아 연구하게 되고 음운으로부터의 음성표시의 도출과정도 연구하게 된다. 이와 수반해서 음성에 대한 연구도 소홀히 할 수 없게 된다.

2.1.8. 음운자질

인간언어의 변별적인 분절음의 최소 단위인 음운을 더 작은 특징(特徵/資質/素性, feature)으로 쪼개서 음운현상의 설명력을 높이려는 시도가 있게 된다. 생득적으로 하나하나의 분걸음은 그러한 자질의 다발로 이루어져 있다고 보는 것이다. 음운자질의 설명을 위해서 음성의 조음성의 특징의 예를 가지고 예시해보기로 한다.

t → tʃ / ____ i 의 구개음화의 규칙에서 각 음성을 조음적 특징으로 바꿔 쓰면,

a) t → tʃ / ____ i

[치경 / 폐쇄 / 무성] → [경구개 / ~~폐쇄~~ / ~~무성~~] / ______ [전설 / 폐모음 / ~~유성~~]

b) [치경 / 폐쇄 / 무성] → [경구개] / _____ [전설 / 폐모음]

a)에서 변화음 특징에 필자가 삭제의 —— 줄을 친 것은 구태여 변화전의 음과 동일한 특징은 쓸 필요가 없어서 그렇고, 환경음에서의 유성에 —— 줄을 친 것은 모음이면 당연히 유성이므로 그러한 것은 잉여적인 것이 되어 쓸 필요가 없기 때문이다 그래서 b)와 같이 간략화된다.

여기서 조음적 특징 대신에 각 단음의 음향적 특징을 가미해서 마련된 변별적 특징을 가지고 대신하면 (일반적으로 이러한 방법이 쓰인다)

t → ʧ / ____ i

c) [~~자음성~~ 설정성 전방성] → [~~자음성~~ ~~설정성~~ 고성 찰음성] / ______ [고성 긴장성]

c)에서 t의 자질에 —— 선을 그어서 삭제된 자질은, 전방성과 설정성은 자음성을 나타내므로 자음성은 잉여적이기 때문이다. tʃ의 자질에서 자음성과 설정성은 이미 표시되어 있고 새로운 자질은 고성과 찰음성이기에 그것만 표시한 것이다.

곧 구강 내에서 전방의 설정에서 나는 소리(t)가 고성(그리고 긴장성)의 모음에 동화되어서 경구개음에 다가서서 그 틈새로 잡음적인, 같은 고성이며 찰음성의 소리로 변했다는 것을 나타낸다.

앞서의 조음성의 특징의 표시보다 (a) 그리고 b)) 여기의 c)가 조음적, 음향적 특징이 명시되는 이점이 있다.

그래서 생성음운론에서 음성(내지 음운)의 변별적 자질(辨別的 資質, distinctive feature)로 표시하는 방법을 취한다. 일례로 spectrograph에 보이는, 줄무늬가 확실히 보이는 것은 [+모음성], 그렇지 않은 것은 [−모음성]으로 나타냄과 같다. 이와 같이 음운자질이 대립되는 음의 특징을 정반대의 2항 대립으로 포착하고 +와 −의 2항으로 표시하는 방식을 취한다. 이하에서 이러한 자질에 대해 언급하기로 한다.

2.1.9. 자음 자질의 명세

자음간의 음성적·음향적 특징을 대비적으로 나타내기 위한 자질의 명세를 살펴보기로 한다. 해당 자질의 유무를 ±로 나타낸다. 2항 대립의 방식 또는 2치(値)적 자질 방식이라고 한다.

1) 자음성(consonantal). 구강에서의 폐쇄나 마찰이 있고 없는 차이를 나타낸다. −자질의 이름에는 비(非)(non−)를 얹힌다. (자음성/비자음성).

+cons 폐쇄음, 마찰음, 파찰음, 비음, 유음
−cons 모음, 반모음

간단히 말해서 자음과 모음(반모음도)의 구별을 나타낸다.

2) 모음성(vocalic). (cf. Elgin, 1973:10) 유성성의 모음과 유음을 같은 부류로 하고 있다.

+voc (유성)모음, (유성)유음
−voc 모든 −sonorant의 음 저해음〈장애음〉, 무성모음(반모음), 비음

여기서 저해음은 장애음(障碍音)이라고도 하는데 장애음은 폐쇄음, 마찰음을 가리키고 저해음은 장애음을 포함해서 파찰음까지 가리키는 것으로 구별하기도 한다. 저해음을 참 자음이라고도 한다.

여기서의 ±의 구별도 모음(+유성)과 자음의 구별에 쓰이는데 앞서의 자음성의 [−cons]하고는 반모음을 포함시키느냐 유음을 포함시키느냐의 차이다.

(유성)모음과 유음의 경우 음절을 이룰 수 있는 것이 있으므로 음절 여부의 논의에 유용하다. 그래서 이를 [syllabic](성절(成節)성)의 이름으로 바꾸기도 한다. Chomsky외(1968:299)에서는 vocalic을 쓰고 p.354에서 syllabic을 쓰고 있다. Schane(1973:27)에서는 후자다.

한국에서는 유음이 음절을 이루는 일은 없으므로 (유성)모음만이 해당되므로 음성모음성만을 써도 무방하나, 모음과 반모음의 구별에서의 음운자질의 범어적인 점을 고려하면 성절성으로 세워서 쓸 수 있다.

3) 공명성(共鳴性)(sonorant). 공명실에서의 공명 여부와 관계되는 음향적 성격의 유무에 의한다. 유성 조음이 가능한 여부에 있다.

+son 모음, 비음, 반모음, 유음
−son 장애음(폐쇄음, 마찰음), 파찰음, 자음적 과도음(h, ?)

−son을 obstruent(저해음)라고 하는데(Chomsky외, 1968:302) 그 이름으로 변별자질의 이름으로 내세우기도 한다(그렇게 되면 이와 상반되는 공명성은 안 쓰게 된다).

이상의 3가지(특히 1과 2)는 자음과 모음성의 구별에, 3은 자음의 구별에서 공명 여부 곧 저해음 : 비음·유음의 구별에 중요한 몫을 하므로 주요부류자질(主要部類資質, major class features)이라고 한다.(Schane, 1973:26)

이상의 자질을 가지고, 이들을 대비하면,

	자음	모음	반모음	유음
자음성	+	−	−	+
유성모음성(성절성)	−	+	−	+
공명성	−	+	+	+

여기의 유성모음성은 성절성과 같다고 했는데 이를 보아서 모음과 유음(영어의 경우)은 음절을 이룰 수 있고 나머지는 음절을 이룰 수 없음을 보여준다. 모음과 반모음은 성절성의 차이임을 나타내고 있다. 그러한 점에서 성절성의 이름을 더 쓰기도 한다.

4) 전방(前方)성(anterior). 조음기관이 구강의 앞쪽의 영역에 있는가의 여부에 의한다.

+ant 양순음, 치경음
−ant 경구개음, 연구개음

5) 설정(舌頂)성(coronal). 조음기관이 설단(舌端)인가의 여부에 의한다.

+cor 치경음, 경구개음, 유음
−cor 반모음, 모음, 치경음, 경구개 이외의 자음 곧 순음, 연구개음, 후음이 이에 해당한다.

[±]설정성에 의해 같은 [+전방성]의 양순음과 치경음이 구별되고, [−전방성]의 경구개음과 연구개음이 구별된다.

	p(양순)	t(치경)	č(경구개)	k(연구개음)(구개수음이나 성문음도)
전방성	+	+	−	−
설정성	−	−	+	−

4), 5)의 자질이 조음의 위치를 구별하는 점에서 이 두 자질을 조음위치의 자질(調音位置資質, place of articulation feature)이라고도 한다.

6) 설측(舌側)성(lateral). 입안에서의 기류가 측면 아니면 중앙부를 통하여 나가는가의 여부에 의한다.

+lateral 설측음(l)
−lateral 설전음(r)

치경음에 속하는 r과 l의 구별을 위한 것이다. ±설측성의 구별은 일본어(한국어도)에 없으므로 내세울 필요는 없으나 방언의 음성현상 등에서 필요한 경우는 있다.

같은 치경음으로 공명성과 자음성을 공유하는 n, l, r의 대비는,

	n	r	l
비음성	+	−	−
측음성		+	−

측음성과 비음성이 +이면 자연히 자음성과 공명성은 +임을 알 수 있다.

7) 비음(鼻音)성(nasal). 기류가 코 안으로 들어가는가 여부에 의한다.

+nas 비음, 비모음
−nas 구음(口音)의 전체, 유음, 모음(母音)도 포함된다.

공명성을 나누는데 쓰인다.

	m	n	ŋ	r	l	(h	y	w)
공명성	+	+	+	+	+	(+	+	+)
비음성	+	+	+	−	−	(−	−	−)

다음과 같은 조음법 자질(調音法資質, manner features)도 있다.

1) 계속(繼續)성(continuant). 저해음(장애음) 중에서 계속적으로 마찰을 수반하는가의 여부에 의한다.

+cont 마찰음, 유음, 과도음
−cont 폐쇄음, 파찰음, 비음

2) 개방지연(開放遲延)성(delayed release). 기류가 일단 폐쇄된 후 약간 지연되어(폐쇄가 길어지는) 개방되는가의 여부에 의한다. 폐쇄음과 파찰음의 구별에 쓰인다.

+release 파찰음, 마찰음
−release 폐쇄음

Inoue(井上외, 1999:150)에서 이 자질을 가지고 대비하고 있다.

	폐쇄음	마찰음	파찰음
계속성	−	+	−
지연성	−	−	+

지연성의 자질 말고도 [설정성]과 [전방성]의 두 자질로도 구별이 가능하므로 [지연성] 자질이 쓰이지 않기도 한다.

Schane(1973:29)에서도 그 자질을 쓰고 있지만 t^{θ}, t^{s} 자음에만 +값을 주고 있다(t는 −값).

또 다음과 같은 음원(音源)자질(source features)도 있다.

1) 찰음(擦音)성(strident). 구강에서 여러 장애가 부딪치면서 잡음적인 마찰음이 수반되는가에 의한다.

+strid 마찰음(치경 s, z, 치경경구개 ʃ, ʒ, 순치(唇歯 f, v), 파찰음(치경 ts, dz, 치경경구개 tʃ, ʤ)
−strid 폐쇄음, 공명음(양순마찰음 β, 경구개마찰음 ç도)

다른 자질과 함께 다음과 같이 폐쇄음과 파찰음을 구별할 수 있다.

	t	ts	s	ʃ	tʃ
계속성	−	−	+	+	−
찰음성	−	+	+	+	+
개방지연성	−	+	−	−	+

(根間, 1978:16)

앞에서 폐쇄음, 마찰음, 파찰음의 구별에 [개방지연성]을 사용하지 않아도 [설정성], [전방성]의 두 가지도 가능하다고 했는데 다음에 마찰음과 파찰음의 예를 보이면,

	tʃ	dz	s	z	ʃ	ʒ
전방성	−	−	+	+	−	−
설정성	+	+	+	+	+	−
(유성성	−	+	−	+	−	−)

여기서의 구별에 쓰이는 유성성도 음원 자질에 속한다.

2) 유성(有聲)성(voiced). 조음시의 성대의 진동 여부에 의한다.

+voiced 유성음
−voiced 무성음

기타 참고로 일본어에서 음운적으로 볼 수 없는 음원자질의 다음 두 가지를 첨가해 둔다. 한국어에서는 유기음(‘)과 경음(’)에 해당하는 것이다.

	ㄱ(k)	ㅋ(k')	ㄲ(k')
유기(有氣)성(aspirated)	−	+	−
성문(聲門)성(glottalized)	−	−	+

2.1.10. 모음 자질의 명세

모음에 쓰이는 자질에 설체(舌體)자질(body of tongue feature)이 있는데 이는 자음에도 관여하는 자질이다.

1) 고성(高性)(high). 설체가 중립 위치로부터 높은가의 여부에 의한다.

+high 고모음 요소. 자음에서는 경구개음, 연구개음
-high 고모음 이외의 중모음, 저모음. 자음에서는 경구개음, 연구개음 이외의 자음

2) 저성(低性)(low). 설체가 중립위치로부터 낮은가의 여부에 의한다.

+low 저모음 요소. 자음에서는 h자음
-low 저모음 이외의 중모음, 고모음. 자음에서는 h 이외의 자음

± 저성은 [-고성]의 중모음과 저모음의 구별에 쓰인다.

고모음 [+고성] [-저성]
중모음 [-고성] [-저성]
저모음 [-고성] [+저성]

3) 후설(後舌)성(back). 설체를 중립위치의 뒤로 오므리고 조음하는가의 여부에 의한다.

+back 중설모음과 후설모음. 자음에서는 연구개음
-back 전설모음. 자음에서는 연구개음 이외의 자음

일본어의 모음은 이 세 가지 자질로 구별된다.

	i	e	a	o	u
고성	+	−	−	−	+
저성	−	−	+	−	−
후설성	−	−	−	+	+
(원순성)	(−	−	−	−	−)

여기서는 (원순성)을 부기하였으나 일본어의 o와 u는 원순성이 약하기 때문에 쓰이지 않는 게 보통이다.

이 중에서 [+고성]이면 당연히 [−저성]이고, [+저성]이면 당연히 [−고성]이니 이를 다음과 같은 잉여규칙(剩餘規則, redundancy rule)으로 나타낼 수 있다.

[+고성] → [−저성]
[+저성] → [−고성]

앞서의 모음 자질들을 평면으로 나타내면 모음 5음도(모음 삼각형)의 그림의 구조와 같아진다.

<table>
<tr><td></td><td>−후설성</td><td>+후설성</td><td></td></tr>
<tr><td rowspan="2">−저성</td><td>i</td><td>u</td><td>+고성</td></tr>
<tr><td>e</td><td>o</td><td>−고성</td></tr>
<tr><td>+저성</td><td></td><td>a</td><td></td></tr>
</table>

4) 원순(圓脣)성(round). 입을 둥그렇게 오므려 조음하는가의 여부에 의한다.

+round 원순모음, 반모음(반자음)의 w
−round 비원순모음, 자음에서는 w 이외의 자음

이 자질은 원순음화의 음성현상이나 한국어 기타 알타이 제어의 모음의 설명을 위해서 필요하다. 이러한 자질을 인정하게 되면 모음에서 [+후설성]을 공유하는 중설모음과 후설모음의 구별에 이용된다. 일본어의 중설모음화의 음운현상의 기술에도 이용될 수 있다.

중설모음 [+후설성] [-원순성]
후설모음 [+후설성] [+원순성]

단 언어 중에는 중설모음 중에 원순성을 지닌 음성(혹은 음운)이 있다.

이 외에 모음의 자질에 긴장(緊張)성(tense)이 있다. 성대 주변의 근육이 긴장하는가의 여부에 의한다. 일반적으로 [+tense]의 경우는 조음의 동작이 길고(그만큼 명확) [-tense]의 경우는 짧다(다소 불명확). 모음에서 일반적으로 장모음은 [+tense], 단모음은 [-tense]이다.

2.1.11. 자질체계의 두 가지

이상의 변별 자질들은 Jokobson외(1969)의 PSA 체계와 Chomsky외(1968)의 SPE 체계(이들 이름은 서명의 약자에서 온다.)에 따라 자질명과 표시방법도 다르다(cf. 김공칠, 1996:51~). 다음처럼 공통적인 것도 있지만 PSA는 +, -의 자질 이름이 다르게 나온 것도 있고 SPA는 동일 자질 이름의 +, - 값으로 나누고 있다.

PSA	SPE
자음성	자음성
비음성(↔구음성)	비음성(+면 nasal/-면 non nasal)
계속성(↔중단성)	계속성(+면 continuant/-면 non continuant)
긴장성(↔이완성)	긴장성(+면 tnese/-면 non tense)
유성성(↔무성성)	유성성(+면 voiced/-면 voiceless)
조음(噪音)성(찰음성)(↔비찰음성)	조음성(찰음성)(+면 strident/-면 non strident)

PSA에 있고 SPE에 없는 것 그러면서 지금 학자에 따라 다음 자질은 저

음조성↔고음조성 혹은 암음(暗音)성↔명음(明音)성(城田, 1993:201)으로 쓰인다.

암음(暗音)성(grave) ↔ 명음(明音)성(acute)
+grave 자음에서는 순음(p / b / ɸ / m), 연구개음(후설음)(k), 성문음(h)
모음에서는 o, ɯ, a
−acute 자음에서는 치경음(t, d, n, s, ts, dz), 경구개음(중설음)(ʃ, tʃ, ʤ, ç, j)
모음에서는 e, i

(+)성은 구강에서 공명실이 작게 분할되지 않아 음량이 크고, (−)성은 구강에서 공명실이 작게 분할되어 있다.

이 자질을 이용하여 일본어의 자음이나 모음 부류의 전체적인 상대 부류의 대비를 필요로 하는 음운현상이 잘 보이지 않고, 개별적으로 대비할 때도 다른 자질의 이용으로 해결될 듯 싶다. 여기서는 참고로 부기하였다.

2.1.12. 자질명세표

변별자질의 집합인데 자질모형(母型)(matrix)이라는 이름이 있다.

1) 자음자질명세표. 지금까지 다루고 온 자음의 변별자질의 일람을 보이기로 한다. a)는 일본어의 자음음운목록에 상당하고 또한 음성적인 자질에도 상당한 것이다. b)는 일본어에서 이음으로 나타나는 음성 자질의 일람이다. 말미의 f와 v는 영어와 고대중국한자음에 보이는 것으로 후기하였다.
a) 나 b) 모두 가로로 조음위치별로 배열하였다. 다만 비음과 유음과 같은 공명음은 뒤로 돌렸다. 문제는 ta행에서의 i단의 tʃ와 u단의 ts의 파찰음을 c로 음운을 내세웠을 때 양자의 자질이 다르기 때문에 그것의 한 음운의 추상화에 문제가 생긴다. ta행을 ta, tsi, tsu, te, to 식으로 문제되는 것을 ts 하나로 하자는 의견이 있듯이 여기서는 ts의 변별자질을 빌려 나타냈다. tʃ와 ts는 전방성의 유무로 갈린다. 서로의 자질의 차례는 이 책에서

언급한 순서대로 배열되도록 하였다.

a)

	p	b	t	d	s	z	c	k	g	m	n	N	r	h	y	w	ˀ
자음성 (cons)	⊕	⊕	⊕	⊕	⊕	⊕	+	⊕	⊕	⊕	⊕	⊕	+	−	−	−	−
모음성 (voc/syll)	⊖	⊖	⊖	⊖	⊖	⊖	−	⊖	⊖	⊖	⊖	⊖	+	−	−	−	−
공명음성 (son)	⊖	⊖	⊖	⊖	⊖	⊖	−	⊖	⊖	⊕	⊕	⊕	⊕	⊕	⊕	⊕	⊖
전방성 (ant)	+	+	+	+	+	+	+	−	−	+	+	−	−	⊖	⊖	⊖	⊖
설정성 (cor)	−	−	+	+	+	+	+	−	−	−	+	−	⊕	⊖	⊖	⊖	⊖
비음성 (nas)	−	−	−	−	⊖	⊖	−	−	−	+	+	⊕	⊖	⊖	⊖	⊖	⊖
고설성 (high)	⊖	⊖	⊖	⊖	⊖	⊖	−	⊕	⊕	⊖	⊖	−	⊖	−	+	+	⊖
저설성 (low)	⊖	⊖	⊖	⊖	⊖	⊖	−	⊖	⊖	⊖	⊖	⊖	⊖	⊕	⊖	⊖	+
후설성 (back)	⊖	⊖	⊖	⊖	⊖	⊖	−	⊕	⊕	⊖	⊖	⊕	⊖	⊖	−	+	+
계속성 (cont)	−	−	−	−	⊕	⊕	−	−	−	⊖	⊖	−	⊕	⊕	⊕	⊕	−
찰음성 (str)	⊖	⊖	⊖	⊖	+	+	+	⊖	⊖	⊖	⊖	−	⊖	⊖	⊖	⊖	−
유성성 (voiced)	⊖	+	−	+	−	+	−	−	+	+	⊕	+	⊕	⊖	⊕	⊕	−

(여기서 ○을 친 것은 잉여자질의 표시이다. 이에 대해서는 후술한다.)

b)

	ɸ	ts	dz	ç	š(ʃ)	ž(ʒ)	č(tʃ)	ǰ(ʤ)	ɲ	l	ŋ	(w)	f	v
자음성 (cons)	+	+	+	+	⊕	⊕	⊕	⊕	+	+	⊕	−	⊕	⊕
모음성 (voc)	−	−	−	−	⊖	⊖	⊖	⊖	−	+	⊖	−	⊖	⊖
공명음성 (son)	−	−	−	−	⊖	⊖	⊖	⊖	+	⊕	⊕	⊕	⊖	⊖

전방성 (ant)	+	+	+	−	−	−	⊖	⊖	−	+	−	⊖	+	+
설정성 (cor)	−	+	+	−	⊕	⊕	⊕	⊕	−	⊕	⊖	⊖	−	−
비음성 (nas)	−	−	−	−	⊖	⊖	⊖	−	+	⊖	+	⊖	⊖	⊖
고(설)성 (high)	−	−	−	+	⊕	⊕	⊕	⊕	+	⊖	⊕	+	⊖	⊖
저(설)성 (low)	−	−	−	−	⊖	⊖	⊖	⊖	−	⊖	⊖	⊖	⊖	⊖
후설성 (back)	−	−	−	−	⊖	⊖	⊖	⊖	−	⊖	⊕	+	⊖	⊖
계속성 (cont)	+	−	−	+	+	+	−	−	−	⊕	⊖	⊕	⊕	⊕
찰음성 (str)	−	+	+	−	+	+	+	+	−	⊖	⊖	⊖	⊕	⊕
유성성 (voiced)	−	−	+	−	−	+	−	+	+	⊕	⊕	⊕	⊖	+
설측성 (lateral)										+				
원순성 (rounded)												+		

이상에서는 자질 중에서 개방지연성이 빠져있다. 일본어는 [설정성]과 [전방성]으로 해결되지 않나 싶어서이다. [설측성]은 일본어에서는 r/l의 대립이 없기에 빼어도 무방하지만 알타이어제어에서는 그러한 구별이 있으므로 참고로 부기하였다.

2) 모음자질명세표. 모음은 [−자음성]이고 [+모음성]이다. [−자음성]인 점에서 [−계속성], [−찰음성], [−전방성], [−설정성]이고, [+모음성]인 점에서 [+유성성], [+공명성]이므로 이들 자질은 생략할 수 있다. 또 일본어 모음은 [−비모음]이므로 그 자질도 생략된다.

	i	(ɪ)	e	(ɛ)	(æ)	(u)	ɯ	o	a	(ɔ)
고(설)성(high)	+	+	−	−	−	+	+	−	⊖	−
저(설)성(low)	⊖	−	−	−	+	⊖	⊖	−	+	+
후설성(back)	−	−	−	−	−	+	+	+	+	+
원순성〈rounded〉	⊖	⊖	⊖	−	−	⊕	−	⊕	⊖	+
긴장성〈tense〉	+	−	+	−	−	+	−	+	−	+

괄호에 묶은 모음은 일본어의 방언에 실현되는 것도 있고 알타이제어와도 관련될 수 있기에 참고로 부기한 것이다. 일본어의 /u/나 /o/는 원순성이 약하기에 /u/는 ɯ쪽에, /o/는 그대로 o쪽으로 하였다. [+원순성]으로 하였지만 거의 [−원순성]이다. 그런 면에서 [원순성]자질은 쓰지 않아도 된다.

일본어의 모음 /a/, /i/, /u/, /e/, /o/를 [±고(설)성], [±저(설)성], [±후설성]의 세 자질에 의한 평면적인 모음 3각형으로 나타낼 수 있음은 앞에서 본 바 있다.

일본어에서는 안 보이나 알타이어, 영어에서 보이는 모음을 추기하면,

	ɪ	ü(y)	ɨ	ö(ϕ)	ʌ	ɔ
고(설)성(high)	+	+	+	−	−	⊖
저(설)성(low)	−	−	−	−	−	+
후설성(back)	−	−	+	−	+	+
원순성(rounded)	−	+	−	+	−	+
긴장성(tense)	−				−	+

ɪ와 i는 긴장성(↔이완성, lax)의 유무의 차이다(i는 +긴장성).

2.1.13. 잉여규칙(剩餘規則, redundancy rule)

앞에서 ○친 자질은 중요하지 않다는 뜻이 아니고 하나의 음운에 포함된 다른 자질을 미루어 알아낼 수 있다는 것이다.

p음의 경우를 예를 들어서 그 전체적인 자질명세는 앞에서 제시한 대로

라면 12가지이다. 그것을 길쭉하게 늘어놓는 것은 대단히 불편스럽다. 그것을 잘 생각해보면, 하나의 자질에서 다른 자질을 미룰 수 있다면 그렇게 예측되는 자질은 기재할 필요가 없게 된다. 그 예를 보기로 한다.

p						
+자음성		①				
−모음성		②				
−공명음성		−공명음성		①		
+전방성	→	+전방성	→	+전방성	→	+전방성
−설정성		−설정성		−설정성		−설정성
−비음성		−비음성		−비음성		①
−고(설)성		③				
−저(설)성		④				
−후설성		⑤				
−계속성		−계속성		−계속성		−계속성
−찰음성		−찰음성		−찰음성		②
−유성성		−유성성		−유성성		−유성성
		([+전방성]은 자음이므로 다음 모형처럼 ①과②는 필요없고, 모음에 관한 ③,④,⑤도 필요 없게 된다.)		([−비음성]이면 자연히 공명음성이니 ①이 필요없다.)		([+전방성]과 [−설정성]이 표시되면 [−비음성]과 더불어 p와 b임이 예측되고(〈+찰음성〉이 필요 없게 된다(②). [−유성성]으로 p임을 알게된다. 또한 [−유성성]으로도 [−비음성]임을 알 수 있다(①).)

여기의 [+전방성]은 자음의 특성과 순음의 특성을 나타내는 중요한 부분이며, [−계속성]은 같은 순음계의 f, v와의 구별에 필요하나 일본어에서는 이와 무관하다. 같은 [+전방성], [+계속성]인 마찰음 s, z와의 구별을 위해서 필요하다.

[−설정성]도 같은 [+전방성]의 치경음 t, d와의 구별에 필요하다. 그리고 [−유성성]도 유성음의 b와의 구별을 위해서 필요하다.

[-계속성]과 [-설정성]이 더불어서 p음이 파찰음이 아님을 나타내므로 결국 p음이 양순 폐쇄무성음이라는 것을 알 수 있다.

이렇게 해서 맨 앞의 모형의 방대한 자질 수를 4가지로 줄일 수 있다.

같은 [+전방성]의 자질의 s의 경우를 보면,

+자음성		①		
−모음성		②		
−공명성		③		
+전방성	→	+전방성	→	+전방성
+설정성		+설정성		
−비음성		−비음성		+설정성
−고(설)성		④		①
−저(설)성		⑤		
−후설성		⑥		
+계속성		+계속성		②
+찰음성		+찰음성		+찰음성
−유성성		−유성성		−유성성
		([+찰음성]은 마찰음과 파찰음의 자음이므로 ①, ②, ③이 필요 없고, ④, ⑤, ⑥도 필요 없다. 또한 [−비음성]이기에 ④도 필요 없다.)		([+찰음성]은 또한 [−비음성]이기에 ①도 필요없다. 또한 [+찰음성]은 [+전방성]과 [+설정성]과 더불어 s를 예측할 수 있기에 [+계속성]을 줄일 수 있다.)

이렇게 보면 같은 [+전방성]의 p와 s는 공통의 [+전방성] 외에 [설정성]의 여부와 [찰음성]의 여부의 차이(계속성 여부의 차이는 있으나 앞서의 자질로 예측가능)의 간단한 자질명세로 구별할 수 있다고 할 수 있다.

여기서 [+찰음성] → [−비음성]

[+찰음성] → [+자음성]

[+찰음성] → [−모음성]

[−비음성] → [−공명성] 이를 달리해서 [+비음성]→[+공명성]

그리고 모음에서의,

[+고(설)성] → [−저설성] 이를 달리 써서 [+저(설)성] → [−고(설)성]과 같이 잉여성(剩餘性, redundancy)을 나타내는 것을 잉여규칙이라 한다(화살표는 또한 ~이기도 하다, 또는 ~를 함유한다는 뜻이다.).

2.1.14. 자연부류

분절음들의 자질들이 공통성을 지니는 경우에 그 무리를 자연부류(自然部類, natural class)라고 한다. 이 무리는 동일한 혹은 비슷한 음운현상을 나타내는 일에 행동을 같이 하는 특징을 지닌다.

음운교체를 일으키는 p : t, p : k, k : t의 상호관계는 이들의 자음의 [±전방성]과 [±설정성]의 차이 뿐 나머지는 공통적인 자연부류를 이룬다.

예컨대 한국어에서 '거품'에 대한 방언분포형을 보면(최학근 1987),

k : t 교체	더품 (경북 김천, 이북방언)
	거품 (전남 광주, 충남 일부)
k : p 교체	버큼 / 버꿈 (경남 도서지방)

동일어휘가 지방에 따라 교체현상을 보여주는 것은 이들의 소리의 특징에 공통성이 있기 때문이다.

일본어에서도 이러한 현상이 보인다.

k : p 교체	pukumu ~ kukumu (含)
k : t 교체	tutumu ~ kukumu (包)

t : p 교체는 한국어와의 대비에서 볼 수 있다.

Kor. p'i (血) ~ Jap. ti(血)

일본어에서 i단 앞에서 구개음화가 유별히 보이는 s(sa행), t(ta행), d(da행)의 구개음화형 ʃ, tʃ, ʤ, ʒ가 보이는데, 이들도 그러한 현상을 자아내는 공통성을 지닌다고 볼 수 있다.

이 구개음화의 현상을,

s → ʃ / ___ i
t → tʃ / ___ i
d → ʒ / ___ i (ʤ의 경우는 환경 기술이 달라진다.)

와 같이 간단하게 나타낼 수 있고, 행동을 같이 하는 자연부류를 묶어서 변별적 자질로 나타낼 수 있다.

앞에서 보인 구개음화 규칙은 t → tʃ의 경우이고 그것을 s → ʃ, d → ʒ 경우까지 확대하면,

$$\underset{A}{\begin{bmatrix} -\text{son} \\ +\text{ant} \\ +\text{cor} \end{bmatrix}} \rightarrow \underset{B}{\begin{bmatrix} -\text{ant} \\ +\text{strid} \end{bmatrix}} \Big/ \_\_\_ \underset{C}{\begin{bmatrix} +\text{voc} \\ -\text{back} \\ +\text{high} \end{bmatrix}}$$

여기서 A는 t, s, d의 공통적인 부류의 자질이고 그것이 변하게 되는 B의 tʃ, ʃ, ʒ도 A에 B를 추가 또는 변경되는 공통적인 자질을 보여주고, C는 그러한 변동을 야기하게 되는 환경의 특징을 나타내고 있다. 곧 치경음인 폐쇄음이 고모음이 후행하는 환경에서 보다 높은 위치의 경구개음 쪽에서 마찰음과 파찰음이 되는 것을 알 수 있다.

이와 같이 변별적 자질을 이용하는 것은 분절음을 이용하는 것보다 음운현상에 함께 참여하는 분절음의 자연부류를 식별하는데도 도움이 된다.

분절음을 대비할 때 대비되는 음이 많아지면 그만큼 공통성이 줄어드는 만큼 자연부류의 자질 수도 적어진다. 분절음에 따라 자연부류를 이루는 자질모형의 예를 몇 가지 보기로 한다.

/k, t/의 자연부류자질은,

$$\begin{bmatrix} -\text{voc} \\ -\text{son} \\ -\text{cont} \\ -\text{voiced} \\ -\text{str} \end{bmatrix}$$

곧 k는 [−ant], [−cor], [+high]이고, t는 [+ant], [+cor], [−high]의 차이가 있으므로 이들 자질은 빠지고 있다. t 발음에서 혀를 잇몸에 안 대고 후부를 올리면 k와 같아진다.

/p, t, k/의 자연부류자질은,

$$\begin{bmatrix} -\text{voc} \\ -\text{son} \\ -\text{cont} \\ -\text{voiced} \\ -\text{str} \end{bmatrix}$$

[+ant]의 p, t 외에 [−ant]의 k가 포함되어 있으므로 [ant]의 자질이 빠져있다.

/p, t, k, b, d, g/의 자연부류자질은,

$$\begin{bmatrix} -\text{voc} \\ -\text{son} \\ -\text{cont} \\ -\text{str} \end{bmatrix}$$

p : b, t : d, k : g의 유무대립이 포함되므로 [voiced]자질이 빠져있다.

/p, t, k, b, d, g, m, n, N/의 자연부류자질은,

$$\begin{bmatrix} -\text{voc} \\ -\text{cont} \\ -\text{str} \end{bmatrix}$$

m, n, N 등의 [+공명음성]이 포함되므로 [−son]의 자질이 빠져있다.

2.1.15. 음운체계

1) 대립과 상관

이상의 음운들은 분절음으로는 변별자질상 상호간 대립(對立, opposition) 또는 상관(相關, correlation)의 관계를 갖는다. 예컨대 k와 g는 연구개음이고 폐쇄음인 점에서 공통성이 있고, 한편으로 k는 무성음, g는 유성음인 점에서 차이점이 있다. 곧 연구개음이고 폐쇄음인 점에서 상관이 되고 무성음과 유성음인 점에서 대립한다.

대립을 이루게 하는 특성을 지표(指標, mark) 또는 표지(標識)라고 하고 그것을 갖는 쪽을 유표항(有標項), 갖지 않는 쪽을 무표항(無標項)이라고 한다. 앞에서 k쪽이 무표항, g쪽이 유표항이 된다. 이러한 대립을 유무(有無)대립이라고 하는데 다른 자음에서도 보인다.

k	s	t	(p)
|	|	|	|
g	z	d	b

여기서 (p)는 외래어 혹은 /T/라는 특수 음소 뒤에서라는 특수 환경에서만(iTpon 1本) 보이기에 괄호에 묶었다.

앞에서 2항이 상하로 무성 : 유성의 짝을 이루면서 대립하고 있는데 그러한 대립이 가로의 다른 자음에서도 보인다. 이렇게 분절음 간의 유무대립의 관계가 가로로 4계열로 배열된 데서도 볼 수 있는데 이를 비례(比例)대립(proportional opposition)이라고 한다. 계열(系列, series)은 조음 위치가 다른 것을(가로로 나타낸 것)을 나타낸다. 여기에 조음위치가 같고 조음 방법이 다른 것(세로로 나타낸 것)을 서열(序列, order)이라고 한다.

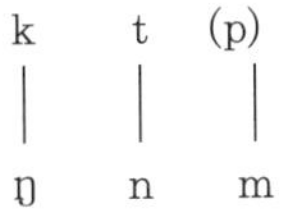

과도 같은 것이다. 이는 같은 위치에서의 폐쇄음과 비음과의 관계와 같다. 자음에 따라서는 이러한 상관관계를 이루지 못하는 것이 있다. 예컨대 경구개음에는 폐쇄음의 서열이 없고 성문음(ʼ)에는 파찰음이나 비음의 서열이 없다.

k에는 유성음의 g, 거기에 비음의 ŋ과의 상관이 이루듯이 다른 계열에서도 유성음과 비음의 상관관계(상관속(相關束), bundle of correlation)를 만들어보면,

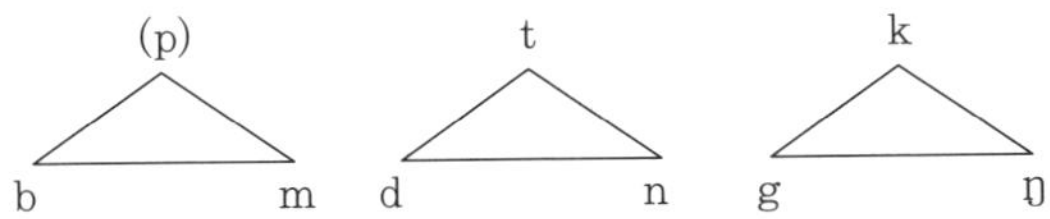

과 같은 3항적 대립의 상관속을 이루지만 경구개음과 성문음에서는 이루지 못한다.

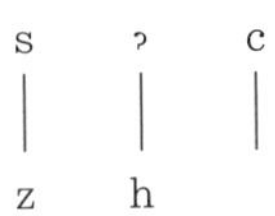

에서 s에는 유성음의 짝이 있으나 비음 서열은 빠져있다. s음 자체가 마찰음인 점도 있지만 어떻든 하나의 구조상의 구멍이 있는 셈이다. ʼ도 마찰음의 짝이 있으나 다른 것은 없다. c의 경우는 음운으로 해석하는 특수한 사정이 있어서 그런지 하나의 짝이라도 맞추기 어렵다.

이를 고립적 대립이라고 할 수 있다. 이는 일본어의 특별한 역사적 사정 곧 변화의 결과에서 온다.

2) 자음체계

먼저 자음 분절음의 상호관계를 대충 그려보면,

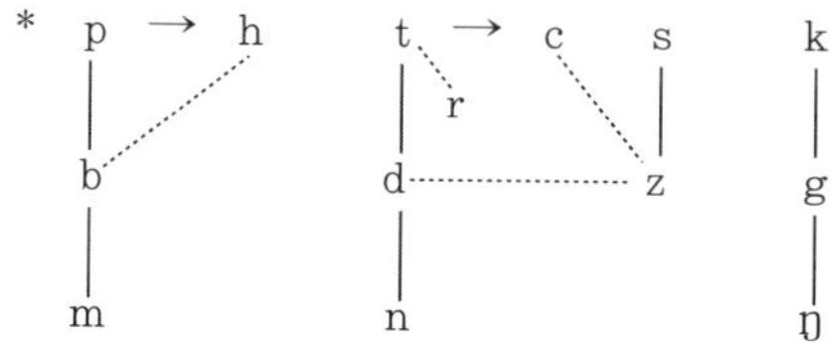

원래 p는 존재했으나 h로 변해서 음성적으로 다른 소리가 되었지만 옛 발음이 남아서 b와의 상관이 유지되었다.

c는 t의 ti, tu에서 유래하고 그것은 결국 za행의 zi, zu와 같은 유성음화되면 s의 z와 관련되고 t의 유성음 d의 경우도 di, du단에서 zi, zu로 변해 관련된다.

r는 유음으로서 독자적인 위치에 있는 자음이나 r을 둘러싼 t, d, z하고는 공통점이 많아 서로 교체되는 일들이 많다.

유성음의 유무대립이 보다 많은 것을 고려하면,

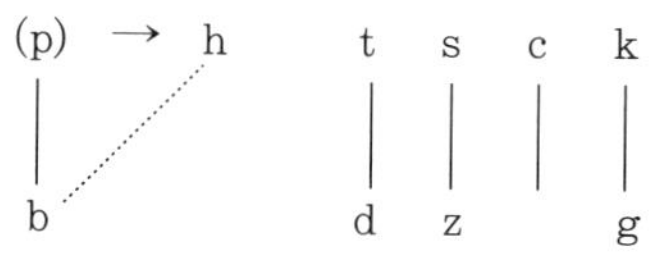

의 6계열의 2서열 조직으로 일단 잡을 수 있다. 그렇게 되면 r는 그러한 대립이 없으므로 밖으로 밀리는 것이 되니 이를 외변(外邊)요소라고 할 수 있다.

이에 비음 계열을 가하여 3각형 구조로 맞춘다면,

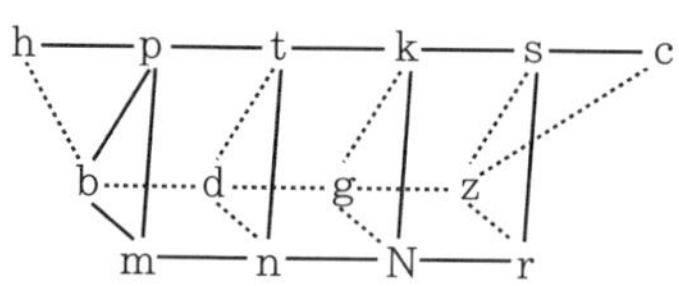

h와 c가 다른 계열에 걸침을 하지마는 고립적인 위치에 있다. 만일 /c/ 음운을 인정하지 않고 /t/에 포함시킨다면 약간 다듬어지지만 현실음을 무시해서 억지로 맞출 수 없다.

r는, 다음도 마찬가지로 짝 맞추기 어려우나 공명성을 이용하여 이를 3층의 4각형의 입방체구조로 재편해서 자리매겨 볼 수 있다.

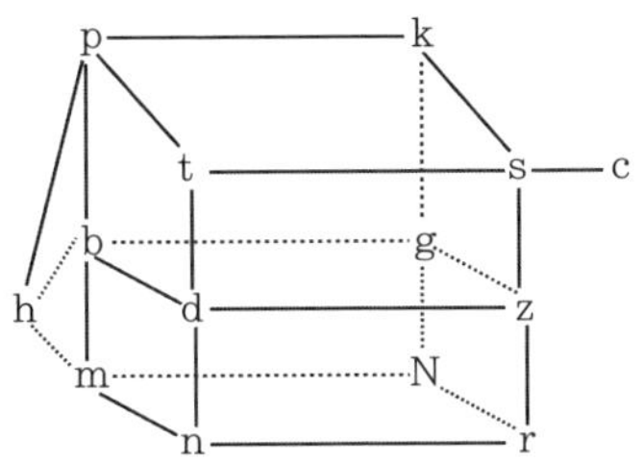

맨 아래 자리에 h와 r을 포함시킨 것은 [+공명성]([+son])의 공통성으로 엮어 본 것이다.

이러한 구조 짜임에는 약간의 무리가 있으나 자음체계의 구조성은 어느 언어에서나 정연하고 완벽한 것을 기대할 수 없다. 시대의 변천에 따라 자음음운의 변동 혹은 소멸과 증가에 따라 구조상의 균열이 있게 되기 마련이다(cf. 補注 1.(p. 465)).

3) 모음체계

모음의 경우, 그 체계성은 모음의 전후 위치에 따른 계열로 나누고 고저에 따라 서열로 나누면,

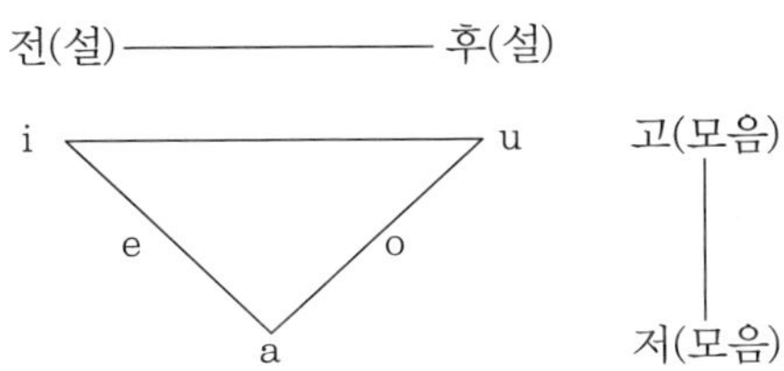

중설위치에 있는 a는 후(설)의 계열에 속하게 한다. 고저관계는 고-중-저의 3간격의 3서열이다. 따라서 일본어는 2계(열) 3서(열)의 2차원적 3각 조직이 된다.

한편 한국어의 경우는 그 체계성에 여러 의견이 있으나 일본어와 대비해서 잡아보면 전후의 2계열에 원(圓)평(平)의 대립이 있다고 보면 2계 3서는 마찬가지이나 원평의 차원을 보태서 2계 3서의 3차원적 4각 조직이 된다.

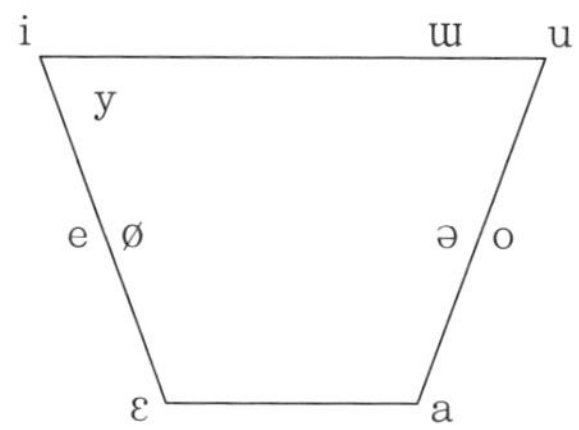

결국 일본어와 한국어의 모음체계의 차이는 원평의 대립의 유무라고 할 수 있다.

한국어도 일본어처럼 3각 조직으로 보기도 하는데,

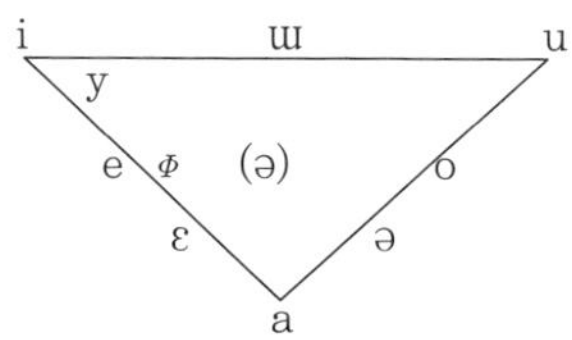

그렇게 되면 계열과 서열이 하나씩 늘어나는 격이 되고 원평의 대립이 한쪽에만 치우친 불완전한 3계 4서열의 3차원적 3각 조직이 된다.

일본어의 방언에서 또 음성적 실현에서 이와 닮은 체계를 보여주는 경우가 많다. 곧 방언에서는 음운체계로서 공통어에서는 이음으로서 y, ɯ, ə, ɛ 등이 나타난다(cf. 補注 2 (p. 483)).

2.2. 음운의 변동

2.2.1. 형태음운

1) 형태소

자음 분절음과 모음 분절음이 결합하여 CV의 음절이 이루어지고 그것이 단독으로 혹은 CVCV…의 연속체로서 의미를 가지게 되면 하나의 형태(形態, morpho)를 갖추고 단어의 기능을 하게 되는데 그러한 형태의 최소성을 형태소(形態素, morpheme)라고 한다.

は(歯), はは(母), ははおや(母親)의 CV연속체에 'は'는 CV 단독으로 하나의 형태가 되고 'はは'는 CVCV의 연속체로서 하나의 형태가 된다. 하나의 형태로 단어구실을 하고 있으니 이는 단일어가 된다. ははおや의 경우는 두 형태로 분할할 수 있다. 'はは'도 의미를 갖는 형태요 'おや'도 의미를 갖는 형태다. 이러한 두 형태가 결합하여 원래의 두 형태의 산술적 합산에서 오는 의미와는 또다른 의미를 갖는 단어 구실을 하고 있으니 이를 복합어(혹은 사람에 따라 합성어)라고 한다.

여기서 예의 형태들 중에서 'は, はは, おや'는 그 자체를 분할할 수 없다. 분할하면 의미를 상실하거나 의미가 변동될 수 있다.

이에 대해 'ははおや'의 형태는 분할될 수 있는 점에서 형태소라고 할 수 없고 다만 두 개의 형태소가 결합한 형태라고 할 수 있다.

형태에는 이와 같이 단일의 것이든 복합의 것이든 그 자체로 어엿한 의미를 지니고 있다. 만일에 여기에 조사가 따라와서 'は-ば', 'はは-ば', 'ははおや-ば'라는 형태가 이루어지게 되면 선행 형태소는 그 자체 뚜렷한 의미를 갖고 있지만, 후행 형태소는 그렇게 뚜렷한 의미를 갖지 않는다. 물론 언어사용에서의 조사의 기능을 숙지하게 되는 처지에서는 그 나름대로 어떤 의미적 역할을 한다는 것은 인지하지만, 그 형태만을 따로 떼어내면 무엇을 뜻하는지 이해하기 힘들고 또 실지 따로 떼어내어서 사용하는 경우도 없다. 이렇게 보면 형태(소) 중에는 단독으로 뚜렷한 의미를 갖고 또 단독

으로 얼마든지 사용할 수 있는 것과 그 반대의 것으로 가를 수 있다. 전자를 자립(자유)형태소(free morpheme), 후자를 부속(의존)형태소(bound morpheme)로 구별한다.

2) **형태음운(形態音韻, morphophoneme)**

그런데 그 형태소는 본래의 의미를 지닌 채 다른 형태소와 결합할 때 여러 가지 조건에 의해서 형태의 일부 분절음이 일시적으로 바뀌거나 복합어의 일부로 변동음이 고정되는 경우가 있게 된다.

예를 들면, ame(雨)라는 형태소가 kasa(傘)라는 형태소와 결합할 때 ama(-gasa)로 바뀌는 것과 같다. 덩달아서 후행의 kasa도 gasa로 바뀐다. 이와 같이 형태소의 일부 분절음이 바뀌는 것을 음운론적 교체(交替, alternation)라 하고 그 형식을 교체형(交替形, alternant)이라 부른다. 이 예에서는 모음 a가 e로, 자음 k가 g로 교체되는 경우가 되는데, 전자는 모음교체이고 후자는 자음교체다. 또한 전항과 후항의 양편에서 교체된다는 점에서 상호교체, 상호동화라고도 할 수 있다. 이 때의 전항과 후항의 원래의 모습을 노출형(露出形) 또는 단독형이라 하고 복합된 모습을 피복형(被覆形) 또는 복합형이라 한다. 곧 ame(雨)의 경우는 단독으로 노출된 상태이고, amagasa에서는 복합형의 일부로서 피복형이라는 말이 있게 되는 것이다.

그리고 이 경우 노출형이 한 가지의 피복형을 보여주는 예지만 다음 예에서처럼 여러 가지 피복형을 보여주는 경우도 있다.

hoN(本) →	hon	hondai(本代)	역행
	hom	hombako(本箱)	역행동화
	hoŋ	hoŋkaN(本館)	역행동화

이 때에 hoN과 같이 기본이 되는 형태를 대표형태소라고 하고, 나머지

의 교체형을 이형태(異形態, allomorph)라고 한다. 그 관계를 다음과 같이 표시한다.

[hoN] —— / hon~hom~hoŋ/

여기서는 분절음 N이 n, m, ŋ으로 교체되고 있는데 이들 추상적(대표적) 형태소와 그 이음들을 모두 형태음운이라고 부른다. hoN이라는 대표적 형태소의 음운이 복합어를 형성하는 형태론적 조건에서 그리고 후항과의 동화환경이라는 음운적 조건에서 기본적인 형태적 의미를 유지한 채 음운의 변동 바꿔 말해서 형태의 변동을 가져오고 있는데 이에 호응하는 음을 무리지어서 그렇게 부른다.

여기서의 N → n, m, ŋ(ɲ)의 변동을 분절음으로 규칙화한 것을 앞에서 보인 바 있지만 이를 자질표기로 나타내면,

a) $$\overset{\text{N}}{\begin{bmatrix}-\text{voc}\\+\text{son}\\+\text{nas}\\+\text{low}\end{bmatrix}} \rightarrow \overset{\text{n}}{\begin{bmatrix}+\text{ant}\\+\text{cor}\\-\text{back}\end{bmatrix}} \Big/ \underline{\qquad\quad} \overset{\text{d/n}}{\begin{bmatrix}+\text{ant}\\+\text{cor}\\-\text{back}\end{bmatrix}}$$

b) $$\overset{\text{N}}{\begin{bmatrix}-\text{voc}\\+\text{son}\\+\text{nas}\\+\text{low}\end{bmatrix}} \rightarrow \overset{\text{m/b}}{\begin{bmatrix}+\text{ant}\\-\text{back}\end{bmatrix}} \Big/ \underline{\qquad\quad} \overset{\text{m/b}}{\begin{bmatrix}+\text{ant}\\-\text{back}\end{bmatrix}}$$

c) $$\overset{\text{N}}{\begin{bmatrix}-\text{voc}\\+\text{son}\\+\text{nas}\\+\text{back}\end{bmatrix}} \rightarrow \overset{\text{ŋ}}{\begin{bmatrix}+\text{high}\\-\text{low}\end{bmatrix}} \Big/ \underline{\qquad\quad} \overset{\text{k/g}}{\begin{bmatrix}-\text{nas}\\+\text{high}\end{bmatrix}}$$

2.2.2. 형태음운론의 층위

1) 어휘부

이러한 소리의 자질들이 인간의 언어 생성과정에서 어떤 층위에서 어떻게 구실하는지 생각해보기로 한다.

문법의 체계를 다음과 같이 보았을 때(cf. 김공칠, 2011:31),

음성형태 — 조음청취체계 — 소리
(PP)
어휘부 — (배번집합) — 문자화
(음성화)
논리형태 — 개념의도체계 — 의미
(LF)

언어생성의 연산의 출발이 되는 어휘부에 소장된 어휘항목의 일부분을 음운(또는 음운자질)이 구성하고 있는 셈이다. 음운자질의 경우 추상적인 음운 단위의 것이며 그 명세들이 잉여규칙에 의해 불필요한 것은 포함되어 있지 않다. 음운 연속체가 형태를 갖춘 어휘 항목은 단일의 형태소의 경우도 있고 합성이나 복합의 형태를 갖춘 것이 있다. 일본어의 경우 복합어 형성에서 그 경계에서 형태음운규칙이 적용되는 특징이 있음을 보았다. 이러한 경우 추상적인 음운의 표기가 음성적인 것으로 바뀌는 음운규칙의 적용이 있었다.

이렇게 본다면 어휘부에서는 음운(자질)을 모아두는 곳이면서 음운자질이 의미자질과 합쳐서 형태소화하고 그것을 목록화하는 곳이 될 것이다.

형태소화는 단일의 경우도 복합의 경우도 있고, 복합의 경우는, 음운의 변동이 일어나는데 그러한 일도 감당하는 곳이 될 것이다. 이 일은 감당하는 부서를 가칭 어휘음운부라 부를 수 있다. 어휘음운부에서는 단일 형태소를 이룰 때는 분절음 연결규칙이나 제약을, 복합 형태소를 이룰 때는 그 경계에서의 형태음운의 변동 규칙도 관장한다고 할 수 있다. 따라서 그러한 형태음운의 변동을 주관하는 형태음운론(形態音韻論, morphophonology)은 어휘부의 층위에서도 작용한다고 볼 수 있다. 이러한 면에서 어휘부에서는 어휘음운부와 어휘형태부가 협력하여 통사부에 출력시키는 단어를 생산하는 곳이 된다.

그러한 단어는 통사부에서 입력되어 통사적 연산의 대상이 되므로 이를 통사체(統辭體, syntactic object)라 부를 수 있다.

이미 종전의 어휘부에는 어휘목록만이 존재하고, 어휘형태와 관련된 음운 교체는 음운부에서만 다루고 음운규칙의 적용은 어휘부 이후의 일로 보았는데, 어휘음운론(lexical phonology)에서는 그 어휘부에 음운론을 접합시켜서 음운규칙이 어휘부 안에서도 적용되게 한 것이다. 이렇게 되면 단어생성과정도 어휘부에서 처리하게 되어서 어휘부의 기능이 확대되는 셈이다. 곧 어휘의 음운적 특징, 규칙까지도 어휘부에 내포하게 된다. 따라서 어휘부는 복잡한 체제를 갖게 된다(cf. 김공칠, 1996:43).

다만 Mohaman(1982:2-3)에 의하면 접사 파생의 형태조작이 먼저고 다음에 음운규칙이 적용되고 또 그것이 다음 단계의 형태론적 조작에 입력되는 순환적인 것으로 보고 있다. 이에 대해서는 김공칠(1996:43)에 예시되고 있다. 요는 형태론적 정보와 관련된 음운규칙은 어휘부에서 적용되고 형태론적 정보와 무관한 것은 어휘부 이후(후어휘부)에 적용되는 것으로 하고 있다.

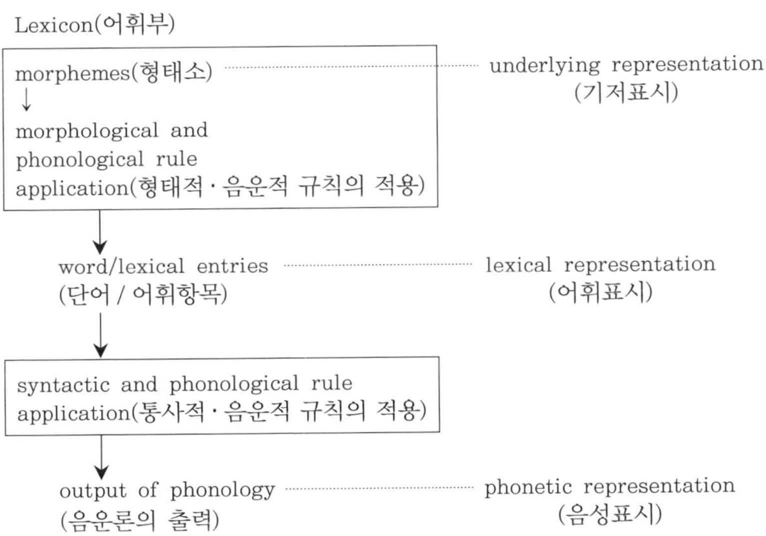

Mohaman(1986:11)에서는 위와 같이 형태적, 음운적 규칙의 적용으로 이루어진 단어/어휘항목의 레벨을 어휘표시레벨로 내세우고 있고 그것에 통사적, 음운적 규칙이 적용되어 최종적인 음성표시가 출력되는 것으로 하고 있다.

어휘부 module에서는 형태론적 정보를 요구하는 음운과정을 가정한다면 통사적 module에서는 통사적 정보를 요구하는 음운과정을 가정한다.

위를 보면 형태론적 정보와 관련된 음운규칙이 적용된 것은 기저표시고 그 출력이 단어 혹은 어휘항목이 되는데 이를 어휘표시로 하고 있다. 거기에 통사론적 정보와 관련된 음운규칙이 적용된 음운 출력이 음성 표시가 되고 있다.

Mohaman(1986:12)에서는 어휘부 이후를 다음과 같이 구도화되고 있다. 여기서는 어휘표시 이전의 부분이 생략되어 있고 그 이후의 것 곧 후어휘부가 두 개의 하위 module 곧 통사적 그리고 음성적 이행의 module로 되어있다.

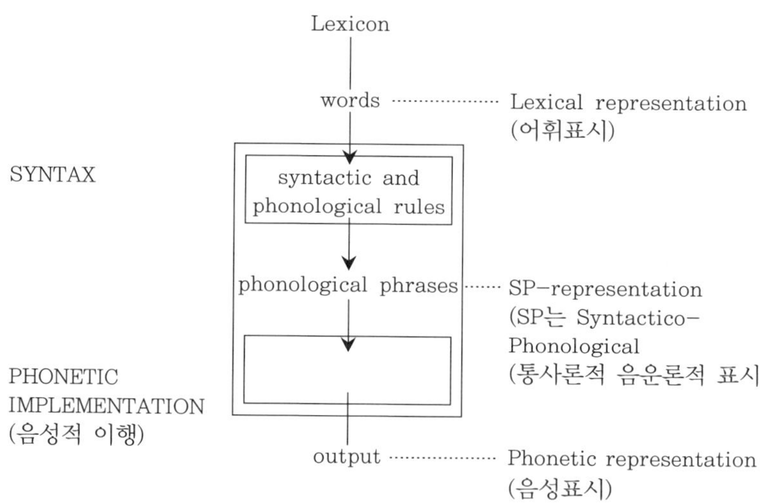

통사부에서의 출력인 phonological phrases는 휴지로 경계지어진 음운적 연속체를 가리킨다. 형태적, 통사적 지정은 포함되어 있지 않다. 음성적

이행은 고전적 음운론의 이음(異音)과정과도 매우 유사한 것이다. 그리고 여기에 부언해둘 것은 필자는 통사부의 최종적인 출력에서만 아니라 중간 단계에서의 음운부와의 관련도 가정하고 있다.

이상의 Mohaman의 논의는 영어에 입각한 것이므로 일본어로서는 적절하지 않을지 모르나 예를 들어 동사+과거 조동사의 음운연속체는 통사론의 문제와 관련된다.

5단 동사의 경우, kaki-ta → kaita, yomi-ta → yonda, tori-ta → totta와 같은 음편이 일어난다. 어떻든 그러한 과정을 거쳐 최종적으로 kaita, yonda, totta의 음성표시가 도출되는 것인데, 이러한 문제가 어휘부 내부의 문제로 볼 수도 있으나 어휘부 이후의 통사적 연산과정에서 형태경계에서의 형태변동을 가져온 것으로 볼 수 있어서 형태음운론과도 무관하지 않다. 과거 조동사 ta가 발음(撥音) 뒤에서 da로 변하는 것은 이형태로서의 이음(異音)의 실현이기에 음성이행의 부분이다. 이렇게 본다면 형태음운의 층위는 통사부에까지 미친다고 할 수 있다.

이와 같은 통사과정 이전의 일을 맡는 어휘부를 통사부에 내보내는 단어의 생산 공장이라고 생각한다면 단일어 형성과 같은 음운규칙이나 접사파생, 복합어 형성과 같이 형태적 정보를 필요로 하는 형태음운규칙은 본래 어휘부의 소관이라 할 수 있다. 앞에서 ame+kasa의 복합어 형성 시에 형태소 경계에서 전항의 어말모음의 e/a 교체, 후항 두자음의 유성음화가 일어나는 일은 어휘부 안에서 형태부와 관련되는 분야에서 이루어진다고 보았다.

그런데, 역시 앞에서 언급한 바와 같이 소위 음편형이 야기되는 kaki-ta → kai-ta(썼다), yomi-ta → yon-da(읽었다)의 경우는 분명히 어휘부의 일은 아니라고 본다. 이는 언어생성에서의 통사부의 병합작용의 소산인 점에서(cf. 김공칠, 2011:156, 2013:430) 통사부에도 형태부가 관여한다고 볼 수 있는 일이다.

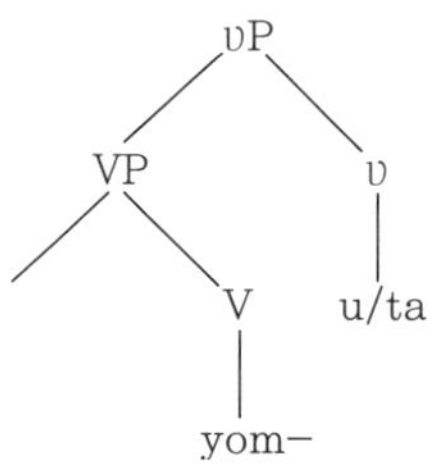

VP레벨에서 명사(실상은 DP(조사구))와 동사의 병합으로 동사구(VP)를 이루고 여기에 동사핵(V)과 핵문술어핵(υ, 어미 혹은 조동사)과의 병합을 이룰 때 일어나는 음운변동이다. 여기에는 동사(연용형) 혹은 조동사(ta)라는 형태적 정보와 술어핵의 병합이라는 통사작용이 관련된다고 본다.

그러한 소위 음편은 V의 말자음에 따라 i음편, t음편, n음편이 있게 되는데 참고로 이러한 현상이 있게 되는 음운 과정을 보이면,

기저표시	/yom-ta/	/tor-ta/	/kak-ta/
i 삽입	yomi-ta	tori-ta	kaki-ta
무성자음 탈락	——	——	kai-ta
향음(響音) 뒤 i 탈락	yom-ta	tor-ta	——
조음점 일치(역행동화)	yon-ta	tot-ta	——
유성음화(순행동화)	yon-da	——	——
음성표시	[yonda]	[totta]	[kaita]

이상의 일이 통사부에서 일어나는 것이라면 통사부에도 음운부와 형태부가 관여한다고 볼 수 있다.

여기서의 기저표시는 통사부에서의 형태음운 표시이기도 하다. 음성표시는 앞에 보인 Mohaman의 어휘음운론에서의 어휘부와 후어휘부의 음성표시도 이와 같은 것이라고 할 수 있다.

그리고 여기서 적용된 음운규칙의 내용은 다음과 같다.

i 삽입규칙

$$\varnothing \rightarrow i \ / \begin{Bmatrix} k \\ g \\ s \end{Bmatrix} \_\_\_\_ + [Past]$$

무성자음 탈락

$$\begin{Bmatrix} k \\ g \end{Bmatrix} \rightarrow \varnothing / \_\_\_\_ [i]+[Past]$$

향음 뒤 i 탈락 $i \rightarrow \varnothing / [son] \_\_\_\_$

조음점일치(역행동화) ($m \rightarrow n$, $r \rightarrow t$)

$$[+cons] \rightarrow \begin{bmatrix} \alpha \text{ ant} \\ \beta \text{ cor} \\ \gamma \text{ high} \end{bmatrix} / \_\_\_\_ + \begin{bmatrix} -\text{voc} \\ \alpha \text{ ant} \\ \beta \text{ cor} \\ \gamma \text{ high} \end{bmatrix}$$

(여기서의 α, β, γ는 한 쪽이 ant가 +자질이면 다른 쪽의 ant도 +고, 한 쪽이 −면 다른 쪽도 −가 된다는 것)

유성음화(순행동화) (ta→da)

$$[-son] \rightarrow [+voiced] / \begin{bmatrix} +\text{cons} \\ +\text{voiced} \end{bmatrix} \_\_\_\_$$

Kuroda(黑田, 1966:89−)에서는 규칙 1(순행동화규칙), 규칙 2(비음화규칙), 규칙 3(역행동화규칙)으로 설명하고 있다. 그렇게 되면 음운표시와 음운과정이,

음운표시	/tob+ta/	/yom+ta/	/tor+ta/
1. 유성음화 규칙	tob−da	yom−da	
2. 비음화 규칙	tom−da		
3. 역행동화 규칙	ton−da	yon−da	tot−ta
음성표시	[tonda]	[yonda]	[totta]

매우 간결하게 된다. 대개 일본어의 동사는 연용형에 다른 형태가 이어져 서술적인 구실을 하는 점에서 그러한 과정을 인정하는가에 따라 앞엣것과 달라지는 것이다.

2.2.3. 원음소(原音素)

그런데 앞서의 복합어 형성 시의 전항의 ame가 ama로 바뀌는 e~a의 형태음운의 변동의 경우와, hoN(本)이 hom, hon, hoŋ 으로 바뀌는 경우와는 좀 다른 성격을 지닌다. 전자에서는 e에 a의 속성을 내포한다 하기 어려우나 /N/의 경우에는 m, n, ŋ의 속성의 총체를 내포한다고 할 수 있다. 일본어의 경우는 이들 음성들은 두자음에 쓰인 경우를 제외하고 /N/이라는 특수음소에 포괄되고 있다. /N/은 이들의 속성을 아우르는 소리의 바탕이라는 의미에서 원음소(原音素, archiphoneme)라는 말을 쓰기도 한다.

원음소란 말은 원래 Trubetzkoy(cf. 1989:71)에서 사용된 것인데, 두 음운에 공통적인 변별자질의 총화를 말한다. 예컨대 독일어에서의 t와 d는 대립되는 변별적 자질을 갖는 소리인데, 어말에서는 -t와 -d는 -t로 중화(中和, neutralization)된다. 여기서 중화란 대립적인 음운이 특정 위치에서의 변별적 기능을 상실한다는 것이다. 중화는 t, d의 대립과 같은 일원적 대립의 경우에 생긴다. 다음에서,

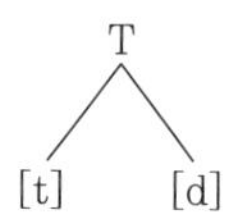

[t], [d]의 대립에서 중화가 생기는 것은 이들에게는 공통성의 기저가 되는 대문자의 T [+ant], [-voiced]가 바탕이 된 것으로 상정한다.

앞서 언급한 바 있는 일본어의 발음이 N이나 촉음의 T도 이들이 후속 자음에 역행동화되어서 전자는 n, m, ŋ, 후자에서는 t, k, p로 실현되는 점에서 N과 T 자체가 이들 자음의 총체 혹은 중화체로 해석하기도 한다.

한국어도 t, t‘, s, c, c‘, h가 어말에서 중화된다는 것은 주지의 사실이다.

이것은 또한 영어의 복수형태소 -s가 형태음운론에서의 추상적 형태소와 같은 것이어서 경우에 따라 s, z, iz의 이형태로 실현되는 것이나 생성음운론에서 기저음운 표시가 보다 추상적이고 음성표시를 유도하는 것이기에 형태음운(표시)라는 말을 쓰기도 하는데 모두 원음소의 상정과도 통하는 것이다.

2.2.4. 기저형의 문제

음운론에서 최초로 나타나는 형식의 표시에는 견해에 따라 여러 가지일 수 있다. 구조주의에서는 단음층위이다. 기본적으로 그것은 변별적 기능을 갖는 음소이다. 그렇지 않는 음을 이음(異音), 형태적으로 변동하는 음을 형태음운으로 구별한다. 이는 같은 층위에서 수평적 관계로 존재한다. 그 중에서 음소가 중심이 된다. 음소가 모여서 형태를 이루고 또 그것이 구조체를 이루는 출발점이다.

생성음운론에서는 앞에서 보아온 대로 기저의 추상적인 음운표시를 설정하고 그것이 실지 발화로 나타나는 구체적인 음성표시의 수직적인 두 표시단계를 포함한다. 예를 들어 일본어의 동사에서 자음동사와 모음동사가 있는데 전자는 기본형에서 -u로 끝나고 후자는 -ru로 끝나는 특색이 있다. 이 두 가지를,

kak∅u　　　taberu

에서 표시한 연결선의 ∅와 r의 교체 관계가 있다고 보고 kak-ru - tabe-ru와 같이 상대시켜서 kak-ru와 같은 실존하지 않은 추상적인 것을 기저적인 음운표시로 삼는 식이 있다. 이렇게 되면 kak-ru의 추상형에서 구체적인 음성인 kaku를 실현시키기 위해서는,

$r \rightarrow \varnothing / C + \_\_\_$ 의 규칙이 필요하다. 또는 r의 변별적 자질을 표시하여,

$$\begin{bmatrix} +\text{son} \\ -\text{nasal} \\ -\text{lateral} \end{bmatrix} \rightarrow \varnothing / \text{C} + \_\_\_$$

이 규칙은 자음(C) 다음, 경계(어간경계, +표시) 후의 r을 삭제시킨다는 것이다 (C를 [+cons, −voc]로 바꿔 쓸 수 있다.).

이렇게 기저가 되는 음운표시가 추상적이기에 앞에서 보아온 대로 음운표시와 음성표시 사이에 여러 규칙이 개재하여 그 음운과정을 거쳐 음성표시가 실현되는 것으로 예시되었다.

그런데 과연 현실과 괴리된 그러한 추상적인 음운표시 단계가 있는 것인지 생각하게 되고, 있다 하더라도 추상성은 가급적 배제하려는 움직임도 있게 된다. kaku는 kak−ru가 아닌 kak−u식이다. 그리고 실지는 음운표시가 여기서는 편의상 분절음으로 표시되어 있지만 이론적으로는 음운자질의 집합체로 되어 있다.

앞서의 어휘음운론에서는 어휘부에 음운론을 접목시킴으로써 음운론 독자적인 기저형의 설정에 추상성을 배제시켜 음운표시란 말 대신에 어휘표시란 말을 쓰고 있다.

어휘부에서는 통사부에 입력시킬 어휘를 마련하는 것이 임무이므로, 구태여 여러 가지 음운조작을 가해야 할 추상적인 기저형을 설정할 것이 아니고 현실적인 어휘를 그대로 기저로 삼으면 된다는 생각에서 온다.

한편 달리 생각해서 동사의 형태는 원래 동일한 것이었다는 전제에 선다면 추상형의 가정은 불가피한 것이다.

한국어와 일본어의 대비에서 kak−ru, tabe−ru의 설정은 일본어의 동사의 형태가 원래 한국어의 연체형에서 유래한다고 생각하면(한자의 훈법은 연체형이다.) −ru 형태는 관형형(연체형) r에서 유래하는 만큼 두 언어의 공통성의 파악에는 이점이 있다. 이는 통시적인 관점이기 때문에 공시적으로 문제되기는 한다.

기저형의 설정이 너무 추상적인 예를 보면, McCawley(1968:120)에서는

'言う' 동사가 [yuu:]와 [itta](과거형)의 형식으로 음성실현되는 점에서 기저형과 음성표시에 많은 단계의 음운과정이 설정되고 있다. 추상성이 더할수록 그 중간과정이 많아진다.

	Hip+ru	Hip+ta
sharping	yip+ru	yip+ta
/r, s, y/ → ∅	yip+u	——
p → h	yih+u	——
h → ʾ	yiʾ+u	——
assimilation	——	yit+ta
ʾ → ∅	yi+u	——
iu → uu	yu+u	——
y → ʾ(전설모음 앞에서)	——	ʾit+ta
	[yuu]	[ʾitta]

중간의 세로줄은 필자가 그은 것이다. 그 왼편은 기본형(현재형)이고 어휘부에서의 일이고, 오른편은 과거형으로 통사부에서의 일이라는 필자의 생각을 나타내기 위함이다. 음운규칙이 적용되는 층위가 다름을 나타낸다. 어휘부에서의 규칙보다 통사부에서의 규칙이 간소화되고 있다.

sharping은 PSA에서의 자질의 예성(銳性)이 되는 것으로 조음 시에 구강을 오므리고 혀를 경구개에 접근시키는 것으로 구개음화되는 소리다. assimilation은 동화(同化)의 뜻으로 여기서는 역행동화의 현상을 나타낸다.

이보다는 다음의 Teruya(1979:27)의 기저형이나 음운과정의 예시는 덜 추상적이라 할 수 있다. 여기서도 필자가 중앙에 세로줄을 긋고 어휘부와 통사부의 일로 구분하였다.

현재형의 음성표시에서 괄호 안에 쓴 [iu]는 필자가 보탠 것인데 마지막 두 개의 규칙이 적용되지 않을 때 나온다.

맨 오른쪽의 부정형에서는 형태소 경계의 제거 외에는 특별한 규칙이 적용되지 않는다.

이들을 대비해서 알 수 있듯이 McCawley에서는 '言う'의 기저형에 p말

	현재	과거	부정(否定)
	iw+ru	iw+ta	iw+a+nai
r → ∅	iw+u	——	——
assimilation	——	it+ta	——
w → ∅	i+u	——	——
i → y	y+u	——	——
u → u:	y+u:	——	——
	[yu:] ([iu])	[itta]	[iwanai]
	(/w/는 -low 모음 앞에서 삭제됨)		

자음을 설정했기에 Teruya의 것보다 p → h, h → ʾ, ʾ → ∅같은 규칙이 더 있는 것이고, 어두자음 h → y의 설정은 [yuu]와 [iu]의 두 형식을 하나의 기저형으로 추상화하기 위해서이다.

통시적으로는 한국어와 일본어의 비교에서 선행공통형을 재구할 때 McCawley의 어간말음 p의 설정은 유익한 면은 있다.

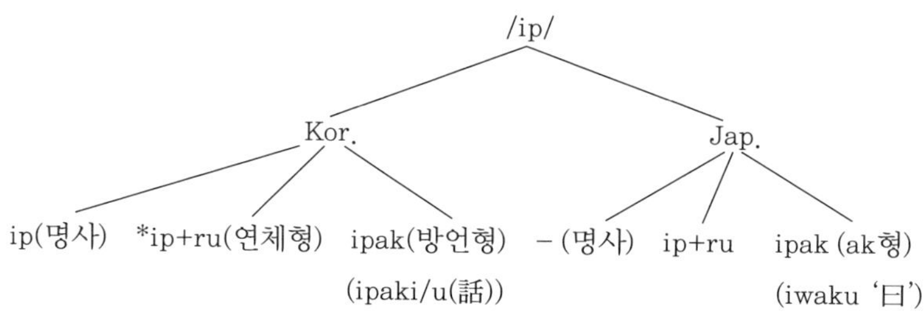

한국어와 일본어의 동사의 음운과정은,

	Kor.	Jap.
r → ∅	ip++u	ip+u
i → ɯ	ɯp+u	——
r첨가	ɯrp+u	——
p → w	——	iw+u
w → ∅	——	i+u
i → y	——	y+u
	ɯrp-u	iu/yu:

또 하나 기저형의 설정에서 논의가 있을 수 있는 것으로 arau(洗) 동사의 예를 들 수 있다. 이 동사는 특이하게 미연형에 w가 삽입되어 arawa-(nai)의 형태가 실현된다.

그래서 추상적인 기저형으로 araw+ru 혹은 보다 현실적인 araw-u 형을 설정하기도 한다. 아래의 세 경우를 보인다.

기저표시(음운표시)	a) /araw+ru/	b) /araw-u/	c) /arap+ru/
어미 r → ∅	araw+u	——	arapu
p → w	——	——	arawu
w 삭제	ara+u	ara-u	arau
음성표시	[arau]	[arau]	[arau]

c)의 어간말음 p의 설정은 w의 유래를 보이는 이점은 있으나 공시적으로는 추상적이다. 어간말음 w의 설정은 미연형에서의 w음을 반영하는 이점이 있으나 그 외의 활용단계에서 보이지 않는 점에서 기저표시에서 그것을 빼고 간결하게 ara-u로 하고 미연형 wa형 동사의 미연형에서만 w를 삽입하는 규칙을 마련하는 방법도 있다.

∅ → w/a ___ a

2.2.5. 최적성 이론의 처리

지금까지 보아온 것은, 기저형 → 표면형의 도출은 몇 가지의 음운규칙에 의해 음운과정을 거치는 것으로 보았다.

기저표시 → 규칙$_1$ - 규칙$_2$ - 규칙$_3$ …… 규칙n → 표면형

의 수순이었다.

그러나 음운변동의 다양성이나 복합성을 생각할 때 이렇게 몇 가지의 규칙으로 정연하게 표면형이 도출되지 않는 경우도 있기 마련이다. 앞에서 보아온

대로 연구자에 따라서 음운규칙의 종별이나 규칙 적용의 순서도 다양적임을 보았다.

이에 대해, 기저표시의 출발점(입력)에서 변동 예상의 후보군을 선정하고 그 후보군을 평가, 선택하는 제약에 의해 서열(우월관계)을 매겨서 최소한의 제약위반은 허용하면서 위반이 약한 최적의 후보자를 출력시키는 최적성(最適性)이론이 나오기도 했다.

앞서의 수순과 대비해보면,

기저표시(후보 선정) → 제약$_1$ → 제약$_2$ → 제약$_3$ …… 제약n → 표면형

과 같다. 여기서의 기저표시는 입력형과 후보군으로 된다.

문제는 이러한 제약(수)의 마련인데 연구자에 의해 수의로 지어지는 경우가 있어 어떻게 보편적인 것을 마련하는가가 중요한 문제다. 제약이 가급적 한정적이라야 제약의 서열 매기기에 변수가 줄어든다.

여기서 이 이론의 적용의 예로, 일본에서의 두 방언 간의 차이가 제약(음운제약)의 서열의 차이에서 기인한 것을 보여준 것(上田, 2001:56-)을 예시하기로 한다.

다음처럼 공통어에서의 어휘 안에 있는 ra행 분절음이 방언에 따라서 어두와 어중에서 ra행과 da행으로 혼동적으로 나타난다.

공통어	ranbo(乱暴)	rentogen(렌트겐)	ro-soku(蠟燭)
Hacizyoo(八丈)방언	danbo-	dentogen	do-soku
		(단 어중에서는 r → d로 되지 않는다.)	

공통어	kodomo(子供)	sore(其)	zido-sja(自動車)
Ozaki(尾崎)방언	koromo	sode	ziro-sja
(新潟県)		(단 어두에서는 d → r가 없다.)	

이러한 현상을 위해서 다음과 같은 제약이 만들어진다.

1. *r-onset 제약 r가 어두에서 잘 서지 않는데서 마련된 것.
2. IW 제약 I는 모음과 모음 사이의 자음, W는 약화현상을 나타낸다. 모음 사이의 자음이 약화되는데서 마련되었다.
3. FF 제약 F(자질)의 F(충실성)로 입력된 음운자질을 그대로 출력에서 보전되어야 한다는 것.

이외에 r → d, d → r에 관한 제약이 있어야 할 터인데 번잡을 피해서 생략하고 있다.

공통어에서는 ra행/da행이 어두에서나 어중에서 모두 대립하고 있기 때문에 FF제약이 우선적이다. 따라서 공통어에서 제약서열은,

FF 〉〉 *r-onset, IW

Hacizyoo 방언은 ra행이 어두에서 da행이 되므로 *r-onset 제약에 높은 서열이 매겨지고 또 어중에서 ra 행음이 나타나는 점에서 서열은,

*r-onset, IW 〉〉 FF

Ozaki 방언의 경우는 어두에서는 ra행/da행의 대립이 있으나 어중에서는 모두 ra음이므로 서열은,

IW 〉〉 FF 〉〉 *r-onset

다음 제약도표의 앞부분이 입력형과 후보군이다. 다음과 같은 평가 선택 과정이 나타나 있다.

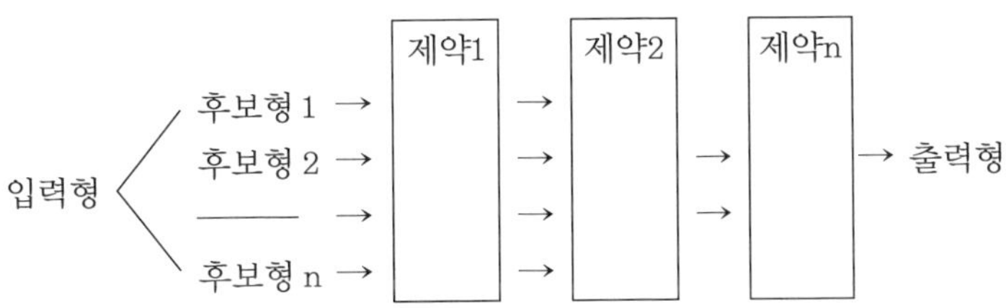

도표에서는 후보군이 2개이고 제약은 3가지 나와 있다.

다음의 a), b)는 Hacizyoo 방언의 어두음 경우인데 a)도표는 입력이 /ra/로 되어있고 b)는 /da/로 되어있다.

a)

/ra/	*r–onset	IW	FF
ra	*!		
☞ da			*

b)

/da/	*r–onset	IW	FF
ra	*!		*
☞ da			

어느 입력이든 출력은 da가 되고 있다.

도표에서 *는 제약 위반을 나타낸다. a)도표에서 에서 후보 2가 제약 3을 위반했어도 최적임을 나타낸다. 그것은 후보 1이 제약 1을 위반한데다 고려 대상 후보에서 제외될 만큼의 치명적임을 나타내고(*!) 있기 때문이다. 음영표시는 이미 상위 제약의 위반 여부로 선택이 결정이 났을 때 하위 제약의 평가 영역을 나타낸다.

다음 c), d)는 Hacizyoo 방언의 어중의 경우이다. 입력형은 /ara/와 /ada/의 경우로 나누어 각각의 후보자를 둘 세우고 평가선택하고 있다.

c)

/ara/	*r–onset	IW	FF
☞ ara	*		
ada		*	*!

d)

/ada/	*r–onset	IW	FF
ara	*		*!
☞ ada		*	

c), d)에서는 하나의 후보는 *r–onset에 위반하고, 다른 후보는 IW를

위반하므로 결정하지 못하고 결국 FF에 의해 입력과 동일한 후보가 선택된다. 곧 어중에서는 ra행과 da행을 유지한다는 것을 나타낸다. 곧 a)와 b)에서 어두에서는 da행만이 c)와 d)에서 어중은 ra행과 da행이 양립한다는 것을 나타낸다.

이번에 Ozaki 방언의 경우를 보면 a)와 b)는 어두의 경우이고, c), d)는 어중의 경우다.

a)

/ra/	IW	FF	*r−onset
☞ ra			*
da		*!	

b)

/da/	IW	FF	*r−onset
ra		*!	*
☞ da			

c)

/ara/	IW	FF	*r−onset
☞ ara			*
ada	*!	*	

d)

/ada/	IW	FF	*r−onset
☞ ara		*	*
ada	*!		

a)와 b)는 어두의 위치이므로 IW와는 무관하고, 그 다음 서열의 FF가 지켜져 있는 곧 입력 그대로 출력이 된다.

c)와 d)에서는 입력에 관계없이 최고 위계의 IW를 지키기 위해 ra행을 포함한 후보가 선택된다.

이상으로 공통어, Hacizyoo 방언, Ozaki 방언의 ra행/da행의 분포의 차이는 세 가지 제약의 위계순의 차이로 포착되는 것이 된다.

이상과 같은 제약의 설정과 그 평가를 통한 출력형을 도출하는 방식을,

기저형(음운표시)에서 규칙 적용으로 표면형(음성표시)를 도출하는 방식으로 바꿔본다면, 일단 기저형을 공통어와 같이 가정하면 다음과 같이 음성형이 대비적으로 도출된다.

	공통어	Hacizyoo 방언	Ozaki 방언
기저형	randoo(乱動)	randoo	randoo
어두 r → d		dandoo	
어중 d → r			ranroo
음성형	randoo	dandoo	ranroo

이것은 예를 들어서 규칙에 의한 도출의 경우를 보인 것으로 실지로 방언에 그러한 음성형이 있는지는 필자로서는 알지 못한다. 어떤 방식이든 방언형의 차이는 제약이나 규칙의 차이에서 온다는 것을 보여준다.

2.2.6. 기타 : 규칙 예와 적용 레벨

이어서 앞에서 언급하지 못한 여러 층위에서의 규칙에 대해 생각해보고자 한다. 예로서 sinu(死) 동사를 보면 추상형은 sinu이지만 i단에서의 구개음화에 의해 음성형은 ʃinu이다. 이 동사가 통사부에서 과거조동사 ta와 병합하게 되면 [ʃinda]로 실현된다. 이것이 문자화 이후의 음성해석에서는 악센트가 주어지고 그 어휘의 문말 위치에서는 억양이 주어지고 화자의 의도에 따라 탁립(卓立)이 주어지고 강조에 의한 어순변동의 일도 있게 된다. 다만 악센트는 어휘항목에 최초부터 기재된 것으로 보기도 한다. 이러한 전체적인 생성기제에 조감하여 어휘부에서의 음운의 구실을 생각해볼 때 이 동사의 경우 sinu의 형태로 보관했다가 그대로 통사부에 내보내는 것인지 아니면 이미 어휘부에서 추상형에서 음성형으로 도출하여 음성형으로 통사부에 출력하는지 궁금하다. 자질연산 혹은 어휘연산으로 볼 때 추상형대로가 맞는 것 같지만 어휘 하나만으로도 통사부에서 문결말핵을 거쳐 음운해석부에 이르러(혹은 그러한 과정을 안 거치고) 출력하는 경우를 생각하면 음성형이 이미 어휘부에서 마련되었다고 볼 수 있다. 곧 si → ʃi의 과정이 이루어졌다고 보게 된다.

어휘부에서 그러한 구개음화의 음운과정이 있다고 볼 수 있는 것은 예컨대 한자 시(詩)(일본음 si)를 제시하고 이것을 무어라고 읽느냐고 했을 때 그 답은 si가 아닌 ʃi로 나온다. 이것은 1어문 말미에 ?, !가 가미되는 문말 결말핵을 거친 음성해석부의 일이라고 할 수 있지만 이미 어휘부에서 음형화가 이루어졌다고 보면 통사적 조작이 간편해질 수 있다.

어떻든 어휘부에서든 통사부에서든 s → ʃ의 구개음화 과정이 있었다면 다음과 같은 규칙으로 나타낼 수 있다.

a) s → ʃ/___ i

b) $\begin{bmatrix} -\text{유성모음성} \\ +\text{계속성} \\ +\text{설정성} \end{bmatrix} \rightarrow [+\text{고설성}] \ / \ \_\_\_\_ \begin{bmatrix} +\text{유성모음성} \\ -\text{후설성} \\ +\text{고설성} \end{bmatrix}$

이와 병행되는 다음 규칙도 참고로 부기하면 (ta행의 tʃ, ts를 c로 따로 세우면 불필요)

a) t → tʃ/___ i

b) $\begin{bmatrix} -\text{유성모음성} \\ +\text{계속성} \\ +\text{설정성} \end{bmatrix} \rightarrow [+\text{고설성}] \ / \ \_\_\_\_ \begin{bmatrix} +\text{유성모음성} \\ -\text{후설성} \\ +\text{고설성} \end{bmatrix}$

i의 [+high] 자질에 역행동화된 것을 알 수 있다. 곧 구개음화의 음운과정의 이유를 음운규칙으로 표시된 것이 된다.

이러한 일을, 생성기제에 맞추어 생각한다면,

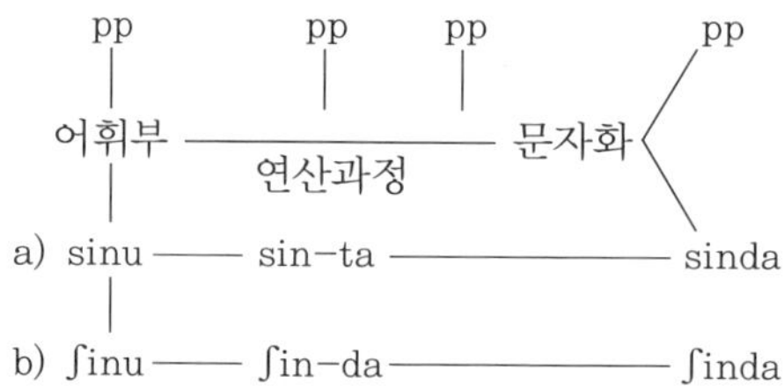

a)는 어휘부-통사부에 추상형으로 운영되고, b)는 구체형으로 운영됨을 나타낸다. b)처럼 어휘부에서 이루어지는 것이 다음 단계의 음성화에 부담을 덜어준다고도 생각할 수 있고, PP의 일이 통사부의 연산과정의 끝난 단계의 일도 있지만 수시로 언어생성과정에 참여하고 있다고 생각할 수 있다. 그러기에 각 단계에서의 음운변동이 처리될 수 있다. 한편 그러한 어형화는 문자화 이후의 PP에서 이루어진다고 보는 의견도 많다는 것에 유의할 필요가 있다.

다음과 같은 무성화규칙도 비슷한 처지다.

/kisi/ (岸) → [ki̥ʃi]
/sika/ (鹿) → [ʃi̥ka]

$$\begin{bmatrix} +\text{유성모음성} \\ +\text{고성} \end{bmatrix} \rightarrow [-\text{유성성}] \ / \ \begin{bmatrix} \text{C} \\ -\text{유성성} \end{bmatrix} \underline{\qquad} \begin{bmatrix} \text{C} \\ -\text{유성성} \end{bmatrix}$$

[+high]자질을 가진 음이 무성자음 사이에서 무성화되는 것을 보여준다.

/kusi/ (櫛) → [kɯ̥ʃi]
/suki/ (好) → [sɯ̥ki]

와 같이 u음의 경우도 마찬가지다. 여기서 u → ɯ의 규칙은 따로 마련할 필요는 없다. 일본어에서는 u와 ɯ의 대립이 없기 때문에 ɯ대신 /u/음운으로 표기한 것이기 때문이다.

다음과 같은 어말모음의 무성화도 있다.

desu(조동사) → desɯ̥

musi(虫) → muʃi̥

$$\begin{bmatrix} +\text{유성모음성} \\ +\text{고설성} \end{bmatrix} \rightarrow [-\text{유성성}] \ / \begin{bmatrix} \text{C} \\ -\text{유성성} \end{bmatrix} \underline{\qquad} \ \#$$

심지어는 다음과 같은 모음탈락도 있게 된다.

/kisi/ (岸) → [kiʃi] → [kʃi]

$$\begin{bmatrix} +\text{유성모음성} \\ +\text{고설성} \end{bmatrix} \rightarrow \varnothing \ / \begin{bmatrix} \text{C} \\ -\text{유성성} \end{bmatrix} \underline{\qquad} \begin{bmatrix} \text{C} \\ -\text{유성성} \end{bmatrix}$$

또 hue(笛) → ɸue와 같이 성문마찰음이 순음화되는 것도 있다.

h → ɸ / ___ ɯ

$$\begin{bmatrix} +\text{계속성} \\ -\text{고설성} \\ -\text{후설성} \end{bmatrix} \rightarrow \begin{bmatrix} -\text{공명성} \\ +\text{전방성} \\ +\text{자음성} \end{bmatrix} \ / \underline{\qquad\quad} \begin{bmatrix} +\text{모음성} \\ +\text{고설성} \\ +\text{후설성} \end{bmatrix}$$

또 다음과 같이 단일어(단 파생적일수도)에서 T촉음이 나오는 경우도 앞에서 보인 T → p/t/s/k 규칙에 준할 수 있다.

suTpai → suppai (시다)

kiTto → kitto (꼭)

suTkari → sukkari (몽땅)

itso → isso (차라리)

단일어일지라도 어휘부에서 잘못 출력하는 경우가 있다. 다음과 같은 도치(倒置, metathesis)의 경우이다.

karada(体) → kadara

123456 125436

이러한 일은 음운자질과 직접적인 관계가 없다고 보고 번호로 타나냈지만 이 단어의 경우는 3, 4의 ra와 5, 6의 da가 가까운 음이므로 일어난다고 볼 수도 있다.

분절음 아래 숫자를 달고 치환되는 번호끼리 연결시켜 치환됨을 나타낸다. 일반화된 규칙표시는,

$$\begin{matrix} x & A & B & Y \\ 1 & 2 & 3 & 4 \end{matrix} \Rightarrow 1\ 3\ 2\ 4$$

여기서 X와 Y는 치환과 관계 없는 분절음의 변수이고 AB만이 치환됨을 나타낸다.

다음과 같은 순음화규칙도 있다.

/okasi/ (お菓子) → [ok^waʃi]

이를 k → k^w/ ____ a와 같은 규칙으로 나타낼 수 있는 것 같지만 이는 일반성이 결여된다. ‘お菓子’의 경우는 본래 한자음에서 w음이 존재하던 것이 잠재하여 재생되는 특수한 경우다. 앞의 규칙대로라면 kaku(書)도 k^waku도 되어야하는 지나침이 있다.

다음 모음삭제의 경우도 한자어인데 형태소 융합의 경우로 생각해 볼 것인지 문제도 있다.

gakuten (学点) → gakkyuu(学級)
kakubecu(格別) → kakkoo(格好)
hacumei(発明) → haTpyoo(発表)

한자어에서 자음 사이의 [u]가 탈락하는 것으로 규칙화할 수 있다.

$$\underset{[+\text{Sino-Japanese}]}{[u] \rightarrow \varnothing} \quad / \quad \underset{\begin{bmatrix} -\text{cont} \\ -\text{nas} \\ -\text{voiced} \end{bmatrix}}{C} \underline{\qquad} \underset{\begin{bmatrix} -\text{cont} \\ -\text{nas} \\ -\text{voiced} \end{bmatrix}}{+C}$$

복합어의 경우를 들어보면, 순행유성음화에서,

1) a. sora(空) → aozora(青空)
   kome(米) → yakigome(燒米)
   b. hune(舟) → kobune(小舟)
   hi(火) → takibi(焚火)
2) isi(石), asa(朝), aki(秋), mizu(水)

1)에서는, 후항의 무성자음이 유성자음이 되고 있다.

2)에서는, 단일어에서는 어중유성음화가 없다. 마지막 예 mizu(水)처럼 유성자음이 있는 것은 본래부터 유성음으로 단일어를 구성한 것이므로 본탁(本濁)이라고 한다. 이러한 현상을 다음과 같은 규칙으로 나타내기도 한다.

$$\begin{bmatrix} -\text{son} \\ \left\langle \begin{matrix} -\text{cor} \\ +\text{cont} \end{matrix} \right\rangle \end{bmatrix} \rightarrow \begin{bmatrix} +\text{voiced} \\ \left\langle \begin{matrix} +\text{ant} \\ -\text{cont} \end{matrix} \right\rangle \end{bmatrix} \Big/ \ + \ \underline{\qquad}$$

1) a), b)는 유성음화를 나타내는데, b)는 〈 〉 → 〈 〉로 특정하고 있다(h → b의 특수성).

2)의 경우는 형태소 경계가 없으므로 적용되지 않는다.

복합어 형성시에 유성음화규칙이 적용되지 않는 경우도 있다.

soba → yakisoba(焼蕎麦)
tabi(足袋) → kurotabi(黑袋)

여기서는 후항의 어중에 이미 유성자음이 있기 때문에 그렇다고 본다.

이러한 복합어의 형성과 그에 수반하는 음운현상도 어휘부에서의 일로 생각된다. 요소 하나하나가 어휘부에 저장되었다가 통사부에 출력하여 통사부에서 복합하게 되면 통사부의 일이 복잡해진다. 어휘부 안에 복합어 형성 기제가 있어서 복합어로서 어휘항목에 등재되었다가 출력되는 것으로 보는 것이다. 따라서 복합어 형성에 수반하는 여러 음운현상도 어휘부 안에 음운부가 관여한다 볼 수 있다.

복합어를 형성할 때, 전항의 어말모음이 모음 앞에서 삭제되는 경우가 있다. hiatus 회피현상이다.

a) ara-iso → ariso(荒磯)
b) ohoku-ari → ookari(大)
c) -ni-ari → nari(조동사)

a)는 복합명사의 경우고, b), c)는 고전에서의 kari, nari 활용의 경우이다. 모두 고대어에 보인다. a)는 저모음이 고모음 앞에서, b)는 고모음이 저모음 앞에서 삭제되고 있다. 중모음의 경우 잘 안 보여서 일단 보류하면,

$$\begin{bmatrix} -\text{cons} \\ +\text{voc} \end{bmatrix} \rightarrow \varnothing \ / \begin{bmatrix} +\text{cons} \\ -\text{voc} \end{bmatrix} \underline{\qquad} \ (+) \begin{bmatrix} -\text{cons} \\ +\text{voc} \end{bmatrix}$$

b), c)의 경우는 어휘부 밖의 통사부의 일인 것처럼 보기 쉬우나, b)는 어형성으로 어휘부에서, c)는 통사부의 핵문술어 자리에 출력한다.

동음연속인 경우는 동음생략(同音省略, haplology)이라고도 한다. 모두 음운(모음)탈락의 경우가 된다.

nui(縫)-ito(糸) → nuito

$$i \rightarrow \varnothing \ / \ i\# \underline{\quad} C$$

동일지표를 사용하는 방법도 있다.

$$V_i \rightarrow \varnothing \ / \ V_i\# \underline{\quad} C$$

여기서의 C는 자음표시로 자질로 나타내면 $\begin{bmatrix} -\text{cons} \\ +\text{voc} \end{bmatrix}$이다. i의 자질표시는 $\begin{bmatrix} +\text{high} \\ -\text{back} \end{bmatrix}$. 이와 반대로 hiatus 회피의 방편으로 자음을 삽입(挿入, insertion)하는 경우가 있다.

haru(春) – ame(雨) → harusame

$\varnothing \rightarrow s\ /\ +\ \_\_\_\_\_\_$

ba(場) – ai(合) → bawai

$$\varnothing \rightarrow w\ /\ \begin{bmatrix} V \\ +low \end{bmatrix} \_\_\_\_\_ \begin{bmatrix} V \\ +low \end{bmatrix}$$

s와 w를 자질 명세로 대신 나타내면,

$$\overset{s}{\begin{bmatrix} +cont \\ +ant \\ +cor \\ +str \end{bmatrix}} \qquad \overset{w}{\begin{bmatrix} +son \\ +cont \\ +high \\ +back \end{bmatrix}}$$

다음과 같이 복합어의 선항 말모음과 후항 어두모음이 융합해서 다른 하나의 모음으로 축약(縮約, contraction)하는 경우가 있다. 이것도 하나의 모음 회피현상이다(한국어의 아이 →애와 같은 어중의 축약도 있다.).

ia → e　　saki–ari → sakeri(咲)
ai → ë　　naga–iki → nagëki(嘆)
ua → o　　kazu–afë → kazofë(数)

이를 다음과 같은 구조기술(SD)과 구조변화(SC)로 나타낼 수 있다.

$$\begin{array}{lcccc} SD & X & A & B & Y \\ & 1 & 2 & 3 & 4 \\ SC & 1 & \begin{bmatrix} 2 \\ +F \end{bmatrix} & \begin{bmatrix} 3 \\ \varnothing \end{bmatrix} & 4 \end{array}$$

또는 간략하게,

$$\begin{array}{cccccccccc} X & A & B & Y & \rightarrow & 1 & 2 & 3 & 4 \\ 1 & 2 & 3 & 4 & & 1 & +F & & 4 \end{array}$$

여기서 A(2)와 B(3)는 다른 C(+F〈자질 첨가를 뜻함〉) 하나로 바뀌고 있다.

모음으로 표시하면,

$$\begin{matrix} V & V \\ 1 & 2 \end{matrix} \rightarrow \begin{bmatrix} 1 \\ +F \end{bmatrix} \begin{bmatrix} 2 \\ \varnothing \end{bmatrix}$$

구체적으로 분절음으로 나타내면,

ai → æ

자질표기로 나타내면,

$$SD: \underset{1}{\begin{bmatrix} +voc \\ -cons \\ -high \\ +back \end{bmatrix}} \quad \underset{2}{\begin{bmatrix} -cons \\ +high \\ -back \end{bmatrix}}$$

$$SC: 1 \quad 2 \rightarrow \begin{bmatrix} 1 \\ -back \end{bmatrix} \begin{bmatrix} 2 \\ \varnothing \end{bmatrix}$$

여기서 +F는 [−back], 따라서 [+back]자질의 a가 [−자질]의 i와 융합해서 [−자질]의 것이 되었다는 것을 보여준다.

지금까지는 주로 어휘부 안의 일이었지만 다음과 같은 일은 통사부에서 이루어지는 음운현상이다. 일본어의 자음동사가 통사적인 vP 레벨에서 자음으로 시작되는 부정사(nai)와 연결할 때 그 사이에 a를 삽입하는 현상이 있다.

kak − nai → kakanai

$$\varnothing \rightarrow [a] \ / \begin{bmatrix} C \\ -voc \end{bmatrix} \_\_\_\_ + \begin{bmatrix} C \\ -voc \\ Neg \end{bmatrix}$$

$$\text{혹은 } \varnothing \rightarrow \begin{bmatrix} +\text{모음성} \\ +\text{후설성} \\ +\text{고설성} \end{bmatrix} \ / \ [-\text{모음성}] \_\_\_\_ + \begin{bmatrix} -\text{모음성} \\ Neg \end{bmatrix}$$

a 이외에도 i가 삽입하는 경우가 있다. 후행 형태가 공손, 희망, 연용(連用)의 경우다.

kak-masu → kakimasu

kak-tai → kakitai

kak-cucu → kakicucu

$$\varnothing \rightarrow [\mathrm{i}] \ / \begin{bmatrix} \mathrm{C} \\ -\mathrm{voc} \end{bmatrix} \_\_\_\_ + \begin{bmatrix} \mathrm{C} \\ -\text{모음성} \\ \text{공손} \\ \text{희망} \\ \text{연용} \end{bmatrix}$$

$$\varnothing \rightarrow \begin{bmatrix} +\text{모음성} \\ +\text{고설성} \\ -\text{후설성} \end{bmatrix} \Big/ \ [-\text{모음성}] \ \_\_\_\_ + \begin{bmatrix} -\text{모음성} \\ \text{공손} \\ \text{희망} \\ \text{연용} \end{bmatrix}$$

이러한 모음삽입규칙에 대하여는 여러 가지로 생각할 점이 많다. 여기서는 동사의 미연형과 연용형의 경우인데 그것도 동사의 종별에 따라 다른 양태를 보여준다.

5단 동사	미연형	-a-nai
	연용형	-i-masu
상1단 동사	미연형	-i-nai
	연용형	-i-masu
하1단 동사	미연형	-e-nai
	연용형	-e-masu

삽입되는 모음에 따라 개별적인 삽입규칙이 있게 된다.

이러한 삽입모음이 오로지 음운론의 소관이 아니고 nai라는 부정형태소와 masu라는 공손형태소와의 결합이라는 통사적 파생과 관련된 문제로도 생각할 수 있다. 곧 어휘부의 어휘항목의 nai에는 이형태로 -anai / inai

/ enai가 있어서 선행동사의 특성에 따라 자동적으로 그에 상응하는 형태로 연결된다고 생각할 수 있는데 실지 그 구실은 통사부의 제자리(핵문술어)에 출력될 때 행해진다. 따라서 본래 지니고 있는 형태적 정보 외에도 후속하는 형태소가 위치하는 통사적 층위에 대한 통사적 정보도 함유한다고 볼 수 있다. 통사적 파생의 단계에 따른 특별한 형태의 변동이 없이 모입삽입으로든 이형태로든 한 층위에서 엉클어지는 복잡성은 피할 수 있다. 어떻든 이런 경우에는 어휘부에서의 어휘항목에 동사범주의 지정은 물론 활용형(活用形)의 정보가 있어야 할 것이고 도출되는 통사부의 술어핵의 층위에 대한 정보도 있어야 할 것이다.

필자가 가정하는 통사체의 통사적 파생의 단계는 다음과 같다.

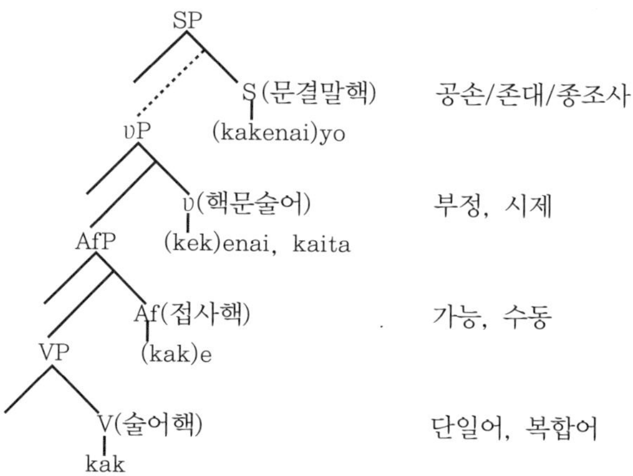

여기서는 kak-(書) 동사에 이어지는 형태가 통사 층위마다 다르다는 것을 예시하였다. 앞에 예시한 여러 규칙도 어휘부 안에서 이루어지는 것과 통사부에서 이루어지는 것이 있었다. 술어핵 V자리에 도출되는 단일어나 복합어에 관한 음운규칙은 어휘부에 있고, 술어핵에 도출된 것이 통사적 파생단계에서 변음되는 규칙들은 통사부에 있다. 그 말은 음운부는 어휘부에도 통사부에도 관여한다는 것이다.

앞에서 Af에서의 kekeru의 형태는 e 삽입은 아니다. eru 자체가 가능동사화 접미사다. 어휘적 수동도 이 층위다. 통사적 파생단계에서 해당사항이 없으면 Af(P)는 생략된다.

핵문술어와 문결말핵을 연결한 점선은 그 사이에 언어 표현에 따라 여러 단계가 있을 수 있음을 나타낸 것으로 여기서는 생략하였다.

어휘부에 있는 어휘항목의 형태적 정보와 통사적 정보가 원만하게 연결되도록 하는 조정규칙 같은 것도 음운부에 있는 것으로 가정할 수 있다. 앞서의 a삽입이나 i삽입도 이러한 조정규칙적 성격을 띤 것으로 볼 수 있다.

2.3. 음절

2.3.1. 음절의 구분

지금까지 분절음의 음성적·음운적 특성과 위치적 환경 요인에 의해서 본래의 음가가 변동되는 사례들을 다루어 왔다. 그러한 분절음 가운데 자음+모음의 연속체는 하나의 마디가 되어서 동시에 발음하는 단위가 되고 있다. 이렇게 한 덩어리가 되는 분절음의 연속체 마디는 그 구조가 언어마다 다르지만 일본어는 기본적으로 CV의 연속체가 한 음절(音節, syllable)을 이룬다고 보고 있다.

어휘부에는 분절음의 목록 외에 음절의 목록이 있는 것으로 보아지는데 그것은 앞에 보인 50음도의 음절표가 그것이다. 이러한 음절목록이 있다고 가정하는 것이 어형성의 간편성과 경제성을 기할 수 있다. 한국어의 가갸표도 그렇다고 볼 수 있다.

문제는 일본어에는 CV 연속체가 아닌 특수음소인 촉음(T)과 발음(N)이 단독으로 음절을 이루고 있는 것으로 해석하기도 하여 그 처리 문제가 있다. 이 특수음소는 반드시 모음 뒤에 오는 점에서 CVC구조에서의 말미의 -C와 같은 것이 아닌가도 보아지는 것이다.

그럼, 먼저 음성학적으로 음절의 존재가 어떻게 확인이 되는가를 알아보면 그것은 소리의 공명도의 단계의 구분에서 음절의 경계가 나타난다는 것이다.

Jespersen(1913:191)은 소리의 들림의 공명도 단계를 다음과 같이 제시하였다. 최하의 단계를 1로 해서 8단계까지 이르는 공명도의 단계를 구분하고 있다.

1.	무성폐쇄음	p t k
	무성마찰음	f s ç x
2.	유성폐쇄음	b d g
3.	유성마찰음	v z
4.	비음	m n ŋ
	측음	l
5.	r음	r
6.	고모음	y u i
7.	중모음	ϕ o e
8.	저모음	ɔ æ a

이에 맞추어 일본어의 asita(明日)와 sinobu(忍)의 각 분절음의 공명도의 단계를 보이면,

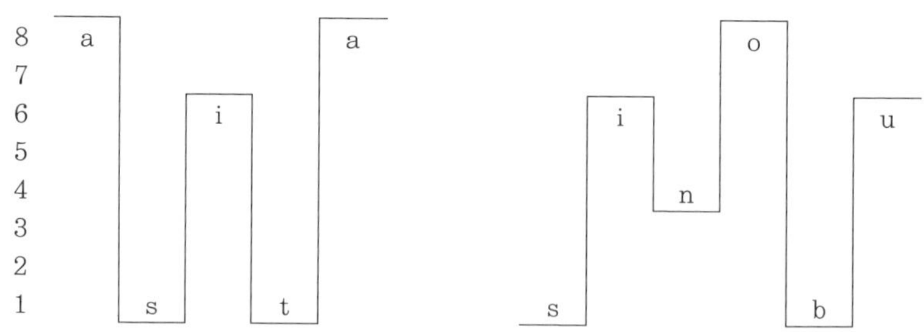

모음은 위쪽에 봉우리를 이루고 자음은 아래쪽의 골짜기를 이루어서 모음이 중심 구실을 하는 것을 알 수 있다. 그 모음 자체가 V, 혹은 CV의 마

디를 주관하고 있다고 볼 수 있다. 그래서 모음을 음절주음(主音), 자음을 음절부음(副音)이라고 한다.

CV에 -C가 후속하는 CVC 구조로 볼 때, 앞 예서서 sit, sin처럼 모음의 봉우리를 중심으로 그 앞뒤에 자음의 골자기가 있는 형상이다. 그러나 앞 예를 가지고 일본어를 CVC구조로 볼 수는 없다. 기본적으로 CVC구조라면 그 다음 CV 아니면 CVC가 이어져야 한다. 그렇지 않고 모음이 후행하여 CVCV의 음절 연속이 되고 있다.

2.3.2. 음성적, 음운적 음절

음절의 구분은 이러한 공명도의 단계의 경계에서 파악하는 외에 발음 시의 근육의 긴장(발음의 힘이 강한 것)과 이완(발음의 힘이 약해진 것)에 따라 구별하기도 한다.

두 개의 다른 음 A, B가 이어져 나올 때 두 음의 조음방식이 다르기 때문에 A와 B 사이에 중간대(X)의 완화요소가 있게 되는데 이를 과도(過渡, glide)라고 한다. A가 X를 통하여 B에 옮길 때 X의 처음은 A의 성질을 받기에 그 부분은 A의 off-glide(착활〈着滑〉)가 되고 X의 끝은 B의 영향을 받기에 B의 on-glide(시활〈始滑〉)가 된다. 이 X가 미묘한 과정으로서가 아니라 하나의 단음으로 인지하는 것(과도음〈過渡音, gliding sound〉)이 있다. 그 대표적인 것에 반자음(반모음)의 i̯(y)와 w가 있다. 예컨대 이것이 앞에 오는 경우는 i̯a, wa(상승적〈上昇的〉이중모음, rising diphthong), 뒤에 오는 경우는 ai̯, aw(하강적〈下降的〉이중모음, falling diphthong)의 경우다.

A와 B사이에 특별한 사정이 없이 동일한 조음상태가 지속되면 그 부분은 지속부(持續部)가 된다. 착활과 시활의 사이이다.

앞 예서서의 분절음 하나하나를 따져보면 분절음 간에 A-X-B에서 X의 미묘한 과정이 있다.

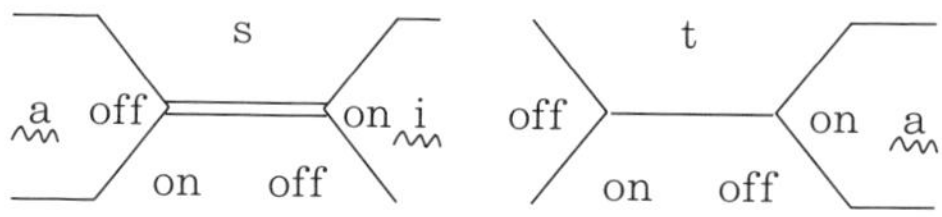

자음과 모음이 한번에 발음하는 처지에서 보면,

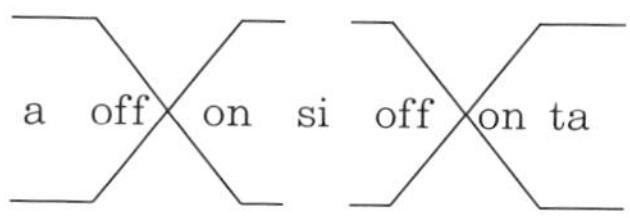

a 내파〉〈외파 si 내파〉〈외파 ta〉

로 해석할 수 있다.

on-glide가 세게 들렸다가 힘이 점점 약해지면 내파음(内破音, implosive)으로 〉로 나타내고 off-glide가 들렸다가 힘이 점점 강해지면 외파음(外破音, explosive)으로 〈 로 나타내면 결과적으로 앞 예시처럼,

〉 〈 〉 〈 〉
a s i t a (明日)

와 같이 되는데 그 〉〈 표시의 경계를 음절로 구분짓는 것이다. 내파음의 〉는 힘이 점점 약해짐을 나타내므로 \ (점약음, 漸弱音), 〈는 힘이 점점 강해지므로 / (점강음, 漸強音)표시로 바꿔 나타낼 수 있다.

\ / \ / \
a s i t a

이러한 표기에서는 \ 와 / 사이가 음절의 경계가 있는 것이 된다. 이러한 구분은 음성실현의 물리적, 생리적인 성질에 의한 것이므로 음성적 음절이라고 한다.

그런데 일본어의 모든 단어의 음절 경계가 이와 같은 식으로 규정짓기 곤란한 경우가 많다.

kusa(草)에서 u 모음이 무성화되고 탈락에 이르는 경우의 ksa에서 경계가 긋기가 곤란하다. 모음 중심으로 ks-a로 보게 되면 CC가 연속하는 어두자음군(語頭子音群)의 현상이 있게 된다.

또 한국어나 일본어의 하강적(下降的) 이중모음의 경우 음절주음과 음절부음(국제음성기호로 ̯를 붙임)이 각각 하나의 등시(等時)적인 음절로 느끼는 특징이 있다(ai̯를 아이, aw를 아우 식으로). 이에 대해 상승적(上乘的) 이중모음은 한국어나 일본어는 음절부음과 음절주음은 하나의 모음(ya, yo, yu〈야, 요, 유로〉)으로 본다('이아'가 아닌 '야'식으로). 그 반대의 ay, oy, uy는 아이, 오이, 우이의 모음 둘로(본래는 아이 식으로) 본다.

장음 ka:, 촉음 kat, 발음 kan의 경우도 일본에서는 ka 이외는 따로 특수음소로 해서 음절이 두 개가 된다(한국어는 가, 갇, 간 식으로 한 음절).

이와 같이 일본 사람들은(한국 사람도) 상승적 이중모음의 중모음(重母音)은 하나의 음절로 인지하는데, 하강적 이중모음의 -i(y)는 독립된 단음의 음절로 인지한다. 또 일본어에서는 장음, 촉음, 발음은 짧은 음절(mora)로 내세워 선행모음과 함께 두 음절로 인지한다.(한국어는 선행모음과 함께 한 음절)

이 같이 각 언어마다 자기의 언어의 특성에 따라서 음절의 마디를 다르게 규정하고 있는데 이를 음운론적 음절이라고 한다.

음성적 음절은 실지적이고 현실적인 것이어서 불규칙적으로 파악되기도 하지만, 음운론적 음절은 각 언어의 특성에 맞게 이론적으로 규정한 것이어서 그 안에서 규칙적으로 파악된다.

예시해볼 때 CV의 ka, CVN의 kan, CVT의 kat, CVV의 kaa, CVVN의 kaan, CVVT의 kaat는 음성적으로 a의 봉우리 하나이고 〉〈로 보거나 \/로 보거나 하나로 묶을 수 있는 한 박자의 소리(음성학적으로 1음절)인데, 일본사람들은 짧은 음절감각으로 한 박자, 두 박자, 심지어 세 박자로 느끼고 있고 그래서 실지 문자수도 한 글자, 두 글자, 세 글자로 나타나고 있다.

음성학적 음절은 하나인데 음운적 음절(拍)은 다르게 되어있다.

	문자 예	문자수	mora(拍)
CV	か	1	1
CVN	かん	2	2
CVT	かっ	2	2
CVV	かあ	2	2
CVVN	かあん	3	3
CVVT	かあっ	3	3

이상은 일본어의 특성에 따르는 음절의 인식에서 오는 것이다. 개별언어의 특성에 입각해서 규정되는 일본어의 50음도는 음운적 음절에 입각하는 것이 된다.

일본어의 1 mora의 음절은,

직음절(直音節)	V('V)	あ, か
요음절(拗音節)	CsV('sV)	や, きゃ
발음절(撥音節)	N	–ん (かん 2음절)
촉음절(促音節)	T	–っ (かっ 2음절)
장음절(長音節)	– 또는 R 또는 동일 모음의 반복의 후속모음	あ–, あR (かあ 2음절) ああ의 후행모음

직음절과 요음절은 일반음절, 발음절, 촉음절, 장음절은 특수음절이라고 한다. 특수음절은 음성학적으로는 1음절이 될 수 없는데도 일본어의 특성에 입각해서 따로 1음절로 내세우고 있다.

이상을 보아서 일본어는 원칙적으로 개음절 구조이다. 특수 음소를 따로 세우지 않고 CV음절에 딸린 것이라면 N, T의 경우는 폐음절 구조의 말미가 되지만 음운적으로 따로 떼어서 하나의 독립한 음운으로 인식하는 한, 폐음절 구조일 수 없다(補注 4. (p. 519)).

2.3.3. 경음절, 중음절

음절을 나누는데 개음절, 폐음절 외에 각 음절의 길이나 그것에 따르는 중량감에 의한 음절량으로서의 분류가 있다.

개음절과 폐음절은 음절핵음 V의 다음에 자음이 딸려 있는가의 여부에 의한 분류라면 음절량은 모음의 길이와 그것에 따르는 자음 수 등에 의한다.

일본어처럼 단모음과 장모음의 대립이 있는 언어는 단모음의 경우보다 장모음의 경우는 2배가 무겁다라고 하는 것과 같다. 곧 (C)V보다 (C)VV가 더 무겁다. 그러나 단모음도 말자음이 따라 있으면((C)VC(C)) 동일하게 무거운 부류로 본다.

이제 음절량에 따른 분류를 보이면,

a. 경(輕)음절(light syllable)	(C)V	ha(歯)
b. 중(重)음절(heavy syllable)	(C)VV	hai(灰)
	(C)VC(C)	
c. 초(超)중음절(superheavy syllable)	(C)VVC(C)	

일본어의 음운적 음절의 개념인 mora로 헤아리면 a.는 1 mora, b.는 2 mora인데 2 mora는 중음절로 보기 어렵다. 특수음소를 인정하지 않고 V에 후행하는 C를 말자음으로 보면 중음절이지만 그것은 특수음소로 떼어내면 경음절이다. c.도 b.와 같은 문제로 말자음이 아닌 특수음소로 따로 떼어내면 3 mora가 되어 초중음절은 아니다.

따라서 일본어의 음절량의 문제는 장모음 여부가 중심이 되고 말자음의 특수 음소의 해석 여부가 걸려 있다고 볼 수 있으므로 음절량의 문제는 음운적인 음절에서가 아닌 음성적인 음절의 각도에서 볼 일이다.

한국어에는 단모음과 장모음의 대립은 없고 하강적 이중모음도 2음절로 보기 때문에 중음절 그리고 초중음절의 문제와 거리가 있다.

a. so(牛)　　1음절　경음절
b. son(手)　　1음절　중음절
　sai(間)　　2음절(1음절로 보는 경우는 중음절)
c. moim(集)　2음절(1음절로 보는 경우는 초중음절)

경음절과 중음절은 음절구조를 계층적으로 볼 때 이해하기 쉽다. 일반적인 수형도(樹形圖)는 다음과 같다.

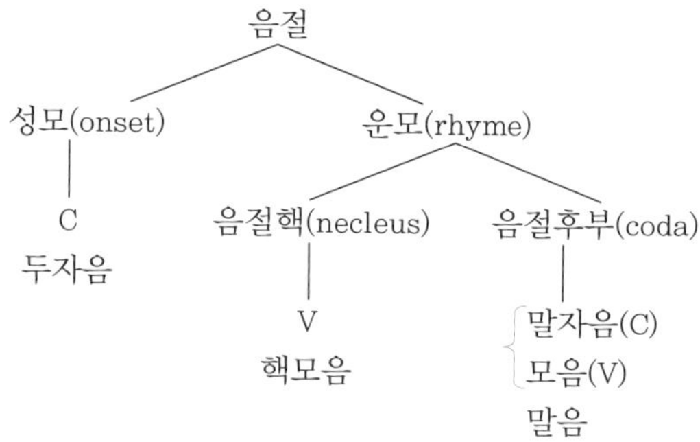

음절후부 곧 말음은 선택적임을 알 수 있다. 올 수도 있고 오지 않을 수도 있다. 말음 C나 V가 오면 중음절이 되고 오지 않으면 경음절이 되는 것이다. 만일 VC 순으로 겹쳐 나타나면 초중음절이 된다. 말음의 V를 핵모음에 후행하는 것으로 해서 CVVC 모두 나타나면 초중음절, 거기서 V나 C가 빠지면 중음절, (C)V는 경음절로 할 수 있다.

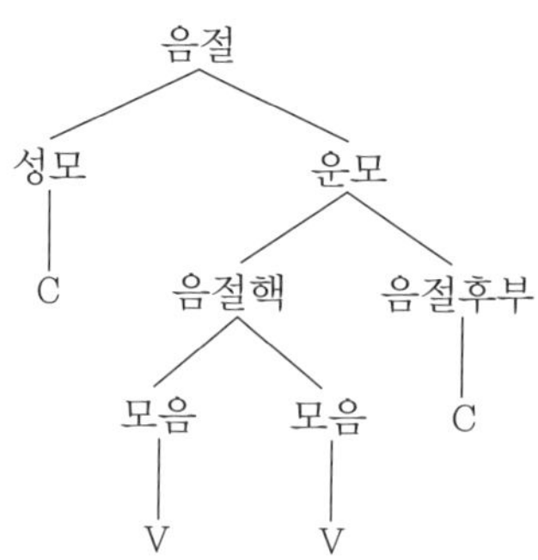

음절의 요소를 최대한으로 확장해서 그 안에서 영어의 음절의 보기를 보이면,

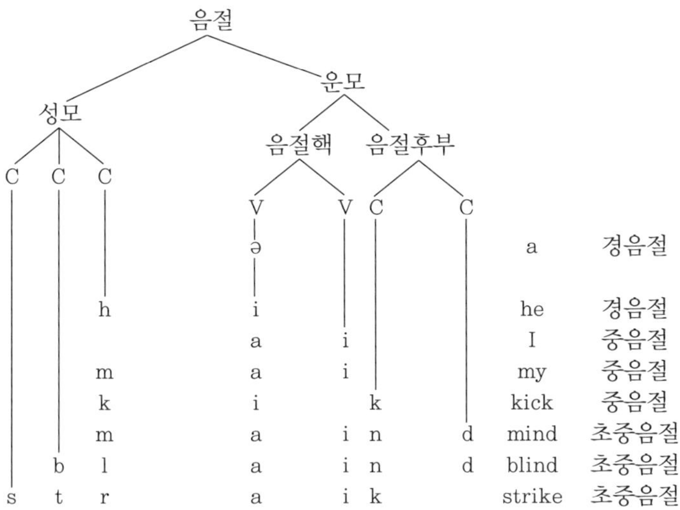

이상의 경음절과 중음절의 구별은 영어에서 의미 있는 것이다. 경음절인가 중음절인가에 따라 강세 악센트 체계가 달라진다. 중음절에는 강세가 주어지고 경음절에는 강세가 주어지지 않는 것이다.

일본어는 음운적으로는 간단한 (C)V구조로 경음절 구조이지만 T, N 등의 특수음소를 음절 후부로 생각하면 중음절 구조가 되며, 다음과 같은 동사에서 자음간의 협모음이 무성화되고 탈락이 되면 CCVC 혹은 CCVV구조도 실현될 수 있다.

kɯsa – kɯ̥sa – ksa – ksat-(ta) (腐)
ksai (臭)

대개 언어의 변천에서는 경음절에서 중음절로 변하는 경향이 많이 보인다. 일본어의 예를 보면 동사의 연용형+접속조사 / 과거조동사의 경계에서 일어나는 음편형도 그 하나로 들 수 있다.

예컨대 kaita의 경우 원래 ka-ki-ta는 CV-CV-CV의 경음절의 연속이

었는데, k의 탈락으로 ka-i-ta가 된 것은 CV-V-CV가 되고 CVV-CV와 같은 중음절이 되는 과정으로 보는 것이다.

me(目)가 me: 처럼 장음화가 되는 것도 CV의 경음절에서 CVV의 중음절이 되는 경향이라고 할 수 있다.

한편 초중음절에서 중음절로 되는 것도 계층구조상 안정적인 것으로 바뀌는 경향으로 생각할 수 있다. 외래어에서 많이 보이는데 한 예로 영어의 change[tʃeindʒ](變)에서의 chan(ge)은 CVVC의 초중음절인데 일본어에서는 cen(dʒi)의 CVC의 중음절로 받고 있다.

음절량의 변화는 어느 언어나 시대에 따라 변화할 수 있는 것으로 한국어에서의 중세어의 상승조(上聲)의 성조로 볼 때 분명히 단음 : 장음의 음운적 대립 곧 V와 VV의 구별이 있었던 것이 V로 합일(지방방언에는 구별이 잔존하는 것도 있다.)되는 것도 그 예로 들 수 있다.

그 외에도 영어나 일본어에서의 역사적 변화의 사례에서 중음절화의 예를 Kubozono(窪薗, 1995:210~)가 보여주고 있다.

2.3.4. 음절구조제약

이 제약은 분절음의 연속으로 보면 음소 결합이나 음소 배열의 규칙의 반영이다. 음소가 모여서 음절을 형성하므로 이 일에 음소가 모이는데 어떤 제약이 있다면 바로 그것이 음절구조형성의 제약이 된다.

일본어는 CV의 개음절 구조이며 특수음절이 후행할 수 있는 구조다(補注 4. (p. 519)).

CV
CVR(CVV)
CVN
CVT
*CVC
*CCV

CVN, CVT 구조가 CV에 선행할 때 음성적으로 CVC와 같은 음절형이 형성되는데 그 -C의 음성은 n, m, ŋ(N 다음에) k, p, s, t, (T 다음에) 등의 내파음이 난다.

이제 이러한 음절구조에 관련된 분절음이나 특수음소에 대한 음소배열 혹은 구조적 제약에 상당한 사항을 제시해 본다면,

1. 특수음소 /N/, /T/는 어두에 나타나지 않는다. 모음 다음에만 나타난다.
2. /r/, /p/는 고유어에서 어두에 잘 서지 않으며 /g, z, d, b/도 고유어에서는 비교적 잘 서지 않는다.
3. /T/는 보통 모음음소와 /p, t, k, c, s/ 등의 사이에 선다. 모음 앞에는 설 수 없다.
   いっ(ぱい), いっ(たい), いっ(かい), いっ(ち), いっさい
4. /N/도 보통 모음음소와 /p, t, k, c, s/ 등의 사이에 서도, /T/와는 달리 모음 앞에도 설 수 있다.
   しん(あい) (信(愛))　きん(いろ) (金(色))　だん(う) (弾(雨))
   きん(えん) (禁(煙))　たん(おん) (単(音))
5. /p/는 고유어에서는 주로 /T/의 다음에 선다.
   すっぽり(푹), たっぷり(듬뿍)
6. 어두에 자음의 연속은 허용되지 않는다(*CC-). 어말에도 자음은 허용되지 않는다.(*-C)
7. 한 음절 안의 모음의 수는 하나이다. 동일 모음의 연속이면 후행모음은 다른 하나의 음절모음이다.
8. 어중에서 N, T의 특수음절이 (C)V에 이어질 때((C)V-T/N, -CV)) 음성적으로는 (C)VC-CV로 재편된다. /N/는 앞의 4. 의 경우로 후행 -C자음에 따라 [m, n, ŋ, ɲ]의 내파음으로 변음한다. /T/는 앞의 3. 의 경우로 이 역시 후행 자음에 따라 [p, t, k, c, s]의 내파음으로 변음한다.

앞에서 1. , 2. , 6. 은 어두음의 제약으로 하나의 두음(頭音)법칙으로, 6. 도 한편으로 /T/, /N/의 말음화의 경우의 말음(末音)법칙으로 볼 수 있다.

9. 이외에도 반자음(반모음) y, w에 대해서도 y는 −a, −u, −o 앞에 나타나고 (*yi, *ye), w는 a앞 외에는 나타나지 않는다(wa, *wi, *wu, *we, *wo).
10. 음절핵음의 V에는 상승적 이중모음의 경우는 포함되는데 하강적 이중모음의 경우는 그 과도음은 별도의 V로서 딴 음절을 형성한다.

(여기서 G는 과도음, S는 음절)

2.3.5. 음절의 층위성

음절은 분절음의 결속에서만 아니고 악센트 혹은 운율(韻律)구조와도 관련되어서 악센트규칙의 기본적 단위로 중요시되고 있다. 음절은 분절음 층위와는 독립된 층렬(層列)구조를 지니는 것으로 본다. 그것은 Kahn에서 비롯되는데 그 두 층위는 대응선으로 연결 표시하는 방법을 취하였다.(Kahn, 1976:20−21).

음절구조는 3분지 평판식으로 보는 것과 2분지의 계층구조로 보는 것이 있다.

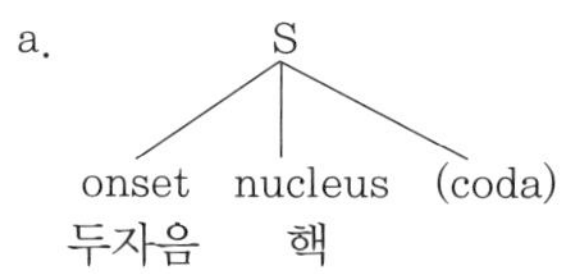

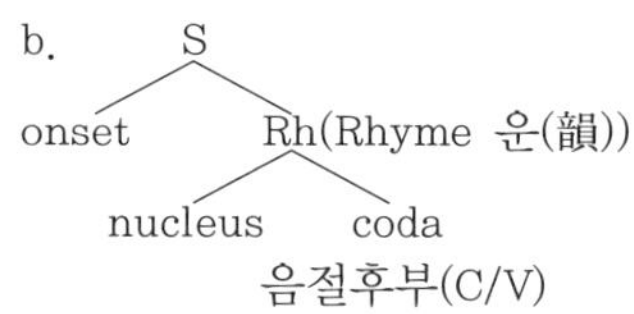

b. 의 2분지 구조는 우분지(右分枝)이고 다음과 같은 좌분지(左分枝)를 예견할 수 있으나 그러한 예는 잘 없는 듯싶다.

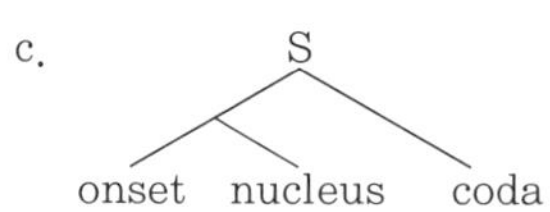

우분지와 좌분지의 차이는 핵(nucleus)이 coda에 더 가까운가 onset에

더 가까운가인데 중국어는 핵과 coda가 함께 행동하는 대표적인 언어다. 우리나라에서 한시(漢詩)를 짓는데 각운(脚韻)으로 운을 맞추는 것도 그 예가 된다.

일본어에서는 한자어가 많이 점유하므로 한자음에 대한 이해가 필요하게 되는데, 원래(고대)의 한자음은 2분지 구조로 이루어진 것이지만 현대의 한자음은 일본인의 음운적음절의 인식에 입각하기 때문에 3분지의 평판식이 주류라고 할 수 있다. 물론 특수음소에 대해서는 특별한 처리가 필요하다. /T/, /N/의 특수음소는 한자음에서는 음성적으로 후행자음 앞에서 원래의 한자음이 coda가 실현되기도 하므로 2분지의 경우도 생각해둘 필요가 있다. 고대의 일본 한자음의 이해에는 더 말할 것 없다.

Clement외(1983:8)에서 음절을 음절 층위와 CV 층위 그리고 분절 층위로 나누고 있는 것을 볼 수 있다.

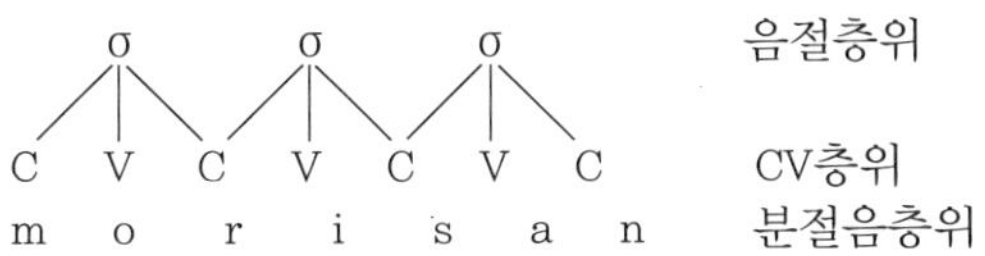

말미의 n은 특수음소로서 따로 한 음절로 세울 수 있다. 분절음의 음절화에는 음절 형판에 분절음의 연쇄의 연결을 그려내는 식이 있다. 이를 사상(寫像, mapping)이라고 하기도 한다. 기본적 음절을 보편적으로 C-V의 연쇄로 보면 C-V의 연쇄가 있으면 음절을 이룬다는 다음과 같은 보편적인 핵음절 조건이 설정된다. 음절의 생성성의 일면이다.

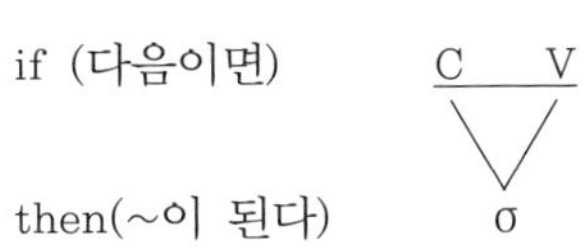

여기에는 V가 중심이 되고 그 앞뒤에 C가 따라서 음절이 형성되는 다음과 같은 음절형성규칙도 있게 된다.

a) CV

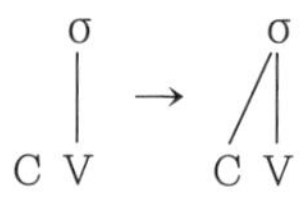

b) VC

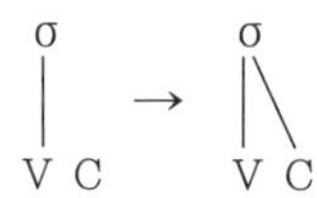

a)는 onset(두자음)규칙이 되고, b)는 말자음 또는 운(韻, rhyme)규칙이 된다. 이로써 CV와 CVC가 이루어진다.

a)는 V핵을 중심으로 했을 때 오른쪽에서 왼쪽으로의 mapping인데 onset에 최대한으로 분절음을 낄 수 있다.

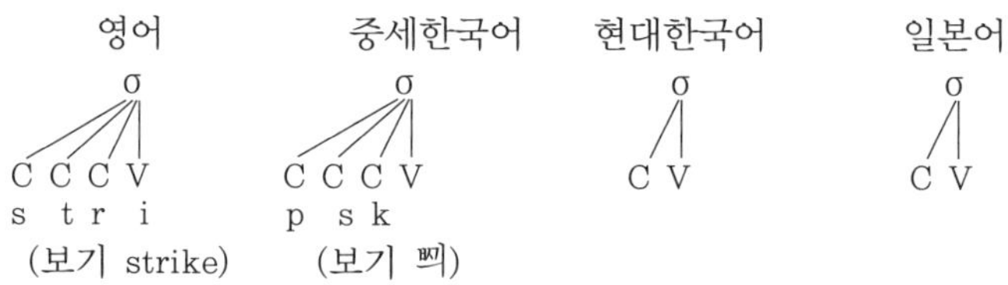

b)는 왼쪽에서 오른쪽으로의 사상인데 coda의 최대화를 가져온다.

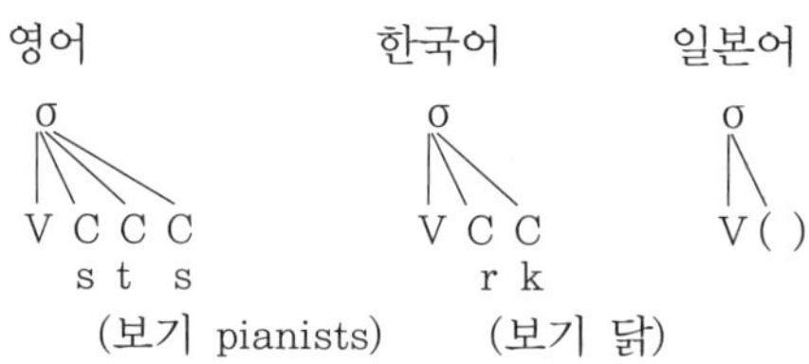

이를 보아 다음과 같은 coda조건은 중국어에는 맞지만 일본어에서는 /N/(그리고 T)의 특수음소를 coda로 보았을 때만 맞는다.

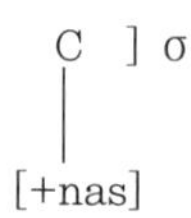

일본어는 한 음절을 이루는 특수음소 R가 coda에 연결될 듯한 분석도 가능하다.

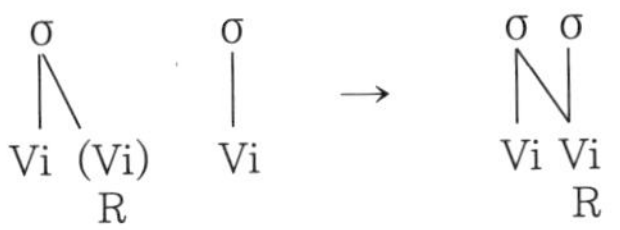

이 때는 V와 R는 동일모음의 지시관계이어야 한다.

특수음소 /N/, /T/의 경우도 어중에서(어말의 경우도 이와 유추해서),

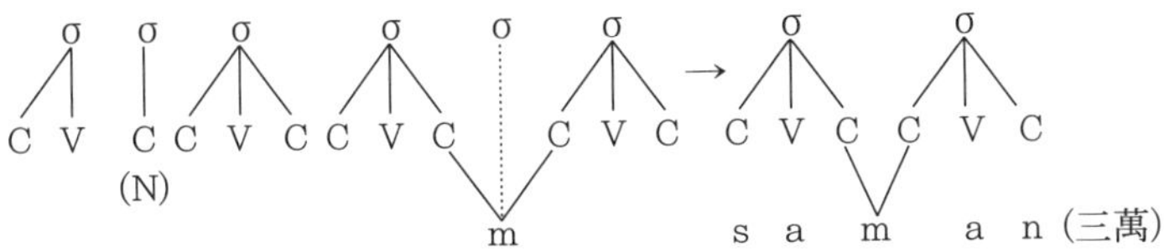

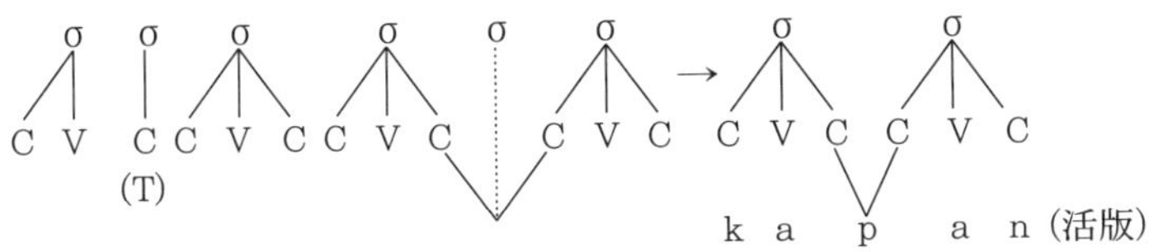

이 때의 선행음절의 -C(N/T)와 후행음절의 C- 와는 동일 기관음이어야 한다. 앞 예에서 m이나 p처럼 동시에 두 개의 음절에 속하는 경우의 자음을 양(兩)음절적 자음(ambisyllabic consonant)라고 하고 양음절에 걸친 것을 양음절성(ambisyllabicity)이라고 한다. 이는 단선적인 관점에서는 해결되지 못하던 것이다.

kappan(活版)과 kahan(過半)을 대비하면,

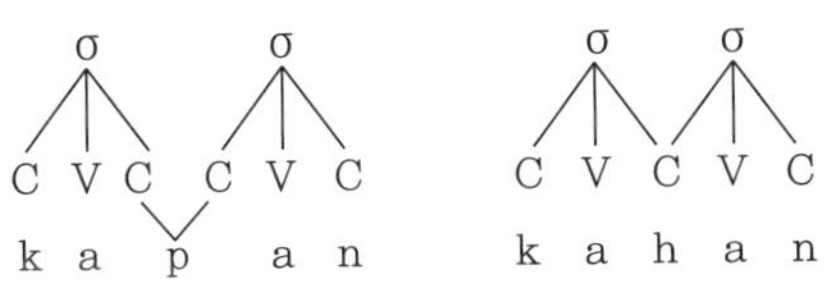

Clements외(1983:28)는 기본적인 핵음절형으로 네 가지를 들고 음절조작을 통하여 다른 음절형을 얻는다고 하였다.

a. CV
b. V
c. CVC
d. VC

일본어에서는 a. 와 b. 는 해당하나 c. d. 는 해당되지 않는다. 말자음의 -C를 따로 떼어서 특수음소로 세운다(VV 경우는 VR). 특수음소는 전후음의 음환경에 의해 동일 기관음의 연속체를 이룬다. 이때에 음성적인 CVC, VC 구조는 실현된다.

앞의 핵음절형은 개별언어의 음절형의 선택을 좌우하는 매개변항 구실을 한다. a.는 모든 언어에서 보이는 음절형이고 나머지는 개별 언어의 선택사항이다.

CV 음절형을 기본적 음절형으로 해서 이것에 다음과 같은 조작을 통하여 다른 음절형을 얻는다.

음절조작 a) 음절초의 C-를 제거하라 CV → V
b) 음절말의 -C를 삽입하라 V → VC CV → CVC

한편, 분절음으로부터 음절화하는데 제안된 영어에서의 음절부여규칙(Kahn, 1976:32)을 일본어에 맞추어 간략하게 보이면,

규칙1. [+syl] → [+syl]
|
S

이를 바꿔쓰면,

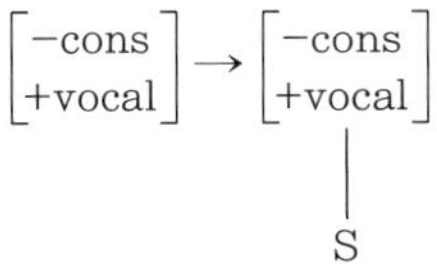

이것은 각 $\begin{bmatrix}-\text{cons}\\+\text{vocal}\end{bmatrix}$의 분절음은 반드시 하나의 음절(S 또는 σ)과 연결된다는 것을 나타낸다. 쉽게 말해서 모음이 있으면 음절을 이룬다는 것이다.

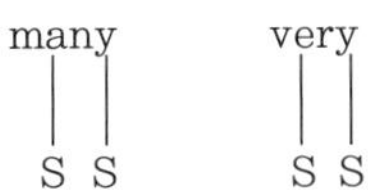

규칙 2.

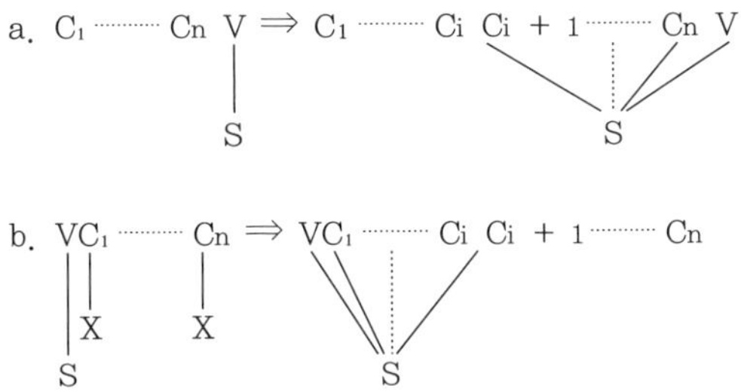

규칙 2에서 a.는 처음에 좌측에 C−가 S와 연결되는 것을 나타내고(어두중자음에서), b.는 그 다음에 우측의 C가 S와 연결되는 것을 나타낸다(어말중자음에서). 규칙 2. a, b에서의 화살표 다음에서 연결선이 없는 것은 허용되지 않는 것들을 나타낸다. 그리고 b. 에서의 X는 이 시점에서 어떤 음절과도 연결하지 않는 단음을 나타낸다.

규칙 2를 일본어에 맞추어 간략하게 보이면,

a.

이는 어두에 자음이 하나 이상은 올 수 없다는 것.

b.

이는 모음 다음에 함께 음절을 이룰 수 있는 자음이 오는 일은 없다는 것.

일본어에서 모음과 함께 자음 연결을 허용하는 경우는 특수음소(N, T)의 동일 기관음 음의 연속으로 나타난 경우에 해당한다.

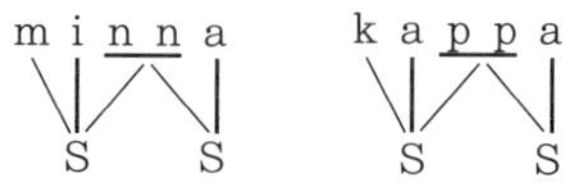

이는 다음과 같이 바꿔 쓸 수 있다.

곧 동일 자음의 연속은 다음 V에 연결된다. 그렇게 되면 앞음절의 -C와도 겹치는 꼴이 되는데 C가 두 개의 음절에 속하면 양음절적(ambisyllabic)이라고 한다.

지금까지는 분절음의 CV층과 음절층과의 분리 그리고 그 두 층의 연결에 대한 것이 나왔지만 분절음 층과 악센트 층의 분리와 그 두 층 연결의 일은 다음의 악센트에서 예시된다.

2.4. 악센트

2.4.1. 비분절음운

일본어에서 동일 분절음으로 된 단어일지라도 그 안의 음절 간의 소리의 높낮이의 차이에 따라 단어의 의미가 달라지는 현상이 있다. 이를 악센트(accent)라고 한다.

단어는 그 내부의 자음과 모음의 차이에 따라 의미가 구별되는 점에서 자음과 모음을 분절(分節)음운(segmental phoneme)이라 하고, 악센트는 분절음운과는 상관없이 분절음운의 결합체인 음절 간의 상대적인 고저의 차이에 따라 의미가 구별되므로 비분절(非分節)음운(suprasegmental phoneme)이라고 한다.

예컨대 ame(飴)와 ame(雨)는 분절음은 같다. ami(網), ama(海女)하고는 분절음 하나의 차이로 의미가 갈린다. ame(飴)와 ame(雨)는 분절음은 같으면서 단어 내부의 음절의 상대적인 고저의 차이로 의미가 갈린다.

전자는 ame(飴)이고 후자는 ame(雨)의 차이에서 온다.
L H H L

비분절음운에는 이러한 악센트 외에도 연접(連接)과 분절말음조(억양), 탁립(卓立) 등이 있다.

분절음 하나의 차이로 의미가 구별되는 차원의 분절음 레벨과는 별도로 음절의 상대적 고저의 차이에서 의미가 구별되는 차원의 운율적 레벨을 따로 내세우기도 한다. 모음의 차이(음의 분류)는 분절음 레벨이고 음의 고저와 강약, 리듬의 차이는 운율적 레벨이다.

2.4.2. 고저악센트 · 조소(調素)

일본어의 악센트는 음의 고저와 관련되고, 영어는 강약과 관련된다. 그래서 일본어는 고저 accent(pitch accent), 영어는 강약 accent(stress accent)이다. 곧 일본어의 경우는 소리의 높낮이가 의미를 구별하는 음운론적 가치를 지니며 소리의 강약에 의한 의미의 구별은 없다. 곧 소리의 강약은 음운론적 가치를 지니지 않는다. 영어는 이와는 달리 소리의 높낮이는 음운론적으로 아무런 가치가 없고 강약만이 의미를 가름하는 가치를 지닌다.

그러면 일본어에서는 소리의 높낮이에서 의미를 가름하는 단계는 몇 개가 있을까?

중국어는 일본어와 마찬가지로 높낮이가 가치를 지니는 pitch언어이면서 단계의 구별에는 제1성 – 제 4성의 4단 조직인데 일본어는 고저의 2단계만 있는 2단 조직으로 비교적 간단한 조직이다. 분절음의 가지에 따라 여러 개의 음소로 나누듯 악센트의 높낮이에 따라서 성조를 나누는 데서 그것을 조소(調素, toneme)라는 말을 쓴다면 일본어에는 두 개의 조소를 지닌다고 할 수 있다. 이 조소를 악센트의 최소 단위로 생각하기도 하고(cf. 金田一春彦, 1967:252-). 악센트형(形)을 최소단위로 보는 관점도 있다. 이래서 하나의 단어는 음소가 모여서 되는 면이 있고, 조소가 모여서 되는 면이 있는 셈이다. 앞 예의 ame(雨)는 a-m-e의 3개의 음소로 된 단어이면서 H L의 두 개의 조소가 모여서 된 단어가 된다.

그런데 중국어의 경우는 한 음절마다 4성 중의 어느 하나의 성조(聲調, tone)가 고정되어 있어서 의미 분간이 되도록 되어 있지만, 일본어의 경우는 음절 연속체인 단어 전체가 그 내부의 악센트의 위치에 따라 악센트형이 정해져 있는 식이다. 그래서 동경어나 중국어는 모두 pitch의 언어이면서 동경어는 단어 안의 악센트 위치가 악센트형을 결정하고(단어 성조), 중국어는 음절의 글자마다 4성중의 어느 하나가 결정되어 있는 성조(음절성조)다. 곧 전자는 악센트의 위치가 (악센트형이) 단어를 구별하고 후자는 성조가 단어를 구별한다(cf. 早田, 1988:38).

McCawley(1978:113)도 동경악센트는 원형적인 pitch-accent, 중국어는 진정한 tonal 체계라고 하였다.

그래서 일본어는 음절 하나하나의 고저가 문제가 아니라 음절 연속체의 악센트의 갈림이 어떻게 되는가가 문제이다. 일본어에는 음절연속체 중에서 H L의 내림막(악센트핵)이 있는가 없는가, 있다면 그것이 어느 위치에 있는가에 따라 악센트형이 결정된다. 여기서 악센트형의 종별이 조소 혹은 악센트소로 생각하는 관점이 있게 되는 것이다. 그 경우 악센트핵이 악센트소의 변별적 특징이 된다.

악센트를 표기하는 방식에는 현대에서 사람에 따라서, 용도에 따라서 다음과 같은 여러 방식이 쓰이고 있다.

$\bar{\text{a}}$me (雨)	$\text{a}\overline{\text{tama}}$ (頭)
●○	○●●
高低	低高高
上下	下上上
H L	L H H

여기서는 주로 운율이론에서 사용하는 H L의 용자로 나타내려고 한다.

2.4.3. 악센트의 영역

그런데 악센트의 영역에 대하여 두 가지 의견이 있다. 곧 단어의 영역만으로 한정할 것인가 조사까지 포함시켜 1문절 영역에까지 미칠 것인가이다. 단어와 조사의 연결체는 하나의 문절을 이루는데 1문절은 앞뒤에 휴지가 있고 그 사이에서 연달아 발음하는 것이 일반적인 언어습관이다. 그래서 그 영역이 고저악센트 현상의 작용역이 되어서 음운어(phonological word)(井上외, 1999:171)라고 한다. 악센트절이 되는 것이다.

명사의 경우 Ø조사이면 명사 단독으로 음운어가 되는 것이고 조사가 후접한 경우는 조사까지 포함시켜서 명사+조사가 한 음운어가 된다. 조사를 포함시키는 이유로는 예컨대 1음절어의 명사의 경우 그 자체만으로는 성조가 있는지 없는지 상대적으로 가늠할 수 없는 경우가 있기 때문이다.

예컨대 hi(日)와 hi(火)는 그 자체만으로 상대가 없기 때문에 H인지 L인지 분간되지 못한다. 그런데 여기에 조사가 붙으면,

hi - ga (日)	hi - ga (火) 와 같이 구별이 된다.
L H	H L

2음절의 명사의 경우는 내부적으로 상대편이 있으므로 다음의 a)처럼 그 자체만으로 성조를 알 수 있으나,

a) ame – ga (飴)
LH H

ame – ga (雨)
HL L

다음의 b)처럼,

b) hana – ga (鼻)
LH H

hana – ga (花)
LH L

명사 자체만으로는 성조가 같아서 악센트의 유형이 같은 것으로 오해될 수 있다. 조사를 붙여보면 두 명사가 별개의 유형에 속하는 것을 알 수 있게 된다.

단어의 악센트가 기본이기는 하지만 조사를 포함한 영역을 가지고 악센트의 유형을 구별하고 있는 것이 보통이다.

다만 n음절어의 악센트라고 하면 명사의 경우는 n음절어의 명사+조사의 경우를 상정하고 있으나 사실은 명사만의 n음절의 것을 가리킨다.

앞에서 악센트 단위는 단어 또는 단어+조사(조사연결체)임을 보았는데 그것은 격조사 ga가 접합한 형식이었다. 의미격의 조사가 붙는 경우를 보면(McCawley, 1977:263),

두고형	중고형	미고형	평판형
ma˥kura kara	koko˥ro kara	atama˥ kara	sakana kara
ma˥kura made	koko˥ro made	atama˥ made	sakana ma˥de
ma˥kura sika	koko˥ro sika	atama˥ sika	sakana˥ sika
(枕)	(心)	(頭)	(魚)

악센트형에 부착한 kara, made, sika는 모두 L이다. 그런데 평판식의

무악센트형에 붙으면 숨어있는 악센트가 있는 것을 보여준다.

made는 첫 음절에 핵이 있는 것으로, sika는 그 앞 명사 뒤에 핵이 있는 것으로 나타난다. kara의 경우도 주제격인 wa가 붙게 되면 kara가 무악센트형인지 미고형의 악센트인지 분간이 가능하다. 그것은 곧 sakura kara˺wa처럼 미고형으로 나타나있기 때문이다.

그렇다면,

/kara˺/
/ma˺de/
/˺sika/

와 같은 기저형을 설정할 수 있다. 곧 의미격은 어휘적 특성이 강하고 의미성이 강한 어류이므로 나름대로 악센트 체제를 지니고 있다고 보게 된다. 그렇다면 표면형을 가지고는, 의미격의 경우는 주격의 경우라도 같이 명사와 함께 1문절을 이루고 함께 악센트 단위가 된다고 할 수 없게 된다.

그것은 1문절 안에 악센트 핵이 두 개 나타나는 것이 되기 때문이다. 곧 의미격은 의미격대로 1문절을 이루는 하나의 악센트형을 지닌다고 해야 할 것이다.

McCawley는 기저형에 악센트가 있다 하더라도 표면형으로 다음과 같이 나타난다고 하였다.

ma˺kura ma˺de → ma˺kura made
sakana ma˺de
koko˺ro sika → koko˺ro sika
sakana˺ sika

비록 이들의 의미격은 기저형은 악센트형을 지닌다고 가정하더라도 선행 명사에 하나의 악센트를 지닌다면 의미격 자체의 악센트는 제거된다는 것이다. 그런 의미에서는 명사와 결합하는 의미격도 명사와 함께 1문절을 이룬다고 볼 수 있다.

격조사 /ni/의 경우를 보면(이 역시 주제격의 wa를 동반해서),

ka˺ki (굴) ni wa
kaki˺ (垣) ni wa
kaki (감) ni˺ wa

이것을 보아서는 ni는 ga와 마찬가지로 명사와 행동을 같이 하고 그것에 악센트가 없으면 wa 앞에 악센트가 있게 된다.

복수접미사 /˺ra/를 보게 되면,

kore wa　　kore˺ ra
bo˺ku wa　　bo˺ku ra

ra의 경우도 선행명사에 악센트가 없으면 그 앞의 악센트(내림막)가 있게 된다.

2.4.4. 동경어 악센트

그런데 일본어 공통어(동경어)의 악센트절에는 다음과 같은 특색이 있다.

1. 특색

1) 제1음절과 제2음절의 악센트는 다르다.

*LL　*HH

2) 조소 HL 부분은 악센트절 중에 한 군데만 있다. 그 L 앞의 H가 악센트 핵이다.

*HLHL

3) 따라서 H에서 L이 되면 다시 H로 되는 일은 없다.

*HLH HLLL……

4) 제1음절과 제2음절의 악센트가 다르므로 L로 시작된 운율은 LH…가 되고 그것은,

a) LHHH로 계속되든지
b) 아니면 어느 시점에서 HL의 악센트핵이 실현된다.

a)는 악센트핵이 없으므로 무악센트형(평판식)이라 하고,
b)의 HL의 실현이 어느 자리인가에 따라 악센트형(기복식)의 유형이 결정된다.

5) a) H로 시작된 것은 바로 그 다음이 L가 되므로 두고식이라 하고 H˥LL,
b) L로 시작된 것은 바로 다음이 H가 되고 중간에 L로 내리면 중고식이라 하고, LHH˥L,
후접한 조사에서 L가 되면 미고식이라 한다. LHHH˥L(조사)(여기서의 ˥표시는 여분적인 것)
조사에서도 L가 되지 않고 끝가지 H로 계속되면 평판식이 되는 것이다. LHHH−H(조사)
곧 LH……에서 어느 자리에 L가 오느냐 또는 안 오느냐에 따라 악센트형이 갈린다.

2. 악센트핵

위에서(특히 5)에서) 일본어의 악센트절에서는 H에서 L로 되는 자리가 중요하다는 것을 알 수 있다. 곧 그 부분이 단어 내의 어디에 있는가에 따라 악센트형의 유별이 있게 된다. 그래서 HL의 내림막(fall)(일본어 taki(滝), 金田一春彦, 1967:344-5)에서 H 부분은 악센트핵이라고 한다(服部, 1960:251-2). 보통 다음과 같이 표시한다.

ka˥rasu　烏
◯˥ ◯◯
H˥ L L　(이 경우 악센트핵 표시는 여잉적이나 확실하게 표시하는 것이다.)

다음과 같이 음조역 경계에 ·로 나타내기도 한다.

ka·rasu

악센트핵 표시의 ˥에 대하여 두 이름이 있듯이 그 풀이도 달라질 수 있다. 예컨대 동경어 ka˥rasu에서 악센트핵은 ka에 있다고 하기도 하고 내림막도 ka와 ra 사이에 혹은 ra 내지 그 직후에 있다고 한다.

다른 예 ka˥Ngo(看護)에서는 핵이 ka에 있다고 하기도 하고 kaN의 음절(음성적음절)에 있다고도 한다.

어떻든 ˥ 전후의 상대적 관계가 중심이 된다고 보면 될 것이다.

다음 sakana (魚)의 경우,

sa ka na – (ga)
◯ ◯ ◯　◯
L H H　H
sa ka na　ga

이 경우 HL의 H핵이 없다. 그래서 음조영역 경계표시·가 없다. 제1음절(L)과 제2음절(H)가 서로 다르고 H가 조사에까지 계속된다. HL 부분이 없으니 무악센트어, 평판식(平板式)이 된다.

이를 보아서 일본어의 악센트는, LH 부분은 악센트 유별에 가치가 없고 HL 부분만이 가치를 지닌다고 볼 수 있다.

동사나 형용사의 경우는 그 자체가 자립어로서 1문절을 이루므로 의무적으로 다른 부가요소를 붙여야만 판별된다는 규정은 없다.

동사의 경우를 보게 되면 기복식의 경우에, 원형(종지형)과 연체형에서는 핵의 위치는 뒤에서 두 번째 mora에 있다.

ka˥ku (書)
aru˥ku (歩)
nagare˥ru (流)

다음을 보면 연용형, 명령형도 같은 형을 보여준다.

종지형	kak˥u (書)	kotowa˥ru (断)
연체형	kak˥u	kotowa˥ru
연용형	kak˥i	kotowa˥ri
명령형	kak˥e	kotowa˥re

이러한 악센트형은 중고형이 되는데 단어에 따라서는 조사자에 따라 미고형도 있다고 한다. iku˥(行)

3음절어에서도 미고형이 있다고 한다.

ugo˥ku (動)
utau˥ (歌)

이번에는 모음동사와 자음동사별로 부속형식(활용형, 조동사)이 부착한 경우의 예를 보면,

모음동사(모음어간동사)

기복식	평판식
tabe˥ru (食)	ake-ru (開)
ta˥be-ta	ake-ta
ta˥be-tara	ake-ta˥ra
tabe˥-reba	ake-re˥ba

ta(과거조동사)와 tara(ta의 가정형)가 후행할 때 악센트핵이 1 mora 앞으로 옮기고 가정형의 경우는 원래의 악센트핵을 유지하고 있다.

기복식에 붙은 부속형에는 악센트는 없고 평판식에 붙은 ta˥ra와 re˥ba에는 미고형으로 나타난다. 이는 원래 이들 부속형식에 악센트형이 있었는

데 기복식에 접합할 때는 삭제된 것으로 풀이될 수 있다.

기복식	평판식
tano˥m-u	susum-u (進)
tano˥n-da	susun-da
tano˥n-dara	susun-da˥ra
tano˥m-eba	susum-e˥ba

앞의 경우와도 같이 기복식에서 da(과거), dara(da의 가정형)와 같은 다른 품사성의 것이 오면 악센트핵이 1 mora 앞으로 나가고, 동일 활용형의 범주인 가정형의 경우 원래의 악센트를 유지한다.

형용사의 예를 보이면,

s i r o˥i　(白)
○○˥○
L　H　L
s i r o·i

이 예에서는 악센트핵이 단어의 중간에 나와 있으므로 중고형의 예가 된다. 형용사도 악센트핵의 유무에 따라 악센트어(기복식)와 비악센트어(평판식)로 나눌 수 있다. 비악센트어라 하더라도 동사의 경우와 마찬가지로 부속형식이 수반하면 기복형이 되고 있다.

악센트어 (기복식)	비악센트어 (평판식)
taka'-i (高)	kura-i (暗)
ta'ka-ku	kura-ku
ta'ka-katta	kura'-kat-ta
ta'ka-kat-tara	kura'-kat-tara
ta'ka-ker-eba	kura'-ker-eba

(여기서는 ˥ 대신 ' 를 쓰고 있다.)

형용사에서는 악센트어의 경우 종지형, 연체형, 연용(중지)형, 명령형에서 핵의 위치는 동사의 경우와 마찬가지로 뒤에서 두 번째 mora에 있다.

yo˥i (良)
haya˥i (早)
mizika˥i (短)

그러나 위에서 보듯 부속형식이 수반하면 악센트핵이 1 mora 앞에 나가고 있다.

이에 대해 비악센트어의 경우는 부속형식이 수반하여 기복형이 되어도 본래의 악센트 자리를 유지하고 있다.

형용사의 na활용(연체사 혹은 형용동사로 보는 경우)에서도 악센트핵이 앞으로 나가고 있다.

ooki˥-i (大)	oo˥ki-ku	oo˥kina	kaban (가방)
ciisa˥-i	cii˥sa-ku	cii˥sana	kaban
okasi˥-i (奇)	oka˥si-ku	oka˥sina	kaban

부사는 대개 무악센트어(평판식)이다.

동음반복의 것은 ○˥○○○이고 (が˥たがた), 음절형식에 따라(특히 의성 의태어에서) 다르게 보인다.

○˥んと　　ど˥んと (탕)　ぼか˥んと(멍하니)
○っ˥と　　すっ˥と　さうと (휙, 대충)
○ん˥○り　のんびり (느긋이)　やんわり (살며시)

다음처럼 kara, made, sika 조사는 원래 모두 L 조이다. 비악센트어에 붙으면 악센트가 있는 것으로 보여진다.(전출)

made – ma˥de　　첫 음절에 핵이 있다.
sika – ˥sika　　앞 명사 뒤에 핵이 있다.
kara – kara　　wa로 끝나는 경우 kara˥wa 끝에 핵이 있다.(미고형)

3. 악센트의 유형

이제 악센트의 유별에 대해서 1음절어로부터 보기로 한다. 1음절어의 명사(조사연결체)의 악센트의 가능한 여러 모양을 제시해보면,

1. $O - O$ L - L
2. $O - \overline{O}$ L - H
3. $\overline{O} - O$ H - L
4. $\overline{O - O}$ H - H

그런데 제1음절과 제2음절의 악센트는 다르다는 원칙에서는 1.과 4.는 제외된다. 그러면 2.와 3.의 두 가지만 남는다. 2.는 내림막이 없으므로 평판식, 3.은 내림막이 있으므로 기복식이다.

2음절어의 명사(조사연결체)의 경우 가능한 여러 모양은,

1. $OO-O$ LL-L
2. $OO-\overline{O}$ LL-H
3. $O\overline{O}-O$ LH-L
4. $O\overline{O-O}$ LH-H
5. $\overline{O}O-O$ HL-L
6. $\overline{O}O-\overline{O}$ HL-H
7. $\overline{OO}-O$ HH-L
8. $\overline{OO-O}$ HH-H

여기서 제1음절과 제2음절이 같은 액선트일 수 없다는 데서 1., 2., 7., 8.이 제거되면,

3. $O\overline{O}-O$ LH-L
4. $O\overline{O-O}$ LH-H
5. $\overline{O}O-O$ HL-L

이 남는다. 3.은 미고형, 4.는 평판식, 5.는 두고형이다.

이와 같은 식으로 3음절어를 보면,

OOO-O	LHH-H	평판식
O$\overline{\text{OO}}$-O	LHH-L	미고식
O$\overline{\text{O}}$O-O	LHL-L	중고식
$\overline{\text{O}}$OO-O	HLL-L	두고식

의 네 가지가 된다. 이렇게 보면 n음절(mora)의 명사는 n+1의 액선트형이 있다고 할 수 있다. 곧 1음절어는 2가지, 2음절어는 3가지, 3음절어는 4가지 식이다.

여기서 액센트형의 분류표를 보이면,

		1음절어	2음절어	3음절어
평판식	- 평판형	L-H	LH-H	LHH-H
기복식	- 두고형	H-L	HL-L	HLL-L
	중고형			LHL-L
	미고형		LH-L	LHH-L

평판식 말고는 조사 부분은 모두 L로 나타나 있다.

여기서 악센트의 종별이 모두 보이는 3 mora형을 예로 삼아서 여러 개의 표기방식으로 정리하면,

	평판형(平板型)	두고형(頭高型)	중고형(中高型)	미고형(尾高型)
1.	下中中	上中中	下上中	下上上
2.	下上上 (上)	上下下	下上下	下上上 (下)
3.	低高高 (高)	高低低	低高低	低高高 (低)
4.	○○○	○⌝○○	○○⌝○	○○○⌝ (⌝표시 대신 '를 쓰기도 함)
5.	○●● (●)	●○○	○●○	○●● (○)
6.	sa$\overline{\text{kura (ga)}}$	$\overline{\text{i}}$noci (ga)	ko$\overline{\text{ko}}$ro	$\overline{\text{otoko}}$ (ga)

1.은 악센트의 실지의 높낮이에 상중하(上中下)의 3단계가 있다고 본 것이다. Meizi(明治)시대에 있던 의견인데, 당시에는 옛적의 그러한 구별의 흔적이 있었던 것으로 보인다. 3단관(段觀)이라고 한다.

2.는 악센트의 높낮이에 상하(上下)의 2단의 구별로 본다. 2단관(段觀)이라고 한다.

3.은 의미 구별면에서 고(高)와 저(低)의 조소(調素)로 된 것으로 본 것이다. 2.나 3. 그리고 5.에서 ( )로 묶은 것은 명사로서는 같은 틀의 것이 조사의 첨가로 구별됨을 나타내고 있다.

4.는 악센트핵으로 나타낸 것이고 5.는 흑(高)과 백(低)으로 예전에 쓰이던 방식이다.

5.에서 흑백 표시에서 조사부분은 삼각의 흑백으로 표시하기도 한다.

○●▶ (飴が)　　●○▷ (雨が),

간혹 경도방언에서 쓰이는 ◐는 반고형(半高形)을 나타낸다.

6.은 5.의 흑(高)을 선을 그어서 나타내는 것인데 단어 표기 시에 많이 쓰인다.

2.4.5. 경도(京都) 악센트

1. 동경어와의 대비

참고로 동경 악센트와 정반대의 특징을 지닌 경도악센트를 대비하기로 한다. 경도 악센트는 옛 문헌의 악센트를 계승하고 있는 것이기에 제1종의 악센트로 불린다. 동경어 악센트는 제2종의 악센트라고 한다.

2음절어를 가지고 서로의 악센트 체계를 대비해보면,

	동경어	경도어			단어의 대비례		
1.	/o/		동경어	ka($\overline{\text{ga}}$) →	경도어	$\overline{\text{kaa}}$ (蛟, 血)	평판식
						$\overline{\text{hi}}$i (日, 名)	두고형
	/o⌝/			$\overline{\text{hi}}$(ga)		hi$\overline{\text{i}}$ (火, 菜)	미고형
2.	/oo/	/oo/	usi(牛)	hana(鼻)	kaki (柿)	ame(飴)	
3.	/oo⌝/	/o⌝o/	hana(花)	isi(石)	hasi(橋)	oto(音)	
4.	/o⌝o/	/⌜oo/	hasi(箸)	umi(海)	kasa(傘)		
5.		/⌜oo⌝/	aki(秋)	haru(春)	ame(雨)	mado(窓)	

1. 에서 경도어에는 악센트의 형식이 없다. 동경어의 장음화로 결국 2 mora 식이 된다.

2. 에서 동경어나 경도어는 같은 체계의 모양이지만 실지 악센트는 다르다.

동경어의 경우는 1음절어와 2음절어는 악센트가 다르기 때문에 LH로 나타나는데 경도어는 그러한 구별이 없기 때문에 HH다. 위에 예시한 어례들이 동경어 악센트냐 경도어 악센트냐에 따라서 악센트가 달라진다.

3. 에서는 동경어는 미고식인데 경도어는 두고식이다.

4. 에서는 동경어는 두고식인데 경도어는 동경어의 평판식과 같다.

경도어는 제1음절과 제2음절의 악센트가 같은 경우가 있어서 내림막 표시로 구별하고 있다. 어두 앞에 내림막 표시가 있으면 어두는 L로 시작되고 그 다음은 H가 있기까지 LL은 계속될 수 있다. 어두의 ˥은 어두에만 나타나고 어중의 ˥은 어중·어말에 나타난다.

5. 에서는 경도식의 것은 동경식의 미고형과 같다. LH-L

따라서 경도어에서는 어두에서부터 HHH와 같은 H의 연속이나 LLL와 같은 L의 연속도 있다. 따라서 어두 앞˥표시가 있으면 어두는 L로 시작하고 어중의 ˥표시(H)까지 LL가 계속되는 것을 알 수 있다.

동경어는 n음절의 악센트형은 n+1 곧 2음절이지만 3가지가 있는데 경도어는 다음처럼 5가지가 있다.

앞에서는 4가지만 나와 있지만 두 번째의 /o˥o/이 다음처럼 2류와 3류로 갈린다(역사적 유래가 다르다는 것).

그래서 5가지가 있는 것으로 하는데 공시적으로는 4가지인데 통시적으로는 5가지가 되는 것으로 이해하면 될 것이다.

상선 긋기로 예시하면,

	동경악센트	경도악센트
1.	$\text{ha}\overline{\text{na(ga)}}$ (鼻)	$\overline{\text{hana(ga)}}$
2.	$\text{ha}\overline{\text{si}}\text{(ga)}$ (橋)	$\overline{\text{ha}}\text{si(ga)}$ (본형)
3.	$\text{ha}\overline{\text{na}}\text{(ga)}$ (花)	$\overline{\text{ha}}\text{na(ga)}$ (변화형)
4.	$\overline{\text{ha}}\text{si(ga)}$ (箸)	$\text{ha}\overline{\text{si(ga)}}$
5.	$\overline{\text{a}}\text{me(ga)}$ (雨)	$\text{a}\overline{\text{me}}\text{(ga)}$

여기의 번호(1~5류)는 경도어의 5종류의 악센트의 분류를 기준한 것이고, 동경어는 2와 3, 그리고 4와 5는 동류이므로 3가지 구별밖에 없다.

대체적으로 동경어와 경도어의 악센트는 1.의 평판식 외에는 정반대로 되어 있다.

경도식에서 2, 3.은 동일형인데 따로 내세운 것은 3.이 원래 평판식에서 유래하였기 때문이다.

2. 특색

결국 경도식 악센트의 특징은 간단히 말해서 어두가 H/L의 어느 하나로 시작하느냐 그리고 HL이 있고 없는가에 있다.

1. 평판형은 어두로부터 H가 계속된다.
2. H로 시작하면 (高起式). 내림막이 있을 때까지 H는 계속된다.
   내림막의 유무의 구별이 있다.
3. L로 시작하면 (低起式). H가 있기까지 LL는 계속된다. H 다음에 내림막(핵)의 유무의 구별이 있다.
   어두가 L인 경우, 어두 앞의 선행 어말에 핵이 있는 것으로 해서 어두에 ˥ 표시한다.

2.4.6. 그 외의 여러 악센트

1. 고정 · 자유 · 무 악센트

일본의 지방 악센트에서는 곳에 따라 일률적으로 HH(H)로 되는 곳(福

島)(무 악센트와도 같다.)이 있는가 하면 일률적으로 미고식의 한 가지(宮崎県都城)로 혹은 HL의 두고의 한 가지로 되는 곳(釬尾)이 있다. 이 세 가지의 모두의 악센트형을 1형(形)악센트라고 하는데 이것은 고정 악센트의 예가 된다. 단어든 조사연결체든 미고 아니면 최후의 두 번째가 높은 두 가지가 있는 Kagosiam(鹿兒島)의 악센트도 고정식이다.

또 어떤 데서는 악센트의 핵을 어느 자리에 두어도 관계 없는 곳(石川県能登)이 있다. 이러한 악센트형을 애매악센트라고 하는데 이는 악센트의 틀은 있어도 그 틀을 자유롭게 움직일 수 있어 자유 악센트의 예가 될 것이다. 그 틀마저 무너지기 시작하면 무 악센트라고 할 수 있다. 무 악센트의 주변에 애매악센트가 존재한다(고정악센트와 자유악센트에 대해 전자는 1형(形)식의 경우, 후자는 다형(多形)식의 경우로 맞추어보기도 한다(城田, 1993:117-8)).

무 악센트의 예로 구마모토(熊本)나 센다이(仙台)방언이 있다. 같은 하나의 단어가 여러 가지 음조로 나타나서 악센트는 없다고 말한다.

2. 전체적인 악센트의 틀

지금까지 언급한 일본어의 악센트의 틀을 가지 수(고정악센트)로 총괄하면,

제1종(갑종) 다형(多形)악센트 4음절어의 예를 보아도 7가지가 있다.
(경도악센트)
HHHH
HLLL
LLLH
LHLL
LLHL
HHHL
HHLL

제2종(을종) 동경악센트(n mora+1형) 최대 네 가지
LHH(H) 평판형
HLL(L) 두고형

LHL(L) 중고형
LHH(L) 미고형

제3종 Kagosima 방언 최대 두 가지 2형 악센트
HL/LH(L) 끝에서 두 번째가 높은 것
LH/(LL(H)) 끝이 높은 것

제4종 1형 악센트 한 가지만.
Miyakonozyoo(都城)방언 LH/LL(H)
Hukusima(福島)방언 HH(H)
Hario(針尾)방언 HL(L)

3. 무(형)악센트의 유형(有形)화

동경에서 서남쪽으로 160마일이나 떨어진 hacizyoo(八丈)섬의 방언의 악센트는 일찍이 여러 가지 유형의 악센트가 혼재한 결과 애매악센트가 되고, 결국은 본토와는 고립된 환경이었기에 악센트의 형이 없는 무(형)악센트가 된 처지였다.

1960년대부터 매스컴의 보급과 항공편, 대형 선편을 이용한 관광객의 왕래에 의해 악센트가 공통어식으로 유형화되고 있다. 그러나 아직은 50대 이상에서는 유형화되고 있지 않다.

젊은 층에서 보이는 공통어와 유사한 일례를 보이면(平山, 1985:100~) (단 동일 패턴의 어례는 생략),

ki-ga (木)	isi-ga (石)	kemuri-ga (煙)	murasaki-ga (紫)
H L	LH L	L H H H	L H L L L
ci-ga (血)	kumo-ga(雲)	cubaki-ga(椿)	mainici-ga (毎日)
L H	H L L	H L L L	HLL L L

한 눈으로 보아 고기식과 저기식으로 나뉘어 있고 두고형, 미고형, 평판식, 중고형의 패턴이 형성되고 있음을 알 수 있다.

4. 파생절의 악센트

지금까지는 악센트 단위(악센트절)에서의 기본적인 단어+부속어의 기본절에 입각한 것인데, 이것이 구(句)나 문중에서의 실현에서 약간의 변화가 있게 되는데 이를 파생절(또는 준(準)악센트)이라고 한다(대사전, 1976:9).

기본절이 결합하여 전체가 악센트절처럼 한숨에 발음하게 되면 다음의 예처럼,

火が － 出た → 火が出た
H L　　H L　　H LⓁL

여기서의 L표시는 본래가 H가 뚜렷하지 않음을 나타낸 것이다.

山の 櫻
yamano sakura → yamanosakura
L HH　Ⓛ HH　　L H H HHH

この 子供
kono kodomo → konokodomo
LH　Ⓛ H H　　LH H H H

여기서의 L의 표시는 반대로 앞 뒤의 H의 영향으로 H가 되는 것이다. 그러나 다음의 예처럼 기본절과 파생절의 악센트가 변하지 않는 것도 있다.

ike (池)　　ikeno koi (鯉) → ikenokoi
LH　　　　LHH　HL　　　LH HH L

2.4.7. 외래어의 악센트

일본어 악센트의 핵은 mora순에 관계없이 단어마다 다른 위치에 나타나는데 일본어의 외래어는 mora의 순서에 따라 결정되는 특이성을 보여준다. 곧 외래어의 악센트는 어말에서부터 세 번째의 mora에 있다(滢菌 外, 1998:81).

1. ピアニ⌝スト
2. パト⌝カー
3. シャ⌝ンプ
4. サ⌝ッカ
5. スーパ⌝ーマン
6. デザ⌝イン

2.는 장음절이 1 mora이므로 3번째 자리, 3.은 뒤의 장음절을 고려하면 4번째 자리, 4.도 마찬가지로 4번째 자리, 5.도 장음절 앞이므로 4번째 자리, 6.도 장음절과 하강적 이중모음 앞이므로 4번째 자리다.

이러한 4번째 자리의 공통성은 세 번째 자리가 특수음소(혹은 하강적 반모음) 앞이라는 점이다.

이렇게 보면 뒤에서 3번째 mora에 핵이 있는 것이 원칙이지만 그 자리에 특수음소(촉음, 발음, 장음)와 하강적 이중모음이 있으면 악센트 핵이 직전의 mora에 이동하고 있는 셈이다. 이것을 악센트 핵의 이동이라고 한다.

이러한 현상의 원인은 결국 특수음소들은 바로 직전의 음소하고 일체감을 갖고 있기에 그런 것이 아닌가 생각하게 된다. 곧 음성적음절의 체제를 지탱(혹은 복원)하는 것이 아닌가 생각되는 것이다.

물론 영어는 음성적음절의 언어이므로 그러한 영향이 무의식적으로 작용하고 있는지 모른다.

이상의 점 등을 고려하여 일본어의 외래어의 악센트 규칙은 다음처럼 수정 제시된다.

일본어의 외래어의 악센트는 뒤로부터 헤아려서 세 번째의 mora를 포함하는 음절에 악센트 핵을 부여한다.(窪薗외, 1998:81)

여기서 mora는 그 수에 의해 핵의 기본적 위치를, 음절은 핵의 최종적 위치를 결정하고 있다. 이와 같이 일본어의 외래어의 악센트는 위치가 고정되고 있는 고정악센트인데, 고유어의 것은 상대적으로 위치가 자유스러운 자유악센트라고 할 수 있다. 위치가 자유스럽다 하더라도 그 나름대로 핵의 위치에 따른 갈레가 있으므로 자유악센트라고 하기보다 다형(多形)악센트라고 할 수 있다.

2.4.8. 다른 각도에서의 악센트의 고찰

앞에서 외래어의 악센트를 뒤로부터 헤아려서 몇 번째에 있다는 식으로 지정하였는데, 이러한 방식은 일본어의 활용어의 악센트의 위치의 지정에도 사용된다(斎藤, 1997:117~).

공통어의 2 mora 동사의 활용형(일부)

kau (買)	kawanai	kae'ba	kaima'su	kao'o
kiru (着)	kinai	kire'ba	kima'su	kiyo'o
ki'ru (切)	kinai	kire'ba	kima'su	kiyo'o
yo'mu (読)	yoma'nai	yome'ba	yomima'su	yomo'o

3 mora의 경우

agaru (上)	agaranai	agare'ba	agarima'su	agaro'o
kariru (借)	karinai	karire'ba	karima'su	kariyo'o
aru'ku (歩)	aruka'nai	aru'keba	arukima'su	aruko'o
tabe'ru (食)	tabe'nai	tabe'reba	tabema'su	tabeyo'o

4 mora의 경우

hataraku (働)	hatarakanai	hatarake'ba	hatarakima'su	hatarako'o
hazimeru (始)	hazimenai	hazimere'ba	hazimema'su	hazimeyo'o
tecuda'u (手伝)	tecudawa'nai	tecudae'ba	tecudaima'su	tecudao'o
sirabe'ru (調)	sirabe'nai	sirabe'reba	sirabema'su	sirabeyo'o

이상의 예를 보아서는 동사의 기본형(종지형/연체형)은 mora 수에 관계없이 핵이 있는 것과 핵이 없는 것의 두 가지가 있는데 핵이 있는 것은 뒤로부터 두 번째에 있다.

부정형의 nai 형도 핵이 없는 것과 뒤에서 세 번째에 있는 두 종류다.

가정형의 ba 형은 뒤에서 두 번째 자리가 아니면 세 번째 자리에 있다.

공손형 masu와 청유형의 o는 모두 뒤에서 두 번째 자리에 있다.

앞으로 헤아리는 것은 음절수의 변동에 의해 일정하지 않을 수 있으나 이렇게 뒤로 헤아리면 규칙적일 수 있다.

그래서 악센트의 표기법에 뒤로(-로 표시) 헤아리는 식도 있게 된다.

명사의 악센트형을 그렇게 숫자로 나타내면,

두고형	중고형		미고형	평판형
hu˺zisan	asa˺gao	aozo˺ra	imooto˺(ga)	tomodaci(ga)
(富士山)	(朝顔)	(青空)	(妹)	(友達)
−4	−3	−2	−1	0

여기의 −는 뒤에서 헤아려서의 뜻이다.

형용사의 예도 보이면,

기본형(종지형/연체형)의 2 mora의 경우,

na'i (無)	na'ku	na'kereba	na'katta
ko'i (濃)	ko'ku	ko'kereba	ko'katta

3 mora의 경우,

akai (赤)	akaku	aka'kereba	aka'katta
siro'i (白)	si'roku	si'rokereba	si'rokatta

4 mora의 경우,

kanasii (悲)	kanasiku	kanasi'kereba	kanasi'katta
tanosi'i (樂)	tanosi'ku	tanosi'kereba	tanosi'katta

2 mora의 경우는 한 가지 패턴뿐이다. 3 mora 이상은 기본적으로 −2형과 0형이지만 3 mora에서 핵의 이동이 보인다. 사람에 따라서 성분상의 쓰임에 따라서 다소의 변동이 있을 수 있다.

2.4.9. 자율분절음운론의 처지

1. 기본적 처지

끝으로 분절음과 악센트를 분리해서 2개의 층을 마련하고 2층의 관계를 연결선을 통하여 악센트의 곡조를 해명하는 자율분절음운론의 처지에서 일본어의 악센트를 설명하는 Haraguchi(1977:7~)와 Inoue(井上)외 (1999:172-)에서 동경어의 경우를 예를 들어서 보이기로 한다. 어느 것이나 다음에서처럼 분절음의 층(음운적 레벨)과 음조의 층(성조레벨)은 분리된다.

CV CV CV CV
L H L L (여기서의 음조는 임의로 나타낸 것)

이 두 층이 연결에 의하여 악센트(곡조)가 실현된다. 이 연결의 규약에는 보편적인 것과 특별한 것이 있다.

보편적인 것으로는,

1. 모든 모음은 적어도 하나의 성조와 연결된다.
2. 모든 성조는 적어도 하나의 모음과 연결된다.
3. 연결선은 교차해서는 안 된다.

이를 보편적성조연결규약(普遍的聲調連結規約, Universal Tone Association Conventions) (Haraguchi, 1977:55) 혹은 적형성 조건이라고 한다.

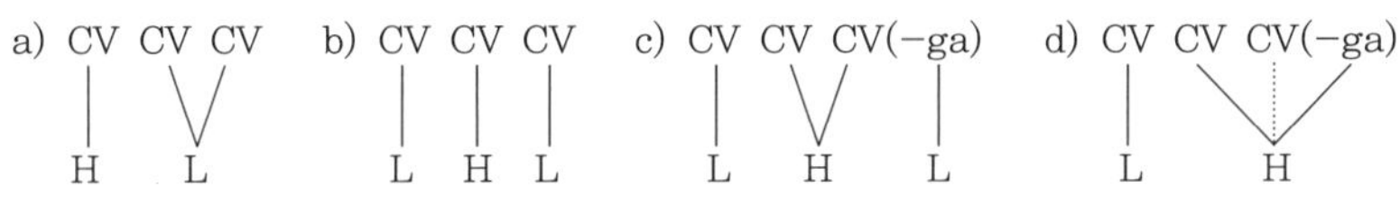

여기서 a)는 두고식, b)는 중고식, c)는 미고식, d)는 평판식이다.

여기의 H에는 [+H, -L], L에는 [-H, +L]의 복합적인 특징이 내포되고 있는데 경상도 방언에 보이는 M(-H, -L)의 단계가 없이 일본의 공통어처럼 H와 L의 단계밖에 없다면 [+H]면 [-L]고, [+L]면 [-H]이니 일일이 복합체를 표시하지 않는다.

음조를 감당하는 분절음은 모음(그리고 성절적인 비음)(모두 유성음이다.)이므로 연결선은 V에 연결된다. 단 Inoue(井上)에서는 악센트핵을 경계로 분절음연쇄를 음조영역으로 나누어 연결선은 그 영역에 연결시킨다.

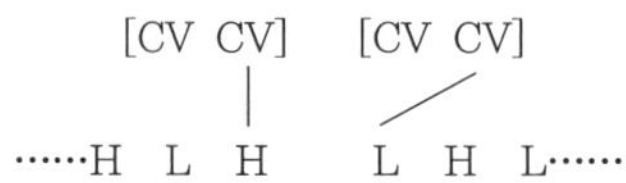

여기서는 1) 음조와 음조영역의 대응은 1대1이라야 하고, 2) 모든 음조영역은 어느 것의 음조와 결부되어야 한다는 규약이 적용된다(井上외 1999: 173).

보편적 성조연결규약에서의 연결 단위에서 분절음(모음)이 음조영역으로 바뀐 것이다.

2. Haraguchi의 분석

먼저 Haraguchi(1977)의 예를 보이면, 동경어에서의 기본적인 성조 곡조는 오직 하나의 HL이다. 이는 종전의 풀이대로라면 H에 악센트핵이 있고 H와 L 사이에 악센트의 내림막이 있는 정황이다.

동경어에서 악센트형이 모두 보이는 3음절어의 예를 들면 4류의 형이 보인다.

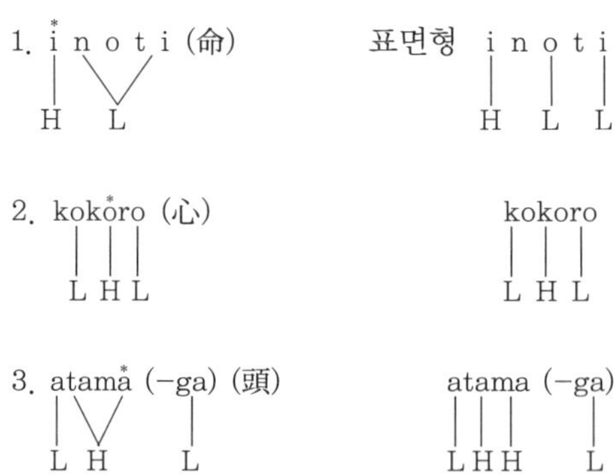

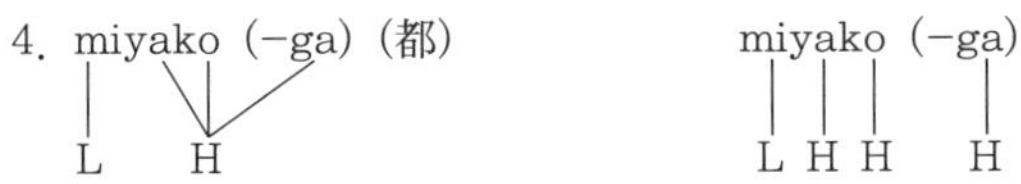

이러한 두 층의 연결에도 H(*표시)를 인지하는 전제에 서 있다. 어떻든 연결을 통해서 HL, LHL, LH와 같은 음조 멜로디(tone melody)를 그려낼 수 있다. 여기서의 H와 L을 tone(또는 toneme, 조소(調素))라고 한다.

동경어에서의 연결규칙에는,

1. 가장 왼쪽에 있는 V̊에 H가 연결되고(악센트어),
2. V̊가 없으면 가장 오른쪽에 있는 V에 H가 연결된다(비악센트어).

그리고 다음과 같은 변항 규약의 조건도 있다.

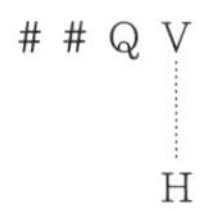

여기서 1) Q는 V̊가 없는 최대의 음운적 분절음의 연속체를 지칭하고,

2) ⋯⋯⋯ 점선은 규칙의 구조적 변화를 지시한다(p. 10).

아래에서 b)는 Q는 1, c)(e)도)는 2, d), f)는 악센트가 없는 평판식이다.

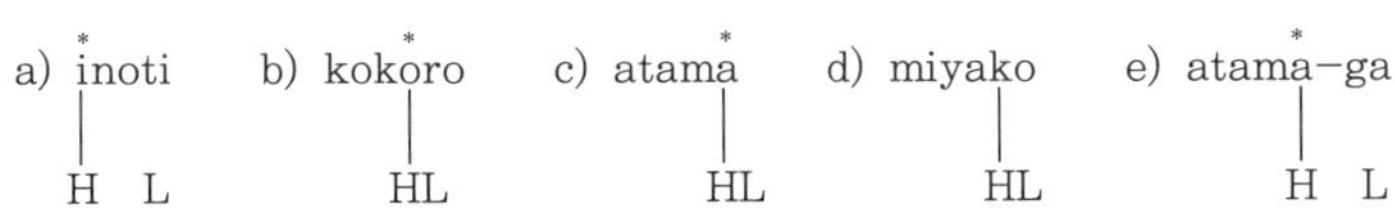

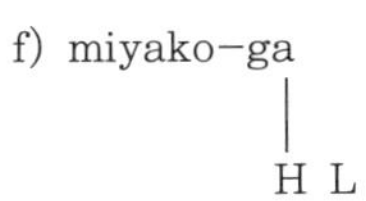

여기서의 L는 음조 단위와 연결되지 않는 자유음조다(연결된 것은 연결음조).

보편적 성조연결규칙에 의하면 성조(T)는 분절음과 연결되어야 하는데(반대로 분절음도 성조로 연결되어야 한다.), 위에서는 연결되지 않는 자유음조가 있다.

다음에 의해서,

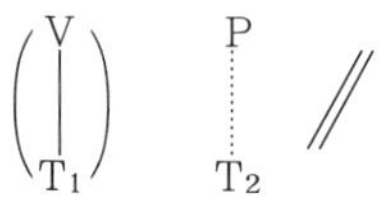

(p.11)

여기서 P는 자유음조 단위의 최대연속체를 가리키고, T_2는 자유음조다. //는 경상(鏡像)과정을 지시한다.

만일 한 영역이 결부된 V의 오른쪽(또는 왼쪽)에 V가 포함되어 있지 않거나 적어도 하나의 자유음조가 포함되어 있다면 그 자유음조는 결부된 음조단위와 연결되어야 한다.

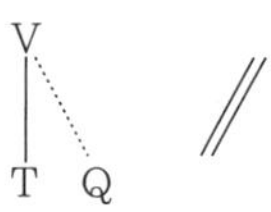

(p.11)

여기서 Q는 자유음조의 최대 연속체이다.

그리고 한 영역이 결부된 음조의 오른쪽(또는 왼쪽)에 적어도 하나의 V를 포함하고 있거나 자유음조가 없다면 결부된 음조는 나머지의 자유음조와 연결되어야 한다.

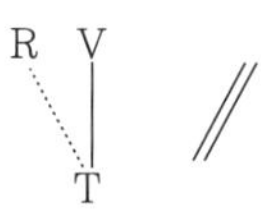

(p.12)

여기서 R는 자유음조단위의 최대연속체이다. ········ 점선은 구조적 변화과정을 가리킨다.

다음의 a)의 예들에서 자유음조는 b)처럼 연결된다.

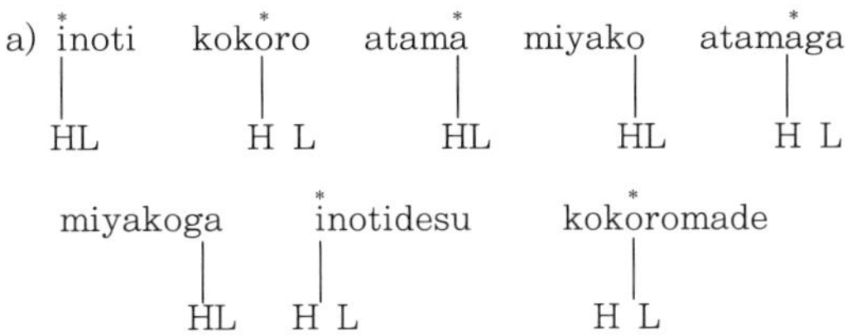

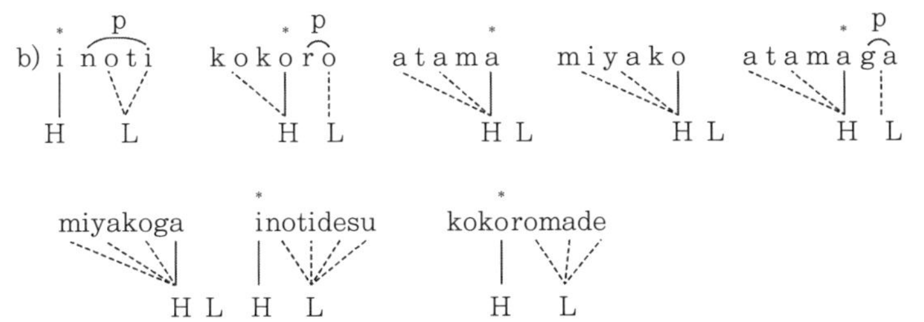

상례에서 miyakoga 만이 결부된 음조 단위의 오른쪽에 자유음조 단위가 남아있다. 이에는 연결규칙은 적용되지 않는다.

다음의 단순화규칙(simplification rule)에 의해 앞 예의 miyakoga의 H에 연결된 마지막 L이 제거된다.

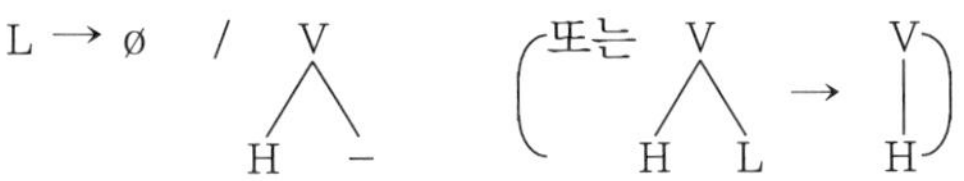

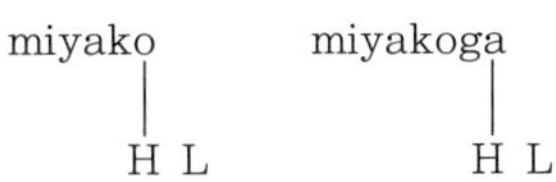

처럼 H가 최후의 a로 넘어간 것은 앞에서의 변항규칙(V가 없는 최대의 음운적 분절음의 연속체의 마지막 V에 H가 오는 것)에 의한다.

다음과 같은 경우는 교차선이 그려져 있어 위반되는 사례다.

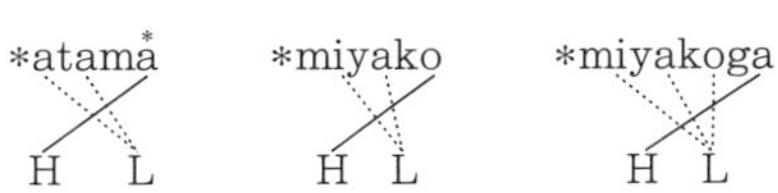

심지어 다음의 경우는 이미 H음조와 결부된 것이 L음조와 결부되어 있다.

그런데 kokoro, atama, miyako의 경우는 H가 앞에서 연속되고 있는 꼴이 되고 있다. 이는 동경어 악센트가 제1음절과 제2음절과는 악센트가 다르다는 원칙에 위배된다.

여기서 이런 경우에 최초모음 내리기규칙(initial lowering rule)에 의해 H음조의 연속에서 맨 앞의 H가 L로 바뀌도록 하고 있다.

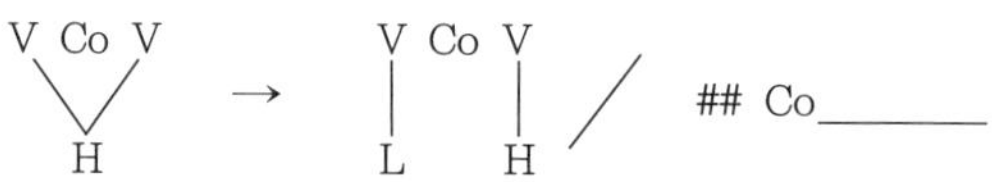

(p.17)

두자음이 없는 환경에서의 두모음은 원래 $\overset{*}{V}$가 아니면 L가 된다는 것이다. 두자음이 있는 음절모음도 마찬가지로 적용하게끔 된다.

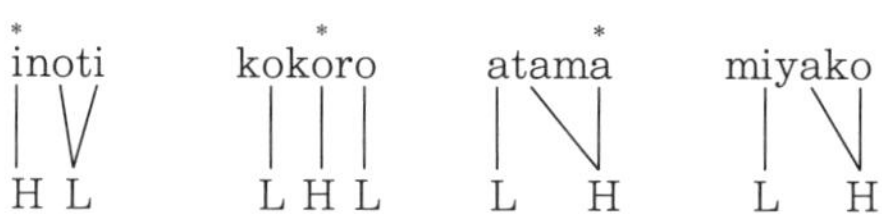

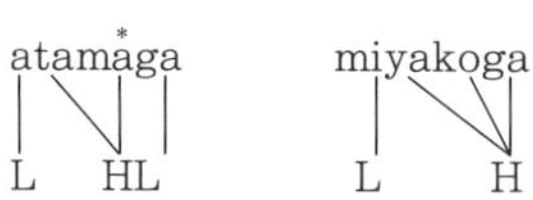

지금까지 언급해온 것을 정리하면, 동경어에서의 기본적인 성조곡조는 오직 하나의 HL이므로 이를 분절음층에 대응시키면,

a) 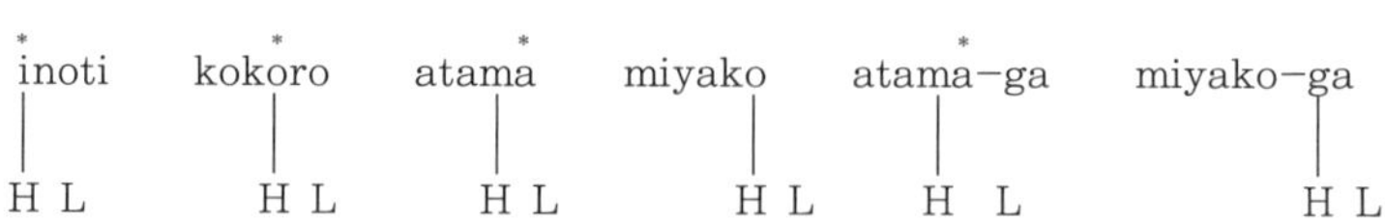

여기서의 연결성조와 자유성조가 몇 가지의 규약에 의해,

b)

로 생성되는 과정을 보인 것이다. a)와 b)를 대조해서,

atama (H L) miyako (H L) miyako-ga (H L) 에서 자유성조 L이 사라진 것은 단순화

규칙에 의한 것이고 kokor*o (H L) 가 kokor*o (H L) 에서 kokor*o (L H L) 로,

atama* (H) 에서 atama*로 (L H) 되듯이 두모음이 H에서 L로 된 것은 두모음내리기

규칙에 의한 것이다.

Haraguchi(1977:9)는 어휘부에서는 *inoti, koko*ro, atama*, miyako로 지정되어 있고, 그것이 음조층 곧 음조 멜로디와는 연결되어 있지 않는다고 하였다. Inoue(1999:171)도 어휘항목에 핵이 지정되어 있는 것으로 보고 있다.

필자는 악센트는 본유적이라기보다 경험적인 것으로 보아 어휘부에서는 지정되어 있지 않다고 보고 싶다. 지방에 따라 생활환경의 변화와 성장연령에 따라 가변적인 면이 많기 때문이다.

악센트도 예컨대 명사로서도 음절수(파생, 복합)에 따라 다르게 되고, 조사와의 결합관계는 관점에 따라서는, 통사부(조사구, 동사구)의 층위로 볼 수 있어서 악센트의 형성에는 통사부도 관여하고 있다고 볼 수 있다.

그렇다면 변수도 있기 마련이다. 악센트층과 분절음층을 구별하는 것이 악센트가 어휘항목에 직접 지시되어 있다고 보기보다 어휘항목이 통사체로서 통사부에 입력된 후의 연산과정 중에 음운 변동을 겪는 면을 고려하여 분절음층과의 대응에 융통성을 주는 것이라면 더욱 그렇다.

다만 악센트의 곡조가 고(H) 혹은 핵(HL)의 정보를 중심으로 이루어진다고 보면 그만큼 악센트 획득이 수월한 점에서 음운부에서 이른 과정 중에 관여하여 지정되어지는 것으로 볼 수도 있다.

3. Inoue외의 분석

Inoue(井上)외(1999:172-3)에서는 분절음층의 연쇄에는 몇 가지의 음조영역(pitch domain)이 있는데 그 경계는 악센트핵이라고 하였다.

악센트핵이 하나면 두 개의 음조영역이 있고(a), 없으면 하나의 음조영역이다(b).

```
(a) 분절음층 [○○○]    [○○○]
                 ＼     /
음조층………… H  L  H  L  H…………

(b) 분절음층 [○○○○○○]
                 |
        ………… H L H L H…………
```

공통어에서의 pitch의 제약으로,
(1) 무표의 음조는 고음조(H)이다.
(2) 동일 음운어 내에서 한 번 내린 pitch는 다시 상승하지 않는다.

여기서 음운어(phonological word)는 고저악센트 현상의 작용역(作用域)으로 명사의 경우 단독의, 혹은 조사와 결합한 명사(+조사)의 범위다. 이런 점에서 일본어 악센트는 단어 악센트다.

그리고 분절음층과 음조층의 연결 원리는,

(1) 음조와 음조영역의 대응은 1대1이다.
(2) 모든 음조영역은 어느 하나의 음조와 결합되어야 한다.

이러한 제약이나 원리에 따라 (a)에는 나뉘어진 두 음조 영역이 각각 HL에 연결되어 있고, (b)에서는 하나의 음조영역이 무표의 H에 연결되어 있다.

또 계층 간 대응에 관해서 음조는 필요하지 않는 한, 분절음과 결부하지 않는다. 경제성의 원칙에 의해서 음조영역 내에 있는 각 분절음과의 연결선이 없다. 앞서의 Haraguchi의 것과는 다른 면모를 보여준다.

일본어의 경우, HL 중에서 H가 무표, L가 유표로 생각할 수 있는 것은 H에서 L로 되는 고비가 악센트핵이 되는 것이라든지, 첫 번째 mora에 L가 주어지면 그 다음은 H가 계속되는 것(평판식) 그리고 경도(京都)어 악센트에 첫 번째 mora가 L가 되면 그 앞에 HL의 핵이 있는 것을 전제한다는 점 등에서 미루어 볼 수 있다.

그리고 L가 나타나는 자리에 따라,

첫 번째 자리	평판식
두 번째 자리	두고식
중간 자리	중고식
끝 자리	미고식

과 같이 악센트 형이 갈리는 것을 보아도 L가 유표적이라 할 수 있다.

Inoue(井上외, 1999:174)에서의 hamaguri(蛤, 대합조개)의 음조층과의 연결은,

```
   [hama] [guri]
     |     /
HL H L    HL
```

여기에 초단(初端)음조영역분할규칙이 적용되면,

```
 [ha] [ma] [guri]
   |    |   /
H  L    H L H L      (중고형)
```

결과적으로 LHL의 중고형 음조가 된다.

여기서 초단음조영역분할규칙이란 [hama]의 음조영역을 [ha] [ma]와 같
L H

이 분할한다는 것인데 결국 초단(初端)의 음조영역의 최초의 n mora(최대)를 다른 음조영역으로 재편성하는 것을 이른다.

이 때의 n 값이 악센트형을 가르는 parameter가 된다고 보고 있다. 곧 n이 0이면 분할하지 않으나 공통어는 n=1의 형이어서 앞에서처럼 [hama]가 [ha][ma]로 분할된 것이고, 그 분할된 [ha]에게는 원래의 음조영역의 H와 다른 L로 연결되는 것이다.

다음의 두 음조영역에서 어두 mora에 악센트핵이 있는 경우는 초단음조영역분할규칙은 적용되지 아니한다.

[ka] [makiri] (곤충명)

……… HL H L HL ……… (두고형)

맨 끝의 mora에 악센트핵이 있는 경우는,

[ro] [kugacu] (6月)

……… H L H L H L ………

표면적으로 이와 동일한 음조형을 보여주는 무악센트의 경우를 보게 되면,

[ka] [maboko] (蒲, 생선묵)

……… H L H L H L ………

이 두 형의 구별은 말미에 조사를 붙여보면 다르다는 것을 알게 된다. 최종 mora에 악센트핵이 있으면 L가 따른다.

[ro] [kugacu] [ga]

……… H L H L H L……… (미고식)

무악센트는 동일음조가 이어진다.

[ka] [mabokoga]

……… H L H L H L……… (평판식)

n=1의 매개변항(parameter)을 지닌 동경어의 악센트의 형상을 다음과 같이 나타내었을 때,

a) 악센트어 L・H……H・L……L

b) 무악센트어 L・H……H (여기서의 무악센트어는 평판식)

・은 음조영역의 경계, …… 동일음조의 연속이다. a)의 악센트어에서 원래, 음조영역에 연결된 악센트층은 H(H……H), L(L……L)이었는데 앞의 음조영역의 H(H……H)에서 최초의 H가 L로 바뀌어 L・H로 재편된다는 것이다.

H=0의 경판식(京板式)악센트는 0값 그대로 앞의 음조영역에서 분할이 일어나지 않는다. 예컨대 yamamici(山道)는 음조영역이 [yama] [mici]의

HL HL H L

두 영역으로 갈리고 그렇게 되면 초단음조분할규칙에 의해 최초의 H영역을 분할해야 하는데, n=1이면 그 첫 번째 것의 L・H로 재편되지만 n=0의 평판식에서는 분할되지 않고 그대로 H영역으로 남는다.

n=2의 방언으로 Nagoya 방언을 예시하고 있다. 다음과 같은 그 형상을 보건대,

악센트어 LL・H……H・L……L

무악센트어 LL・H……H

앞의 H음조영역에서의 처음의 2 mora가 다른 음조 L로 바뀌고 LL・H

로 재편되고 있음을 보여주고 있다.

이렇게 해서 악센트는 보편적인 규약과 언어와 방언에 따른 개별적인 규약의 협력하에 나름대로의 음조곡조를 생성해가는데 그 과정을 그려내는 방도의 일면들을 살펴보았다.

이상에서 일본인 학자 두 분의 자기네 언어의 악센트에 관한 자율분절음운론적인 내성(内省)의 면모를 간략하게 보았는데 악센트를 생성하는 사람의 머리와 마음의 메카니즘을 해명하려는 노력의 일단으로 잘 음미할 필요가 있다고 생각한다. 심적(心的)작용의 해명과도 직결되는 것이다.

덧붙여서 악센트의 실현은 언어 생성의 어느 국면 내지 레벨에서 실현되는가에 대해 다시 언급하면, Inoue(井上)외(1999:171)에서 예컨대 명사의 기저음운표시에 악센트 핵의 유무와 그것이 어느 mora에 딸려 있는가의 정보가 포함되어 있어야 한다고 한다. 곧 이 정보는 어휘항목에 관한 고유적으로 지정되어 있다고 보는 것이다.

어휘항목이 음운자질의 집합체이고 그리고 그러한 음운자질은 보편적인 것이라면 개별언어에서 더욱이 각 지방마다 다른 이러한 악센트에 관한 정보가 지정되어 있다는데 대해서 의문시되기도 한다.

방언 혹은 공통어 사용자에게 생득적으로 지정된 것인지 아닌지는 쉽게 분간되는 일은 아니다. 후천적으로 성장단계에서 지정될 수 있기도 하고 변동이 있을 수도 있기도 하다. 변이성이 많을 수 있는 요소가 어휘부에 점유하고 있다는 것도 보편성을 결할 수 있다.

앞에서 악센트에 기본절과 파생절이 있음을 보았는데 명사+조사의 구조는 언어생성기제에서의 VP의 국면이고 파생절은 vP의 국면이라고 본다면 애초의 어휘항목에 지정되어 있다가도 통사적 파생과정에 음운부가 관여하여 변동을 일으키며 음운해석부문(PP)에서 통사부의 정보를 이용하여 최종적으로 지정되는 것으로 볼 수 있다.

음의 억양, 탁립의 문제도 이 레벨의 것으로 보인다.

2.4.10. 연접 · 억양 · 탁립

1. 연접(連接, juncture)

초분절음소에서 악센트 외에 음절연속체인 단어 · 구의 앞뒤에 끊김을 표시하는 연접의 단위가 있다. 단어의 앞뒤에는 +(+otoko+ '男'), 문절의 앞뒤에는 #(+의 이중)(#otoko+ wa#), 문의 앞뒤에는 ##(##otoko+ga#iru##). 이러한 분절음소의 연속에서의 이행(移行)방식을 연접이라고 한다.

kakutokigasumu 의 연속체는 형태적 구획에서
#kaku+toki+ga#　　書く時が
##kaku+to#ki+ga#sumu##　　書くと気が済む

처럼 연접이 어데 있느냐에 따라 의미가 달라진다. 그래서 개방연접(+)(open juncture)을 음소의 하나로 보기도 한다. +의 개방연접에 대해 중간에 그러한 연접 곧 휴지(休止)가 없는 것을 긴밀(緊密)연접(close juncture)이라고 한다. kaku, toki와 같은 것이다.

이렇게 음절이 긴밀하게 형태소를 이룬다든지 형태소가 개방되는 경계를 명시하는 일들에 형태통사론이 관여하고 있다고 볼 수 있다. 통사적 층위에서 긴밀성과 개방성이 나타나기 마련이기 때문이다. 주로 긴밀연접의 경우는 어휘부에서 작동하는 일이고 개방연접의 일은 통사부에서 작동한다고 볼 수 있다.

2. 억양 · 탁립

음의 억양(抑揚, intonation)이나 탁립(卓立, prominence)(또는 탁립강조)은 문절의 인접 시에 일어나는 현상이다. 문미(文尾)혹은 1문절에도 보이기는 하지만 선행문절과의 상호작용(서술관계)을 무시할 수 없는 일이다.

앞에서 단어의 악센트는 단어(형태소)만의 내부연접의 일이다. 기본절 말고도 파생절의 경우도 구(句) 사이의 내부연접화로 일어나는 현상이었다.

이러한 내부연접에 대해 문미 혹은 문절의 말미에 나타나는 것은 말미

(末尾)연접이라고 한다.

일정한 언어적 의미와 결합한 소리의 고저의 상(相)(phase of pitch)에는 대개 기본적으로 두 가지를 생각할 수 있다. 단어 악센트의 고저의 상이고 다른 하나는 문말에서의 진술이나 화용(話用)에서 오는 고저의 상 곧 억양이다.

억양은 말미연접에서의 소리의 내림, 올림, 평탄의 세 가지로 대별할 수 있다. 내림에는 ↓, 올림(상승조)에는 ↑, 평탄(평탄조)에는 ｜로 나타낸다. ↑는 의문을, ↓는 명령이나 서술을, ｜는 강세 혹은 말의 이어감을 뜻한다.

동일한 분절음과 동일한 개방연접으로 되어 있는 표현이 음의 고저의 상에 따라 의미의 분화를 가져오므로 이러한 억양 역시 음운적 기능을 수행한다고 보는 것이다. 이러한 음의 실현은 통사적 구조의 실현과도 연계된다. 바꿔 말해서 통사적 정보가 수반한다. 곧 통사적 연산의 마지막 단계인 문말핵 레벨에서 일어나는 음운현상이 된다. 이 경우는 통사구조와 음운구조와 운율(구조)과는 어느 정도 대응이 되지만, 예컨대 초점, 의문사의 사용, 탁립과도 같이 정보구조가 관련되면 억양의 운율이 다르게 나타난다. 다음은,

a) 문말에 종조사 'の'가 쓰인 경우,

今 買物に出かけるの	↑	(의문)	지금 물건 사러 외출해?
今 ______________	↓	(명령·서술)	지금 물건 사러 외출해.
今 ______________	｜	(강세·이어감)	지금 물건 사러 외출해(/해서)

b) 형식명사 ため(爲)가 붙은 경우,

勉強のため	↑	(의문)	공부 때문에?
________	↓	(서술)	공부 때문에.
________	｜	(강세·이어감)	공부 때문에(/ ,)

a)에서 'なぜ'(왜) 'だれと'(누구와)와 같은 의문사가 쓰인다든지, 어디에다 초점을 맞추면 운율이 달라지기 마련이다.

b)에서도 'なんの'(어떤), 'だれの'(누구의)와 같은 말이 부가되면 같은 현상이 있을 수 있다.

이 밖에도 화자에 따라 의도와 심리상태에 따라서 문중의 어느 문절을 특히 내세우느냐에 따라 탁립(탁립강조)에 의한 의미구별이 있다.

1. 明日 友達と 韓国に 行きます. 내일 친구와 한국에 갑니다.
2. 明日 友達と 韓国に 行きます. 내일 친구와 한국에 갑니다.
3. 明日 友達と 韓国に 行きます. 내일 친구와 한국에 갑니다.
4. 明日 友達と 韓国に 行きます. 내일 친구와 한국에 갑니다.

1. 은 날짜가, 2.는 동행자, 3.은 목적지, 4.는 행위 내용을 특히 내세운 것이다. 탁립강조 부분 이외는 생략해도 상대방이 이해한다. 왜냐하면, 생략부분은 상대방의 관심사항(언제, 누구와, 어디로, 행위내용)에 부수적으로 이미 표출된 바 있기 때문이다.

제3장 음운사(音韻史)

3.1. 음운사의 연구

3.1.1. 음운사 연구의 뜻

현대의 음운체계가 이루어지기까지 과거에 어떤 체계가 어떤 음운변천을 겪어왔는지 거슬러 올라가서 그 발자취를 더듬어 볼 필요가 있다. 일본의 문헌으로 거슬러 올라갈 수 있는 것으로는 단편적으로는 6세기 말로부터 7세기 초에 걸치는 금석(金石)문자 곧 추고조유문(推古朝遺文)이 있고, 체계적으로는 8세기의 최초의 사서(史書)인 일본서기(日本書紀), 고사기(古事記)와 최초의 가요집인 만엽집(萬葉集)에서 추출되는 어휘와 가사의 표기문자가 있어서 그 분석을 통해서 얻을 수 있다.

일본자료가 아닌 중국자료로는 서기 3세기의 중국문헌 곧 진(晋)나라의 진수(陳壽)가 편찬한 위지동이전(魏志東夷傳)의 왜인조(倭人條)에 중국사신이 일본의 규우슈우(九州)지방을 다녀가면서 당시 일본인의 인명, 관명, 국명을 기록한 것이 있어서 그 분석을 통해서 단편적이나마 당시의 음운의 편린을 엿볼 수 있다. 그렇다면 원시 일본어의 음운 기술의 귀중한 단서가 된다. 또 후술하겠지만 음운사의 연구에서는 당시 혹은 그 이전의 것으로 추정되는 인근 언어 내지는 동계 언어로 추정되는 언어의 음운과의 비교를 통하여 보다 그 이전의 모습도 가늠할 수 있다.

이로부터 그 이후의 시대별 면모를 간추리면, 음운사의 줄기를 잡을 수 있다.

1. 동계로 추정되는 언어와의 비교를 통하여 서기 전 이전의 모습을 헤아

려보는 것.

2. 3세기의 위지동이전 왜인조의 중국의 표기자료를 통하여 3세기의 원시 일본어의 음운을 헤아려보는 것.

이 1., 2.는 원시어 시대에 상당한다. 비교언어학적인 연구가 필요한 시기이다.

3, 6세기 말~7세기 초의 일본의 금석문자의 분석을 통하여 당시의 음운을 헤아리는 것.

4. 8세기의 당시의 사서(일본서기, 고사기)와 가요집(만엽집)에 실린 자료의 분석을 통하여 헤아리는 것.

이 3., 4.는 고대시대에 상당한다. 앞의 2.와 더불어 중국한자음 내지 일본한자음의 연구가 절대적으로 필요하다.

5. 9세기 초에서 11세기의 Heian(平安)시대에 들어와서 kana(假名)문자의 출현으로 구체적으로 음운의 실상을 파악할 수 있게 된다. 9~11세기는 중고(中古)시대가 된다. 최고(最古)의 50음도(音圖)가 출현한다.

6. 11세기 말에서 16세기에 이르는 중세(中世)시대는 많은 일본어 자료가 출현한다. 거기에는 어휘적인 것과 악센트 등의 음운적인 것이 있다. 어휘적인 것도 어휘에 쓰인 한자나 kana의 표기에서 음운면을 알아볼 수 있다.

그 대표적인 자료는 Heian 말기의 유취명의초(類聚名義抄)를 들 수 있다. 편자 및 성립연대는 미상이나 그것의 관지원본(觀智院本)은 Insei(院政) 말년(약 14세기 중엽에서 말기 사이)의 학승(學僧)의 손으로 된 것으로 보기도 한다. 한자에 대해 발음은 반절(反切)과 동음자(同音字)가 있고, 그 의미는 katakana(片假名)로 씌어 있는데 katakana에 성조(聲調)의 부호까지 달아있어 한자음, 일본어 어휘, 성조를 알 수 있어 중고 말에서 중세에 걸치는 음운연구에 좋은 자료다. 승 円仁이 당에 가서 범어의 음을 배워 범어의 문자의 음가를 기록한 재당기(在唐記)는 범어(산스크리트어)를 통한 일본어의 발음을 알 수 있는 자료이다.

7. 17세기 초부터 시작되는 근세의 Edo(江戸)시대에는 외국의 선교사에 의한 크리스천 자료들이 출현한다. 로마자에 의한 일본어의 표기이기에 이전의 자료보다는 확실하게 일본어의 글자의 음가를 추정하게 해준다. 중세와 근세의 경계 연간에 출현한 로드리게스(Rodriguez) 일본대문전(日本大文典) 등을 예로 들 수 있다. 한글로 일본어의 발음을 단 한국자료(捷解新語), 한자로 일본어를 전사한 중국자료(鶴林玉露 등) 등 표음자료도 나왔다.

앞에서 5.는 중고어 시기, 6.은 중세어 시기, 7.은 근세어 시기이다. 이 시기에는 한자음이 침투하여 한자음의 표기 예 그리고 일본문자에 의한 악센트, 방언 등의 기록들이 나오게 된다. 7.의 시대는 Tokugawa(德川) 막부(幕府)에 의한 Edo(江戸, 동경) 중심시대로 일상어는 일본의 동국(東國) 방언을 기본으로 성립하였으나, 일본의 정치문화의 중심지가 되므로 공통어로서 형성되어 전국에 보급하게 된다. 차차 방언적인 요소는 순화되고 음운 면에서는 현재의 것에 가까워진다.

이상과 같이 구획되는 시기별의 고찰을 통하여 일본어 음운의 변천과정과 그 중에 나타나는 일본어 음운의 특색을 알아볼 수 있다.

이러한 연구가 일본어학에서 차지하는 위치를 요약적으로 정리한다면,

1. 일본어학의 역사적 연구이며,
2. 그것은 일본어의 생성, 변천, 소멸 등의 실상을 시대별로 체계화하고 (기술적 연구) 그것을 기반으로 해서 시대간의 연관을 꾀하는(통시적 연구) 종합적 연구의 성격을 지니는 일본어사이고,
3. 일본어사 가운데서도 특히 음운면의 생성, 변천, 소멸을 다루는 음운사이다.
4. 결국 음운사의 연구는 현대 일본어의 음운이 있게 된 과거의 발자취를 더듬고 앞으로의 일본어 음운이 있게 될 방향이나 모습을 헤아려 보는 것이라고 할 수 있다.

3.1.2. 음운사 연구의 중요성

음운사의 연구의 중요성을 대개 다음과 같이 요약할 수 있다.

1. 현대의 일본어의 음운 현상에는 여러 가지 변칙성과 특수성이 눈에 띈다. 그러한 현상은 현대에 야기된 것도 있겠으나 대개 역사적인 발전과정에 생겨난 것들이다. 따라서 음운사를 연구한다는 것은 그러한 변칙성이나 특수성의 유래를 설명하는 데 도움이 된다.

예를 들면 일본의 전통적이며 전형적인 음절표인 50음도에 나타나는 ta행, da행, za행의 변이성이다. 소위 yottsu(四つ)kana(di, du, zi, zu)와 ta행의 'ti, tu'의 발음의 변이성이다. 언제부터 무슨 사유로 그러한 사연이 생겨났는지 거슬러 볼 필요가 있다.

또한 음성적으로 짝을 이룰 수 없는 자음 h : b의 음운적 대립(소위 淸濁)의 문제라든지 어째서 예전에 ha행의 5단 동사가 왜 없는 것인지, wa행의 특이성(a段에만 존재) 바꿔 말해서 일본어의 u어미 5단 동사가 미현형에서 wa가 되는 것인지 많은 수수께끼가 널려 있다. 복합어 형성에서의 모음교체 현상이나 유성화(ame–amagasa, ki(木)–kokage(木陰))도 그 한 예로 들 수 있다.

2. 이상의 예와 같은 음운현상의 특이성은 현대에 들어와서 갑자기 생겨났다기보다는 긴 역사의 음운변천과정에서 생겨난 것이므로 우리는 원래의 일본어의 음운의 실상과 통시적인 변화과정을 구명하는 것이 중요하다 하겠다.

또는 일본어 음운의 본래의 모습이 구명됨으로써 상관성이 있는 동계 언어와의 비교연구나 계통적 연구가 가능하게 된다. 일본어는 여러 작은, 큰 섬으로 이루어진 나라의 언어이지만 절대로 고립된 언어는 아니며 인간 교통이 태고적부터 대륙과 반도를 거쳐 해양의 섬을 거쳐 이루어져온 만큼 우리가 모르는 언어층이 몇 겹이나 형성되면서 오늘의 일본어가 형성된 것은 명확한 일이다. 그것들을 해명하는 기반작업으로 비교와 계통연구의 기초인 고대의 음운체계나 모음조화, 음운대응규칙의 구명도 필요하게 된다.

3. 음운사 연구에서 나타나는 음운 변화의 과정이나 거기에 도사리고 있는 어떤 규칙성, 경향의 파악으로 앞으로의 일본어의 음운변화를 내다볼 수도 있다. 한 예로 일본어의 모음 체계가 고대로부터 여러 단계를 거쳐 변화해온 것을 알아냈을 때 종착적인 정연한 5모음체계에서 더 간략한 체계가 이루어질 수 없음을 예측할 수 있고 오히려 모음의 보다 나은 변별력을 기능하기 위해 과거의 6모음 내기 7모음체계로 회귀할 수 있는 가능성도 점쳐볼 수 있다. 그 제일의 후보음은 필자로서는 o_1/o_2의 분화를 들 수 있다. 현재의 일본어도 순수한 [o]음이 아니며 옛 ə나 ɔ유의 흔적이 가끔 드러나고 있다. 외국어 학습에서의 [o]의 중요성은 이루 말할 것 없고 [ə]와의 분명한 구별이 필요한 일로 생각된다.

제2의 후보로는 ɯ/u의 대립을 들 수 있다. 현재의 일본어의 /u/음은 /ɯ/와 /u/ 사이에 있다. 단 공시적인 중설화 현상으로 /u/가 /ü/로 실현되기도 한다. 앞으로의 일본어의 용도 곧 일본어의 세계화, 문자의 국제화 그리고 실용화(외국어 습득)를 위해서도 언젠가는 실현될 수 있는 일이다. (그러나 ɯ/u의 변별은 o/ə의 변별만큼은 못할 것으로 예측된다.) 여기에는 신문자의 제정이 따르게 되어 표기법상의 일대 변혁이 일어나므로 비록 그러한 실현이 어렵다고 생각되지만 그와 같은 변별적인 소리의 인식만은 자기 언어의 성찰에 조금이라도 도움이 될 것으로 보인다.

3.1.3. 음운사 연구의 방법

음운사 연구의 일반적인 방법으로, 적절한 문헌을 찾고 그 이용도를 가늠하는 문헌적 방법, 문헌에서 찾아낸 이용 부분을 철저히 분석하는 분석적 방법, 그리고 한정된 부분만의 분석에서 미진하거나 얻지 못한 것을 방언 혹은 동계어와의 비교 등으로 보강하는 비교적 방법 등을 들 수 있다.

1. 문헌적 방법

먼저 이용될 수 있는 문헌의 시대성과 표음적 기록의 자료를 확인할 일이다. 문헌의 시대성이 명확하고 이용도가 확인되면 음운의 역사성을 매길 수 있다. 그러나 그 문헌은 거의 중앙적인 것이기에 그 시대성은 중앙어의 역사에 그칠 수 있고 수도의 천도가 있게 되면 음운의 변동이 있게 되어 음운 발달의 정상적인 경로를 포착하기 어렵게 되는 점이 있음을 유의할 필요가 있다.

이것은 하나의 가정이지만 만일에 고대에 일본의 중앙지가 Nara에서 Kyoto쪽으로 옮기지 않았으면 Nara시대의 모음체계(i단, e단, o단의 2류의 구별)가 Heian 시대에 들어서서 갑자기 변하지 않을 수 있고 하다못해 어느 한 단의 구별이라도 유지되었는지도 모를 일이다. Kyoto지방은 이미 다른 음운체계가 독자적으로 형성되었던 곳일 수도 있다.

어떻든, 8세기로 추정되는 Nara시대의 여러 자료(고사기, 만엽집, 일본서기)에서 다음과 같은 한자로 기록된 표음(表音)적 어휘를 추출할 수 있어서 그 시대성과 가치성을 가늠할 수 있다.

波那 (記仁德) '花'　여기서 記는 古事記 그리고 왕대
波奈 (萬 3798) '花'　여기서 萬은 萬葉集 숫자는 歌番
婆那 (孝德紀) '花'　여기서 紀는 日本書紀 그리고 왕대 (이하에서도 마찬가지)

이러한 표음적 기록 외에도 문헌 중에 보이는 음가 기술 부분을 이용할 수 있다.

2. 분석적 방법

앞서의 문헌적 방법에 의해서 표음적 기록어휘가 추출이 되면 이들에 쓰인 용자(用字)의 음가추정이 따르게 된다. 고대의 경우는 표기 용자가 한자이기 때문에 한자음의 분석이 필요하다. 중국 한자음도 상고음-중고음의 시대적 변천이 있기 때문에 시대별의 가름이 필요하다.

앞서의 어례는 중고한자음으로 추정하는 것이 보통이다. 여기에는 한자음을 성모(聲母)와 운모(韻母)로 분류한 운경(韻鏡)을 이용하든지 중국운서(切韻)의 반절을 이용하든지 한다. 앞 예의 波는 순음, 전청(全淸〈淸音〉)의 p, 婆는 순음 전탁(全濁〈濁音〉)의 b(단 일본서기에서는 청음 p로 읽고 있다.)임을 알 수 있게 된다. 波의 반절이 博禾切(운경 28轉)(pua)로 음가가 추정된다.(모음이 u음을 끼고 있으나 두자음의 순음성 때문으로 보인다.)

중세 한국한자음을 기록에 남긴 훈몽자회, 천자문의 음도 참고가 되는데 여기에는 '파'로 기록되어 있다. 고대 한국어에는 유기음이 없었다고 가정되므로 원래는 *바(pa)음이었다고 보면 같은 발음이었다고 추정된다.

시대가 내려가서 1492년의 iroha(伊呂波)에 표기된 일본문자와 한글문자의 대응을 보면 い(이), ろ(로), は(봐)…가 보인다. 이를 보아 현대의 'は' 발음은 ha지만 iroha 당시에는 Φa 음에 가까웠던 것을 알 수 있다. 간단히 말해서 p〉Φ〉h의 과정을 보여주는 것이다.

1604년의 로드리게스 일본대문전에도 ha행은 Fa, Fi, Fu, Fe, Fo로 기술되어 있어서 이를 뒷받침하고 있다.

이와 같이 한자나 한글 혹은 로마자로 기록된 문헌의 분석을 통하여 일본어의 음운에 대한 정보를 얻을 수 있다.

3. 비교적 방법

비교적 방법으로 동계의 방언 혹은 언어와의 비교를 통하여 또는 그러한 자료의 결핍 시에는 내적으로 재구하는 것이 있고 시대별로 비교하는 것 등이 있다.

외적인 비교 예로는 방언에서 일본의 Yaeyama(八重山) 방언에 '花'의 음형으로 pana가 있어서 지금의 hana가 예전에 pana였음을 미루어 볼 수 있다.

내적재건으로는 현대어의 복합어 형성 시에 후항의 hana가 bana(kusabana, 草花(화초))가 되는 변칙성에 주목하여 청탁 대립이 없는 시기에는 pana-pana의 관계였는데 청탁대립의 시기가 되면서 pana-bana의 관계가 되었고 그것이 지금에도 그 습관이 남아서 p가 h로 바뀐 후에도 hana-bana의 변칙관계를 유지하는 것으로 보고 지금의 ha는 원래 pa였다고 재건해내는 것이다.

이러한 시대별의 차이성을 시대순으로 연결하면 p ＞ ɸ ＞ h의 역사를 얻을 수 있다(ɸ를 활자관계로 f로 표기하기도 함.).

3.2. 원시 일본어

3.2.1. 원시 알타이어의 경우

원시 일본어의 음운의 실상은 지금으로서는 알 길이 없다. 다만 동계 언어와의 비교를 통하여 대체적인 윤곽을 알아내는 정도이다. 곧 인근언어 중에서 동계 언어로 추정되는 알타이어계의 음운의 모습을 참고로 삼을 수 있다(補注 5. (p. 532)).

Poppe(1960:9)에 의하면 원시 몽골어의 자음목록은,

폐쇄음	*p, *t, *q, *k, *b, *d, *g, *g̬
파찰음	*č, *ǰ
마찰음	*w(*β), *s, *š, *j, *γ
비음	*m, *n, *ŋ
설측음	*l
설전음	*r

폐쇄음과 파찰음의 무성음과 유성음은 전자는 강한 것(fortis)으로, 후자는 약한 것(lenis)로 분류되기도 한다.

원시몽골어는 어두에 네 가지 강한 폐쇄음(*p, *t, *q, *k)이 fortis이고 기음화가 있었지 않나 싶다.

*q와 *k는 기원적으로 다른 음운이 아니고 두 이음(異音)이었다. q는 오직 후모음과, k는 전모음과 함께 쓰인다. q는 후모음 앞뒤에서 나중에 생긴 것이다. 퉁구스어와 한국어는 튀르크어, 몽고어와 달리 오직 하나만의 k를 갖는다. 원시 알타이어도 오직 하나의 k를 갖는다.

p-의 경우 한국어에는 남아있고(일본어는 일부 방언에) 퉁구스 지역에서는 원시어의 p와 b는 구별되었으나, p-는 방언에 따라 p-, f-, b-(χ; h-경우도 있다.) 또는 ϕ가 되기도 한다. 몽골어에서는 방언에 f, χ, b, ś로 남아있기도 하나 튀르크어 지역에서는 이미 오래 전에 여러 단계를 거쳐 지금은 거의 사라졌다.

b-의 경우 한국어를 제외하고는 원시어의 두음 b-는 모두 남아있다. 그러나 퉁구스어의 경우 많이 무성화되어 있는 것을 볼 수 있다. 따라서 특이하게 한국어에서 p-는 옛 p-나 b-를 재현할 수 있을 수 있다.

참고로 Patrie(1982:54-5)에서 보여준 알타이조어와 아이누어의 자음의 대비를 보이면,

알타이조어		아이누어	
	*p		p 〉 ϕ
	*b		w 〉 ϕ
	*t		č/__ [i]
	*d *ǰ		$\left\{ \begin{matrix} t \\ y \end{matrix} \right\}$
	*k		k
	*g		h 〉 ϕ
	*s		s
	*č		č
	*y(앞에서의 j)		y
	*m		m
	*n		n
	*ń		n
	*l_1		r
	*l_2		s
	*r_1		r
	*r_2		ɣ

현재의 아이누어는 무성:유성의 구별이 없다. 알타이조어의 p, b, g가 모두 Ø화를 보여주고 있다. *t-의 č화(-i 앞에서)는 일본어와 같은 경향을 보여준다.

위에서 알타이조어 반영형 r_1, l_1은 어중 실현의 경우이고 r_2, l_2는 어말 실현의 경우이다.

*$-l_2$의 경우는 다음처럼 대응을 보여주기도 한다.

튀르크어	한국어	몽골어	만주어	일본어	
-š	-l	-l	-l	-s	(앞의 아이누어도)

* r_2는 현재 한국어나 일본어에서 r의 어말실현의 흔적은 없다.

Starostin et al.(2003:24)에서는 앞의 목록보다 p', t', č', k'가 부가되어 있는데 아마도 어두의 강세의 위치의 것을 특별히 내세운 듯하다.

이외에 연구개음의 비음의 앞 예의 몽골어의 경우처럼 ŋ이 있고 s : z의 z가 있다.

참고로 Starostin이 제시한(p.24) 목록을 그대로 옮기면 다음과 같다.

p'-	p	b	m				
t'	t	d	n	s	z	r	l
č	č	ǯ	ń	ś	j	ŕ	
k'	k	g	ŋ				

일반적으로 원시 알타이어(혹은 알타이어 基語)에서 폐쇄음 계열에서 k, t, p와 g, d, b(기타 파찰음(č : j), 마찰음(s : z)의 경우도 참고)의 두 계열이 세워있는데 여기서는 유기무성음이 내세워진 것이 특이하다.

무성음과 유성음 두 계열 사이에 있는 실제적인 차이점이 무엇인가는 확신을 가지고 확증하기는 어렵다(Ramstedt, 1957:31)고 할 만큼 특히 기식성의 실현 여부가 주목되고 있다 할 수 있다.

기식성의 p', t', č', k'를 제외한 나머지 음을 필자 나름대로 정리하여 보이면,

	순음	치경음	경구개음	연구개음
폐쇄음	p b	t d		k g
마찰음		s (z)	(š)	
파찰음			č ǰ	ɣ
유 음		$r(r_1, r_2)$ $l(l_1, l_2)$	(ŕ)	
비 음	m	n	ń	(ŋ)

괄호 친 것은 Starostin(2003:24)에서 보이는 것이다. 이 체계는 서기 3세기의 일본어(왜인어)의 체계에 l, r, ŋ을 제외하고는 거의 반영되어 있다.(단 h가 누락되어 논의의 여지가 있다.)

다음 모음 목록을 보면,

Ramstedt(1957:136-7)는 알타이 모음구조를 다음과 같이 제시하고 있다.

	전설모음		후설모음	
	비원순음	원순음	비원순음	원순음
협(모음)	i	ü	𝓎 (i̯)	u
광(모음)	e(ä) (e)	ö	ɑ	o

원전에는 후설-전설, 순음-비순음의 순이지만 여기서는 그 순서를 바꿨다. 순음은 양순음(labial)을 뜻하나 여기서는 원순성(rounded)을 뜻한다고 볼 수 있다. 또 여기서의 광협은 고(high) : 저(low)의 상대적 차이로 볼 수 있다.

이 중 첫음절에서의 𝓎는 원시어에서 보이는 것인데 이론(異論)이 없는 것은 아니다. 괄호 속의 i̯는 Ramstedt가 한국어 표기에서 '으'(ɯ 혹은 ɨ)에 사용하고 있다.

몽골어에서는 i와 y의 차이에 대해서는 오래 전에 상실했고 한국어에서도 마찬가지로 𝓎보다는 오직 하나의 i가 첫음절을 점유한다.

퉁구스어도 마찬가지로 전설의 i와 후설의 사이의 차이는 이해 못한다. 다만 튀르크어에서는 이 두 모음의 차이를 오늘날에도 잘 식별된다. 아마도 식별의 정도는 원래의 것보다 큰 것으로 보고 있다.

3.2.2. 원시 일본어의 경우

앞에서 Ramstedt(p.137)에 의한 원시 모음체계와 각 언어의 모음과의 대비 관계에서 부기한 일본어 체계는 8세기의 일본어 모음 체계와 닮은 데가 있다. 그 중에서 o_1와 e는 후발달음으로 보면 원시어 체계는 보다 간소해지는 것으로 보인다. Ramstedt의 8모음, Poppe의 9모음, Patrie, Starostin의 5모음, 다음 3세기의 일본어는 6모음 체계 등을 고려하면 원시 일본어는 3모음(a, i, u, 류큐어)-4모음(a-i 선상의 ə생성)-5모음(a-u 선상의 o분화)의 단계를 거치고 있었던 것으로 추정된다.

자음의 경우도 보주(補注 5, p. 532)에서 언급하였듯이 Ramstedt에서의 대비를 통한 분석에서 그렇게 큰 차이는 없었고 다만 무성/유성, r/l의 대립, h의 존재 등의 여부가 걸리는 문제로 보인다.

3.3. 3세기의 일본어 음운

3.3.1. 당시의 중국문헌기록의 용자(用字)

3세기의 일본어 음운의 편린을 알 수 있는 자료는 중국의 고대사서(史書)인 삼국지의 위지동이전 왜인조에 기록된 일본의 국명, 지명, 인명 등이다.

이 책은 중국 서진(西晋)의 진수(陳壽)(AD 233-297)가 편수한 것으로 그 성립은 진(晋) 무제(武帝)의 만년(AD 280-289)으로 추정되고 있다. 한반도의 부여, 고구려, 동옥저, 예, 한, 변진, 왜인 순으로 되어 있어서 한반도의 당시의 국가들의 형세와 함께 어울러 살펴볼 수 있고, 기술 내용 면에서는 서기 2세기 내지 1세기 까지 소급시켜 관련시킬 수 있어서(김공칠, 1981:2) 어느 정도의 통시성을 거친 3세기의 공시성을 보장할 수 있다.

비록 중국문자(한자)의 기록이라 하더라도 중국인 사신을 당시 북 규우슈우에 안내한 이(樂浪人, 韓人)가 혹은 기록내용이 일본적인 것이기에 현지의 거주자(倭人, 한반도에서의 移住者)가 기록에 직접 참여하거나 관여하였을 수도 있고 그들에 의해 중국의 원음이 다소 굴절되었을 수도 있다. 이들 문자를 사용한 이는 당시의 한국인으로 그들에게 중국 한자음이 어떻게 받아들여졌는지도 생각해야 된다는 의견(馬渕 1990a:40)도 있다. 한자가 당시의 중국 북방-낙랑-한반도의 공통어적 필기수단이었던 만큼 중국 한자음의 음가를 어느 정도 가늠하고 그것으로 기록 어휘를 한국어나 일본어식으로 해독되면 당시의 일본어 음운을 추정할 수 있을 것이다.

물론 당시의 중국의 본음의 실상마저 확실하지 않은 면도 없지 않으나 지난 1세기 동안 고대 중국어 상고음의 연구가 많은 학자에 의해 진전이 되어서 그것을 이용할 수 있고, 한편으로 일본인 학자에 의한 위지 왜인조의 한자음과 어휘 풀이가 여러 학자에 의해서 시도되어서 그것을 참고할 수 있다.

필자도 부분적으로 1981, 1982, 1990, 1991, 1995에 다루었으나 한자음 해독의 방법으로는 일본어 어휘의 기록에 사용된 한자의 용자에 대한 중고음과 상고음을 표시하는 일부터 시작하였다.

중고음에 대하여 용자(用字)의 반절과 운경(韻鏡)에 표시된 성모와 운을 표시하는 일인데, 이에 이용되는 자료는 Mabuci(馬渕, 1970b)이고 상고음에 대하여는 Karlgren(1940)과 Dong(董同龢, 1944)의 색인(慶谷 1978)이다.

위지동이전 왜인조에 쓰인 용자의 일람(馬渕 1970a:39-43, 森博達외 1985:158, 森山 1971:14, 長田 1979:49-50, 김공칠 1981:17-19, 1995:83-4)이 제시되고 있다. 김공칠(1981)에서는 반절음과 재구음이 병기되고, 김공칠(1995)에서는 이외에 운경의 전차와 성운이 병기되었다. 그 예를 한 가지 보이면,

奴 乃都切 12平 舌音淸濁(泥母) / 模 1등

맨 앞의 반절(反切)은 601년에 된 중국의 음운서(切韻)에 있는 것인데,

육조(六朝)말의 표준적인 독서음을 나타낸 것이다. 이 책은 일서(逸書)가 되어서 일부 개수(改修)되어 1008년에 광운(廣韻)(大宋重修廣韻)으로 새로 나왔다. 반절에 관한 한, 원래의 절운 그대로로 본다.

반절상자(上字)인 '乃'는 성모(두자음)를, 반절하자(下字)인 '都'는 운모(주모음+운미)를 나타낸다.

다음의 12平에서 12는 운경(韻鏡)(唐末 五代때에 제작된 듯)의 전도(轉圖)의 차례의 전차(轉次)(페이지와 같은 성격의 것)를, '平'은 평성(의 자리)을 나타낸다.

설음(舌音)은 조음 부위에 따른 자음의 분류의 하나이고(치경음), 청탁(淸濁)의 표시는 그 자음의 조음 방법을 나타내는데, 淸(全淸이라고도 한다.)은 무성음을, 次淸은 유기음을, 濁(全濁이라고도 한다.)은 유성음을, 淸濁(次濁이라고도 한다.)은 비음(유음, 반모음도 포함되는 경우도 있다.)을 나타내는데 결국 설음청탁은 치경 비음인 [n]을 나타낸다. / 이하는 운모의 이름이다.

內轉 第 12 開合

舌音	淸(全淸)	都 ○ 株 ○	覩 ○ 拄 ○	妒 ○ 駐 ○	○○○○
	次淸	瑹 ○ 貙 ○	土 ○ ○ ○	兎 ○ 閨 ○	○○○○
	濁(全濁)	徒 ○ 廚 ○	杜 ○ 柱 ○	渡 ○ 住 ○	○○○○
	淸濁	奴 ○ ○ ○	怒 ○ ○ ○	笯 ○ ○ ○	○○○○
	⋮				
		模(虞)虞(虞)	姥(麌)麌(麌)	暮(遇)遇(遇)	
		平(성) 1 2 3 4	上(성) 1 2 3 4	去(성) 1 2 3 4	(入) 1 2 3 4

이는 세로쓰기로 된 것을 가로쓰기로 고친 것이다(따라서 시계바늘 방향으로 돌려서 보면 된다.).

아래쪽(곧 왼쪽)에(운경에 따라 위쪽 곧 오른쪽에) 운모가 표시된다.

(( )안에 쓴 것은 운경에 따라 표시되지 않는 것도 있으나 그것과 같은 것이다라는 표시임.)

맨 아래에 있는 1, 2, 3, 4는 운경에 따로 표시되기도 하고 표시가 없어도 각 성조의 칸이 네 칸으로 되어 있으므로 차례로 1, 2, 3, 4 등이라는 것을 알 수 있다.

이 등(等)의 구별을 간단히 말할 수 없으나 한자음에는 두자음과 주모음 사이에 개음(介音)이 있는가 없는가에 따라 요음(拗音)과 직음(直音)의 구별이 있는데, 대개 직음은 1, 2등에, i요음은 3, 4등에 배치된다. 그들의 음색에 따라 다음의 구별이 있다.

직음 ⎧1등 후모음적 (內)
　　 ⎩2등 전모음적 (外)

i요음 ⎧3등 중설적 (內)
　　　⎩4등 구개적 (外)

예를 들어 직음에서 a모음이면 1등에 a(â), 2등이면 ă, i요음은 3등에 ıi, 4등에 ii(ji)가 되는 것과 같다. 앞의 전도(轉圖)에 있는 내전(內轉)의 표제는 1등운을 지니고 2등운이 없는 경우(3등운 만으로 된 것 또는 3등 요음을 포함하는 경우도)이고, 2등운을 포함하는 전도(4등운 만으로 된 것도)는 외전(外轉)이라고 한다.

다음의 개합(開合)은 개음 u의 유무에 의한 것인데, 여기서는 주모음이 u나 o의 경우로서 다른 운경에서는 개합의 구별이 없다고 표시되기도 한다.

앞의 '奴'의 운경상의 표시에서는 내외전의 표시는 아니 했다(이하에서도 마찬가지다.). 그리고 개합의 표시도 아니 했는데 이 경우는 바로 개합의 구별이 없는 경우가 된다. 이런 경우 외에 합음이 있는 경우는 합(合), 없으면 개(開)로 구별을 나타낸다.

그런데 이상의 반절자나 운경상의 위치표시 만으로 실지의 음가를 알 수가 없다. 앞의 운도에서 평성 1등의 模운의 가로줄에 있는 한자는 한국 한자음으로 도, 도, 도, 노자로 같은 o모음임을 알 수 있다.

중국 중고한자음은 현대 중국음이나 방언음 그리고 한국 외에 일본, 티베트, 월남 등의 한자 문화권에 반영되어 있는 한자음을 미루어 6, 7세기의 음가를 추정한 것이다.

예컨대 일본어에서 奴는 오음(吳音)은 nu(한음(漢音)은 do)이다. Karlgren(1948:670)에 의하면 월남은 ȵo, 광주(廣州)는 nou, 북경, 상해 등지에서는 nu, 남경에서는 lu로 고음에 남아 있다.

Karlgren(1940)은 중고음을 nuo로 재구하고 있고, Wang(王力, 1987)은 nu로 재구하고 있다. 한자고금음표(李珍華외 1999. 이하 고금음표로)도 마찬가지다. 색인적으로 쉽게 찾는 데는 Karlgren(1940)과 고금음표를 이용할 수 있다.

한국어의 경우는 후세의 중세한자음이고 또 o음은 후발발음이므로 예전에 중국과 마찬가지로 *nu일 수 있다. Toodoo외(藤堂 外 1971)는 한국한자음과도 같은 no로 하고 있다.

이처럼 학자에 따라 추정 음가가 약간 다르듯이 중국의 중고음의 음가 추정에 약간의 문제가 없지 않으나 거의 실지에 가깝게 접근된 것으로 보고 있다.

이 중고음의 반절과 운경상의 위치를 미루어(물론 그 외의 방법이 이용되지만) 상고음의 실상도 어느 정도 가늠할 수 있다.

고금음표(古今音表)를 보면 '奴'는 상고음은 魚部(어부) 泥母(니모) nɔ로 되어있다. Wang(王力, 1987)에 의거 魚部의 시대적 변화를 보면 선진음(先秦音)에는 魚部[ɑ]의 開1 [ɑ] (예자(例字)) 都, 徒(앞의 운경에서 평성 1등), 土, 杜, 怒(앞의 운경에서 상성 1등) 등이 보이며 한대(漢代)에는 魚部 [ɔ]의 開1 [ɔ] 절운의 模(모)운에 해당되는 것(예자 都)으로, 위진남북조(魏晋南北朝)에는 模부[o]의 開1 [o]로 절운의 模(姥, 暮)(模는 평성, 姥는 상성, 暮는 거성을 나타냄)의 평성(模, 奴, 姑, 呼, 胡, 都, 吾 등등)에 해당한다.

이런 과정을 거쳐 중고음(수(隋)–중당(中唐))음의 模부 [u]의 合1 [u]로 바뀌어 온 것이다.

이렇게 해서 중고음의 nu는 nɑ–nɔ–no의 상고음의 변화과정을 거친 것을 알게 된다.

이는 Wangli(王力)의 고찰에 입각한 것인데 Karlgren(이하 Ⓚ로)은 상고음을 no로 Dongtonghe(董同龢(이하 Ⓣ로))은 nâg로 재구한다. 전자는 위진남북조음에, 후자는 선진음–한대음에 가깝다.

Ⓣ의 nâg에서의 –g운미는 음성(陰聲)운미로 입성의 –k, 양성(陽聲)의 –ŋ에 상대되는 것이다. 고금음표에서는 음성운미는 표기되지 않는다.

중국한자음의 표시에 쓰인 음성표기의 기호는 대개 다음과 같다.(cf. Karlgren 1949:v)

- ɑ 광모음(廣母音) 보통 ɑ는 뒤의 '아', a는 앞의 '아'를 나타내는데 Karlgren의 ɑ는 다른 이가 쓰는 a와도 같다.
- â 이 때의 ^는 후설의 표시 [ɑ]이다. 자음에서의 표시는 경구개음 표시에 쓰인다. t̂, d̂. (경구개음 표시에 ´도 쓰인다. ś, ń, ʦ́)
  후설의 단모음은 ɑ̂, 전설의 단모음은 a̧로 표시하기도 한다.
- ä e보다 넓고 ɛ는 이보다 더 넓다.(ü는 [y], ï는 [ɨ])
- ô 좁은 o
- å 매우 넓은 o (a와 o의 간음(間音)) [ɔ]
- ă ˘(반원)은 단음 그리고 여린 모음을 나타낸다.
- i̯ ̯(역형의 반원)은 주모음에 종속되는 것으로 반자음(또는 반모음)에 해당한다.(ə̯u의 ə̯의 경우도)

베트남어, 범어, 타밀어에 쓰이는 ṭ, ḍ에서의 ·는 그 자음의 조음 위치가 보다 뒤쪽에서 나타남을 표시하는데(ṭ, ḍ는 설단 경구개음) 반전음(反轉音, 권설음) 표시에 쓰인다.

유창균(1980:165)은 한국 한자음에서는 모음에서의 ^˘¨의 부호들은 기준음의 변이 형태로 하고 그러한 ^·˘ 등의 변종을 지워버리고 있다(p.168). 그러나 ɑ̂가 ɑ의 이음인지 ɔ에 귀속시킬 것인지와 같은 문제는 있다.

3.3.2. 중국 상고음에 대한 간단한 고찰

3세기의 일본어의 음운의 고찰에서는 용자의 음가가 시기적으로 상고음에 속하므로 중국의 상고음에 대한 이해가 필수불가결이다.

3.3.2.1. 두자음

먼저 성모(聲母)(두자음)의 내용을 살펴보면 분류된 자음은 대표자에 의해 표시되는데 그것은 Karlgren(高本漢, 1948:64), Dong(董同龢, 1980:115), Wang(王力, 1987:20)에 공통적으로 쓰이는 것을 준용한 것이다. 아후음(牙喉音) 갑모(匣母)가 Karlgren에서 匣/喻로 2분되기도 한다(cf. 李珍華 1999:101-2).

자음의 중고음의 용자를 분류에 맞추어 대표자와 그 음가를 보이면(성모의 독음은 제4장 참조),

	(全)淸(무성음)	次淸音(유기음)	(全)濁(유성음)	次濁音(비음)	(半舌音)	淸(音)
순음	幫 (p)	滂 (p‘)	並 (b)	明 (m)		
설음	端 (t)	透 (t‘)	定 (d)	泥 (n)	來 (l)	
치음	精 (ʦ)	淸 (ʦ‘)	從 (dz)			心 (s)
아후음	見 (k)	溪 (k‘)	匣 (g)	疑 (ŋ)		曉(h) 影(Ø)

이 분류표에서 상단의 조음방법의 표시(괄호 안의 한글)는 필자가 보탠 것이다. (全)濁의 유성음에 유기음이 있다고(b‘, d‘, dz‘, g‘) 주장하는 이(Karlgren)도 있고 유기음이 없는 것으로 보기도 한다(위에서는 유기음 표시 제거).

중고음의 처지에서 볼 때는 이상은 상고 이래의 모습을 잘 보존하고 있다. 해서(1등운과 假4등운에서) 고본운(古本韻)이라 하고(성모는 古本紐) 이것이 중고에 이르기까지 개음 때문에 변화한 것(3, 4등 요음에서)을 금변운(今變韻)(성모는 今變紐)이라고 한다. 금변뉴의 중고음의 성모에서는,

1. 순음에서 경순음계(非, 敷, 奉, 微)가 생겼고,
2. 설음에서 설상음계(知, 徹, 澄, 孃)가 나뉘어졌다.
   중고음에서는 설두음과 설상음으로 나뉘었지만 전자는 1, 4 등운이고 후자는 3, 4등운이라서 상보적 관계를 이루는 점에서 원래는 하나의 음류로 해석될 수 있다.
3. 치음에 대해서는 상고음에서부터 논의가 많았다.

앞의 분류에서는 치두음(본유음)(설첨전파찰음)계로만 되어 있는데 Wang(王力, 1987:20)은 선진(先秦) 성모(33개 성모)에는,

舌葉音(齒上音)(파찰음)	莊(ʧ), 初(ʧ′), 床(ʤ) 山(審)(ʃ)
舌面前音(舌上音)(폐쇄음)	照(ȶ) 穿(ȶ‘) 神(ȡ) 日(ȵ)

괄호 속의 음가는 Wangli(王力, 1987:20)에 의한 것이다.

의 구별이 있다.

Sakai(坂井, 1975:391)는 위진남북조에 치두(齒頭), 정치(正齒(齒上))의 구별이 있었다고 하였다. 정치 2등, 3등의 구분도 있게 되면서 이들은 앞에서 언급한 대로 일부(照系 2등)는 치두음(精系 ʦ)과 상통하고 또 일부(照系 3등)는 설음계(t)와 상통하게 되는 것이다.

Karlgren의 상고의 치음계는 다음과 같다(1954:279). Dong(董同龢 1944:43)에서는 2)가 빠져 있다.

Karlgren	董同龢
1) ts ts′ dz dz′	ts ts‘ dz‘ s z
2) tṣ tṣ′ dẓ′ ṣ	
3) ȶ ȶ′ ȡ ȡ′ ń ś	ȶ ȶ‘ ȡ‘ ń ś ź

1)은 본유음인 치두파찰음이다(1등과 4등에 위치).

2)는 1)의 변화음이다. 중고음에서 정치음 2등인데 권설음이라고 하기도 하는데(tʂ tʂ' dʐ ʂ로 표기) 상고음에는 권설음이 없었기에 이와는 무관하다고 본다.

3)은 경구개 파찰음으로 중고에서 정치음 3등의 ts형이다.

3)은 t 〉 ȶ의 변화가 암시하듯 설두음(t t' d d')과 어울린다.

1)과 2)는 ts〉tṣ의 변화가 암시하듯 서로 어울리나 설두음(t), 설상음(ƫ)과는 어울리지 않는다.

이런 점에서 치음계는 상고에는 치두음의 본유음 한 가지로, 나머지는 분포상의 차이로 내세울 수 있는 것 같기도 하다. Li(李方桂, 1982:21)는 치음계(설첨塞擦음(ts tsh dz) 명칭) 한 가지다(그러나 비음에서 무성음류(hm hn hng)의 복자음이 보이는 등 특이점도 없지 않다.).

설음과 치음에서 분화된 두자음 곧 금변뉴(今變紐)로 일컫는 것을 정리하면,

설상음(舌上音) (설면전 파열음)	ṭ(知) ṭ'(徹) ḍ(澄) ṇ(娘) ȶ ȶ′ ȡ n̂ 혹은 ƭ ƭ' ɗ ƞ 으로도
치상음(齒上音) (정치음 2등)	ṭṣ(莊) ṭṣ'(初) ḍẓ(崇) ṣ(疏) tṣ tṣ′ dẓ ṣ 로도
정치음(正齒音) (정치음 3등)(설면전 파찰음)	tʃ(照) tʃ'(穿) dʒ(神) ʃ(審) ʒ(禪)

이는 Mizutani(水谷, 1967:66)에서 인용한 것으로 음가의 표기가 다르게 나타나는 예를 오른쪽에 첨기하였다. 이러한 설음과 치음에서의 분화는 두자음과 주모음 사이에 개재되는 개음(介音) 곧 반자음(반모음)의 성격에 의해 구개음화 혹은 파찰음화의 조짐이 나타나기 시작한 데서 온다.

고본뉴에 해당하는 精계는 1등, 4등인데, 여기의 莊계(莊, 初, 牀, 疏라고도)는 2등(정치음 2등), 章계(章, 昌, 船, 書)(위에서는 照계로)는 3등(정치음 3등)에 상보적으로 분포한다. 여기의 2등과 3등을 照系로 묶어서 照二, 穿二, 牀二, 審二, 照三, 穿三, 牀三, 審三으로 표기하기도 한다.

일본어에서도 고대에는 ta, ti, tu, te, to로 실현된 것이 나중에 ta, tʃi, tzu, te, to로 변함과 유사한 패턴이다.

한국에서는 중종 때 최세진(崔世珍)이 엮은 사성통해(四聲通解)의 서두

에 중국 명(明) 태조 때 편찬한 홍무정운(洪武正韻)의 31자모(이는 훈민정음의 성조 체계의 바탕과도 같다.)가 실려있는데 치음 부분만 옮겨 쓰면, 자형을 달리하는 궁리가 보인다.

치두음(齒頭音)		정치음(正齒音)		(후음)
精	ᅎ	照	ᅐ	(影 ㆆ)
淸	ᅔ	穿	ᅕ	(曉 ㅎ)
從	ᅏ	牀	ᅑ	(匣 ㆅ)
				(喩 ㅇ)
(운경상1등자)		(운경상 2등자)		

Huo(胡明揚, 1963:186)는 처음에 최세진이 언해한 것으로 보이는 노걸대언해(老乞大諺解)와 박통사언해(朴通事諺解)에서의 한자와 한글의 대음(對音)도 ᅎ=ts, ᅔ=ts‘, ᄼ=s, ᅐ=tʃ, ᅕ=tʃ‘, ᄾ=ʃ, ㅿ=ʒ를 예시하고 있다. 이처럼 치음에서 한글 자형이 다르게 된 것은 한글로는 그 음가를 구별해 나타낼 수 없고 자형만 다르게 해서 중국 한자음에서는 음에 차이가 있다는 것을 나타내기 위함이라고 생각한다. Huo(胡明揚)는 언문(諺文, 한글) 자체는 오직 ts, ts‘, s의 자음을 가진 것으로 하고 있는데 운경상의 1등자가 아닌 3등자와 같은 것이였지 않나 싶다.

현대의 한국어에서는 앞서의 설상음은 -i앞에서의 음성적인 구개음화로 나타날 수 있지만 정치음(3등)은 역사적인 구개음화로 ㅈ과 ㅊ(ʃ는 음성적)행이 된 것으로 본다. 중국어의 치두음과 치상음은 한국어에 실현된 흔적이 보이지 않는다(다만 ㅅ과 반치음의 경우는 예외일 수 있다.). ㅈ, ㅊ행음은 중국의 정치음 3등의 분화와 맞물려서 있던 것이 아닌가 보아진다.

참고로 중세한자음을 예시한다면 精졍(훈몽자회), 淸쳥(훈몽자회), 從쭁(천자문), 照죠(훈몽자회), 牀상(훈몽자회)처럼 牀을 제외하고는 i̯요음이 개재되고 있다(穿은未見).

일본어에는 이와 맞물리는 ca행은 50음도에는 없고 다만 ta행의 i단과

u단에서 구개음화와 파찰음화로 ci[tʃi], cu[tsɯ]가 실현된다. 그러나 실제로는 한국어의 ㅈ행과도 같은 tja(ca) tʃ(ci) tsɯ(cu)의 실현은 볼 수 있다(ちゃ(茶), ち(血), cuku(着) 등).

3.3.2.2. 주모음과 운미

다음은 상고음의 주모음에 대해 보기로 한다. 운부는 성모에 비해 시대별의 변동이 더 하다. Wang(王力, 1987)을 참고하면,

	魚部	之部	支部	侯部	宵部	幽部	歌部	模部
1. 선진음	a	ə	e	ɔ	o	u	×	×
2. 한대음	ɔ	ə	e	×	o	u	ɑ	×
3. 위진남북조음	ɔ	ə	e	×	ou	u	ɑ	o

(위에서 ×는 당시에 없었거나 나중에 없어진 것을 나타낸다.)

1.에서 6모음이다. i모음은 əi(微部), ei(脂部), ɑi(歌部)의 중모음이 운미로 나타난다.

2.에서 6모음은 불변이나 侯部 ɔ → 魚部 ɔ로 바뀌고 侯部의 이름이 없다. 魚部 ɑ → 歌部 ɑ로 歌部가 생긴다.

3.에서 7모음으로 되어 있으나 宵部 o → ou를 빼면 6모음 그대로이다. 宵部의 변동으로 본래의 o는 새로이 분부(分部)된 模부의 몫이 된다.

주모음이 6개이므로 운부가 6개가 되어야 하는데 중국어에서는 말자음까지 포함시켜서 운부를 나누므로 운부의 숫자는 대단히 많다.

먼저 선진시대의 것을 보면(지면 관계로 괄호 속의 部名에서 部를 생략했다.)

주모음	이중모음	-k운미	-t운미	-p운미	-ŋ운미	-n운미	-m자음
ə(之)	əi(微)	ək(職)	ət(物)	əp(緝)	əŋ(蒸)	ən(文)	əm(侵)
e(支) (開2)	ei(脂)	ek(錫)	et(質)		eŋ(耕)	en(眞)	
(開3 i̯e)							
a(魚) (開1)	ai(歌)	ak(鐸)	at(月)	ap(盍)	aŋ(陽)	an(元)	am(談)
(開2 ea)							
ɔ(侯)		ɔk(屋)			ɔŋ(東)		
o(宵)(開1)		ok(沃)					
(開2 eo)							
u(幽)(合)		uk(覚)			uŋ(冬)		
(合2 eu)							

결국 운부의 수는 많아도(앞에서는 30부) 6 주모음에 집약된다. 주모음에 따라 운미(종성) 수가 다르다.

한대(漢代)에 와서는 선진대의 이중모음의 歌部가 주모음 ɑ의 구실을 하게 되어 이중모음의 ai(歌部)는 없어진다.

다른 운미에서는 a는 모두 ɑ로 변동된다. 기타 말자음의 변동이 다소 있으나 여기서는 생략한다.

위진남북조에서는 주모음에서 宵部의 o가 ou로 되고 o는 새로 생긴 模部가 맡는다. ou를 모음으로 보면 여전히 주모음은 6개다.

기타 이중모음에서 ɐi(灰부) ɑi(泰부) æi(祭부)가 있게 되고 운미(종성) 부문도 ɐk(德부) ɐt(沒부), æt(薛부), ɐp(業부) æp(葉부) ɐŋ(登부) ɐn(魂부), æn(仙부) ɐm(嚴부), æm(鹽부)이 있개 된다.

그렇다면 주모음 ɐ, æ가 추가되는 것으로 볼 수 있다.

ɐ　ɐi(灰), ɐk(德), ɐt(沒), ɐp(業), ɐŋ(登), ɐn(魂), ɐm(侯)
æ　æi(祭),　æt(薛), æp(葉)　æn(仙), æm(盐〈鹽〉)

그럼 8모음이 되는 셈이다.

3.3.2.3. 모음의 체계

Karlgren의 세운 모음체계는(cf. 李方桂, 1982:27),

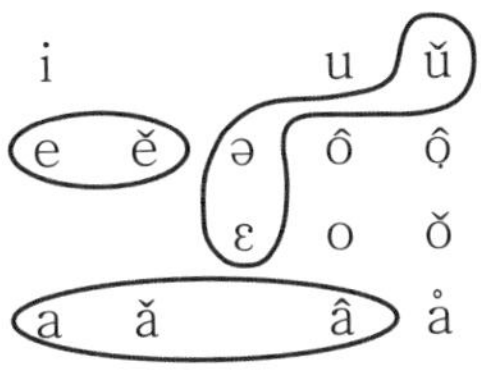

여기서 i모음은 독립운으로 되어있지만 앞에서 본대로 단독으로 한 운이 될 수 없고 다른 모음과 합쳐서 쓰일 뿐이다.

Li(李方桂, 1982:28)에 의하면 앞에서 원을 친 부분은 서로 압운이 될 수 있는 점에서(대개 ^는 후설을, ˇ는 여린 모음을, 밑의 ·는 단음을 나타낸다. â는 /ɑ/, å는 /ɔ/, 필자주)

(i)			u
		ə	o
	e	æ	
		a	ɑ	ɔ

8(내지 9)모음으로 줄어들 수 있다.

앞에서의 선진시대부터 위진남북조시대까지의 (i)를 제외한 6주모음 체계와 위진남북조시대의 이중모음 및 각 운미의 추가로 의해 주모음 ɐ와 æ를 추가한 8모음 체계와도 비슷하게 된다.

앞에서 주모음에 운미가 따르는 일람을 볼 때,

ɑ(魚 > 歌)는 운미를 모두 갖추어 있고 ə의 경우도 마찬가지다. ɐ의 경우도 그렇다.

e(支)의 경우와 æ의 경우도 수반한다.

ɔ와 o(宵)는 한 가지 뿐이며 o(宵)는 ou가 되고 o는 模부가 맡는 것이 된다. u(幽)는 운미가 두 가지다.

앞에서 본대로 ɔ는 선진대의 魚부(ɑ)에서 변해온 것이며 模부(o)도 마찬가지다. 그렇게 본다면 ɑ-ɔ-o의 음운추이를 상정할 수 있다.

ɐ에 대하여 Li(李方桂, 1982:28-9)를 참조하면 2등운은 ɐng, ɐk 같이 설근음 운미 앞에서, 3등운은 순음 및 설근음 성모 뒤에서 보이는 점을 지적하고 있는데 운미의 영향을 받은 음으로 보듯이 아래서 제외하면,

(i) u
e ə o
æ ɔ
a ɑ

와 같은 최대한 9모음 체계를 상정할 수 있지 않을까 한다. i의 분립(分立)은 상고시기에 *i가 있었던 것이 복합모음 ie(支운 3등운, 다른 운에서 4등운 참조)로 분열(vowel breaking)되었다고 보는 데서(李方桂, 1982:36) 온다.

Li(李方桂, 1982:31)에서는 다음과 같은 단모음 체계를 가정하고 있으며,

i u
ə
a

복합모음 iə, ia, ua를 설정한다. 앞의 체계는 원초적인 체계로는 몰라도 상고음의 시대적 변천을 고려하면 적어도 전후의 중(中)모음을 가정할 만하다.

i u
e ə o
a (ɑ)또는 ɔ

이는 선진시대의 6모음 체계(ɔ를 ɑ>ɔ로 가정)와 비슷하고 i를 분립하면

7모음체계가 된다.

여기서 ɑ > ɔ의 추이에서 둘을 인정하고 위진남북조시대의 æ를 보태면 앞의 9모음체계와 비슷하게 된다.

Dong(董同龢, 1981:272-, 1944:154)이 나눈 각 운부의 운모에 의한다면, 상고의 각 운부의 운모는 다음과 같다.

1. 之부(와 蒸部) ə (음성(陰聲)자 əg, 입성자 ək, 양성자 əŋ)
2. 幽부(와 中部) o (음성자 og, 입성자 ok, 양성자 oŋ)
3. 宵부 ɔ (음성자 ɔg, 입성자 ɔk)
4. 侯부(와 東部) u (음성자 ug, 입성자 uk, 양성자 uŋ)
5. 魚부(와 陽部) a (음성자 ag, 입성자 ak, 양성자 aŋ)
6. 佳부(와 耕部) e (음성자 eg, 입성자 ek, 양성자 eŋ)
7. 歌부 a (무운미)
8. 脂부(와 眞部) e (운미 (e)d, (e)r, (e)t, (e)n)
9. 微부(와 文部) ə (운미 (ə)d, (ə)r, (ə)t, (ə)n)
10. 祭부(와 元部) a (운미 (a)d, (a)t, (a)n)
11. 葉부(와 談部) a (운미 (a)p, (a)m, ((a)b는 적다.))
12. 緝부(와 侵部) ə (운미 (ə)p, (ə)m, ((ə)b는 적다.))

1.과 9. 그리고 12.의 모음은 ə로 같고 운미만 다르나 상보적이므로 ə로 묶을 수 있다.

5.와 10. 그리고 11.의 모음은 a로 같고 운미만 다르나 상보적이므로 a로 묶을 수 있다.

6.과 8.은 모음은 e로 같고 운미만 다르나 상보적이므로 e로 묶을 수 있다.

그렇게 되면 ə, o, ɔ, u, a, e (+i)의 6내지 7모음체계이다(위진남북조의 æ가 빠져있는데 그것의 인정 여부(그리고 i의 경우도)에 따라 상고음은 7~8모음체계를 유지하는 것으로 볼 수 있다.).

3.3.2.4. 개음(介音)과 개합(開合)

중고음의 운경에서 보이는 개합과 등(等)의 구별이 원래 상고음에도 존재하였다고 가정하고 있다(董同龢, 1981:270-1).

1. 중고음의 개구(開口)자는 상고음에도 역시 개구였고 합구(合口)자는 역시 합구였다.
2. 중고음의 1등운과 2등운인 것은 상고음에도 역시 개음 i가 있었다.
3. 중고음의 3등운인 것은 상고음에서 개음 j가 있었다.
4. 중고음의 4등운인 것은 상고음에서 역시 원음성의 개음 i가 있었다.
5. 다만 상고음에서 3, 4등과 1, 2등과의 모음차이가 중고음에서처럼 그렇게 크지 않았다.

예를 보이면, 상고음의 [a] 모음의 4등의 구별에서,

1	2	3	4
ɑ	a	ja, jæ	iæ

[ə]의 경우,

1	2	3	4
ə̂	ə	jə	iə

중고음의 1등에 자리한 것은 상고음에서 상대적으로 좁혀 있고 2등에 자리한 것은 열려 있다. 그래서 1등자에 [^]기호를 붙이고 있다.

여기서는 모두 네 개의 등별을 가진 경우이고 운에 따라서는 모두 갖추지 못한 것도 있다. 그리고 여기서의 개음 j는 i̯로 표기하기도 하는데 여기서의 개요음의 음가에 대해서는 의견이 갈리기도 한다.

개음이 합음(合音)인 경우는 주모음 앞에 u-가, 개모음-주모음 구조에서는 개모음-u-주모음 구조가 된다. 이 경우 i̯-w-주모음으로 나타내기도 한다.

이러한 개음(開音), 합음(合音)의 표시는 운경에 나타나 있고, 운경의 전차에 개합(開合)이 표시된다. 앞서의 용자(用字)들이 반절자-전차 표시 다음에 괄호에 참고로 개합의 구별을 표시했다. 그 표시가 없는 것은 그 운도의 주모음이 u나 o의 경우로 개합의 구별이 없다고 하는 것이다.

Arisaka(有坂, 1969:315)는 고대 중국어에서 (개)요음적 요소가 구개적인 i̯와 비구개적인 ï̯가 구별되어 있었고 이러한 구별은 더 한층 오랜 시대에 존재하였다고 보았다.

운경에서 같은 문자가 3등과 4등에 겹쳐서 속한 경우는 모두가 i개요음이지만 음색이 달라서 3등과 4등으로 나눈 것인데, Toodoo(藤堂)는 3등운 ɪ, 4등은 i로 구별하고 있다. 예컨대 支운은 3등과 4등에 걸치는데 3등은 ɪĕ로, 4등은 ie로 나타냄과 같다. 이렇게 3, 4등 양쪽에 걸치지 않고 3등이나 4등의 어느 한쪽에만 있는 것도 있는데 이 경우도 앞의 음가에 준한다.

예컨대 微운은 3등에만 있다(순 3등운). 이 경우의 3등운은 약한 중설음으로 보고 특히 ï로 나타낸다(微운 3등 希 hïəi, 한국한자음 희).

고급음표에는 중고음에서 등별이 표시되어 있지만 상고음에서는 4성의 구별은 있어도 등별이 표시되어 있지 않다.

그러나 Wang(王力, 1987)에서 각 운부마다 개합과 등별이 표시되어 있다.

3.3.3. 왜인전에서 추출되는 어휘의 고찰

3.3.3.1. 어휘추출의 근거의 운문(原文)

위지왜인전(위지동인전 왜인조의 약칭)에서 왜인어의 어휘 추출에 참고되는 그 원문을 부분적이지만 적어보면,

> 倭人, 在帶方東南大海之中, 依山島爲國邑, 舊百餘國. 漢時有朝見者, 今使譯所通三十國, 從郡至倭, 循海岸水行, 歷韓國乍南乍東, 到其北岸狗邪韓國七千餘里, 始度一海千餘里至對馬國其大官曰卑狗副曰卑奴母離. ……又南渡一海千餘里名曰瀚海, 至一大國官亦曰卑狗副曰卑奴母離. ……又渡一海千餘里至末盧

國…… 東南陸行五百里到伊都國官曰爾支副曰泄謨觚, 柄渠觚…… 世有王, 皆統屬女王國, 郡使往來常所駐, 東南至奴國百里, 官曰兕馬觚, 副曰卑奴母離……東行至不彌國百里, 官曰多模副曰卑奴母離…… 南至投馬國水行20日, 官曰彌彌那利……南至邪馬壹國, 女王之所都水行十日陸行一月, 官有伊支馬, 次曰彌馬升, 次曰彌馬獲支次曰奴佳鞮…… 其餘旁國遠切, 不可得詳, 次有斯馬國……

왜인은 대방(군)의 동남의 대해중에 있고 산도(山島)에 의해 구읍을 이루고 예전에 백여국이었다. 한의 시기에 조견(朝見)하는 자 있었고 지금 사역(使譯)이 통하는 곳은 30국이다.

(대방)군에서 왜에 이르기에는 해안에 따라 수행하고 (마한, 변한의) 한국을 거쳐서 혹은 남행하고 혹은 동행하고 그 북쪽 해안 구사한국에 이르기가 7천여 리다. 처음으로 한 바다를 건너기를 천 여리, 대마도에 이르다. 그 대관을 비구라 하고 부(관)를 비노모리라고 한다. ……또 남으로 한 바다를 건너기를 천 여리, 이름하여 한해라고 한다. 일대국에 이르다. 관(官)을 또한 비구라 하고 부(관)를 비노모리라고 한다. …… 다시 한 바다를 건너기를 천 여리, 말로국에 이르다. ……동남으로 육행(陸行)하기를 5백리, 이도국에 이르다. 관을 이지, 부(관)를 예/설모고, 병거고라고 한다.…… 대대로/당세에 왕이 있어도 모두 여왕국에 통속되었다. 군사(郡使)의 왕래 시에 늘 머무르는 곳이다. 동남에 노국에 이르기를 백리, 관을 시마고라 하고 부(관)를 비노모리라고 한다. ……동행(東行)하여 불미국에 이르기를 백리, 관을 다모라 하고 부(관)를 비노모리라고 한다. ……. 남으로 투마국에 이르기를 수행(水行)에 20일 관을 미미라 하고 부(관)를 미미나리라고 한다. ……남으로 사마일국에 이르다. 여왕이 서울로 삼은 곳이다. 수행(水行)하여 10일, 육행(陸行)하여 한 달이 걸린다. 관에 이지마가 있고, (그)다음이 미마승이라 하고, (그)다음을 미마획지라 하고, (그)다음을 노가제라고 한다. …… 그 나머지의 방국(旁國)은 멀리 떨어져 있어서 자세히 알 수 없다.

앞에 …… 점선 친 부분은 추출할 수 있는 어휘와는 무관한 지세나 가호(家戶)에 대한 간단한 기술부분이다.

원문에서 '對馬'는 송본(宋本)에 '對海', '一大'는 梁書諸夷傳倭條와 北史東夷傳倭國에 '一支'로, '邪馬壹'은 後漢書東夷傳倭條와 北史에 '邪馬

臺', 梁書에 '耶馬臺', 隋書倭國傳에 邪靡堆(則魏志所謂邪馬壹也)가 보인다.

3.3.3.2. 어휘목록

위지왜인조에서 추출되는 어휘목록은 이미 많은 이 곧 Mori(森외 1985:158), Osada(長田, 1979:99-100), Moriyama(森山, 1971:8-9)에 의해 추출된 바 있다.

필자도 제시한 바 있고(김공칠, 1995:204-6) 관명어에 대해서는 관련 언어를 적어 보았다.

이들 중에서 어휘로서 일본어와 관련지을 수 있는 것은 필자로서는 다음을 들 수 있을 정도이다.

1. 국명　倭, 對海, 一支(혹은 一大), 末盧, 伊都, 奴, 不彌, 投馬, 邪馬壹 (혹은 邪馬臺)
2. 지명　斯馬
3. 관명　卑狗, 彌彌, 彌彌那利, 卑奴母離
4. 인명　卑彌呼

이를 해독하기 위해서는 먼저 용자의 음형을 파악할 필요가 있다. 이를 위해 용자의 중고음의 반절음과 운경에서의 전차(轉次) 성운(聲韻)을 보이고 Karlgren의 상고음/중고음 추정음(Ⓚ로 표시)과 Dong(董同龢)의 상고음 추정음(Ⓣ로 표시)을 병기하였다. 또한 Wang(王力)의 상고음 추정음도 추가하였다. Karlgren의 것은 Karlgren(1940)을 Dong(董同龢)의 것은 Dong(董同龢, 1944)의 색인(慶谷, 1978)을, Wang(王力)의 것은 Li(李珍華)외 편(1999)의 고금음표를 이용하였다. 고금음표에는 상고음의 운부와 성모 그리고 추정음이 기록되어있다.

3.3.3.3. 음의(音義)의 고찰

이제 차례로 하나하나의 용자의 음적 사항을 기록하여 이에 입각하여 어의(語義)도 풀어보고자 한다.

1. 왜(倭)

倭의 반절과 운경상의 위치의 구별이 세 가지가 있다.

1. 逶 5平(合) 喉音 清(影母)/支 1등 (倭·逶 반절 於爲切)
   고금음표에는 상고음 微운 影모 ǐwəi
2. 烏禾切 28平(合) 喉音 清(影모)/戈 1等
   고금음표에는 상고음 微운 影모 uəi
3. 婐(又烏戈切) 28上(合) 喉音 清(影모)/果 1等
   고금음표에는 歌운 影모 uai

(여기의 2와 3은 같은 운경의 전차(轉次)에서 戈는 평성, 果는 상성)

이를 보아 2와 3은 중고음에서는 같은 운(果섭)이 되었어도 상고음 특히 선진음에서는 2는 微운, 3은 歌운으로 갈렸던 것을 알 수 있다. 주모음이 ə인가 a인가로 갈린 것으로 보인다.

Wang(王力)에 의하면 한대-위진남북조에 微부는 [əi] (合2 oəi, 合3 i̯uəi)이고, 歌부는 선진음에서 [ɑi] (合2 oɑi, 合3 i̯uɑi), 한 대-위진남북조에서 歌부 [ɑ](合1 절운의 戈에 해당, 앞서의 반절의 2. uɑ, 合2 oɑ)이었다. 따라서 중고음의 반절에 입각하면 한대 내지 위진남북조의 uɑ에 소급한다.

그런가 하면 중고음의 반절 1.의 支운 계통으로, Dong(董同龢, 1944:214)은 倭의 상고음을 微부 음성합구(陰聲合口)로 i̯wər(중고음 支운 wiĕ)로 재구하고 있다.

그러나 한편으로, 逶는 微운(고금음표에)이 아닌, 歌부 합구 i̯wa(중고음 wie 支운)로 하고 있다. 학자에 따라 재구상의 혼선이 보이나 어떻든 '倭'에는 두 가지 음이 있었다는 것이 된다. Karlgren(1940)에서는 i̯wăr/jwie

이다.

일본어의 오음과 한음은 wa이고 한국한자음은 倭 예(訓), 와(音)(훈몽자회)(俗稱 倭子卽倭奴有日本琉球等國)가 있고 용비어천가(52장)에 예(倭人)도 보인다. 여기서 '예'도 예로부터의 호칭에서 유래하였을 것이고 '와'(현대음 왜)도 마찬가지일 것이다. 중국상고음에서의 두 가지 계열의 음도 그 반영으로 이용된 것으로 생각된다. 왜인에서의 '倭'를 예로 불렀다면 고대 한반도의 '穢'와 관련될 가능성을 제시하고 싶다. 중국한자음으로 본다면 앞서의 반절 3의 고금음표의 歌운(王力에 의하면 歌운은 선진음 ɑi(合2 oɑi, 合3 i̯uɑi) 影모 곧 uɑi이어서 훈몽자회에 보이는 '와'와 연계될 것이고, 한편 고금음표의 微부(王力에 의하면 선진음·한대음의 微부(əi)(合3 i̯uəi)에서, 위진남북조의 支부(e) (開3 i̯e)(절운 支(紙, 寘)) 또는 合3 i̯ue (절운 支(紙, 寘))에서 '예'와의 연계가 볼 수 있다.

두자음을 나타내는 성모가 影모로 표시되었는데 앞서의 자음분류에서 影모는 [∅]였다. 옛날부터 지금에 이르기까지 영(零)성모이다. 영성모라는 것은 후두파열과 운두(韻頭)의 [i], [u]가 포괄되는 것이다(王力 1987: 26).

微부는 əi(支부는 ə)나 歌부의 [ɑi]는 하강적 2중모음으로 풀이되며 주모음 ə(i) 또는 ɑ(i) 앞에 개요음/합요음의 개합(開合)에 따라 음이 변음되어서 '倭'의 용자는 wə/wɑ/we/i̯e의 음역에 걸친 것으로 보인다.

'倭'의 용자는 위지왜인전에서는 倭人의 복합어로, 후한서동이전 왜조에는 '倭'의 단독으로 시작되고, 그 기사 중에 建武中元2년에 倭奴國(奉貢朝賀)의 기록이, 安帝永初元年에 倭國(王師升等献生口百六十人) 등의 기록이 있어 '倭, 倭人, 倭奴國, 倭國'등 다양하게 쓰였음을 보여준다. 이 중에서 '倭人'을 가지고 그 언어란 뜻의 '倭人語'로써 최고(最古)의 일본어로 이름 붙이기도 한다(亀井, 1973:288). 필자는 왜인어를 원시한국어의 딸언어인 원시일본어로 본 바 있다(김공칠, 1995:261).

어떻든 규우슈우(九州)지방에는 많은 군소(群小)국가가 있고 그 중에서

6국이 대표적으로 중국 사신의 순방지가 되어서 그 나라들을 왜인 6국이라고 하게 되는 것이다.

'倭'의 어의에 대해서는

1) 고대 한반도의 '穢'의 호칭의 계승으로 볼 수있다. '穢'의 반절자는 於廢切 10去 喉音 淸(影母)/廢 4等(藤堂에서는 16入에 있다.)

선진음은 月부(ɑt) 合1 [uɑt], 한대음에는(운경에서 ①佳운(廢운)(藤堂), ②微운(廢운)(馬渕)으로 갈려서) ① 支部 [e] (절운 佳), ② 微부 (əi) (절운 微)가 되나 廢운인 것은 같다.

'廢'의 한국한자음이 '폐'인 점을 감안하면 '穢'의 움이 한국한자음으로는 이 시기에 開음의 '예'로 받아들여 '倭'처럼 두 음이 있게 되었다고 볼 수 있다.

2) 아이누어(口傳詞曲)의 1인칭 단수 그리고 1인칭 복수의 포괄형(구어도 같다.)에 a형이 있고 고대 일본어의 1인칭에 a, wa형이 있다. 그리고 아이누의 호칭 ainu는 사람, 남자의 뜻이다. 이러한 말에서 종족 이름이 쓰이는 경우가 있다. 그리고 6(國)은 아이누어로 iwan으로 '倭'와 관련지울 수도 있다. 그래서 倭(奴/國)는 wa/ye의 na(國)으로 풀이할 수 있다. 후한서에 고구려의 5족(/부)명에 '奴'가 쓰인다.

여기서 ɑ, ə의 주모음과 반모음 w, y를 음운목록으로 추출할 수 있다. 상고음의 微운(開1 əi, 開3 i̯əi)인 것이 중고음에서는 支(脂) 3등으로 되어 있는데, 거기에는 之, 脂, 支(王力은 이들을 i로 추정)가 속해있고 원래 支開3 i̯e, 之 開3 iə, 脂 開3 ei가 중고음의 i에 이르기까지 e와 ə는 매우 가까웠지 않았나 여겨진다. 일본어에서는 e는 후발달음으로 보기 때문에 e대신 ə로 해둔다.

2. 대해(對海)(國)

원문에서 '對馬'로 나왔지만 제주도의 '주호(州胡)'와 맞춰보기 위해 '對海'를 먼저 언급하고 '對馬'는 후미에서 간단히 언급한다.

對 都隊切 14去(合) 舌音 淸(端모)/隊 1등

고금음표 微운 端모 tuəi

Ⓚ twəd/tuậi, Ⓣ twə̂d

운모 wə(母의 경우도)도 kana(假借式)로는 한국어의 ə, 일본어의 ö(o乙)로 보는 이도 있다.(馬渕 1970a:4)

중세 한국한자음의 딕 (훈몽자회, 천자문), 일본 오음·한음 tai(관용음 tui)

對 선진음 微부 [əi] 合1 [uəi] (枚, 雷, 崔, 推, 火, 罪 등)–한대 微부 [əi] 合1 [uəi] (절운의 灰(평성), 隊는 거성)(回, 雷 등, 對는 반절음상 여기에 소속되는 듯)–위진남북조 灰부 [ɐi] 合1 [uɐi] (절운의 灰, 隊, 거성자로 隊등 그리고 海도 보인다.)

수–중당음 咍부 [ɑi] 合1 [uɑi] (절운 灰, 賄, 隊, 거성에 對가 보인다. 海는 開1의 상성으로 바뀌고 있다.)

海 呼改切 13上(開) 喉音 次淸(曉모)/海 1등

고금음표 之운 曉모 hə

Ⓚ xmɔg/xậi, Ⓣ xə̂g

중세한국한자음 힉 (훈몽자회), 일본 오음·한음 kai

海는 선진음에서 之부 [ə] 開1 [ə]에 소속했지만, 위진남북조에 와서는 灰부 (ɐi)에 소속하고 開1 [ɐi]의 상성에 속하고(對는 合1 (uɑi)의 거성에 속한다.),

수–중당음에서는 咍부 (ɑi) 開1 (ɑi)(절운의 咍海代)상성에 속한다(對는 合1 (uɑi)의 거성).

그렇다면 결과적으로 對와 海는 운부에서는 합음(合音)의 유무와 차이다.

따라서 對海는 선진음-위진남북조 사이에는 təkə에 가까운 음임을 추정할 수있다.

여기의 '對海'를 제주도의 옛 이름 '州胡'에 상응시킨 바 있다(김공칠, 1990:235-6). 거기서 '州胡'에 대해 상세히 언급하였고 여기서는 용자면에 언급한다.

州 周(職流切 37平 齒音 淸(照모)/尤3등

Ⓚ t̂iog/tśi̯ə̯u, Ⓣ t̂i̯ŏg

고금음표 幽운 章모 ȶĭu

중세한국한자음 쥬, 일본 오음 su, 한음 syuu(siu)

州부의 성모는 t, t̂, ȶ로 갈리나, t라면 對의 성모와 같아지고(설두음), t̂라면 정치음(3등운)(章모 또는 照모)(ʧ/tɕ/tś 등의)으로 t 〉 t̂의 관계로, ȶ(t로도 혹은 t̂로도)라면 t와 같은 설음 중의 설상음이 된다. 모두 t와 어울리는 소리다.

운모는 선진음 幽부 [u] 合3 [i̯u], 한대음 幽부 (u) 合3 [i̯u] (절운 尤(대부분)), 위진남북조 幽부 (u] 合3 [i̯u], 수-중당음에 候部 [ou] 開3 [i̯ou] (절운尤有宥)와 같아서 對와 州의 대응이 어려울 것 같지만, Ⓚ 의 tiôg Ⓣ 의 t̂i̯ŏg를 보면 州胡 역시 tɔkɔ와 비슷하게 되어 對海와의 대응이 불가능한 것은 아니다.

胡 戶吳切 12平 喉音 濁(匣모)/模 1등

Ⓚ g'o/γuo Ⓣ γâg

고금음표 魚운, 匣모 γa

중세한국한자음(신증유합) 호, 일본 오음 gu, go, 한음 ko

선진음 魚부 [ɑ] 開1 [ɑ]에 속하는 이 용자는 한대에 魚부 [ɔ] 開1 [ɔ](절운의 模), 위진남북조에 模부 [o] 開1 [o] 평성, 수~중당음 模부[u]의 合1 [u]가 된 것이다.

여기서 문제되는 海와 胡와의 반절상의 성모의 어긋남에 대해 정리해 보면,

海	중고음	曉모	胡	중고음	匣모	
	상고음	曉모		상고음	匣모	단 Ⓚ 는 g(群모)

Wang(王力)은 선진음에서 曉모 x, 匣모 γ로 보았고 한대음에서는 이들은 선진음 성모와 같거나 혹은 변화가 좀 있어도 크지 않는 것으로 보았다. 위진남북조에도 曉모 x에 대해 匣모는 喩3등에서 γ이고 喩4등은 j로 갈린다. 수-중당음에서는 이 관계가 지속된다.

중고음에서 曉모 x에 해당된 것은 일본 한자음에서 k로 반영된다. 예를 들면 希 呼 海 喜 好 孝 火 花 香 向 荒 兄 休 險 등 무수한데 선진음에서도 喜 希 虛 許 呼 虎 海 忽 河 靴 花 血 兄 등 예를 뽑을 수 있다. 이들은 모두 한국한자음에서는 h로 반영된다.

이에 대해 중고음에서 匣모 γ에 해당된 것도 일본한자음에는 k(혹은 g)로 반영된다. 예를 들면 洪 降 項 学 桓 活 患 還 玄 効 荷 下 暇 航 黄 行 幸 候 등 무수한데, 선진음에서도 洪 学 項 降 活 害 魂 寒 玄 活 穴 号 効 荷 賀 航 候 合 咸 등 예를 뽑을 수 있다. 이들은 거의가 한국한자음에서 h로 반영된다(단 暇는 k로, 降은 h/k로).

Arisaka(有坂, 1955:218)에서는 중국중고음은 喉음에서 曉 x, 匣 γ, 影・, 喩 ∅이다. 훈민정음에서는 ㆁ을 牙음의 疑모에, ㆆ을 喉音의 影모에, ㅇ을 喩모에 맞추고 있다.

그런데 8세기경의 일본의 만엽 kana를 보게 되면 중국의 見모의 것(加 歌 嘉… 등 k), 溪모의 것(可 軻 k‘), 曉모의 것(訶 x), 群모의 것(伽 g‘), 匣모의 것(賀 γ)이 있는데 이들은 모두 k를 나타내고 있다. 중국한자음으로는 각각 다른 두자음인데, 당시에는 이들 다른 음이 없고 모두 k에 가까운

음으로 듣고 k로 모방했다고 하고 있다. 이렇게 해서 중국한자음과 다른 일본 나름의 한자음인 왜음(倭音)이 이루어진 것이라 했다(有坂 1955: 191-2).

이는 3세기의 '倭語(倭人語)'시대에도 해당되는 것으로 보아진다. 위지 왜인전의 인명, 지명 등의 기록은 비록 중국인이 주관했다 하더라도 실지 기록에 임한 이는 현지인의 가능성이 있고 현지의 발음에 입각했을 것이다. 또 어떤 것을 이전부터 전승되어 온 것도 있을 것이다. 현지의 언어는 삼한 혹은 제주도에서 사용된 것과 공통어적인 성격을 띠었을 것으로 생각된다. 왜인전의 어휘가 한국어로 풀이될 수 있는 부분이 있기 때문이다. 그러면서 왜인어 나름의 특색을 지닌 것이다. 曉모는 한국 쪽에서는 k와 h의 분화가 있었던 것으로 보이나 왜인쪽의 왜인kana로서는 k로 씌었을 것으로 보인다. 그리고 앞에서의 중국 상고한자음 표기에서의 다양한 개음적 표기(u는 제외)는 왜인어의 왜음에서는 음운적 변별성이 약했던 것으로 추정된다.

이렇게 보고 왔을 때 '對海' 대 '州胡'는 각 용자의 성모나 운모가 비슷하고 해서 한대-위진남북조 시기는 전자는 ȶəkə, 후자는 ȶɔkɔ와 같이 서로 접근하여 섬(島)의 뜻으로도 상관적 관계가 성립하는 것으로 생각된다. 여기서 t, k, ə의 목록을 얻을 수 있다.

'對海'의 다른 이름 '대마(對馬)'도, 제주도의 '州胡'의 후신형 təm(耽(羅))에 상응한다. '對'를 선진음 [əi]에서 tə로 읽을 수 있고 '馬'는 ma이므로 təm(a)에 상응하는 것이다. '馬'의 상고음의 시대적 변천은 '投馬(國)'를 참조 바란다.

3. 일지(一支)(國)

一　於悉切 17入(開) 喉音 淸(影모)/質 4등

고금음표 質운 影모 ĭet, Ⓚ i̯ĕt/i̯ĕt, Ⓣ i̯et

중세한국한자음 일(훈몽자회), 일본 오음 iti, 한음 itu

支　章移切 4平(開)齒音 淸(照모)/支 3등
고금음표 支운 章모 ȶ ĭe, Ⓚ t̂i̯ĕg/tśie̯, Ⓣ k̂i̯eg
중세한국한자음 지(신증유합), 일본 오음·한음 si

一과 支(다음에 나오는 伊, 彌, 斯, 卑의 경우도)의 모음 i̯ĕ는 아주 오랜 시기의 i의 분열(breaking)에서 유래한 것으로 보기도 한다. 삼한어나 왜인어에서는 모두 i일 것이다(cf. 馬渕 1970a:41).

'一支(國)'는 위략(魏略) 일문(逸文)에 나오고, 위지(魏志)에는 '일대국(一大國)'이다. 이 섬 이름은 일본서기 그리고 현재의 지명에 '岐'(壹岐)가 쓰여서 itki로 본다. 어중 t/k의 변이 내지 교체로 보면 一支國/一大國의 공존이 가능하다. 그같은 itki/itka의 공존이 있게 되면 섬의 옛 음형 tVkV형과 결부시킬 수 있다(cf. 김공칠, 1995:72). 이와 유사한 도명에 ikitusima(生月島(北松浦)), itukusima(嚴島(広島시))가 보인다.

'支'를 ki(>ci)로 읽는 것은 魏志韓條의 '월지국(月支國)'을 tat(/k)kina(高城國)으로 본 데서 연유한다(cf. 김공칠, 2006:278-9).

'支'의 두자음을 k̂로 재구하고 있는 Dong(董同龢, 1944:173)의 경우를 보면 佳부 음성(陰聲) 개구(開口) 평성(i̯eg(→i̯e))의 두자음 k̂에 支, 枝, 汥가 보이고 상성에 伎가 보인다.

한국한자음에서 支(중세한자음도 지 (신증유합))와 汥는 '지'이고 나머지는 '기'이다. 동일한 성부(聲符)의 것이 갈리고 있다.

그러나 장삼식(張三植, 1975)에 의하면 支는 肢(지)와 枝(기)에 통한다 했으니 예전에 양용되었을 것으로 보인다. Dong(董同龢)은 佳部耕部(모두가 주모음 e)가 묶여져 있고 耕部는 선진음에서 Wang(王力)의 支부의 양성류에 해당되므로 분부(分部)에서 佳部를 支部에 맞출 수 있다.

支운의 시대적 변화를 보게 되면,

선진음 支부[e] 開3 [i̯e] 支, 知, 枝, 岐, 伎, 卑, 企, 是, 氏 등 — 한 대 支部[e] 開3 [i̯e] (절운의 支) (知, 卑 등) — 위진남북조 支部[e] 開3 [i̯e] (절운의 支,

紙, 寘) (支, 知, 斯, 奇, 移, 知, 卑) — 수-중당음 脂부[i] 開3 [i] (절운의 支, 紙, 寘)

문제는 支, 岐의 용자가 만엽kana에서는 ki甲이어서 삼한에서 쓰인 '月支國'의 支의 ki는 ki乙(基, 紀)에 상응하는 것이기에 맞지 않는 듯이 보인다. 그러나 고대의 i형은 i~ï 사이에 있었기에 성모도 차차로 牙음(k), 齒음(t̂~s)으로 바뀌는 과정에 i의 갑을(甲乙)의 구별이 느슨해지지 않았나 생각된다. 섬(島)의 뜻인 一支의 음형에서 i, k 그리고 -t의 말자음의 목록을 얻을 수 있다.

4. 말로(末盧)(國)

末　莫撥切 24入(合) 脣音 次濁(明모)/末 1등
　　고금음표 상고음 月운 明모 muat, Ⓚ mwât/muât, Ⓣ mwât
　　중세한국한자음 말(신증유합), 일본 오음 mati, matu 한음 batu

盧　落胡切 12平 舌齒音 清濁(來모)/模 1등
　　고금음표 상고음 魚운 來모 la, Ⓚ lo/luo, Ⓣ lâg
　　현행한국한자음 로, 일본 오음 ru, 한음 ro

Ⓣ에서의 운미 -g는 입성(-k), 양성(-ŋ)과 상대적으로 가정한 것으로 확연한 음가를 지닌 것은 아니라고 본다. 그래서 고음음표 그리고 Ⓚ 에는 표시되어 있지 않다(이하에서도 마찬가지).

末에 쓰인 합요음은 두자음 m에 의한 원순화의 영향으로 보고 주모음은 시대의 흐름에도 일관하여 후설적임을 감안할 때 한국어의 '아'보다 'ᄋᆞ'에 가까운 모음일 것으로 보인다.

선진음 月부 [ɑt] 合1[uɑt](活, 濊, 奪, 撮, 脱 등) — 한대음 月부[ɑt] 合1[uɑt](절운의 末〈예자 奪〉) — 위진남북조 曷부[ɑt] 合1[uɑt](절운의 末(예자 末, 沫, 妹, 括, 活, 脱, 奪 등) - 수-중당음 曷부 [ɑt] 合1[uɑt](절운의 末)

필자는 그 전사(轉寫)자로 ɐ(발음기호 ɐ와는 다름)를 쓰고 있는데 [ɑ] 내지 [ɔ]음에 가깝다. 당시에 규우슈우에서도 그러한 음이 존재했겠지만 a와의 분립이 확실하지 않아 일단 a모음으로 해둔다.

Mabuci(馬渕, 1970a:39-40)에서 末(馬도)의 모음 wâ(→uâ)(w의 합구성은 순음 두자음에 연유), 그리고 â(那)도 한국어의 a에 상당하다고 하였다.

盧는 Ⓚ, Ⓣ 다르게 재구되어 있다. 이 용자는 중고의 魚부 模운 1등운에 속하는데 여기에 속하는 동일한 자군(字群)의 것도, 같은 왜인 6국의 국명에서도 a로 읽기도 하고 o(o_1, 곧 o甲)로 읽기도 한다고 보는 이도 있다(森외, 1985:182-5).

후한 이후에는 模운이 a가 아니고 o였다고 추정하고 지명(국명)의 정착시기가 후한 이전인가 후한 이후인가에 의해 달라진다는 것이다. 후술하는 '伊都'의 '都'는 후세의 '伊覩'(怡土)에 비정(比定)되고 일본어로도 ito로 전승되어 왔기에 o로 읽고, 여기의 '末盧'의 '盧'는 ra로, 奴國의 '奴'는 na로 읽고 있는데 이들 후2자의 표기는 후한 이전부터 국명이 정착되었기에 그렇다는 것이다. 동일한 왜인 6국의 국명의 정착시기에 차를 두고 어떤 것은 a로 읽고 어떤 것은 o로 읽는 것은 그럴 수도 있으나 현존의 지명의 호칭을 중시한 데서 오는 것이다.

한편, 당시의 국명에 쓰인 魚부 모(模)운 1등자는 a 또는 o(o_1, o甲)로 사용된 것은 이들의 음가가 a 아니면 o로 분간하기 어려웠기 때문일 것으로 보기도 한다(森山, 1971:14). o_1(위진 남북조)이 후설의 ɑ(선진음) 〉 ɔ(한대)에서 유래하였다 보면 그럴 수 있다.

Mabuci(馬渕, 1970a:40)는 이들은 한국어에도 일본어에도 o로 받아들인 것으로 보고 있다. 아마도 그것은 다음의 시대별 변천과정상 위진 남북조의 模부의 o를 받아들인 것으로 본 것이 아닌가 싶다.

盧자의 시대적 변음 과정을 보게 되면,

> 선진음 魚부[ɑ] 開1[ɑ](烏 ,都, 素 ,胡, 徒, 土, 枯, 苦, 怒, 五, 戶, 祖, 吐, 魯, 故 ,固 ,呼 등) — 한대 魚부[ɔ] 合1 [uɔ](절운 模) (예자 孤) — 위진 남북조 模부

[o] (절운의 模姥暮) 평성 模, 胡, 途, 奴, 呼, 吾, 枯, 都, 烏 (이들은 운경 12平 1등에 있다. 盧도) — 수-중당음 模부[u] 合1[u](절운 模(平)姥(上)暮(去))

이러한 음의 변화양상을 보면 ɑ 〉 ɔ 〉 o 〉 u의 모음추이를 엿볼 수 있다. 이러한 추이과정 중 한대음 ɔ를 모방한 것이 아닌가 한다. 제주방언의 ɐ에 가까운 이 소리는 a와 o의 간음(間音) 음역에 있다.

중고음(운경)의 模운 1등자의 모음은 한국한자음으로 모두 o음이다. 일본의 오음으로는 대부분 u로 반영되는데 수-중당음이 模부[u]의 合1[u] (절운의 模(姥, 暮))에서 유래하였다고 보겠다. 다만 謨, 模는 o로 반영된다. 원순화의 경우로 본다면 당시의 오음의 u는 비원순이거나(현대음도 그렇다) 혹은 o가 ɐ(ɔ)에 가깝거나 해서 그럴 것이다. 한음은 모두 o이다. 원래 일본어의 o는 비원순음(지금도 마찬가지다)이다.

상고음이나 위지왜인전 당시의 왜인어에서의 이들 자군(字群)의 음을 a (長田, 1979:86)로 해석한다는 것은 예컨대 고구려의 부족명의 접미사로 쓰인 '奴'가 삼국사기에는 '那'(灌奴>貫那)로 쓰였는데, 그것은 '奴'가 '盧'와도 같은 魚부 模운1등자로서, 원래 ra, na를 나타낸 용자지만 발음이 o로 변했기 때문에 새로이 a음된 歌운의 '羅, 那'를 빌어서 썼다고 보는 것이다.

사실 상고음의 재구 자체가 문제일 수 있다. 模운을 Karlgren은 중고음에서 uo로 재구한 것은 模운 1등자가 한국한자음이나 일본의 한음(漢音), 월남 한자음에 o로 나타나고 일본어의 오음(吳音)은 u로 나타나는 점에서 o나 u로 재구할 수 있었는데 uo 〉 u(o의 탈락)로 봤기 때문이다(Karlgren, 1954:267). 오히려 한국어의 경우는 o를 후발달음으로 보기 때문에 u〉uo로 볼 수 있는데 그렇게 보지 않았다. 상고음도 o를 재구한 것은 그 근거가 확실한 중고음체계에 기반을 둔 것이다. 상고운류의 제33군(群)(제로 운미의 것)은 상고음 o로 재구하고 있다(1954:360). 그 중고음은 그 o의 꺾임 (breaking)에서 uo가 된 것으로(후세의 u는 o의 탈락)보고 있다.

당시에 현지에서의 지명에서 이들의 변이음이 나타나는 가능성은 충분히 있다. 그 기저모음을 ɐ([ɑ / ɔ])로 가정했을 경우 제1음절에서는 ɑ, 말음절에서는 ɑ / ɔ~o~u로 나타날 수 있다.

이들은 동일한 후설모음의 원순성을 띠는 모음들이다. 이들 음은 왜인6국의 지명을 청취하여 기록하는 이에게 중고의 模운 1등자가 선진 시대에 魚부 [ɑ], 한대에 魚부 [ɔ], 위진남북조시대에 模부[o]로 추이하였던 과정이 반영될 수 있고, 현지 왜인어 자체도 후설모음의 추이과정이 있을 수 있다(당시에 o음이 분화되지 않았으면 u로 받았다가 나중에 o로 변했을 수도 있다.).

왜인6국에 쓰인 중국한자의 반의적(反義的)용법으로 '末'자를 쓴 것을 참조하면, 왜인6국에 최초에 거명된 국가인 점을 드러낸다. 반의적 용법의 예로 '倭, 末盧'외에도 '奴, 邪馬臺, 卑彌呼, 卑狗'들을 들 수 있다. '伊都'가 반의적으로 쓰이지 않는 것은 중국의 군사(群使)의 왕래지였기 때문일 것이다. 이렇게 보면 이들 어례의 음역(音譯)자는 현지의 왜인으로 보기 어렵지 않는가 한다. Arisaka(有坂, 1955:194)는 어떻게 스스로 비하(卑下)할 수 있겠나 하고 중국인이 쓴 것으로 보고 있다. 당시 한일 공통어적인 언어 사용자의 안내와 설명을 받으면서 중국인이 음역한 것으로 볼 수 있다.

여기에는 한국어의 몯(伯), ᄆᆞ루(〈ᄆᆞᄅᆞ)(宗), 머리/마리(頭) 등이 반영되어 ᄆᆞ/마-ㄷ(t)- ᄅᆞ/라 의 음형으로 首國, 第一國의 뜻으로 사용된 것으로 풀이된다(cf.김공칠, 2014:265-7). 그런 면에서 음운목록으로 m, r, ɑ 그리고 종성 -t를 추려낼 수 있다.

'末盧'는 후세에 '末羅' 그리고 '松浦'(神功紀), 현존지명 matura이어서 '末'의 -t운미가 실지로 종성으로 나타났는지 외파하여 tu로, 그리고 유음(流音)화하여 ru로 발음하였는지 정확히 확인할 수 없으나 -t 〉 tu 〉 ru(〈 rɐ)를 거친 것으로 가정해 둔다.

5. 이도(伊都)(國)

伊　於脂切 6平(開) 喉音 淸(影모)/脂 4등
고금음표 상고음 脂운 影모 ˇiei Ⓚ ĭɛr/i, Ⓣ i̯ed
중세 한국한자음 이 (훈몽자회), 일본 오음, 한음 i

都　當孤切 12平 舌音 淸(端모)/模1등
고금음표 상고음 魚운 端모 ta, Ⓚ to/tuo, Ⓣ tâg
중세 한국한자음 도 (훈몽자회), 일본 오음 tu, 한음 to

伊자의 변음과정을 보게 되면,

> 선진음 脂부[ei] 開3 [i̯ei] (伊, 美, 比, 夷 등) — 한대음 脂부[ei] 開3 [i̯ei] (절운의 脂의 開) — 위진남북조 脂부[ei] 開3 [i̯ei] (伊, 尼, 師, 夷, 脂 등) — 수-중당음 脂부[i] 開3 [i] (절운의 脂 〈운경에는 4등에 위치〉)

원래의 i가 그 하강이나 꺾임에서 [ei]가 되었다면 일관하여 i가 중심음이었다고 볼 수 있다.

'都'는 두자음은 t이나 운은 앞에서 본 바 있는 魚부(중고의 模운1등자)의 것으로 Osada(長田, 1979:49)는 선진음의 ɑ [tɑ]로 읽는다. Mori(森외, 1985:111)는 o(to)로 읽고 있다. 후한 이후에 魚부와 歌부의 두 운부간의 평성자의 압운(押韻)예가 거의 없는 점에서 模운자는 ɑ류가 아니고 o류로 변했다고 보는 것이다(p.182).

'都'자의 변음과정을 보게 되면,

> 선진음 魚부 [ɑ] 開1 [ɑ] (胡, 徒, 戶, 固, 呼, 土 등) — 한대 魚부 [ɔ] 開1 [ɔ] (절운의 模운, 都, 姑 등) — 위진남북조 模부 [o] 開1 [o] (절운의 模(姥, 暮)운) (평성 都, 模, 胡, 乎, 奴, 呼, 吾, 烏 등) — 수-중당음 模부 [u] 合1 [u] (절운의 模(姥, 暮)운)

이를 보면 후설모음의 ɑ-ɔ-o-u의 모음추이를 간취할 수 있다.

이 '伊' kana를 어떻게 읽을 것이냐에 따라 의미가 결정된다. 종전에 필자는 이를 i로 읽고 to에 얹힌 지정적이고 미화적인 말로 보고 전체적으로 좋은 선착장이자 관문이 되는 곳이라는 뜻으로 풀이한 바 있다(김공칠, 2014:268).

한편 앞에서의 '伊'자의 상고중국한자음의 변음과정으로 보건대 (i)e로 읽을 가능성도 배제할 수 없다. 그렇다면 지금의 일본의 수도인 '東京'의 옛 이름 edo(江戶)(제2음절의 to의 유성음화)와 같은 패턴으로 해석할 수 있다. 이 경우의 e는 일본어로 해안 또는 호안(湖岸)에 육지로 깊숙이 파고 든 곳이고 iri-e(入江)의 말로도 쓰이는데, 그렇게 되면 e-to(>edo)는 강구(江口)와 같은 뜻이 되며, 여기서 e, o, t의 목록을 얻는다.

만엽kana에서 훈(訓)kana로 '江'자가 ya행의 e단 음으로 쓰이는 점에서 단순한 e가 아닌 i̯e의 음을 지녔다고 보면 더욱 '伊' 중국의 상고음의 음과도 가까워진다. 여기서 y를 추가할 수 있다.

보통 '伊都國'의 위치는 karacu(唐津)만의 깊숙한 karacu에 비정(比定)하지만, 필자는 보다 동쪽의 itosimagun(糸都郡)의 hukae(深江)쪽으로 보았다. 모두 강구(江口)에 위치한다. 그 지형어에서 또는 국명으로 보인다.

아이누어의 e도 안(in), 쪽(to)의 뜻이 있어 '지형이 안으로 들어간'의 뜻에도 맞는다.

6. 노(奴)(國)

奴　內都切 12平 舌音 淸濁 (泥모)/模운 1등
　　고금음표 상고음 魚운 泥모 na, Ⓚ no/nuo, Ⓣ nâg

중세중국한자음 노(훈몽자회), 일본 오음 nu, 한음 do

지금의 Hukuoka(福岡)시의 지역인데 옛 이름이 naka(那珂)이고 시내를 흘러 Hakata(博多)만 내에 흘러가는 강 이름도 naka천(옛 이름도 nagakawa)이다. 시가지에서 분류하여 그 가운데에 델타를 형성하는데 그 이름도 nakasu(中州)이다.

奴의 용자의 시대적 변화음을 보면,

> 선진음 魚부 [ɑ] 開1 [ɑ] 전출(前出) — 한대음 魚부 [ɔ] 開1 [ɔ] 절운의 模(都, 姑 등) — 위진남북조 模부[o] 開1 [o] (절운의 模(姥, 暮)운)(평성 模, 奴 등 전출) — 수-중당음 模부 [u] 合1 [u] (절운의 模(姥, 暮)운)

선진음의 [ɑ] 내지 한대음의 [ɔ]에 입각하면 '奴'와 nɑ(/nɔ)와의 대응은 성립한다고 본다.

na에는 내(川)의 뜻이 있고 아이누어로는 '水'의 말이다. 곧 '奴(國)'에는 물의 나라, 강의 나라라는 뜻이 반영되었다고 본다(cf. 김공칠, 2014:268-9). 한국의 물의 고을 na주(羅州)에 비길만하다.

'奴'에서 n과 ɑ의 음운목록이 추출된다.

7. 불미(不彌)(國)

不 ① 弗 20入(合) 脣音 淸(幫모)/物3등
ⓚ pi̯wət/pi̯uat, ⓣ pi̯wə̆t
중세한국한자음 불(천자문), 일본 오음 pu, 한음 puu
② 甫鳩切 37平 脣音 淸(幫모)/尤3등
고금음표 상고음 之운 幫모 pĭwə, ⓚ pi̯ŭg/pi̯ə̯u, ⓣ pi̯wɔ̆g

①과 ②의 차이는 -t입성의 유무의 차이다. 일본음의 음형은 ②쪽이다. ①에 입각하여 시대별 음의 변동을 보면,

> 선진음 物부 [ət] 合3 [i̯uət] (出, 卒, 述, 律, 弗, 拂 등) — 한대음 物부 [ət] 合3 [i̯uət] (절운의 物운, 忽, 佛 등) — 위진남북조 物부 [ət] 合3 [i̯uət] (物, 勿, 弗, 屈, 佛 등) — 수-중당음 物부 [ət] 合3 [i̯uət] (절운의 物운)

선진음에서 수-중당음에 이르기까지 物부 合3의 [i̯uət]음으로 제주도의 원순적인 ᄋᆞ음을 나타내는데 어울리는 음이다.

彌 武移切 4平(開) 脣音 次濁(明모)/支 4등 (운경에 따라 瀰)

고금음표 상고음 脂운 明모 mĭei, Ⓚ mi̯ăr/mjię, Ⓣ mi̯er(璽로)

한국한자음 미(신증유합), 일본 오음 mi, 한음 bi 萬葉kana mi₁

선진음으로부터의 시대적 변화를 보면,(좀 복잡하여 시대별로 설명을 보탠다.)

선진음 脂부 [ei] 開3 [i̯ei] (夷, 眉, 耆(이들은 운경에서 平3등), 美(3등)의 3등은 유지하나 伊, 比 이들은(平4등) 바뀐다.) /開4 [iei] 禮, 泥 (彌가 운경상 4등이기에 開4로 적음)

한대음 脂부 [ei] 開3 [i̯ei] 절운의 脂開 (開4는 절운의 齊 계통)

위진남북조 支부 [e] 開3 [i̯e] 절운의 支〈예 知, 卑 등〉(開4는 안 보임)

선진음-한대음의 脂부 [ei]의 開3 [iei]은 한대부터 위진남북조에 절운의 脂開-脂(旨, 至)운의 계통이 된다.

수-중당음 선진음으로부터의 脂부의 계통과 위진남북조의 支부의 계통이 수-중당음에서는 脂부[i]로 하나가 된다. 脂부 [i] 開3 [i](절운의 支(紙, 寘), 脂(旨, 至), 之(止, 志))(支의 3등과 4등은 ɪe와 ie의 차이)

'不彌國'은 바다가 푸르고 잔잔한 hakata(博多)만의 동편에 있던 나라로 추정된다. 고대 한국어의 pɐr(穩)-mɐi(水, 浪, 波)의 나라로 풀이된다(cf. 김공칠, 2014:269~). 여기는 이미 필자가 제주도의 삼성(三姓)신화에 전하는 일본 벽랑국(碧浪國)에 해당하는 곳으로 풀이한 바 있다(김공칠, 1999:211).

'不'의 용자는 pɐr의 음을 나타내는데 쓰이고 '不'은 반절 ①로 볼 때는 -t입성 운미가 있었던 것으로 추정되며(나중에는 한국어는 r유음화로, 일본어는 tu음화로), 彌의 용자는 선진음으로부터 수-중당음까지 脂부의 분부는 유지되고 있으나 그 음가는 수당음의 [i] 이전은 [ei]로 일관하고 있다. 상고음에서 Ⓚ가 mi̯ăr로 재구하고 있듯이 중모음의 e를 한국어에서는 [ɐ]로 받은 것 같다. e는 중설의 ə와 가깝고 [ɐ]도 ə에 가깝다. 그런 면에서 彌는 ᄆᆡ(買(고구려어 '水, 川')(중세한국한자음 買ᄆᆡ 〈훈몽자회〉)와 접근될 수 있다.

'瀰'는 만엽kana로는 mi_1(mi甲)로 되어 있어 8세기에는 ɐ의 탈락형과도 같지만, '水'의 만엽kana의 midu(美豆, 瀰津)에서도 mi_1(mi甲)가 공통적이어서 '瀰'용자의 보수성이나 '水'의 음형의 변화성이 간취된다. '不'에서 p-, ɐ [ɑ / ɔ], -t의 목록을 '瀰'에서 m-, i의 목록을 얻을 수 있다.

8. 투마(投馬)(國)

投 頭 37平 舌音 濁(定모)/侯 1등
고금음표 상고음 侯운, 定모 dɔ, K d'u / d'ə̯u, T d'ûg
중세한국한자음 투(천자문), 일본 오음 tu, 오음 tou

상고음에서의 시대적 변천을 보면,

> 선진음 侯부[ɔ] 開1[ɔ] (侯, 後, 口, 厚, 句, 斗, 豆, 后 등) (이들은 한 대에 幽부로 전입되었다. 선진음의 侯부는 한대에 魚부, 幽부의 두 부에 분산되어 없어진다(王力, 1987:102). — 한대음 幽부[u] 合1 [u] (절운의 侯운, 侯, 頭 등) — 위진남북조 幽부 [u] 合1 [u] (절운의 侯(厚, 候)운, 평성 侯, 頭, 投 등) — 수-중당음 侯부[ou] 開1 [ou] (절운의 侯(厚, 候)운)

'投馬'를 tɔmɑ 내지 təma로 보는 필자로서는 '投'의 모음은 선진음의 전승음이라고 본다. '投'의 성모는 상고음상으로 어두 유성음의 실현의 특이한 예가 되는데, 왜인어에 g(渠, 耆), d(臺, 投) 등의 예가 있듯이 어두에서의 t / d 교체가 수의적일 수 있다. 여기서는 무성음 t의 변이음으로 본다. 후대일본어는 무성 / 유성의 대립은 있으나 한국어 및 아이누어에는 그러한 대립은 없다.

모음은 고금음표의 재구음 ɔ와 일본어의 한음 tou(〈təu)으로 보아 ə의 재구가 가능하다.

'投'는 만엽kana에는 보이지 않으나 만엽어의 to_2maru/i(泊, 留)와 어원이 같을 수도 있다.

Osada(長田, 1979)에서는 '投馬'를 d'omɒ로 음역하고(p.89) 당시의 일본어로 doma로 읽고 있으나(p.99) 어두음은 변이음으로 친다 하더라도 모음 o의 추정은 무리가 아닌가 싶다.

馬　莫下切 29上(開) 脣音 次濁(明모)/馬(麻) 2등
고금음표 상고음 魚운 明모 mea, Ⓚ mɑ̊/mɑ, Ⓣ mwăg
한국한자음 마(훈몽자회), 일본 오음 me, 한음 ba (ma는 唐音)

상고음의 시대적 변천은,

선진음 魚부[ɑ] 開2[ea](馬, 家, 下, 夏, 假 등) — 한대 歌부 [ɑ] 開2 [ea](절운의 麻운) — 위진남북조 歌부 [ɑ] 開2 [ea](절운의 麻(馬운, 禡)운, 상성 馬, 假, 下, 夏, 把 등) — 수-중당음 麻부 [a] 開2 [a](절운의 麻(馬, 禡)운)

선진음으로부터 수-중당음까지 운부의 이름이 바뀌고 있지만 중모음의 ɑ(→ a)는 불변이다. 일본의 오음의 me는 선진음~위진남북조 사이의 開2 [ea]의 반영으로 보인다. 한국음의 ma는 선진음–수·중당음 사이의 ɑ 내지 a의 반영으로 보인다.

'投馬'에서 t(/d), ə, m, ɑ의 음운목록을 얻는다.

이 지역은 섬이 많은 지역으로 '投馬國'을 섬의 나라라는 뜻으로 풀이할 수 있어(cf. 김공칠, 2014:270-1), tɐma([tɔma]) 제주도의 도명의 고칭 tɐm/təm(耽(羅))과 연계시킨다.

9. 사마대(邪馬臺)(國)

邪　以遮切 29平(開) 齒音 濁(邪모)/麻 4등
고금음표 상고음 魚운 邪모 zia, Ⓚ zi̯ɑ̊/i̯ɑ, Ⓣ zi̯ăg, gi̯ăg
魚운 餘모 ʎia
중세한국한자음 샤(신증유합), 일본 오음 zya, 한음 sya

馬　앞의 投馬(國)의 '馬' 참조

臺　徒哀切 13平(開) 舌音 濁(定모)/咍 1등
고금음표 상고음 之운 定모 də, Ⓚ d'əg / d'ɑ̂i, Ⓣ d'ə̂g
한국한자음 ᄃᆡ (훈몽자회), 일본 오음 dai, 한음 tai

邪에서, 운경에서 보이는 중고음 麻운의 유래는 이미 投馬(그리고 對馬)에서 보인 馬(麻)의 경우와 같다. 다만 등별이 다르다.

> 선진음 魚부 [ɑ] 開4 [i̯ɑ](邪, 且, 舍, 野 등) — 한대음 歌부 [ɑ] 開3 [i̯ɑ](절운의 麻운〈開4는 안 보임〉) — 위진남북조 歌부 [ɑ] 開3 [i̯ɑ] 절운의 麻(馬, 禡)운, 평성 車, 邪, 耶, 斜, 遮, 蛇 등 — 수-중당음 麻부 [a] 開3 [i̯a](절운의 麻(馬, 禡)운)

邪의 성모는,

선진음　　邪모 [z] 謝, 詳, 象, 席, 旋, 於, 叙, 寺, 似, 遂…등

한대　　선진음의 성모와 같거나 또는 변화가 크지 않았다(王力, 1987:100).

위진남북조　邪[z] 위진남북조의 전체적인 성모의 명칭이나 수는 선진음과 완전히 서로 같고 일부에서 음가의 변화가 있었는데(p.136), 邪모는 불변이다.

수-중당음　위진남북조시대와 명칭, 숫자, 음가에 있어서 거의 같다. 일부에서 변동이 있지만(p.203) 邪모는 불변이다.

邪의 또 하나의 고금음표의 상고음 성모 餘모는,

선진음에서 喩모 [ʎ] 보기 用, 欲, 唯, 遣, 以, 余, 與, 豫, 曳, 鋭, 引, 尹, 延, 演, 沿, 陽, 養… 등

Wang(王力)은 설면전(舌面前)의 변음(邊音)으로 ʎ(喩4)(l는 舌尖中의 변음(來))를 설정하고 있다. 이에 대해 匣·喩 3등은 설근(舌根)의 마찰 유성음의 γ로 하고 있다(王力, 1987:20).

喩모 4등운은 상고음에서 가장 해결하기 어려운 문제이며, 影모에 합치는 이, 定모에 합치는 이도 있었다.

Karlgren은 중고시대의 喩4를 상고음의 두 종류에서 유래하는 것으로 보았다. 하나는 *d-에서 유래되는 것과 *z에서 변화하였다는 것이다. 전자의 예로는 移, 也, 夷, 兪, 由, 陽, 役… 등이고 후자의 예로는 耶, 曳, 羊, 酉… 등이다.

Li(李方桂, 1982:13)는 喩4 자음이 상고시대에 설첨(舌尖)전음(前音)이

었다고 본다. 그것은 언제나 설첨전(前) 파열음과 어울리기 때문이다.

喩4의 상고음이 Wang(王力)의 [ʎ](李方桂가 r로 보듯)이면 이는 고대프랑스어에서의 이른바 연화(軟化)의 l이다. fille(여자), tailler(재단) 등의 단어에서의 l은 본래 연화의 l인데 후에 반모음 [j](fille=[fiːj], tailler=[tɑje])로 변화했듯이 喩모 4등도 이와 같이 상고시대에는 [ʎ]이던 것이 중고시대에 반모음 [j]로 변했다는 것이 된다. 이에 대해 喩3등(于모)은 상고에 匣모에 속해서 당시대 초까지 그것이 계속되었다고 보았다(王力, 1987:25).

이상의 '邪'의 성모의 [z], [ʎ] 외에 Dong(董同龢, 1944:159)은 [g]를 세우고 있다. 운모는 魚부 음성 開口 평성(i̯ăg(〉i̯a 麻운))이며, 성모에 z의 것(zi̯ăg), g의 것(gi̯ăg) 두 가지가 있다.

臺에서 상고음의 시대적 변천을 보게 되면,

> 선진음 之부 [ə] 開1 [ə] (來, 台, 才, 在, 怠, 改, 海, 待, 財, 寺, 旗 등) ― 한대 之부 [ə] 開1 [ə] (절운의 咍(대부분)운 來, 臺 등) ― 위진남북조 灰부 [ɐi] 開1 [ɐi](절운의 咍(海, 代)운, 평성 咍, 哀, 開, 臺, 哉, 才, 財, 來, 菜, 台 등) ― 수-중당음 咍부 [ɑi] 開1 [ɑi](절운의 咍(海, 代), 泰〈운경15開去1〉)

臺의 대용으로 台도 쓰이는데 원래는 다른 점도 있었으나 앞의 위진남북조대는 같은 운으로 예시되어 있다.

이상을 보건대, '邪'는 위진남북조의 歌부 [ɑ] 開3 [i̯ɑ] 평성으로 '馬'도 이와 같다. '臺'도 위진남북조의 灰부 [ɐi] 開1 [ɐi] 평성으로 이들 모두 양성 모음계의 것으로 볼 수 있다.

한국 한자음 '듸'는 위진 남북조의 灰부 開1에 상응하고 일본어의 오음 dai(한음 tai)는 수-중당음에 상응한다고 볼 수 있다. 한국의 '터'는 상고음과 연관되고 듸, 데는 위진남북조음에 상응한다고 보면 이들은 한자음에서 유래하였는지 모른다.

다른 호칭 사마일(邪馬壹)의 壹은 전출(一支國)의 '一'을 참조할 것.

이상의 '邪馬臺 / 壹'의 한자음의 표기로 보아 다음의 세 가지(×2)의 해석이 가능하다.

1. camatɐi / it　邪는 유성음이 어두에 서는 특이한 예가 되나 앞에서 언급한 바와 같이 무성/유성의 대립이 없었다고 보면 z를 어두에서 c의 실현으로 보는 것이다.
2. kamatɐi / it　'邪'의 g역시 유성음의 어두 실현의 특이한 예가 되지만 무성음의 k의 변이음으로 보는 것이다.
3. yamatɐi / it　'邪'의 상고음 성모 餘모가 상고음 ʎ, 중고음 j임을 감안할 때 [jɑ]로도 읽었을 가능성을 생각해 본 것이다.

1.의 cama는 아이누어 ca '大', ma / mat '女'를 고려하여 여왕의 뜻으로(혹은 z>s를 상정하여 sama '무당'으로 볼 수도),

2.의 kama는 천손(天孫)이나 왕계나 족속의 뜻으로,

3.의 yama는 일본어의 yama 그대로의 산간국(山間國)의 뜻으로 풀이 된다.

후접의 '臺'와 '壹'은 전자는 소거(所居)지, 후자는 행정수행지의 뜻이다. 1.에서는 女王所都, 2.에서는 고조선의 신시(神市)(kɐm 神, it 市), 그리고 3.에서는 한반도의 yama(穢貊)와도 연계되는 말이 될 것이다(cf. 김공칠, 2014:274).

'臺'는 후대에는 to의 乙류(일본서기에서)로 쓰여서 주모음 ə로 tə(한국어도 tə>t'ə)로 쓰였다. 跡도 훈(訓)kana로 to_2(紀, 萬)로 같다. '터'의 뜻이 함유된 것은 분명하다.

Isizuka(石塚, 1798=1931:11)에 일본서기에 '登, 鄧, 等, 苔' 통용(通用)의 기록이 있다. 모두 to의 을류의 문자다. 거기에 있는 '苔'는 '臺'와 동음의 문자이다. '邪馬臺'의 후대 표기로 보이는 '夜麻登, 夜摩苔, 也麻等'의 표기에서의 '登, 苔, 等'이 모두 을류의 to이다.

이상의 여러 호칭들은 주변지역과 주민의 정황에 따라 불렀을 것으로 보며 이들에서 c, m, t, k, y의 자음과 a, ɑ(/ɔ/ɐ), i의 목록을 얻는다.

cikugo국(筑後國)의 yamato군(山門郡)의 '門'은 훈kana로 to의 갑류에 해당하여 혼동시하기도 하지만, 규우슈우 내에서의 위치가 다르기 때문에 다른 지명의 표기일 따름이다. '山門'의 $yamato_1$는 규우슈우 중부의 산간국에의 입구(入口)적인 위치고, 여기서의 $yamato_2$는 규우슈우 중부 내부의 산간국의 위치이다. 설혹 규우슈우 외의 다른 지방을 가리키는 경우에도 하나는 자리의 뜻으로 하나는 입구의 뜻으로 쓰인 것이 된다.

따라서 종래에 후대의 표기에 입각하여 기내(畿內)는 $yamato_2$, 규우슈우는 일부 지명에 입각하여 $yamato_1$식으로 비정(比定)하는 식은 문제가 있다. Tanaka(田中, 1955:36)도 yamato의 본뜻이 '山門'($to_{甲}$)이든, '山處'($to_{乙}$)이든 그렇게 갑·을의 구별에 얽매여 '邪馬臺國'의 위치 추정의 근거로 삼을 필요는 없다고 하고 있다(그리고 yamato는 '山處'($to_{乙}$)로 보고 있다.).

Hamada(濱田, 1952:38)는 당시의 위지(魏志) 등 중국 자료의 왜인어의 기록의 검토에서 7, 8세기에 보이는 만엽kana의 갑을(甲乙)의 표기(ki, ke, ko, so, to, no, pi, pe, mi, me, (mo), yo, ro의 12(내지 13)음절에 각각 두 가지 구별이 있었다는 것)의 구별이 보인다고 하고 있는데(臺는 to의 乙류로), 아직은 전체적으로 어휘해독이 이루어지지 않고 있기 때문에 일부의 어례를 가지고 구별을 확언하기는 어렵지 않나 생각된다. '臺'를 to의 을류로 본다면 邪馬臺는 모음조화의 반례가 된다. 하지만 왜인어 당시에는 중고음 [ai]의 전신인 위진남북조의 음[ɐi]과 같았다고 하면 반례가 되지 않았다고 생각된다.

지금까지의 국명 외에도 차례로 斯馬國 등 국명이 마지막 奴國까지 21개 나오고, 그 '奴國'이 여왕의 경계이고 그 남쪽에 '구노국(狗奴國)'이 있다 하였는데, 그 위치나 위치 추정에 참고되는 사항이 기재되어 있지 않아서 국명의 해독에는 무리가 따른다. 사람에 따라서 여러 가지 추정들이 있지만 어디까지나 추측에 지나지 않는다.

다만 '斯馬(國)'는 만엽kana로 '島'를 나타내는 '斯麻'가 보이기에 또 현대어의 sima(島)가 있기에 그것과 동일하게 풀이하는 이들이 많다. 허나 특이한 것은 만엽kana에서 sima의 ma의 표기에 '馬'가 쓰이는 것은 안 보이고 '麻'가 주로 쓰인다는 것이다(馬는 推古記에도 고사기에서도 안 쓰인 듯).

馬는 선진음에서 魚부 [ɑ] 開2 [eɑ] (한대에 ɔ로 바뀌어 절운의 模 계통으로), 한대 그리고 위진남북조에 歌부 [ɑ] 開2 [eɑ] 절운의 麻 계통이고, '麻'는 고금음표에 의하면 상고음 歌운 明모 meai로 나와서 한대음에서 歌부 [ɑ] 開2 [eɑ] 절운의 麻의 계통으로 위진남북조 歌부 [ɑ] 開2 절운의 麻(馬, 禡)로 결국 같아지나 '麻'는 평성자로 '馬'는 상성자로 성조의 차이는 있다.

여기서 추측컨대 '馬'는 선진시대부터 魚부(ɑ-ɔ-o)로 후설모음처럼 쓰였고 '麻'는 한대음에서 歌부로 분리하면서(ɑ-a) 중설적인 소리로 구분되던 것이 중고음에 이르러는 모두 다 같은 a의 麻(馬, 禡)로 같아진 것으로 보인다. Ⓚ ma/ma, Ⓣ mwa, 중세한국한자음 마(혼몽자회) 일본 오음 me, 한음 ba.

중고음에서도 후설의 ɑ와 전설(실은 중설)의 a의 구별이 있었다고 보는 이도 있으나, 역사상 거슬러보지 않는 한, 중고음 자체는 그러한 대립은 뚜렷하지 않았다고 본다.

따라서 '斯馬'의 馬는 당초 후설적이었기에 왜인(倭人)kana에서는 그러한 음을 나타냈으나 차차로 이러한 음의 변별성이 사라지면서 중설적인 a를 나타내는 '麻'를 다용하게 된 것으로 본다. 그런 의미에서 일단은 그 소재지는 알 수 없어도 섬의 나라라는 뜻으로 '斯馬'(國)를 다루기로 한다.

10. 사마(斯馬)(國)

위치나 지형을 알 수 없어서 어휘적 의미가 불확실한 국명의 하나의 예로서 생각해보기로 한다.

斯 息移切 4平(開) 齒音 淸(心모)/支 4등 K sie̜

고금음표 支운 心모 sĭe, Ⓚ siĕ̯g/sie̜, Ⓣ sie̯g

중세한국한자음 sɐ(천자문)(현대음은 사) 일본 오음, 한음 si

馬 (전출)

이 국명은 '邪馬臺'(國)의 다음에 나온다. 위지왜인전의 기술에 따르면 여왕국부터의 북쪽은 그 호수, 도리(道里)는 약재(略載)할 수 있어도 나머지 이웃나라는 멀리 떨어져 있어서 자상하게 알 수 없다고 하고 있다. 그러한 기술 후에 다음에 '斯馬國'이 있다고 하고 있어서 그 위치나 현존 지명과의 연결 등을 확실하게 할 수 없는 처지다. sima(志摩)는 mie현(三重縣)의 ise(伊勢)바다에 면한 곳이므로 규우슈우에서는 너무 멀다. 구태여 유음(類音)의 지명을 찾는다면 '邪馬臺國'의 남쪽의 규우슈우 남단의 sacuma(薩摩)에 맞춰볼 수 있으나 확실하지 않다.

다만 여기서 환기시키고자 하는 것은 '邪馬臺國'의 규우슈우 중부 이하의 섬이 많은 동안(東岸) 및 남안(南岸)과도 접경하였을 것이니 '섬'의 뜻과의 연결도 허황된 것은 아니라는 것이다.

후대에 Ramstedt(1926:21)는 일본의 섬의 뜻인 sima를 한국어의 sjəm과 결부시켜서 일본어의 sima에서 제1음절의 i가 제2음절의 a의 발음의 예상이 빨리 작용하여 제2음절의 i에 융합하여 중음절이 되어 한국어의 siëm이 되었다고 하였다. 이를 제1음절의 i의 꺾임(i-breaking)이라고 하기도 한다.(補注 6. p. 536)

이에 대해 필자는 한국어의 셤(sjəm)에서 개모음(介母音)분화 규칙에 의해 일본어의 sima가 되었다고 주장한 바 있다(김공칠, 1989:204-6, 1999:253-4).

만일 여기의 '斯馬'가 정확히 sima의 어형이라면 문제가 좀 다르지만 앞서의 상고음의 음가로서는 '斯'는 sie̯ə에 가까운 소리로 한국어의 '셤'의 음은 오래전부터의 것임을 추정하게 한다. 한국어의 한자 전승음으로도 sɐ[sɑ/sɔ]이고(cf. 斯盧), '斯馬'는 '志摩'와는 직결되지 않는다. 오히려 규우슈우 남부의 sacuma(薩摩)와의 연관이 가능하지 않는 것은 아니다.

따라서 '斯馬'(國)는 후세에는 sima로 변하여 그 이후에 연결이 가능하겠지만 당시에는 한국어의 sjɔma, sjəma에 가까운 소리였다고 볼 수 있어서 sima〉sịəma의 변화의 추정은 무리라고 생각된다.

'斯' 용자 자체는 한국어에서는 개모음보다 주모음으로 전승되고, 일본어는 개모음이 주가 되어 전승되어서 음이 갈린 것으로 보인다.

이 어례의 의미가 불확실하지만 섬으로서의 해석이 가능하다고 보아 이 어례에서 s, m의 자음과 i／ĭ(j), ə의 모음을 추출할 수 있다.

11. 비구(卑狗)

이제부터는 관명(官名)에 해당된 어휘를 보기로 한다.

> 卑　府移切 4平(開) 脣音 淸(幫모)/支 4등
> 고금음표 상고음 支운 幫모 pĭe, Ⓚ pịěg/pjiẹ, Ⓣ pịeg
> 중세중국한자음 비(천자문), 일본 오음·한음 pi(〈hi)

상고음부터의 시대적 변천을 보면,

> 선진음 支부[e] 開3 [ịe] (卑, 支, 斯, 岐, 伎, 此, 只, 是, 氏 등) — 한대음 支부[e] 開3 [ịe] (절운의 支운, 卑, 知 등) — 위진남북조 支부[e] 開3 [ịe] (절운의 支(紙, 寘)운, 평성 卑, 知, 技, 施, 宜, 斯, 池, 奇, 移, 支 등) — 수-중당음 脂부 [i] 開3 [i] (절운의 支(紙, 寘), 脂(旨, 至), 之(止, 志))

선진음으로부터 위진남북조까지 일관하여 동일한 운으로 되고 있다. '卑'는 주모음 중심이면 pe로, 개모음 중심이면 pi로 읽었을 가능성이 있는데 왜인어 당시에 개모음의 변별성이 약했다고 보면 주모음 중심이었을 수도 있고 수-중당음에 i음이 된 것을 보면 개모음 쪽에 치중하는 것도 있는 것으로 보인다.

한국한자음은 앞 예에서 斯(ᄉᆞ→사)를 제외하고는 i음으로, 일본한자음은 是(모음 ze, 한음 si)를 제외하고 역시 i음으로 남아있다.

狗 苟 37上 牙音 淸(見모)/ 厚 1등

고금음표 상고음 侯운 見모 kɔ, Ⓚ ku / kə̯u, Ⓣ kûg

중세한국한자음 구(훈몽자회), 일본 오음 ku, 한음 kou

상고음의 시대적 변천을 보게 되면,

선진음 侯부 [ɔ] 開1 [ɔ] (口, 厚, 句, 斗, 豆, 后, 後, 苟 등) — 한대 幽부 [u] 合1 [u] 절운의 侯(평성 1등)(厚는 상성 1등) 侯, 頭 등) — 위진남북조 幽부 [u] 合1 [u] 절운의 侯(厚, 候)운, 상성 厚, 後, 母, 斗, 苟, 狗 등) — 수-중당음 侯부 [ou] 開1 [ou] 절운의 侯(厚, 候)운

'對海(/馬)국'과 '一支국'의 관명으로 쓰인 이 '卑狗'를 '卑'의 상고음의 주모음 e에 치중해서 peku로 보고 아이누어의 *penku(上人)에 견주어보기도 하였다(김공칠, 1995:205). 나중에는 '卑'의 전승음을 고려해서 상고음의 개모음 i̯에 치중에서 불교에서의 승을 가리키는 '比丘'에 견주어보기도 하였다(2014:248, 415-8).

이제 여기서 '卑狗'와 '比丘'의 용자의 상관성을 찾아볼 수 있는지 알아보기로 한다.

比

1. 毗 6平(毗)(開) 脣音 濁(並모) / 脂 4등
2. 匕 6上(開) 脣音 淸(幫모)/旨 4등
3. 鼻 6去(開) 脣音 濁(並모)/至 4등
4. 邲 17入(開) 脣音 濁(並모)/質 4등

이외에 痺 6去(開) 脣音 淸(幫모)/至 4등이 보이나 3.의 鼻와 같아서 줄인다.

이 중에 6전(轉)의 것은 성조의 차이(脂 평성, 旨 상성, 至 거성)에 불과하다.

고금음표의 상고음에는,

1.은 脂운 並모(평성) bĭei
2.는 脂운 幫모(상성) pĭei
3.은 脂운 並모(거성) bĭei
4.는 質운 並모 bĭet

이를 보아 '比'에는 중고음이나 상고음에서 무성/유성의 두 가지가 있었고 4.에서 성모가 유성에서 무성으로 바뀐 것을 알 수 있다.

4.의 반절자 毖의 質운은 선진음에서 위진남북조까지 開3 [ǐet]로 입성운미를 제외하면 거의 비슷한 음으로 받아들일 수 있다.

Ⓚ pǐər/pji, Ⓣ b'ǐed, pǐed, b'ǐet
중세한국한자음 비(천자문), 일본 오음・한음 pi

상고음에서 1.~4.모두 脂부에 속한 것을 알 수 있는데 그것의 시대적 변천을 보면,

선진음 脂부 [ei] 開3 [ǐei] (私, 夷, 眉, 師, 毗, 伊, 死, 几, 比, 旨, 匕, 美, 尸, 矢 등〈이들은 운경에는 3, 4등에 분산되어 있다.〉) — 한대음 脂부 [ei] 開3[ǐei] (절운의 脂開, 師 등) — 위진남북조 脂부 [ei] 開3 (절운의 脂(旨, 至)운, 상성 旨, 美, 几, 匕, 比, 妣, 矢, 死, 否 등) — 수-중당음 脂부 [i] 開3 [i] (절운의 脂(旨, 至), 支(紙, 寘), 之(止, 志))

'卑'는 상고음(開3)에서 pǐe, '比'는 상고음(開3)에서 p(/b)ǐei로 발음되어서 중국음에서도 약간의 차이가 있는데 불과하므로 왜인어에서는 卑로 比를 대신할 수 있다고 본다.

丘　去鳩切 37平 牙音 次淸(溪모)/尤 3등
　고금음표 상고음 之운 溪모 khǐwa, Ⓚ k'ǐŭg/k'ǐəu, Ⓣ k'ǐwə̆g
　한국한자음 구(훈몽자회), 일본 오음 ku, 한음 kju(kiu)

상고음의 시대적 변천을 보면,

선진음 之부[ə] 합3 [ǐuə](謀, 丘, 牛, 友, 否, 有, 久, 右, 婦, 負, 祐, 亀 등)

— 한대음 幽부 合3 [i̯u](절운의 尤(대부분)운, 流, 求 등) — 위진남북조 幽부 合3 [i̯u](절운의 尤(有, 宥)운), 평성 尤, 丘, 求, 留, 流, 秋, 牛, 修, 州, 浮, 謀, 牟 등) — 수-중당음 侯부 [ou] 開3 [i̯ou](절운의 尤(有, 宥)운)

한대-위진남북조의 음으로 볼 때 狗는 [u], 丘는 [i̯u]여서 개모음이 변별성만 약하면 狗로 丘를 모방할 수 있다고 본다.

일본의 신공기(神功紀) 62년에 백제기에 나오는 '沙至比跪'(cf. 김공칠, 2014:416)의 '比跪'를 piko로 읽고 이 인명이 본문의 '襲津彦'(socupiko)과 상응해서 比跪=彦이 성립하지만 후대의 독음에 문제가 있다.

跪는 고금음표(p.59)에 의하면 상고음 khĭwai, 중고음 khĭwe이고 한국한자음은 kwe(궤)이다. 당시까지는 ku의 음역에 있었고 방언적(예컨대 제주방언에서의 we 현상)인 것이었다고도 볼 수 있다. 이것이 u 〉 o의 시대적 변화에 의해 卑狗를 '記紀'에 보이는 '日子, 彦舅〈比古尼〉'와 같이 남자의 뜻의 pi_1ko로 보게 되었을 수도 있다.

당시의 왜인지역은 환경상 남자라면 일반적으로 해인(海人)이었을 것인데 교양 있고 민중을 지도하는 남자다운 이로는 '比丘'밖에 없었지 않나 생각된다. 제주도에는 일찍이 불교가 전래한 자취가 있고 해상으로 교통이 수월한 對海(馬)(國)와 一支(國)에 그러한 호칭이 파급되었을 가능성은 있다고 본다. 상인(上人) 또는 지도자로서의 卑拘의 음형에서 p, k, i, e, u의 목록을 얻을 수 있다.

12. 비노모리(卑奴母離)

對海(馬)국과 一支국의 부관(副官)명이다. '奴국'과 '不彌국'의 부관명이기도 하다. 이렇게 여러 나라에서 부관명으로 쓰는 것을 보면 일반적으로 쓰이는 어떤 직책명 같은데 그 전항의 의미는 분명하지 않다. 다만 후항의 모리(母離)에 대해서는 추정이 가능하다.

卑 전출(卑狗)
奴 전출(奴國)

母 1.莫厚切 37上 脣音 次濁(明모)/厚 1등
2.無 12平 脣音 次濁(明모)/虞 3등

1.은 고금음표에 상고음으로 之운 明모 mə로 보인다.

Dong(董同龢, 1944)에서는 1.은 之部 음성 합구 wə̂g(→ə̯u, 侯)(侯는 평성1등, 厚는 상성1등)로(mə̂g), 2.는 魚부 음성 합구 i̯wag(→i̯u 虞)로(mi̯wag) 보인다. Ⓚ məg/mə̯u

중세한국한자음 모(훈몽자회), 일본 오음 mu, 한음 bu

상고음의 시대적 변천을 보게 되면 반절자 1.의 경우는,

> 선진음 之부[ə] 合1 [uə](母, 梅, 每, 倍 등) — 한대 幽부 [u] 合1 [u](절운의 侯(厚는 상성)운, 候, 頭 등) — 위진남북조 幽부 [u] 合1 [u](절운의 侯(厚, 候)운, 상성 母, 厚, 某, 部, 斗, 狗, 偶, 走 등) — 수-중당음 侯부[ou] 開1 [ou](절운의 侯(厚, 候)운)

반절자 2.의 경우는

> 선진음 魚부 [ɑ] 合3 [i̯uɑ] (夫, 羽, 雨, 父, 武, 釜 등) — 한대 魚부 [ɔ] 合3 [i̯u] 절운의 虞운, 娛, 扶 등) — 위진남북조 模부 [o] 開3 [i̯o](절운의 虞(麌, 遇)운, 평성 無, 母, 巫, 无, 須, 朱, 區, 扶, 夫 등) — 수-중당음 模부 [u] 合3 [i̯u](절운의 虞(麌, 遇)운)

중세한국한자음의 경우는(그리고 일본의 오음, 한음도) 母의 반절 2.의 한대 내지 위진남북조, 수-중당의 ɔ-o-u과정에서 (Ⓣ의 魚부 음성합구의 i̯wag(→u虞), 위지동이전의 경우는 반절 1.의 선진음 之부[ə] (Ⓣ의 之부 음성합구의 wə̂g(→uə̣i 灰)(고금음표의 경우도)에서 유래하는 것으로 보인다. 만엽kana는 mo로 많이 쓰이지만 고사기에서는 mə로 실현되었다.

이와 같이 母의 용자의 유래가 ə계통과 o(/u)계통으로 나뉘어서 母離도 mori로 읽는 이가 많지만 필자는 məri쪽으로 (우두)머리(頭)로 보고 있다. mori로 보는 이는 지키는 이(守)로 풀지만 그것은 보다 나중의 말이다.

왜인어 당시에 məri로 읽었는지 mori로 읽었는지 용자상으로 확실히 할

수 없는 것 같고 의미상으로 어느 쪽이냐가 관건이라고 생각된다.

전항의 '卑奴'의 풀이에 의존하는 바가 크다. 비교어휘상으로는 한국어의 məri(頭)가 알맞은 것 같고 또 하나의 가능성으로 muri(아이누어의 muri-koro-kamui '砂濱의 神')로 해변을 관장하는 이로 풀 수 있지 않을까도 한다. 음형도 반절자 1.의 한대 내지 위진남북조의 幽부 [u]와도 일치한다. 그렇게 되면 卑奴도 卑의 선진음에서 위진남북조까지의 開3의 [i̯e]인 점에서 한국어의 변두리의 '변'(한자어 邊에서 올 수도 있다.)의 뜻으로 풀어서 변두리의 해안을 관장하는 이로 풀 가능성이 있게 된다. 卑와 奴는 전술하였고 母離에서 m, r, ə, i의 목록을 얻는다.

離　　1. 呂支切 4平(開) 舌齒音 淸濁(來母)/支운 3등
　　　2. 詈　4去(開) 舌齒音 淸濁(來모)/寘운 3등
　　　3. 麗(郞計切)　13去(開) 舌齒音 淸濁(來모)/霽운 4등
1.과 2.는 성조차이 뿐이고 3.은 이들과 구별된다.
　고금음표 상고음(반절자 1, 2) 歌운 來모 ĭai, Ⓚ liɑ/ljię, Ⓣ li̯a
　　　　　상고음(반절자 3) 脂운 來모 liei
중세한국한자음 리(천자문) 일본 오음·한음 ri

선진음 歌운의 경우의 변천과정은,

선진음 歌부 [ɑi] 開3 [i̯ɑi](皮, 施, 宜, 泄, 侈, 地, 尒, 弥 등) — 한대 支부[e] 開3 [i̯e] (절운의 支(自, 歌)운) — 위진남북조 支부 [e] 開3 [i̯e] (절운의 支(紙, 寘)운, 평성 知, 枝, 斯, 宜, 泄, 奇, 岐, 移, 支, 卑 등) — 수-중당음 脂부 [i] 開3 [i] (절운의 支(紙, 寘)운)

선진음 支운의 경우 의 변천과정은,(선진음의 경우 설명을 보탠다.)

선진음 支부 [e] 開4 [ie](提, 題, 奚, 鷄 …등) (開3 [i̯e] 知, 枝, 斯, 卑, 支 … 등) 선진음 歌운[ɑi]에서 위진남북조 支부 [e] 開3 [i̯e]의 평성자의 같은 글자가 포함되어 있다.

이러한 점에서 반절자의 유래는 歌운과 支운의 이합(離合)에서 온 것으로 보

인다. 선진음 歌부에서 온 것은 한대에 開3은 반절자 1.의 支운으로, 開4(소부분)은 반절자 3.의 霽운으로 갈린 것 같다.

한대 支부 [e] 開4 [ie](절운의 齊開(소부분)(여기서 齊는 평성4등이고 霽는 거성4등임)

위진남북조 祭부 [æi] 開4 [iæi] 절운의 齊(薺, 霽)운 (帝, 第, 妻, 計, 係, 系, 閉, 泥 등)

수-중당음 祭부 [æi] 開4 [iæi] 절운의 齊(薺, 霽)운

한국한자음이나 일본한자음 歌부 계통이든 支부 계통이든 선진음의 支부나 한대의 支부의 開3 [i̯e]에서 개모음 혹은 주모음의 i가 중심이 되어서 형성된 것으로 보인다. 따라서 왜인kana의 '離'도 ri를 나타낸 것으로 본다. 앞서의 '母離'도 məri, muri의 ri가 해당한다. 결국 변두리의 해안을 관장하는 이의 뜻으로 보이는 卑奴母離에서 p, n, m, r, e, ə, i, y를 얻을 수 있다.

13. 설모고(泄謨觚)

'伊都国'의 부관명이다.

첫 글자의 泄의 반절에는 두 가지가 있다.

1. 曳 15去(開) 喉音 淸濁(글자는 안 보이고 藤堂외(1971)에 喉音 次淸(喩모)/祭4등에 보인다)(자음유별의 같은 자리의 명칭이 하나는 淸濁, 하나는 次淸으로 되어 있다.)
2. 薛 21入(開 齒音 淸(心모)/薛 4등

고금음표에는 泄과 薛의 상고음에서 동일한 月운 心모 sĭat으로 나타나 있다.

月운은 선진음 [ɑt]와 開3 [i̯ɑt](예자 泄, 孽, 列, 舌, 世) — 한대음 [ɑt] 開3 [i̯ɑt] 절운 薛(앞서의 반절 2의 경우)이다. — 위진남북조 薛운으로 바뀐다. 薛부 [æt] 開3 [i̯æt] 절운 薛에 상당(예자 薛, 泄, 列, 折, 舌, 別). — 수-중당음 薛부 [æt] 開3 절운의 薛운에 상당.

따라서 泄은 선진음-한대음까지는 si̯ɑ(t)에 가까운 것임을 알 수 있다. Ⓚ si̯at/si̯ät, Ⓣ si̯ät

반절 1의 曳의 경우는 고금음표에 상고음 脂운, 餘운 ʎĭətt으로 앞서의 泄과는 성모의 차이임을 알 수 있다. 위진남북조에는 月부에서 祭부 ([æi] 開3 [i̯æi] 거성(예자 曳, 祭, 制, 例, 世, 際)으로 바뀌고 성모도 餘모에서 以모로 바뀐다(중고음 祭운 以母) jĭɛi).

따라서 반절 1.의 경우는 iə(t) 내지 i̯æi으로 '예' 혹은 '애'에 가까운 음임을 알 수 있다.

현행의 한국한자음에 '泄'의 음으로 예/설의 두 가지가 있는 것은 이상에서 연유한다(중세한국한자음은 셜(신증유합)이다.). 일본의 오음 seti, 한음 setu의 경우와 오음 e, 한음 ei의 경우의 두 가지가 있다. 그래서 원문의 역문에서 왜인전 당시에 어떤 음으로 읽었는지 확실하지 않아서 두 가지를 달았다.

두 번째 글자 '謨'는

謨 模 12平 脣音 次濁(明母)/模 1등

로서 앞에 나온 胡, 都, 奴, 呼, 盧와 같은 운이고 선진음 魚부 ɑ(開1), 한대 魚부 ɔ(開1), 위진남북조 模부 o(開1)을 거친 음이다.

여기서는 선진음 내지 한대음으로 쓰인 것으로 보인다.

고금음표 魚운 明모 mua Ⓚ mâg / muo, Ⓣ muâg
중세 한국한자음 모(신증유합), 일본 오음 mo, 한음 bo

중세 한국한자음은 모(신증유합), 일본의 오음 mo, 한음 bo이다.

세 번째의 '觚'는

觚 孤 12平 牙音 淸(見모)/模 1등

고금음표 魚운 見모 ka, Ⓚ kwo / kuo, Ⓣ kwâg 현대한국한자음 고, 일본 오음 ku, 한음 고 앞의 謨와는 운모는 같고 성모만 다르고 앞에 나온 예자(例字)와 같은 음 변화를 겪었다.

선진음의 kɑ로 읽었다면 '卑彌呼'의 kɑ/hɑ처럼 고위(高位)의 장(長)이라는 뜻이 담겨 있다고 볼 수 있다. 하나는 sjamaka(/ha)로 읽어서 무당(만주어 sama, saman, 'shaman', Norman, 1978:232)의 장이고, 다른 하나는 yamaka(/ha)로 읽어서 예맥(穢貊) 계열 내지 산간지(山間地)의 장이라는 뜻이 있는 것으로 풀이된다.

Mizuno(水野, 1987:199-200)에 의하면 학자에 따라 '泄謨觚'를 simako(島子) 혹은 imoko(妹子)로 읽기도 하는데 Mizuno(水野) 자신은 전자를 취하고 있다.

그리고 Mizuno(水野)는 simako를 포구의 지배자인 사람의 존칭이고 이것도 호족의 존칭의 하나라고 보고 있다(p.198). 이러한 주장들을 참조한다면 혹이면 '泄謨'를 sjəma로 읽었을 가능성도 전연 배제할 수 없다.

그렇게 되면 왜인어에서 섬의 표기에 '投馬, 斯馬, 泄謨' 그리고 다음의 '奴국'의 관명 '兕馬'의 표기들이 있게 되는데 그렇게 다양한 음형은 고대 제주도의 도명(島名)의 영향에서 올 수 있다. 그 역사적 변천의 변이형인 耽(羅)(덤(나))-涉羅(덥/접(나)-儋(羅(첨/썸(나))에 맞춰볼 수 있다(김공칠, 2014:15).

관명인 이상 섬이나 해만 또는 산간을 관장하는 이로 볼 수 있다. 그러한 뜻의 이 어형에서 s, m, k, y, ə, a의 목록을 얻을 수 있다.

14. 시마고(兕馬觚)

그럼 奴국의 관명 兕馬觚(太平御覽所引魏志에는 先馬) 경우를 보면,

兕 徐姊切 6上(開) 齒音 濁(邪모)/旨 4등
고금음표 상고음 脂운 邪모 ẑiei (또 하나의 先은 文운 心모 siən)
Ⓚ dzi̯ər/zi(先은 siən/sien), Ⓣ zi̯ed(先은 siən)
현대한국한자음 시, 일본 오음 zi, 한음 si

상고음의 시대적 변천을 보면,

선진음 脂부 [ei] 開3 [ǐei](私, 夷, 伊, 死, 指, 矢, 比, 美 등) — 한대음 脂부 [ei] 開3 [ǐei] (절운의 脂開(脂 평성, 旨 상성)(師, 飢 등) — 위진남북조 脂부 [ei] 開3 [ǐei](절운의 脂, 旨, 至, 상성 旨, 美, 兕, 比, 矢) — 수-중당음 脂부 [i] 開3[i](절운의 脂, 旨, 至(기타 支, 紙, 寘, 之, 止, 志)

兕의 경우는 어두 유성음의 실현이 되지만, 다른 용자 '先'의 경우는 어두 무성음이므로 방언의 변이형으로 보아 '島'의 sįəm과의 연결이 불가능한 것은 아니다.

당시는 어로(漁撈)와 해상교통이 중시되는 시대였으므로 섬의 관리자의 비중이 컸던 것으로 보인다. 이 어형 역시 앞의 泄謨觚와 비슷한 것이어서 그것과 동일한 목록을 지닌다.

15. 미미나리(彌彌那利)

投馬국의 부관명이다.

彌 전출(不彌국)

'不彌국'에서는 '彌'를 mɐi〉mi로 읽었는데(水, 浪, 波), 여기서는 mi(ɐ탈락), 혹은 mɐ(i탈락)로 읽고자 한다.

먼저 mi로 읽은 경우는 일본어의 존대의 mi의 동일자의 중복의 강조용법으로 볼 수 있다. Omodaka(澤瀉외, 1967:715)에 의하여 mimoto(美毛止, 御前)no kataci(容姿) (催馬樂朝津)/mimimoto(美美毛止)no kataci(正倉院仮名文書)와 같이 동일자 중복의 예가 있다. 어떻게 보면 일본어의 존대 접두사 mi는 mimi의 반복형에서의 동일자 삭제로 유래하였는지 모른다. 혹은 한국어에서의 존대의 nim(i)에서의 어두 n/m의 교체에 의한 실현으로 주인(主人), 주관(主管)자를 나타낸 것으로 볼 수 있다. '投馬국'의 관(官)이 '彌彌'인데 이 역시 앞서와 같은데서 유래하고 부관에는 '那利'를 후접해서 구별한 것 같기도 하다.

mɐ로 읽는 경우는 한국어의 지체 높은 이에의 존대어 mama(한자어에서 왔을 수도)에 상응시켜 볼 수 있다. 이 mama도 앞서의 mimi의 경우와 마찬가지로 한음절로 ma(nim), 두 음절로 mama(nim)로 쓰는 경우가 있다.

이러한 관명을 직책상으로 붙여진 이름으로 생각한다면 일본어의 mimi가 '귀'를 가르키는 점에서 '귀가 밝은 이, 총명한 이'로 소청(訴請)이나 여러 말을 아는 역관의 일을 맡은 이가 아닌가도 여겨진다. 이러한 존대어에서 후일의 존대의 말의 시작이 온 듯하다.

후항의 '那利'의 용자를 보면,

那 諾何切 27平(開) 舌音 清濁(泥모)/歌운 1등

다른 반절자도 두 개 보이나 동일음의 성조(상성과 거성)의 차이다.

고금음표 상고음 歌운 泥모 nai, Ⓚ nâr/nâ, Ⓣ nâ
현행한국한자음 나, 일본 오음 na, 한음 da

상고음의 시대적 변천을 보면,

선진음 歌부 [ai] 開1 [ɑi](那, 歌, 何, 他, 阿, 羅, 多, 可, 我, 賀 …등) ― 한대음 歌부 [ɑ] 開1 [ɑ] (절운의 歌운, 何, 羅 등) ― 위진남북조 歌부 [ɑ] 開1 [ɑ] (절운의 歌(哿, 箇)운, 평성 歌, 多, 婆, 陀, 峨, 他, 羅, 那, 何, 阿 등) ― 수-중당음 歌부[ɑ] 開1[ɑ] (절운의 歌운)

'那'를 na로 읽는 것은 한대 내지 위진남북조 음의 반영으로 볼 수 있다.

利 力至切 6去(開) 舌齒音 清濁(來모)/至운 3등

고금음표 상고음 脂운 來모 ľiei, Ⓚ li̯əd/lji, Ⓣ li̯ed
중세한국한자음 니(신증유합), 일본 오음·한음 ri

상고음의 시대적 변천을 보면,

선진음 脂부 [ei] 開3 [i̯ei](夷, 眉, 毗, 伊, 死, 資, 指, 几, 矢, 比, 匕, 美,

尸, 次 등) — 한대 脂부 [ei] 開3 [i̯ei] (절운의 脂開(脂 평성, 旨 상성, 至 거성)) — 위진남북조 脂부 [ei] 開3 [i̯ei] (절운의 脂(旨, 至)운, 거성 至, 祕, 費, 備, 利, 致, 次, 四, 器, 鼻, 比, 地, 示, 自 등) — 수-중당음 脂부 [i] 開3 [i] (절운의 支(紙, 寘), 脂(旨, 至), 之(止, 志))

선진음으로부터 위진남북조음까지 일관해서 開3 [i̯ei]으로 있다가 수-중당음에 [i]가 된 것을 보면 개모음(i̯) 혹은 주모음 i를 치중하는 경향에 있었던 것으로 보아 利는 ri를 나타낸 것으로 본다.

이렇게 해서 나리(那利)는 nari로서 한국어에서 지체높은 사람을 부르던 '나리'와 상응하는 것으로 본다. 전체적으로 彌彌那利는 지체높은(존대) 나리 (官)로 풀면 m, n, r, i, a의 목록을 얻는다.

지금까지 5개의 관명의 해독을 시도했지만 음의 유사성 외에도 관명 성격, 비교어례 유무 등의 평가 기준을 고려한 것이다. 그러한 방식이 어떤 의미에서 지나친 것이 아니라면 '不彌國'의 관명 '多模'도 지난날 관아에서 심부름하던 천비를 가리키는 다모(한자어 茶母로 표기하기도)와 견줄 수도 있다. 그것은 비칭으로 되었지만 비칭은 시대적, 사회적 변화에서 온 것으로 훨씬 예전에는 관아를 통솔하던 여인의 호칭일 수 있다. '不彌國'은 고대에 제주도에 3신녀(3神女)를 3신인(神人)에게 신부감으로 보낸 사연이 있는 여인국적인 면모를 보여준 곳이다.

이렇게 비교 어례를 뒤져보는 것도 나쁘지는 않지만 관명끼리의 상관성을 구할 수 있으면 더 좋은데 그런 예가 보이지 않는다. 다만 '對海(/馬)국'과 '一支國'의 관명 '卑狗'와 '伊都국'의 부관 '柄渠觚'와는 아이누어로 전자는 penku(上人), pa(i)ku(首人), 후자는 penkeku(上人)처럼 상관성을 구할 수 있는 가능성이 없지 않다. 하나의 과제로 남겨둔다.

16. 비미호(卑彌呼)

卑 전출(卑狗)

彌 전출(不彌國)

呼 荒烏切 12平 喉音 次淸(曉모)/模운 1등
고금음표 상고음 魚운 曉모 ha, K xo, xuo, T xâg
중세한국한자음 호(훈몽자회), 일본 오음 ku, 한음 ko
상고음의 시대적 변천을 보면,

선진음 魚부[ɑ] 開1 [ɑ](乎, 烏, 都, 素, 胡, 徒, 土, 虎, 五, 戶, 牛, 吐, 故, 固, 呼 등) — 한대 魚부 [ɔ] 開1 [ɔ] (절운의 模운, 都, 姑 등) — 위진남북조 模부 [o] 開1 [o] (절운의 模(姥, 暮)운, 평성 模, 胡, 乎, 孤, 奴, 呼, 吾, 烏, 都 등) — 수-중당음 模부 [u] 合1 [u](절운의 模(姥, 暮)운)

Yamato국의 여왕의 호칭으로 '卑'에서 상고시대의 i가 ie로 꺾인 것으로 보고 pi음으로 읽고, 彌는 주모음 ǎ, e 중심으로 ma/ me로 읽는다.

후미의 '呼'에 대해서는 여러 의견이 있다.

두자음인 曉모 자체도 h(성문, 마찰), x(연구개, 마찰)로 보기도 하고, 당시에 일본어에 /k/(見모)만 있어서 /γ/(匣모, g로 보기도), x(曉모)(h로 보기도)와 같은 두자음이 없었기에 중국어의 k(見모), x(曉모), γ(匣모), g'(群모), k'(溪모)의 음을 모두 /k/로 받아들인 것으로 보기도 한다. 앞(對海의 海)에서 Arisaka(有坂, 1955:191-2)가 이들을 모두 k로 받아들여 왜음이 이루어졌다고 한 것을 언급한 바 있다.

사실 한국어 한자음 '韓' han, '漢' han 등이 일본어 한자음에서 kan로 실현되고 있다.

Oono(大野透, 1977:42)는 '卑彌呼'의 '呼'는 통설대로 ko(子)의 음역자로 보는데, '呼'는 曉모의 용자로 [x]류의 음인데 음역자가 중국인(혹은 한국인)이면 절대로 이 글자를 쓰지 않았을 것인데 일본인이었기에 ka행의 음역에 '見, 溪, 群' 외에도 曉모의 글자도 사용했을 가능성이 있다 하고 ko甲의 음역에 '呼'자를 쓴 것은 일본인이 아닌가 하고 있다. 그 외에도 對馬 : 一支와 같은 섬이 두 개 또는 하나를 나타내는 식의 표기의 고안은 일본인이 아니면 생각할 수 없는 것으로 음역자(音譯者)를 일본인으로 보고 있다.

이와 같이 見모와 曉모가 혼용되었다고 하기도 하고 분화되었었다고 보는 의견이 있다.

Ozaki(尾崎, 1980:274)는 왜인 측에도 h가 있었다고 보고 있다.

필자는 '卑彌呼'의 '呼'를 ka(n)과 ha(n)에 양용(兩用)되었을 가능성이 있다고 본다.

한국의 신라의 왕호에 쓰이는 '干'(麻立干)과 백제의 '瑕'(於羅瑕), 몽골어의 xan(王) 등을 보면 k 또는 h로 나타나고, 부여, 고구려 관명의 접미사 -加 그리고 아이누어의 'ka, kan, kam"上', 일본어의 $kami_2$(神), $kami_1$(上)를 보면 지역차, 연대차로 혼용되기도 하고 분화되기도 한 것을 알 수 있다.

결국 '卑彌呼'를 pime(〈pimai)(姬, 귀한 처녀) -ka/ha(n)으로, 혹은 아이누어와 관련시켜서 pi(小)-mat(t)(女)-ka/ha(n)으로 읽어서 소녀(처녀)왕으로 풀이하였다(cf. 김공칠, 2014:263).

종전에 呼를 Oono(大野, 1977:42)에서처럼 ko(子)로 읽어서(그래서 음역자는 중국인이 아닌 일본인으로 보고 있다.) pimeko 혹은 pimiko로 읽기도 하고 또는 pimuka(〉himuka)로 읽어서 출자(出自)로서의 지명 '日向'와 결부시키기도 하였으나(長田, 1979:123), 어형으로나 여왕의 호칭에 적절한지 의문이 간다.

여왕의 고유적인 호칭의 유래상 선진음 내지 한대의 음을 보존하고 있다고 보아 이상할 것 없다. 위진남북조의 음으로 읽는다면 ko로 읽어 '子'와 결부시킬 수 있지만 여왕에게는 어울리지 않는다고 본다.

귀한 처녀/소녀의 왕으로 풀이되는 여왕명에서 추출할 수 있는 음운은 p, m, k, h, i, a, e(〈ai)이다.

3.3.3.4. 자음과 모음의 체계

앞에서 다룬 어례가 16개에 불과하지만 거기서 추출되는 목록을 제시하면(괄호 안은 용자),

1. 자음

p(不, 卑)	t(對, 都)	c(異音 z邪)
m(馬, 末, 謨, 彌)	(異音 d, 投 臺)	k(支, 狗, 呼, 觚)(異音 g 邪)
	n(奴, 那)	h(海, 呼)
	s(斯, 泄)	
	(異音 z 兕)	
	r(盧, 利, 離)	
w(倭)		y(倭, 伊, 卑, 泄, 兕, 邪, 斯)

2. 모음

i(壹, 支, 伊, 卑, 彌, 利, 斯, 離)		u(狗)
e(倭, 卑, 伊)	ə(對, 海, 投, 臺, 斯, 母, 泄)	o(都, 母)
a(倭, 奴, 馬, 那, 謨, 觚)	ɑ(/ɔ)(末, 盧 ,不, 彌, 投, 臺, 斯, 泄)	

a의 후진과 ɑ(/ɔ)의 상승으로 ɔ-o-u의 추이가 있게 된다.

김공칠(1995:93)에서는 다음과 같이 원시한·일공토의 자음목록을 제시한 바 있다.

무성음	p	t	c	s	k	h
(유성음계열)		d	z		g)	
향음	m	n	r			
반모음	w		y			

이를 다음과 같이 조음방법과 조음위치로 나누어 자리잡게 할 수 있다.

	순음	치경음	경구개음	연구개음	후음
폐쇄음	p	t(d)		k(g)	
파찰음			c(z)		
마찰음		s(z)			h
비 음	m	n			
유 음		r			
반모음	w		y		

모음체계는 다음의 6모음 체계를 이룬다고 보았다.

i　　　　　u
　ə　　　o
　　a ɔ

e는 일본어에서 후발달음으로 보고 ə의 변이음 내지 əi의 축약음으로 보았다.

ɑ를 설정하면 a음에 두 계열이 있게 되는데 a〉ɑ〉ɔ〉o처럼 추이가 있게 되어 ɑ에서 조금 상승한 것으로 해석하였다. 후모음의 o가 이렇게 생성되어 후대 o_1($o_{\text{甲}}$)이 되었고 ə는 o_2($o_{\text{乙}}$)로 명맥을 이어갔다.

앞서의 체계는 서기 3세기의 일본어(왜인어)의 체계와 대비했을 때 e(~ə), ɑ(~ɔ) 곧 중설의 위치와 후부모음의 변동의 차이가 보인다.

참고로 보태둘 것은, Yoshitake(1934:3)에 의하면 Pagel(1926: 필자 미견)은 서기 500년 이전의 고대 일본어에는 다음의 소리를 가졌다고 했다고 한다.

모음	a i u e o
폐쇄음	k t p
마찰음	s
비음	m n
유음	y w

r는 어중에 나타나고 t 또는 s로부터 발전한 것으로 하고 있다.

그리고 유성자음 g, d, b와 z는 서기 500년 이후까지는 생기지 않는 것으로 보고 있다. 서기 500년의 구획의 설정이나 음운목록에 대한 근거의 정당성 여하가 문제되고 있다.

필자의 것과 대비해서 h, c, (r은 어중실현으로 언급됨)가 없지만 h는 앞에서 본대로 논의가 많은 것으로 그렇다 칠 수 있다.

모음에서 o류에 두 가지가 있고 하나는 ɔ〉o에서, 하나는 ə에서 연유하고 있음을 놓치고 있다.

3.3.3.5. 모음추이와 모음조화의 자취

주모음에 대해서는 김공칠(1995:76)에서 보인 한일 고대모음 추이도의 (3)단계 이후의 것을 참조할 수 있다.

(3)
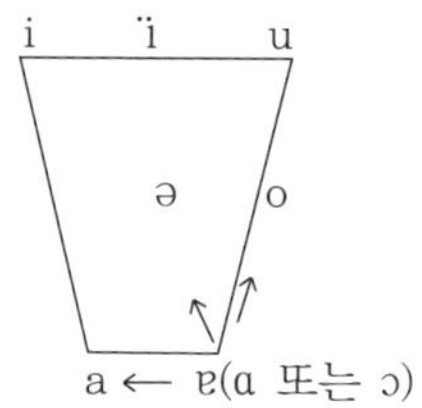

(4)
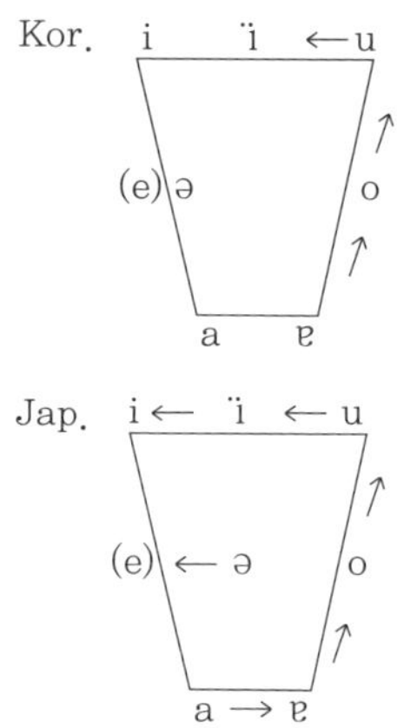

(4)에서 한국어는 a/ɐ는 분화를 지속되면서 ɐ〉o의 분화가 있게 되었고 일본어는 a〉ɑ, ɑ〉o, o〉u의 추이가 있었다. a류의 2계열의 일원화를 가져온다.

일본어의 ï는 한국어의 체계와 만엽kana의 i_2($i_乙$)을 고려한 것이다. 따라서 i/ ï의 구별은 확실하지 않다.

만엽kana의 i_2($i_乙$)에 해당하는 용자는 안 보인다. 다만 微운에 속하는 '鬼'(鬼國, 鬼奴國, 소재지와 어의 불명)(上古 微운 見모 kĭwəi, 中古 尾운 見모 kĭwəi, 고금음표에 의함)가 만엽kana의 ki_2의 용례로 일본서기, 속일본기(續日本紀)에 보인다(大野透, 1977:90).

Mabuci(馬渕, 1970a:41)는 i̯ə(→i)의 용자 己, 邑, 升, 臣은 /ü/로 해석하고 모음목록에 넣고 있는데, 이는 위의 ï에 상당한 부분이다. 그것을 포함해도 ɐ음(ɑ/ɔ)을 인정하지 않으므로 6모음체계이다. 곧 Mabuci는 a, o, u, i, ö, ü의 6모음이다. 중고음의 模운 1등자의 상고음 âg를 당시는 o로 보고 있으며 ö는 ə이다. a는 한 가지이고 e도 없다. 앞에서의 필자는 6모음을 추출했지만 (3)-(4)단계에서 e모음(ie/iə에서 분화)을 가정한다면 7모음체계가 된다.

ɐ모음의 가정은 /a/는 본래는 후설모음이었고(그러기에 u, o등의 후설모음과 1류가 되었다(有坂, 1955:383).) 만엽kana의 a열(列)의 표기에 후설계의 歌戈운(앞에서 那가 이에 포함되고, 不彌國의 관명 多模의 多도 이에 포함됨)과 전설계 a의 麻, 馬, 禰운(앞에서의 邪, 馬)의 구별이 있었다(森山, 1968:1). 이 두 가지를 전자를 â, 후자를 a로 구별하기도 하는데 이는 ɑ(>ɔ)와 a로 구별할 수 있다. 후설성의 â로부터 전설적인 a로 변용이 음운체계에 영향을 미쳤다는 것(森山, 1968:9-10)으로 보고 있다. 그 반대로 a의 1류화로 후설모음에 영향을 끼쳤을 가능성도 없지 않다.

그 동인(動因)이 â와 a의 중간화(변별성 상실)에서(혹은 â > a로) 온 것인지 확실하지 않으나 중국의 상고한자음의 모음들이 이와 관련된 것들은 ɑ > ɔ > o의 모음추이를 보이는데 그 같은 현상이 고대일본어에도 나타났던 것으로 본다. 그것은 고대일본에서 보이는 a, o, u의 불정합성은 ɑ > ɔ > o > u의 모음추이에 기인한 것으로 본다. 한 예로 후설모음 a, o, u체계는 실속은 ɑ, ɔ, o체계였던 것으로 본다. 이는 한국어의 아, ᄋᆞ, 오 체계와도 병행하는 것이다. 이들이 실제의 양성모음계열로 보는 것이다.

앞에서 ɔ의 용자로 예거한 末, 盧, 不, 呼, 奴, 都에서 '不'만 제외하면 ɔ > o > u의 추이를 가늠하게 한다.

Mabuci(馬渕, 1970a)는 당시의 ɑ o u i ö ü의 6개의 모음들이 정확(精確)하게 보증할 수 없어도 대부분은 모음조화를 이루고 있었다고 보고 있다(pp.41-42).

양성모음조화의 예로 앞서의 어례 중에서 '末盧, 投馬, 卑狗, 斯馬, 卑彌呼, 邪馬臺',

중성모음조화의 예로 '彌彌'

음성모음조화의 예로 '不彌國'

양성·음성 혼재(混在) 예로 '卑奴母離, 對馬' 등을 들고 있다.

그리고 양성모음조화와 음성모음조화 예 중에는 중성모음이 있는 경우가 있음을 지적하고 있다.

필자로서는, 앞에의 뜻풀이가 가능한 16개의 어례를 가지고 모음조화의 유무를 가늠해야되므로 판단에 어려움이 있지만 대체로 그런 경향을 지녔던 것으로 생각된다.

양성·음성 혼재 예의 '卑奴母離, 對馬' 등이 거례되고 있으나(馬渕, 1970a:44), 문제되는 '母'는 한국한자음 mo, '臺'는 tɐi(훈몽자회), '對'도 tɐi(훈몽자회), '海' hɐi(훈몽자회)인 점에서 '對海'는 상고음으로 주모음이 ə-ə의 음성적이나, 합구(合口)음 또는 순음성을 띤 점에서 이들은 충분히 한국어와 유사한 말을 쓰는 사람 쪽에서는 ɐ-ɐ로 받아들일 수 있는 것이어서 어느 쪽으로 보든 음성모음끼리 또는 양성모음끼리의 어구성으로 볼 수 있어서 모음조화에 위배되지 않을 수도 있다. '對馬'는 양성모음끼리 '邪馬臺'의 경우도 '臺'의 tɐi를 고려하면 上古음은 ə주모음이지만 현지 발음은 tɐi(〉tə)로 나타날 수 있다고 보면 역시 모음조화의 위배가 아니다. '卑奴母離'의 '母'가 후세의 고사기(古事記)에서는 mo_2로 존재하지만 한국한자음에서처럼 m두음의 원순성의 영향으로 mo가 되는 경우가 있다고 보면 양성적인 측면도 없지 않을 것이다. 어휘 해부에 달린 문제라고 할 수 있다. '母離'는 한국어의 '머리'에 맞추어 음성이 된다.

3.4. 6세기 후반 내지 7세기의 일본어 음운

3.4.1. Suiko(推古)왕조

가라의 망명 세자인 졸지공(솔지공)이 제주도를 거치고 제주도와 연합하여 일본에 진출하여 현지의 협조세력을 포섭하고 서기 540년에 일본의 중앙정권수립에 성공한다. 일본의 20대왕 Kinmei(欽明)왕이 바로 그 분이다. 이때부터 소위 Yamato(大和)정권이 시작되는데 이 일은 일본의 역사에 하나의 획을 긋는 문화국가의 발전의 계기가 된다. 이 정권이 기반을 둔 곳이 Yamato(大和)의 asuka(飛鳥)이다. 이 6세기 후반으로부터 7세기에 걸쳐 일본의 문화의 새로운 꽃을 피우게 되는데 이 시대를 Asuka시대라고 한다.

그 중심축은 Suiko(推古)왕과 그녀의 조카인 성덕(聖德)태자인데 그 시기의 왕조를 Suiko왕조라고 부른다. Suiko왕은 Kinmei왕의 딸이면서 30대 Bindatu(敏達)왕과 이모매(異母妹)로 왕비가 되기도 하여 33대에 Suiko왕(서기 593-628)으로 왕위에 오른다.

그녀는 조카인 성덕태자를 황태자로 삼아 섭정하게 하고 국가의 정사를 잘 처리해나간다. 이상의 정권수립과정과 Suiko왕의 출자(出自)와 치적(治績)에 대해서 김공칠(2014:379-)에 언급한 바 있다.

Asuka시대가 앞 시대와 유별하게 달라진 것은 불교문화가 새로이 일어나고 중국과의 문물교류를 하게 되고 문자 사용이 발전하고 귀족문화가 발전하게 된 것을 들 수 있다.

이러한 발전은 역시 부왕인 Kinmei왕이 외부로부터의 중앙 진출의 성공으로 가능한 것이다. 불교문화는 일찍이 불교가 전래된 제주도에서 혹은 제주도를 경우해서 백제에서 들어왔을 것이고, 중국과의 문화교류와 문자 사용의 발전도 같은 경로로 가능했을 것이다. 귀족 문화의 번성은 신흥국가의 정권수립에 기여한 이들이 누릴 수 있는 세력의 특권에서 나왔을 것이다.

3.4.2. Suiko조(推古朝)유문(遺文)

3.4.2.1. 자료

남아있는 자료는 6세기 말에서 7세기 초에까지 걸치는 시기의 것이다. 여기에는 특이한 음가를 지닌 한자가 쓰여진 자료로 다음 아홉 개가 제시된다(大矢透, 1970:23-4).

1. 伊豫道後溫湯碑 추고왕 4년(586년)
2. 元興寺塔露盤銘 추고왕 4년(586년)

3. 法隆寺金堂藥師光背銘 추고왕 15년(607년)
4. 元興寺丈六光背銘 추고왕 13년(605년)
5. 法隆寺金堂釋迦佛光背銘 추고왕 31년(623년)
6. (法隆寺)天壽國曼多羅繡帳銘 추고왕 30년(622년)
7. (法隆寺)三尊佛光背銘 추고왕 36년(628년)?
8. 上宮記逸文
9. 上宮太子系譜

이들의 출전과 가차(假借)적인 표음표기의 예는 김공칠(2014:396-9)에 보인 바 있다.

이 중에 5.의 法隆寺金堂藥師光背銘에는 표음표기로 쓰인 예는 안 보이나 변체(變体)한문의 대표적인 것이 되므로, 그 전문과 해독 그리고 일본어화된 부분을 소개한 바 있다(김공칠, 2014:398).

그리고 명문(銘文)이 그렇게 길지 않은 2.의 원흥사탑노반명(元興寺塔露盤銘)의 원문(일부)과 역문 그리고 표음표기를 추출하였다. 여기서는 그 원문의 나머지 부분과 그 역문을 보이고 전체적으로 '露盤銘'에 쓰인 표음표기의 용자의 일람을 만들어보기로 한다.

이들 표음표기는 왜인전의 경우와도 마찬가지로 지명과 인명에 치중된 것들이다.

(大和)元興寺塔露盤銘

(及(諸臣等)讚云魏魏乎善哉善哉造立佛法父天皇父大臣也. 卽發卄心誓願十方諸佛化度衆生國家太平敬造立塔廟, 緣比福力天皇大臣及諸臣等, 過去七世父母廣及六道四生衆生處處十方淨土, 普因, 此願皆成佛果以爲子孫世世不忘莫絶綱紀名建通寺. 戊申(年)始請百濟寺名昌王法師及諸師等故遣上釋令照律師, 惠聰法師鏤盤師將德自味淳寺師將丈羅未大, 文賈古子瓦師麻那父奴, 陽貴文, 布陵貴文, 昔麻帝彌, 令作奉者山東漢大費直名麻高垢鬼名意等加斯費値也, 書人百加博士陽古博士, 丙申年十一月旣爾時使作金人等意奴彌首名辰星也, 阿沙都麻首名未沙乃也, 鞍部首名加羅爾也, 山西首名都鬼也. 此四部首爲將諸手使作奉也.

(위에서 卄는 菩薩(보살)의 약자, 필자 주)

이 부분의 풀이는(음표기는 로마자로),

(여러 신하로 하여금(造寺의 공을 이루다.) 讚에 말하다. 魏魏呼로서 좋도다. 좋도다. 불법을 조립(造立)함은 아버지인 천황, 아버지인 대신이다. 곧 보리제(菩提)의 마음을 발하여 십방(十方)의 제불(諸佛)에 세원(誓願)하여 중생을 화도(化度)하여 국가는 태평하다. 공경으로 탑묘(塔廟)를 조립(造立)하고 그 복력(福力)에 연유하여 천황, 대신 및 제신 등의 과거 7세의 부모 널리 육도사생(六道四生)의 중생, 곳곳의 십방정토(十方淨土)가 널리 이 소원에 말미암아 모두 불과(佛果)를 이루리라. 이로써 자손을 위해 대대로 강기(綱紀)가 끊김이 없기를 잊지않는다. 建通寺라 이름 짓는다.

戊申의 해에 처음으로 백제사의 이름을 昌王法師 및 제사(諸師) 등에게 청하다. 그래서 위로 釋令照律師, 惠聰法師, 鏤盤師의 德自味淳, 절의 師將丈羅未大文賈古子. 瓦師의 麻那文, 奴, 陽貴文, 布陵貴文, 昔麻帝彌, 만들게 한 자는 山東의 漢의 大費直, 이름은 麻高垢鬼. 이름은 otokasi(no)(音等加斯)費直이다. 글쓴이는 百加박사, 陽古박사다. 丙申의 해 11월 旣爾시에 사작(使作)의 금인(金人) 등은 onomi(no)(意奴彌)의 머리, 이름은 辰星이다.

asatuma(no)(阿沙都麻)머리, 이름은 misano(未沙乃)이다. 鞍部首. 이름은 karani(加羅爾)이다. 山西首. 이름은 tuki(都鬼)이다. 이 四部의 머리, 장(將)이 되어 제수(諸手)를 사작(使作)하여 바치는 바다.

3.4.2.2. 용자(用字)의 일람

역문에서 로마자로 나타낸 부분이 음표기(kana)에 해당한다.

<table>
<tr><th rowspan="2"></th><th rowspan="2">a</th><th colspan="2">i</th><th rowspan="2">u</th><th colspan="2">e</th><th colspan="2">o</th></tr>
<tr><th>갑</th><th>을</th><th>갑</th><th>을</th><th>갑</th><th>을</th></tr>
<tr><td>a</td><td>阿</td><td colspan="2">伊
(夷$_1$)</td><td>有(汙$_4$)</td><td></td><td></td><td>意 /</td><td>音
意$_6$</td></tr>
<tr><td>k</td><td>加
△宜(ge에도)
△奇 奇(ki$_2$에도)</td><td>支
(岐$_4$, 吉$_6$)</td><td>歸
(己$_8$)</td><td>久</td><td></td><td>居(ko$_2$에도)
(擧,$_4$ 希$_8$)</td><td>(古$_8$)</td><td>己(kie에도)</td></tr>
<tr><td>s</td><td>佐 / 沙</td><td colspan="2">斯
(思$_8$)</td><td></td><td></td><td></td><td colspan="2">巷(갑, 을 불명)
(嗽$_7$)</td></tr>
</table>

t	(多$_4$, △陁$_8$)	(知$_4$ 智$_9$) 至$_6$		/都	(弖$_9$)		刀	等(止$_4$)
n	那 (奈$_4$)	爾		(奴$_4$)	(尼$_6$) (ni에도)			乃
p	波	比		(布$_8$, 富$_8$, 夫$_9$)			(凡$_8$ 富$_9$)	
m	麻(明$_4$)	彌 (me$_1$ 에도)		(牟$_8$)	(彌$_{4,6}$ 賣$_4$)	米		(母$_8$)
y	夜 移			由			已(i에도)	(與$_{1,\ 4}$)
r	羅	(利$_5$, 里$_9$)		(留$_{6,\ 8}$)	(禮$_4$)			里(ri에도)
w	(和$_8$)	韋					(乎$_8$)	

여기서의 i의 甲·乙, e의 甲·乙, o의 甲·乙의 구별은 만엽kana에 준해서 본 것이고 Suiko조 kana에서의 음운적 대립항의 추출에 의한 것은 아니다.

일람 중에서 /선을 친 것은 그 앞부분은 이미 소개한 원문의 일부에서, 뒷부분은 여기서 추가로 보인 원문에서 뽑은 것이다. △ 표시는 탁음kana다.

그리고 앞에 예거한 Suiko조 유문 1~9까지의 자료에서 2.부분을 제외한 나머지 자료에서 추출되는 kana를 괄호 안에, 그것에 우 하단의 첨자의 숫자로 자료의 번호를 표시하였다(9에서 麻里古 mariko, 汗麻古 umako, 伊斯賣 isime, 多智努 tatinu, 古弖古(koteko)의 汗$_9$, 賣$_9$, 智$_9$, 弖$_9$를 추가함과 같다.).

위의 kana의 일람에서 a행에서 e, sa행에서 u, e가, pa행에서 e가, ya행에서 e, wa행에서 e가 빠져있는데 이때까지만 하더라도 e단이 확실히 실현되지 않았음을 시사한다. 용자 중에는 다른 단음(段音)으로 쓰인 것들이 있다. i$_乙$도 마찬가지로 많이 비어있다. e와 마찬가지로 단모음성은 없어 보인다. ca행의 흔적(佐, 自, 그리고 ta행의 i단)이 보이기는 하나 어떤 것은 sa행에, 어떤 것은 ta행에 합류하였음을 암시한다.

앞서의 일람의 행단에 위치한 kana의 음이 후대의 만엽kana나 한국어음 등을 참조했을 때 색다르게 느껴지는 것을 뽑아보면,

a행의 u단의 有, o단의 意
ka행의 a단의 奇, 宜, i단의 支, e단의 居, 擧, 希, 그리고 o단의 己
sa행의 i단의 斯
ta행의 a단의 侈 , o단의 止
ma행의 a단의 明,
ya행의 a단의 移, o단의 已
ra행의 o단의 里

등을 들 수 있다.

Arisaka(有坂, 1955:191-2)는 Suiko조의 kana와 Nara(奈良)시대의 kana와의 차이가 있는 용자로(로마자화는 필자),

	奇	宜	移	己	已	里	居·擧
Suiko조	ka	ga	ya	ko_2	yo	ro_2	ke_2
Nara조	ki_2	gi_2(ga)	i(ya)	ko_2(ki_2)	i	ri(ro_2)	ko_2

(괄호 안은 일부 양용임을 표시)

이런 면에서 이들 표음표기를 통틀어서 만엽kana라고 했지만 표음표기의 kana의 음가가 시대별로 달라진 점을 주목하여 음가의 혼동도 피하는 뜻에서 Suiko조 유문의 표음표기를 Suiko조 kana, Nara시대의 '記記萬葉'의 표음표기를 만엽kana로서 구별할 필요가 있다.

Omodaka(澤瀉외, 1967:890~)의 주요 만엽kana일람표를 보게되면, 嗽(so_1), 侈(ta), 至(ti), 明(ma) 등은 Suiko조 kana에만 쓰이고, 다음 Suiko조 kana의 경우는 괄호 속에 표시한 바처럼 만엽kana에 다른 음으로 쓰이고 있다.

ga 奇 (ki_2)
ke_2 擧 (ko_2)
so_2 思 (si)
yo 已 (i)

곧 이들 표음표기는 Suiko조 kana로 쓰이느냐 만엽kana로 쓰이느냐에 따라 음가가 다르다.

이런 점에서 두 시대의 kana의 명칭을 달리할 필요가 있다고 본다. 그렇다면 왜(倭) 또는 왜인(倭人)시대의 kana의 명칭도 달리 붙일 필요가 있지 않을까 생각된다. 왜인kana의 사용자가 만일 중국인이었더라도 그들이 사용한 반의적(反義的) 용법도 현지 지명, 관명 등의 이해 없이는 불가능한 것으로 보면 어휘의 의미나 음형의 정보는 역시 현지인인 왜인의 협조 없이는 얻기가 불가능했을 것이다. 현지의 왜음을 음운체계가 다른 중국음운으로 정확히 나타낼 수도 없는 일이니 왜음에 입각한 왜인kana로 볼 수밖에 없다. 음표기의 상관성이나 역사성을 이해하는 점에서도 세 가지 kana의 구별은 필요하다고 본다.

3.4.2.3. 용자의 유별

Ooya(大矢, 1911=1970:87-90)에서는 앞서의 Suiko조 유문의 kana를 다음과 같이 유사한 음별로 16류로 나누었다.

제1류　明ma, 良rɑ　a운(운경 梗섭에 소속)(한음·오음에서 au, yau, ei로 실현)
제2류　奇ka, 宜ga, 移ya, 侈ta　a운(운경 止섭에 소속)(한음·오음에서 i)
제3류　意wo, 富po, 己ko, 止to, 巳yo, 里ro, 乃no　o운(운경 止섭(i))
제4류　義ge, 俾pe, 尼ne, 禮re, 代te　e운(운경 止섭과 蟹섭 소속)
제5류　居ke, 擧ke　e운(운경 遇섭 소속)(한음 yo, 오음 o)
(제6류　蕤su　u운 1자 뿐으로 이하 필자 생략)
제7류　嗽so　o운(운경 流섭 소속)(한음 yu, 오음 ou)
제8류　刀to　o운(운경 効섭 소속)(한음 au, 오음 ou)
(제9류　足suku, 1자 2음의 것으로 필자 이하생략)
제10류　吉ki　i운(한음 itu, 오음 iti)
(제11류　難nani　i자 2음의 것. 한음 dan, 오음 nan)
제12류　凡po(한음 hamu, 오음 bomu)
제13류　至ti(ci), 止to, 侈ta(한음·오음 sa행음)
제14류　支ki(한음·오음에서 sa행음(si))

제15류　乎wo(운경 匣母)(한음 ka행음, 오음 ga행음)
제16류　巷so(운경 匣母?)(한음 ka행음, 오음 ga행음)

유별의 표시에서 왼쪽 부분은 Suiko조 kana와 그 음가를 나타내고 괄호에는 중국중고음의 운경의 섭(攝)의 표시와 일본한자음의 오음과 한음의 음가의 표시를 했다. 섭(攝)이란 비슷한 운을 모아놓은 것으로 206운이나 되는 운의 분류를 16섭으로 간추린 것이다. 위에서 遇섭은 魚운, 模운을, 蟹섭은 咍운, 灰운, 佳운을, 梗섭은 庚운, 耕운을, 止섭은 支운, 脂운, 之(止)운, 微운을, 流섭은 侯운을, 効섭은 豪운, 宵운을 함유한다. 여기의 운목은 평성자의 것만 표시하였으므로 나머지로 포함시키면 많은 운목이 포함된다.

또한 위에서 제1류로부터 제13류까지는 모음의 문제가 되는 것이고 제14류부터 제16류까지는 두자음이 문제되는 것이다(그리고 예시에서 h두자음은 본래 p두자음으로 보는 것이다.).

필자로서는 특이하다고 생각되는 용자를 앞의 유별 순에 의해 하나하나 검토해보기로 한다.

明　武兵切33平(開) 次濁(明모)/庚운 3등

고금음표 상고음 陽운 明모 miaŋ, Ⓚ mi̯ǔng/mi̯wɒng, Ⓣ mi̯wǎng
중세한국한자음 명(훈몽자회), 일본 오음 mei, 한음 min, 만엽kana(일람)에는 안 보임.

상고음의 변천과정을 보면,

선진음 陽부 [ɑŋ] 開4 [iɑŋ](明, 兵, 英, 盟, 景, 竟 등) ㅡ 한대 耕부[eŋ] 開3 [i̯eŋ], (明, 迎 등) 위진남북조　耕부 [eŋ] 開3 [i̯eŋ](절운의 庚(梗, 敬), 清(靜, 勁), 평성 明, 京, 平, 英) ㅡ 수-중당음 庚부 [ɐŋ] 開3 [i̯ɐŋ](明, 京, 兵, 英 등)

이상을 보아서는 明 ma의 유래는 선진음에서 온 것 같다.(운미 ŋ의 삭제)

良　呂張切 31平(開) 舌齒音 淸濁(來모)/陽운 3등

고금음표 상고음 陽운 來모 ȋaŋ, Ⓚ li̯ɑng/li̯ɑng, Ⓣ li̯ang

중세한국한자음 량(천자문), 일본 오음 rou(rau), 한음 ryou(〈ryau), 만엽kana ra

상고음의 변천 과정을 보면,

> 선진음 陽부 [ɑŋ] 開3 [i̯ɑŋ](良, 粱, 陽, 昌, 羊, 章, 麻, 張, 相, 養, 長…등) ─ 한대 陽부 [ɑŋ] 開3 [i̯ɑŋ](절운 陽) ─ 위진남북조 陽부 [ɑŋ] 開3 [i̯ɑŋ](절운 陽(養, 漾)), 평성 良, 羊, 粱, 章, 昌, 長 등 ─ 수-중당음 陽부 [ɑŋ] 開3 [i̯ɑŋ](절운 陽(養, 漾))

이 용자는 일관하여 선진음으로부터 수-중당음까지(한국어의 경우는 현재까지도) 원래의 음을 유지하고 있다. 따라서 특이한 용자의 예가 되지 않지만 후세의 반영형을 참조하는 뜻에서 예시하였다. Suiko조 kana나 만엽 kana에서는 i̯개음과 ŋ운미가 제거되고 있다. 일본 오음에서는 i̯개음만이 제거되고(ŋ운미는 -u로 반영), 한음은 모두 반영된 양상이다.

앞에 보인 明과도 같이 ra의 良도 선진음에서 개음과 운미가 삭제된 형식인 것으로 보인다. 오음에서의 -ŋ의 -u반영 그리고 한음에서의 i̯개음의 반영은 보다 후세적인 것으로 본다.

奇　渠羈切 4平(開) 舌音 濁(群모)/支운 3등
(又 居宜切)

고금음표 상고음(두 가지) 歌운 見모 kǐai/ 群모 gǐai, Ⓚ gʻiɑ/g'jie Ⓣ gʻi̯a, ki̯a

중세한국한자음 긔(신증유합 竒), 일본의 오음(두 가지) gi, ki, 한음 ki 만엽kana ki_2($ki_{乙}$)(紀, 萬)

이 글자는 說文解字(서기 58~147경의 중국 최고(最古)의 한자해설서)에는 奇로 나오나 광운(廣韻)에는 竒로 나온다.

상고음의 시대적 변천을 보면,

선진음 歌부[ɑi] 開3 [i̯ɑi](宜, 離, 儀, 議, 掎, 傪, 爾, 彌 등) -

참고로 Karlgren의 Grammata Serica에서 1) 可, 歌, 2) 奇, 猗, 錡, 掎가 모두 같은 음류로 되어 있는데

1)은 ɑ̂류의 것이고 2)는 i̯ɑ류의 것이다. 2)는 중고음에서 支운에 속한다. 한대에 와서 갈린다.

한대 歌부[ɑ] 절운의 歌

支부[e] 開3 [i̯e](절운의 支운, 離, 儀 등)

위진남북조(歌부 [ɑ] 開1 [ɑ](절운의 歌(哿, 箇)) 평성 歌, 多 등

支부[e] 開3[i̯e](奇, 移, 岐, 宜, 卑, 支, 彌, 倚 등)

수-중당음 脂부 [i] 開3 [i](절운의 支(紙, 寘), 脂(旨, 至), 之(止, 志))

따라서 奇의 ka음은 한대에 歌부와 支부로 갈리기 이전에 선진음의 歌부에서 연유한 것으로 볼 수 있다.

宜 魚羈切 4平(開) 牙音 清濁(疑모)/支운 3등

고금음표 상고음 歌운 疑모 ŋĭai, Ⓚ ngiɑ/ngjiẹ, Ⓣ ngi̯a

중세한국한자음 의(천자문) 일본의 오음·한음 gi, 만엽kana gi_2($gi_{乙}$)(萬), go_2($go_{乙}$)(萬)

상고음의 변천과정은 앞의 '奇'와 같다. 보기에도 같이 나온다.

선진음 歌부(開3) - 한대 支부 - 위진남북조 支부 - 수·중당음 脂부

앞의 '奇'가 상고음의 성모에서 群모(g)와 見모(k)의 두 가지 있었는데 宜의 성모는 疑모(ŋ)의 한 가지다. 모두 연구개음인 점에서는 공통적이다. 이 용자의 ga의 쓰임은 '奇'의 경우와 마찬가지로 선진음에 입각하는 것을 알 수 있다.

移 弋支切 4平(開) 喉音 清濁(喩모)/支운 4등

고금음표 상고음 歌운 餘모 ʎĭai (운경에는 4등운으로 위치하나 고금음표에는 중고음 3등운으로 되어있다.) Ⓚ diɑ/iẹ, Ⓣ di̯a

중세한국한자음 이(천자문), 일본 오음·한음 i, 만엽kana i(萬), 일부 ya(紀, 萬)

이 용자의 성모에 대해서는 상고음에서는 어(餘)모(王力은 喩모)로 되는데, 선진음에서는 조음방법에 변음(邊音)을 마련하여 l(來)(舌尖中)와 ʎ(喩4)(舌面前)을 위치하게 하고 있다. j는 유성, 경구개의 접근음(마찰을 생기는 정도가 아니게 틈이 있다.)인데, ʎ는 유성, 경구개의 측면접근음(한가운데 폐쇄가 있고 곁으로 틈이 있다.)이다.

Wnag(王力, 1987:24-5)은 상고음의 유(喩)모 4등을 ʎ로 추정하였으나 章炳麟, 黃侃 등은 影모로, 曾運乾은 定모에, Karlgren은 d와 z의 두 종류로 나누었다. 전자에 移, 也, 兪, 由, 陽 등이 소속하고, 후자에는 耶, 曳, 羊 등 소속된다.

중고음에서 앞의 운경에 喩모로 되어 있으나 고금음표에는 以모로 되어 있듯이 喩4등은 以모로 나타내기도 한다. 이때의 喩4등은 [j]으로 앞에서 여러 가정의 음도 중고에는 [j]로 변했다는 것이 된다.

Karlgren, Dong(董同龢)이 재구한 定모(설두음의 유성)의 경우도 후행의 개모음의 영향으로 d〉ʤ〉ʒ〉j로 변천할 수 있다.

喩4(ʎ)와 喩3(ɣ)의 혼용은 위진남북조 시기의 방언에서 나타났는데 喩3의 연구개 마찰음 ɣ가 반모음 j로 변한 것이다. 이러한 喩3과 喩4의 혼용은 喩4의 ʎ가 j로 변했음을 의미한다.

상고음의 운모의 변천과정은 앞의 奇, 宜와 대체적으로 동일하다. 다만 奇, 宜는 중고에는 3등자인데 移는 4등자이다. 그런데 위진남북조에는 支부 [e] 開3 [i̯e](절운의 支(紙, 寘)), 평성자의 보기로 奇, 宜와 함께 移가 보인다. 중고음의 3등자는 개모음이 i̯, 4등자는 i이다. 그런데 3등자의 개모음을 ɪ로 하는 이도 있다. 한국어의 奇가 '긔'로 남아있는 것도 ɪ의 중설성의 영향일 수도 있다.

앞의 3등자 宜도 중세한국한자음으로 '의'로 남아있는 점에서도 移는 이와 달리 i단음으로 남아있는 점에서도 중고음은 직음적인 4등운이 맞는 것 같다.

이 移의 용자가 Suiko조에 ya로 쓰인 것은 선진음의 歌부에서 연유한 것으로 보인다.

侈 尺氏切 4上(開) 齒音 次淸(穿모)/紙운 3등

고금음표 상고음 歌운, 昌모 ȶhĭai, Ⓚ t̂'iɑ/tśie̯, Ⓣ t̂'i̯a
중세한국한자음 치(천자문), 일본 오음·한음 si, 만엽kana의 예가 없다.

상고음의 변천과정을 보면 앞의 奇, 宜, 移의 경우와 거의 같다.
선진음 歌부 [ɑi] 開3 [i̯ɑi](侈, 宜, 掎, 猗, 椅, 錡 등) — 한대 支부 [e] 開3 [i̯e] — 위진남북조 支부 [e] 開3 [i̯e](枝, 宜, 奇, 移 등) — 수-중당음 脂부 [i] 開3 [i] 절운 支(紙, 寘), 脂(旨, 至), 之(止, 志)

참고로 여기의 절운의 각 운목이 운경상으로 어떻게 분포되어 있는가 하면,

운경 제4(開)-5(合)은 支(평성), 紙(상성), 寘(거성) (이들 음가는 4등(直音)기준으로 ie(開) / iue(合)
운경 제6(開)-7(合)은 脂(평성), 旨(상성), 至(거성) (이들 음가는 4등 기준으로 ii(開) / iui(合)
운경 제8(開)은 之(평성), 止(상성), 志(거성) (이들 음가는 4등 기준으로 iei)
운경 제9(開)(3등운만)-10(合)(3등운만) 微(평성), 尾(상성), 未(거성) (이들 음가는 4등 기준으로 ïəi/ïuəi)

와 같다. 이들 여러 운목은 i음을(단 微운 등은 중설적)을 지닌 데서 한 묶음 하여 止攝이라고 한다.

侈의 Suiko조의 ta음은 선진음의 歌부에서 입각하고 있다고 볼 수 있다.

意 於記切 8去(開) 喉音 淸(影모)/士(志로도)운 3등
고금음표 상고음 之운 影모 ˀĭə, Ⓚ i̯əg / ï, Ⓣ i̯əg
중세한국한자음 의(훈몽자회), 일본 오음·한음 i, 만엽kana o(〈ə)
상고음의 변천과정을 보면,

선진음 之부 [ə] 開3 [i̯ə] 보기에서

其(운경에 8開 平3의 牙音에)

止(운경에 8開치음 상성 3등)

(意 앞의 운경의 자리를 보면 거성 3등으로 이들과 성조차이 뿐이다. 어느 시기나 다른 운부에서도 意의 예자(例字)를 찾지 못했으나 선진음부터 이들 음과 행동을 같이 한 것으로 보인다.)

한대 之부 [ə] 開3 [i̯ə] (절운의 之)

위진남북조 止부 [ə] 開3 [i̯ə] 절운의 之(止, 志) 평성 期, 其, 상성 起, 거성 記, 忌

이들 용자는 중세 한국어에서 'ᄀᆡ'이다. 일본한자음은 i(期, 其(오음에는 go도 있다.))를 보면 선진음-한대의 之부와 위진남북조 시대의 止부 시기에 갈린 것으로 볼 수 있다(수-중당 때는 脂부[i]이다.).

Suiko조 kana의 意 o(〈ə)는 선진음—한대의 [ə]에서 유래한 것으로 보인다.

이 다음의 富 ho(〈po)는 그렇게 특이하다고 볼 수 없고 다음에 넘어간다.

己 紀 8上(開) 牙音 清(見모)/止운 3등

고금음표 상고음 之운 見모 kĭə, Ⓚ ki̯əg / kji, Ⓣ ki̯əg

중세한국한자음 'ᄀᆡ'(천자문), 일본 오음 ko, 한음 ki, 만엽kana ki_2(紀), ko_2(萬)

상고음의 변천 과정을 보면,

선진음 之부 [ə] 開3 [i̯ə](已, 思, 其, 止, 里, 士, 史, 使, 起 등) ― 한대 之부 [ə] 開3 [i̯ə](절운의 之운, 時, 期) ― 위진남북조 之부 [ə] 開3 [i̯ə](절운의 之(止, 志)), 상성 已, 起, 止, 士, 子, 耳, 始, 理, 里, 紀 등) ― 수-중당음 脂부 [i] 開3 [i] 절운의 支(紙, 寘), 脂(旨, 至), 之(止, 志) 이 때는 모두 i의 공통모음을 지닌다.

참고로 止운(상성)은 등에 따라,

1등(×) 2등 ïei, 3등 ɪei(성모 ĸ인 경우 한국어의 '의'에 상응), 4등 iei 등으로 쓰인다.

따라서 Suiko조의 kana 己 ko(〈kə)는 선진음-한대-위진시대 일관하여 공통적이어서 그 중 어느 시대의 것이라고 딱 잡아 말할 수 없어도 앞서의 용자들과 평행해서 생각하면 선진음에서 왔다고 할 수 있다. 위진남북조로부터는 개음 i̯쪽으로 무게가 간 것으로 생각된다.

止　諸市切 8上 (開) 齒音 淸(章모)/止운 3등

고금음표 상고음 之운 章모 ȶɪə, Ⓚ ȶi̯əg/tśi, Ⓣ ȶi̯əg
중세한국한자음 '지'(천자문), 일본 오음·한음 si, 만엽kana to_2(si로서의 용법은 안 보임)
상고음의 변천과정을 보면,

> 선진음 之부 [ə] 開3 [i̯ə](期, 其, 事, 里, 己, 等, 士, 史 등) — 한대 之부 [ə] 開3 [i̯ə](절운의 之운, 時, 期) — 위진남북조 之부[ə] 開3[i̯ə](절운의 之(止, 志)), 상성 止, 起, 士, 子, 耳, 始, 己, 里, 紀, 市 등) — 수-중당음 脂부 [i] 開3 [i] (절운 支(紙, 寘), 脂(旨, 至), 之(止, 志))

Suiko조의 止 tə는 만엽kana로 볼 때는 특이한 것은 못 되나, 중세한국한자음이나 일본의 오음·한음으로 볼 때는 특이한 예가 된다.

운모로 볼 때 선진음-한대-위진남북조 일관하여 동일한 음이므로 어느 시대의 것이 반영되었는지 확실하지 않으나, 성모상으로 선진음의 照모 [ȶ](章모로도)에 속한다(舌上음이 i̯개음 앞에서의 구개화와 비슷한 것). 따라서 [t]로 소급하는 것으로 선진음 당시 혹은 그 이전의 것으로 볼 수 있다.

선진음의 照, 穿, 神 3모의 [ȶ, ȶ', ȡ]가 위진남북조에는 [tɕ, tɕ', dʑ]의 파찰음으로도 변한다(王力 1987;136).

중세한국한자음이나 일본의 오음·한음은 이후의 영향으로 볼 수 있다.

已 以 8上(開) 喉音 清濁(喩모)/止운 3등

고금음표 상고음 之운 餘모 ʎĭə, Ⓚ zi̯əg/i, Ⓣ zi̯əg

여기의 餘모(王力은 喩모)에 대한 전출 移의 성모와 동일 문제가 있다.

(전출의 移 용자 참조).

현행한국한자음 이, 일본의 오음·한음 i, 만엽kana i(萬)

已는 상고음(선진음)에서 之부 [ə] 開3 [i̯ə]에 속한 한자로 그 예자들 期, 思, 子, 事, 里, 止, 史와 함께 하고 있으니 전출의 止 그리고 바로 다음의 里를 참조하면 상고음의 변천과정을 엿볼 수 있다.

已는 Suiko조 kana에 yo로 쓰인 것은 특이한 예가 되며 이 역시 선진음의 영향으로 볼 수 있다.

里 良士切 8上(開) 舌齒音 清濁 (來모)/止운 3등(舌齒音은 Toodoo(藤堂)에는 半舌/半齒 音으로 구분됨, 清濁은 次濁(유성)으로)

고금음표 상고음 之운 來모 lĭə, Ⓚ li̯əg/lji, Ⓣ li̯əg

한국한자음 리(훈몽자회), 일본 오음·한음 ri, 만엽kana ri(紀, 萬), ro_2(萬)

상고음의 변천과정을 보면,

선진음 之부 [ə] 開3 [i̯ə](里, 已, 止, 李, 事, 其, 基, 思, 詩 등) — 한대 之부 [ə] 開3 [i̯ə](절운의 之운, 時, 期) — 위진남북조 之부 [ə] 開3 [i̯ə](절운의 之(止, 志)), 상성 里, 止, 士, 子, 已, 理, 紀) — 수-중당음 脂부 [i] 開3 [i] (절운의 支(紙, 寘), 脂(旨, 至), 之(止, 志))

참고로 여기의 절운의 운목은 모두 止섭으로 크게 묶어진다. 그리고 이들 운은 모두 1등운이 없다. 그리고 脂(평성), 旨(상성), 至(거성)의 경우는 등별 분포가 다르다.

	脂	旨	至
2등운	ïi	×	×
3등운	×	ıi	ıi
4등운	×	ii	ii

이렇게 상고음의 변천과정을 보아 왔을 때 앞서의 己, 止, 巳와 마찬가지로 里 ro(rə)도 선진-한-위진남북조 시대에 일관하여 i̯ə 모음을 유지하였기에 그 중의 어느 시대의 것이라고 말하기 어려우나, 선진음을 지탱하여 온 것은 사실이니 다른 Suiko조 kana와 맞추어 선진음에서 유래하였다고 해둔다. 상고음에서는 중모음의 ə중심의 소리고, 중고음은 개모음 치중의 소리라고 할 수 있다.

제3류의 마지막의 '乃'는 그렇게 유별한 것은 아닌데, 만엽kana에 na와 no_2의 두 가지로 나오고 해서 검토해보기로 한다.

乃 奴亥切 13上(開) 舌音 清濁(泥모)/海운 1등
고금음표 상고음 之부 泥모 nə, Ⓚ nəg/nậi, Ⓣ nə̂g
중세한국한자음 내(천자문), 일본 오음 no, nai, 한음 dai, 만엽kana na(紀), no_2(記, 萬)
상고음의 변천과정을 보면,

선진음 之운 [ə] 開1 [ə](來, 才, 怠, 改, 海, 能, 待, 辭, 旗, 字, 寺 등) — 한대음 之부 [ə] 開1 [ə](절운의 咍(대부분)(咍는 平1, 海는 上1)) — 위진남북조 灰부 [ɐi] 開1 [ɐi](절운의 咍(海, 代)), 상성 乃, 海, 待, 改, 亥, 采, 給, 怠, 在 등) — 수-중당음 咍부 [ei] 開1 [ɑi](절운의 咍(海, 代)泰)

이상을 보아서는 Suiko조 kana의 no(no_2)는 선진음과 한대의 [ə]와 같다. 이 역시 다른 kana와도 같이 선진음에서 유래했다고 볼 수 있다. 중세한국어의 '내'는 위진남북조의 [ɐi]에서 유래한 것 같고(아마 고형은 *nə〉*nɐi)(Karlgren의 ậ는 후설단모임을 참조) 만엽kana의 na는 그 후신형이고 no_2는 Suiko조 kana의 후계자로 볼 수 있다.

제 4류의 義 ge는 만엽kana로 ge/gi(萬), 그 다음의 尼 ne는 만엽kana에 전반적으로 쓰이고 ni(紀, 萬)로도 나온다. 그 다음의 禮 re, 代 te도 만엽kana로 그대로 전반적으로 쓰이고(代 te가 de로 쓰는 경우(萬) 있다.), 다만 俾 pe는 주로 Suiko조 kana로 쓰였다.

이들은 크게 특이하다고 느껴지지 않아서 생략한다.

다음의 제5류의 두 가지만 더 다루고 나머지도 크게 다르다고 느껴지지 않아서 생략하기로 한다.

居 九魚切 11平 牙音 清(見모)/魚운 3등

고금음표 상고음 魚운 見모 kĭa, Ⓚ ki̯o/ki̯wo, Ⓣ ki̯ag

중세한국한자음 거(훈몽자회), 일본 오음 ko, 한음 kyo, 만엽kana ko_2(萬), ke(紀)

상고음의 변천과정을 보면,

선진음 魚부 [ɑ] 開3 [i̯ɑ](居, 擧, 魚, 餘, 語 등) ― 한대 魚부 [ɔ] 開3 [i̯ɔ](절운의 魚운, 居, 書) ― 위진남북조 魚부 [ɔ] 開3 [i̯ə](절운의 魚(語, 御)) 평성 居, 魚/상성 擧, 女, 呂, 巨) ― 수-중당음 魚부 [o] 開3 [i̯o](절운의 魚(語, 御))

이상을 보았을 때 Suiko조 kana의 居 ke의 용법은 선진음에서 유래한 것으로 보인다. 선진음의 魚부의 開3 [i̯a]는 開2 [eɑ](家, 馬, 下)임을 참조할 때 주모음 [ɑ]의 전설화의 지역방언의 반영이 아닌가 생각된다. 한대나 위진남북조의 주모음 [ɔ]로부터는 [ɑ]에서의 추이(推移)로 보인다. 중세한국한자음 '거'는 한대의 魚부 開3에서 만엽kana의 o_2는 위진남북조의 魚부 開3에서 유래한 듯하다. 한자의 전파·전승의 시기상의 차이 뿐이다.

擧 余 11平 牙音 清(見모)/魚운 3등

여기 반절상으로는 앞의 '居'와 동일하나, 고금음표의 중고음으로는 반절 居許切이며 見모 / 語운으로 되어 있다. 그렇게 되면 앞의 '居'는 평성인데 여기의 '擧'는 상성의 차이만 있다.

고금음표의 상고음은 앞의 居와 같다(魚운 見모 kĭa). Ⓚ와 Ⓣ도 같다.

중세한국한자음 거(신증유합), 일본 오음 ko, 한음 kyo, 만엽kana ko_2(紀)

상고음의 변천과정을 보면, 앞의 용자 '居'와 동일하게 행동한 듯하다. 다만 위진남북조에 와서 '居'는 魚부 [ɔ] 開3 [i̯ə]의 평성의 魚운으로, '擧'는 상성의 語운으로 갈렸다.

수-중당음은 반절과 운경상으로는 '居·擧'가 동일하게 魚部 [o] 開3 [i̯o] 평성이지만, '擧'는 다른 하나의 반절로 상성(語운)으로 보이기도 한다. 운경상에 魚, 語, 御운에 배속된 한자를 보면 한 두어 가지 예외는 있으나 한국의 어 [ə]음의 것들이다.

상고음의 魚부의 ɑ-ɔ-o의 변천을 미루어 후설모음의 모음추이를 엿볼 수 있다. 한편 지역 방언에는 ɑ-e의 전설모음화도 없지 않았던 것으로 보인다. 그렇게 보면 선진음[ɑ]에서 한대 [ɔ]의 변동시기의 것이 居 ke, 擧 ke의 Suiko조 kana로 반영된 것으로 본다.

지금까지 Suiko조 kana의 음이 중국의 상고한자음의 변천시기의 어느 위치에 있는 것에서 유래한 것인지, 한국한자음이나 일본의 오음과 한음과는 어떻게 대비되는지를 용자 하나하나에 대해 살펴봤다.

이를 다시 정리하는 뜻으로 일본인 학자의 논의를 돌아보기로 한다. Suiko조 kana음에 대해서 주대(周代)의 고음 곧 중국상고음의 전기의 반영으로 보는 의견이 있는가 하면, 혹은 이보다는 늦은 상고음의 후기음의 반영으로 보는 의견도 있다.

전자의 의견으로는 Ooya(大矢透, 1970:264)를 들 수 있다. Suiko조 유문 중에는 詩易 등 기타의 주대 고서의 압운(押韻)과 일치하는 kana가 존재하는 점에서 주대 고음이 주진(周秦) 사이에 한지(韓地), 신라 등에 이어지고 일본에는 Suiko조 kana로 남게 되었다는 것이다.

후자의 의견으로는 Osada(長田, 1979:138)를 들 수 있다. Suiko조 kana의 乃 no, 母 mo, 意 o, 己 ko, 止 to 등이 o_2(o_Z)을 이루고 있는 점이라든지 상고음 전기의 之부의 음성운 -g가 상고음 후기에 i̯, u̯가 되고

중고음으로 이행한 점에서 중국상고음의 후기의 음운을 반영한다고 보고 있다.

이 외에 Suiko조 유문의 음이 오음계 자음(字音)에 입각한다는 의견도 있다. Oono(大野透, 1977:59)는 일본의 kana 발달의 단계에서 Suiko조 kana는 일본인에 의한 현존 최고(最古)의 kana로 규정짓고 있다.

일본에서의 kana는 1) 고층, 2) 중간층, 3) 신층의 3단계로 나누어 고층의 kana는 Suiko조 이전에 발생하고, 신층의 kana는 8세기(전반)의 장안음(長安音)에 입각해서 생기고, 중간층의 kana는 고층과 신층의 kana를 제외한 Nara시대의 것으로 하고 있다(p.59).

고층의 kana의 주요자료가 Suiko조 유문이고 그것은 주로 오음계의 자음에 입각한다고 하였다.

용자의 하나하나의 검토에서 Suiko조 kana는 선진음(경우에 따라 한대음)에서 유래했을 가능성이 있다고 하였다.

중국의 선진(先秦)시대는 진시황 이전의 시대 특히 춘추전국시대(서기전 770-250년)이며 선진음은 이 시대의 운문중에 주로 시경, 초사(楚辭)를 근거로 하고 그 다음으로 주역, 노자 기타 선진 서적 중의 운어(韻語)를 근거로 하여 추정한 것이다.

이렇게 오래된 음이 어떻게 Suiko조 kana로 반영되는지가 매우 궁금한 일이다. 서기 3세기의 왜인kana는 주로 위진남북조의 음에 입각하고 있는데 이보다 시기가 뒤진 6세기(후반)의 Suiko조 kana가 오히려 왜인kana보다 시기를 앞지른 선진음에 입각한다는 것이 매우 부자연스러운 일이다. 그 사연을 Osada(長田, 1979:139)는 백제계의 사관(史官)에 의해 전승된 데서 온 것으로 보고 있다.

Suiko조 당시의 정계의 실력자인 Soga(蘇我)씨와 관계가 깊었던 왜한(倭漢)씨 계 일족의 사관이 백제에서 가져와 전승시킨 것으로 보고 있다. 그것이 Soga(蘇我)씨의 몰락과 함께 만엽(특히 巻5에)식 kana의 표기로 변한 것으로 보는 것이다.

Ooya(大矢, 1970:264)의 언급대로라면 주대 고음이 삼한, 신라 그리고 일본으로 이어졌다면 서기 3세기의 왜국도 거쳤을 터인데 그것을 건너서 Suiko조에 남았다는 것은 문제점이다. 물론 왜인어의 기록은 당시에 중국에서 내왕한 사신이 주관한 것이었기에 그들의 당시의 음운이 반영되었다고 할 수 있으나, 서기 3세기의 왜인어의 인명, 지명의 분석을 통해서는 현지인의 쓰는 발음의 기록으로 보는 게 순리여서 필자는 이때의 말이 명실 그대로 일본 최고(最古)의 kana(왜인kana)로 표기된 일본 최고(最古)의 일본어라 할 수 있다고 보는데, Osada(長田, 1979:117)는 Suiko조 유문을 상고(上古)일본어를 기록한 자료로 보고 Suiko조 유문의 것이 최고(最古)의 일본어라 하고 있다. 그렇다면 왜인의 시대를 일본어사에서 배제하는 결과가 되는데 그것은 잘못된 것이고 당시는 왜인지역 왜인어로서 일본어의 범주에 속하면서 주변지역과 공통어적인 면을 공유한 상태였다고 볼 일이다.

그런데도 왜인kana와 Suiko조kana가 순차적으로 연결되지 못한 데에는 특별한 사연이 있는 것에 틀림없다. 앞에서 Ooya(大矢, 1970:264)가 언급한 가운데 주대의 고음의 전승에서 신라의 건국당시에 학문이 능통한 석탈해(昔脫解)의 손을 거친 것이라 나와 있고, Osada(長田, 1979:139)가 언급한 가운데 백제에서의 전승에서 Soga(蘇我)씨가 관련된 것이라고 나와 있는데, 석탈해나 Soga씨는 모두 제주도와 관련이 있는 이들이다.

석탈해는 서기 1세기의 제주도(龍城國) 왕자 출신이고(김공칠, 2014:153), Soga씨는 가라 망명 세자인 솔지공(率支公)이 제주도의 지원을 얻어 일본에 진출하여 흠명왕(欽明王)으로서 일본의 중앙정권(大和정권)을 수립하는데 협조하고 이후 당시의 정계를 리드한 사람이다. 필자는 '蘇我'는 백제방언의 asaka'島'나 석탈해의 '昔' 그리고 제주도의 옛 이름인 '州胡'의 파찰음화와 마찰음화를 거친음과 유사하고 특히 '蘇我馬子'를 섬의 대신으로 부르는 점에서 Soga(蘇我)계는 제주도로부터의 이주집단으로 보았다. 그러기에 제주도에서 진출한 흠명왕을 도와 정권수립에 기여하였을 것이다(김공칠, 2014:413).

Suiko조 유문의 시기는 한자음의 주류로 볼 때는 중고음에 들어선 시기인데 일본에서 상고음(특히 전기의)의 kana가 쓰인 것은 가라 혹은 제주도에서 사용된 고음이 흠명왕 집권과 함께 유입한 것으로 보는 것이다(김공칠, 2014:439).

제주도는 서기 전 3세기부터 고대 중국(특히 秦나라)과의 접촉이 있었고 서복(徐福)의 도래의 기회에 그들과 일본의 중남부의 Kumano(熊野)에 진출하였는가 하면 서기1세기에는 제주도와 관련이 되는 신무왕(神武王)이 동정(東征)에 성공하여 Nara(奈良)지역에서 일본 최초의 중앙 정권을 수립하였으니(김공칠, 2014:103) 당시에 사용된 자음은 선진음계이다.

서기 1세기의 제주도는 용성국시대로 그 별칭이 '正明國, 琓夏國, 花厦國' 등 다양할뿐더러 필자의 분석(김공칠, 2014:169)에 의하면 동일한 의미의 중역(重譯) 혹은 의훈(義訓)적인 표현이었다. 그만큼 당시의 제주도의 한문적, 언어적 이해 수준이 높았다.

4세기 중반으로 추정되는 일본의 신공(神功)왕후의 제주도 방문 후(김공칠, 2014:310~) 백제에의 교통권을 얻은 다음에는 제주도는 물론 전남 남부와의 교통권과 문화적 혜택을 일본이 얻게 되어 그 아들(應神王)의 중앙 진출의 계기가 되기도 한다. 이러한 제주도 그리고 전남 남부와의 교류 그리고 가라 망명세자와 제주도의 연합세력이 일본의 중앙 진출의 성공 등은 Suiko조 문화의 꽃을 피우는 기반도 되었을 것이니, 가라 그리고 제주도, 전남 남부에서 사용된 한자음의 고음이 반영되는 것은 자연스러운 일이다. 언어지리학상으로도 변두리(가라, 전남 남부, 제주도)에 고음이 남을 수 있고 앞에서 Oono(大野透)가 말한 오음계 자음도 중국의 남조(南朝)의 오나라 지방에서 근접하는 전남 남부, 제주도를 거친 데서도 올 수 있다. 어떻든 Suiko조 문화에서 문자주도세력은 성덕태자를 비롯하여 망명세자가 데려간 가라 그리고 제주도의 문인들임에 틀림없다. 이들이 사용하는 것이 서기 1세기에 그들의 선조가 중앙부에 전승한 중국상고음의 자음(字音)과도 연계되었을 가능성이 있다.

일본의 서단(西端)의 규우슈우 지방에서 그것도 서기 3세기의 중국 자음(字音)에 입각하여 전사한 왜인kana와 일본의 중앙부인 Nara 지역에 전래된 선진음에 입각한 Suiko조 kana와는 성격이 다를 수밖에 없다.

또한 Suiko조의 kana의 용자는 고대한국의 금석문의 용자와도 맞춰볼 수 있어도 왜인전의 그것과는 맞춰볼 수 없는 것도 있다는 것도 시기적으로 왜인전의 그것과 다른 점도 있으나 왕조의 전통적인 전승의 차이에서 온다고 본다. Suiko조 kana가 만엽kana 성립의 시원(始源)적인 것으로 보는 것(姜斗興, 1982:5)도 자연적인 귀추다.

3.4.3. 재구되는 음운체계

Suiko조 kana의 자음(字音)에 근거를 두고 당시의 자음과 모음의 체계를 그려보고자 한다. 여기서 사용되는 자료는 앞에서 보인 50음도의 음별 일람이다.

3.4.3.1. 자음 체계

50음별의 좌단 행에서 뽑으면 우선 자음 목록으로 다음을 뽑을 수 있다.

k s t n p m y r w

이를 보아서는 유성음 계열은 없었던 것으로 되나 실제는 다음의 구조다.

무성음	p	t	c	s	k	h
(유성음		d	z		g)	
향 음	m	n	r			
반자음	w		y			

이는 서기 3세기의 자음체계 그대로인데, 원을 친 c와 h는 Suiko조 kana의 50음별에 나오지 않아서 설명을 가할 필요가 있다.

먼저 h에 대해서는 상고음의 曉모 [x]가 한국음에는 h로, 일본음에는 k로 반영되어 있어서 일본 쪽에서 따로 h를 세우는 데는 논의가 많을 것이나 (앞에서 언급한 바 있다.), Suiko조 유문에 나오는 '希'의 두자음이 曉모[x]로서 한국어계의 h가 전승되었다고 보면 잠재 음운이 서서히 모습을 드러내기 시작한 것이라고 볼 수 있다.

다음으로 c의 분립의 문제인데, sa행의 a단의 '沙'용자는 선진음의 心모(莎, 斯 …등)인데 또 하나의 '佐'는 아래처럼 이와는 별개의 음류에 속하는 것이어서 ca행의 흔적의 반영으로 생각한다.

佐 則箇切 27去(開) 齒音 淸(精모)/箇운 1등
고금음표 상고음 歌운 精모 tsai, Ⓚ tsɑ̂/tsâ, Ⓣ 찾지 못함 左 tsâ
중세한국한자음 좌(천자문), 일본 오음·한음 sa, 만엽kana sa

선진음의 두자음 精모 ts(左, 佐 등)는 모두 한국음으로 'ㅈ'으로, 일본음은 s로 반영되었다. 佐의 精모는 치음의 1등과 4등에 분포하고 다음에 나오는 至에서의 章모는 3등에 분포한다(2등의 분포는 莊계). 따라서 佐(그리고 至)는 c행의 흔적으로 볼 수 있다.

ci의 흔적은 ta행의 i단의 '知, 智, 至'에서 찾아볼 수 있다. 이들 용자를 보면 '知'와 '智'는 설두음의 端모 t에서, 至는 설상음의 照모(ṭ, ȶ, ȶ로도)에서 온 것으로 그 유래가 다르다. 후자에서 ci의 흔적을 엿볼 수 있지 않을까 한다. 참고로 이들 용자의 반절과 반영음을 보이면,

知 陟離切 4平(開) 舌音 淸(知모)/支운 3등

고금음표 상고음 支운 端모 ťie, Ⓚ tı̯ĕg / ȶie̯, Ⓣ tı̯eg
중세한국한자음 디(천자문), 일본 오음·한음 ti(〉ci)

智 知義切 4去(開) 舌音 淸(知모)/寘운 3등
고금음표 상고음 支운 端모 ťie, Ⓚ tı̯ĕg / ȶie̯, Ⓣ tı̯eg

중세한국한자음 디(훈몽자회), 일본 오음·한음 ti(>ci)

至 脂利切 6去(開) 齒音 淸(照모)/至운 3등
고금음표 상고음 脂운 章모 ȶĕi(여기서의 章모는 照모와 정치음 3등으로 동일),
Ⓚ ȶi̯ĕd/tsi, Ⓣ ȶi̯ed
중세한국한자음 지(신증유합), 일본 오음·한음 si

한국음으로 'ㅈ'(간혹 ㅊ도)으로 반영되고 일본음으로 s(간혹 z)로 반영된다. 이 '至'는 앞의 佐행과 더불어 c의 한 행을 이룰 수 있는 것이다.

s의 유성음일 수 있는 다음의 '自'도 상고음의 내력을 볼 때는 c행의 i단음으로 볼 수 도 있다.

自 疾二切 6去(開) 齒音 濁(從모)/至운 4등

선진음의 從모는 [dz]

고금음표 脂운 從모 dzĭei, Ⓚ dz'i/tsï, Ⓣ dz'i̯ed
중세한국한자음 cᴕ(훈몽자회), 일본 오음 zi, 한음 si

이 '自'는 강두흥(姜斗興, 1982:7)에서 보인 것이고, 이 외에 tso의 '楚'가 보이는데 이는 '嗽'와 함께 있으나 '嗽'는 so에 해당한 것으로 양자는 원래 분립되었던 것으로 보이며 ca행의 o단으로 '楚'를 세울 수 있다.

嗽 速 1入 齒音 淸(心모)/屋운 1등
朔 3入 齒音 淸(心모)/覺운 2등
瘶(蘇奏切) 37去 齒音 淸(心모)/候운 1등
고금음표 상고음 侯운 心모 sɔ Ⓚ sug/səu Ⓣ sûg(欶자로)
중세한국한자음 수(훈몽자회), 일본 오음 su, 한음 sou/오음·한음 soku

楚 創擧切 11上 齒音 次淸(初모)/語운 2등

선진음 初모(ts') 고금음표 魚운 初모 tshĭa, Ⓚ tṣ'i̯o/tṣ'i̯wo, Ⓣ ts'ag
중세한국한자음 초(천자문), 일본 오음 syo, 한음 so

와 같이 양자는 상고음에서 분명 동일류의 두자음에 속할 수 없는 것으로서 s와 c로 구별되었던 것으로 본다.

따라서 c행에는 최소한 '佐, 至(自), 楚'의 단별이 있었던 것으로 추정된다.

다른 문제 곧 유성음 계열의 문제인데, 유성음으로는 ta에 위치한 '陁'는 만엽kana에 da(紀에는 ta)로 보이고 또 앞에서의 '自'의 z, ka에 위치한 '宜, 奇'가 ga이고 만엽kana로 奇 ki_2, 宜 gi_2, ge_2인 점에서 무성/유성의 변별성은 없다 하더라도 음성적으로 유성음이 실현된 것은 분명하다.

3.4.3.2. 모음체계

앞에서 3세기의 모음체계로 다음의 6모음 체계를 이루고 있었다고 보았다.

i　　　　　u

　ə　　　o

　　a　ɔ

앞서의 Suiko조 kana의 일람에서의 모음의 분류는 8세기의 모음분류의 한 예에 따른 것으로 6세기 후반의 모음의 분류를 반영한 것은 아니다.

다만 여기서 분명한 것은 o의 갑・을(甲・乙)의 구별이 분명하다는 것과 e류가 분립되었다는 것이다. 일단 그것에 입각해서 체계를 그려보면,

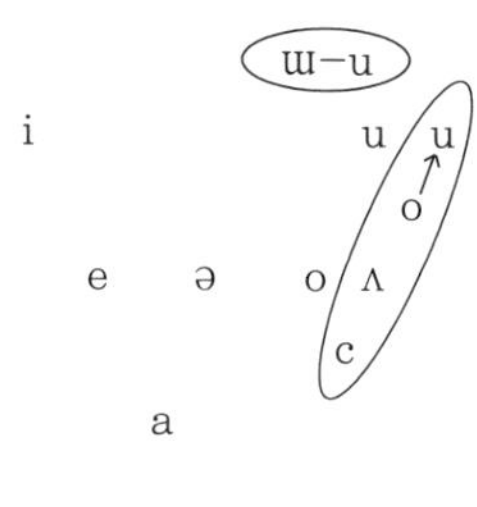

 선에 그린 것은 a가 중설의 위치에 자리하고 안정적인 모음 구도의 기반을 이루는데, 그 연쇄로 ɔ가 o자리에 상승하고 o는 u자리에 u는 ɯ자리로 다가서게 된다. ə도 o에 다가서고 전설의 중간 자리에 e가 자

리한다. i의 하강 아니면 i-ə의 간음으로, 그것도 중국한자음의 영향으로 e가 형성된 것으로 본다. ka행 e단의 kana '居, 擧'(한국한자음 거)를 볼 때 e와 ə는 매우 가까움을 미루어볼 수 있다.

kana일람에서의 ka행의 $i_乙$에 위치한 歸(한국한자음 귀), 己(한국한자음 긔)를 볼 때 u → ɯ의 추이를 추정할 수 있다. 8세기의 i_2($i_乙$)가 이루어지는 과정을 암시한다.

u단에 쓰인 용자의 한자음이 o / u에 분포하는 것도 보여서 당시의 o와 u는 매우 가까움을 알 수 있는데, 이는 o의 상승에 의한 교체현상에 오는 것으로 볼 수 있다.

요컨대, 6세기 후반의 모음체계는 3세기의 그것과 같은 수의 6모음 체계이지만 후모음의 연쇄적인 추이로 ɔ가 소실의 처지에 있게 되고 모음구조의 평형을 지탱하는 다음과 같은 체계가 이루어진 것으로 본다.

i (ɯ) u
e ə o
a

여기서의 (ɯ)는 음성적인 실현에 그치고 좀 지나서 i_2($i_乙$)과 같은 다소의 변별성이 생기게 되는 것으로 본다.

3.5. 8세기의 일본어 음운

3.5.1. 자료

8세기의 일본어 음운 연구에는 다른 시대의 그것보다 여러 가지 유리한 점이 있다.

첫째는 자료의 풍부성이다. 음운연구의 직접자료 곧 1급 자료의 존재다. 예시하면,

1. 고사기(古事記)(3권, 712년). 이는 현존 최고(最古)의 일본어 역사서인데 그 하권에 가요가 많다. 112수 정도가 되는데 가요가 1자(字)1음(音) 식의 만엽 kana(吳音)로 되어있다.
2. 일본서기(日本書紀)(30권, 720년). 일본의 최고(最古)의 칙찬(勅撰)의 정사이다. 훈주(訓注) 그리고 가요가 1자1음의 만엽kana(漢音)로 씌어진 것이 있고 가요는 128수 정도이다. 고사기의 자음(字音)과 다른 점의 한 예를 든다면 고사기의 자음(字音)은 운경上의 탁음과 일치하는데 일본서기에서는 청음으로 나타난다.

   고사기(古로 대신하기도)의 都婆岐 tubaki '椿' 그리고 일본서기(日로 대신하기도)의 婆伽摩 pakama '袴'에서 '婆'가 두자음 b(吳音) – p(漢音)의 차이를 보여준다.
3. 만엽집(萬葉集)(20권, Nara 시대 말기). 일본의 최고(最古)의 가집(歌集)이다. 1자1음의 만엽kana로 된 것이 많은데 권5, 14, 15,(東歌) 17, 18, 20(防人歌)에 집중되어 있다. 이중에 14.와 20.은 동국(東國) 방언에 속한다. 이 책에서는 권5의 일부를 자료로 제시하나 이들 자료에 문제점이 없는 것은 아니다.

고사기의 최고(最古) 사본(寫本)은 '真福寺本'으로 1282년의 것이다. 우리나라의 삼국유사는 승 일연(一然)의 찬으로 그의 생존연대는 1206년~1289년이다. 양자가 비슷하게 야사(野史)적인 설화로 된 점으로 미루어 어떤 상관이 있을 법한데 과연 일본의 고사기를 8세기의 자료로 볼 수 있는가이다.

만엽집의 경우도 마찬가지다. 그 최고 사본은 '桂本'인데 그 서풍(書風)으로는 Heian중기의 1053년 전후의 것이고 화압(花押)으로는 Kamakura 후기의 '伏見王'(1265–1317년)이다. 만엽집의 필사자 '紀貫之'(868–946년)이고 궁중의 '源順' 등(梨壺5人)의 훈해(訓解)의 시기는 951년이다.

만엽집과도 같은 우리나라의 '三代目'(신라 51대 진성여왕 2년 888년)과도 견줄 수도 있는 것이어서 과연 만엽집 역시 8세기의 자료로 볼 수 있는

가이다.

일본서기도 '岩崎本'은 889년-922년(花押은 1402-1481)이니, 고려 인종 23년(1145년)의 삼국사기와도 견줄 수 있어서 이들 모든 자료는 완전하게 다듬어진 것은 8세기보다 뒤진 후래의 것으로 볼 가능성이 있는 것이다. 따라서 이들 자료를 다른 자료와 비교하여 이용할 때는 8세기의 원형적인 것에서 후대의 완성된 것임을 유의할 필요가 있다.

두 번째는 표음문자와 같은 표기문자가 존재하여 당시의 음운의 음가 추정에 큰 보탬이 된다는 것이다.

중국의 표기문자인 한자를 '眞字'(mana, sinzi), '本字'라 하고 그 (假借的)용법의 일본의 표기문자(假借字)를 kana, karina,(倭字, 和字, 國字의 이름도 있다.)라 한다.

이러한 일본의 kana에 앞서 왜인kana, Suiko조 kana가 있었지만, 그 분량이 비교가 안될 만큼 Nara시대의 문헌 곧 앞에서 본 (古), (日), (萬) 외에 '宣命, 風土' 등에도 많이 쓰이는 만엽kana가 있는데, 이를 왜인kana와 Suiko조 kana에까지 확대해서 이름붙이나, 필자는 각자의 성격이 다른 점에서 만엽kana는 이와 구별해서 Nara시대(또 이후)의 kana에만 한정해서 쓰일 것을 제안하였다.

만엽kana는 그 쓰이는 방식에 따라 다음 세 가지로 나눌 수 있다. 대비해서 보이면,

	A	B	C
1) 음(音)kana	奈都可之, 奈都可思	由伎	異母, 伊母
2) 훈(訓)kana	夏借, 夏樫	雪	妹
3) 음훈(音訓)kana병용	夏香思, 奈都炊		
(의미)	懷 그립다, 정답다	눈	님

읽는 처지에서 1)의 음kana는 음독자(音讀字)다. 음독자는 대개 1자 1음이지만 '有兼'의 '兼'(けむ, 조동사)의 경우는 1자 2음절이다.

2)의 훈kana는 훈독자(訓讀字)이다. 다만 여기서의 주의할 것은 '雪'과, '妹'(누이동생의 뜻이라면)가 원래의 중국의 한자의 의미대로 쓰였지만 중국의 한자의 독음과는 무관하므로 정용자(正用字)가 아닌 일본의 훈으로 읽는 훈독자가 된다.

3)은 훈음 음독자이다. '炊'(kasiku)는 1자 3음절이다. 그 외의 예는 1자 1음절이다(1자 4음절의 경우도 있다.).

3.5.1.1. 만엽집(권5)의 예문

이하의 예문에서는 한자로 된 원문을 먼저 제시하고 그 번자(飜字)를 hiragana로 나타냈다. 어휘적 의미를 쉽게 파악하도록 괄호 안에 한자를 표시하였다.

800번가의 원문에(번자에도) ( )친 부분은 소위 침사(枕詞)로서 의미미상의 수식어 부분이다.

국문 번역에서 〈 〉친 부분은 문맥을 수월하게 파악할 수 있도록 필자가 보충한 것이다.

793 餘能奈可波 牟奈之伎母乃等志流等伎子 伊餘餘麻須萬須 加奈之可利家里
よ(世)の なか(中)は むな(空)しきものと し(知)る とき(時)し いよよ ますます かな(悲)しいかりけり.

(이)세상은 공허한 것이라고 아는 때가 〈정말〉 더욱 더 슬픈 일이다.

800 父母乎 見禮婆多布斗斯 妻子美禮婆 米具斯宇都久志 餘能奈迦波 加久叙許等和理 (母智騰利乃)可可良波志母與 由久弊斯良禰波 宇既具都遠 奴伎都流其等久 布美奴伎提 由久智布 比等波 伊波紀欲利 奈利提志比等迦 奈何名能良佐禰 阿米弊由迦婆 奈何麻爾麻爾 都智奈良婆 大王伊麻周 許能提羅周 日月能斯多波 阿麻久毛能 牟迦天周伎波美 多爾具久能 佐和多流伎波美 企許斯遠周久爾能麻保良叙 可爾迦久爾 保志伎麻爾麻爾 斯可爾波阿羅慈迦

ちちはは(父母)を み(見)ればたふと(尊)し，め子(妻子) み(見)れば めぐしうつく(愛)し よ(世)のなか(中)は かくぞことわり (もとどり(鳥)の)かからはしもよ ゆ(行)くへし(知)らねば うけぐつ(沓)を ぬ(脱)きつ(棄)るごとく ふ(踏)みぬ(脱)きて ゆ(行)くちふひと(人)は いはき(石木)より な(生)りで(出)しひと(人)か な(汝)がな(名)の(告)らさね あめ(天)へゆ(行)かば な(汝)がまにまに つち(地)ならば おほきみ(大君)います このて(照)らす ひつき(日月)のした(下)は あまくも(天雲)の むかぶ(向伏)すきは(極)み たにぐくの さわた(渡)る きは(極)み き(聞)こしを(食)す くに(国)のまほらぞ かにかくに ほ(欲)しき まにまに しか(然)にはあらじか

부모를 보면 공경스럽고 처자를 보면 귀엽고 사랑스럽다. 세상은 바로 이것이 이치(다).〈가 아닌가〉. ( )보다 긴밀히 다가가고 싶은 것이다. 전도도 모르니 구멍 난 신을 벗어서 버리듯 〈사람의 일을〉 벗어 차버리고 간다고 하는 사람은 돌이나 나무〈와 같은 매정한 것〉에서 태어나 온 사람인가 〈대체 너는 어떤 사람인가〉. 너의 이름을 말하세요.

하늘에 간다면 그대 마음대로〈해도 되지만〉 땅〈위〉에는 임금이 계시다. 이 비추고 있는 해와 달의 아래에는 하늘에 떠 있는 구름이 아득히 길게 끼는 그 끝까지, 두꺼비가 건너가는 끝까지 〈전부가〉 임금이 다스리시는 나라의 훌륭한 본 고장이다. 〈그대는〉 이리저리 〈자기가〉 바라는 대로 〈자기 마음대로〉 하려는데 〈그것은 잘못이다〉 그렇지 않은가 〈그럴 것이다〉. (( )를 친 부분은 소위 침사(枕詞)로 뜻이 분명하지 못한 수식어 부분이다.)

802　宇利波米婆 胡藤母意母保由 久利婆米婆 麻斯提斯農波由 伊豆久欲利枳多利斯物能曾　麻奈迦比爾 母等奈可可利提 夜周伊斯奈佐農

うり(瓜)は(食)めば　こ(子)どもおも(思)ほゆ.　くり(栗)は(食)めば　ましてしの(偲)はゆ いづくより きた(來)りしものそ まなかひに もとなかかりて やすい(安眠)しなさぬ。

오이를 먹으면 자식들이 생각난다. 밤을 먹으면 더욱 생각이 간절하다. 〈대체 자식이란〉 어디서부터 〈어떤 인연으로〉 온 것일까. 눈앞에 마구 어른거려 편한 잠을 이루게 하지 않는다.

803 銀母金母玉母 奈爾世武爾 麻佐禮留多可良 古爾斯迦米夜母

くろかね(銀)もくがね(金)もたま(玉)も なに(何)せむに まさ(優)れるたから(寶)こ(子)にしかめやも

은도 금도 옥도 어찌하리 뛰어난 보물〈이라도〉 자식에 미칠 것인가.

앞의 예문에서, 800번가에서 父母, 見, 妻子, 名, 大王, 明, 803번가에서 銀, 金, 玉 등은 한자음으로 읽으면 정용자(正用字)이나 일본어로 읽는 점에서 훈독자이다. 훈kana로 쓰인 것으로 할 수 있다.

앞의 예문에서는 음훈kana 병용의 예는 안 보인다.

3.5.1.2. 만엽kana의 구별

이상의 자료의 번자와 음독자는 현행의 50음도의 틀 속에 있는 것이므로 다음과 같이 위치하게 할 수 있다. 여기의 자료는 지면상 793~803번가에 한정되어 틀 속의 공란이 있기 마련이다. 그 공란을 다른 번가의 kana로 채운 것이 있는데 이에는 △를 치고 괄호 속에 출처의 번가와 가사 용례를 나타냈다.

행＼단	a	i	u	e	o
a	阿	伊	宇	△愛 (806 愛弖 '得')	意
k	可 迦 加 ◯何	伎 企 枳 ¦ 紀	久 ◯具	家 ¦ 既	胡 古 ¦ 許 ◯其
s	佐	之 志 子 斯 ◯慈	須 周	世	△素 (825 阿素毗 '遊') ¦ 曾 ◯叙
t	多	知 智	都 ◯豆	提	斗 ¦ 等 ◯騰
n	奈	爾	奴 農	禰	農 ¦ 乃
p	波 ◯婆	比 ¦ △非 都麻胡非'夫恋'	布 ◯夫	弊 ¦ △閇 (804 迦閇'交')	保

<table>
<tr><td>m</td><td>麻 萬</td><td>美</td><td>尾
(805 等登尾 '留')</td><td>牟 武</td><td>咩</td><td>米
(803 遠等咩'娘子')</td><td colspan="2">毛 物 母</td></tr>
<tr><td>y</td><td>夜</td><td colspan="2"></td><td>由</td><td colspan="2">(延)
(804 伊等波延'厭')</td><td>欲</td><td>餘 與</td></tr>
<tr><td>r</td><td>羅</td><td colspan="2">利 理</td><td>流 留</td><td colspan="2">禮</td><td>路
(904 志路多倍乃 '枕詞')</td><td>呂
(832 母呂比得 '諸人')</td></tr>
<tr><td>w</td><td>和</td><td colspan="2">(爲)
(804 久禮奈爲 '紅')</td><td></td><td colspan="2">(惠)
(804 惠麻比'微笑')</td><td colspan="2">乎 遠</td></tr>
</table>

○을 친 것은 탁음kana인데 한정된 자료의 것이므로 적게 나타나고 있지만 전체 자료에서는 자음행의 모든 단에서 나타난다. 그리고 比 kana는 탁음으로 나타나기도 한다. 胡는 원래 탁음kana인데 여기서는 청음kana로 쓰이고 있고 豆, 騰의 탁음kana도 청음kana로 쓰이고 있다.

이러한 것을 보면 현대에서와 같은 청탁의 대립은 8세기에는 그렇게 철저하지 못했던 것을 알 수 있다.

3.5.1.3. 모음의 갑·을(甲·乙)의 구별에 대해서

앞서의 kana 일람에서 i, e, o단의 어떤 행에서는 점선으로 나눈 부분이 있다. 이는 hiragana로는 같은 음이라도 만엽kana의 한자음으로 미루어 볼 때는 분명히 다른 면이 있고 어휘 표기에서 확연히 구별되어 있었다는 것이다.

예를 들어 '神'을 나타내는 kami에는 可尾, 可味, 柯微, 伽未가 쓰여서,

可 = 柯 = 伽
尾 = 味 = 微 = 未

의 음의 상관성을 알 수 있고,

首長, 髮을 나타내는 kami에는 可美, 伽瀰가 쓰여서,

可 = 伽
美 = 瀰

의 상관성을 알 수 있는데 ka는 한 가지이므로 어느 쪽에도 쓰이고 있지만 mi는 尾=味, 微=未류와 美=瀰류의 두 가지로 나뉘어서 양쪽에 걸쳐서 쓰이는 법은 없다. 이렇게 mi에는 두 가지 음의 구별이 있다고 해서 갑류와 을류로 구별짓는다. 구별은 앞서의 mi의 경우로 보이면 mi$_{甲}$, mi$_{乙}$ 혹은 mi$_{1}$, mi$_{2}$로 나타낸다(혹은 mi와 mï로).

이와 같은 갑·을(甲·乙)의 구별이 있는 행단은 다음의 12가지다.

ki$_{甲}$ / ki$_{乙}$	ke$_{甲}$ / ke$_{乙}$	ko$_{甲}$ / ko$_{乙}$
pi$_{甲}$ / pi$_{乙}$	pe$_{甲}$ / pe$_{乙}$	so$_{甲}$ / so$_{乙}$
mi$_{甲}$ / mi$_{乙}$	me$_{甲}$ / me$_{乙}$	to$_{甲}$ / to$_{乙}$
		no$_{甲}$ / no$_{乙}$
		yo$_{甲}$ / yo$_{乙}$
		ro$_{甲}$ / ro$_{乙}$

고대 문헌에서 용자(用字)에 대한 조사는 중세부터 시작하여 Keicyuu(契沖, 1640–1701년)에 의해 진전되었다. 50음도 상으로 a행의 i, e와 ya행의 i, e 그리고 a행의 u와 wa행의 u의 구별이 고서에 있는가 없는가의 연구와 같은 것이다. 그 방법이 당시의 hiragana를 바탕으로 정리하였기 때문에 hiragana 이상의 구별은 할 수 없었다.

Moto'ori(本居宣長, 1703–1801년)는 '古事記傳總論'(古事記傳 卷1, 假字의 事)에서 고사기의 만엽kana의 용법에서 예컨대 ko의 kana에 보통 許, 古 2자를 사용하는데 ko(子) 어휘에는 '古'자만 쓰이고 '許'를 쓰지 않

는데서 hiragana 1자에 대해 2종의 만엽kana가 쓰이고 있음을 알아차렸으나 체계적인 유별이나 유별의 이유를 제시하지 못하였다. 그 제자인 Isizuka(石塚龍麿, 1764-1823년)는 '假名遣奧山路'에서 서명 그대로 하나의 표기법상의 것으로 생각하여 용자상으로 분류하였다.

き 古 伎岐吉棄 通用 紀幾貴通用
甲류 乙류

濁音 岐藝 通用 疑
甲류 乙류

紀 枳企耆祇吉己棄伎岐祁既通用 氣基幾機紀奇 通用
甲류 $\mathrm{ki}_{乙}$ 乙류

濁音 疑擬 通用 藝嗜儀蟻 通用
乙류 甲류

萬 吉伎企枳棄忌支 通用 紀奇寄綺騎貴 通用
甲류 乙류

濁音 疑宜義 通用 藝祈 通用
乙류 甲류

(石塚 1798=1931:9)

이는 고사기, 일본서기, 만엽집에서 'き'에 충당한 한자가 각각 두 가지 계열의 표기상의 구별이 있었다는 것을 나타낸 것이다. 통용(通用)의 앞에 있는 한자는 같이 어울리고 다른 통용의 앞에 한자와는 바꿔 쓰는 법은 없었다는 것이다(위에서 밑줄치고 갑/을류 표시는 필자가).

각 문헌의 앞의 통용자가 갑류이고 뒤의 통용자가 을류인데 紀의 탁음에서는 그 순서가 을류와 갑류로 되어있다. 萬에서도 탁음에서 을류 갑류의 순으로 되어 있다. 그리고 紀의 $\mathrm{ki}_{甲}$에 해당되는 한자 속의 '既'는 보통 $\mathrm{ki}_{乙}$에 해당되는 것이다. 이와 같은 기술이 다른 행단에서 갑·을의 구별이 있는 부분에 시행되고 있다. 이들 한자를 보면 갑류의 한국한자음은 '기'에 해당되고, 을류의 것은 '긔'에 해당되는 것이다.

'긔'의 예외로 '貴', '기'의 예외로 '藝'가 보이지 않은 것은 아니다. 전자는 하강적 이중모음, 후자는 상승적 이중모음으로 본다면 큰 테두리에서 동일류로 볼 수 있다.

이것이 단순한 용자상의 구별에 그치지 않고 발음(음운)의 차이라고 밝힌 이가 Hasimoto(橋本進吉, 1917=1949:142)이다. Nara시대 또는 그 이전에 있었던 음운상의 차별에 입각한다고 하였다. 구체적인 음가의 논의는 Hasimoto(橋本, 1927=1966:159)에서,

ki	伎	ki
	紀	küi
ke	祁	ke
	氣	küe
ko	古	ko
	許	küo

가 보이나 이러한 음가 추정에서 예컨대 küi에 대해서 어떤 음이었는지 확실하게 이야기하고 있지 못하고 있다. 순수한 kui는 아니고 뭔가 애매한 모음이었다고 보았다. 혹은 일본의 동북지방에 있는 애매한 모음이었는지도 모른다. 아마도 한국어의 '의' 발음을 염두에 두었는지 모른다. 단모음이었는지(ɪ̈와 같은) 이중모음(ɪ̈ı, ɨi)이었는지 확인하지 못하는듯 싶다.

Hasimoto(橋本, 1932:227)에는 13의 kana의 유별표가 나와 있다. 보통 12개의 유별이 있는데, 이것에는 e의 1) 衣류와 2) 延류를 내세우고 있는데 이는 동행의 e단의 갑・을의 구별이기보다 a행과 ya행의 e단의 구별로 생각한다. 그리고 nu의 2류를 세우고 있는데, 2류 구별의 패러다음으로 볼 때 예외적이다. 어느 u단에도 갑・을의 구별이 없기 때문에 no단의 유별로 생각되는 부분이다(橋本 1943=1950:157에서는 no가 2류, nu는 1류라 하고 있다). p.230이하에서는 2류의 구별의 음가의 추정의 구체적인 논의가 전개되어 있고, p.234에서는 e는, 갑류는 순수한 e, 을류는 열린 ε, æ의 류로 생각할 수도 있다고 하고 있다. p.236-237에서는 o는, 갑류는 순수한 모음 o이라면, 을류는 입술의 특별한 작용이 있었던 음으로 ö에 가까운

음(ö보다는 조금 혀의 위치가 뒤)이었다고 보고 있다.

Hasimoto(橋本 1943=1950:185-6)에서는 앞서 보인 kana일람자도 행단별의 갑·을의 구별이 표시되고 있고, 그 말미에 고사기에서는 mo도 2류가 있었다고 부기하고 있다.

이상을 정리하면,

Hasimoto	i甲	i乙	e甲	e乙	o甲	o乙
	i	ïl	e	æ	o	ö

인데,

Arisaka(有坂)는 이와 비슷하고 Hasimoto나 Arisaka에서 ez에 əi가 제시되기도 하는데 이 때의 ə는 중설(中舌)이다. Oono(大野)는 i乙이 ï의 단모음, o乙의 ɵ(원순모음)임이 다르다(cf. 김공칠, 1994:59).

이러한 모음의 갑·을의 구별이 발음의 차이라고 밝히게 되는 근거로는, 그 많은 한자가 발음상의 차이가 없다면 어떻게 일일이 구별해서 쓸 수 있었겠는가 하는 것이고, 갑·을의 2류의 한자가 운경상에 다른 운과 등으로 나타나고 있는데 있다는 것이다.

예컨대 현대한국한자음은 모두 '기'음인데, 중세한국한자음에서 두 가지로 갈리는 게 있는 것과 같다.

技 기(신증유합)
紀 긔(신증유합)

3.5.2. 만엽kana의 음가 추정

3.5.2.1. 행별 두자음 고찰

50음도 상의 행단에 위치하는 자음을 열거하고 두자음으로서 어떤 음가를 지니는지 살펴보고 그것으로부터 자음목록과 제격의 음가를 귀합하고자 한다. 여기서는 주로 만엽집에 사용되는 만엽kana이며 그것은 동일어의 동음 관계의 이자류(異字類)를 정리하는 식이다. 음가 추정에 이용되는 운도(韻圖)는 중고한자음을 반영하는 운경(韻鏡)이다. 여기서 이용한 용자(用字)의 운경상의 각 전차(轉次)에서의 성모의 음별 추정은 김공칠(1983: 122)을 참조 바란다. (이 책에서는 p. 431-2가 참조된다.)

행별로 보면,

ka행의 용자	加	岐	紀	久	祁	氣	古	許
	牙音	牙音	牙音	牙音	牙音	牙音	牙音	喉音
	淸	濁	淸	淸	濁	次淸	淸	淸
	見모	群모	見모	見모	群모	溪모	見모	曉모

伎(岐도)는 탁음으로 되고 許는 후음으로 되어 있으나, '聞'의 岐加/伎古/伎許의 활용을 보면 어미 吉 = 許로 볼 때 역시 아음(牙音)의 청음 계통이며 어두 k의 실현으로 볼 수 있다. 탁음은 출기(出氣)적인 유성폐쇄음인데, 출기를 부정하는 이도 있다. 한국어에서는 유기음으로 반영되기도 한다. 차청(次淸)은 유기음인데 일본에는 없었다. k의 이음(異音)이다. 후음의 효모(曉母)는 일본에서 원래부터 k/h의 분화 없이 k로 반영되었다. 이렇게 보면 ka의 두자음은 /k/로 보아 틀림없다.

ga행의 용자	賀	藝	疑	其	下	宜	胡	碁
	喉音	牙音	牙音	牙音	喉音	牙音	喉音	牙音
	濁	淸濁	淸濁	濁	濁	淸濁	濁	濁
	匣모	疑모	疑모	群모	匣모	疑모	匣모	群모

여기서 청탁(다른 운경에서 次濁으로)은 향음계열(m, n, ŋ 등 비음, r의 유음)이다.

여기서는 ŋ이 g의 이음(異音)으로 나타난 것으로 보아 /g/를 나타낸다.

sa행의 용자	佐	斯	志	須	勢	蘇	曾
	齒음	齒음	齒음	齒음	齒음	齒음	齒음
	淸	淸	淸	淸	淸	淸	淸
	精모	心모	照모	心모	審모	心모	精모

Nara시대까지만 하더라도 c [tʃ]행과 s행이 합일이 안 되고(Muromaci(室町)말기에 완전히 s행으로 통일) 있음을 보여준다. a단과 i단 일부 그리고 o단에서 c행의 잔영을 보여준다. 따라서 sa행에는 c와 s의 두 계열이(s계열이 i(일부), u, e, o(일부)에서 우세) 상보적으로 비슷하게 쓰인 것을 엿볼 수 있다.

za행	邪	自	士	受	是	俗	叙
	齒音	齒音	齒音	齒音	齒音	齒音	齒音
	濁	濁	濁	濁	濁	濁	濁
	邪모	從모	牀모	禅모	禅모	邪모	邪모

i단의 '自' [dz], 士[ʤ]를 제하고는 모두 [z] 두자음을 반영하고 있다. 여기의 '自'를 제외하고 한국한자음은 s를 반영하고 있다.

여기서의 i단에서의 自(從모 dz)(한국어의 ㅈ) 대 士(牀모 ʤ)(한국어의 ㅅ)의 대립과 앞 행의 sa행의 i단에서의 志(照모 ts)(한국어의 ㅈ) 대 斯(心모 s)(한국어의 ㅅ)의 대립을 참조했을 때 c행의 청탁이 s행의 청탁과 혼합된 상태임을 추정케 한다.

이들은 Muromaci 말기에는 s의 탁음의 z행으로 일원화된다.

ta행	多	知	都	氐	斗	登
	舌音	舌音	舌音	舌音	舌音	舌音
	淸	淸	淸	淸	淸	淸
	端모	知모	端모	端모	端모	端모

ta행은 두자음은 [t]로 일관하고 있어 i단에서의 知모는 구개음화의 ȶ를 보여준다.

da행						
	陀	遲	豆	傳	度	杼
	舌音	舌音	舌音	舌音	舌音	舌音
	濁	濁	濁	濁	濁	濁
	定모	澄모	定모	澄모	定모	澄모

i단에서 그리고 e단과 o단에서 ḍ(ȡ, d̂와도 같다.)의 澄모가 나타나 있다. i단에서의 구개음화로 e단에서는 고대의 e는 ye와도 같았기에, o단에서 을류의 음의 특이한 데서 오는 것으로 생각된다.

어떻든 d음으로 일관되어 있다 보아 틀림없다.

na행						
	那	爾	奴	泥	奴	能
	舌音	舌齒音	舌音	舌音	舌音	舌音
	清濁	清濁	清濁	清濁	清濁	清濁
	泥모	日모	泥모	泥모	泥모	泥모

爾자는 爾 兒氏切 4上(開) 舌齒音 (日)母 / 紙운 3등

오음 ni, 한음 zi

상고음표 상고음 日모 ȵ(선진음)

Wang(王力, 1987:23)에 의하면 선진시대에 日모의 상고음을 ȵ로 추정한 것은 Karlgren이다. Wang(王力)도 이에 따르고 있다. 수·중당음도 ȵ으로 추정한다(ṅż의 추정도 있다.). 따라서 i단에서의 日모는 구개음화의 환경에 의한 것이다.

pa행 (이는 현대의 ha행의 본형이다.)

波	比	斐	布	弊	閉	本	富
脣音	脣音	脣音	脣音	脣音	脣音	脣音	脣音
清	濁	次清	清	濁	清	清	清
幫모	並모	滂모	幫모	並모	幫모	幫모	幫모

幣의 용자는 弊 15去(開) 脣音 濁(並모)/祭운 4등

탁음의 '比'와 '弊'가 있는 문제점이 있으나 현대에는 모두 b가 아닌 h로 반영되고 있다.

당시에는 모두 무성음의 p로 쓰인 것으로 보인다.

ba행에는

婆	昆	備	夫	弁	倍	煩
脣音	脣音	脣音	脣音	脣音	脣音	脣音
濁	濁	濁	濁	濁	濁	濁
並모	並모	並모	並모	並모	並모	並모

이 행의 두자음은 b로 일관하고 있다.

ma행에서는

麻	美	微	牟	賣	米	毛	母
脣音	脣音	脣音	脣音	脣音	脣音	脣音	脣音
次濁	次濁	次濁	次濁	次濁	次濁	次濁	次濁
明모	明모	明모	明모	明모	明모	明모	明모

이 행의 두자음은 m으로 일관하고 있다.

ya행에서는,	夜	由	延	用	余
	喉音	喉音	喉音	喉音	喉音
	清濁	清濁	清濁	清濁	清濁
	喩모	喩모	喩모	喩모	喩모
	(4등)	(4등)	(4등)	(4등)	(3등)

여기서의 喩모 4등이나 喩모 3등은 모두 반모음으로 전자는 j, 후자는 ɥ로 나타내기도 하는데 비슷한 음의 관계에 있다. 후자가 약간 '위' 기미의 소리다.

여기의 용자는 모두 j로 일관한다 할 수 있다.

ra행에서는,	良	理	流	禮	漏	呂
	舌齒音	舌齒音	舌齒音	舌齒音	舌齒音	舌齒音
	淸濁	淸濁	淸濁	淸濁	淸濁	淸濁
	來모	來모	來모	來모	來모	來모

현재의 일본어의 ra행과 동일한 두자음으로 일관된다 볼 수 있다.

wa행에서는,	和	韋	惠	袁
	喉音	喉音	喉音	喉音
	濁	淸濁	濁	淸濁
	匣모	曉모	匣모	曉모
	(28合	10合	14合	22合)

이들은 모두 운경의 전차(轉次)에서 모두 합전(合轉)으로 되어 있다. 곧 개(介)음 u̯가 포함된 소리들이다. u̯a, u̯i, u̯e, u̯o와 같이 되어 일본어의 wa행과 같아진다. 한국어도 w음이 개재하는 음이 되는데 '惠'만이 예외다. '惠'는 고금음표에 의하면 상고음은 脂운 匣母로 γiwei, 중고음은 霽운 匣모로 γiwei로 보인다. 한국어에서는 匣모가 h로 나타나고, 일본어에는 Ø로 나타난다. 운의 we부분이 wa행의 e단의 음으로 이용된 것이 된다.

3.5.2.2. 자음 분류

50음도의 8단(i와 e와 o 각 2류)에 분포되는 대표자음을 나열해보면, k, g, s(c), z, t, d, n, p, b, m, y, r, w의 13자음(c 포함하면 14)을 얻을 수 있다. 이를 조음 위치와 방법에 따라 분류해보면,

폐쇄음	무성	p	t		k	
	유성	b	d		g	
파찰음	무성			(c)		
마찰음	무성	s				(h)
	유성	z				
비 음		m	n			
유 음			r			
반자음		w		j		

이 체계는 Suiko조의 것과 대비하면 폐쇄, 파찰, 마찰의 무성/유성 체계가 서서 유성음이 무성음과 체계적으로 대립되는 체계가 갖추어진 점이 다르다.

현대의 것과 대비해서는(Suiko조와의 대비도 될 수 있음) h음이 존재하지 않는데, 필자는 어두의 pa행 말고 어말의 pa행 그리고 조사(は, へ 등)로 쓰인 것 그리고 어미로 쓰인 것(は, ひ, ふ, へ, ほ)은 p보다 h에 가까운 음이었다고 추정하고 있다. 그렇다면 /h/도 부분적으로 존재했다고 볼 수 있다.

유성음 체계 b, d, z, g는 현대에서는 어두에도 나오지만 당시에는 상징어 경우 외는 어두에 나서지 않았다. r음도 마찬가지다. 이를 두음법칙(頭音法則)이라고 하기도 한다. 유성음이 어두에 서지 않는 것은 일본어에서의 무성/유성의 음운적 대립이 한국어와 대비했을 때 후대적 발달임을 추측하게 한다. 따라서 한국어와 자음의 대응도 무성음 중심으로 이루어진다.

다음과 같은 대응은 이미 널리 알려진 사실이다.

	k — k			s — s			c — c	
kama	釜	kama	sar	矢	satu	cə	其	soㄹ
kat	笠	kasa	syəm	島	sima	cur	筋	sudi
kurum	雲	kumo	os	衣	osufi	cop–	狹	seba–
kap	価	kapu	sak	芽	saku 咲	cək–	少	suk–
						acʻɐm	朝	asa

p — p

pur	火	pi乙 /po
pat, patkui	田	patake
pər	蜂	pati
panɯr	針	pari

일본어의 s가 한국어의 s와 c에 대응한다는 것은 s가 원래 s와 c의 두 계열이 있었음을 분명하게 한다.

3.5.2.3. p- 음에 대해서

일본어의 고대 자음 p- 에 대한 연구의 방법은 첨기해두고자 한다. 이는 음운사 연구의 방법의 일단이 되기도 하는데 많은 이에 의한 논의, 그리고 필자의 언급(김공칠, 1983:114~)도 있었고 앞에서도 논의한 바 있으나 중요한 문제이기에 다시 요목별로 부연하고자 한다..

1. 문헌적 방법에 의한 것

1) 고대문헌의 이용

표음적 기재어휘는 문헌에서 추출한다. 문헌이 명확하면 과거의 언어의 역사를 확정지을 수 있다. 다만 중앙어의 역사에 그칠 염려가 있고 문헌에 없는 어휘는 다룰 수가 없다. 특히 정치적 이유(천도)로 중앙어가 변하게 되면 일관된 발달의 모습을 포착하기 어려운 단점이 있다.

'花'의 어휘의 경우 (記) (萬) (紀) 에서 추출해보면,

波那(記仁德) 波奈(萬 3798) 波那(孝德紀)

2) 한글, 로마자 자료의 이용

한국의 1442년의 伊路波는 한국인을 위한 일본어 학습교과서(1485년의 경국대전(經國大典) 권 3에 언급됨)로서 일본의 hiragana에 대해 한글로 음을 단 것인데 일본의 'は'에 대해 '바'로 대응하고 있다. 이는 일본어의 ha

행이 당시는 양순이 밀폐되는 p음에서 양순이 조금 가볍게 닿는 경순음(經脣音)적 성격을 띠었음을 보여주고 있어서 보다 앞선 시기에는 p음이었음을 추정하게 한다.

1604년의 Rodriguez 일본 대문전(大文典)에서는 ha행이 Fa, Fi, Fu, Fe, Fo와 같이 입술의 마찰음으로 기술되고 있어서 p>Φ>h의 변화단계에서 Φ의 단계의 소리임을 알 수 있고 전단계의 p음의 추정이 가능하게 한다.

2. 분석적 방법에 의한 것

이에는 표기문자인 한자음을 분석을 한다든지 로마자 혹은 한글로 대음(對音)된 것이 있으면 이용한다.

1) 중국자음에 의한 추정

이에는 표기문자의 음을 분석하는 일인데 당시의 한자음은 중국한자음의 발달단계상 중고음에 속하는 시기이다. 중고음의 반절이 절운(나중에 광운으로 이어짐)에 기록되었는데, 반절상자는 두자음, 반절후자는 운모를 나타낸다. 그리고 그 자음과 모음의 분류가 운도에 나타나있어서 그것들의 분석을 통해서 음가로 알아낼 수 있다. '波'의 반절은 博禾切이며 '婆'는 薄波切이고 운도에는 波는 脣音 全淸(淸音)의 위치에 있으므로 어두음 p, 婆는 脣音 全濁(濁音)의 위치에 있으므로 b라는 것을 알게 된다.

2) 한국한자음에 의한 추정

한국한자음(훈몽자회, 천자문 등)에는 모두 '파'(p'a)음으로 나타나지만 한국의 고대음에는 유기음이 없었던 것으로 분석되어 마땅히 '바'(pa)로 추정된다.

3. 비교적인 방법에 의한 것

1) 일본내의 방언을 뒤져보는 방법

Yaeyama(八重山)방언에는 '花'가 pana로 남아있다. 고어의 잔존형이

라면 옛적은 'は'가 pa였음을 알 수 있다.

2) 한국어와의 비교 어휘를 찾아서 p : h 대응 예가 있는가 살펴본다. 'はな'(花)와의 대응 예는 아직 찾지 못하나 기타의 어휘에서 한국어와 일본어가 어두에서 Kor. p : Jap. h의 대응 예가 많이 보인다.

4. 이러한 외적인 비교 말고 내부적으로 음운변칙현상의 이유를 캐면서 원래의 상태를 재구할 수 있다. 내적재건(內的再建)의 방법이다.

hana가 복합어의 후항을 이룰 때 전항의 영향으로 유성 어두의 bana가 되는 경우가 있다. 이러한 유성음화는 같은 폐쇄음(내지 마찰음) 계열의 소리 무리에서 이루어지고 있다(k : g, t : d, s : z, p : b).

ame + kasa → amagasa(우산) yama + tera → yamadera(山寺)
yama + sato → yamazato(山里) kusa + hana → kusabana(草花)

그런 이치라면 hana는 원래 무성폐쇄음 p로 시작되는 pana였다고 이론적으로 내세울 수 있다.

이상은 현재의 일본어의 h는 원래 p였다는 것을 밝히는 방법이었는데 이러한 방법은 음운사를 엮어나가는데 중요하게 이용되는 방법들이다.

3.5.2.4. 단별 모음 고찰

여기서도 김공칠(1983:132-)에서 보인 운경의 절차, 반절은 지면상 줄이고 운별/등별 추정 음가만 제시해둔다. 추정 음가는 학자마다 다소 다른 점이 있다.

a단의 용자	阿	加	賀	佐	邪	多	陀	那	波	婆	麻	衣	良	和
韻	歌	麻	箇	箇	麻	歌	歌	歌	戈	戈	麻	禡	陽	戈
음가	a	a	a	a	ja	a	a	a	ua	ua	a	ja	ıaŋ	ua
等	1	2	1	1	4	1	1	1	1	1	1	4	3	1

여기서 1, 2등은 직음(直音)이다(1, 2는 약간의 개협(開狹)의 차). 3, 4등은 요음이 개재된 것. 이 경우도 후모음은 a.

'邪, 良'의 음의 특이성은 두자음의 특이성에서 오고 '波, 婆'도 순음성에 오고 '衣'는 개요음, '和'는 합요음이 개재된 것이다.

일관적으로 /a/ [ɑ]를 나타낸다고 보겠다. 음성적으로는 후설적인 것으로 본다.

	i	ki		gi		si		zi		ti	di	ni	pi		bi		mi		ri	wi
i단의 용자	伊	伎	紀	藝	疑	斯	志	自	士	知	遲	邇	比	斐	毘	備	美	微	理	韋
운	脂	支	之	祭	之	支	士	至	止	支	脂	紙	脂	尾	脂	至	旨	微	止	微
음가	i	i̯e	i̯ə	i̯ɛi	iə	i̯e	i̯ə	i	i̯ə	i̯e	i	i	i	i̯wəi	i	i	i	i̯wəi	i̯ə	i̯wəi
등	4	4	3	4	3	4	3	4	2	3	3	3	4	3	4	3	3	3	3	3

주목되는 점을 적으면 ya행에는 i단이 없다. 그러나 문헌시대에는 ji가 있었다고 추정되기도 한다. 上2단의 '報ゆ, 報い'에서 동행활용이라는 점에서 후자의 어미는 yi가 아니었나 하는 것이다.

다음의 단에서는,

ki — gi, pi — bi, mi단에 두 가지의 구별이 있다. 보통 ki(gi), pi(bi), mi로 암기한다(si와 zi도 2류로 되어 있으나 이는 s와 c계의 구별 흔적에서 온다.). 이를 갑·을류(甲·乙類)의 구별이라고 하는데, 갑류는 대개 4등운의 것이고(mi甲은 예외) 을류는 3등운의 것이다.

4등운은 강하고 긴장된 전설적인 개모음 j(구개적, i와도 같은)의 것이고, 3등운은 약하고 이완적인 중설적인 개모음 ï(비구개적, ɨ와도 같은)의 것이다. 그래서 대개 갑류는 i, 을류는 ï 또는 ïi로 본다. 한국어로 말하면 '이'와 '의'의 관계와 비슷하다.

한국한자음과는 지섭(止攝)(4開合-10合), 아후음(牙喉音)인 경우 4등운에 해당하는 '祇' ki는 한국한자음 '기'(천자문), 3등운에 해당하는 '奇' kïi는 한국한자음에 '긔'(신증유합)로 나타남과 같이 갑류는 중세한국한자음에서 '기', 을류는 '긔'로 나타난다. 현재 동일한 ki음인 妓, 技, 岐 등의 한자는 '기', 基, 紀, 旗, 騎, 器의 한자는 '긔'로 나타난다. 이중에 만엽 kana로는 ki甲에 岐, 祇, ki乙에 奇, 騎, 基, 紀에 쓰이고 있다.

이렇게 갑·을의 구별은 운경상의 위치의 차이에서, 그리고 한국한자음과의 대비에서도 알아볼 수 있고, 일본어 자체의 명사의 단독형(노출형), 복합형(피복형)에서 자취를 엿볼 수 있다.

'月'은 단독형은 tuki乙로서 2음절이 i乙로 나타난다. 이것이 복합형 tuku(yo)의 2음절이 u형으로 나타난다. 여기서 복합형의 것이 본래의 형태로 보고 단독형은 그것에 주격 혹은 접미사 i가 부착한 형으로 보면 tuku+i 그래서 tuki乙의 노출형이 형성되었다고 보면 말미의 i乙는 ui의 결합에서 오는 이중모음 ïi 아니면 축약하여 중설화된 ï가 이루어진 것으로 보는 것이다. 그 갑·을의 구별이 어휘적 의미에 반영된다.

ki_1	杵	ki_2	木
pi_1	日	pi_2	火
mi_1	三	mi_2	身
$kami_1$	上	$kami_2$	神

u단의 용자	宇	久	具	須	受	都	豆	奴	布	夫	牟	由	流
운	虞	有	遇	虞	有	姥	候	模	暮	虞	尤	尤	尤
등별	3	3	3	4	3	1	1	1	1	3	3	3	3
음가	i̯u	i̯əu	i̯u	iu	i̯əu	u	əu	u	u	i̯u	i̯əu	i̯əu	i̯əu

u단의 u의 음가에 대해 확실한 이야기를 할 수 없어도 후모음의 ɑ – ɔ – o – u의 추이과정을 생각하면 u는 2면성을 띠었던 것으로 생각한다. o의 상승에 의해 o음과 가까운 음의 면과 o에 의해 앞으로 밀린 ɯ음과 같은 성격의 것이다. 그것은 만엽kana '都'는 tu/to에, '奴'는 nu/no로 양용되는 것도 그 일면이다. u음이 o음과 동의적(同義的) 교체음으로 나타나는 경우가 있음도 그 하나의 일면이다. u보다 전부(前部)적인 ɯ에 가까운 음

이었다고 추정된다.

앞의 운중에서 模, 姥, 暮(1등)는 uo(虞), 奧, 遇(2, 3, 4) 등은 i̯u, 37전차의 侯, 厚, 候(1등)는 ə̯u, 尤, 有, 宥(2, 3등)는 i̯əu로 Karlgren은 보고 있는데(有坂, 1955:239-240), uo는 o의 상승한 측면을 ə̯u, i̯əu는 u의 전부화의 측면을 반영하는 것이기에 그러한 용자를 사용한 것이 아닌가 생각된다.

한국한자음에서의 '模, 姥, 暮'는 o음으로, 나머지는 주모음 u로 반영된다. 이것이 중국한자음의 보다 충실한 반영이라 본다면 일본에서의 '模, 姥, 暮' 운의 사용은 o〉u의 단계, 나머지는 u〉ɯ의 단계를 암시하는 것이 아닌가 한다.

		甲	乙	甲	乙						甲	乙	甲	乙	甲	乙			
e단의 용자	愛	祁	氣	下	宜	勢	是	氏	傳	泥	弊	閉	弁	倍	賣	米	延	禮	惠
운	代	脂	未	馬	支	祭	紙	脂	線	霽	泰	霽	霰	海	卦	薺	僊	薺	薺
등	1	3	3	2	3	3	3	3	3	4	1	4	4	1	2	4	4	4	4
음가	ɐi	i	i̯əi	a	i̯e	i̯ɛi	i̯e	i	iwɛn	iei	ai	iei	ien	ɐi	wai	iei	iɛn	iei	iei

이를 보아서는 운의 구별이 확연치 않다. 다만 ke의 구별 외에는 나머지는 등별의 차이가 있기는 하지만 그것도 교차적으로 보이는 것도 있다. i의 脂운, a의 馬운도 사용되고 있다.

e단의 문제는 음운체계 전체적으로 뒤에서 논의할 것이다.

여기에서도 갑·을의 구별은 ki(gi), pi(bi), mi의 경우처럼 ke(ge), pe(be), me의 3행에 한정된다. 보통 ke, pe, me로 암기한다. 이렇게 ke, pe, me에 한정되고 특히 a행의 e단 자체는 갑·을의 구별이 없다.

그럼 이 갑·을의 구별은 음성상의 구별인가 음운상의 구별일까?

me_1 女 : me_2 目·芽　　ke_1 異　　ke_2 毛

pe_1 家, 邊　　pe_2 舳, 上

명령형 ke_1, pe_1, me_1

이연형 ke_2, pe_2, me_2

와 같은 최소대립항의 존재로 보건데 단순한 음성상의 변이적인 구별이 아니고 어엿한 음운상의 구별로 볼 수 있다.

여기서의 갑·을의 구별이 두자음의 연구개음과 순음에 한정되는 면에서 이것은 자음에 의한 구별과 모음에 의한 구별로 보는 의견이 있다.

자음의 구별로 보는 것은 갑류가 구개화자음에 후속하기 때문이고(k̂je), 을류는 비구개화자음에 후속하는 것(ke)에서 온다는 것이다. 그 근거는 두 자음이 연구개음과 순음에 한정되어 있다는 것과 앞서 본 운의 구별이 확연치 않다는 것이다.

모음의 구별로 보는 이는 대개 갑류는 e로, 을류는 ε, əi로 보았다. 그러나 앞서의 e단의 운별로는 그렇게 간단히 도출하기 어렵다고 본다.

그러나 문헌을 한정적으로 고찰했을 때 예컨대 일본서기(卷 14-19, 24-29)의 용자의 갑·을의 구별을 보았을 때는 갑류는 齊운 4등 ei와 祭운 3등 i̯εi에, 을류는 咍운 1등 ʌi와 灰운(合) 1등 uʌi에 집중되어 있어서(森博達, 1981:36) 다소 획연성을 띠게 된다. 그렇게 되면 한국한자음으로는 갑류는 '에' 혹은 '애'로 을류는 'ᄋᆡ'와 같이 구별지울 수 있다.

여기서 e단의 모음이 단모음인가 중모음인가 문제도 생긴다. 초기는 중모음이었다.

i — a〉e_1 ki₁(來 연용형) + ari〉keri

a — i〉e_2 ama(雨) + i ame₂

saka(酒) + i sake₂

만일 초기에 중모음이었다면 일본어에서 후설의 ɑ/ɔ에서 i방향으로 이중모음화되는 경로에,

e 〈 əi 〈 ɑ (ɔ)

e_2 〈 ʌi 〈 ɑ(ɔ)

가 있다.

여기서 əi의 경우 구개화 자음요소와 결합시에는 iəi와 같이 되어 그러한

문자를 사용한 것으로 볼 수 있다.

따라서 이러한 전개라면 갑류는 한국어의 e와 같고 을류는 ɛ(<ʌi)와 같은 것이 된다. 다만, 그 구별의 음운적 변별성이 뚜렷지 않아 혼돈되어 간 것으로 보인다.

o단행 淤 (意) 古⁀許 胡⁀碁 蘇⁀曾 俗⁀叙 斗⁀登 度⁀杼 怒⁀能 本⁀富 煩 毛⁀(母)
i̯wo i uo i̯wo uo i uo əng i̯ok io ə̯u əng uo iwo uo əng uən iəu i̯wɐn âu ə̯u
운 御 士 姥 語 模 之 模 登 燭 語 厚 等 暮 語 模 登 混 宥 元 豪 厚

用⁀余 漏⁀呂 袁
iwong i̯wo ə̯u i̯wo i̯wɐn
用 魚 候 語 元
4 3 1 3 3

중국한자음으로 볼 때 특히 을류의 경우 3등의 음이 많다. 이는 다른 i단 을류(중설자), e단의 을류(중설자)의 음과도 공통된 현상이다. o단 을류도 중설적(ə)이다.

a행과 ha행은 1류이다. ma의 경우도 보통 1류로 한다. 그 외는 2류이니 2류의 구별이 가장 많은 것이다.

a행의 '淤'의 한국한자음이 '어'인 점에서 일본어의 o모음은 ə였던 것을 알 수 있다. ɔ의 상승에 의한 것임을 짐작하게 한다.

위의 용자의 한국한자음을 미루어보건대 o甲은 '오'가 대부분이고(古 胡 蘇 俗 度 怒 本 毛 用(ya행)) o乙은 '어'가 아니면(淤 許 叙 杼 余(ya행) 呂(개음개재)) 여기에 근접한 '으'(曾 登 能)와 같은 것이다. mo에서는 고사기에서는 을류의 것이 있었다지만, 보통 1류이기에 '오'로 나타나고 있다.

중국한자음 uo(模운 등)를 가지고 일본어의 o를 나타내려고 한 것은 o의 상승성을 암시한다 하겠다.

o단에서의 2류의 구별은 음운상의 구별인가 음성상의 구별인가? 음운상의 구별로 보는 것은 음운적 대립의 예가 있기 때문이다.

to_1 門	to_2 10
ko_1 子	ko_2 此
no_1 野	no_2 矢竹
kopu 恋	ko_2pu 乞
tomu 富	tömu 止

그런데 이러한 대립은 제1음절에서만 보이고 제2음절에서는 약간 보일 뿐이다.

po_0to_2 陰	po_0to_1 程	
$siro_2$ 代	$siro_1$ 白	$siro_2$ 白

$_0$의 하첨자는 갑·을 어느 쪽도 아닌 것으로 그러한 구별이 없는 행단의 음이다. 그래서 갑·을을 음성상의 구별 곧 이음(異音)적 레벨의 구별로 보기도 하는데 게다가 갑·을 혼용례가 있어서 no 野가 no_2의 조사에 쓰인다든지, to 砥가 to_2 조사에 쓰인다든지 하고, 또 갑·을 양형이 있는 것도 있기 때문이다.

tohu ~ to_2hu 問　　toru ~ to_2ru 取가 있다.

한국어(한자음도)와 대비했을 때 갑류는 거의 o, 을류는 ə, 그 이외에 중설적인 것도 보인다. 한국어의 o의 대응에 일본어의 u가 대응한다. 어느 쪽의 모음의 상승인지 판단하기 어려우나 일본어의 ɔ〉o〉u의 상승(일본어 u의 o/u 양면성)쪽이다.

을류의 대응				갑류의 대응			
	yərə	衆	yo_2ro		kom	熊	kuma
	kət	事	ko_2to_2		kor	洞	kura
	əmə	母	o_2mo_2		oi〈*ori	爪	uri
	əp	負	o_2pu		mom	身	mu
	cə	其	so_2		moi〈*mori	山	mure
	həri	腰	ko_2si				

o_1와 o_2가 전후 자음의 음성적 환경에서 이음(異音)으로 실현되는 것으로 볼 수 없는 것은 양자의 음성적 음운적 차이가 크다는 것이다.

송민(宋敏, 1978:170)은 o단 갑·을의 구별은 조음적 자질에 기준을 두어서 각각 다음 세 가지 음성자질로 구별하였다.

$o_{甲}$	후설	반폐구	원순
$o_{乙}$	중설	반폐구	비원순

이는 앞에서 말한 대로 $o_{甲}$은 한국어의 '오'에, $o_{乙}$은 한국어의 '어'에 대응하는 것이다. 지적한 대로 $o_{甲}$이 u와, $o_{乙}$이 ɯ와도 함께 어울리는 일에서의 폐구음에의 상승은 어떤 메카니즘이었는지 관심이 간다.

$o_{甲}$은 a—u 선상에서 후설모음의 추이에 의해 파생된 것이며, $o_{乙}$은 a—i의 선상에서 일찍부터 분화된 것이다.

$o_{甲}$은 a－ɔ－o－u의 선상에서 유동적인 것이었으며, $o_{乙}$은 a—i 선상에서 중앙의 자리를 점유한 것이었다. 당시에 하나의 음으로 합쳐지기란 어려운 일이며 후대에 모음도의 전체적인 변화 시(o_1과 o_2의 접근)에나 가능했던 일이다.

모음의 음가는 모음체계와 밀접한 관계에 있으므로 논의가 많은 모음체계의 고찰 중에 다시 언급될 것이다.

3.5.2.5. 모음 분류

우선은 i음 2류, e음 2류, o음 2류의 전제 하에서 모음 목록은 a, i_1, i_2, u, e_1, e_2, o_1, o_2의 8모음을 얻는다. 이를 모음 3각도에 그 위치를 표시하면

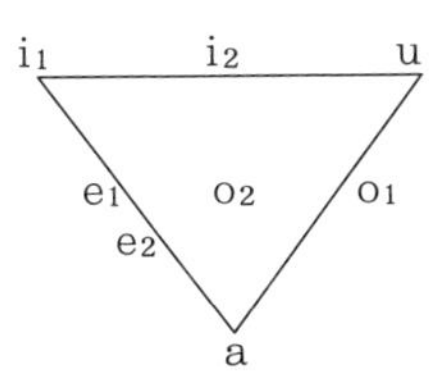

이를 대강 기준했을 때,

전설모음	i	e_1	e_2
중설모음	i_2	o_2	a
후설모음	(a)	o_1	u

와 같이 a에도 2류가 있지 않았나 추정되기도 한다. 원래는 후설의 ɑ가 있었겠으나 후모음 추이로 ɑ〉ɔ〉o〉u의 과정에 ɑ도 소실하고 ɔ는 o로, o는 u로 다가가서 특히 u음에서 o / u의 혼용이 있었던 것이 예상된다.

8모음 체계에서 ï, e, ë 이중모음의 발달모음으로 본다면 기본은 5모음 체계이다. 이 발달모음은 일본어 본래의 모음이 아니고 새롭게 발달한 모음이다.

발달 경로를 추정하건데,

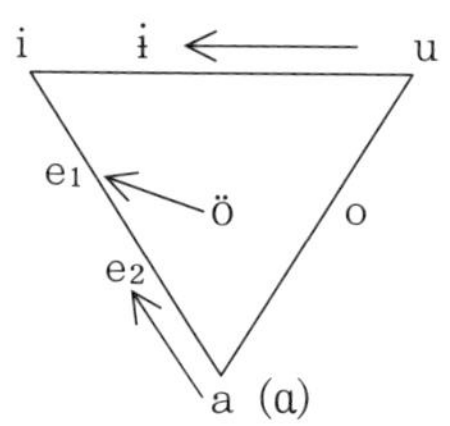

체계의 후설모음성에서 전설모음의 생기로 균형을 잡는 꼴이다.

어떻든 일본어의 어휘에서 기본적인 5모음은 어두와 어중에 확실히 참여하고 있지만, 나머지 ï, e_1, e_2는 어두에 나서지 못하고 있다.

한국어와 대비해 보았을 때,

한국어도 일본어의 8모음과 유사한 체계를 유지하였다.

한국어	아	이	으	우	에	애	오	어
일본어	a	i	ï	u	e_1	e_2	o_1	o_2

한국어에서 e_1, e_2의 단모음화는 17, 8세기이지만, 이중모음에서의 축약

은 이전부터 진행하고 있었다고 본다.

일본어도 이중모음화는 진행과정에 있었다고 볼 수 있고, 나중에는 i와 i_2, e_1와 e_2, o_1와 o_2가 합류하였으나 한국어는 그대로 유지하였다. 이는 한국어의 체계가 안정적이고 일본어의 체계가 불완전한 체계였다는 것을 알 수 있다. 이중모음적으로 사용했지만 각각 하나의 음운으로 확립하지 못하고 비슷한 것끼리 병합하여 i, e, o로 쓰게 된 것이다. 그러나 거기에는 2류 모음이 잠재해 있어서 실지 발음에는 음성적으로 나타나는 것으로 보며, 그 흔적이 방언에 남아있다.

3.5.3. 재구되는 모음 체계

앞에서 만엽kana의 50음도상의 행단에 위치하는 상황으로 볼 때는 최대한 8모음 체계를 생각해볼 수 있고, 그 중에 후발달의 2중모음적인 모음을 제외하면 5모음 체계를 상정(想定)할 수 있고, 그 i_2, e_1, e_2의 음운성의 해석 여하에 따라서는 6모음, 혹은 7모음 체계를 상정할 수 있다. 이에 관하여 지금까지 많은 학자들의 여러 논의의 전개가 있었는데 여기서 간추려 보이기로 한다.

3.5.3.1. 5모음설

Lange(1973:125)는 8세기의 일본어의 음운 목록으로 다음을 제시하였다.

모음 i, e, a, o, u
자음 p, t, k, ?, b, d, g, m, n, s, z, l, j, w

모음에서 i와 e 그리고 o는 음성적으로 두 가지(甲, 乙류)의 구별을 인정하고 있다. 그 구별은 아래에 보인 대로 전이음의 개입 유무에서 오는 것으로 주모음의 차이에서 오는 것은 아니라고 하였다. 두자음의 구개화의 자질에 의거 + i인가(갑류) - j인가(을류)로 해석된다고 보았다(p.123).

kji : ki　　kje : ke　　kwo : ko
gji : gi　　gje : ge　　gwo : go

pji : pi　　pje : pe　　swo : so
bij : bi　　bje : be　　nwo : no
mji : mi　　mje : me

위에서 본대로 i와 e의 을류는 전이음 j에 의해서, o의 을류는 전이음 w의 개재로 해석하고 있다.

따라서 이러한 전이음이 개재하지 않은 주모음은 5모음이 되는 것이다.

Macumoto(松本, 1975)도 5모음체계를 주장하고 있다. 모음체계를 이루는 통시적인 과정에서 일본어의 최고층 모음조직 (1) (3모음)에서 (2) (4모음), (3) (6모음), (4) (5모음)까지의 과정(후술)을 거친 것으로 보고 있다(p.148-9). Macumoto(松本, 1976:15-6)에서 (1) (3모음)의 체계가 산스크리트어, 아라비아어에 보이고 유구(流球)방언에서 보이는데 이는 본토의 5모음 체계의 변형이라 하였다.

Kanesiro(金城, 1944=1974:31-2)에 의하면 Aston도 원시일본어의 3모음설, 그리고 Chamberlain의 고대 일본어의 3모음설이 예거되어 있다. Chamberlain(1985=1964:11)은 유구어(流球語)의 모음체계를 다음과 같이 보았다.

i ī　　u ū
ē　　ō
a ā

기본모음 a, i, u(그리고 장모음 ā, ī, ū)로 나타나고, 중간모음 e와 o는 오로지 장모음으로 나타난다(단모음 e는 haberu(蝶)의 예에서만 보임). 여기서 ē, ō는 이 언어에서 파생적인 것임을 알 수 있다 하였다(p.12). 그래서 유구어의 i가 일본어의 i와 e의 기능을, u가 일본어의 u와 o의 기능을 맡고 있는 것이다(그리고 모음의 장단은 일본어는 8세기경에 사라지고 유구어는 아직도 보존하는 것으로 봄).

3모음에서 5모음에 이르는 (1)~(4)의 과정은,

(1) i u

a

(2) i u

a o

(2)의 4각체계는 Macumoto(松本, 1995:146) 자신이 말한 대로 세계 언어에서도 극히 드문 일이니 4모음체계 중에도 선사(先史) 일본어의 모음체계는,

i u

ə

a

의 타입이 아닌가 하고 있다. 그렇다면 여기서의 *ə는 o의 전신이고 /e/의 출현에 의해 *ə 〉 o의 추이를 거친 것으로 추정하고 5모음 체계로 나간 것으로 보고 있다.

(2)는 은연중 a—u의 방향에서 o가 생성된 것을 나타내고 있는데, 필자는 이보다 먼저 a—i의 방향에서 ə가 생성된 것으로 본 바 있다(김공칠, 1982:33).

(3)의 과정으로 Macumoto(松本, 1975:149)에서는 다음의 구도를 설정한다.

(3) i ï u

e o

a

이 조직의 통시적 과정은 어간 말에서의 o/u –i〉 ï, a — i〉e 이다. 과도기적인 현상이 아닌, i — a의 중간에 점유한 새로운 전모음의 출현이 중요한 사실이며 따라서 다음의 5모음 체계가 당시의 실상이며 소위 Nara시대의 8모음은 서기법(書記法) 아마도 귀화인(歸化人)의 손을 거쳐 만든 허상(虛像)에 불과하다 하였다.

(4)　　i　　　　u
　　　　e　　o
　　　　　a

이 체계의 최대의 증인은 '天地의 詞'(阿米都千詞) 48자를 들고 있다(松本, 1975:149). ï는 극히 한정된 범위밖에 나타나지 않았고 실지 8세기부터 9세기에 걸쳐서 일본어에 그렇게 중대한 변화가 야기한 외적 요인이 존재하지 않았다고 보았다(松本, 1976:15–6).

5모음 체계의 50음도는 'いろは' 47자의 반영이며 이는 공통어에 천년 간 기본을 유지하는 것이라 했다.

이러한 논의 중에서 소홀히 할 수 없는 것은 $o_{\text{甲}}$과 $o_{\text{乙}}$의 2류의 구별 문제는 어떻게 볼 것인가이다.

Macumoto(松本, 1976:20)는 o_1과 o_2는 대략 상보분포를 이룬다고 보고 있다.

그것은,

1. CoCo의 음절 구조에서는 반드시 o_2가 나타난다.
2. CuCo의 음절 구조에서는 반드시 o_1이 나타난다.
3. CiCo의 음절 구조에서는 o_2 또는 o_1이 나타난다.

cf. 본래적인 2음절 어간에서 CaCo / CoCa 〉 는 존재하지 않는다고 하였다.

참고로 Hukuda(福田, 1965:165)가 제시한 음절 결합의 일람표를 보아도,

e — o(無)　e — ö(無)　ë — o(無)　ë — ö(극히 드물다)

인 점에서 e를 제외시키면 앞의 1, 2, 3을 미루어 Macumoto(松本)는 o_1과 o_2는 상보적 분포를 이루는 것으로 보았다. 곧 선행음절모음에 의해 후행음절 모음 o의 음가가 결정(o의 갑·을의 구별)된다고 본 것이다.

그러나 e_1Co에서의 o_1/o_2의 실현은 오히려 o_1/o_2의 구별을 인정하는 것이 아닌가 생각된다.

앞에서 보인바 있는 단음절어에서의 o_1/o_2의 최소대립항의 존재는 음성레벨에서의 이음(異音) 실현으로 보기 어렵다. o_1/o_2의 대립을 인정하게 되면 6모음 체계가 된다.

3.5.3.2. 6모음설

문제가 되는 i, e, o의 2류의 구별에 대해서,

1) 이들에게 있는 2류는 음운적으로 별개의 음이다.
2) 혹은 이들이 2류의 구별은 이음적인 관계로 상보적 분포를 이루는 면이 없지 않으니 하나의 음운의 것이다.
3) 혹은 i, e는 2류의 구별이 없는 동일음운이고, o의 갑·을만은 별개의 음운이다.

의 세 가지로 나뉘는데,

Hasimoto(橋本)와 Arisaka(有坂)는 1)의 처지로 모음수가 8개. 그래서 8모음설이라는 이름이 있다.

Macumoto(松本)는 2)의 처지며 모음수가 모두 5개. 그래서 5모음설이라는 이름이 있다(前出).

Hattori(服部)는 3)의 처지며 모음수가 모두 6개, 그래서 6모음설이라는 이름이 있다.

Hattori(服部)(1976:70-)는 o의 갑·을 구별의 정당성을 논하고 있다.

Nara시대의 i, e, o의 갑·을의 구별이 Heian시대에 이르면 양자가 각각 합류하여 없어지는 것이므로 이들의 구별은 없어지기 쉬운 것이었기에 그것을 그 구별의 소실 직전의 Nara시대의 언어 상태로 추정해야 한다 하였는데(服部, 1977:10) 이는 당연히 맞는 말이다. 음성적으로 매우 가까운 것이었음을 밝힐 필요가 있다.

i단과 e단의 모음이 한 가지라는 주장은,

먼저 Arisaka(有坂)설과 Hattori(服部)설을 다음과 같이 대비하고,

		ki甲	ki乙	ke甲	ke乙
Arisaka설	음운표기	ki	k̽ïi	ke	kə̽e
Hattori설	음운표기	kji	ki	kje	ke

Hattori에서의 갑류는 구개음화된 것, 을류는 비구개음화된 것으로 해석하고, 비구개화성에 중설의 요소가 함유된다고 하였다(p.75). 그렇게 본다면 두 학설은 표기상의 차이는 있어도 실지는 비슷한 내용의 것이다.

ke의 경우는 조금 다르다. 갑류에서 구개화성의 인정 여부는 ki의 경우와 달리 j음이 드러날 수 있다.

Arisaka는 2개의 i와 두 개의 e를 인정하는 처지고 Hattori는 1개의 i와 한 개의 e를 인정하는 것인데, 그 차이는 자음의 과도음의 구개화적 음색 여부로 구별되는 비변별적인 것에 불과하다는 것이다. 바꿔 말해서 자음의 구개화의 여부의 대립으로 중심모음은 한 가지라는 것이다. 그렇게 되면 kĵi, k̂je와 같이 k자음의 변이음을 내세워야 하는 문제는 남아있다.

이렇게 해서 다음과 같은 모음체계를 재구하고 있다.

i u
ö
e o
a (服部, 1977:10)

그리고 Nara시대보다 한 단계 앞의 시대에는 ö대신에 ö의 위치에 중설 중협의 비원순모음 ə가 있었을 것이니 그렇다면 보다 안정된 체계가 된다

고 하였다(필자주 ə 비원순 중설 중앙모음).

o의 을류 o_2의 음가에 대하여는 Arisaka(1955:390)는 중설원순적인 ö로 보았고 Hattori(服部, 1983d:10)도 약간 차이는 있어도 동일하게 ö로 보고 있다. Oono(大野, 1953:190)는 ɵ로 보았다.

한편 Mabuci(馬渕, 1971:34)는 갑류의 /o/는 후설모음 [o](혹이면 [uo]), 을류의 /ö/는 조금 촬구(撮口)의 중설모음이었지 않았나 하고 있다(촬구(호)는 중국운학에서 모음은 좁고 개모음 i̯w를 개재한 합(구)음(合(口)音)을 가리킨다. 필자 주).

송민(宋敏, 1975:83)도 6모음 체계를 제시한 바 있다. 여기에는 i의 갑·을과 e의 갑·을의 구별이 없다.

	전부	후부	
	비원순	비원순	원순
고위	i		u
중위	e	ö	o
저위		a	

i단과 e단의 갑·을류는 음성상으로 분명한 차이를 가지고 있었을 것이나 음운론적으로 을류가 /ji/, /je/였을 것으로 해석하고 구개성의 이중모음으로 보고 있다. 그렇게 되면 50음도상의 ya행음과 같은 성격의 것이 되어서 다른 문제로 바뀌어 버릴 염려가 없지 않다.

여기서의 j는 주모음과 관계가 된다기보다는 앞의 Hattori(服部)에서처럼 자음의 구개성과 관계하는 것으로도 볼 수 있다.

3.5.3.3. 7모음설

Mori(森博達, 1981:39)는, 고대 일본어의 7모음체계를 주장한다. 그 모음도를 보이면,

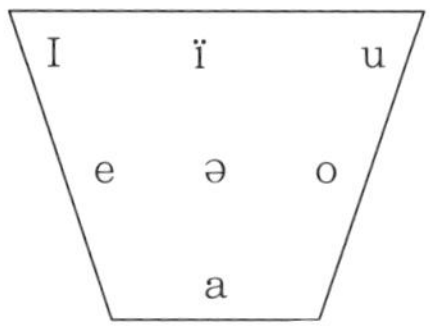

이는 6모음설에 비해 e가 하나 더 있는 것이고 8모음설에 비해 e의 갑·을의 구별이 없이 하나로 되어 있는 것이다. 곧 e의 갑·을의 구별만 인정하지 않는 처지다.

Mori(森, 1981:31-2)는 일본서기의 kana음 표시를 권별로 조사한 결과,

1) 제1권-13권 그리고 22, 23권에서는 牙音자와 喉音字가 병용되는데,
2) 제14권-19권 그리고 24-27권에서는 牙音자만 사용되어서 이 자료성을 두 가지로 구별하여 1)을 β군 2)를 α군으로 구별하였다.

그 구분이 권별, 왕대를 나타내면 다음과 같다.

β군	α군
1권 - 13권	14권 - 19권
神代　安康王	雄略王　欽明王
22권 - 23권	24권 - 27권
推古王　舒明王	皇極王　天智王

이러한 권별, 왕대별의 구분을 보았을 때 왕대에 따라 편자의 학문적 배경이 다르지 않았나 생각된다. β군은 제주도계인 신무왕(神武王)의 동정(東征) 그리고 숭신(崇神)과 응신(應神)의 동정(東征)의 사연이 들어있는 시대이다. 추고(推古)왕의 시대도 마찬가지이다. 이 때는 제주도와 가라계의 학문적 배경이 작용한 것으로 본다.

이 세대에 α군은 일본이 한반도와의 서부 및 서남부와의 교통이 트인 시기이며 새로운 시대의 학자·유학생이 왕래하고 한반도계의 새로운 집권

세력이 두각을 나타내는 시기였지 않았나 본다.

Mori(森)는(p.36) β군에서 갑·을에 모두 7가지 운류의 한자가 쓰이고(오랜 용법의 흔적, 필자), α군에서는 갑·을에 모두 두 가지의 운류만 쓰인다고 했다.

먼저 e류에서는 갑류는 斉開4 — ei

祭開(重紐)A — iεi (A는 구개적 개음을 갖는 것,

(B는 비구개적 개음을 갖는 것).

(祭開 A의 용례는 he에서 단 한 예뿐이다.)

의 2류가, 을류에서도 咍開1 — ʌi

灰合1 — uʌi

의 2류가 쓰였다.

이를 중심적으로 보면 α군에서의 갑류는 한국어의 '에/애'에 상당하고, 을류는 한국어의 'ᄋᆡ'에 상당한다.

β군에서의 을류에 泰開1 — ai, 皆開2 — ɐi가 보이는데 α군의 을류자도 비슷한 점이 있다. ʌi, ɐi는 한국어의 'ᄋᆡ,애'에 상당하다.

이런 점에서 갑·을의 구별이 에/애의 구별의 명료성이 없거나 Mori(森)가 본대로 e열(列) 을류의(ʌi, ɐi ᄋᆡ 등) 모음만은 2중모음으로 보고 제외시켜 e열(列)은 한 가지만으로서 갑·을의 구별이 없는 것으로 보았다.

이에 대해 i열(列)의 경우는 e의 경우와는 달리 갑·을의 대립이 있는 것으로 보았다. ki, gi의 갑·을의 구별은 당시의 중국 북방음을 참조했을 때,

두자음 / 운	(脣)牙喉音	舌歯音
支開 脂開	-i (A類) -ɪi (B類)	i 또는 -ɪi
之	-ɪə̆ɪ ~ -ɪː	

(森博達, 1981:37)

여기 '支, 脂' 두 운은 소위 중뉴운(重紐韻)이고 중뉴 A, B 두 류는 개요

음이 구개적인가 여부에 구별되는 것이다.

A, B 양류가 함께 공통의 전설주모음을 갖는데 之운은 C류로 비전설주모음을 갖고 있어서 전설/비전설이 구별된다.

앞 표에다 절운음(중고음) 그리고 고대 일본어의 갑·을의 구별의 대응을 보이면(p.37),

<table>
<tr><td colspan="3" rowspan="2">고대일본어 / 절운 / 북방음</td><td colspan="2">갑류</td><td colspan="2">을류</td></tr>
<tr><td>ki1</td><td>gi1</td><td>ki2</td><td>gi2</td></tr>
<tr><td>支 開A</td><td>–iĕ</td><td rowspan="2">i</td><td>四
72</td><td></td><td></td><td></td></tr>
<tr><td>脂 開A</td><td>i</td><td>二
2</td><td></td><td></td><td></td></tr>
<tr><td>支 開B</td><td>ɪĕ</td><td>ɪi</td><td></td><td>一
3</td><td></td><td></td></tr>
<tr><td>之 開C</td><td colspan="2">–ɪə̆ɪ ~ –ɪː</td><td></td><td></td><td>三
10</td><td>二
9</td></tr>
</table>

와 같아서 중국북방음과 고대 일본어에서 주모음 i/ɪ의 구별을 감지할 수 있다. 여기서 절운은 601년에 성립한 당시의 중국의 표준문서이고 북방음은 중국북방음(음가로 볼 때 한국한자음과 비슷한 면이 있다.)으로 북방의 실제적 발음이다. 支開A와 脂開A는 북방음에서 脂開로 합류되었기에 앞 표에서는 支운이 하나가, 이 표에서는 두 개가 나와 있다.

갑·을류 칸에서는 한자, 숫자는 자종(字種)을, 산용 숫자는 사용 전수를 나타낸다.

중뉴(重紐)는 支, 脂, 祭 등의 순음, 아음, 후음 성모 아래에서는 운도의 3등과 4등에 배치되었다. 4등에 배치된 것은 앞의 A류, 3등에 배치된 것은 앞의 B류로 한다면, AB류의 차이는 개요음의 차이에 의한 것으로 보는데 이러한 AB의 구별 곧 중뉴의 구별을 인정하지 않는 이도 있다. 인정하는 이는 A류를 구개적인 것(i), B류를 비구개적인 것(ɪ)으로 본다. 앞 표에서 갑류는 주모음이 전설적인 i이고, 을류는 중설적인 ɪ이다. 앞 표에서의 ki甲

乙의 두 류는 모음음소의 전설 대 비전설의 대립에 의해 변별되었음을 보여준다. 다시 말해서 앞의 AB 양류가 함께 공통의 전설주모음을 가진 데 비해 之운(C류)은 비전설모음을 가진 것으로 구분되는 것이다.

이렇게 i의 경우는 갑·을류를 별개의 음운으로 보고, e의 경우는 갑·을류를 별개의 음운으로 보지 않는 것이 여기의 주장의 특색이다.

3.5.3.4. 8모음설

지금까지 보아온 대로 모음체계를 결정하는 기저는 i단과 e단, 그리고 o단의 2류의 구별을 모두 인정할 것인가 안 할 것인가, 인정한다면 어느 부분만 부분적으로 인정할 것인가에 있다.

Hasimoto(橋本)는 Isizuka(石塚)의 i, e, o의 그러한 구별의 용자표에 의거 그것을 반영한 음절표를 만들었고 또한 그러한 구별은 발음상의 차이에 있는 것이라고 하였고(橋本, 1941=1949:184), Arisaka(有坂)는 그러한 음가를 자세히 고찰하였다. 따라서 이들이 직접 8모음설을 제창한다고 하지 않았어도 그러한 i, e, o단의 갑·을의 모음을 인정하는 처지에서는 8모음설에 입각하는 것으로 볼 수 있다.

역시 8모음설의 처지에 있다고 보는 Oono(大野, 1976)의 논의를 요약한다면, 먼저 o에 대하여 Macumoto(松本)가 갑·을 혼교(混交)의 예를 들고 o단에서의 갑·을이 단어의 구별에 도움이 되지 않는다고 한 데 비해, Oono(大野, 1976:62)는 의미구별의 예를 들고 있다.

yo甲 출발점, 경과점, 주다
yo乙 종조사 또는 간투사
ko甲hu(戀) ko甲si(국명 越) ko甲su(越)
ko乙hu(乞) ko乙si 腰 ko乙su(来す)

문제의 i, e, o의 각 2류 특히 을류의 음가 추정은 꽤 어려웠던 것으로 보인다. Arisaka(有坂, 1955:427)에 의하면 Hasimoto(橋本)는 ke甲을

ke로, ke$_{乙}$은 kɛ, kæ, kai로 여러모로 생각한 모양이고 Arisaka(有坂)는 p.428에 kïe, kəi 그리고 p.430에서는 kə̯e로도 생각해 본 것 같다. ke$_{甲}$도 kje였지 않았나 하고 있다. p.427에서는 '祁'가 ki$_{甲}$, ke$_{甲}$에 쓰이고 '木'도 ki$_{乙}$, ke$_{乙}$에 '義'가 gi$_{乙}$, ge$_{乙}$에 쓰인 것을 보아서 i$_{甲}$—e$_{甲}$, i$_{乙}$—e$_{乙}$이 서로 유사한 점이 있었지 않았나 하고 甲의 모음이 乙의 모음보다 전부(前部)임을 암시해주고 있다.

Oono(大野, 1976:64)에서는 之운, 魚운, 支운이 시대적 변화에 따른 음의 미묘한 변화로,

o열(列)$_{乙}$ → i열$_{乙}$로(之운)
e열$_{乙}$ → o열$_{乙}$로(魚운)
e열$_{乙}$ → i열$_{乙}$로(支운)

쓰게 되는데 여기서 일본어의 o열$_{乙}$, i열$_{乙}$, e열$_{乙}$ 사이에 무언가 밀접한 관계 곧 발음상의 공통요소가 있는 것으로 시사한다 하였다.

이들의 문자가 모두 운경상 3등운이고, 3등운은 중설의 개모음을 지니는 점에서 이들의 공통요소는 중설의 요소임을 추정하게 한다고 하였다. 앞의 상관관계를 나타내면,

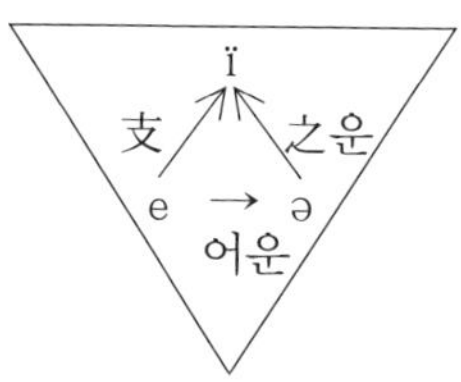

여기서 집중되는 /ï/에 대해서 Mabuci(馬渕, 1971:32)는 /ö/+/i/, /u/+/i/의 경우에 생기는 점에서 /ö/, /u/와 /i/의 중간적인 음 또는 이중모음으로 보았다. 이중모음이면 ïi, 중간적인 음이면 ï의 음일 것이라고 하였다.

한편, i$_{乙}$의 생성을 다음과 같이 본다면,

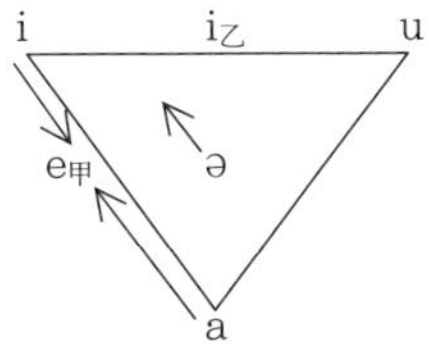

$i_{乙}$은 u → i의 방향과 ə → i의 방향의 중간(축약)에서 생성되는 정황이며, $e_{甲}$은 i → a 혹은 a → i의 방향에서 축약되는 정황이다. 특히 a → i의 방향에서는 보다 a에 인접한 $e_{乙}$이 생성된 것으로 보인다.

그런 면에서 앞서의 e열(列)$_{乙}$ → o열$_{乙}$
e열$_{乙}$ → i열$_{乙}$ 은

a – ə – $i_{乙}$의 중설성의 공통화로 볼 수 있다. 이러한 메카니즘은 a → ɑ → ɔ → o → u의 후설화의 메커니즘과도 연관되는 것이다.

Arisaka(有坂, 1955:427–8)는 $i_{乙}$은 ïi, $e_{乙}$은 ə̥e(有坂, 1955:430)로 본 것도 ï와 ə̥의 중설성이 고려되어 있는 것이다(大野, 1976:64–5). Hasimoto(橋本, 1966:232)도 갑류는 순수한 i, 을류는 그와 조금 다른 이중모음적인 것(ïi)이 아니었나 하고 있다. 방언에서는 예컨대 kïi의 경우 i가 떨어져서 ki에 이르기까지 kï의 단계의 것이 반영된 것으로 보고 있다.

Hasimoto(橋本, 1966:159)에서는,

ki { 伎 ki / 紀 küi }

ke { 祁 ke / 氣 küe }

ko { 古 ko / 許 küo }

와 같이 표기되어 있어서 갑·을류의 차이점에 중설성이 고려되고 있으면서 그 표기에 혼선을 보이고 있다.

여기서의 ü는 무언가 애매한 모음인 것 같다. 갑·을류의 구별의 음가 표기에 고심한 흔적이 보인다. 중설성을 띤 i, e, o의 표기를 꾀한 것으로 보인다.

이러한 논의들을 볼 때는 $i_{乙}$의 경우($e_{乙}$의 경우도) 단모음이 아닌 이중모음으로 볼 수 있다. 그렇다면 8모음설이 성립하기 어려울 것이다.

그러나 한국에서의 15세기 모음 체계를 고려했을 때 그 성립과정이 인접모음과의 축약 혹은 독자적으로 생성된 것을 보면 일본어도 그러한 일을 거치면서 단모음으로 생성된 시기가 있었다고 본다. $i_{乙}$은 [ï](앞에서의 ïi에서 축약되어 i가 떨어진 경우), $e_{乙}$은 ɛ 또는 æ(橋本도 이같은 단모음으로 보기도 하였다, 전출), $o_{乙}$은 [ə]의 단모음의 실현과도 같다.

그러한 과정이 있었기에 예컨대 일본어의 $e_{甲}$과 $e_{乙}$이 한 가지로 병합될 수 있었을 것이다. 이중모음적 성격을 지탱한 것이면 하나로의 병합이 어려웠지 않았나 생각된다. 그런 단모음의 흔적이 지금의 방언에도 e, ɛ, æ 또는 ï(동북지방)형으로 남아있을 수 있었지 않았나 생각된다.

이렇게 보았을 때 당시에 일본의 중앙부에서 8모음 체계가 성립한 시기가 있었다고 본다. 다만 Oono(大野, 1980:154)가 생각한 8모음 구도에는 문제가 있다.

	전설	중설	후설
협모음	i	ï	u
반협모음	e	ë ö	o
광모음			a

반협모음이 협모음보다 많아서 모음 구도의 중간이 불룩한 정황이다.

그리고 e, ɛ의 차이는 개구도(開口度)의 차이라고 본다면 좌우배치가 아닌 상하배치가 맞는다. 여기서 일반적인 모음 3각형으로 고쳐 쓰면,

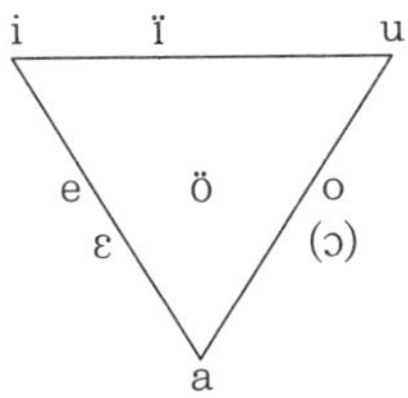

이 역시 전설 쪽이 후설 쪽보다 단수가 많은 불균형의 정황이다. 그 사유는 괄호에 묶은 (ɔ)의 추이에 의한 데서 온다. 여기서 개구도의 변동이 있게 되어 e와 ε의 병합으로 단일모음으로 (e 또는 ε의 두 의견으로 갈린다.)(7모음 단계), 그리고 i와 ï의 병합으로 단일모음으로(6모음 단계), 그리고 ö와 o의 병합으로 단일모음(o 또는 ö와 o의 중간의 ɤ의 의견이 있다.)(5모음 단계)의 과정을 거쳐 오늘의 균형잡힌 공통어 모음 체계가 이루어진 것으로 보는 것이다.

3.5.3.5. 체계의 다중성

지금까지 보아온 모음체계의 5 내지 8개의 단모음체계를 보아왔는데 필자는 이러한 일은 모음 구도의 확대와 분화 그리고 추이에 의해 시대적 지역적 변동으로 말미암은 것으로 보고 있다.

필자는 일찍이 원시 내지 고대의 한일모음체계의 발달경로를 상대적으로 파악한 바가 있다(김공칠, 1982:32-3, 40).

그 기저모음은 ɑ i u̇(ɯ)의 작은 모음도를 이루는 것으로 보았다.

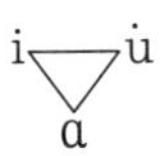

이는 음성적으로는 i(또는 ï) - ɯ - ɑ로 다음의

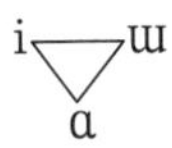

와 같은 구도다.

원초적인 한냉 시기와 지대에 지내다 내려온 이들이 음운적 구별도 철저하지 않았기에 작은 모음도로 충분했고 모음 간의 간격도 그렇게 크게 할 필요는 없었던 것으로 보았다.

이 좁은 구도는 시대와 문물의 발달에 따라 확대될 수밖에 없고 확대된 모음도의 구간에 의미 분별의 새로운 음이 생성하게 되는 것은 당연한 것이다.

이러한 3모음 체계는 훈민정음 해례에 보이는 모음의 기본자 a, i, u의 소위 삼재(三才) 개념과도 상통한다.

모음도 3각의 3모음 체계는 Chamberlain에 의해 제시된 바 있고, Macumoto(松本, 1975:148)도 그것이 일본의 최고층(最古層)의 모음체계로 제시한 바 있다. 그 다음의 단계로 필자는 모음도의 확대를 들었다. 온난의 시기나 지대에서는 발음의 여유로움 게다가 문물의 발달도 수반하고 어휘의 많아짐으로 3각의 기본도의 모음 사이에 새로운 음이 생성하게 된다. 그 첫 번째로 필자는 i—ɑ 선상에서의 ə의 출현을 들고 있다. i—ɑ의 모음 간격이 넓고 전설 대 후설의 구도에서 중설의 ə는 간절히 요구되는 것이다.

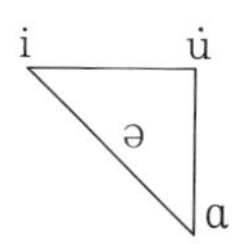

이러한 구도는 Oono(大野, 1980:140)에서도 보인다.

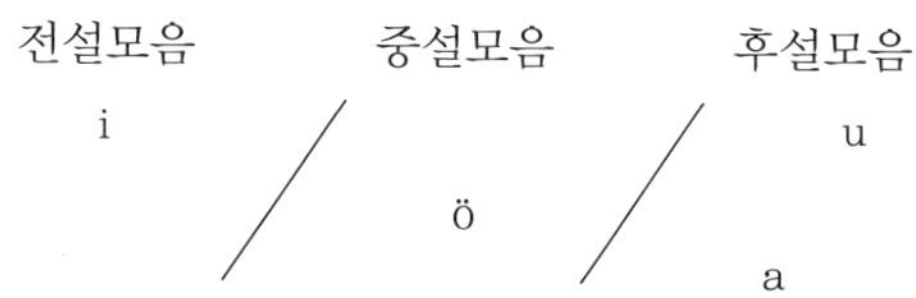

와 같이 고쳐 그려져도 같은 구도다. a를 후설모음자리에 놓이게 되면 ɑ가 나을 성 싶다.

ə의 출현으로 다음과 같은 모음구도의 확대가 있게 된다.

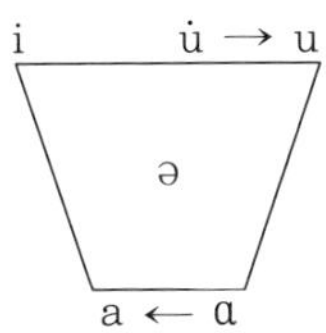

u̇의 처지에서는 설근의 후부화이고, ɑ의 처지에서는 설근의 전부화이다.
고대의 u의 존재는 현대일본어의 관서방언에 후설원순의 u의 존재에서 확인된다(cf. 有坂, 1955:385).
동북방언에서의 ɯ, ɯ̈의 류는 아닌 것으로 보고 있다.

이는 사다리꼴 모음구도의 균형을 잡게 한다.

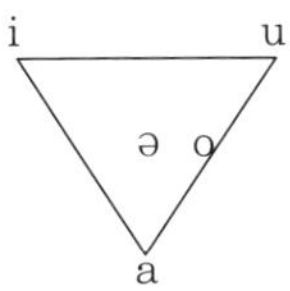

혹은

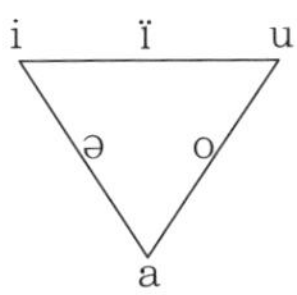

a—i의 선상의 중간, a—u 선상의 중간에 e(ə)와 o모음이 생성된다. 전자는 5모음 체계가 될 수 있고 후자는 6모음 체계가 될 수 있다.

əi의 축약으로 a—i 선상에 e가 생성되고 ə가 뒤로 밀려서 다음과 같이 된다.

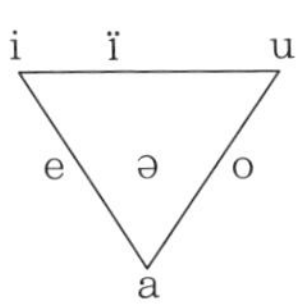

이는 7모음 체계이다.

a—i 선상에서 e보다 a쪽으로 ai축약으로 ε(æ)가 생성된다.

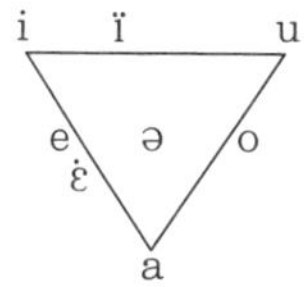

8모음 체계가 이루어지는 것이다.

앞에서 말한 대로 전설이 4단이 되는 불균형이 있으나 e와 ɛ의 간격이 가까웠고 후설에는 ɔ의 흔적이 남아 있었지 않았나 생각된다. 이러한 변동은 일정시기의 일정장소에서 일어났다고 보는 것은 아니다. 그러한 변동의 메카니즘은 볼 수 있다는 것이다.

Nara시대의 중앙부 그것도 중류층 이상에 Suiko왕조의, 제주도와 가라계의 음을 주축으로 당시의 유문(遺文)에서의 서기(書記)체계는 6모음 체계를 이루고 있었다고 생각된다.

i (ɯ) u

e ə o

a

여기서는 (ɯ)는 음성적인 실현에 그치고, Nara시대에는 변별성을 지닌 $i_{\text{乙}}$로 기능하여 7모음 체계를 이루게 하는 과도기적 체계다.

이보다 3세기 앞선 규우슈우 지방의 왜인 6국의 시대에도 다음과 같은 6모음 체계였다.

i u

ə o

a ɔ

규우슈우에서 여러번(神武, 崇神, 雄略 – 應神)의 동정(東征)에 의해 이러한 체계는 어떤 형태로든 여러 차례 Yamato주민이나 지식층에 전파되었을 것이고 흠명(欽明)왕의 Yamato정권에 의해 전래되어 그것이 앞서의

Suiko조(推古朝)유문에서의 6모음체계로 변모한다. 그 변모는 a-ɔ-o-u의 후부 모음추이의 기제가 작용한 것으로, 체계의 안정을 기한 e의 생성과 중설모음의 안정화라고 볼 수 있다.

e의 생성으로 7모음 체계로, e/ε의 분화로 8모음 체계가 이루어지게 되는 것이다.

이러한 역사적인 음운체계의 생성과정 외변에 규우슈우의 6모음 체계에서 ɔ가 없고 그리고 Nara시대의 6모음 체계에서 ï가 없는 5모음 체계가 일본의 각 지방에 사용되고 있었다고 볼 수 있다.

Nara시대의 지식층의 e의 확립으로 7모음 체계가, e/ε의 구별의 서기법으로 8모음 체계가 구분되어 서기법에 적용된 것으로 보인다.

e/ε의 구별은 특별한 유식층에서 분별되어 서기법에 적용된 것이므로 Nara에서 Heian경(京) 천도 이후에는 구별에 애매함이 생기고 ï도 마찬가지다. 한자 그대로 이용하지 않고 한자를 약체화한 katakana, hiragana를 사용하게 되면서는 그 구별에 애매했던 e/ε의 어느 하나 그리고 ï의 글자를 만들지 않았고 $o_{甲}$과 $o_{乙}$의 접근으로 단일자를 쓰게 됨으로써 서서히 지금과도 비슷한 5모음 체계로 변모해 간 것으로 생각된다.

그리고 이러한 음운 변동의 과정에서 지방과 계층에 따라서는 그 나름대로 체계가 형성되어 있었다고 보면 체계의 다층화는 필연적인 현상이다.

3.5.4. 모음조화

3.5.4.1. 모음목록

만엽kana의 i단, e단, o단의 갑·을의 대립을 인정하고 그 중의 을류의 모두가 중설성의 공통점을 지닌 단모음의 성격을 지닌 것이라고 본다면 적어도 Nara시대의 중앙부의 지식층에서는 a, i, ï, u, e, ë, o, ö의 8모음을 분별하고 있었다는 전제에 선다.

3.5.4.2. 모음분류와 Arisaka(有坂)법칙

일찍이 Arisaka는 이상의 8개의 모음을 형태소 안의 공존(어근의 모음 구성) 여부에 따라 다음의 4군으로 나누었다(有坂, 1934=1969:115-6).

1. a o u 양성(陽性)(男性) 실은 후설모음이다.
2. ö 음성(陰性)(女性) 실은 중설모음이다.
3. i 중성(中性) 실은 전설모음이다.
4. ï e ë i와 다른 모음이 연속할 때 발생하여 직접 모음조화와 관계가 없는 것.

이들의 모음상호관계를 규정하고 이들의 음절결합의 법칙으로서 다음 세 가지를 제시하였다(有坂, 1969:102).

제1칙 갑류의 o열음(列音)과 을류의 ö열음은 동일어근 내에 공존하는 것이 결코 없다.

제2칙 을류의 ö열음과 u열음은 동일어근 내에 공존하는 것이 결코 없다.

제3칙 을류의 ö열음은 a열음과 동일 어군에서 공존하나, ö열음은 a, u, o의 순으로 이들과 공존하는 일이 희박해진다.

이 법칙에서 놓친 것은 을류 ö($o_{乙}$로도 표기)의 공존이 많다고 하는 사항이다. 제1칙에 의해 o_1 — o_2(o_1 — o_2)의 공존은 안 보이나 을류 ö의 공존은 많이 보인다.

ko_2to_2 事, 言 go_2to_2 如 ko_2ro_2 頃 $ko_2ro_2mo_2$ 衣
mo_2to_2 (本) $ko_2ko_2ro_2$ 心 to_2no_2 殿 to_2mo_2 伴, 友

그러나 o_2 — o_1의 예가 없는 것도 아니며(yo_2so_1 40, 단 두 개의 형태소일 수 있다. (o_1은 갑류의 o, o_o는 갑·을류의 구별이 없는 것)

o_2 — o 또는 o — o_2의 예도 있다. no_2boru 登, 上 to_2po 遠
to_2wo.10 oto_2 音, 弟

이 때의 o는 o_o로도 쓰이며 o의 갑·을의 구별이 없는 행열의 음이다(o,

po, mo, wo의 경우).

또한 이 법칙에서 놓친 것은 갑류의 o열음이 동일 어근 내에 공존하는 일이 없다는 점이다. 곧 o_1 — o_1의 공존이 얼마 안 보인다는 것이다.

mo_1mo_1 百, 腿(동음의 반복 형식) ko_1go_1 (무슨)소리(物音)
ko_1ko_1 원숭이 소리와 같은 의성어

또한 이들 법칙의 핵심은 을류의 ö열음의 다른 모음과의 공존 여부의 기술에 있다. 그 중에서 제1칙의 갑·을류의 o가 공존하지 않는 이유는 ö 발달의 특수성에 있다.

o는 au 선상에서 a〉ɔ〉o〉u로 추이적으로 파생하였는데, o_2는 a — i(ï) 선상에서 (먼저) 파생하였기에 어사구성에 서로 어울리지 못했다.

a — u(u — a), a — o(o — a), u — o(o — u)의 어례가 많은 것을 보아도 o는 이들과 같은 선상에서 어사구성에 어울린 것으로 볼 수 있다. 그래서 o_1는 a와 u의 동의(同義)적 교체로 나타난다.

kura/$kuro_1$ 黑 cuna/$cuno_1$ 網

이에 대해 o_2는 a — u와는 다른 편에서 a(ï)의 이의적(異義的)교체로 나타난다.

asa 朝	kata 形(구체적)	Kor.	kat	事
oso_2 晩	ko_2to_2 事(추상적)		kət	事

다음은 한일어의 대비예다.

*karama/$ko_2ro_2mo_2$ 衣
karta 耕 karu 耕
kətta 穫 ko_2ru 伐採

제2칙에서 말하는 것은 u — u, u — a(a — u), u — i(i — u)의 결합이 잘 되는데 u — ö (ö — u)의 결합은 되지 않는다는 것이다.

tuku 月　kutu 口　kuku 茎　sugu 直　tutu 槌　kudu 屑
kuma 熊　numa 沼　kusa 草　ura 裏　kamu 神　asu 明日
umi$_1$ 海　kubi$_1$ 首　mi$_1$du 水　usi$_0$ 牛, 大人　kusi$_0$ 櫛, 串　i$_0$nu 犬

제2칙에서 u가 같은 후설모음끼리는 결합되고 중설모음과 결합되지 않는 이유 역시 ö모음 생성의 특수성에서 설명할 수밖에 없다.

그러나 문제점이 없는 것은 아니다. u—ö(ö—u)의 결합 예가 있다는 점이다.

to$_2$ku 解　so$_2$ku 除　yo$_2$mu 読　no$_2$mu 飲　to$_2$pu 訪
to$_2$ru 取　ko$_2$pu 乞

이를 보면 u—ö의 결합은 없으며 거의 자립성 의존형태소(어간)-의존형태소(어미)의 결합체로서 CV-CV 보다는 CVC+V와 같은 형식으로 볼 수 있는 것이다. u에서 후부원순의 u와 중부비원순의 ɯ의 양면성을 띤 것으로 볼 수 있다. Hukuda(福田, 1964:14)에서는 을류 o열음과 2음절의 결합 단위를 구성한 u열 모음은 중설모음적이었다고 보고 있다. 이는 사전(史前)일본어의 모음조직을 구성하고 있던 모음 ü가 흔적을 남긴 것으로 보고 있다. 그에 따르면 사전(史前)일본어에서는 /i, a, ö, ü/의 4모음 체계가 있었다는 것을 시사하고 있다.

Hukuda가 상정한 앞의 4모음 체계는 필자가 상정한 것과 비슷하다. Oono(大野)가 상정한 것과는 u모음의 u와 ü의 차이이다.

u음의 양면성의 경로에는 ü → u의 후부화의 경로도 있고 후부모음의 o - u - ü의 추이로, u에는 o와 같은 원순모음적인 성격을 띠는 것과 ɯ와 같은 중설모음을 띠는 양면성을 띨 수 있다. 을류의 o$_乙$에 어사구성에 참여한 u는 본래의 ɯ이거나 u에서 전진화된(ɯ) 을류적인 모음이었다고 생각된다.

앞서의 예의, 뒷쪽의 의존형태소적인 것은 해석에 따라서는 기생모음적인 것으로 볼 수 있고 거기에는 중설적인 ɯ가 따르기 마련이다.

제3칙은 a—u, a—o, a—i의 결합은 많은데 a—ö(ö—a)의 결합은 잘 되지 않는다는 것인데 공존하지 않는 이유는 역시 ö 발달의 특수성에서 설명할 수밖에 없다.

그러나 a — ö(ö — a)의 예가 있다.

marö 圓　masö 全　töga 咎　töpa 永久　marö 麿呂　kasö 父

여기서 a에도 양면성을 인정하지 않을 수 없다.

a — u 선상의 o_1와 u(o의 상승면)와 결합하는 것 (원순적, 후설적) 원초적
a — i 선상의 o_2와 u(u의 전부추이)와 결합하는 것(비원순, 중설적) 추이적

3.5.4.3. 모음 분류와 법칙의 재해석

먼저 앞서 보인 Arisaka의 모음 분류를 보이면,

1. a　o　u
2. ö
3. i

1.과 2.는 너무 비대칭적이다. 이를 대칭적으로 고쳐 쓰면,

1. a　o　u
2. (ä)　ö　(ü)
3. i

처럼 a와 u의 양면성을 고려할 필요가 있다. 그리고 중성모음의 유래가 미상이다. 그것은 모음구도의 확대로 중설 : 후설의 대립에서 벗어났기 때문일 것이다. 그 생성과정은,

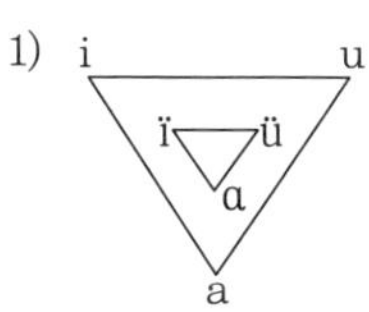

(모음구도의 확대)

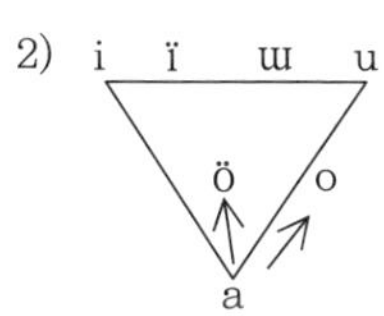

(중모음의 생성)

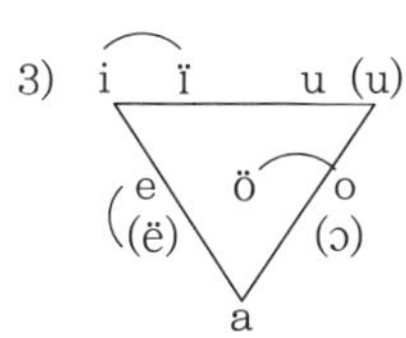

(후부모음의 추이)

4) 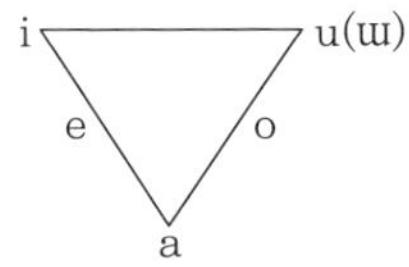

(갑·을류의 병합)

Hattori(服部, 1983d:11)에서 보인 바 있는 중앙부 몽골제언어의 모음조화에서의 모음분류는,

1. 중성모음 i
   남성모음 a o u 후설모음
   여성모음 ä ö ü 전설모음

몽골어의 경우,

2. 남성모음 a ɔ o
   여성모음 ɘ ɵ u̟

필자가 알기로는 1.에서 o는 문어도 현대어 표기도 o지만 음가는 [ᄋᆞ]에 가까운 [ɔ]이다. 그래서 2.에서는 ɔ로 되어 있다.

1.에서의 u는 문어는 u, 현대어 표기는 y, 음가는 '오'에 가까운 [o]이다. 그래서 2.에서 o로 표기되어 있다.

1.에서 ä는 문어의 표기이며 현대어 표기는 ɘ. 그래서 2.에서 ɘ로 표기되었다. 음가는 [e]이다.

1.에서의 ö는 문어표기이며 현대어 표기는 ɵ. 그래서 2.에서 ɵ로 표기되었다. 음가는 어/으의 영역에 있다.

1.에서의 ü는 문어 표기이며 현대어 표기는 ʏ. 음가는 '우'에 가까우나 2.에서는 u̟로 표기한 것으로, 보다 앞에 다가선 '우' 그렇다면 '으'에 가깝다.

이 2.의 체계와 앞의 일본어의 경우와 맞춰보면,

a o u
(ä) ö (ü)

남성모음에서의 몽골어의 ɔ, o가 일본어에서 o, u로 되어있는 차이다. 필자는 후부모음의 추이를 거친 것으로 보기 때문에 원래의 일본어도 몽골어와 같은 a ɔ o 체계였던 것이 모음 추이로 ɑ, o, u로 된 것으로 보고 있으며, 일본어도 중세의 몽골어와도 비슷한 구도라고 생각한다.

곧 일본어의 o에는 모음추이 과정중의 ɔ, o, u의 융통성이 있고 u에는 o, u, ɯ의 융통성이 있는 것으로 보고 있다.

이렇게 본다면 한국어의 양성모음 '아, ᄋᆞ, 오' 체계 곧 a, ɔ(〉o), o(〉u) 체계와 대응한다.

그렇다면 한국어의 음성모음 '우, 으, 어' 체계는 (u)-ö-(ü)와 대응하는 격이 되는데 u에서 맞지 않는다. 이는 u와 ü의 접근성에 기인하는 것으로 볼 수 있다. 요컨대 일본어의 양성모음은 한국어나 몽골어와 같은 '아, ᄋᆞ, 오'에 대응하는 것이었다고 생각한다.

따라서 a—a, a—o(o—a), a—u(u—a)의 어사구성은 충분히 있을 수 있는 일이다. a의 양면성(전설 내지 중성)을 고려하고 a—ö(ö—a), a—e_1(e_1—a), a—ë(ë—a)의 어사구성이 불가능한 것은 아니다(cf. 김공칠, 1983:144).

o(〈ɔ)의 유동성으로 o_1—o_1의 예는 적으나 융통적인 o_0—o_0의 예는 많이 보인다(cf. 김공칠, 1983:148).

o_0—o_2(o_2—o_0)의 예도 많으나 그 o_0는 o_1이 아닌 o_2의 경향으로 추정된다.

o—e(e—o)의 결합에는,

o_0—e_0
o_1—e_0
e_0—o_1

등의 것이 있는데, 이를 고쳐 써보면

o_1 — e_1, o_2 — e_2, o_1 — e_2, o_2 — e_1
e_1 — o_1, e_2 — o_1 와 같이 되는데,

이는 곧 1) o_1 — e_1(e_1 — o_1) 2) o_1 — e_2(e_2 — o_1)
3) o_2 — e_1 4) o_2 — e_2 로 줄일 수 있다.

1)의 e_1와 e_2는 a에서 유래할 수 있다.

3)의 e_1와 4)의 e_2는 ə에서 유래한 것일 수 있다. 그만큼 e_1와 e_2는 근접한 관계였다는 것을 짐작하게 한다.

나머지의 o — a(a — o), o — u(u — o), o — i(i — o)는 정상적이다.

다음 u모음의,

u — a(a — u), u — u, u — o_1(o_1 — u), u — i는 정상적이다.

u — i_2(i_2 — u)의 경우와 u — o_2(o_2 — u)의 경우도 u가 전진화된 ɯ의 경우로 볼 수 있다.

u — e_0(e_0 — u), u — e_2(e_2 — u)도 마찬가지며, e_0는 e_1든 e_2든 가까운 관계에서 동일하게 어사구성에 참여한 것 같다.

o_2에서 o_2 — o_2는 정상적이고, o_0 — o_2(o_2 — o_0)에서는 o_0는 o_2에 가까운 것이다. o단의 갑·을의 구별이 없는 o_0는 o_2의 경향이 짙다. 따라서 o_0 — o_2의 경우 o_0는 원초적으로 o_2로 본다. o_2 — o_1는 예외가 되나 어례가 적고 그 어구성도 yo_2so_1(40), yo_2mo_1(四方, 黃泉)와 같이 복합어적인 구성으로 되어 있다.

그럼 양성모음에 대응하는 음성의 (ä), (ü)의 경우는 어떻게 되는가. 전자는 e_0, e_1, e_2와 관련되는 것이고, 후자는 ï 또는 ɯ와 관련된다고 보면 될 것이다.

ï의 어사구성을 보면,

i_0 — ï(ï — i_0)
ï — a(a — ï)
ï — u(u — ï)
ï — i(i — ï)

와 같은 예는 보이는데(cf. 김공칠, 1983:150-1), ï — a(a — ï)를 제외하고는 근접한 모음 사이의 일이기에 부자연스러운 것은 아니다.

ï — o(o — ï)
ï — ö(ö — ï)

가 드물게 나타난다. o를 o_1로 보면 부자연스러운 일이나 i_2와 o_2는 중설적인 가까운 관계였으므로 색다른 일은 아니다.

ï — e(e — ï)
ï — ë(ë — ï)

의 예가 잘 없는 것은 e_1 혹은 e_2가 i — a 혹은 a — i에서 생성된 것이면, 전자이면 동음 연속이고, 후자이면 간격이 크다. 축약은 뒤져서 되었다면 까다로운 어사구성은 필요 없었을 것이다. 이미 생성되었더라도 사용하지 않게 되었을 것이다.

여기서 Arisaka(有坂)의 법칙에서 도출되는 해석을 정리하고 수정을 가한다면, 제1칙에서 o_1과 o_2는 각기 다른 방향에서 파생된 것이며, o_1은 비교적 신생(新生)의 것이며 유동적인 것이었다. o_2가 보다 선발달적이었기에 o_2 — o_2 시 어사구성력이 보다 강했던 것으로 보인다. 이런 점에서,

제1칙은 갑류의 o열음은 갑류의 o열음 및 을류의 o_2열음과 동일 어근에서 공존하기 어려웠다.

제2칙에서 o_2는 a — u 선과는 다른 a — i 선상에서 파생하여 o_2와 u와의 공존이 어려웠으나, 모음추이로 u와 ɯ의 양면성을 띠었기에 공존의 가능성이 없는 것은 아니다. 본래적인 제1음절에서의 u — o_2는 실현되기 어

려우나 o_2—u에의 기생적인 u는 다분히 ɯ로서 공존이 가능하였다.

그래서 제2칙은, 을류의 o열음은 본래의 u열음과는 동일어근 내에 실현하기 어려웠으나, u열음이 본래보다 앞에 다가섰을 때는 후행음절에서 실현이 가능하였다.

제3칙에서는 a—u 선상에서의 o_1와 결합하는 a와 a—i 선상의 o_2와 결합하는 a는 구별되지 않았나 생각된다. a의 양면성에서 ö와 결합하는 a는 전부적인 것이었고, ö와 결합하는 u도 전부적이었다고 본다. ö와 결합하는 o_1은 예외적이다.

제3칙의 수정으로서 을류의 o열음은 후부적 a, u와는 실현하기 어려웠다. 전부적인 a, u와는 실현이 가능하였다.

3.5.4.4. 모음조화 재고

모음 사이의 조화에는 고/저의 수평적(horizontal)조화와 후설 대 전설의 수직적(vertical)조화와 대각선(/사선)(diagonal)조화의 패턴이 있다.

튀르크어에서의 다음의 모음의 상대관계는,

남성모음	ı	u	a	o	(후설)
여성모음	i	ü	e	ö	(전설)

후설 대 전설의 수직적 조화를 이루고 있다.

앞에서 Arisaka(有坂)의 모음분류를 대칭적으로 고쳐 쓴 모음 분류가 재구되는 것이라면,

a	o	u	(후설)
ä	ö	ü	(중설·전설)

전후가 각각 수직적으로 파악되는 것이 된다.

몽골어의	a	o	u
	e	ö	ü

와도 같다. 한국어에서도 개별적으로 수평적이나, 중설이나 후설이 수직적으로 배열된다.

ɐ o u
a ə ɯ

김완진(金完鎭, 1963=1971:12, 42)에서 한국어의 중세어 모음체계를 다음과 같이 수직적으로 잡기도 하였다. 상대항은 i를 제외하고 중설 : 후설의 수평적이나, 상대항은 수직적으로 배열되어 있다.

1)

(舌小縮, 전설)	(舌小縮, 중설)	(舌縮, 후설)
이(i)	우(u)	오(o)
	으(ɨ)	ᄋᆞ(ʌ)
	어(ə)	아(a)

김완진(1978:131)에서는 앞의 것과 달리 아래와 같이 대각선(斜線)으로 파악하였다.

2) 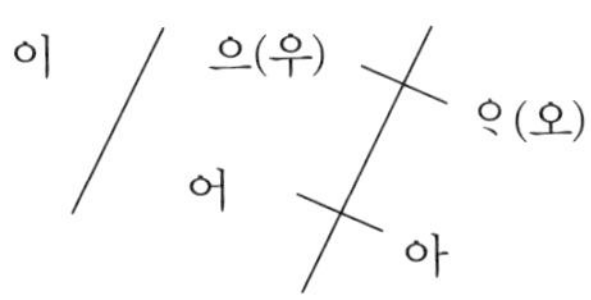

보통 중세어의 7모음 체계를 다음과 같이 보는데,

3) ㅣ ㅡ ㅜ
ㅓ ㅗ
ㅏ ᆞ

이 경우는 1)의 경우와 모음배치가 다를 뿐 동일하게 후설과 중설이 수직적으로 배열된 수직적조화의 경우라고 할 수 있다.

여기서 •음의 소실(상승) 그리고 후설모음의 추이에 따라 앞의 1)의 김완

진의 것과 같은 모음구도가 생기는데 모음 추이의 위치에서의 상대모음과의 관계를 대략 파악할 수 있다.

우 \ 오
으 \ ᄋᆞ
어 \ 아

요컨대 모음구도는 모음의 신생 혹은 소멸로 바뀌는 것이므로 그 어느 시기의 것을 중심으로 어떤 각도에서 체계성을 잡는가에 따라 모음조화의 양태도 달라진다고 본다. 필자는 일본어의 모음분류는 다음과 같이 수정되어야 하지 않는가 한다.

1. a　　ɔ(〉o)　o(〉u)
2. ü(〈u)　ö
3. i

2.의 여성 모음에서 ü는 u의 전부추이로 있게 된다고 본 것이다. 이것의 체계도를 그리면 다음처럼 대각선으로 파악할 수 있다.

u \ o(〉u)
ï \ ɔ(〉o)
ö \ a

일본어에 있어서의 a : ə의 교체, u : o 교체를 설명할 수 있다. o_1 — i_2(보기 ko_1pi_2 '戀')의 예는 드물기는 하나 실현되는 사유를 짐작하게 한다. 이와 같은 체계의 성립이 가능하다면 중세 한국어 모음체계와도 비슷하게 된다.]

참고로 Hattori(服部, 1978)는 알타이어, 한국어, 일본어의 모음조화에 대해 언급하는 중에 15세기의 중세 한국어는 다음과 같은 광(廣)·협(狹)모음조화(수직적)를 이룬다고 하고 있다.

남성모음 a ʌ o (狹)
여성모음 ɜ ɨ u (廣)
중성모음 i

서기 기원 후 800년경의 고대 한국어도 광협모음조화(수직적)였을 증좌가 있다 하였다.

8세기의 일본어의 중앙어의 모음조화의 흔적으로 다음을 들고,

남성모음 a o u
여성모음 ö
중성모음 i e

여기서 ö 대신에 두 개의 중설모음 ü와 ä를 가졌던 것으로 보고 있다. 앞에서 필자가 말한 대로 ö 대신이 아니고 ö 이외에 ä와 ü를 가정하고 있다. 상단의 o(〈ɔ) u(〈o)를 추정하면 한국어와 같은 수직적인 모음조화 유형이다.

일본어의 모음조화는 한국어나 퉁구스어(廣狹의 모음조화(수직적))하고 직접 연결짓기는 불가능하다고 하였다. 그 이유는 고대 일본어의 /u/는 중성모음으로가 아니고 남성모음으로 기능하고 있기 때문이라는 것인데, 필자가 앞서 말한 대로 일본어의 /u/에는 양면성이 있기에 한국어와 연관지을 수 있다.(補注 7, p. 542)

후부 모음의 추이로 이러한 수직적 모음조화가 사선적 모음조화로 패턴이 바뀐 점에 대해서는 전술한 바이다.

모음조화의 어사구성이나 어사연결에서의 영향력에는 다음 두 가지의 패턴으로 구별된다.

1. 형태소 경계 전후의 모음의 동류화(同類化)

그 형식은 1)실사 + 조사

튀르크어 el(手)+e 손에 ev(家)+i 집을

ağız(口)+a 입에 at(馬)+ı 말은

방향에는 e/a, 목적격에 i/ı의 교체가 있다. 최후음절이 전설모음이면 전설의 +e, +i가, 후설모음이면 후설의 +a, +ı가 접미하고 있다.

2) 실사+접사 튀르크어 kitap(책)+lar 책들

kedi(猫)+ler 고양이들

조사는 복수어미에 후행한다.

3) 어간~보조어간~어미

이러한 모음조화는 어간+보조어간+부정+형식명사의 연결체에도 보인다.

yaz	dır	ma	mak
ver	dir	me	mek
쓰(書) 주(與)	게 하지	않는	것

중세 한국어에서는 이와 같은 세 가지 타입이 있다.

손(手)올 ;	잡(執)았-다,	사람둘
구무믈(구룸(雲)+을),	접 었 다,	너희들

고대 일본어에서는,

ma	na	ko	目(의)子
kö	nö	pa	木(의)葉

와 같이 화석적으로 복합어에 모음조화의 흔적을 남기고 있다.

이는 형태소 내부뿐만 아니라 소유격의 na/nö 대립을 보여준다. 또 일본어의 단독형과 복합형의 경우를 맞춰보면 단독형이 복합형+ï(saka(酒)+ï 〉 sakë)

로 되는 것을 보면 a—i 선상에서 a에 최근접한 ë에서 축약된 것을 모음조화의 지킴이라 할 수 있다.

2. 형태소 내부의 모음조화

원래 모음조화는 형태소 내부의 결속이었다. 앞의 일본의 복합어 형성에서도 형태소의 결합에 하나로 뭉뚱그리려는 노력이 보인다.

형태소 내부의 모음조화는 여기서 예시한 튀르크어, 한국어, 일본어 순으로 잘 지켜졌다고 할 수 있다.

형태소 내부의 모음조화가 원래의 것이고 형태소 연결 시의 모음조화는 보다 후대적인 것이라는 의견도 있다. 일본어가 실사+조사와 같은 형태소 연결 시의 모음조화가 안 보이는 것은 일본어에서의 모음의 분화와 조사 발달의 특수성에 있다고 볼 수 있다. 모음의 분화로 말하면 a/ɑ, o/u, u/ɯ 분화의 애매성이 후속연결체를 분명히 구분할 수 없었고 한편으로 일본어의 보수성으로 오랜 시기의 h조사(ha, he, ho)가 뿌리깊이 박혀온 것이 아닌가 생각된다.

3.5.4.5. 모음조화의 소멸

Nara시대의 갑·을의 구별이 Heian시대에 들어서서 양자가 각각 합류되어 그 구별이 소실(消失)됨으로써 소멸된다. ko의 갑·을의 구별이 최후까지 남는다.

o류에서의 갑·을의 구별은

순음　po, mo
설음　to, ro, no
구개음　yo, so

의 순으로 구별이 없어지다가 마지막에 후음(喉音) ko_1/ko_2의 구별의 소멸로 갑·을의 구별은 사라진다.(馬渕 1970a:139). 898-901년간의 신찬자경

(新撰字鏡)에서 ko의 갑·을의 구별이 남아있었다(有坂, 1969:131-).

kana의 자체(字体)는 '古, 吾, 己, 去'의 4개인데 古의 용례는 매우 많고 吾는 1예뿐인데 탁음의 것으로 보고 있다. 이 '古, 吾'의 2자는 Nara시대의 문헌에서는 어느 것이나 갑류의 ko에 사용되는 것이다. 을류의 '己'의 용례는 매우 많고 '去'의 용례는 수례뿐이다. '己'와 '去'의 2자는 Nara시대에 어느 것이나 을류로 쓰인 것이다. Arisaka(有坂)에 의하면 '佛足石歌, 古語拾遺, 新撰姓氏錄, 延喜式'에도 ko의 갑·을 양류의 혼용례는 보이지 않는다고 한다(p.141). '古語拾遺'의 예를 든다면 '古'(稚子和可古)와 '居'(掘〈古語 佐禰居自能禰居自〉, 뿌리째 파낸다는 뜻)(古事記의 根許士禰許自에 상응)(秋元외, 1970:40)의 용자가 보인다.

Arisaka는 '신찬자경'에서의 古(吾), 己(去)의 서기상의 구별이 당시의 음운상의 구별을 뜻하는 것은 아니지만(p.144), ko의 갑·을의 구별이 다른 kana에 비해 비교적 후세까지 보존된 것은 사실일 것이고 음운상 구별은 Heian시대 최초기까지는 보존되지 않았나 하고 있다. Heian시대의 가요집 금가보(琴歌譜)에도 ko의 갑·을의 구별은 남기고 있다. 810-823년간의 일본령이기(日本靈異記)에도 古/許, 己, 去의 구별이 있다.

여기서 일본의 고대 o음에 생각을 다시 하게 된다. 일본서기에 쓰이는 o단의 o음의 용자에 於, 飫의 두 개가 있다. 이 한자는 중세한국한자음으로 於어(천자문), 飫어(훈몽자회)이다.

만엽집의 권 14, 15, 17, 18, 19, 20은 일자(1字) 일음(1音)의 자료인데 거기에는 o의 용자로 주로 於자를 쓴다.

a행 o단에는 갑·을류의 구별이 없으므로 이들은 보통 갑류로 하지만 실은 o_1도 o_2도 아닌 대립의 짝이 없는 o_0이다. 그런데 권5에서는 o의 용자로 淤와 意가 쓰이고 고사기의 경우도 그 두 가지가 쓰인다.

일본서기, 만엽집에 사용된 於가 갑류의 o로 친다면 만엽집 권5 및 고사기의 또 하나의 o 意는 상대적으로 을류의 ö가 되는 셈이다.

여기서 고사기의 o의 용자 淤, 意의 해석에 따라서 다음과 같은 의견으로 갈린다.

1) o_1/o_2 2음설

淤와 意는 별개의 음을 나타내므로 하나는 갑류 하나는 을류로 보는 것인데 淤가 갑류가 아닌 을류와 공존하는 점에서(淤登 젊고 아름다움을 뜻함) 갑류로 보기는 어렵다. 그 상대되는 意도 意登比賣(少女)로 거의 같은 뜻의 어휘에 淤와 意가 쓰이고 있으니 淤와 意는 별개의 음으로 보기 곤란하다. 한국한자음으로 意 의(훈몽자회), 淤(현대음 어)로 매우 가깝고 모두 갑류보다는 을류의 동일한 소리다. 따라서 o단에서의 2음설은 곤란하다.

그러나 o단 이외에서의 다른 단에서는 갑·을류의 구별이 존재한 것은 사실이니 어떤 발음상의 구별이 a행 o단에서 있었다고 보아야 할 여지는 있다.

2) o_2음 1음설

고사기, 일본서기, 만엽집 공통으로 a행의 o단음이 을류의 ö 하나라는 주장이다.

그 근거로 전술한 바와 같이 고사기에서의 o의 淤, 意는 같은 음이라는 것이다. 사실 한국한자음으로 '어'와 '의'로 남아있으나, 이 음은 매우 근접한 음이다. 현대에서도 한국에서는 '어'음을 '으'음에 가깝게 내는 사람도 있고 방언도 있다.

o단에서의 o는 두자음이 없기 때문에 2류의 음의 고착화는 어려웠다고 본다. 또 후부의 갑류의 o는 중국한자음으로 模운으로 uo로 재구될 정도로 중국한자음이나 일본한자음도 ɑ-ɔ-o-u의 모음추이의 과정에서 모음 자체의 음이 불완전한 것은 사실이다. 만엽 kana에도 다음과 같은 so_1/su 素, to_1/tu 都, 徒, no_1/nu 奴, 怒, po_0/pu 富, mo_0/mu 模, 謀, ro_1/ru 盧, 樓와 같이 o_1/u의 양용이 보인다.

o_1보다 o_2가 선발달음이고 음운으로서 오랫동안 구실을 하였으나, 이에 대해 o_1은 ɔ ↔ u 사이에서 유동적인 음이었다고 본다. 나중에 o_2 〉 o_1의

후부화로 차차로 제2차 기본모음의 ɤ(small gamma, ʌ의 긴장음)(비원순 후설, 반폐모음)로 되어가지 않았나 본다. 현대의 일본의 공통어의 o는 원순은 아니다.

e류에서의 갑·을의 구별은 일찍이 동국(東國)방언에서 혼동되기 시작하였다. ke, pe, me의 1류화가 그것이다. 일본령이기(日本靈異記)(823년)에서는 ke는 1류화되었으나 pe, me는 2류로 남아있다.

i류에서의 갑·을류의 구별은 동국방언에서 ki, pi, mi에 2류로 남아 있으나, 일본령이기에서는 모두 1류화되어있다.

일본의 고대어의 시대구분은 33대 추고왕(推古王)의 593년부터 794년이 Nara 시대인데 그 중간인 710년에 43대 원명왕(元明王)의 평성경(平城京)에의 천도의 일도 있었다.

794년에 50대 환무왕(桓武王)이 다시 평안경(平安京)으로 천도하게 되는데, 이때부터 Heian 시대가 시작된다. 언어도 이때부터 중고어로 칭하고 그 이전을 고대어라고 한다. 앞서의 일본령이기의 간행연대가 823년이므로 이는 평안경 천도 이후의 Heian시대의 것이다. 고대어가 Nara 지방에 기반을 두고 있다면 중고어는 경도지방에 기반을 두는 것이니 음운변동이 생기는 것은 자연적인 일이다.

수도의 변동은 자연히 정치적, 사회적, 언어적 변동이 일어나기 마련이므로 모음에서의 갑·을류의 구별의 애매성이 합일화의 방향으로 가는 것은 자연의 이치다.

이렇게 보았을 때 a행 o단의 경우, o_2음 1음설이 유력하다. 모든 행을 망라하여 구조적으로 보았을 때 o_2에 상대되는 o_1의 존재도 인정할 수 있지만, 후대의 일종의 자모 구실을 한 iroha가(伊呂波歌)에서도 o에는 於의 kana이고 다른 행의 o단에는 을류의 용자를 쓰고 있다.

ろ 呂, ほ 保(예외), と 止, よ 與, そ 曾, の 乃, お 於, こ 己, も 毛(예외)

이를 보아도 일본어의 o음은 을류가 중심적이었다고 본다. 그래서 Nara

시대 이후에도 문헌에 을류의 o음의 기록이 산발적으로 반영되어 온 것으로 보인다.

만엽kana를 대신한 Hiragana, Katakana에서 갑·을류의 구별 표기가 없어지면서 o단의 음은 당연히 갑류 한 가지로 알기 시작한 것 같지만 실지 발음은 원순이 아닌 비원순의 o음이 오래 보존된 것이다.

o_1와 o_2는 모든 모음과 공존하면서 o_1끼리 그리고 o_1과 o_2가 서로 공존하지 않은 특이한 현상은 모음의 생성, 추이, 변동 등에서 상반성이 있었기 때문이 아닌가 여겨진다.

3.5.5. 모음교체 현상

3.5.5.1. 음운교체

음운의 통시적인 변화는 음운변화라 하고 공시적인 변화는 음운변동 혹은 음운교체라고 한다.

음운교체는 원래는 동일한 형태였는데 어떤 의미적, 형태적, 음운적 조건에 의하여 부분적으로 어느 하나가 다른 일정한 음운으로 바뀌는 것을 이른다.

한 예를 든다면 일본어에서 복합어 형성시의 연탁(連濁)현상을 들 수 있다. ame(雨)라는 형태가 다른 형태 to(戸)와 결합하여 복합어를 이룰 때 ame의 일부분이 바뀌고 to의 일부분이 바뀌어 amado와 같이 되는 경우, 음운의 변동(공시적)부분을 음운 교체라고 한다.

여기서 ame가 ama로 되는 e~a의 교체를 모음교체라 하고, to~do와 같은 t~d의 교체를 자음교체라고 한다. 후자의 경우는 동일자음의 유무교체와 같고, 보통은 Kemuri : Keburi (煙)에서의 m:b처럼 다른 자음의 교체를 이른다.

교체된 2개의(내지 약간)의 형태가 지니는 의미는 교체 후에도 1)의미가 서로 일치하는 경우와 2)공통점을 지니면서 서로 조금씩 다른 것을 지니는 경우가 있는데 앞의 ame~ama, to~do의 경우는 공통점을 지니는 경우가 되어 동의적(同義的)교체라 하고, 동의적 교체에서 공통점이 희박하고 음운교체로 인한 어형 생성이 의미 분화에까지 미친 것을 이의적(異義的)교체라고 한다. kura/kuro는 '暗/黑'으로 본다면 이의적 교체다.

Oono(大野, 1953:162)가 예시한 후설모음과 중설모음의 교체에 대해

ana : önö 己 　 are : öre 己
asa : ösö 淺, 遲 　 ita : itö 甚 　 ka : kö 彼, 此
nasu : nösu 如す 　 sayagu : soyögu 亂

Oono는 의미의 뉘앙스의 다름이 있을 정도의 동의(同義)로 보고 있다(p.163).

문제는 이러한 교체는 의미적으로나 형태적 그리고 음운적으로 교체되는 이유가 분명하지 않다. 여기서의 a : ö의 음운의 유사성에서 혼동이 되었다면 모를까 아무런 조건 없이 교체될 리가 없다.

필자는 이 경우는 동의적 교체라기보다 의미적인 차이를 서로 음운적 대립관계에 있는 음운을 이용하여 나타내려 한 것이 아닌가 생각된다. 이의적 교체의 예가 되는 것으로 본다.

Omodaka(澤瀉 外, 1967:33)에 의하면 ana(己)(2인칭)를 ono(自己)와 na(汝)의 두 뜻으로 쓰이고 있고 ono와의 음운교체에 의한 의미 분화로 보고 있다.

ka : kö의 경우도 彼 : 此로 예시하고 있다.

are : öre의 경우도 are는 1인칭 대명사, ore는 2인칭 대명사로 욕으로 쓰는 말로 쓰는 경우가 많다.

asa : ösö도 asa는 '朝', ösö는 遲인데에 '晩, 暮, 遲'의 훈이 ososi인 점을 미루어 '늦은, 저녁'의 뜻도 있어 상대적으로 쓰였을 가능성이 있다.

3.5.5.2. 모음교체법칙

Arisaka(有坂, 1931=1969:37)는 고대문헌에 나타나는 모음교체를 크게는 동사와 명사로 나누어 전자에서는 접미사 su, ru, 기타 동사적 접미사, 파생형용사, 동사적 어근으로 나누어 살펴서,

하(下)2단에서 e열(列) ~ a열의 교체 (보기 아래 참조)
상(上)2단에서 i열 ~ u열의 교체
i열 ~ o열의 교체

을 도출하였는데 명사적 어근에서도 이에 상당하는 교체가 있음을 언급하고,

e열 - a열의 교체
i열 - u열의 교체
i열 - o열의 교체

이들 모음의 갑·을류의 분간을 통하여 다음의 모음교체 법칙을 수립하였다(有坂 1931=1969:67).

e열(乙) : a열 의 교체 (보기 아래 참조)
i열(乙) : u열 의 교체
i열(乙) : o열(甲) 의 교체
ï열(乙) : o열(乙) 의 교체

명사의 경우를 보면(cf. 김공칠, 1983:154),

	단독형	복합형
e(乙)-a교체	$sake_2$ 酒	saka(duki) 酒(杯)
i(乙)-u교체	$tuki_2$ 月	tuku(yo) 月(夜)
i(乙)-o(甲)교체	$nagi_2$ 和	$nago_1$(yaka) 和
i(乙)-o(乙)교체	ki_2 樹	ko_2(no ma) 樹(間)

이러한 교체는 형태론적으로 복합어 형성 시에 나타나는 것이며 동의적 교체의 류에 속한다.

다음 동사의 경우를 보게 되면 주로 어간과 어미의 결합 시에 보이는데 2단 활용인 하2단과 상2단의 경우다. 이 양자의 구별은 미연형 및 연용형의 어미의 음 여하에 있다. 전자에서는 e음으로, 후자에서는 i음이 실현된다.

하2단	e(乙)-a의 교체	ake_2 明(下2단) ~ akasu(5단)
상2단	i(乙)-u의 교체	$tuki_2$ 盡(상2단) ~ tukusu 盡(5단)
	i(乙)-o(乙)의 교체	oki_2 起(상2단) ~ okosu(起)(5단)

이러한 교체 역시 형태론적으로 파생의 조건에 따르는 것이며 그런 관점에서는 이의적 교체에 속하지 않나 싶다.

3.5.5.3. 모음교체 현상의 원리(이유)

모음교체의 원리는 모음체계와 모음조화의 면에서 설명할 수 있다.

일본어의 모음체계는,

1) a o(〈ɔ) u(〈o)
2) (ä) ö (ü)
3) I

으로 파악되고 모음조화는 1)의 양성모음끼리, 2)는 음성모음으로 1)와는 다르게, 3)은 중성모음으로 1)에도 2)에도 어울리는 식이다.

이외의 ï, e_1, e_2는 이중모음으로 모음조화와는 무관한 것으로 생각되어 왔다. 그런데 앞서의 모음교체의 법칙을 보게 되면 모두가 i_2, e_2의 소위 이중모음과 그리고 유일의 음성모음 o_2에 관련된 것들이다. 이를 설명하기 위해서는 모음교체의 원리가 단독형에서는 명사+i(주격), 동사에서는 어간(a, u, o, 말모음)+미연형(e/i)+i(수동/사동의 뜻 내포)와 같이 i접미에서 야기되는 것이며 선행 어근/어간의 말음과 i접미사의 축약으로 일어나는 것이며 음형은 모음조화의 원리에 따라 a+i는 a에 가장 가까운 e_2로 축약되고 o_2+i는 o_2에 가장 가까운 i_2로, u+i는 u와 i의 중간의 ï음으로 축약되어 일어나는 것이다.

i_2, e_2를 이중모음으로 보는 의견도 있으나 모음교체가 이중모음화된다기보다 축약된 단모음과 교체한다고 보는 게 순리이므로 모음교체 시 이들 을류의 음은 단모음을 이룬 처지라 생각한다.

명사나 하2단과 상2단의 어근은 동일모음의 연속으로 모음조화를 이루고 있다. 그에 따르는 접미사 혹은 어미는 중성모음 쪽이다.

a) aka+ï 〉 ake_2 赤
　tuku+ï 〉 $tuki_2$ 月
　oko_2+ï 〉 oki_2 起

또는

b) aka+i 〉 ake_2
　tuku+i 〉 $tuki_2$
　oko_2+i 〉 oki_2

로 보는 것으로 갈리기도 하는데 a)와 b)는 이중모음이나 축약에서 모순(배타적)은 아니다. A와 B의 중간축약으로 볼 때 주모음에 가까운데서 축약되기 때문이다. 이러한 현상은 이중모음화를 야기시키고 축약에까지 이르기도 하는 것이다.

명사의 경우는 i형태가 주격으로 보아 b)쪽이고, 동사의 경우는 ï가 매개모음이라는 관점에 서면 a)쪽이라 할 수 있다(물론 수동, 사동의 i형태와 관련이 있다면 명사와 같이 b)쪽이 된다.).

3.5.5.4. 자음교체

자음교체의 예가 있다. 동의적 교체의 예를 보이면,

m ~ b　yumari : yubari 尿　　kemuri : keburi 煙

　이 교체는 같은 순음끼리이므로 일어날 수 있는 일이다.

m ~ n　umi : una 膿　　mina : nina 蜷

　이 교체는 조음위치가 다르나 비음인 점에서 공통적이어서 교체될 수 있는 일이다.

이의적교체의 예로는,

s ~ t husagu 塞 hutagu 뚜껑을 하다

양자는 조음 위치나 조음 방법이 달라서 교체되기 쉽지 않은데 아마도 고대 일본어의 sa행이 파찰음 ts로 추정되기도 하여 그 점에서 교체는 가능하다.

t ~ n itadaki 頂 inadaki 髮

양자는 조음위치가 같으나 조음 방법이 다르지만 t 조음 시 기류가 비강으로 새면 n이 나올 수 있다.

3.5.6. 무성/유성의 음운적 대립

무성/유성의 음운적 대립은 동시적 분포 그것도 특히 어두에서의 동시적 분포 여부에서 확인될 수 있다.

3.5.6.1. 어두의 경우

1. 고대에는 어두유성자음이 나오지 않는다는 의견이 있다. Moto'ori(本居, 1798=1968:358)에서 어두에 탁음이 나오는 예가 없다고 하고 있다. Arisaka(有坂, 1955:722)에 의하면 일본어의 본래의 어휘에는 유성음(폐쇄음, 마찰음, 파찰음(보통 탁음으로 일컬어지는 賀, 藝, 疑, 具, 牙, 宜, 吳, 基, 邪, 士, 受, 是, 俗, 叙, 陀, 遲, 豆, 傳, 度, 杼, 婆, 毘, 備, 夫, 辨, 倍, 煩 등))은 어두에 서지 않는 것이 원칙이라 하였다. 다만 조사, 조동사, 접미사와 같이 다른 어근에 이어지는 요소로서는 그 요소의 어두에 서는 일이 있다고 하였고 복합어의 경우도 마찬가지로 후항의 어두에 나오는 경우는 있다고 하였다. 夜幣賀岐(八重垣)의 '賀', 佐斗毘登(里人)의 '毘'가 그 예다.

그리고 의성어일 수 있는 경우지만 어두에 유성음이 나오는 예가 있다. 鼻毗之毗之爾(萬 892)의 '毗'다.

2. 그런데 3세기의 일본어에 어두유성자음 投(馬), 邪(馬臺), 兕馬觚 등

이 보였고, Miyake(三宅, 1932:142-3)는 탁음고음(古音)설에서 비적(鼻的)탁음을 고음으로 보고 그것이 비음 퇴화(退化)와 성(聲)의 요소의 퇴화(반대로 숨(息)의 발달)로 어두 탁음이 청음(淸音)화한 것으로 보고 있다. 그 한 예로 mm〉mb, b〉v〉f를 들었다.

3. 어두유성음은 원시일본어에 존재했다는 의견이 있다. Murayama(村山, 1954:107)는 어두에 유성자음이 설 수 있었다고 했고, Ozawa(小沢, 1963b:42)는 원시일본어에는 어두에 *b, *d, *g의 유성폐쇄음과 유성파찰음 *j가 설 수 있었다고 했다. 이들 유성자음들은 원시일본어에서 고대일본어에의 추이(推移)중의 어느 시기에 어두에 설 수 없었기 때문에 각각 일정 조건 하에 변화하여 고대 일본어에 설 수 있는 음에 분속(分屬)하여 나타난 것으로 생각하고 다음과 같은 도식을 가정하였다.

원시일본어		고대일본어
*b-	〉	F-〈*p-, m-, w-
*d-	〉	t-, n-, y-
*g-	〉	k-, (y-)
*j-	〉	y-, ǯ-〈*č-, (n-)

앞에서 *d-〉 t- 이외에 *d-〉 n-의 예로는 duka(前頭部, 이마)~nuka(이마), *d-〉 y-의 예로는 dörben〈*dör-ben(4) ~ yo$_2$(4)가 있다.

알타이 제어에서는 무성음/유성음의 대립이 인정된다. 한국어에서만 특별히 없는 셈이다.

일본어와 몽골어를 대비했을 때,

Mo.	Jap.
debi- (날개치다)	töbu~töbi(연용형) (날개치다)
dasul (물방울)	tuyu〈*tuju (이슬)
daga-〈*daga- (동반하다, 따르다)	taga-fu (동반하다, 따르다)
darbai- (입을 열다)	tab-u~tabë-(연용형)〈*tabai- (먹다)

Ozawa는 몽골어의 유성자음 d쪽이 본래적인 것으로 보고 있는 것이다. 이같이 원시 일본어도 어두에 *d-가 있었고 고대 일본어에 이르는 과정의 어느 시기에 어두에 설 수 있는 t-, n-, y- 등으로 변하였다 보는 것이다.

다만 이를 t/d, p/b, k/g와 같은 음성기호로 구별하는 유무 대립이 아니고 연음(軟音, tenis)과 경음(硬音, fortis)의 차이로 보기도 한다.

조음기관의 근육의 긴장 여부, 구강이나 인강에서의 호기의 압력의 고저 여부, 조음의 강약으로 양자가 구별되는 것으로서 원래는 한국어와 같이 유무대립이 없었으나, 다른 언어는 유무대립으로, 한국어는 무기/유기 대립으로 나가지 않았나 싶다. 그리고 일본어도 한국어와 마찬가지로 연음이었으나 어두에서 차차로 경음화되어 무성화 되어가지 않았나 생각되어지기도 한다.

한국어나 중국어에서 로마자 표기법에서 무성음을 유성음으로 표기하고 유기음은 무성음으로 표기하는 것도 오랜 전통의 발화의 습관의 반영에서 오는 것이며 그래서 지켜지는 것이 아닌가 생각된다.

필자가 체험한 제주방언에서의 pat-to(田口)의 발음은 요소별로는 bat, do로 인지된다. 복합형으로는 bat-to지만 어두에서 경음의 pat이 실현되기도 한다. 제주 방언에서는 어두 기식화(氣息化)의 특색이 있다. 다른 언어의 경우도 어두 기식화의 영향으로 어두는 경음으로 어중은 연음으로 발음하게 되어 이것이 언어에 따라 무성/유성 혹은 무기/유기의 대립으로 나간 것으로 파악된다.

3.5.6.2. 어중의 경우

다음에 Oono(大野, 1983:46)를 보면,

伊頭毛 idumo(出雲)　菟頭邏 tudura(葛) (紀가요 20)

여기서는 '頭'가 어중에서 탁음으로 나오는데 다음을 보면,

之頭於利 situori(倭文)
比慮岐頭 hirokitu(廣津)

에서는 청음으로 나온다. 오음은 du, 한음은 tou이다.

한자음의 유래에 의한 청탁의 쓰임이 다를 수도 있고 문인에 의해 다를 수도 있다. 어중에서 청탁의 구별이 확실하지 않음에서도 올 수 있다.

Oono(大野, 1953:47)는 Nara시대에 있어서의 일본어의 음운체계에서 청탁이 명확히 식별되고 있었다. 곧 음운적 대립이 있었다는 것이다.

그러나 그것은 음운적 대립이 아닌 음성적인 수의적인 실현으로 볼 가능성이 있다. 어두에 무성/유성의 대립이 없고 어중에서만 나타나기 때문이다. 문헌에 따라 혼용되는 경향을 보인다.

고사기 그리고 일본서기에는 청탁의 구별을 다른 kana로 표기하는데 만엽집도 그러면서 '賀'의 ga/ka처럼 양용되는 것도 있다. 문자에 따라 다르게 쓰이기도 한다. 예컨대 '伎'자는 고사기, 만엽집(단 권5에는 탁음 예 있음)에서는 청음kana이고 일본서기는 탁음kana이다(청음 예 岐가 있다.).

Moto'ori(本居, 1798=1967:20-)는 '假字의 事'에서 만엽kana가 고사기에서 청탁의 구별을 이루고 있는 것을 예시하고, 고사기, 일본서기, 만엽집에서 청탁이 나누어져 있다고 하였다(p.27).

그의 제자 Isizuka(石塚龍麿(1798(序))는 고사기뿐만 아니라 만엽집, 일본서기 전반을 조사하여 청탁의 구별의 kana를 제시하였다.

용자 상의 구별이 있다고 해서 음운적인 구별이 있다고 보기는 어렵다. 이는 자료에서의 kana문자의 청탁의 구별은 분명하지만 어중에서의 음성적인 실현의 표기에 쓰일 수도 있는 것이다.

그래서 Nara시대에는 청탁의 구별이 없었다는 주장도 있게 된다. 일본의 주변 언어인 한국어, 아이누어에 청탁의 음운적 대립이 없는 것이 비교가 된다. Miyake(三宅, 1932:144)는 청탁을 동가(同價)로 보고 아이누어처럼 청탁의 구별을 없었다고 보면서 보통은 청탁 가운데도 아이누어에서는 청(淸)을 제1의(義)적으로 보는 경향이 있는데 탁음 쪽을 제1의적으로 보는 처지인 듯이 보인다. 연음을 기본으로 보는 것 같다.

3.5.6.3. 연탁(連濁)의 문제

여기서 고대일본어의 음운에 청탁(淸濁)의 인식에 대해 생각해보면 Satoo (佐藤, 1979:36)는 중국의 음운을 배운 일본인에게는 청탁의 식별이 있었고, 만엽kana로 일본어를 나타낼 경우 청음에는 청음의 kana를, 탁음에는 탁음의 kana를 사용한 것은 자연적인 일이라 하였다. 다만 청음과 탁음을 별종의 음으로 생각하지 않고 그래서 만엽kana에서 hiragana나 katakana로 발달하는 단계에 이르러서도 청탁의 kana를 별개의 kana로 발달시키지 않고 동일의 kana를 쓴 것인데, 이는 일본인이 청음과 탁음은 동류(同類)의 음이고 동음(同音) 중의 소이(小異)로 인식한 것으로 보고 있다.

이 말은 바꿔 말해서 청탁의 구별은 음성상의 미세한 변이이고 의미분화의 음운적 대립의 레벨에 이른 것이 아니었음을 뜻한다.

그러면 당시의 일본인의 음성인식에서 무성음적인 것이 무표형이고 유성음적인 것이 유표적이었을까 아니면 그 반대였을까?

무성음/유성음의 구별보다는 경음(硬音)과 연음(軟音)의 구별로 보았을 때도 그것이 무표/유표성에 관련될 수 있다.

이제 연탁의 문제에 돌아가서 연탁에는,

1) 어중무성자음의 유성화의 경우와

2) 복합어 형성 시 후항의 어두의 탁음화 곧 연탁의 경우를 구별하기로 한다.

1)은 어중에 본탁(本濁)의 것이 아닌데도 어중의 V__V 사이에 위치하므로 유성음화를 자연적으로 유발하는 경우다. 현대에서 한국어의 경우가 그것이다.

선행음이 유성음이므로 유성음이 되는 음운동화의 현상(金田一 1932:

154)이다.

어중유성화의 예로 골짜기·협곡을 의미하는 pasama의 경우를 본다면,

婆沙摩 pasama(武烈前紀)
谷〈波佐麻〉宮門 pasama(皇極紀 3年)

(澤瀉외, 1967:575)

와 같이 V＿V 환경에서 s가 실현되고 있다. 이 무성음 sa가 연음과정에서 소이(小異)의 za로 읽었을 가능성이 있다. 다만 음운적인 인식은 없었다고 본다. '長崎版日葡辞書'(1603년. 일본어사서)(土井 外, 1980:217)에 Fazama(현대어 hazama(狹間))로 기록되어 있다. Nara시대에도 어중무성음이 유성음화가 진행되었음에도 별개의 음으로 인지하지 못하고 동음(同音) 중의 소이(小異) 정도로 인식하였다가 나중에 무성/유성의 음운적 구별이 확립되면서 유성음으로 표기되기 시작한 것으로 해석된다.

2)의 경우는,

1. 복합어 형성으로 인한 형태변이의 탁음화인지,
2. 선항의 형태변이로 인한 유성음 유도의 강화에서 오는 것인지,
3. 후항의 유성음이 본래적인 것인지(잠재음운의 재생),

여러 가지로 생각해 볼 여지가 많다.

연탁을 복합어 형성 시의 후항의 유성음화로 본다면 여기에는 유성음화를 야기하지 않는 단어와 야기하는 단어의 갈레가 있다.

Moriyama(森山, 1971:299-300)에서는 1) 선행어가 어떤 것이든 항상 불(不)연탁의 후항어로, kasi(樫), ki(木), kuni(國), siho(潮), sima(島), pi(日), pu(生·原)를 들었고(不連濁形),

2) 선항어가 어떤 것이든 항상 연탁하는 후항어로 kata(潟), kiri(霧), pusuma(衾(夜具)), tohi(問·訪), tutahi(hu)(傳), piki(引)를 들었다.

이 외에 반드시 연탁 표기되는, 3)어떤 특정의 후항어(特定 연탁어)로

yahe賀ki(八重垣), ka具hasi(細), momo豆(百傳)를 들었다.

이 중에 pusuma의 경우를 Omodaka외(澤瀉외, 1967:633)에서 인용해 보면,

> 夫須麻柔 busumaniyu 栲夫須麻 takubusuma(記神代)
> 被(pusuma)〈不須麻〉(日本靈異記 上10話)
> 麻被 asapusuma (萬 892)

어두에 b/p로 나타나고 후항어두에도 b/p로 나타나는 것을 보면 자유변이적임을 나타낸다.

Moriyama(森山)가 예시한 바로 앞의 1)은 pu 生・原을 제외하고 자립성이 강한 것으로 항상 한 단어로 많이 쓰는 것이어서 어두가 자연히 경음으로 실현될 것이다. 2)는 의존적으로 쓰는 것으로 자연히 연음적으로 낼 수 있다. 3)은 결합도가 강해 한 단어와 같이 쓰이는 것이다. 이런 면에서는 어두에서는 경음으로 나타나고 어중에는 연음으로 나타나는데 어중 경음의 경우는 어떤 사연이 있는 것으로 보인다. 예를 들면 katasi '堅'는 kat-asi와 같이 선행어의 외파의 기운을 받는 성격을 지니지 않았나 생각된다.

선항의 형태 변이로 인한 유성음 유도의 강화는 예컨대,

```
ame 雨 - kasa 傘
 |         |
 a         g
```

비음에 접합한 모음의 개구도 게다가 울림도가 커져서 강하게 유성음화를 유도하기 마련이다.

그러나 모음만으로는 미약하다는 것이 -a 다음에 항상 유성화가 되는 것은 아닌 점에서 알 수 있다. 'hiragana'에서 후항이 유성음화되는 것은 a만이 아닌 유음과 결합해있기 때문으로 보인다.

'katakana'에서 후항이 유성음화되지 않는 것은 선행어가 kat-a로 분석

되는 연유를 지닌다면 어중 무성음의 실현과 그 여세로 후항어의 무성화를 실현시키는 것으로 볼 수 있다.

연탁이 일어나지 않는 조건에 전항의 끝음절에 탁음이 존재하는 경우와 후항의 음절 중에 탁음이 존재하는 경우가 있다. 일찍이 Moto'ori(本居, 1798=1968:146)는 후항 중에 탁음이 있으면 그 어두는 연탁이 되지 않는다는 중요한 사실을 지적한 바 있다.

이를 보면 연탁에는 전항, 후항이라는 형태적 조건과 각 항의 음절연쇄의 조건이 따르는 것 같다.

[청음 … 탁음(절)] [청음 …]
[청음 …] [청음 … 탁음절]

3)의 경우로 원래 장애음에 연음적인 것과 경음적인 것이 있고 어두에는 경음이, 어중에는 연음이 실현된다고 보면 후항의 유성(탁음)은 연음적인 데서 온다고 볼 수 있다.

Murayama(村山, 1954:107)는 어두에도 유성~반유성음이 설 수 있었다고 가정하고 어두에서 예외없이 무성자음으로 변한 때에도 후항의 어두에서는 그것이 원래대로 보호되었다고 보고 있다.

어두에 실현된 예로 한국어와 몽골어와 관련된 부분을 예시하면,

일본어	한국어	(만주문어)	몽골어
kufa〈*gupa 美	kop〈*ɢupa 美		go'a〈*guβa〈*gupa 美
kutu〈*gutu 沓	kutu〈*ɢutu 沓	gūlhɑ	gutusun
			ɢu‘t‘ə (할하방언)

한국어와 일본어에서 유성자음을 재구하고 있다. 한국어의 k(〈G), t(〈D), p(〈B), č(〈DZ)가 유성음 다음에 g, d, b, ʒ가 되는 것도 본래형에서 오는 것으로 보고 있다(p. 109).

Miyake(三宅, 1932:141)도 종래의 연탁(連濁)설과는 반대로 연탁에 의한 것이 아닌 본래의 탁음의 실현으로 보아서 가령 원탁설(原濁說)이라고

말할 수 있지 않을까 하였다.

이제 정리해보면,

무성/유성의 음운적 분화가 없다면 V __ V 환경에서의 무성음은 자연히 유성음화되는 게 자연적이다.

이를 경음/연음의 관계에서 보면 연음이 무표적이고 경음이 유표적임을 보여준다.

어두는 경음이기 마련이고 어중은 연음임을 자연적인 것이나 특별한 사정 곧 어중음이 앞 음절의 외파성과 관련이 된다면 무성음으로 실현된다.

복합어 형성이라는 형태적 조건은 연탁에 관한 한, 별개의 음역으로 가르고 전항에 탁음이 있으면 후항을 청음화하고, 이는 후항에 탁음이 있는 경우도 마찬가지로,

[청음·탁음] [청음·탁음]

각각 개별로 동일한 음역을 이룬다.

다만 복합어간이 긴밀성이 있으면 복합어 전체가 한 음역이 되어 특히 비음·유음 등의 향음에 이어지는 모음의 개구도가 크게 교체되면,

[[청음·탁음][탁음·청음]]

의 음 구조가 형성되는 것으로 보인다.

이렇게 하여 어두 그리고 어중의 특별한 사정이 있는 연음은 청음으로, 어중의 연음은 탁음으로 소이적(小異的)이었던 것이 나중에 확대 발전하여 어두/어중 모두 무성/유성의 대립이 있는 언어로 발전했고, 한국어는 어두의 연음은 무성음으로, 어중의 연음은 유성음으로 발전하였고, 경음은 어두/어중에서 유기음으로 발전하여 한·일간의 자음체계의 균열이 있게 되었다.

3.5.7. 특수음소

여기서 말하는 특수음소는 현대어의 음운론적 해석에 입각한 편의적인

것으로 고대에도 현대어에서 보이는 발음(撥音)과 촉음이 존재하였는가에 대한 것이다.

3.5.7.1. 발음(撥音)의 존재 여부

고대일본어에 발음이 존재하였는가에 대하여는 상반된 주장이 있다. 하나는 발음 n(m)의 단독음절은 고대일본어에서는 음운으로서 그리고 음성으로도 존재하지 않았다는 것이다.

Arisaka(有坂, 1934=1969:73-)에 의하면 고대문헌에 보이는 '加牟加是'(神風記中卷), '歌牟鵝可梨'(神懸, 神代紀上)류가 당시 kankaze·kangakari와 같이 발음했는지 그렇지 않으면 문자 그대로 mu(kamukaze, kamugakari)로 읽었는지의 문제가 있다는 것이다.

Nara시대의 언어자료 중에 발음의 존재를 나타내는 재료가 극히 드물고 후세의 발음으로 읽는 음절도 대부분은 Nara시대에는 아직 mi, mu와 같은 명료한 모음을 포함하는 음절이었다고 하였다(p.78).

앞의 '加牟加是'(神風) '加牟賀加理' 등의 '牟'에 상당하는 음절은 옛적은 mu와 같이 명료한 후설모음을 포함한 것으로 생각했다. 이것이 발음으로 바뀐 것은 발음화가 일반적으로 많이 일어난 Heian시대 전반기 이후로 추정하고 있다.

이에 대해 고대일본어에 발음 -n 및 -m이 음성으로서 음운으로서 이미 존재하고 있었다는 주장이 있다.

Kuranka(蔵中, 1975)가 예시한 다음 어휘들의 음성변천과정에서,

1　　　2　　　3　　　4

1) no_2mito 〉 no_2mto 〉 $no_2{}^ndo$ 〉 no_2do (喉) (p.97)
(乃美土; 能美等)

1과 2의 순서는 애매하나 이대로라면 m과 n의 종성이 존재한 것이 된다.

1 2 3 4
2) nusumi-Fito 〉 nusumFito 〉 nusu^{m}bito 〉 nusubito (盜賊) (p.98)

1)과 2)의 3단계가 일치하지 않는 것은 동일기관 동화에서 하나는 설첨음의 경우고 하나는 양순음의 경우다. 여기서도 1과 2의 순서가 애매하나 이대로라면 m종성이 존재한 것이다.

1 2 3 4
3) Fumi-Fito 〉 FumFito 〉 Fu^{m}bito 〉 Fubito 史, 錄史

1 2 3 4 5
4) Fumi-ita 〉 Fumita 〉 Fumda 〉 Fu^{m}da 〉 Fuda (札)
(文板)

여기도 1과 2의 순서가 애매하다.

1 2 3 4
5) Fumi-te 〉 Fumde 〉 Fu^{m}de 〉 Fude (筆)

여기도 1과 2의 순서가 애매하다.

여기서 3), 4), 5)의 예를 보면 전항은 文(mun/bun)과 관계되지 않을까 한다. 그렇다면 이들의 전항은 Fun이었을 가능성이 크다. 3)에서는 후항은 순음계이기에 역행동화되어 Fum- 이 되어서 2에 이어지는 변화가 있었겠지만, 4)와 5)는 -m 종성화를 거치지 않고 후항의 설첨음에 역행동화되어 -n종성으로 나갔을 가능성이 크다.

어떻든 이러한 변화과정을 예상할 때 -m 또는 -n종성이 있었던 것은 확실한 것이 된다. 이러한 종성적인 것은 조음 시에 입술을 여는가 닫는가 그리고 숨을 코로 내보내는가 않는가에 따라 달라지는 것이다. 현대에서 일본 가수들이 연가를 부를 때 -n소리를 -m소리로 내는 경우가 많다. 고대인도 그럴 수 있는 것이다.

그런 면에서 이러한 소리는 발음으로 독립음운적인 것이 아니고 음성적인 것으로 본다. 의미구별의 음운화에 이르지 않는 것으로 본다.

Kuranaka(蔵中, 1975:111)는 −n 및 −m발음은 고대어 중에서 음성으로서만 아니고 음운으로서 존재하였다고 주장하고 있다. 게다가 m, n 발음은 한자음의 수입에 의해 비로소 일본어에 초래한 음운이 아니고 고대 일본어에 이미 음운으로 존재하였다고 하고 있다.

Mabuci(馬渕, 1970a:121)는 [ŋ]의 비음도 있었다고 하고 그 위치는 현대어와 마찬가지로 어중의 ga행음이 비음화하는 것으로 보았다.

그렇게 되면 현대어에서 보는 발음의 이음(異音) m, n, ŋ이 모두 갖추어져 있는 것이 되는데 모두 현대어처럼 1 mora를 이루는 특수음소적인 것은 아니었다고 본다. 앞 예중의 '可牟加是'(神風)의 '牟'가 −m를 나타내는 것이라면 그러한 가능성이 전연 없는 것은 아니지만, '加是'의 어두는 유성음화되었을 것인데 그렇지 않으며(후항에 z음이 내포된 탓일 수도) 또는 발음으로 n이었다면 후항 어두의 k에 역행동화되어 −ŋ이 되었을 수도 있는데 그렇다면 m−어두의 kana를 쓰지 않고 ŋ어두의 kana를 썼을 것이다(그러한 kana가 잘 없는 탓일 수도). 따라서 고대어에서 −m, −n, −ŋ의 실현은 자음접변과정중에 생긴 음성적 교체의 일로 음운으로서 기능하는 것은 아니라고 생각한다.

3.5.7.2. 촉음(促音)의 존재 여부

고대일본어에 촉음이 존재하였는가에 대하여도 상반된 주장이 있다. 하나는 촉음이 발생한 것은 Heian시대이고 그것이 음운체계에 자리잡은 것은 Heian 중기를 지나서라는 것이다. 따라서 Nara시대에는 촉음이 존재하지 않았다는 것인데 이러한 촉음존재부정설의 근거는 음운으로서 존재하려면 그것이 기호화(문자화)되어야 하는데 촉음을 나타내는 독자적인 기호가 없다는 데 있다.

이에 대해 당시의 문자(한자)체계는 일본어의 촉음을 표기하는데 곤란하였고 후일의 촉음체계의 발생에는 당시에 그러한 촉음현상의 조짐이 있었기에 가능하였다는 것이다.

촉음의 제로표기의 예로 지명(일본서기)의 於佐箇 osaka가 osisaka 忍坂의 촉음 무표기형으로 들기도 하는데 이를 음절 자체의 탈락으로 보기도 한다(奥村, 1972:80).

이는 隅田八幡宮鏡銘'(和歌山県橋本市隅田八幡神社, 人物画像鏡의 銘文)에 고유명 意柴沙加(宮) osisaka와 관련지어서 앞서의 於佐箇, 고사기의 意佐加 osaka, 그리고 倭名類聚抄(高山寺本)忍坂於佐賀 등을 $o_2$sisaka 〉 $o_2$ssaka 와 같이 촉음현상이 있었다고 보기도 하고 $o_2$sisaka 〉 $o_2$saka 와 같이 si 탈락으로 보는 것으로 갈린다.

Hamada(濱田, 1946:3)에 의하면 촉음을 n과 mu로 표기한 것이 보인다.

最 montomo　　止 totomante　　涉 watamte

필자 미견(未見)이지만 九條家本 延喜式 祝詞祈年祭에 忍坂オムサカ와 같은 m의 표기가 있다고 한다.

한편 '延喜祝詞式 祈年祭'에 忍坂オムサカ의 경우는 オッサカ의 촉음을 나타내는 일정한 형식이 없어서 대신 'ム'자를 사용한 것으로 보통 보고 있다.

그와 비슷한 예로 景戒의 일본령이기(상권)(827- =1967:86)의 徵 破多牟天 / 利天介止 (ハタリテ)가 있다. 여기의 '徵'은 '징수, 징집' 등의 뜻으로 기본형은 pataru(cf. 한국어 patɐr 受)이다.

일본령이기(하권)에 債 pataru 〈皮多流〉 pataru(p.396)가 보인다. 고사기(神代)에 '徵' patariki도 보이는 점에서 연용형은 patari-(te)가 되는 것은 확실하다. 따라서 앞서의 波多牟大에서의 '牟'는 patatte의 촉음을 나타낸 것으로 보는 것이다.

일본령이기(상권)의 載 支利天(p.112), 중권의 支里天(P.190), 하권의 伐支天(p.320)의 경우도 kirite 〉 *kitte 〉 kite 와 같이 촉음형이 있었다고 볼 수 있는데, 그것이 支天와 같이 촉음 무표기로 되었다고 보는 것이다.

이렇게 본다면 만엽집에 있는 다음 예도 여러 가지 문제를 던져준다.

奈爾毛能母氐加 (何物もてか) (萬 3733)

여기의 '母氐加'에 대해

1) motiteka 〉 motteka 〉 moteka

와 같이 i탈락을 거친 다음 촉음화되고 그것이 무표기된 것.

2) motiteka 〉 moteka

와 같이 ti음절이 탈락한 것으로 보는 것(이 경우는 운율을 맞추기 위해 생략시킨 것으로 볼 수 있다.)의 두 견해가 있다.

이상을 보면 형태소 경계에 생기는 촉음의 변이현상을 음절의 탈락 혹은 무표기 방식으로(kirite 〉 kite) 나타났다가 나중에는 현대어에 가깝게(kirite 〉 kitte) 후행형태의 역행동화로 인한 후행형태소의 말음절의 변이가 있게 된 것을 알 수 있다.

그런데 이 중에서 주목하고 싶은 것은 mu표기의 경우다. 당시에 지식층이 kana를 사용할 경우 갑·을의 구별을 엄수한 것을 보면 음성/음운의 인지가 보통이 아닌데, 촉음을 mu로 표기한다는 데에는 이해가 가지 않는다. 전후의 음성환경이나 삽요음(촉음)으로서 t와 m사이가 상통하는 연유를 알기가 어렵다. 필자는 앞서의 mu표기는 촉음으로서의 mu표기가 아닌 선행형태소의 말음으로서의 −m가 아닌가 생각된다.

촉음화를 일으키는 동사의 형태가 연용형임을 생각할 때 연용형은 명사형과는 같은 것이므로 mu표기는 바로 명사형의 −m을 나타내는 것으로 생각된다.

앞에서는 −m표기로 '徵' 波多牟天에서 波多牟는 patam(cf. 한국어 patɐm 受)과 관련될 수 있지 않을까 한다.

그렇다면 발음의 존재 여부로 논의의 대상이 된 加牟加是(神風)의 牟의 경우도 −m표기의 가능성이 있다(cf. 한국어 kɐm '神, 大'). 그렇게 되면 加牟는 ka−m(u)의 m음절성을 나타내려 한 것이 아닌가 한다. kam 1음절이면 얼마든지 순내비음미(脣內鼻音尾)의 한자를 이용할 수 있었는데도 -m의 1음절성을 나타내기 위해 牟자를 썼을 수도 있다. 곧 ka-m(u)의 m 곧 특수음소적인 것을 나타내려 한 것으로 보인다. 이 경우는 발음의 경우가 되지만 그러한 특수음소화의 조짐이 Nara시대부터 보인 것이 아닌가 한다. 한자음에 관한 한, Nara시대에 -m(脣內鼻音尾), -n(舌內鼻音尾)의 구별이 있었다(亀井孝, 1943:27-). 물론 그것은 몇 가지의 기생모음이 첨기된 형태이다. ŋ(喉內鼻音尾)는 Heian시대 이후 모음화(주로 u)되었다.

현대의 특수음소의 하나로 보기도 하는 장음에 대해서는 Mabuci(馬渕, 1970a:141)에서는 고대에는 아직 발음 n이나 촉음 t와 같은 것은 일반적으로 존재하지 않았지마는 장음은 존재하였다고 하고 있다. 新譯華嚴經音義에 있는 蛟蚋의 주(注) 加安을 제시하고 있다.

Omodaka(澤瀉, 1967:170)에 의하면 最勝王經音義에 蛟加阿가 보인다.

이러한 기록에서 ka의 장음이 존재하였고 그 장음이 1음을 이루고 있었음을 알 수 있다.

3.5.8. 요음(拗音)에 대해서

이미 3세기의 자음체계에서 반자음 w, y를 설정한 바 있고 6세기 후반과 7세기의 자음 체계에도 역시 w, y가 존재한다고 하였다. 8세기의 자음분류에서도 반자음 w, j를 제시하였다. 이들은 50음도의 틀에서 각각 ya행과 wa행의 두자음 구실을 하는 것이다. 이 반자음이 두자음과 모음 사이에 개재하는 경우를 특히 요음이라고 한다.

이러한 요음의 존재 여하에 따라서 고대일본어의 음절구조가 다음과 같이 나누어진다.

일반음절	직음절	(c)V(V)	(c)V(V)
	요음절	(c)sV(sV)	(c)sV(sV)

뒤의 괄호의 것은 앞에서 언급한 대로 모음의 장음이 존재한다면 성립하는 것이다. 앞의 괄호의 것은 그것이 생략되면 단모음절 또는 중모음절이 성립한다. 고대일본어에도 복자음음절(ccV)은 존재하지 않는다.

또한 앞에서 논의한 바 있는 특수음소가 존재한다면,

특수음절	발음절	N
	촉음절	T
	(장음절)	R

와 같은 특수음절이 존재하는 것이 된다. Nara시대에는 음운적으로 하나의 음절을 이루는 특수음절로서의 발음절, 촉음절(그리고 장음절)은 존재하지 않으나 그러한 조짐이 보이는 음성상의 실현은 있었다고 보았다. 따라서 특수음절은 존재하지 않는 것으로 한다. 따라서 고대의 음운적 음절은 직음절(直音節)의 개음절(開音節)이라 할 수 있다. 다만 선행어의 형태소 말에 발음이나 촉음의 음성적 실현은 있었다고 본다.

이제 어중 요음의 문제에 돌아가서 그 존재 여부에 대하여는 상반된 주장이 있다. 통설은 Nara시대의 존재는 부정하고 Heian시대 이후 한자음의 영향 하에 일본어 체계 안에 정착되었다는 것(존재부정설)이고, 이에 대해 존재를 주장하는 이는 고대일본어에 이미 음운적으로 존재하고 있었고 그러한 바탕 위에 한자음의 영향으로 일본어 체계에 정착되었다는 것이다.

대개 부정론의 근거는 Nara시대 문헌에는 안 보이던 것이 Heian시대 문헌에 이르러서야 요음임을 추측하게 하는 자료가 보이기 시작하여 한자어 외에도 일본어에도 나타나게 되었다는 것이다.

사실 한자음의 -p, -t, -k 등의 입성음이 일본에 들어와서도 일본어는 개음절이 중심을 이룬 것과 마찬가지로 한자의 요음도 일본에 들어와서도 직음절의 중심은 지탱되었을 것이라 보는 것이다.

Kuranaka(蔵中, 1975:47)는 고대일본어의 음운조직에는 음운으로서의 요음은 존재하였다고 주장한다.

고대문헌의 실례로 드는 다음 어례들은 간투사 또는 감동사의 성격을 지니는 것이다.

亜亜 引音 志夜古志夜 (고사기가요 9)

여기의 亜亜는 e'e로 읽고 반면 a'a에는 阿阿가 쓰이고 있다. 문제는 志夜古志夜를 어떻게 읽는가인데 Kuranaka(蔵中, 1975:53)는 siya(간투사)ago(吾子)siya(간투사)로 읽고 이는,

siya ago siya → siya go siya의 변화로 모음 a가 축약된 것으로 보고 있는데 이는 Kamei(亀井孝)의 견해라 하고 있다.

여기서 siya는 글자 그대로 siya인가 sya인가의 문제가 있다. 이는 si와 ya의 융합에 의하여 새로 생긴 음절 si+ya → sija → sia → sja 로 변하여 직음체계 외에 새로이 요음의 음운이 생겨서 일본어의 음운체계에 들어간 것으로 보고 있다(p.55).

다음 합요음에 대하여는, Omodaka(澤瀉외, 1967:252)에 의하면 표제어 kuu(蹴)(하2단)에서 그 활용예를 보면,

蹴散〈俱穢簸邏邏箇須(神代紀上)가 보이고 그 토를 kuweparararakasu로 달고 있다.

俱穢에서의 穢는 한국한자음으로 ye이나 고금음표에 의하면 중국 상고음 ĭwat, 중고음 ĭwɐi 이어서 앞의 kuwe의 토 곧 합요음 개재형은 잘못된 것은 아니다.

그것에 입각하면 $ku^{u}e$ − $ku^{w}e$의 경로를 예상할 수 있고, 그렇다면 w합요음이 존재한 것은 틀림이 없는 것으로 보인다.

곧 이 동사의 기본형을 kuu로 본다면 불변부는 ku이나 그 활용형은 미연형 kue, 연용형 kue, 종지형 kuu로 해석되어 w과도음이 실현되는 것은 당연하다.

결국 y, w의 반모음은 어두에 실현되고 어중에서 특정 음성 환경에서 Ci

+ ja 〉 Cja, Cuu-e 〉 Cuwe와 같이 요음으로 실현되는 점에서(그러한 어중 요음의 불실현형과의 대립) 요음은 음운으로서 확립되어 있었다고 본다.

3.5.9. 악센트

Nara시대의 악센트는 거의 불명이다. 김공칠(1983:166)에서는 고사기 상권의 신명(神名) 등 특수한 고유명사에 보이는 上/去와 같은 소자(小字)가 상성과 거성을 나타내려 한 것으로 보아 악센트 표기로 쓰인 것이 아닌가 하고 언급되고 있다. 그 예의 한 가지를 보이면,

豊雲上野神　　妹須比智邇去神

소자 去가 쓰인 것은 여기의 1례 뿐이고 나머지는 上자로 쓰인 것이다. Wada(和田, 1952:50)에는 소자 上자가 쓰인 예가 32례 예시되고 있다(去자는 1례)(그러나 제본(諸本)에 따라서는 上자 대신 止자가 쓰인 것도 많다).

만일 이 上/去의 소자가 성조를 나타내는 것이면 성주(聲注)라는 이름이 있게 된다. 이 외에도 天之常立神 訓常云登許 訓立云多知 에서처럼 常立의 훈독(登許多知)을 나타내는 훈주(訓注)가 있다.

이 외에 예컨대 두 신명(神名) 다음에 此二神名以音 과 같이 독주(讀注)를 달아서 두 신명(만엽kana로 쓴 것)을 음독하라고 지시한 것도 있고, 신세(神世)7대의 신을 해설하기를,

上二柱獨神, 各云一代 次雙十神, 各合二神云一代也 와 같이 앞의 두 주의 독신은 각기 1대가 되고 다음의 짝지은 10신은 각기 2신을 합쳐서 1대를 한다고 풀이한 설명주도 있다.

앞서의 신명에 주기한 上/去의 소자가 과연 성조의 표시인지 분명하지 않아서 이에 대한 부정적인 시각도 있다. Huzi'i(藤井, 1944)는 전적으로 부정하는 것은 아니지만 上/去의 주기가 제본(諸本)에 따라 유무의 다름이 있고 그것도 예외 없이 신명과 인명의 중간에 삽입된 점으로 다른 의도에 의해 후일에 삽입된 것으로 보고 있다(p.26). 성조 표기라면 上/去의 주기

를 모두 해야되는데 그것은 고사기의 체재상 거의 불가능하고 또 그러한 上/去의 기입방법보다 4가지 성점(聲點)으로 표기하는 방법이 있는데 그것을 이용하지 않는 등(p.30)의 불합리한 점을 지적하고 있다.

일단 上/去의 용어가 중국이나 한국에서 쓰이던 성조의 용어인 平, 上, 去, 入과 같다는데 맞추어서 성주로서 생각해보기로 한다.

먼저 중국한자음에서 일본인이 배운 4성은 다음과 같은 것으로 추정되고 있다(金田一, 1974:200).

평성 낮고 평탄한 음조
상성 높고 평탄한 음조
거성 低에서 高에 상승하는 음조
입성 mora 끝에 폐쇄과정만의 k, t, p를 수반하는 소리

이는 한국어에 맞춰보면 상성과 거성이 뒤바뀌고 있다. 성조의 이름으로만 볼 때 한국어 쪽이 맞는 것으로 보인다. 일본어 처지에서는 다음에 보이지만 일본의 옛 학자는 상성은 상승조, 거성은 하강으로 보듯 상반된 각도에 있다.

일본어에는 4성 중의 平, 上, 去의 3성은 있었지만 입성은 없었다(契沖, 1697=1973:333)고 했다. Keicyuu(契沖 1695=1973:277)에서는 평성은 그저 하나의 문자처럼 길게 내는 소리이고, 상성은 짧게 하고 바로 올라가고, 거성은 'namaru' 와 같이 소리로 굴린다라고 되어 있다. 'namaru'가 '訛' 인지 '鈍'의 뜻인지 분명치 않다. 전자면 표준에서 벗어나는 게 되고 후자면 무딘 소리를 굴린다고 보면은 보통은 평성과 상성으로 내는데 유별하게 내는 소리인 듯이 보인다. 그러기에 去자의 예가 1례에 그치고 있는 듯하다.

그런데 Wada(和田, 1952:53)에 의하면 그 소리를 하강조로 보는 이가 많다. Moto'ori(本居, 1798=1968:38)에서도 하강조이다.

필자로서는 한국어의 平, 上, 去에 맞춰볼 수 있지 않을까 한다. Nara시대의 악센트는 평성이 무표적이고 상성이 유표적이기에 상성의 경우만 주

기를 했고 거성은 별로였기에 그 예가 1례만 있는 것으로 생각한다.

Keicyuu(契沖 1697=1973:330)에서도 고사기 상권에서의 신명에서의 上/去의 두 개의 주는 평성은 평상의 일이니 이외의 소리를 잘못 내지 않도록 주를 단 것이다라는 취지의 말을 하고 있다.

Murayama(村山, 1986:113)도 이와 같은 취지의 말을 하고 있다. 곧 上의 표기는 본래 낮게 발음되어 있던 것을 上의 기호를 붙임으로써 上/去 표기의 의도를 성조 표시 외에 특히 上의 기호의 구실로 동음(同音)이면서 성조가 다른 말의 표시 그리고 낮은 성조의 연속의 단조로움의 타파에 두고 있다는 것이다.

그 일부의 예를 보이면,

吹上　fuki(葦)　　名義抄　fuku
　　　(cf. fuki(吹)　　　　fuku)

雲上　kumu(斟)　　　　　kumu
　　　(cf. kumo(雲)　　　　kumo)

Heian 말기의 명의초(名義抄, 유취명의초를 가리킴, 필자)의 악센트와 맞춘 것은 주목되는 일이다. Murayama(村山)는 더 나아가서 악센트의 보수성으로 미루어 11세기 말의 명의초의 악센트가 8세기(고사기)에 소급할 뿐더러 6세기 내지 그 이전의 일본어의 악센트에까지 소급하는 것으로 보았다. 그것은 그 시기의 일본에의 불교 전래(6세기로 보고)와 그 이전의 고대 한국으로부터의 차용어의 악센트와 명의초의 그것과 대체로 일치하는 점을 들었다(pp 118-9).

이러한 의도 외에도 성주(聲注)는 형태적인 것과 의미적인 것과 관련지어지기도 한다.

Isizuka(石塚, 1968:119)는 자면(字面)만으로 뜻을 정확히 전하기 어려운 곳에 정확하게 전하기 위해 성주를 주기한 것이라 하였다. 또한 고사기에서의 上/去의 표기방식은 한역불전(漢譯佛典)의 7세기 고사본에 보이는

다라니(陀羅尼)(범어로 된 〈번역하지 않는〉 경전 속의 긴 문구와 원문(願文), 필자주)의 표기방식을 전거(典據)한 것이라 하였다(p.129).

복합어 사이에서 성조의 변화를 표시하려 한 면도 없지 않다. 그것은 형태의 구획선의 표시가 되고 전항의 관형적 의미나 기능을 정확히 나타내려 한 것이 아닌가도 싶어진다.

여기서 □上 □에서 上은 앞의 □의 상성의 지시인가 뒤의 □의 상성의 지시인가로 갈릴 수 있다.

평성(低調)이 흔히 내는 것이라면 앞의 □을 상성으로 내라고 지시한 것으로 볼 수 있고(cf. 金田一, 1974:213), 두 형태소의 연접 경계의 일이라면 뒤의 □을 상성으로 내라고 지시한 것으로 볼 수도 있다. 형태소 변동은 대개 후항에서 일어나기 때문인데 다만 악센트의 경우 핵의 자리에 따라 다르므로 일률적으로 말하지 못한다. 上/去의 표기가 성주라면 단순한 성조 표시에 그치지 않는 더 중요한 구실이 있었기에 주기한 것으로 보아지는데 곧 그 주기는 악센트 핵의 표시가 아닌가 한다.

宇上 加比賀登母(記中卷) (神名이 아닌 예)는 ●○○○○○는 두고식(上平형), 豊雲上 野神은 중고식(平上형〈平上平〉), 宇比地邇上 神은 尾高式(平上형〈平上平〉), 그리고 上의 주기가 없는 것은 평판식으로 볼 수 있지 않을까 한다. 이는 현재의 동경악센트 형과 비슷하다. Nara 지방은 크게는 Kyooto지방과 함께 크게는 Kinki(近畿)지방에 속하므로 경도식 악센트형과 일맥상통해야 하는데 동경식과 상통한 면이 있는 점이 걸린다. 학자에 따라 Nara지방에도 동경식 악센트가 쓰였던 시기가 있는 것으로 보기도 한다.

어떻든 평성(低調)을 평상의 소리로 본다면 이상의 해석이 가능하다. 이렇게 되면 □上□의 上은 앞의 □의 성조를 지시하는 것으로 풀이된다.

그러나 평성(高調)을 평상의 소리로 본다면 이와 반대로 □上□의 上은 뒤의 □의 성조를 올리는 올림핵으로도 볼 수 있다. 이는 현재의 경도악센트와도 비슷한 면이 있어 Nara시대의 중심지는 크게는 경도(京都)와 같은

Kinki(近畿)지방이므로 이에 준할 수 있다.

어떻게 보든 Nara시대에는 고저의 성조가 있었으며 지방분권시대에 공통어 형성이 제대로 이룰 수 없는 정황에서 여러 지방의 악센트까지 주술러서 그것도 만엽kana를 가지고 성조를 표시하기는 어려웠을 것이다.

다만 신명만은 정확을 기하기 위해 성조를 표기하려고 했을 것이고 그 잔영이 고사기의 신명 기타에 일부 반영된 것으로 보인다.

이러한 성주 上/去의 표기는 고사기의 한자 자체에 당초부터 기록된 것인지 후세에 추가된 것인지 알 수 없으나 신명의 정확성 등의 취지로 보아서는 애초부터 기록되지 않았나 생각되지만, 일부만 남아있는 점으로 미루어서는 나중의 추기의 가능성도 없지 않다. 앞에서 Huzi'i(藤井, 1944:26)에서 다른 의도에 의해서 후일에 삽입된 것으로 보았다는 점을 언급하였다.

필자의 생각으로는 고사기의 원찬자는 성조가 뚜렷하지 않는 지역(예컨대 애매악센트의 제주도)의 출신으로 고사기에 성주를 일일이 달지 않았는데 나중에 성조가 뚜렷한 지역(예컨대 가라 등 경상도)의 학자들이 볼 때 신명 등의 정확도를 기해서, 또 뚜렷하게 인지되는 성조에 대해 가필하였을 수도 있다고 보는 것이다.

끝으로, 上/去의 소자의 표시에 대한 다른 의견을 첨기하면 이를 성조와는 좀 다른 억양으로 보기도 하는데 억양은 문(표현)의 흐름이 있기 마련인데 한정된 어례에만 나타나는 특별한 이유가 알 수 없다.

또 이 上/去의 표기는 음조의 표시가 아닌 관형어 구실을 하는 한자 '之'의 오자라고 하는 주장도 있다. 之자가 之 → 上, 之 → 云 → 去와 같이 잘못된 획으로 바뀌어 上/去로 표기되었다는 것이다.

그렇다고 上/去 소자 부분을 之자로 고쳐서 모두가 자연스럽게 풀이되는 것도 아니고 또 오자라면 한 두어 개에 그쳐야하는데 그렇지도 않으니 문제되는 점이 없지 않다.

3.6. 8세기 이후의 일본어음운

앞에서 일본어 음운사 연구에서 체계적 연구의 효시가 되고 또 많은 성과를 거둔 8세기의 음운의 중요한 부분을 다루어 보았다. 이번에는 그것을 이어받는 중고·중세·근세에 이르는 일본어 음운에 대해서 약술하기로 한다. 자세한 것은 김공칠(1983:163-)을 참조바란다. 그 부분 이외에 새로이 언급될 사항을 추가하였다.

3.6.1. 중고의 일본어의 음운

중고일본어는 Heian시대 곧 8세기 말에서 11세기 말에 이르는 시대의 일본어를 말한다.

3.6.1.1. 자음

마지막으로 ko의 갑·을이 없어진 다음에 갖추어진 음절체계는 다음과 같은 것이었다.

a	i	u	e(衣)	o	
ka	ki	ku	ke	ko	
ga	gi	gu	ge	go	
sa	si	si	se	so	
za	zi	zu	ze	zo	
ta	ti	tu	te	to	
da	di	du	de	do	
na	ni	nu	ne	no	
pa	pi	pu	pe	po	
(fa	fi	fu	fe	fo)	(후술하는 在唐記의 기술의 해석 여하에 의함)
ba	bi	bu	be	bo	
ma	mi	mu	me	mo	
ya		yu	ye(延, 江)	yo	
ra	ri	ru	re	ro	
wa	wi		we	wo	

a행을 제외한 나머지 각 행의 두자음이 곧 당시의 자음목록이 된다. ga행 두자음에 대하여 하나의 범어자료인 재당기(在唐記)(円仁 〈794-864년〉의 재당(在唐)중의 필록)에,

ga 本鄕我字音, nga 鼻音之我字音呼之

의 기술이 있어 음운적으로는 /g/가, 음성적으로는 [g]와 [ŋ]으로 나타난 것을 알 수 있다.

sa행 두자음에 대하여는 만엽kana에 '佐'자와 '沙'자가 쓰였는데 재당기에

ca 以本鄕佐字音勢呼之(梵字 ca는 [tʃa], 일본어 佐)

śa 以本鄕沙字音呼之
ṣa 以大唐沙字勢呼之
sa 以大唐娑音勢呼之

의 기록이 있다. 재당기는 천태종(天台宗)의 승 円仁이 견당사(遣唐使)를 따라 당나라에 가서 범어의 음을 배워 그 범어의 문자의 음가를 기록한 것인데 그 중의 한 예시이다. 여기서 本鄕音과 大唐音으로 구별되고 있는데 전자는 일본음이고 후자는 중국음이다. 그리고 ṣ는 권설음, s는 보통의 마찰음인데 이들은 일본음이 아닌 중국음으로 나타낸 점으로 미루어 당시의 일본어에는 그런 음이 쓰이지 않고 구개음화의 ś[ʃ]의 음이 쓰인 것으로 미룰 수 있다.

그런데 문제는 과연 '佐'로 나타내는 tʃ음과 '沙'로 나타내는 ʃ음 두 가지가 사용되고 있었느냐는 것이다. 이에 대해 1) 두 가지가 있었는데 나중에 하나로 합류되었다, 2) 원래부터 sa행 두자음은 한 가지인데 [tʃ], [ts], [ʃ] 중의 하나였고, 나머지는 이음으로 보는 것, 3) 이 두 가지는 통시적으로 tʃ 〉 ʃ 〉 s로 변화한 것인데 그것이 섞여있었다고 보는 것이 있다.

Heian 말기에는 sa행 두자음은 [ʃ]였던 것으로 추정하고 있다(馬渕, 1971:69).

pa행 두자음은 고대일본어에서는 p(양순파열음) 또는 ɸ(양순마찰음)로 추정되었고, Heian시대는 ɸ였다고 보기도 한다.

ya행에서 앞의 음절표에서는 a행의 e단과 ya행의 ye로 구별되고 있는데 '阿米都千詞'에서도 구별하고 있다(e=衣, ye=江). 그러나 10세기 말의 iroha가에서는 같은 음이 되었다.

ra행의 두자음에 대해서는 재당기의

la 以本鄕羅字音呼之

의 기술에서 羅=la가 성립한다. Kumamoto방언에서는 la, le, lo의 두음으로 실현되는 점을 미루어 일본어같은 개음절어에서의 l의 실현은 주목된다. 폐음절어인 한국어에서는 종성이나 어중의 자음접변 시에서만 실현된다. 일본어나 한국어에서도 어두, 어중에서의 r/l의 대립의 시기가 있지 않았나 생각된다.

재당기에 pa 脣音, 以本鄕波字音呼之, 下字亦然, <u>皆加脣音</u>
pha 波, 斷氣呼之 (여기서의 斷氣는 有氣, 帶氣의 의미)

여기서 Hasimoto(亀井, 1960:127에서 인용)는 皆加脣音이라는 한 구를 보탠 것은 일본의 波字의 음이 pa가 아니고 fa였기 때문이라고 하고 있다. 따라서 Heian시대의 pa행은 양순폐쇄가 아니고 양순마찰음으로 보고 있는 것이다. 이에 대해 Kamei(亀井)는 양순폐쇄음 p로 보고 있다(1960:131).

Mabuci(馬渕, 1961:30)는 Hasimoto의 설을 지지하고 있다. 앞의 재당기의 기록의 해석에서 위에서 밑줄 친 부분은 Hasimoto와 같이 앞의 기술 전체에 관한 기술로 보고 있는데, Kamei(亀井)는 바로 앞의 下字亦然에만 관련된다고 보는 차이가 있다.

Hasimoto(橋本)는 本鄕波字音은 F(경순음)였기에 이에 중순음인 p음으로 발음시키기 위해 모두 순음을 가(加)한다는 일구(1句)를 주기한 것으로 보았다(1950:38).

이에 대해 Moriyama(森山, 1960:24-5)는 모두(冒頭)의 순음은 그 성(聲)의 표지이고 말미에 부가된 가순음(加脣音)은 모두의 표지에 배열된 pha, ba, bba, ma의 네 개는 표지에 호응하여 모두 순음의 범주에 들어간다는 의미의 주기로 보고 있다. 그래서 本鄕波字音(일본음 波)은 F가 아닌 p로 보고 있다.

해석에 따라 어떤 차이가 있는가 하면 波음이 F였기에 순음성을 가했다고 주기한 것으로 보게 되든지, 아니면 pa였기에 그 다음에 나오는 음절(pa, pi …) 또는 다음에 이어지는 pha, ba …도 순음성을 가한다고 보는 차이다.

3.6.1.2. 모음

이 시대에 와서 i, e, o의 갑·을의 구별이 없어져서 현대어와 같은 a, i, u, e, o의 5모음체계로 단순해졌다. 물론 음가면에서 다른 면은 없지 않다.

ka(그리고 ga)행의 o단의 ko(그리고 go)의 갑·을의 구별만은 Heian 시대에 들어와도 9세기 전반까지 구분되었었다.

a행의 e(衣)와 ya행의 ye(延)는 '阿米都千詞'의 가사에는 구별되어 있으나 10세기 말의 iroha(伊呂波)가사에는 구별이 없어지고 있다. ye로 통합되었다.

935년의 '土佐日記'에서는 /e/와 /ye/의 구별이 보이지만 당시에 그러한 구별이 있었다기보다 역사적인 표기법으로 남겨진 것으로 보고 있다.

그리고 a행의 o와 wa행의 wo의 구별도 앞의 음절표에는 되어 있으나 없어지고 wo로 통합되었다. iroha가사의 47자 가운데 乎(wo)와 於(o)가 구별되어 있으므로 11세기까지 구별되어 있었던 것 같다. 그것들이 o로 통합되었는지 wo로 통합되었는지 논의가 있으나 필자는 o(ɤ)쪽으로 통합된 것으로 보고 있다. 재당기(在唐記)에 o 短於 於字以本鄕音呼之로 되어있는데 '於'자는 한국한자음으로 [어]이다. 여기서의 '短'은 단모음임을 가리킨다. 범어에는 장모음과 단모음이 있기에 일본어는 단모음임을 명시하기 위함이다. o와 wo의 혼돈에는 후설모음의 추이과정 ɔ 〉 ɤ 〉 o 에서 원순성의 반영 때문으로 본다. 그렇다면 a행(모음목록)은 a, i, u, ye, o(/wo)로서 e단(보기에 따라 o단도)은 반모음이 선행하는 형식이다. 이 체계는 중세에도 이어진다.

3.6.1.3. 특수음소

Heian시대에 와서 단독으로 한 mora를 이루는 특수음소의 발음(撥音), 촉음, 장음의 발생이라는 새로운 현상이 생긴다.

발음은 한자음에서 幹 kan(舌內韻尾) 錦 kim(脣內韻尾) 丁 tei 象 sau (喉內韻尾) 등이 있다.

이 후내운미는 주모음이 e이면 i로 발음하고, 핵모음이 a, o, u이면 u로 발음되고 있다.

촉음도 한자음에서 律 riti 達 tatu(이상 舌內入声)와 같이 오음계에서 ti, tu의 두 형이 보인다. 한음계는 모두 tu로 보인다. 고유어에서는 nottori (規リ)와 같은 것이 있다.

동일모음의 장모음화에서 오는 장음에 대해서는 杼(hi 베틀의 북 = 比伊(新撰字鏡))가 보인다.

3.6.1.4. 음편(音便)

9세기의 Heian시대는 음편이 일반화한 때이다. 그 때까지 모음만의 음절은 어두에만 나타나고 어중, 어말에 나타나지 않았는데 음편에 의하여 자음이 탈락하여 어중에 모음 음절이 생기게 된다. 또한 모음의 탈락으로 자음만의 음절(촉음, 발음)도 생기게 된다. 이는 일본어 음절조직의 큰 변혁이다.

i음편(tugite 序 → tuite), u음편(otofito → otouto),
발음편(sinite → sinde), m발음편(nomite → nomute(→ nonde)),
촉음편(motite 持 → motte)

이러한 음편으로 고대에 그렇게 없던 어중, 어말에서의 모음연속(모음충돌(hiatus))이 있게 된다. 이러한 모음연속을 피하기 위해 한 쪽의 모음의 탈락, 또는 두 모음의 축약, 혹은 모음 사이의 자음개입(hiatus 회피)이 있게 된다.

3.6.1.5. pa행 전호음(轉呼音)

pa행음의 어두에서는 p-(〉f)로, 어중과 어말에서는 w-(wa, wi(〉i), wu(〉u), we(〉u), wo(〉o))로 변하는데 이를 pa행전호음이라고 한다.

kapi 貝 → kai　　　sipo 鹽 → sio
kapo 顔 → kawo → kao
kapa-para 河原 kawa-para → kawa-wara(→ kawara)

이러한 변화를 모든 어휘에 일시에 일어난 것이 아니고, Heian 후기에 모두 완료된 것은 아니다.

3.6.1.6. 한자음의 일본어에의 침투

한자음은 처음에는 일본어로 의식하지 않고 외국어로 받아들였지만 일본어에서의 한자음의 비중이 커짐으로 해서 한자음이 일본어화되어갔다.

개요음(開拗音)인 경우는 처음은 연모음(連母音)으로 발음하다가(釋志阿久) 요음화되었다(命 みや). 개요음화해도 과연 1음절(mja)로 읽었는지 2음절(mi-ja)로 읽었는지 확실하지 않으나, 요음화의 조짐이 Nara시대부터 있었다고 보면 1음절로 읽었을 가능성이 크다. 현대어에서 요음을 소자로 쓰는데 대자로 쓴 차이 뿐일 수 있다.

다음의 합요음(合拗音)의 경우도 마찬가지다. 한자의 동음(同音)에 의한 표기도 있고(郭 果ク), 11세기경부터 katakana로 나타난다.

鬼 クヰ, 會クワイ와 같은 예에서 전자는 2 mora, 후자는 3 mora로 발음한 것으로 보기도 하나, 합요음은 Nara시대부터 그러한 발음의 조짐이 있었다

면 모두 2 mora로 읽었을 것이다(クヰ는 kw-i와 같이 1 mora로 읽기 곤란).

Heian시대의 한자음의 운미의 표기는 다음과 같이 여러 가지다.

-m(순내 비음미) 무표기(侵 シ), mu 표기(感 カム), u 표기(林檎利宇古宇)

-n(설내 비음미) 무표기(漢 カ), ni 표기(韓 カニ), i 표기(限 ケイ), u 표기(冠 カウ)

-ŋ(후내 비음미) 무표기(夢 ム), u 표기(盲 マウ), I 표기(刑 ケイ), m 표기(唐 タム)

3.6.1.7. 악센트

Heian 말기의 악센트 자료(観智院本類聚名義抄(이하 名義抄로))에 있는 왜훈(倭訓)의 성점(聲点)에 의한 당시 2음절어의 악센트의 5유형이 김공칠(1983:188)에 소개되고 있다.

그 악센트는 경도지방의 것이므로 현재의 경도악센트(京阪式)와 비슷한 점이 있다.

제1류는 上上형($\overline{\text{hana}}$ 鼻)이며 현대의 /○○/($\overline{\text{hana}}$(ga))로 고기식(高起式) 평판형이다. 고기식에는 어두에 「표기하기도 한다(/ 「○○/)).

제2류는 上平형($\overline{\text{ha}}$si 橋)이며 현대의 /○┐○/(/「○┐○/($\overline{\text{ha}}$si(橋)ga))로 고기식 하강형(두고형과 같은 것)과 같다.

제3류는 平平형(hana 花)이며 원래의 /○○/에서 현대는 /○┐○/(/「○┐○/)($\overline{\text{ha}}$na(花)ga)로 2류와 합쳐졌다.

제4류는 平上(上)형(ha$\overline{\text{si}}$ 箸)이며 현대의 /┐○○/(/⌞○○/)이다($\overline{\text{hasi(箸)ga}}$).

제5류는 平上(平)형(haru 春)이며 현대의 /┐○○┐/(/⌞○○┐/)(ha$\overline{\text{ru}}$(春)ga)이다.

제4류와 5류는 저기식(저기식에 ⌞ 표시하기도 한다.)이나 4류는 상승조로 동경식 평판식과 비슷한 것이고, 5류는 4류와 달리 내림막이 있어서 동경식의 미고형과 비슷한 것이다.

명의초(名義抄)의 일본어 단어의 악센트(聲點) 찾기는 50음순으로 된 Mocizuki(望月, 1974)를 이용하면 매우 편리하다.

Murayama(村山, 1986:115)는 고사기의 악센트와 명의초의 악센트가 일치하는 약 22례를 보여주었고 이러한 일치는 11세기말의 경도악센트는 8세기 전반까지 소급되는 것으로 보았다(p.117). 심지어는 6세기 또는 그 이전의 일본어 악센트하고 대체로 일치할 것 같다고 하였다(p.118).

그만큼 명의초의 악센트 자료는 중요하다는 것을 보여주며 악센트는 매우 보수성을 지닌다는 것을 말해준다.

명의초 외에도 Heian말기의 악센트 자료로서 岩崎本 일본서기(卷22 推古紀, 卷24 皇極紀의 2권)가 있다. 이들은 일본서기 훈점본(訓點本) 중에서 가장 오랜 것이어서 그것의 가요 그리고 훈주(訓注)에 달아 있는 성점이 중요시되고 있다(高山, 1981:46).

Takayama(高山)는 다음과 같은 중요한 사실을 지적하고 있다. 원음(原音)〈중국중고음〉 성조와 일본어의 성점이 비슷하게 나간다는 것과 원음 성조가 평성 음(音)kana로 표기된 음절은 동일어의 Heian말기의 일본어의 악센트의 低조의 경향이고, 非평성의 음kana로 표기된 음절은 高조의 경향이라는 것이다(pp.49-50, 65). 여기서 Takayama는 皇極紀 음kana표기는 음kana의 원음 성조를 기준으로 사용되었고 기록 당시의 일본어의 악센트를 반영하고 있는 가능성이 있다고 하였다. 한편 악센트의 보수성을 감안하면 명의초의 악센트는 한일어의 비교연구에도 도움이 된다. Murayama(村山, 1986:119-123)는 중세한국어의 악센트와 명의초의 악센트의 대비 더 나아가서는 중세한국어와 일본어의 악센트의 대비를 보여주었다.

필자는 김공칠(2006:147-)에서는 중세한국어에 보이는 어두 자음군어(子音群語)에 대응하는 일본어를 예시하면서 한국어의 어두자음군의 형성은, 한일공통의 cVcVcV에서 한국어 쪽의 ccVcV와 같이 제1음절의 모음의 탈락에 의한 것이며 탈락의 주 원인으로는 한국어 첫 음절의 모음이 애매모음적인 성격을 띠었고 또한 그 모음이 저조의 악센트였기 때문으로 보았다.

그 한 예로,

Kor. ᄡᆞ^{3}다^{3} '싸다 包' : Jap. pa^{1}sa^{1}mu^{2} 挾 (名義抄)

의 경우 의미상으로는 유의관계이고 음운상으로,

p(ɐ)	sa	ta
pa	sa	mu

여기서 제3절은 부가요소이다. 일본어의 제1음절이 평성인 점에서 한국어도 평성이고 모음도 애매모음화한 것으로 보면 한국어 쪽에서 그 모음의 탈락으로 어두자음군이 형성된 것으로 볼 수 있다.

이렇게 명의초의 악센트는 비교연구의 중요한 몫을 담당하고 있다.

3.6.2. 중세일본어의 음운

3.6.2.1. 자음

중세와 근세의 경계 연한에 간행된, 포르투갈인으로 일본 예수회(耶蘇會)에 속한 통사(通事)인 Rodriguez(1604=1955)의 일본대문전(日本大文典)(이하 大文典)에 기술된 50음도 체제의 자음기술을 참조하면(p.631–2),

kɑ행	ca	qui	qu	que	co	quiŏ	quiŭ	queô
	ga	gui	gu	gue	go			
sa행	sa	xi	su	xe	so	xa	xu	xo
	za	ĭi	zu	ĭe	zo	ĭa	ĭu	ĭo
ta행	ta	chi	tsu	te	to	cha	chu	cho
	da	gi	dzu	de	do	gia	giu	gio
na행	na	ni	nu	ne	no	nha	nhu	nho(nh=[ɲ])
ha행	fa	fi	fu	fe	fo	fiŏ	fiŭ	feŏ
	ba	bi	bu	be	bo	biŏ	biŭ	beô

	pa	pi	pu	pe	po	piŏ	piŭ	peô
ma행	ma	mi	mu	me	mo	miŏ	miŭ	meô
ya행	ya	ʏ	yu	ye	yo			
ra행	ra	ri	ru	re	ro	riŏ	riŭ	reô
wa행	va	ĭ	v	ye	vo			

(原典에 자음은 대문자로 기록된 것을 소문자로 바꿔 씀, 필자)

여기서 ka행은 ka, ki, ku, ke, ko에 상당하고 sa행의 x는 [ʃi], ī는 [ʒ], ta행의 ch는 [tʃ], gi는 [ʤ], na행의 nh는 [ɲ], ya행 그리고 wa행의 ʏ는 i, wa행의 v는 w에 상당한다.

현대의 일본어의 mora체제와 비교하면 요음에서는 mya행과 rya행이 안 보이지만 다른 요음절의 존재로 보아 존재했었다고 본다. 다만 그 예를 예시하지 않은 것으로 본다.

위를 보면 sa행은 sa ʃi su ʃe so 인데 단 관동지방에서는 ʃe는 se였다고 한다. 이 기술은 음성적인 것에 치중한 것으로 음운적으로는 중고(그리고 현대)와 다름이 없는 것으로 보인다(다른 행의 기술도).

ta행은 ta tʃi tsu te to 인데 ta ti tu te to도 있었다고 하는데 이는 자료가 Muromaci시대의 중기 이전과 이후의 시대상의 차이로 보고 있다.

da행도 da dʒi dzu de do 인데 ta행과 병행해서 da di du de do 도 있었다고 한다.

소위 yocugana(四つ假名) じ(zi(īi)) ず(zu) ぢ(di〉gi) づ(du〉dzu))의 구별은 ʒi/dʒi, zu/dzu와 같은 음으로 접근하여 혼동을 유발하게 된다.

그 혼동은 중세 말기부터 보이기 시작하여 Edo시대의 18세기에는 상당히 혼동하게 되고 현대의 동경공통어는 [ʒi]와 [zu]의 구별만 남게 되었다(二つ假名). Hokuriku(北陸), Izumo(出雲)지방에서는 이 구별도 없어지고 하나의 발음으로 통합되었다(一つ假名).

pa행은 ɸ(f)를 유지하고 완전히 h로 옮기지 않는 듯하다.

ya행은 중고와 마찬가지로 ye를 유지하고 있지만 없어진 것으로 보기도 한다.

wa행은 wi〉i, we〉e(je로 추정), o(wo)단은 a행의 o단(vo)과 같은 음형(e단도)인데 서로 원순성을 띠어서 그런 것이 아닌가 싶다.

3.6.2.2. 모음

a, i, u, e[je], o의 5모음 체계를 지탱하고 있다.

대문전(大文典)에는 a행(wa행과 대비해서)은,

a행 a i v ye vo
(wa행 va i v ye vo)

로 되어 있어서 wa행 하고는 wa를 제외하고는 동일하게 되어있다(p.631). 대문전의 표시는 다분히 음성적인 것이다.

e의 음가는 Heian시대도 그랬듯이 [je]이며 o의 음가는 후설모음의 추이에 의해 조정되는 음으로 ɔ / ɤ / o 사이의 유동성을 지닌 것으로 보인다. 한국자료에 o 그리고 그리스쳔 자료에 wo로 되어 있어 지금의 [ɤ]와 다른 원순성을 띤 음이었을 수도 있다. 그래서 wa행의 wo음과 접근하여 그것으로 표시한 것일 수 있다.

장모음이 u와 o에 나타난다. u단에서 장음이 되는 것은 어중 h〉ø 현상으로 연(連)모음으로 나타나고 그것이 장음화한 데서 온다.

yuhube 〉 yuube 〉 yu:be ‘夕’
suhu 〉 suu 〉 su : ‘吸’

o단에서 장음이 되는 것은 앞의 기제와 비슷하다. 연모음이 au면 개음(開音)(ɔ:)으로, ou면 합음(合音)(o:)으로 갈라진다.

kahu 〉 kau 〉 kɔ: ‘買’
mohu 〉 mou 〉 mo: ‘思’

3.6.2.3. 몇 가지의 음운현상

1. 요음의 성립을 들 수 있다. 그러나 개요음과 연모음(連母音)의 병존의 흔적(감동사 しゃ가 xia, xiya의 두 가지로)이 있고 Muromaci 말기에는 요음 중 syu, zyu가 직음화되어 si[ʃi], [ʒi]로 발음하는 경향도 보인다.

2. 어중의 /h/ (〈ɸ〈p)는 Muromaci 시대의 Syomono(抄物)를 보게 되면,

顔 kaho kawo kao
방향격 조사 秦he 中we 北地e

와 같이 h/w/ø도 나타나고 있다.

3. 四つ假名 yocugana

da행의 ヂ[di/dʒi], ヅ[du/dzu]와 za행의 ジ[zi], ズ[zu]의 네 가지가 엄연히 구별되었다.

ふじ(富士), ふぢ(藤), みず(不見), みづ(水)

지금 동경어에서는 zi, zu의 구별만(二つ假名)이 있고 방언에 따라 하나로(一つ假名), 또는 네 가지가 모두 구별되는(四つ假名) 곳이 있다.

4. 한자음에서 ŋ운미의 u화로 모음이 연속이 생기고 그것이 장모음화하게 되는데 일본어의 경우도 마찬가지다.

1) 한자음 當・唐 tau〉tɔː
일본어 買 kafu〉kau〉kɔː
2) 한자음 動 dou〉doː
일본어 思 mofu〉mou〉moː

1)은 개음(開音)의 경우고, 2)는 합음(合音)의 경우이다.

방언에 따라 지금도 이러한 구별을 지니는 곳이 있다. Niigata(新潟)방언은 ɔː/oː로, Hyoogo(兵庫)방언은 aː/oː로, Kyuusyuu방언은 oː/uː로 구별된다.

5. Heian 말기부터 Muromaci시대 말기까지 보이는 음성현상에 연성(連声)이 있다.

한국어의 연음(連音)(因-緣 in-yən → inyən)과 다른 점은 연성(連聲)상의 첨음(添音)이 있는· 점이다.

in-en 因緣 → in - n - en → innen
(添音)
san(/m)-i 三位 → sam(u) - m - mi → sammi
(添音)

Edo 초기에는 이러한 현상이 고정된 것을 제하고는 소멸하고 있다.

6. Muromaci 시대에 연탁(連濁)이 대단히 성했던 것 같다.

조사 to, tomo, te → do, domo, de

한자음에서는 수의적으로 나타나는 경우가 있다.

震旦 sindan 王道 wautau[wɔːtɔː]

앞 예처럼 탁음의 경우 반드시 탁점을 찍는 경우와 그 다음 예처럼 탁음이 되는 환경인데도 안 되고 있는 경우가 있다.

3.6.2.4. 악센트

원정(院政)기(1086-1167년) 성립의 명의초(RM)가 Heian 말기의 악센트를 반영하듯 '淨辯本拾遺集'은 중세의 악센트를 반영한다. Cukisima(築島, 1951:110)에 의하면 '拾遺集'은 1333년의 '淨辯'(~1365년)의 화압(花押)이 있어 거기에 실려 있는 악센트는 중세 중기의 것의 반영으로 볼 수 있다고 한다. 그렇다면 중세의 경도방언의 악센트자료로 다루어질 수 있다.

RM과 拾遺集을 2음절어를 예로 해서 대비하면,

	중고 RM	중세 拾遺集
제1류	上上형 ame(飴), usi(牛)	上上형 usi(牛), kuni(國)
제2류	上平형 aza(痣), isi(石)	上平형 isi(石), kata(方)
제3류	平平형 asi(足), ami(網)	平平형 kusa(草), sima(島)
제4류	平上형 ato(跡), aha(粟) (+조사의 경우 平上上)	平上형 hasi(箸), uri(瓜)
제5류	平上형 aki(秋), ase(汗) (+조사의 경우 平上平)	

제3류에서 양자가 같으나 Edo 초기(1687년)의 '補忘記'에서는 上平으로 바뀌어 2류와 같아진다(나머지는 '拾遺集'과 같다.). 이렇게 악센트형의 단순화를 거쳐 오늘의 경도방언의 악센트의 4류와 같아진다.

참고로 RM과 拾遺集에서의 세부적인 차이점을 지적한다면, RM에 성점 표시가 없는 것이 拾遺集에 표시된 것이 있고, 일부 성조가 바뀐 어례도 있다(○平 → 上上, 平上 → 上平 〈○은 성점표시 없는 것〉).

3.6.3. 근세일본어의 음운

17세기 초부터 19세기 중엽까지의 Edo(현재의 동경)시대의 일본어이다.

3.6.3.1. 자음

전대(前代)에 비해서 ga행에 있어서의 initial glide의 비음도 어중, 어미를 제하고는 사라졌다. za 그리고 da행에 있어서의 initial glide의 비음도 사라진다. sa와 za행의 e단의 ʃe, ʒe가 오늘날과 같은 se, ze로 전대(前代)말부터 바뀌었다. 그러나 관서(關西)지방은 Edo 중기와 말기에 변했고, 규우슈우의 지방에서는 아직 ʃe, ʒe로 남아있다고 한다.

ta, da행의 i단(dʒi), u단(dzu)의 마찰음화(폐쇄자음 d탈락)로 za행의 ʒi, zu와 같게 된다. 이러한 혼동현상은 관동지방이 관서(關西)지방보다 빨랐다.

pa행은 u단(ɸu)만 제외하고는 [ɸ]에서 [h]로 변하였다. 다만 지방에서는 Collado(1632=1957:3-4)에 의하면 지방에 따라 라틴어에 있어서와 같은 f로, 혹은 마치 불완전한 h와 같이 발음되었다고 한다. 그러나 f와 h의 중간음으로 입과 입술은 완전히는 닫히지 않고 얼마큼 겹친 채 닫힌다고 하였다.

Keicyuu(契沖 1695=1973:117)도 ha(<pa)와 ma는 같은 순음이면서 ha는 순내(脣內)에서 가볍고 ma는 순외(脣外)에서 무겁다 하였다. 경순(輕脣)과 중순(重脣)의 차이를 나타낸 듯 하다. Keicyuu(契沖)는 관서(關西) 지방 그 곳도 오오사카(大阪) 부근에 거주하였기에 관서지방에서는 ha행의 폐쇄음성이 남아 있었던 것 같다. 이렇게 보면 Edo(동경)공통어 체계는 현대의 체계와 거의 같은 체계였다는 것을 알 수 있다.

3.6.3.2. 모음

a, i, u, e, o 5모음체계는 현대와 같다. e와 o는 18세기 중엽 곧 Muromaci 말기에 [jē]>e, [wo]>o와 같이 바뀌었다.

Moto'ori(本居, 1776=1970:331, 334)에서는 a행의 o단은 wo가 아닌 o임을 분명히 하고 있다. 중고시대에 언급한 円仁의 '在唐記'에도 '於'자도 o를 나타낸 것을 보아도 분명하다고 하였다.

모음의 무성화도 근세 후반부터 보이기 시작한다. Collado(1632=1957:4)에서는 i 또는 v(u)로 끝나는(협모음, 필자주) 말에서 최후의 '이' 모음은 초학자에게는 거의 청취하지 못한다고 하였는데, 그 예어를 보면,

gozàru → gozàr
fitòtçu(l) → fitotç
àxino fara(芦原) → àxno fàra

이를 어말자음의 탈락으로 볼 것인지 문제는 있겠으나 일본의 음절의 기본구조로 볼 때는 자음 다음에 모음이 따르기 마련인데, 여기서 빠져 있는

것은 탈락이라기보다 모음이 제 구실을 못하여 곧 무성화하여 그렇게 들린 것으로 해석되는 것이다. 무성화를 거쳐 탈락에 이를 수도 있다.

Miyazima(宮島, 1961:45-46)는 어중에서의 무성화의 예로 여러 로마자 자료를 소개하고 있는데 그 중에서 1690-1692년에 일본에 있던 Kaempfel의 日本誌(그 안의 일본여행기)에서 Kaempfel은 예컨대 'シ'의 음을 전사하는데 si, ssi, s 등의 철자를 쓰고 있는데 우리가 si를 무표, s를 유표로 보면 후자가 무성자음의 앞과 어미에 비교적 많이 나타나는 경향을 보인다(이것은 발음 그대로의 경향이 반영된 것으로 보고 있다.). 그리고 후속음절의 모음이 광(廣)모음이면 i, u는 떨어지고 협모음이면 남는다는 경향을 보여주고 있다. 이는 현대의 동북지방이나 규우슈우 지방의 무성화도 이러한 유형이다.

3.6.3.3. 여러가지 음운현상

1. 요음의 직음화 18세기 말에서 19세기 초에 이르러 뚜렷해진다.

1) 합요음 kwa, gwa의 ka, ga 직음화 kwazi〉kazi '火事'
2) ʃu 요음의 si 직음화 teisyu 亭主〉teisi sinzyuku〉sinziku(新宿)
후기 Edo어의 두드러진 특징이다.

이러한 일이 관동지방이 더 두드러진 것을 보면 그저 음운의 단순화에서 왔다기보다 뿌리 깊은 관동지방의 기층(요음회피)에서 오지 않았나 생각되기도 한다.

2. 연모음의 장음화

1) a단의 장음화 전대에서 보이기 시작하지만 Edo 후기에 일반화된다.

おいらは 〉 おいらア(aha 〉 a:) (浮世風呂)
良くは(あるまい) 〉 よかア(あるまい) (uha 〉 (wa) 〉 a:) (浮世風呂)

2) i단의 장음화　격조사 ni에 이어질 때

內(うち)に 〉 うちィ(ici〉i:) (浮世風呂)

3) e단의 장음화　Edo후기부터 일반화되었다.

ei 〉 e:　威勢(いせい) 〉 いせへ
ai 〉 e:　まちがひ(間違) 〉 まちげへ
ae 〉 e:　お前 〉 おめへ
oi 〉 e:　太い 〉 ふてへ

4) o단의 장음화

전대(前代)말까지 있었고 개음(ɔ:)의 경우와 합음[o:]의 경우의 구별이 합음 쪽으로 혼란되는 추세였다가 Edo 초기에 그 구별이 없어졌다.

道具　だうぐ 〉 どうぐ

5. 촉음화, 발음(撥音)화

이는 활용어의 음편(音便)현상에서 많이 보이는 것이다. 다만 4단 동사(연용형)의 sa행에 음편형이 없는 것은 현대와 같다.

1) 촉음편　1) ha행의 연용형, 종지형에서 思って, 思った
　　2) 복합동사의 2항 사이　吹き掛ける → ぶっかける
　　3) 명사+조사/조동사의 경우　事た → こった, 事で → こって
　　どこから → どっから

2) 발음편　1) ha, ma 행에서　ころんで(轉), のんで(飲)
　　2) 동사/조동사의 ra행 어미가 na행, ma행음 앞에서
　　お上りなさい → おあがんなさい
　　云ひなさるな → いひなさんな

3) 명사+조사/조동사의 경우

物だ → もんだ, 物で → もんで, 物が → もんか

何の → なんの, 何と → なんと, 何で → なんで

다만 촉음편 1)이나 발음편 1)의 경우는 관서지방에서는 전기(前期)대로 u음편이다.

3.6.3.4. 악센트

Edo 시대의 악센트는 전대(前代)와 크게 달라진 것은 없다. 제4류의 조사 부가형만 달라졌다(平上-上 → 平平上).

Kindaici(金田一, 1960:45)를 참조해서 Heian말기로부터 현대에 이르기까지 볼 때 달라진 것은 제2류의 조사 부가형과 제4류(〈제5류)의 조사가 上에서 平으로 된 것, 제3류의 平平형이 上平형으로 바뀌어 2류와 같아진 것을 볼 수 있다.(이하에서 上 (〉平)은 ◓(● 上, ○ 平을 나타냄)의, 上(高)에서 平(低)로 옮기는 형(型)을 필자가 바꿔 쓴 것.)

	Heian 말기	Kamakura	Muromaci	Edo	현대
제1류 上上형	kaze(風)	〃	〃	〃	〃
(上上-上)	kaze-ha(조사)	〃	〃	〃	〃
제2류 上平형	kaha(川)	〃	〃	〃	〃
(上平-上)	kaha-ha	(上平-平)	〃	〃	〃
제3류 平平형	yama(山)	〃	上平	〃	〃
(平平-上)	yama-ha	〃	上平-平	〃	〃
제4류 平上형	sora(空)	〃	〃	〃	〃
(平上-上)	sora-ha	〃	〃	平平上	〃
(제5류)平上(〉平)	ame(雨)	〃	〃	〃	〃
(平上(〉平)-上))	ame-ha	平上-平	〃	〃	〃

제4장 일본한자음

4.1. 한자음의 문제

일본어에서 한자가 중요한 몫을 하고 있다. 그런데 동일한 한자가 두 가지 혹은 서너 가지로 발음하는 등의 문제가 있다. 한자를 두 개를 겹쳐서 한 단어가 될 때 두 한자를 모두 오음 한 가지로 읽는 경우와 한음 한 가지로 읽는 경우가 있고 오음과 한음을 섞어 읽는 경우가 있다. 그 일부를 보이면(山田, 1958:126-7), (한글 독음과 〉는 필자),

오음만으로 된 것	功德(공덕) kudoku　夫役(부역) buyaku
	組織(조직) sosiki　謀反(모반) muhon
한음만으로 된 것	愛執(애집) aisihu(〉aisyuu)　歲暮(세모) seibo
	體裁(체재) teisai
오음+한음으로 된 것	力士(력사) rikisi　唯一(유일) yuwiitu(yuiitu)
	圖書(도서) dusyo(〉zusyo/tosyo)
한음+오음으로 된 것	次第(차제) sidai　禮式(례식) reisiki
	食物(식물) syokumotu

이들을 한국한자음으로 볼 때 음형이 크게 다르지 않다. 다르게 보이는 것은 한국의 m-이 한음에 b-로 나타나는 경우(暮)다. 입성운미 -k가 -ku 또는 -ki로, -p가 h(〈p)로, -t가 -tu로, 한국어의 모음 o가 u로, 그 반대로 u가 o로 나타나고 있다. 고유어에서도 한일간에 o/u 또는 u/o로 대응하는 경우가 많다.

다만 '力'자의 경우 중세한국한자음 녁(천자문)(오음 riki, 한음 ryəku)으로서 표면상 차이가 있어 보인다. 이 글자는 중국한자음은 선진음으로부터 수·중당음에 이르기까지 職부 [ək] 開3 (i̯ək)(예자 食, 式, 直, 息, 側, 色 등) 등이어서 한국한자음은 이들을 계속 받아들이고 어두에서의 두음법칙에 의해 r → n(〉ø)으로 바뀌고 있을 뿐이다. 이에 대해 일본의 오음은 옛적에 개요음을 피해서 직음 i로 받은 것이고 뒤의 한음은 한국음과 비슷하게 남아 있는 것이다.

한국한자음과 관련되면서 발음상에서 약간의 차이가 있는 그러면서 구별의 명칭이 있는 오음과 한음의 두 가지에 대하여 그러한 한자음의 명칭의 구별과 그 경위 그리고 그 두 가지의 음운적 특색이 어떻게 다른가 그리고 그것이 일본 자료에 어떻게 반영되어 있는가에 대해 알아보기로 한다.

이러한 문제는 제각기 별개의 문제로 보기보다 한 가지를 언급하다보면 서로 관련되는 부분이 있게 되어 함께 다루어지게 되는 경우가 있게 되는데 서술의 편의상 나누는 경우라도 이들 문제가 함께 논의되는 경우가 자연히 있을 수 있다.

4.2. 오음(吳音)과 한음(漢音)의 구별의 경위

8세기 말 내지 Heian 초기로부터 일본한자음의 2분적인 명칭인 오음과 한음이 있게 된 경위에 대해 여러 논의가 있지만, 이러한 종래의 논의에 대해 Cukisima(築島, 1977:23)에 요약되어 있다. 곧 오음은 일본에 전해진 한자음이고 중국 남부의 오(吳)(지금의 양자강 연안지방, 삼국시대의 吳, 필자주)에서 전해왔으며 그 본래의 음은 3, 4세기 이전에 소급하며 아마도 한국을 경유하여 도래한 것이라고 하였다.

그리고 한음은 오음이 도래한 후에 새로이 전해진 한자음인데 원래 중국 북부의 음으로 수(隋), 당(唐)의 서울이었던 장안(長安)(지금의 西安)지방의 것이 7, 8세기에 일본에 전래된 것으로, 견당사(遣唐使)가 가끔 왕래하는 시기에 그들에 의해 직접 전해진 것으로 보는 의견도 있어왔다고 하였다.

4.2.1. 오음과 한음의 유래

중국에서 오음이란 말은 중국의 수(隋)시대의 운서인 절운(切韻)에 보인다. 거기에 王國維가,

> 陸韻者六朝之音也. 六朝音多存於江左. 故唐人謂之吳音

이라고 하였는데 여기의 江左는 중국의 남방 쪽이고 그쪽 음을 보통 오음이라고 하고 있다.

그런데 현대의 강남음은 북방음과 현저히 다르다. 당시(漢魏시대)에는 남북의 음은 밀접하여서 큰 차이가 없었다고 볼 수 있다고 한다(大島, 1931:14, 17). 그래서 흔히들 말하는 백제음도 해로의 교통에 의해 남방계에서 전입한 남음이라고 할 필요도 없고 북방에서 전해왔다고 보는 것이 자연의 이치라고 하고 있다. 오음의 일본에의 도래는 한반도를 경유한 것으로 보는 것 같다.

원래 오지방에는 북방 중국인과는 다른 원주민이 살던 곳이지만 그 곳의 사대부는 대개가 북방에서 옮겨 온 사람들이어서 공통어·공용어로서는 북방음에 가까운 것이었다(高松, 1986:153). 그러다 당대에 들어서서는 북방음인 당의 수도의 장안음을 표준으로 삼게 됨으로써 오음은 고음(古音)이 되어 시골말로 경시받게 된다. 이러한 오음에 대해 장안음을 기준음 곧 정음(正音)으로 대비하게 된다. 그렇지만 이를 한음이라고 부르지 않았다. 곧 한음이란 한(漢)이 중국을 상징하는 것과 같이 한 나라의 음이란 뜻이지 일본에서처럼 오음 대 한음으로 쓰인 것은 아닌 듯 싶다.

일본에서의 오음의 명칭은 Yamada(山田)(1958:134-5)에 의하면 O'oe(大江匡房)의 對馬貢銀記(朝野群載 권3)에,

> 欽明天皇之代佛法始渡吾土此島有一比丘尼以吳音
> 傳之 因玆日域經論皆用此音故謂之對馬音

으로 되어 있어 이대로라면 흠명왕 때 불법이 전래되면서 오음이 전해지고

경론은 모두 오음을 썼다는 것이 된다.

흠명왕은 가라의 망명세자로서 제주도의 후원을 얻어 Yamato 중앙정권을 수립한 왕이기에(cf. 김공칠 2014) 가라와 제주도에서 사용된 고음(古音)이 대마도를 거쳐 전승된 것으로 보인다.

한편 일본기략(日本紀略)에 보이는 延曆17년(桓武왕 때, 798년)의,

諸讀書及出身人等皆令讀漢音勿用吳音

기사에 오음과 한음의 이름이 동시에 나오고 있는데 관계와 학계(대학) 그리고 불교계에도 모두 한음으로 읽도록 하고 오음을 쓰지 말라고 한음장려책을 쓴 것을 엿볼 수 있다. 그렇지만 불교계에서는 일부 수용하기도 했지만 대부분 전통적인 오음을 고수하였다.

일찍이 Moto'ori(本居 1785=1970:391-2)가 논의한 것을 돌이켜보면 백제의 아직(阿直), 화이(和邇) 등이 일본의 왕자에게 전적(典籍)을 가르칠 때 사용한 한자음이 당나라의 것이라 하기도 하지만, 이 당(唐)은 당나라를 가리키는 것인지 훈대로 kara를 가리키는 것인지 필자로서는 확실하지 않아도 당의 한자음과도 통하는 kara의 것으로 보고 싶다.

Moto'ori는 그 때에 처음으로 전해진 음이 오음이라고 하였다(p.392). Oosima(大島, 1931:13-4)에서도 일본의 학자들은 대개 당시의 한자음이 일본에 들어온 오음의 시작이라는데 일치한다고 하였다.

Moto'ori(p.392)는 오음만으로 읽는 예로 물명(物名), 관명, 서적의 제목 기타를 들고 다음을 제시하였다(괄호 안의 것은 대조를 위해 Toodoo(藤堂) 편 1978을 참고하여 한음을 적었다.).

五經(오경)	gokyɑu〈gokyoo〉	(한음 gokei)
易(역)	yaku	(한음 eki)
禮記(례기)	raiki	(한음 reiki)(오음엔 記 ko도 있다.)
周禮(주례)	syurai	(한음 syuurei)(오음엔 周 su도 있다.)
檀弓(단궁)	danguu	(한음 tankyuu)(오음엔 弓 ku도 있다.)

月令(월령)	gwaturyau <gaturyoo>	(한음 geturei)(月은 오음으로 goti이고 gatu (<gwatu)는 관용음으로 보기도 한다.)
千字文(천자문)	senzimon	(한음 sensibun)
玉篇(옥편)	gokuhen	(한음 gyokuhen)

(위에서 〈 〉는 현행 표기, 필자)

이상을 보아서는 오음의 탁음이 한음에서 청음으로, 오음의 요음이 한음에서 직음으로 나타나는 것을 볼 수 있으나 그 반대의 경우도 있고, 오음과 한음이 동음의 경우도 있고 관용음으로 보는 경우가 있는 등 두 음의 분간이 그리 쉽지 않음을 보여준다.

그리고 예시하지는 않았지만 불가(佛家)의 여러 종파의 법문(法文)도 명목(名目)도 그리고 고서는 모두 오음만으로 읽었다고 하였다.

그리고 Moto'ori(p.392)는 다음과 같은 경우,

帝(제) te, 禮(례) re, 西(서) se

도 이들이 한음의 tei, rei, sei에서 온 것이 아니고 오음의 tai, rai, sai에서 온 것이라 하고 이는 愛 ai가 e, 開 kai가 ke, 米 mai가 me가 되는 것과 같은 것으로(아마도 모음축약에서, 필자주) 보고 있다.

이들 오음과 상대되는 한음의 경우는, Moto'ori는 일본에서의 그 유래는 오음보다 나중에 전해진 것인데 계체왕 때 백제로부터 오경박사(段楊爾, 高安茂), 흠명왕 때 역(易)박사, 역사(曆士), 오경박사(王柳貴) 등이 전한 것이 아닌가 하고 있다.

한음의 예로 일본서기에 있는 麻, 摩(모두 오음으로 ma)를 ba로 읽고 寐, 彌(모두 오음으로 mi)를 bi로, 文・矛의 두음 b(오음은 m)로, 謎(오음 mai)를 be(i)로 읽음과 같이(오음 m → 한음 b, 필자주), 역대 임금의 중국식 시호(諡號) 등은 한음으로 쓰인 것이라고 하였다.

4.2.2. 오음과 한음의 형성의 계기

그런데 이러한 오음과 한음의 형성에 대하여 중국에서 직수입한 것인가 일본에서 독자적으로 형성되었는가에 대해서는 여러 논의가 있다.

Moto'ori(本居 1785=1970:394)는 오음은 중국의 오음에, 한음은 중국의 한음에 의해 정해진 것인데, 오음은 중국의 남방음에 가깝고 한음은 북방음에 가깝다고 하였다(이 때의 한음은 특정의 음류를 가리킨다 보기보다 중국(당시는 당)의 한자음(장안음)이란 뜻으로 이해된다. 필자주).

이러한 중국전래설은 Toodoo(藤堂, 1969:275-6)에서도 보인다. 오음이 먼저 6, 7세기에 전래하였고 한음은 오음에 뒤좇아오듯 7세기 말에서 8세기에 걸쳐서 모두 서서히 몇 번이고 회수를 거듭해서 들어온 것으로 보고 있다. Toodoo(1969:275-6)에서는 오음은 Nara시대에 일본에 수입한 7세기경까지의 중국의 발음이었다고 말하고 있다. 이것에는 Suiko조 유문에도 보이는 중국의 상고층의 음까지 흡수하고 있는 것이라고 했다. 소위 Heian조에 발음이 일본어화 된 和音(倭音)도 대체로 Nara시대의 오음의 발음과 같아서 발음상 和音은 오음의 일부분이라 하였다(p.277).

Takamacu(高松, 1962:11)에서는 숙어로서는 오음은 순한어(純漢語)이고 한음은 순한어가 아닌 준한어(準漢語)라고 하였다. 당의 전대(前代)의 음의 정음(正音)이 오음이고 당의 정음이 한음이라고 하였다(p.14). 이 양자는 일본에서 중국의 당대음을 중핵으로 삼아 성립한 것으로 하고 있다.

이러한 중국 직수입설보다 한반도 경유로 한국한자음의 개신음을 이어받았다는 생각을 할 수 있다.

한자의 독음의 고수성과 보수성을 고려할 때 한반도도 일찍부터 중국과의 교래를 통하여 중국의 주(周)-한(漢)-위(魏)의 음의 시대적 변천 중에서 후설모음의 추이를 제외한 골격부분은 별 변화 없이 유지되어 왔다고 볼 수 있으나 중국과 한국의 음운목록이나 음운구조가 다른 이상 그 부분은 개신(改新)될 수밖에 없고 한국에 가까운 일본의 경우도 그 개신음을 이어받을 때 일본의 음운목록과 음절구조에 맞게 다시 개신해서 쓸 수밖에 없었을 것이다. 일본인으로서 배우는 처지에서도 모방하기 어려운 중국 원음보다는 보다 친근한 한국 개신음으로 배우는 것이 매우 용이했을 것이다. Arisaka(有坂, 1969:153)는 오음은 Heian시대 초기의 왜음이라고 하고 있는데 이는 일본어화(개신된)된 음을 뜻한다고 볼 수 있다. 일본에서 오음과 한음과 별도로 쓰이는 정음(正音)과 화음(和音)도 일본의 개신음으로 보며 특히 정음은 일본 조정에서 장려한 음으로서 정음을 한음, 화음을 오음이라고 하는 것은 대체로 맞아들지만 오음과 한음의 체계가 겹치는 부분이 있어서 꼭 그렇다고 할 수 없는 것 같다.

Oosima(大島, 1931:14)도 남부의 백제음을 남음, 북부의 고구려음을 북음이라고 할 필요도 없고 특히 북음이 일본에 전한 것을 한음이라 보는 것은 잘못이라고 하였다. 북방에서 한자음이 일본에서 전해왔음은 자연의 이치고 이를 일본에서의 고음(古音)으로 칭해야 된다고 하였다. 따라서 오음에는 한반도의 경유지인 고구려, 신라, 백제 계열 그리고 흠명왕의 Yamato 정권 수립에 기여한 가라, 제주도의 고음을 함유한다 보겠다.

그런데, 일본에서는 어째서 오음이 고음이라면서 중국남부에서 전래된 것으로 보게 되었을까?

여기에는 일본의 6세기에 29대 흠명왕이 Yamato 중앙정권을 수립하고, 33대 Suiko왕이 아스카 문화를 개화(開花)하는 역사적 배경과 관련된다고 본다.

필자(2014:367-)가 고찰한 바로는 흠명왕은 가라의 망명세자 솔지공이며 제주도의 여왕의 협력을 얻어 일본에 진출해서 중앙정권을 수립하였는데 이 과정에서 가라와 제주도에서 수행한 유식자 그리고 그 자녀들에 의해서 한자문화가 일본에 전달된다. 대표적인 이가 성덕(聖德)태자로 볼 수 있다(p.387).

흠명왕대에 앞서서 신공(神功)왕후가 제주도로부터 백제에의 해상교통권을 얻은 다음(김공칠, 2014:319), 그 아들 응신왕 때(405년? 이후) 많은 백제 학자들이 일본에 넘어간 것을 생각하면 당시의 kure음이 전해졌을 것이다. Moto'ori나 Oosima는 이 때 곧 응신왕 때가 일본에서의 오음의 시작이라고 하고 있다. 비록 오음을 남음으로 보고 있지만 앞에서 Oosima가 말한 대로 남북음이 큰 차이가 없는 동일계통의 것이며 이는 당시의 한반도음도 마찬가지일 것이다.

백제와 제주도의 중국 쪽의 해로를 감안했을 때 중국남방계음(당시는 중국의 북방계음과는 큰 차이가 없었다.)의 유입도 고려될 수 있다.

여러 경로로 전파된 일본의 한자음도 일본어의 음운목록과 음절구조가 허용하는 한도에서 수정되면서 유지되어왔다고 볼 수 있다. 일본에서는 Nara시대까지만 하더라도 문자 사용층 곧 지식층은 한국계이고 문자의 습득이나 사용도 전승을 위주로 한 매우 보수적인 것이었기에 그러한 개신은 한정적이었겠지만 시대적 흐름에서 변화는 어쩔 수 없는 것이다.

이런 면에서 오음은 남음이라는 특정 지역음이기보다 북음(고구려-백제-가라/제주)의 계통을 이은 것으로 보인다. 오(吳)의 용자가 중국의 남방을 뜻하기에 그 쪽으로부터 영향을 무시할 수 없지만 그 훈이 kure인 점을 고려하면 북방의 kure(高(句)麗)도 나타내는 중의성을 지닌다고 보아 한자 전래의 큰 흐름은 한반도를 경유하는 것이었다고 할 수 있다. 따라서 일본에서의 오음과 한음의 유래는 중국에서 각각 따로 직수입한 것이라기보다 오랜 동안 한반도지역과 제주지역에서 전승되고 개신되어 온 것을 일본에서도 일본어 음운구조에 맞게 개신하면서 형성하여 온 것으로 보며 그 중에 고형을 보존해 온 것이 오음이며 그것을 시대적 음운 변화에 맞추어 개신한 것이 한음으로 본다. 한음의 경우는 마침 일본국내에서의 정치적 정세의 변화에 맞추어 일본을 내세우는 기세를 타고 새로운 한자음으로 장려됨으로써 오음과 한음의 구별이 생기기 시작한 것으로 보인다.

Oosima(大島, 1931)에 의하면(p.50), 일본에서의 오음과 한음의 칭호는 延略경(782-805년 桓武왕 때)에 일어난 것이라고 한다. 중국에의 해상교통로가 트인 다음 견당사(遣唐使), 입당(入唐) 승려 등의 왕래가 자주 있게 되어 그들이 이해한 한음은 북음으로서 그리고 신음(新音)으로서 고취된 데 대해, 재래의 오음은 오지방의 만음(蠻音)으로 배척되는 상황으로 역전되었는데, 필자는 중국에서는 일개 방언이었던 것이 당의 융성으로 중앙음이 되고, 일본은 일본대로 당시의 집권층의 변동과 국제정세 곧 백제의 멸망과 신라의 두각의 나타냄으로 당음이 장려되는 사정이 된 것으로 본다. 당과의 교류는 친당정책을 쓴 신라 쪽이 현저한 것은 명확한 일이다.

일본에서 추고왕이 Yamato 정권의 신통(神統)성을 내세우기 위해 오음에 의한 고사기의 편찬이 되었으나 당시의 정권의 기반이었던 Soga(蘇我) 일문의 몰락과 왕대교체로 옛 것을 새로이 다듬는 과정에서 일본색을 드러내기 위해 한음에 의한 일본서기의 편찬이 기도되는 일과도 무관하지 않을 것이다.

오음을 한음으로 교체하는 조정의 시도와 노력이 있었음에도 오음은 이미 널리 뿌리 깊게 박혀 있어서 개신음의 반영이 그렇게 먹혀들지 않아 절충적으로 끝나버린 상태에서 오음과 한음의 갈래가 지속되는 것이다.

Oosima(大島)가 지적한대로(p.50-1) 관청과 상류(아마도 신진세력? 필자주) 그리고 한적(漢籍)에는 한음이 쓰이고, 민간과 하류(아마도 몰락세력? 필자주) 그리고 불서(佛書)에는 오음이 쓰이는 상황에서 오음과 한음이 공존하게 된다. 한음이 많이 쓰이는 것에도 오음이 섞여있고 오음이 많이 쓰이는 것에도 한음이 섞여있는 것이다. 심지어 한 단어(숙어) 안에도 앞뒤로 섞여있는 경우가 있음을 앞에서 보았다. 이렇게 이 두 음은 오래도록 겹쳐서 쓰는 일이 많고 동일 문헌에서도 혼용되는 경우가 많은 점에서 계통의 차이는 아닌 것으로 본다.

4.3. 오음과 한음의 음운적인 차이

4.3.1. 성모상의 차이

먼저 Oosima(大島, 1931:24)가 중국의 중고한자음에 의거해서 만들어

진 운경상의 성모의 분류의 용어를 이용해서 대비한 것을 보면,

1. 운경의 청음(清音, 무성음)은 오음이나 한음이 동일하게 청음으로 반영되어 있다.
2. 운경의 차청음(次清音, 유기음)은 오음이나 한음에 해당되는 것은 없다. 일본어에는 그러한 음운이나 글자가 없어서 청음의 kana로 충당한다. 가끔 탁음(濁音)kana로 나타내는 것도 있다. 중세한국한자음의 경우는 차청음 곧 유기음에 해당되는 음운이나 글자(한글창제 이후지만)가 있어서 운경의 차청음은 반영된다.
3. 아음(牙音) 청탁음(비음) ng은 오음이나 한음 모두 ka행 탁음으로 나타난다.
4. 치두음(齒頭音) ts는 오음이나 한음에는 이에 해당하는 음이 없고 모두 佐(sa)행 kana로 나타난다.
5. 후음(喉音)의 효모(曉母) h는 오음이나 한음에 해당하는 음이 없어서 ka행음으로 나타난다.

이상은 오음과 한음의 공통점이나 다음에서 구별이 나타난다.

1. 운경의 탁음(全濁, 유성음)의 경우는 오음은 대체적으로 운경과 같이 탁음으로 나타나지만 한음은 청음으로 나타난다.

전탁에서의 차이를 대조적으로 보이기 위해 Toodoo(藤堂, 1969:282)를 인용하면,

절운	당대 장안음	오음	한음
大(대) dai	tai	dai(大名)	tai(大國)
就(취) dziəu	tsiəu	zyu(成就)	syuu(就任)
成(성) ʒieng	ʃiəng	zyau(成就)〈zyoo〉	sei(成功)
権(권) giʌn	kiɛn	gon(権僧正)	ken(権勢)
伴(반) buan	puan	ban(伴食)	pan(伴侶)

여기서의 절운과 장안음은 음성기호로, 일본음(오음, 한음)은 일본어 전사식으로 필자가 표기한 것이다. 여기의 음성기호는 Toodoo가 쓰는 것이다.

중고음의 성모의 음가 추정은 학자마다 조금씩 다른 면이 있다. Karlgren과 周法高를 대비(周法高외 1973 iii-iv)한 것, 그리고 王力을 기초로 한 것(李珍華외, 1999:5), Ogura(小倉, 1995:140-2)가 Karlgren, 陸志韋, 李榮, 平山久雄, 三根谷徹의 것을 대비한 것이 있다.

운모의 음가추정은 周法高외(v-viii)에서, 李珍華외(p.5-7) 그리고 小倉(1995:190-5)에서 성모와 동일하게 대비표가 있다.

앞의 대조표를 보아서는 절운의 음이 오음에, 당대 장안음이 한음에 가까움을 보여준다. 절운이 당시의 문자상 표준적인 것이고 전래의 음에 기초한 것임을 보여주고 있다. 장안음은 원래 방언(구어)에 입각한 것인데 당의 융성과 함께 공통어의 자리를 차지하게 된 것이므로 당시의 개신적인 움직임을 보여준다고 할 수 있다. 한국에서도 유성의 무성화처럼 마찬가지다.

한음은 당(장안음)에서 직수입한 것이라기보다 한자의 개신화의 움직임에서 온 것이다. 한 예로 오음의 유성음의 무성화는 한국에서 어두에서의 무성/유성의 대립의 상실에서 볼 수 있다. 한국에서 '大'는 tai(〉tɛ)로 '就'는 한국음과 유사하며 '成'은 무성화로 셩(천자문), '權'은 권(신증유합), '伴'의 반(훈몽자회)으로 보이는 것과 같다.

중국어의 탁음에 대해서도 당대 장안음에서 청탁의 구별이 혼동되기 시작하고 송, 원(元)의 북방에서는 일반적으로 성모의 청탁이 구별되지 않고 지금의 중국어(북경어)에는 탁음이 존재하지 않는다. 그런데도 일본의 오음은 전통적인 탁음을 유지하고 있는 것이며 한음은 주변의 개신음을 수용하여 무성음으로 된 것이다.

여기서 잠깐 일본어 kana의 로마자 전사에 대해 설명해두고자 한다. kana(음절)에 대한 로마자 전사는 필자의 전사법(김공칠, 1983:101)에 의거하지만 ta행은 두자음 t로, da행은 d로, ha행은 p로 5단을 동일하게 사용하였고, ya행은 ya, yu, ye, yo, wa행은 wa, wi, we, wo로 했다. 이하에서 전사에서 문제되는 것, 예컨대 앞 예의 yau의 직음표기의 예로 '高'를 들면 한음(오음도 같다) カウ를 kau로 전사하는데 이는 중국음은 음운적으

로 2음절을 나타내는 것은 아니다. 중국의 한자 하나하나는 1음절이기 때문에 이 때의 모음은 1음절의 중모음이다. 한국중세한자음은 ko(천자문)이고 일본의 현대한자음은 koo(표기는 kou)이다. 이는 음운적으로는 2음절(중모음 불인정)이고 음성적으로는 1음절(koː)이다.

이 음은 Karlgren(1940)에 의하면 kog/kâu(상고음/중고음)이며 고금음표에 의하면 kau/kɑu이다. 따라서 일본한자음의 kau는 중국한자음의 직수입인 것처럼 보인다. 일본에서는 au>ɔː(開音)의 현상이 있기 때문에 그러한 현상의 범주로 볼 수 있다. 그러나 시대적으로는 선진음은 o(宵운)이고, 한대도 o였으며, 위진남북조에는 ou로 되었다가 수·중당음은 ɑu(豪운)이다. 따라서 한국한자음의 경우는 선진시대-한대-위진남북조에 걸쳐서 북부지역으로부터 끊임없이 한자음이 유입되었다고 보면 '高'가 ko로 전승되었다고 볼 수 있다. 일본어 표기(고유어/한자어)에서 말미의 u는 장음표시에도, 한자의 비음운미 [ŋ] 대신에 쓰이기도 하므로 그 구별도 필요하다. 高에서 u는 전자의 경우다.

다음에 개요음 요음 표기의 경우를 들어보기로 한다.

'敬' キヤウ(오음, 한음은 kei)는 중국음은 ⓚ ki̯ĕng/ki̯ɐng, 고금음표는 ki̯eŋ/ki̯ɐŋ(ĭ를 i̯로 고쳐 씀. 필자)이고 한국한자음은 경(훈몽자회)이다. 'キヤウ' 표기로는 3음절이지만 현대식 표기 キャウ로 보게 되면 2음절, 한글을 가지고는 '갸'과 같이 한글자로 나타낼 수 있다. 일본글자로는 '갸'를 나타내는 글자가 없기에 キャ로 나타내는데 옛 문헌에서는 キヤ로 나타냈다고 보고 전사를 kya로 하고 キヤウ 전체를 kyau로 표기하였다.

일본에서 한음은 일본에서 당으로부터 직수입한 것으로 보기도 하나 서로의 음운이나 구조가 다르기 때문에 한국을 중계로 해서 약간은 조정하고(한국의 yə를 ya로 받아)일본어화 한 것으로 본다. 한국의 옛 음이 중세음과 같이 '경'이었는지 '걍'과 '경'의 음역 내에 있던 것인지 확실히 알 수 없으나 일본어는 '걍'쪽으로 개신해서 kyau로 나타낸 것으로 풀이된다.

한음의 香 キヤウ(>キヨウ)(오음 kou(<kau))는 특이한 경우가 된다. 중국

음은 ⓚ xi̯ɑng/xi̯ɑng, 고금음표는 상고/중고음 모두 hi̯aŋ으로 되어있다. 요음면에서는 오음보다 한음쪽에 있다. 중세한국한자음 '향'(신증유합) 역시 상고음으로부터의 전승으로 볼 수 있다.

선진음이 陽부의 開3(i̯aŋ)은 한대음도, 위진남북조음도, 수-중당음도 동일하다. 그 어느 시기의 음이 한국한자음과 일본의 한음에 전입된 것으로 생각된다. 여기서의 한음과 오음의 차이는 개요음 개재 여부인데 보통 오음(변화형)에 개재되고 한음에서는 그것은 단순화되어서 직음이 되는 것인데 그 반대가 되고 있다. 곧 오음이 개신되고 있는 것이다.

이 경우는 오음이나 한음은 본래 동일한 음이었는데 어느 계제에 오음쪽이 바뀐 꼴이다. 상고음에서 '香'과 동일한 성모와 운을 가진 '向'은 한국한자음 향(훈몽자회), 오음은 kou(〈kau), 한음은 kyoo(kyau)와 같이 '香'과 동일한 모습을 나타낸다.

여기서 좀 다르게 생각할 수 있다. 성모 曉(x)(연구개마찰음)는 선진음으로부터 수·중당음까지 불변이다. 다만 이 음은 한국에서는 성문음(후음)의 마찰음 h로 받았고 일본에서는 연구개폐쇄음 k로 받았다.

그 초기에 일본에서는 개요음이 없었기에 직음으로 받았을 수도 있고 그것이 오음에 반영된 것으로 볼 수 있다. 그리고 한음은 개요음화한 한국한자음을 일부 모방한 것으로 볼 수 있는 것이다.

상고음이 효모이고 개요음이 개재된 것으로 예상되는 다른 운의 한자의 경우를 찾아보니(단 曉자는 見모〉曉모),

	孝	曉	血	亨	兄	休
오음	keu〉kyoo	keu〉kyoo	kweti〉keti	kyau〉kyou	kwiyau	ku
한음	kau〉kou	keu〉kyoo	kwetu〉ketu	kau〉kou	kwei/kei	kiu〉kyuu
한국음	효	효	혈	형/향	형	휴

(au, ou 표기는 현행 o의 장음, 이하도 마찬가지, 필자)

이들 한자는 중세한국음에서 모두 'ㅎ'과 요음으로 받고 있지만 중국한자음으로는 복잡한 유래를 지닌다.

孝는 曉모/幽운(예시는 찾지 못함), 曉는 見모(〉曉모)/宵 開4(i̯o), 血은 曉모/質 合4(iuet), 亨은 曉모/陽운 開2(eɑŋ), 兄은 曉모/陽운 合4(iuɑŋ), 休는 曉모/幽운 合3(i̯u)로 개요음을 지니나 합음인 점에서 거기에 중점을 두어 오음은 개요음이 반영되지 않았다. 오음이 亨의 경우 외에는 처음에 개요음이 나타나지 않고 있어서 그 점은 한음도 마찬가지다. 원래 일본어에는 개요음이 음운적으로 존재하지 않았음을 암시한다.

한음에서 개요음이 나타나는 경우는 오음(변화형)과 같은 경우다. 오음이 합음(u)의 경우 그에 다르게 나타나는 경우다. '血'과 '兄'에서 보이듯이 합요음은 오음이나 한음에서 기피하는 것을 볼 수 있다.

일본어에서 원래 개요음이 없었기에 요음화가 뒤졌다가 오음이 한국한자음에 맞추어 나타나기 시작하고 한음은 특별한 경우 외는 요음화되지 않았다고 볼 수 있다.

다음 한자의 경우로 넘어가서, '頃'의 오음의 kana표기는 복잡하다. クヰヤウ와 같이 4음절과도 같다.

ⓚ k'i̯wĕng/k'iwŭng, 고금음표 khi̯weng/khi̯wang과 같이 합요음이 있다. 중세한국한자음은 경(훈몽자회)이다. 선진음-위진남북조음-수·중당음에서 耕운 合3(i̯ueŋ 〈수·중당음은 i̯ueŋ〉)이다. 필자는 kana표기 그대로 kwiyau로 썼으나 괄호에 kyau로 적었다. '敬'의 경우와 같이 한국음의 '여'가 ya로 나타난다.

중국한자음을 보면 개요음이 먼저고 합요음이 뒤에 있다. 그러나 일본 kana 표기는 합요음이 먼저고 개요음이 나중이다. 중국한자음대로 발음하기 어려웠던 것일 수도 있고 한국한자음대로 개요음으로 내되 합요음을 끼워 놓는 식이 아닌가도 생각된다.

중국 원음의 후속의 합요음은 한국에서 중세 이전에 실현되었을지 모르나 한국어 음절구조로는 실현이 어려운 일이다. 일본어도 마찬가지다.

개요음만 개재한 형태도 한국어의 'yəŋ', 일본어 yaŋ으로 갈리는 것은 첫째 한국어의 yə음이 어려워 ya로 받았거나, yə와 ya의 기저가 되는 yɐ가 있어 yə/ya로 분화된 것으로 볼 수 있다.

일본에 전승된 음은 오음 kyou(kyau), 한음 kei이다. 이대로 보면 오음은 한국음과 같으며, 한음은 yo(yə)의 이중모음을 e의 단모음으로 단순화한 개신음과 같다.

다음 참고로 합요음의 경우를 들면, '懷' クワイ(오음)의 경우도 글자 그대로 kuwa(i)가 아니고 kwa(i)로 표기하였다(오음에 e(we), 한음에 kai(kwai)로 나타나기도 한다.).

ⓚ g'wer/ɣwăi, 고금음표 ɣoai(匣모微운)/ɣwɐi(匣모 皆운)이다. 중국 중고음에 가까운 것 같으나 선진음-한대음의 微운 合2는 oai, 위진남북조음은 灰운 合2로 oɐi(수·중당음 皆운 合2 uai)를 보면 중세한국한자음 회(천자문)·(제주도에서는 hwe)임을 고려하면 중국의 오래 전의 음으로부터의 전승으로 보인다.

마지막으로 '會' クワイ(〉カイ)(한음)(오음 e(wei))에서 ⓚ g'wâd/ɣuɑi, 고금음표 kuɑt(見모 月운)/kuɑi(見모 泰운〈合1〉), 한국한자음 회(천자문), 선진음·한대음은 月운 合1(uɑt), 위진남북조음 泰운 合1(uɑi), 수·중당음 咍운 合1(uɑi)이어서 홰(훼)와 같은 음이었을 것인데 중세한국한자음 회(방언 훼), 일본 오음은 그 단모음화로 we〉e로 남은 것으로 볼 수 있다.

지금까지 장황하게 일본어 kana 전사에 대해서 그리고 겸해서 이와 관련된 오음과 한음 그리고 한국음과의 간단한 대비에 대해서 언급하였지만 이것은 앞으로의 이들 음의 표기나 대비의 기초가 되는 것이다.

앞에서 Oosima(大島)가 제시한, 운경상의 성모의 분류와 대비해서 오음과 한음에서 다르게 나타나는 경우로 되돌아가 그 두 번째 경우를 보면,

2. 청탁음(비음)(순음, 설음, 아음)의 경우 한음은 탁음(유성음)으로 나타난다. 다음에서 보듯 오음은 대체로 운경과 같이 비음 그대로지만 한음은 유성음으로 되어 있다.

중순음	木(목) mok	오음	moku	한음	boku
경순음	未(미) mi	오음	mi	한음	bi
설전음	奴(노) no	오음	nu	한음	do
설상음	女(녀) ŋo	오음	nyo	한음	ĵo([ʒə] 필자주)
아음	敖(오) ngau	오음	gau	한음	gau

비음의 경우를 대조하기 위해 역시 Toodoo(1969:282)를 인용하면,

절운	당대 장안음	오음	한음
馬(마) mă	bă	me	ba
米(미) mei	biei	mai	bei
難(난) nan	dan	nan	dan
泥(니) nei	diei	nei	dei
二(이) ni	ři	ni	zi
人(인) nien	řien	nin	zin

이를 보면 오음은 절운에 가깝고 한음은 장안음에 가까운 듯이 보인다. 그러나 장안음이 방언음에 기반을 둔 것이면 그 방언에 ^{b}m, ^{d}n과 같이 비음의 동일기관적 유성화가 있었기에 전승자의 발음과 습득자의 청취 여하에 따라 유성음으로 받아들일 수 있는 것이다. Yi Pyŏng-kŭn(1972:53)에 의하면 한국의 중부방언(서부는 옛적의 백제의 영역)에서 높은 모음 앞에서 분명히 ^{b}m과 ^{d}n의 자음이 나타난다고 한다. 이러한 발음이 몸에 밴 사람이 장안에서 그와 유사한 발음을 익혔다면 귀국해서 전송하는 과정에서 청취자 여하에 따라 유성음으로 받아들일 수 있다.

따라서 절운과 장안음의 음이 다른 계통의 음이라기보다 하나는 전래적인 표준음이고 하나는 그것의 방언적인 음의 관계에 있는 것이어서 어쩌면 발음하기 까다로운 비음보다 보다 쉬운 유성음쪽으로 변화하는 과정에서 온 것이 아닌가 싶다.

3. 후음 濁(유성음)의 匣모(γ 연구개 유성마찰음)에 대하여는, 오음은 ka행의 탁음의 kana로 나타나고, 한음은 曉모(x 연구개 무성마찰음)처럼

ka행의 청음의 kana로 나타난다.

상고음과 중고음에 일관하여 匣모(γ)로 나타나는 다음 한자 예를 보면

	洪	降	項	學	鵠	巷
오음	gu	gou/kou	gou	gaku	goku	gou
한음	kou	kou(〈kau)	kou(〈kau)	kaku	koku	kou(〈kau)
한국음	홍(천자문)	항(항복) 강(ᄂᆞ릴) (신증유합)	항(현대음)	혹 (훈몽자회)	곡 (훈몽자회)	항 (훈몽자회)

한국음에서도 降과 鵠의 독음에 k가 반영되고 있다.

상고음 그리고 중고음의 匣모의 γ가 한국음에서 h(가끔 k), 일본음에서 k로 모두 반영되는 것은 아니다. 雄, 爲, 圍, 位, 胃 같은 것은 한국음이나 일본음은 ø이다(雄 오음 u, yu, 한음 yuu, 한국음 웅, 爲 오음/한음 i(wi), 한국음 위, 圍 오음 e(we), 한음 i(wi), 한국음 위, 位 오음/한음 i(wi), 한국음 위, 胃 오음/한음 i(wi). 한국음 위)모두 한국음과 동일 패턴이다.

이들 한자는 운경상 후음 청탁(Toodoo외 1971에는 次濁) 평성 3등 혹은 거성 3등에 속하는 한자로 Toodoo외에서는 于모(喩모에서 于모 3등(ɰ), 喩모 4등(j)로 분리한 것)로 보고 있다.

匣모에 대하여는 Karlgren이나 周法高가 γ로 보는데 Toodoo(1969:291)에서는 ɦ(후음의 유성마찰음 곧 연구개음에서 후음으로)로 보고 그 合口에 대해 다음과 같이 오음과 한음을 대비하고 있다.

		和(화)	繪(회)	惠(혜)
오음	w	wa	we	we
한음	k	kwa	kwai〈kai〉	kwei〈kei〉

이를 전체적으로 볼 때 일본한자음은 한국음에 준하고 있으며 한국어와는 후음 대 연구개의 위치상의 차이는 있어도 일본어도 무성화의 흐름에

탄 것으로 보인다.

4. 후음 청탁의 喩(y), 반설음의 청탁 來(l), 반치음의 청탁 日(j)의 경우 y와 l는 오음/한음 함께 ya행과 ra행음이다. j는 오음은 na행으로(보기 如 nyo 而 ni), 한음은 sa행 탁음으로(보기 如 zyo, 而 zi) 받는다.

Toodoo(1969:290)에서는 日모를 ř(Karlgren ńź, 周法高 ń)로 보고 다음을 대비하고 있다.

	二(이)	爾(이)	人(인)	仁(인)	然(연)	任(임)	饒(요)	日(일)
오음	ni	ni	nin	nin	nen	nimu	neu	niti
한음	zi	zi	zin	zin	zen	zimu	zeu	zitu

성모에서 Numamoto(沼本, 1986:5-6)가 한국한자음과 대비한 것을 보이기로 한다.

	한국한자음	오음	한음	비고(필자)
行	hɐiŋ	gyau	kau	이 표만 가지고 볼 때 y 요음 : 한국음과 오음에서 쓰이나 한음에서는 쓰이지 않고 있다. 단모음화를 보여준다. 한국방언에 yə〉e의 현상이 현저하다.
經	kyəŋ	kyau	kei	
甁	pyəŋ	ṗyau	pei	연구개 비음 ŋ : 오음에서 u 또는 ø, 한음에서는 u 또는 i로 되고 있다.
木	mok	moku	boku	-k입성자 : 오음, 한음 모두 -u가 기생하고 있다.
脚	kak	kyaku	kaku	오음의 어두유성음 : 한국음, 한음 모두 무성음으로 되어 있다.
頭	tu	du	tou	
宮	kuŋ	ku	kiu	한음의 어두유성음 : 한국음이나 오음의 어두 비음이 유성음이 되고 있다. m-가 b-, n-가 d-의 것이 큰 차이이다. 이는 당의 장안음과 한국 중부지방에 존재하는 ^{b}m, ^{d}n과 관계될 가능성이 있다.
遲	ci	di	ti	
和	hwa	wa	kwa	
暖	nan	nan	dan	

오음과 한음의 대비와 그것의 계통을 이해하는데 한국한자음과의 대조는 절대적으로 필요하다고 생각된다. 한국음이 절운음과 가깝다는 것은

절운음과 한국음이 전래의 고음을 나누어 가졌다는 것이고 일본의 오음도 그 계열이 되는 것이다. 일본의 한음이 당의 장안음과 가깝다는 것은 절운의 개신음 그것은 곧 한국음 그리고 오음의 개신음과 같다는 것으로 볼 수 있다.

다음에 성모 전체의 중국중고음과 한국한자음 그리고 한음의 대비표를 보이기로 한다. 한국한자음은 Koono(河野, 1968:112-3)를, 오음과 한음은 Takamacu(高松, 1986:196, 223)를 참조하였다. 치음의 성모가 많은 것은 분포의 등별에 따라 음의 차이가 있기 때문이다. 한국어나 일본어에서는 그러한 구별이 없기 때문에 매우 단순하다.

	중국중고음			한국한자음	오음	한음
	성모	등별	음가			
순음(脣音)	幫(방)	1~4	p-	p(ㅂ) (p'-ㅍ)	p	p
	滂(방)	1~4	p'-	p(ㅂ) (p'-ㅍ)	p	p
	並(병)	1~4	b'-	p(ㅂ) (p'-ㅍ)	b	p(m도)
	明(명)	1~4	m	m-(ㅁ)	m	m
	微(미)	1~4	ɱ	m-(ㅁ)	m	m
	(3등이면 경순음)					
설음(舌音)	端(단)	1	t-	t-(ㄷ) (t'-ㅌ)	t	t
	透(투)	1	t'-	t'(ㅌ) (t-ㄷ)	t	t
	定(정)	1	d-	t'(ㅌ)	d	t
	知(지)	2	t-	t-(ㄷ) (t'(ㅌ), c-(ㅈ), c'-ㅊ)	ȶ(c)	t(c)
	徹(철)	1	t'-	t'(ㅌ) (t-ㄷ, c'-ㅊ)	t	t
	澄(징)	2	d'-	d-(ㄷ)(t'-ㅌ, c-ㅈ, c'-ㅊ)	t	t
	泥(니)	1, 4	n	n-(ㄴ)	n	d- n-
	娘(낭)	2, 3	ñ	n-(ㄴ)	n	n
	來(래) (반설음)	1~4	l-	r-(ㄹ)	r	r
	精(정)	1, 4	ts-	c-(ㅈ) (c' ㅊ)	s	s
	淸(청)	1, 4	ts'-	c'-(ㅊ) (c ㅈ)	s	ṡ
	從(종)	1, 4	dz'-	c-(ㅈ) (c' ㅊ)	z	s

치음 (齒音)	心(심)	1, 4	s-	s-(ㅅ)	s	s
	邪(사)	4	z-	s-(ㅅ)	z	s
	莊(장)	2	tṣ-	c-(ㅈ) (c'-ㅊ)	s	s
	初(초)	2	ts'-	c'(ㅊ)	s	s
	牀(상)	2	dẓ'-	c-(ㅈ) (c'-ㅊ, s ㅅ)	s	s
	山(산)	2	ṣ-	s-(ㅅ)	s	s
	照(조)	3	tś-	c-(ㅈ) (c' ㅊ)	s(c)	s(c)
	穿(천)	3	tś'-	c'-(ㅊ)	s	s
	神(신)	3	dź'-	s-(ㅅ)	z	s
	審(심)	3	ś-	s-(ㅅ)	s	s
	禪(선)	3	ź-	s-(ㅅ)	z	s
	日(일)	3	ńź-	z-(△) 〉 '(ㅇ)	n	d, n
아음 (牙音)	見(견)	1~4	k-	k-(ㄱ)	k	k (후음의
	溪(계)	1~4	k'-	k-(ㄱ)	k	k 차청·
	羣(군)	3, 4	g'-	k-(ㄱ)	g	k 전탁이
	疑(의)	1~4	ng-	'-(ㅇ)	k, g	g 포함)
후음 (喉音)	影(영)	1~4	'	'-(ㅇ)	ø	ø
	曉(효)	1~4	x	h-(ㅎ)	k, w	k
	匣(갑)	1, 2	r	h-(ㅎ)	g	k
	喩(유)	3, 4	j	'-(ㅇ)	ø, y	ø, y, w

이상을 보아도 오음과 한음의 큰 차이는 오음의 유성음이 한음에서 무성음으로 되어 있는 것이다. 단 비음의 경우는 한음에서 유성음으로 실현되고 있다. 한국어와 일본어와의 차이는 한국어에 차청음(유기음)이 있는데 일본어에는 없고 후음의 효모에서 한국어에서 h로 실현되는데 일본어는 g, k로 실현되고 있다. 치음에서 한국어는 c로 실현되는데 일본어는 s(간혹 z)로 실현되고 있다.

이렇게 본다면 성모면에서 일본어의 오음이나 한음은 중국의 중고음을 직수입했다기보다 오음에 선진음-한대음-위진남북조음이 반영되듯 한반도(제주도 포함)로부터 꾸준히 전래하여 왔고, 한음의 무성화는 한국에서의 무성·유성의 음운적 대립의 상실의 반영으로 볼 수 있다.

더욱이 치음의 경우 중국중고음과 직결된다고 보기 어렵고 한국에서의 c, s를 받아들이고 그것도 s로 합일화하는 과정의 반영으로 볼 수 있다.

泥모와 日모에서의 특이하게 d의 실현의 경우는 전술한 바와도 같이 방언에서의 ^{n}d자음의 전승자의 방언 배경이나 습득자의 습득 여하에서 오지 않았나 생각된다.

4.3.2. 운모상의 차이

운모상 오음과 한음이 대비되는 한자를 예시하기로 한다. 좌단에 중국중고음의 운모와 음가를 제시하였다.

섭의 이름은 상단에 좌우로 배열하고 그 아래의 (1), (2), (3) … (4)는 운경의 전차를 나타낸다. (4開) (5合)의 개합의 표시는 그러한 구별이 있는 경우이다. 세로로 ①, ②, ③, ④는 해당 운목의 음가(王力에 의거, 고금음표(pp.5-7)(단 ĭ는 필자가 i̯로 고쳐 씀)를 그 아래에 나타나기 위함이다(번호 묶음하고 음가를 나타냄). 개음인가 합음인가(이 양자의 관계를 -로 맺음)에 따라 그리고 등호(等呼)에 따라 다르기 때문에 좀 번잡하지만 각 섭에 포함된 운목에 괄호를 달아 나타냈다. 이러한 중국의 중고음에 대해 한국한자음 그리고 일본의 오음과 한음과의 관계의 밀소를 보이기 위해 하단에 각각 칸을 만들어 부기하였다. 한국한자음은 Koono(河野, 1968:194-9)를, 오음과 한음은 Takamacu(高松, 1986:194-9)를, 이용하였다. Koono는 한국한자음을 a~d의 네 가지로 구분하고 있는데 그 중에서 가장 대표적인 b형을(근세음형은 d) 취하였다. 그리고 甲·乙의 표시는 요음의 경우이다(甲 i̯(운경에서 4등), 乙 ï(운경에서 3등)).

중국의 중고 한자음(廣韻)의 운목(韻目) 및 4성의 배합표는 Hirayama(平山, 1967:117-9)를, 그리고 그 음가는 Hirayama의 같은 책(pp.146-8)을 참조해 대비해볼 수 있다.

攝(섭)	通		江	止		
	(1) ① 東(平1234) ② 董(上1) ③ 送(去1234) ④ 屋(入1234)	(2) 冬(平1) ⑤ 鍾(上134) ⑥ 腫(上134) 宋(去1) ⑦ 用(去34) 沃(入1) ⑧ 燭(入34)	(3) ⑨ 江(平2) ⑩ 講(上2) ⑪ 絳(去2) ⑫ 覺(入2)	(4) 開 ⑬ 支(平234) ⑭ 紙(上234) ⑮ 寘(去234)	(5) 合 支(平34) 紙(上234) 寘(去34)	(6) 開 ⑯ 脂(平234) ⑰ 旨(上34) ⑱ 至(去34)
	①②③ uŋ, i̯uŋ ④ uk, i̯uk ⑤⑥⑦ i̯woŋ ⑧ i̯wok		⑨⑩⑪ ɔŋ ⑫ ɔk	⑬⑭⑮ i̯e~i̯we		⑯⑰⑱ i
한국 한자음	東冬 -ong 鐘甲 -yong 東$_3$甲 -yung 鍾乙 -ong 東$_3$乙 -ung		江 -ang	支 d -wi 支乙 wi-ui 支甲 -yu		脂甲 -yəi 脂 d wi 脂乙 ɯi-ui
오음	1, 2등 uu, ou 3, 4등 uu, ou, iu		1, 2등 au, ou	3, 4등 i e o		
한음	1, 2등 ou 3, 4등 iu, iy, u		1, 2등 au	3, 4등 i		

攝	止				遇	
	(7) 合 脂(平234) 旨(上3, 4) 至(去234) -iwi	(8) 開 ⑲之(平234) ⑳止(上234) ㉑志(去234) ⑲⑳㉑ i̯e	(9) 開 ㉒微(平34) ㉓尾(上3) ㉔未(去3) ㉒㉓㉔ i̯əi – iwə	(10) 合 微(平3) 尾(上3) 未(去3)	(11) ㉕魚(平234) ㉖語(上234) 御(去234) ㉕㉖i̯o	(12) ㉚模(平1) ㉗虞(平234) ㉛姥(上1) ㉘麌(上234) ㉚暮(去1) ㉙遇(去234) ㉗㉘㉙ i̯u ㉚㉛㉜ u
한국한자음	之甲 -i 微 ɯi ui 之 d-ɯi 之乙 -ɯi				魚甲 -yə 魚乙 ə	模 -o 虞甲 -yu 虞乙 -u
오음	3, 4등 i e o				1, 2등 u o 3, 4등 u o iyu iyo	
한음	3, 4등 i				1, 2등 o 3, 4등 iyo, iyu(u)	

攝	蟹			
	(13) 開 ㊼咍(平1) ㊾代(去1) ㊶皆(平2) ㊸怪(去2) ㉝齊(平4) ㊱祭(去3) ㊽海(上1) ㉟霽(去4) ㊷駭(上2) ㊹夬(入2) ㉞薺(上4) ㉝㉞㉟ iei ㊱ i̯ɛi ㊶㊷㊸ ɐi ㊼㊽㊾ ɐi	(14) 合 ㊹灰(平1) ㊻隊(去1) 皆(平2) 怪(去2) 齊(平4) 祭(去3) ㊺賄(上1) 霽(去4) 駭(上2) 夬(入2) iwei iwɛi wɐi ㊹㊺㊻ uɐi	(15) 開 ㊲佳(平2) ㊳蟹(上2) ㊵泰(去1) ㊴卦(去2) 祭(去4) ㊿廢(入3) ㊲㊳㊴ ai ㊵ ɑi ㊿ i̯ɐi	(16) 合 佳(平2) 蟹(上2) 泰(去1) 卦(去2) 祭(去4) 廢(入3) wai uɑi i̯wai
한국한자음	咍 ɐi(ᄋᆡ) 齊 yəi	灰 oi(외) 夬 ɐi(ᄋᆡ) – wai 皆 ɐi(ᄋᆡ)	泰 ɐi(ᄋᆡ) 佳 a 祭甲 yəi 祭乙 廢 əi	oi wa
오음	1, 2등 ai e	3, 4등 ei e		
한음	1, 2등 ai	3, 4등 ei		

攝	臻			
	(17) 開 ㉛痕(平1) 沒(入1) 臻(平2) 櫛(入2) 54眞(平34) 57質(入34) 52很(上1) 55軫(上234) 53恨(去1) 56震(去234) 51 52 53 ən 54 55 56 i̯ĕn 57i̯ĕt	(18) 合 58魂(平1) 61沒(入1) 諄(平34) 術(入234) 59混(上1) 準(上34) 60慁(去1) 稕(去34) 58 59 60 uən 61 uət	(19) 開 62欣(平3) 63隱(上3) 64焮(去3) 65迄(入3) 62 63 64 i̯ən 65 i̯ət	(20) 合 66文(平3) 67吻(上3) 68問(去3) 69物(入3) 66 67 68 i̯uən 69 i̯uət
한국한자음	痕 – ɥɐn(ᄋᆞᆫ) 眞甲 in 眞乙 ɯn	諄甲 – yun 諄乙 – un	欣 – ɯn	
오음	1, 2등 un on	3, 4등 in iyun un on		
한음	1, 2등 on	3, 4등 in iyun un		

攝	山(산)		
	(21) 開 (78)山(平2) (81)鍺(入2) (70)元(平3) (73)月(入3) 仙(平4) 薛(入4) (79)産(上2) (71)阮(上3) (80)裥(去2) (72)願(去3) 線(去4)	(22) 合 山(平2) 鍺(入2) 元(平3) 月(入3) 仙(平4) 薛(入4) 産(上2) 阮(上3) 獮(上4) 裥(去2) 願(去3) 線(去4)	(23) 平 (74)寒(平1) (76)翰(去1) (82)删(平2) (84)諫(去2) 仙(平3) 線(去3) 先(平4) 霰(去4) (75)旱(上1) (77)曷(入1) (83)濟(上2) (85)黠(入2) 獮(上3) 薛(入3) 銑(上4) 屑(入4)
	(70)(71)(72) i̯ɐn (73) iɐt (78)(79)(80) æn (81) ɑt	i̯wɐn i̯wɐt wæn wat	(74)(75)(76) ɑn (77) ɑt (82)(83)(84) ɑn wɑn (85) æt
한국한자음	山 an wan	元 ən wən	寒 an 删 an wan 仙, 先甲 yən 仙乙 ən wən
오음	1, 2등 ɑn en 3, 4등 en on an		
한음	1, 2등 ɑn 3, 4등 en		

攝	山	効		果	
	(24) 合 (86)桓(平1) (80)換(去1) (82)删(平2) 諫(去2) 仙(平3) (84)線(去3) (90)先(平4) (92)霰(去4) (87)緩(上1) 末(入1) (83)濟(上2) (89)黠(入2) 獮(上3) 薛(入3)	(25) (100)豪(平1) (97)肴(平2) 宵(平3) (94)蕭(平4) (101)晧(上1) (98)巧(上2) 小(上3)	(26) (97)宵(平4) (98)小(上4) (99)笑(入)4	(27) 開 (103)歌(平1) (104)哿(上1) (105)箇(去1)	(28) 合 (106)戈(平3) (107)果(上1) (108)過(去1)

	[91]銑(上4) [93]屑(入4) [78][79][80] uɑn [81] uɑt [82][83][84] an wan wæt [86][87][88] uɑn [89] uɑt [90][91][92] ien — iwen [93] iet — iwet	[95]篠(上4) [102]号(去1) [99]效(去2) 笑(去3) [96]嘯(去4) [94][95][96] iɛu [97][98][99] au [100][101][102] ɑu	 [103][104][105] ɑ [106][107][108] uɑ i̯ɑ i̯uɑ
한국한자음	桓 wan 刪 wan(완)	豪 o 肴 o(yo) 蕭 yo 宵 yo	歌 a 才 a — wa 戈 a — wa
오음	1, 2등 an en 3, 4등 en on an	1, 2등 au eu ou 3, 4등 eu	1, 2등 a
한음	1, 2등 an 3, 4등 en	1, 2등 au, eu, ou 3, 4등 eu 1, 2등 au	다음의 假와 함께 1, 2등 a, 3, 4등 iya

攝	假	宕	梗
	(29) 開 (30) 合 [109]麻(平234) 麻(平2) [110]馬(上234) 馬(上2) [111]禡(去234) 禡(去2) [109][110][111] a, i̯a — wa	(31) 開 (32) 合 [116]唐(平1) 唐(平1) [112]陽(平234) 陽(平3) [117]蕩(上1) 蕩(上1) [113]養(上234) 養(上3) [118]宕(去1) 宕(去1) [114]漾(去234) 漾(去3) 鐸(入1) 鐸(入1) [114]藥(入234) 藥(入3) [112][113][114] i̯aŋ — i̯waŋ [115] i̯ak —— i̯wak [116][117][118] ɑŋ — uɑŋ	(33) (開) (34) 合 [119]庚(平23) 庚(平23) 清(平4) 清(平4) [120]梗(上23) 梗(上23) [121]靜(上4) 靜(上4) 敬(去23) 敬(去34) 勁(去4) 勁(去4) [122]陌(入23) 陌(入23) 昔(入4) 昔(入4) [119][120][121] (映/靜) ɐŋ, i̯ɐŋ — wɐŋ, i̯wɐŋ [122] ɐk, i̯ɐk —— wɐk
한국 한자음	麻 a, wa	唐 -ang -ɐing(ᅌ) 陽 -ang -wang 陽乙 -ang, yang	庚乙 ɐing(ᅌ) — oing(ᅌ) 庚3 yəng
오음	1, 2등 a e	1, 2등 au	1, 2등 au, iyau

	3, 4등 iya	3, 4등 au iyau	3, 4등 iyau
한음	앞의 果와 동일	1, 2등 au 3, 4등 iyau	1, 2등 au 3, 4등 ei

攝	梗		流	深
	(35) 開	(36) 合	(37)	(38)
	(123)耕(平2) (126)麥(入2) (127)淸(平3) (130)昔(入3) (131)靑(平4) 錫(入4) (124)耿(上2) (128)靜(上3) (132)迥(上4) (125)諍(去2) (129)勁(去3) (133)徑(去4) (123)(124)(125) æeŋ —— wæeŋ (126) æk —— wæk (127)(128)(129) i̯ɛŋ —— i̯wɛŋ (130) i̯ɛk —— i̯wɛk (131)(132)(133) ieŋ —— iweŋ	耕(平2) 靑(平4) 迥(上4) 諍(去2) 徑(去4) 麥(入2) 錫(入4)	(134)侯(平1) 尤(平234) (137)幽(平4) (135)厚(上1) 有(上234) (138)黝(上4) (136)候(去1) 宥(去234) (139)幼(去4)	(140)侵(平234) (141)寑(上234) (142)心(去234) (143)緝(入234) (134)(135)(136) əu (140)(141)(142) i̯ĕm (137)(138)(139) i̯əu (143) i̯ĕp
한국한자음	耕₂ ɐing(ᄋᆡᆼ) — oing(욍) 靑 淸 yəng		侯 u 幽 尤甲 yu 侵甲 im 尤乙 u	
오음	1, 2등 au iyau		1, 2등 u uu ou 3, 4등 u iu iyu eu	3, 4등 imu omu
한음	3, 4등 iyau 1, 2등 au 3, 4등 iu		1, 2등 ou 3, 4등 iu	3, 4등 imu

攝	咸				
	(39)	(40)	(41)	(42) 開	(43) 合
	(144)覃(平1) (146)勘(去1) (156)咸(平2) (158)陷(去2) (148)鹽(平3) (150)豔(去3) (152)添(平4) (154)栝(去4) (145)感(上1) (147)合(入1) (159)豏(上2) (159)洽(入2)	(164)談(平1) (166)闞(去1) (168)銜(平2) (170)鑑(去2) 嚴(平3) 釅(去3) 鹽(平4) 豔(去4) (165)敢(上1) (167)盍(入1) (169)檻(上2) (171)狎(入2)	(172)凡(平3) (173)范(上3) (174)梵(去3) (175)乏(入3)	(180)登(平1) (176)蒸(평234) (181)等(上1) (177)極(上234) (운경에 따라 拯) (182)嶝(去1) 證(去34)	登(平1)

	(149)琰(上3) (151)葉(入3) 儼(上3) 業(入3) (153)忝(上4) (155)怗(入4) 琰(上4) 葉(入4) (144)(145)(146) ɐm (148)(149)(150) i̯ɛm (172)(173) (範) ɑm (174) i̯wɐm (147) ɐp (167) ɑp (175) i̯wɐp (151) i̯ɛp (168)(169)(170) am (152)(153)(154) iem (171) ap (155) iep (156)(157)(158) ɐm (159) ɐp	(180)德(入1) 德(入1) (179)職(入234) 職(入3) (176)(177)(178) i̯əŋ (179) i̯ək —— i̯wək (180)(181)(182) əŋ — uəŋ (183) ək —— uək
한국 한자음	覃(談) -am 銜 -am 咸 -am 嚴(凡) -əm 添 鹽甲 yəm 鹽乙 əm	覃 -am 等 -ɐng(ᅌ) — oing(욍) -ɐing(ᅌ) ong 蒸甲 -ing 蒸乙 -ɯng
오음	1, 2등 amu emu omu 3, 4등 amu emu omu	1, 2등 ou 3, 4등 iyau
한음	1, 2등 ɑmu 3, 4등 emu	1, 2등 ou 3, 4등 iu

운모의 대비에서 Takamacu의 개합(開合)의 경우는 전자만 나온다(후자는 그것에 u를 선행시키면 되는 일이다.).

앞의 중국중고음·한국한자음·오음·한음의 대비를 보건대 오음은 한국한자음에 많이 닮아 있다. -ŋ운미는 일본에서는 -u로 실현되고 있다. 이러한 오음을 간략화하고 있는 것이 한음이다.

한국한자음의 o(模운)가 오음에서 u(o도 있다)로 나타나는 것은 한국 쪽이 u/o 분화가 먼저 되었기 때문으로 풀이된다. 오음의 u가 한음에서 o로 되어 있는 것은 한음이 후발달형이기 때문으로 보인다. 오음의 o가 한음으로 u로 되어 있는 것도 있어서 당시의 u/o의 유동성을 짐작하게 한다.

한국한자음의 ɐ는 오음이나 한음에서 o, ɐi는 ai, e 인 점을 보면 ɐ는 a, o의 간음적임을 시사하고 또한 그 ɐ가 i에 끌려서 a 발음이 되는 것도 가능하게 한다.

ə → e의 현상도 오음이나 한음이 그렇다. ə와 e는 매우 가까웠음을 시사한다.

개요음이 한음에서 잘 안 쓰이는 것이 한음의 특색인데 遇섭이나 臻섭에서는 오음이나 한음에서 개요음이 실현되고 있다.

필자는 한국한자음 계통에 있는 것이 오음이고 한음을 그것을 간략화하는 개신적인 것으로 본다. 한음은 중국의 당의 장안음에서 유학생을 통해 직수입한 것으로 보기도 하지만(물론 그런 부분도 있겠지만), 한반도에서 신라가 친당정책을 쓰면서 삼국을 통일할 때 그 때에 받아들인 개신음이 백제 멸망 후 신라 쪽으로 기울어진 일본의 중앙정권이 옛 것을 탈피하고 일본을 내세우는 의도에서 채택하여 그것을(한음) 장려하게 되면서 오음과 한음이 갈린 것으로 보인다. 오음의 오랜 전통을 지울 수는 없었다.

4.3.3. 중국한자음 운목과의 대비

다음, 앞에서 보인 것을 간략하게 그리고 쉽게 참조해볼 수 있도록 동일 한자를 가지고 예시하면(중국음의 등별이나 개합이 생략되고 음가가 약간 다르게 된 부분이 있고 한국한자음도 생략됐으나 한자의 독음으로 대신된다),

운경 전차	운목	오음/한음	한자(음) 예시	비고
1 2	東(동) ung 冬(동) ong (당대에 합류)	오음 u	工(공)ku 功(공)ku 空(공)kuu 通(통)tuu 風(풍)puu 洪(홍)gu	
		한음 ou	工(공)kou 功(공)kou 空(공)kou 通(통)tou 風(풍)pou 洪(홍)gou	
4 8 9	支(지) ie 之(지) iei 微(미) (3등운) iəi (당대에 모두 i로)	오음 e	衣(의)e 氣(기)ke 希(희)ke 己(기)ko(之운) 施(시)se 宜(의)gi	宜 오음/한음 동일 성모는 비음
		한음 i	衣(의)i 氣(기)ki 希(희)ki 己(기)ki(之운) 施(시)si 宜(의)gi	
13 15	皆(개) ɐi 佳(가) ai (모두 평성 2등운)	오음 e	解(해)ke 芥(개)ke 礙(의)ge 快(쾌)kue 排(배)be	礙성모 비음
		한음 ai	解(해)kai 芥(개)kai 礙(의)gai 快(쾌)kuai 排(배)pai	

13 (14)	齊(제) iei (4등 전속운) (合音)	오음 ai	西(서)sai 体(체)tai 題(제)dai 帝(제) dai 禮(례)rai 米(미)mai 迷(미)mai	米, 迷 성모 비음 ai〉e(i)의 단모음화
		한음 ei	西(서)sei 体(체)tei 題(제)tei 帝(제) tei 禮(례)rei 米(미)bei 迷(미)bei	
17	眞(진) (3등자) ȷen 眞(진) (4등자) ien 質(질) (입성자) ȷĕt (3등운)	오음(3등자) o 오음(4등자) i	銀(은)gon 巾(건)kon 乙(을)oti 貧(빈)bin 神(신)zin 緊(긴)kin 吉(길)kiti 身(신)sin 人(인)nin 日(일)niti 親(친)sin	아음/후음 외는 i로 4등자와 입성자는 오/한음 모음 동일
		한음 i	銀(은)gin 巾(건)kin 乙(을)itu 貧(빈)pin 神(신)zin 緊(긴)kin 吉(길)kitu 身(신)sin 人(인)zin 日(일)zitu 親(친)sin	
19	欣(흔) ȷən 迄(흘) ȷət (3등운)	오음(3등자) o 오음(4등자) i 한음(3, 4등자) i	(입성자 oti) (입성자 iti) (입성자 itu) } 앞의 眞(진)·질(질)과 동일	
21	元(원) ȷɐn (3등 전속운) 月(월) iɐt (3등운)	오음 o	建(건)kon 言(언)gon 權(권)gon 反(반)pon 煩(번)bon	言(언) 성모 비음 反(반), 煩(번)의 한음의 예외는 당 말기에 f의 신생과 더불어 개구도가 커졌기 때문임
		한음 e	建(건)ken 言(언)gen 權(권)ken 反(반)pan 煩(번)pan	
21 23	山(산) æn (입성자鎋 ɑt) 刪(산) ɑn (입성자黠 æt)	오음 e	間(간)ken 限(한)gen 顔(안)gen 山(산)sen 殺(살)seti 閑(한)gen 姦(간)ken	顔(안) 성모 비음
		한음 a	間(간)kan 限(한)kan 顔(안)gan 山(산)san 殺(살)satu 閑(한)kan 姦(간)kan	
29	麻(마) ă	오음 e	家(가)ke 下(하)ge 牙(아)go 馬(마)me 拏(나)na 茶(차)dya(〉zya)	牙(아) 성모 비음 茶(차) 성모 澄(징)(설상음) ḍ
		한음 a	家(가)ka 下(하)ka 牙(아)ga 馬(마)ba 拏(나)da 茶(차)ta	
33	庚(경) ȷɐŋ	오음 yau (입성자 yaku)	青(청)syau 生(생)syau 京(경)kyau 經(경)kyau 形(형)gyau 明(명)myau(모두 ya〉yə(yo))	ŋ운미가 u
35	青(청) ieŋ 清(청) ȷɛŋ	한음 ei (입성자	青(청)sei 生(생)sei 京(경)kei 經(경)kei 形(형)kei 明(명)mei	ŋ운미가 i ya〉yə〉e

		eki)		(전모음화, 단모음화)
37	侯(후) əu (1등운) 尤(우) (i̯)əu (2, 3등운)	오음 u, yu	口(구)ku 後(후)gu 頭(두)du 留(류)ru 斗(두)tu 樓(루)ru	
		한음 ou, iu	口(구)kou 後(후)kou 頭(두)tou 留(류)ryu 斗(두)tou 樓(루)rou	
38	侵(침) i̯əm 緝(집) i̯əp	오음 omu, opu	金(=今)komu 陰(음)omu 品(품)bomu 音(음)omu 吟(음)gomu(〈gon) 立(립) ripu(〉ryuu)	앞서(19전차)의 欣(흔), 迄(흘) 참조 입성운미 -p의 立은 오음·한음 동일
		한음 imu, ipu	金(=今)komu 陰(음)imu 品(품)pimu 音(음)imu 吟(음)gimu(〈gin) 立(립) ripu(〉ryuu)	
39	咸(함) ɐm	오음 e	監(감)kemu 咸(함)gemu 夾(협)kepu 讒(참)zemu(〉zen)	
40	銜(함) am	한음 a	監(감)kamu 咸(함)kamu 夾(협)kapu 讒(참)samu(〉san)	
40	嚴(엄) i̯ɐm 業(업) i̯ɐp 凡(범) i̯əm 乏(핍) i̯əp (i̯wɐp) (3등운)	오음 o 한음 e	嚴(엄)gomu 凡(범)bomu 梵(범)bomu 業(업)gopu 法(법)popu 脅(협)kopu 嚴(엄)gemu 凡(범)pamu 梵(범)pamu 業(업)gepu 法(법)papu 脅(협)kepu(〉kyoo)	嚴(엄), 業(업) 성모비음 한음에서 순음에서 e → a (개구도가 커짐)

이상을 볼 때 전차의 운목과 거기에 반영된 오음/한음의 관계를 보면 다음의 경우,

전차 운목	오음/한음
13 皆(개) 15 佳(가)	e/ai
21 山(산) 23 删(산)	e/a
29 麻(마)	e/a
39 咸(함) 40 銜(함)	e/a

운목의 중고음의 공통점은 ă와 ɐ(麻만은 ă)이다. 그리고 등호(等呼)도 2등운이다. 다만 麻운은 개음이 2, 3, 4에 걸치지만 역시 2등운이 중심이다. 1등운과 2등운은 직음(直音)이며 이들에게 상대적으로 1등은 뒤쪽의, 2등운은 앞쪽의 것이다. ă는 좁은 a이고 ɐ(ʌ)는 느슨한 a이다. 결국 오음의 e에서 한음의 a로 바뀐 것은 앞쪽의 a [æ와도 같은]에서 안정적인 중간 내지 안쪽의 a로 바뀐 것을 나타낸다.

麻운만 들어서 상고음의 변천을 보면 선진음 歌부[ɑi] 開2 [eɑi]—한대·위진남북조 [eɑ]—수·중당음 麻부 [a] 開2 [a]이다.

a보다 e쪽이 고음의 반영으로 볼 수 있다.

어쩌면 중세 이전의 한국한자음도 a에 두 가지 있어서 앞에서 내는 것(æ에 가까운), 뒤에서 내는 것(ɑ)의 구별이 있었는지 모른다. 다음의 경우,

21 元(원)
月(월) } o/e

40 嚴(엄)
業(업)
凡(범)
乏(핍) } o/e

일본어의 o 표기는 실지는 비원순의 [ə]에 가까운 것이어서 오음 → 한음의 변화는 전부 모음화의 일단에 불과하다. 다음의 경우도,

13 齊(제) } ɑi/ei

ɑi〉e(i)의 단모음화의 경우로 볼 수 있고,

4 支(지)
8 之(지) } e/i

오음은 오랜 것(ie의 반영), 한음은 새로운 것(i)으로 단순화(간략화)에서

오는 변화에 불과하다.

1 東(동)	u/ou

37 侯(후) 尤(우)	u/ou

이들은 후부모음의 분화에서 온 것으로 u형이 고형을, o(u)형이 신형임을 나타낸다.

17 眞(진) 質(질)	o/i

19 欣(흔) 迄(흘)	o/i

이들은 오음이 4등자에서는 i로 공통하듯 3등자 개요음이 주모음화한 것으로 보인다.

38 侵(침) 緝(집)	o/i

앞의 것과 같은 유형으로 볼 수 있다.

33 庚(경) 35 靑(청) 35 淸(청)	yau/e

요음 회피로 yə → e의 단모음화로 볼 수 있다.

4.4. 한자음 자료

4.4.1. 유취명의초(類聚名義抄), 몽구(蒙求)

지금까지의 오음과 한음의 성모상·운모상의 차이의 대조를 통해서 어느 정도의 양자의 분간이 되는 것으로 사료하고 이하에서는 실지로 옛 자료에 어떻게 반영되어 왔는지 보기로 한다.

오음에 대한 가장 오랜 자료라고 하는 觀智院 유취명의초(1241 / 1125년)와 한음에 대한 가장 오랜 자료라고 하는 長承本 몽구(蒙求)(1134)의 것을 대조적으로 보이고자 한다. 몽구는 원래 당의 李澣의 찬으로 한자(음)의 암송의 편의를 도모한 입문서인데 일본에는 Heian 시대에 귀족의 자제의 교육의 교과서로서 천자문과 함께 쓰였다. 음독을 위해 매 한자에 kana로 음이 달아 있다. 한음 위주라고 하기는 하나 오음과 동일한 것도 많다.

이들에 대해서는 Numoto(沼本編, 1995:125~)의 오음과 한음의 각각 분운(分韻)표를 이용하여 맞춰보았다.

다음은 운경의 1전차의 東운의 경우인데 평성(상성, 거성은 음형은 동일)과 입성의 경우이다. 직음은 1, 2등운이고 요음은 3, 4등운이다. 지면 관계로 성점이나 소재 페이지, 그리고 예자도 하나 더 있는 것은 생략하였다. 참고로 몽구(蒙求)의 한자별 색인(kana순, 획순, 운별은 Cukisima(築島 1990)에 있다.

오음/한음	오음		한음	
성별 / 운모 / 성모	평성	입성	평성	입성
	東(동)直(직) uŋ	屋(옥)直(직) uk	東(동)直(직) uŋ	屋(옥)直(직) uk
幇(방) p				卜(복) poku
並(병) b		暴(폭) poku	蓬(봉) pou	
明(명) m	蒙(몽) muu	木(목) moku	蒙(몽) mou	木(목) moku
端(단) t	東(동) tou		東(동) tou	
透(투) t‘	通(통) tuˇu		通(통) tou	
定(정) d	烔(형) tou	髑(촉) koku	銅(동) tou	獨(독) toku

見(견) k	蚣(공) kuuˇ		公(공) kou	谷(곡) koku
溪(계) k'	空(공) kuuˇ	哭(곡) koku		
淸(청) ts'	聽(청) sou			
從(종) dz	叢(총) souˇ			
心(심) s		速(속) soku		
影(영) '			翁(옹) ou	
匣(갑) ɣ	紅(홍) 具u		洪(홍) kou	鹿(록) roku
來(래) r	聾(농) ryouˇ			

여기서는 東운(直)음만 예시했기 때문에 해당된 성모만 적게 나왔다. 여기서의 ∨표시는 운미에서는 비음을 그 이외는 탁음을 나나내는 것이다.

이상에서 한음이 중국중고음을 직수입한 것이 아님을 알 수 있다. 오히려 한음의 o음이 한국어의 o음과 같다. 그렇다고 오음을 중국중고음을 직접 받아들인 것도 아니다. 중국중고음이나 오음은 주대—한대—위진남북조의 음을 서로가 이어져 왔고 그 사이에 한국음이 영향을 준 것은 사실이다. 여기 대비만으로는 오음의 주모음 u가 한음에서 o로 바뀌어 있다.

오음/한음	오음		한음	
성별	평성	입성	평성	입성
운모 / 성모	東(동)拗(요)i̯uŋ	屋(옥)拗(요)i̯uk	東(동)拗(요)i̯uŋ	屋(옥)拗(요)i̯uk
幇(방)3 p	풍(風) puuˇ	腹(복) buku		
滂(방)3 p'	豊(풍)復(복) u			
並(병)3 b		復(복) puku		
明(명)3 m		睦(목)木(목)		目(목) moku
知(지) ʈ	中(중) tyuˇ	竹(죽) tiku	忠(충) tyu	
徹(철) ʈ'		畜(축) tyuku		
澄(징) ɖ	蟲(충) tyu	畜(축) tyuku 吳音竹		軸(축) tiku
泥(니) ɳ	農(농) nou(冬音韻)		怒(노) to(姥운)(상성)	
見(견)3 k	宮(궁) kuuˇ		躬(궁) kyu	菊(국) kiku
群(군) g	窮(궁)具(구) uˇ			
照(조) tʃ	終(종) syuu		終(종) syu	
精(정) ts		(척) siku syaku		

初(초)2 t_1s‘		閦(축) syuku		
穿(천) ts‘	充(충)壽 u		充(충) syu	
牀(상) dz			崇(숭) suu	
山(산)3 ʂ		縮(축)宿		縮(축) siku
審(심) ʃ		叔(숙) siku		叔(숙) siku
心(심) s	嵩(숭) syu swa	肅(숙) siku		宿(숙) siku
影(영) ’		郁(욱) 吳音 育 iku		
于(우) ø		雄(웅) ouˇ	雄(웅) yu	
喩(유) j		育(육) iku	融(융) yu	毓(육) iku
日(일) n		肉(육) niku		
來(래) l			隆(륭) ryu	陸(륙) riku
非(비)3 f			風(풍)	
敷(부)3 f‘			豊(풍) pou	
奉(봉)3 v			憑(빙) puu pu	

(성모에서의 숫자는 등별)

마지막 경우의 경순음 非, 敷, 奉은 두자음에서는 한음에만 보인다.

知(全淸), 徹(次淸), 澄(全濁), (娘)(次濁)은 운경상 설음의 2, 3등운(舌上音)이고, 照(全淸), 穿(次淸), 審(淸)은 운경상 치음의 3등운(正齒音)이다. 설상음은 폐쇄음, 정치음은 파찰음이다. 구개음화와 관련된다.

다음의 初(次淸), 牀(全濁), 山(淸)은 운경상 치음의 2등운(齒上音)으로 원래 치음의 조음위치 자체가 구개음 위치다. 일본의 오음이나 한음에서 sy 또는 si로 실현되고 있다. 한국음에서는 cy, ci 또는 sy, si로 실현된다. 일본어도 원래 한국음과 같은 실현이 있었지만 모두 sa행으로 합쳐졌다.

泥母의 자음은 오음 n, 한음 d인 것이 차이점인데 한음계의 몽구(蒙求)에서는 d가 아닌 오음과 같은 n으로 나타나는 예가 있다(cf. 築島 편, 1990:91).

農(농)(전차 2 冬운 평성) nou　囊(낭)(전차 31 唐운 평성)
寧(녕)(전차 35 靑운 평성) nei　南(남)(전차 39 覃운 평성)

이상은 운경의 전차 1(通섭, 東운)의 부분이고 그 이하는 항목을 섭 — 전차 — 운모(開/合)(평성(등)/입성(등)) — 중국중고음 — 오음(평성/입성)

— 한음(평성/입성) 순으로 배열한다. 4. 3. 2. 에서의 번호 (1), (2) … 는 전차의 번호순이고 여기의 번호도 전차의 번호이므로 맞춰볼 수 있다. 앞에서는 중국음을 번호(①, ② …)를 부여, 표시했는데 여기서는 바로 옆에 부기하였다. 여기서는 두 자료에서 대비되는 한자의 운목만이 나와 있다.

섭	전차	운모	중국음	오음	한음
				평성/입성	평성/입성
通	2	冬(동)(1)/沃(옥)(1)	oŋ/ok	uu/oku	ou, o/oku ou you/yoku, oku
江	3	鍾(종)(3)/燭(촉)(3)	ɔŋ/ɔk	au, ou/aku, oku	uu/aku
止	4	支(지)(開)(2,3,4)	ʝie	i	i
	5	支(지)(合)(3,4)	ʝʷie	i ui	ui
	6	脂(지)(開)(2,3,4)	ʝi	i ii e	i
	7	脂(지)(合)(2,3,4)	ʝwi	ui	ui wi
	8	之(지)(開)(2,3,4)	ʝi	i o ou	i
	9	微(미)(開)(3)	ʝei	i	i
	10	微(미)(合)(3)	ʝʷei	i ui	i wi
魚	11	魚(어)(2,3,4)	ʝə	yo o(o)	yo o
遇	12	模(모)(1), 虞(2,3)	o(1) ʝu(23)	u o	o u
蟹	13	咍(해)(1), 齊(4)	ai	ai	ai ei(4)
	14	灰(회)(合1) 皆(2)	wai(1) ai(2)	ai wai(2)	ai wai(2)
		齊(제)(合4)	uei	ei ai	ei
	15	佳(가)(開2)	ai	ue ai	ai
	16	佳(가)(合2)	wai	uwa ue wai	wa
	17	痕(흔)(1)臻(진)(2)眞(진)(3,4)/沒(몰)(1)櫛(즐)(2)質(질)(3,4)	ən(1) ʝɛn(2) ien(3, 4)	on, in/ici, otu	on(2, 3, 4) itu(2) iti, itu(3, 4)
	19	欣(흔)(開3)/迄(흘)	ʝən/ʝət	n, in, on/itu, otu	in
	20	文(문)(合3)/物(물)	ʝwən/ʝwət	un on/otu	un/witu utu
山	21	山(산)(開2)/鍺(할), 薛(설)(3)	a̱n/a̱t	en an/eti ati	an/ati, atu
		元(원)(開3)/月(월)(3)	ʝɐn	on/ati, eti	en
		元(원)(合3)/月(월)(合3)	ʝwɐn	on won wan/ati, eti	an wen/atu etu wetu
	22	仙(선)(開3)/薛(설)(4)	ʝɛn	en/eti	en/etu eti
		仙(선)(合4)/薛(설)(4)	ʝʷen	en emu/eti	en/eti etu

	23	寒(한)(開1)/曷(갈)(1)	ɑn	an/ati	an/atu
		刪(산)(開2)/黠(힐)	ăn/ɐt	an/ati, eti	an/atu
		先(선)(開4)/屑(설)(4)	en/et	en emu/eti	en/etu
		先(선)(合4)/屑(설)(4)	ʷen	wan en/wati	en wen
	24	桓(환)(合1)/末(말)(1)	ʷan	an wan/ati, wati	an, wan/atu, watu
		刪(산)(合2)/黠(힐)	ʷan	wan/ati, wati	an, wan/ati, wati
	25	豪(호)(1)	au	ou au eu	ou au
		肴(효)(2)	ău	eu au	au
		宵(소)(3)	i̯ɛu	eu	eu
		蕭(소)(4)	eu	eu	eu
	26	宵(소)(4)	iɛu		
果	27	歌(가)(開1)	ɑ	a ya	a
	28	戈(과)(合1)	wa	a wa	a wa
假	29	麻(마)(開2)	a	a e ya	a
		麻(마)(開3,4)	i̯a	ya	ya
	30	麻(마)(合2)	wa	wa	wa
宕	31	唐(당)(開1)/鐸(탁)(1)	aŋ	au/aku	au/aku
		陽(양)(開3)/藥(약)(3)	i̯aŋ/i̯ak	au, yau/aku, yaku	au, yau/yɑku, aku
	32	陽(양)(合3)	i̯waŋ	wau, yau	wau
梗	33	庚(경)(開2)/陌(맥)(2)	ɐŋ/ɐk	yau/yaku	au/aku
		庚(경)(開3)	i̯ɐŋ	yau au	ei/eki
		庚(경)(合2)	wɐŋ	wauˇ	wa/waku, aku
		庚(경)(合3)	i̯wɐŋ	yau	wei, ei
	35	耕(경)(開2)/麥(맥)(2)	æŋ/æk	au/yaku	au/aku yaku eki
		清(청)(開3/昔(3))	iɛŋ/iɛk	yau/yaku	ei/eki
		青(청)(開4/錫(4))	eŋ/ek	yau/yaku	ei/eki
	36	耕(경)(合2)/麥(맥)(2)	wæŋ/wæk	/yaku	wau/waku aku
		青(청)(合4)/錫(석)(4)	weŋ/wek	wiyau	ei/eki
流	37	侯(후)(1)	ə̆u	o ou yu u	ou u
		尤(우)(2,3)	i̯ə̆u	u yu o	yu u
		幽(유)(4)	i̯ĕu	eu	yu
深	38	侵(침)(2,3,4)/緝	i̯əm/i̯əp	imu omu amu/ipu	imu/ipu
	39	覃(담)(1)/合(1)	ḁm/ḁp	amu omu/apu	amu
		咸(함)(2)/洽(흡)(2)	ḁm/ḁp	emu amu/epu apu	amu/apu
		鹽(염)(3)/葉(엽)(3)	i̯ɛm/i̯ɛp	emu amu/epu	emu/epu
		添(첨)(4)/怗(첩)(4)	em/ep	emu/epu	emu/epu

	40	談(담)(1)/盍(합)(1)	am/ap	amu/apu	amu/apu
		銜(함)(2)/狎(압)	ăm/ăp	amu/apu epu	amu
		嚴(엄)(3)/業(업)	i̯ɐm/i̯ɐp	amu/apu opu	emu en
	41	凡(범)(3)/乏(핍)(3)	i̯əm/i̯əp	omu/apu opu	
	42	登(등)(1)/德(덕)(1)	əŋ/ək	ou/oku	ou
		蒸(증)(3)/職(직)(3)	i̯əŋ/i̯ək	ou/iti, yoku, ok, iki	you, ou/yoku
	43	登(등)(合1)/德(덕)(1)	wəŋ/wək	uu/oku waku	amu ou/oku

지면관계로 전차 2부터 예자를 생략했으나 운경에서 찾아볼 수 있다.

이상의 대조에서 오음과 한음과 공통적인 것이 많다. 오음이 전래적이기에 한음보다 다양한 음형이 있어 한음과 일부 공통되기 마련이다.

여기의 오음은 보통 일본어 음의 뜻인 화음(和音)을 취한 것이기에 화음이 과연 오음 자체인가 아니면 오음에 한음적인 요소도 포함되어 있지 않는가의 논란이 있을 수 있다. 그것은 오음에도 개신화의 반영이 있었을 터이니 자연히 한음과 연결될 것이고 한음도 음절구조가 보다 단순화하고 간략된 오음을 받아들이는데 마다할 필요가 없는 것이다.

결국 이렇게 보면 오음과 한음의 차이는 공통적인 것을 제외하고 차별적인 것을 내세운 대조적인 차이에 입각한 것이라 할 수 있다.

4.4.2. 법화경음의(法華經音義)

다음은 Yamada(山田, 1958:84-)에서 오음계 자료로 보는 승 심공(心空)의 법화경음의(上권, 1365년)를 주로 하고 왜옥편(倭玉篇, 大永 4年本 1489년)으로 보충한 것을 가지고 오음의 음류로 나타내고, 따로 한음 자료에 입각한 한음 음류도 제시하였는데, 필자가 이를 다음처럼 상단은 오음, 하단은 한음(표기에서 iyau는 yau로)으로 맞춰보았다. 세로줄은 입성의 구별이고, 가장 왼편에 주모음 위주로, 다음은 -i, -u, -n 운미로 표시하였다.

a						
a(阿)(아)	ai(愛)(애)	au(央)(앙)	an(庵)(암)	aku(惡)(악)	atu(頞)(알)	apu(押)(압)
a(阿)	ai(愛)	au(鸚)(앵)	an(暗)(암)	aku(惡)	atu(軋)(알)	apu(押)
i(已)(이)			in(引)(인)	iku(育)(육)	iti(一)(일)	ipu(揖)(읍)
		iu(遊)(유)	in(陰)(음)	iku(育)	itu(乙)(을)	ipu(邑)(읍)
u(有)(유)			un(雲)(운)		utu(鬱)(울)	
u(宇)(우)			un(雲)		utu(鬱)	
e(衣)(의)	ei(銳)(예)	eu(要)(요)	en(厭)(염)		etu(悅)(열)	epu(壓)(압)
	ei(永)(영)	eu(要)	en(鹽)(염)	eki(益)(익)	etu(悅)	epu(葉)(엽)
o(於)(어)		ou(應)(응)	on(陰)	oku(億)(억)	otu(乙)	opu(邑)
o(於)		ou(謳)(구)	on(恩)(은)			
ka(可)(가)	kai(戒)(계)	kau(響)(향)	kan(漢)(한)	kaku(覺)(각)	kati(渴)(갈)	kapu(甲)(갑)
ka(家)(가)	kai(介)(개)	kau(高)(고)	kan(甘)(감)	kaku(客)(객)	katu(割)(할)	kapu(甲)
ga(我)(아)	gai(害)(해)	gau(强)(강)	gan(岸)(안)	gaku(學)(학)		gapu(合)(합)
ga(我)	gai(槪)(개)	gau(號)(호)	gan(眼)(안)	gaku(學)		gapu(合)
ki(喜)(희)			kin(緊)(긴)	kiku(菊)(국)	kiti(吉)(길)	kipu(給)(급)
ki(期)(기)		kiu(九)(구)	kin(金)(금)	kiku(掬)(국)	kitu(吉)	kipu(及)(급)
gi(義)(의)						gipu(及)
gi(義)		giu(牛)(우)	gin(銀)(은)			
		kyau(敬)(경)		kyaku(擊)(격)		
		gayu(行)(행)		gyaku(却)(각)		
		kyau(香)(향)		kyau(却)		
		gyau(仰)(앙)		gyaku(謔)(학)		
(오음)	… … … … …					
kyo(巨)(거)		kyou(興)(흥)		kyoku(極)(극)		
(오음)	… … … … …					
gyo(語)(어)		gyou(凝)(응)		gyoku(玉)(옥)		
ku(胸)(흉)		kuu(空)(공)	kun(訓)(훈)		kutu(崛)(굴)	
ku(區)(구)			kun(君)(군)		kutu(屈)(굴)	

gu(共)(공)		guu(窮)(궁)	gun(群)(군)			
gu(娯)(오)			gun(群)			
kwa(果)(과)	kwai(懷)(회)		kwan(觀)(관)	kwaku(郭)(곽)	kwatu(活)(활)	
kwa(和)(화)	kwai(會)(회)	kwau(皇)(황)	kwan(還)(환)		kwatu(活)	
gwa(瓦)(와)			gwan(願)(원)		gwatu(月)(월)	
gwa(畵)(화)	gwai(外)(외)		gwan(玩)(완)			
(오음)	… … …					
	kei(惠)(혜)	keu(喬)(교)	ken(建)(건)	keki(闃)(격)	ketu(決)(결)	kepu(俠)(협)
	gei(迎)(영)	geu(澆)(요)	gen(元)(원)	geki(隙)(격)	getu(月)(월)	gepu(業)(업)
kwi(鬼)(귀)						
	kwiyau(頃)(경)					
(한음)	… … … … … … … … … …			… … … … … …		
gwi(僞)(위)				gwiyaku(獲)(획)		
(한음)	… … … …					
kwe(悔)(회)		kwen(眷)(권)		kweti(決)(결)		
(한음)	… … … … … …					
gwe(外)(외)			gwen(患)(환)			
(한음)	… … … … … …					
ke(戱)(희)	kei(詣)(예)	keu(敎)(교)	ken(見)(견)	keti(結)(결)		kepu(俠)(협)
	kei(惠)(혜)	keu(喬)(교)	ken(建)(건)	keki(闃)(격)	ketu(決)	kepu(俠)
ge(解)(해)	gei(繼)(계)	geu(樂)(악)	gen(眼)(안)			
	gei(迎)(영)	geu(澆)(요)	gen(元)(원)	geki(隙)(극)	getu(月)(월)	gepu(業)(업)
ko(己)(기)		kou(興)(흥)	kon(建)(건)	koku(曲)(곡)	kotu(骨)(골)	kopu(劫)(겁)
ko(古)(고)		kou(公)(공)	kon(困)(곤)	koku(酷)(혹)	kotu(骨)	kopu(劫)
go(後)(후)		gou(恒)(항)	gon(近)(근)	goku(獄)(옥)		gopu(業)(업)
go(五)(오)						

(이상에서 한글은 필자가 부기)

지금까지 a행과 ka(ga)행의 것을 대조시켰는데 그 이하는 생략하고 다만 오음이나 한음의 어느 한 쪽이 빠져있는 부분만 보이기로 한다.

si, zi, sya, zya, syu, zyu, syo, zyo, su, se, ze, so, ta, da, ti, di, de, to, do, pa, ba, pi, bi, pu, pe, po, bo, ya, yu, yo, ra, ri, rya, ryo, ru, ro, wa, wi, we, wo

에는 오음과 한음이 상대되고, 다음은 오음만 있고 한음은 안 보인다.

zu(受)(수)	zui(髓)(수)		zun(巡)(순)			
한음 …………						
		zou(增)(증)	zon(存)(존)	zoku(囑)(촉)		
한음 …………						
du(頭)(두)						
한음 …………						
na(那)(나)	nai(內)(내)	nau(腦)(뇌)	nan(難)(난)		natu(捺)(날)	napu(納)(납)
한음 …………						
ni(二)(이)		niu(柔)(유)	nin(忍)(인)	niku(肉)(육)	niti(日)(일)	nipu(入)(입)
한음 …………						
nya(若)(약)		nyau(寧)(녕)		nyaku(弱)(약)	(범어의 음역에만 쓰임)	
한음 …………						
nu(奴)(노)	nui(蕤)(유)					
한음 …………						
	nei(禰)(미)	neu(尿)(뇨)	nen(然)(연)		neti(熱)(열)	nepu(捻)(염)
한음 …………						
		nou(膿)(농)		noku(耨)(누)		nopu(納)(납)
한음 …………						
ma(摩)(마)	mai(米)(미)	mau(忘)(망)	man(萬)(만)	maku(莫)(막)	matu(末)(말)	
한음 …………						
mya(咩)(미)		myau(命)(명)		myaku(藐)(막)		
한음 …………						

mu(務)(무)					
한음					

me(馬)(마)	mei(迷)(미)	meu(妙)(묘)	men(面)(면)		meti(滅)(멸)
한음					

mo(母)(모)		mou(毛)(모)	mon(文)(문)	moku(目)(목)	motu(物)(물)
한음					

이와 반대로 한음에 있고 오음에 없는 것은 앞에 보인 한음 kyo(巨)와 gyo(語)의 경우와 다음의 경우다.

오음	
tyu(株)(주)	tyutu(黜)(출)

이들 외에는 대체적으로 오음과 한음의 음절은 동일하다. 음절 칸이 비어 있는 것은 해당 예자(例字)가 안 보이기 때문이다.

이미 주지한 바와 같이 오음과 한음의 차이성을 다시 든다면, 오음에는 탁음으로 시작되는 것이 적지 않다. za, zi, zo, du, na, ni, nu, ne, no, pya, bya, ma, mi, mu, me, mo로 시작되는 것은 오음이다.

na행은 한음에 없고 이를 da행으로 대체하고 있다. ma행도 한음에 없고 이를 ba행으로 대체하고 있다.

입성음에는 설음 입성(t)의 경우 오음은 -ti와 -tu로, 한음은 -tu로 받고 있다. 따라서 -ti로 받는 것은 오음으로 볼 수 있다.

4.4.3. 법화경단자(法華經單子)

다음은 오음계 자료로 보는, 保延 2년(1136년)에 Minamoto(no)(源實俊)가 필사한 법화경단자의 경우를 보이기로 한다. 이는 영인된 것이 있다(1973, 雄松堂書店). 이에 대해서는 거기에 있는 반절과 kana표기(序品의 서두에 妙无小反/peu, 法方邑反/pau, 連力田反/ren의 예가 보인다.)를 중고음 체계와 대조하여 정리한 Yosida(吉田, 1957:38-)의 것이 있고, Ogura(小倉, 1980:1-9, 1981:1-)에서는 반절을 정리하여 한자(字音)를 분운표에 맞춰 배치 정리한 것이 있다. 여기서는 Yosida의 kana표기의 부분만 보이고자 한다. 음성기호는 Karlgren의 것이고 배열순서는 필자가 다른 자료와의 비교에 쉽도록 운경의 전차에 맞추어 바꿔 썼다. 각 운목은 평성의 것이다. 나머지 3성은 기본적으로 이에 준하면 된다.

東(동) -ung	u yuu uu yu	R. M. uu, ou
冬(동) -uong	ou yuu	R.uu M. ou, o
鍾(종) -i^{w}ong	u ou yuu womu	M. ou you
江(강) -nag	au ou	R. au, ou M. uu
支(지) -ji̯ę/-i̯^{w}ie	i wi e	R. M. i/ui
脂(지) -ji/-j^{w}i	i wi	R. M i/ui
之(지) -ji(-iə)	i o	R. M. i, R o
微(미) -jei/-j^{w}ei	i wi e	R. M. i/i ui
魚(어) -i̯^{w}o	o (io)	R. M. yo, o
模(모) -uo	o	R. M. u, o
虞(우) -i̯u	u	R. M. u, o
咍(해) âi	ai	R. M. ai M. ei
灰(회) -uâi	ai e ui	R. M. ai wai
皆(개) -ăi/^{w}ăi	ai e	R. M. ai/wai
齊(제) -iei/i^{w}ei	ai ei e	R. M. ai/ei
佳(가) ai/wai	ai (e ya wa)	R. M. ai/wa(i)
痕(흔) -ən	on	R. M. on R. in
榛(진) i̯ɛn	… … … … …	
眞(진) i̯ĕn	in omu	R. M. on R. in
欣(흔) i̯ən	omu	R. M. in R. on
文(문) i̯uən	un on	R. M. un R. on
山(산) -ăn, ^{w}ăn	an en	R. M. an R. en
元(원) -i̯ɐn/i̯^{w}ɐn	an on en	R. on M. en/R. won, wan M. wen
仙(선) -i n/i^{w} n	en	R. M. en/en
寒(한) -ân	an	R. M. an

桓(환) -uân	an wan	R. M. an wan
删(산) -an/-ʷan	an en	R. M. an/wan
先(선) i̯en/iʷen	en	R. M. en/en R. wan M. wen
豪(호) -âu	eu au ou	R. M. au ou
肴(효) -au	eu au	R. M. au R. eu
宵(소) -i u	eu	R. M. eu
蕭(소) -ieu	eu	R. M. eu
歌(가) -â	a (ya)	R. M. a R. ya
戈(과) -uâ	a (ya, wa)	R. M. wa, a
麻(마) -a(/ʷa i̯a)	a (ya) e	R. M a R. ya/R. M. wa
唐(당) -âng, -wâng	au (wau)	R. M. au
陽(양) -iang, iʷâng	au (yau)	R. M. au yau
庚(경) -ɐng/ʷɐng	au (yau/wau)	R. yau M. au/R. M. wau
淸(청) -i̯ ng	yau	R. yau M. ei
耕(경) -ɛng, ʷɛng	au (yau)	R. M. au/M. wau
靑(청) -ieng	yau (ei)	R. yau M. ei
侯(후) -əu	u o (iu, ou)	R. M. ou, u R. o, yu
尤(우) -i̯əu	u yu (iu)	R. M. u, yu, R. o
幽(유) -iə̯u	eu	R. eu M. yu
侵(침) -i̯əm	imu, omu	R. M. imu R. omu
覃(담) -ậm	amu, omu	R. M. amu R. omu
咸(함) -ậm	en	
鹽(염) -i m	emu	R. M. amu R. emu
添(첨) -iem	emu	R. M. emu
談(담) -âm	amu au	R. M. amu
銜(함) -am	… … … … …	R. M. amu
嚴(엄) -i̯ɐm	omu	R. amu M. emu
凡(범) -i̯ʷɐm	omu	R, omu
登(등) -əng/uəng	ou(uu)	R. M. ou/R. uu M. ou
蒸(증) -i̯əng	ou(you)	R. M. ou M. you

위에서 개(開)·합(合)이 구별이 있는 경우는 /선으로 구획하였다.

이를 앞의 유취명의초와 몽구하고 맞춰본 것을 오른 칸에 적었다. R.는 전자의 것이고, M.은 후자의 것이다. 음형이 같은 주된 음을 중심으로(다르게 나타나는 것은 R.과 M.은 따로) 적었다.

앞의 법화경단자의 음도 R.나 M.과도 공통적인 것이 많다. 다르게 나타나는 부분을 보이면,

> 咍운에서 R. M. ai 공통적이면서 M에서 ei가 있다.
> 痕운과 眞운에서 R. M. on 공통적이면서 R.에서 in이 있다.
> 欣운에서 R. M. in 공통적이면서 R.에 on이 있다.
> 文운에서 R. M. un 공통적이면서 R.에서 on이 있다.
> 山운에서 R. M. an 공통적이면서 R.에서 en이 있다.
> 元운에서 개합 모두 R. on, won, wan M. en wen으로 다르다.
> 先운에서 합음에 R. wan, M. wen이 다르다.
> 肴운에서 R. M. am 공통적이면서 R.에 eu가 있다.
> 歌운에서 R. M. a 공통적이면서 R에 ya가 있다.
> 麻운 개음에서 R. M. a이면서 R.에 ya가 있다.
> 靑운에서 R. yan, M. ei로 다르다.
> 侯운에서 M. R. u, yu 공통적이면서 R. o가 있다.
> 幽운에서 R. eu, M. yu로 다르다.
> 覃운에서 R. M. amu 공통적이면서 R. omu가 있다.
> 鹽운에서 R. M. amu 공통적이면서 R. emu가 있다.
> 嚴운에서 R. am, M. emu로 다르다.

이 중에서 다르게 나오는 모음의 대응 관계를 보면,

> i/o, u/o, a/e, a/o, o/e, eu/yu
> (기타 개요음의 유무 여하)

이 중에서 특히 o가 여러 모음과 대응하는 이유는 o의 두 가지 속성에 기인한다. 하나는 o는 원시체계로부터 [ə]에서 유래하는 것과 또 하나는 후부 모음의 상승화에서 o의 생성에서 오는 것의 두 가지가 있다. 전자는 Nara시대에는 을류의 o로, 후자는 갑류의 o로 실현되기도 하였다.

전자는 현대에 이르기까지 후부화하면서 지금의 o로 유지되어 있고 후자

는 u/o 교체를 겪으면서 한편으로 방언에 남아있든지 공통어에서는 하나의 o로 병합되었다.

이상의 필자의 논의를 일본의 모음의 모음 삼각형의 분포로 볼 때에

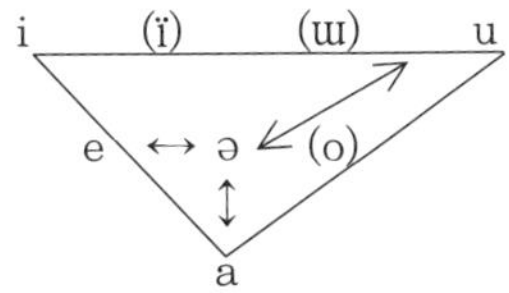

앞서 제시한 모음의 교체는 중심 위치에 있는 ə(그리고 그것에 가까운 o)로 볼 때 모두 가까운 관계에 있어서 충분히 교체될 수 있는 환경에 있다.

이렇게 볼 때 한자음에서의 차이성은 한자음의 개신화와 모음교체현상 등에서 유래하는 면도 있음을 고려할 수 있다.

4.4.4. 지장십륜경(地藏十輪經) 외

다음은 역시 오음계로 보는 지장십륜경의 경우를 보기로 한다. 여기서는 Nakada(中田, 1954:1-)가 소개한, 元慶 元년(877년)에 훈점(訓点)을 가한 것이다. 모두 10권인데 그 중에 1, 2, 4, 8, 9, 10의 6권은 동대사(東大寺)에 있고 5, 7의 2권은 정창원(正倉院)에 있고 3, 6의 2권은 남아 있지 않다.

권1에서의 kana표기를 예시하면(이하에서 현대한국한자음의 한글표기는 필자),

痼(고) ko　破(파) pa　吒(타/탁) ta　素(소) su　鎖(쇄) sa　洲(주) su
微(미) pi　比(비) pi　哺(포) pu　芭(파) pa　曾(증) so　聲(성) se　稼(가) ka
懷(회) ko　敗(패) pai　墜(추) tui　杯(배) pai　滯(체) tai　嚴(엄) kemu
奮(분) pu　溫(온) u　鮮(선) sen　淪(륜/론) ro　鞅(앙) a　沫(말) mai
吒(타/탁) tɑku　穀(곡) koku　薄(박) paku　穆(목) poku　隙(극) keki
撻(달) tui　禱(도) tahu　重(중) tyu

이 중에는 다음처럼 한음계의 것이 많이 보인다.

微(미) pi(오음 mi)　嚴(엄) kemu(오음 gon(gomu))　穆(목) poku(오음 moku)
蘇(소) so(오음 su)　聲(성) sei(오음 syou)　芭(파) pa(오음 pe)
鮮(선) sen(오음과 동일)　隙(격) keki(오음 kyaku)

Cukisima(築島, 1977:28)에서 工(공) ku, 欣(흔) ko(gon), 撫(무) 无(mu?), 發(발) poti, 謀(모) mu, 沐(목) moku, 怨(원) (wo(won))의 오음계음을, 灰(회)火(kwai?), 嚴(엄) kemu, 誠(성) sei, 微(미) pi의 한음계음을 예시하고 있다.

예시가 적어서 여기서의 오음과 한음의 차이점은 자음에서는 m:p, 모음에서 u:o, e:o[ə] 정도이다.

이번에도 오음계로 보는 知恩院蔵大唐三蔵玄奘法師表啓古点에 대해 보기로 한다.

이 책에서의 가점(加点)의 간기(刊記)가 없기 때문에 그 연대나 가점자(加点者)는 불명이다. 이 책의 저자 현장(玄奘)법사는 법상종(法相宗)의 태두(泰斗)이고 후세에 법상종에서 존경된 분이기에 동대사(東大寺)에 있던 승 중에서 법상종이 관계가 깊은 이가 가점(加点)하지 않았나 추측되고 있다(築島, 1955:22).

Cukisima(築島)가 작성한, 훈점(訓点)을 단 부분만의 한자 1자의 색인에서 일부 뽑아서 보이기로 한다.

훈점의 자음(字音)은 오음계이지만 한음이 통용되는 것도 수록되어 있다. 오음의 특색인 어두 청탁의 예를 보이면(한글의 한국음 표기는 필자),

ka행　kai 界(계), 海(해)/gai 該(해), 蓋(개)
kau 交(교), 高(고)/gau 螯(오), 毫(호)
kaku 閣(각), 覺(각)/gaku 學(학), 樂(악)
kamu 敢(감)/gamu 嚴(엄)
kan 間(간), 刊(간)/gan 岸(안)

ki(기), 紀(기), 其(기), 期(기), 記(기), 己(기), 基(기)/
gi 義(의), 儀(의) 祈(기)
kin 謹(근), 近(근)/gin 銀(은)
ku 區(구)/gu 愚(우), 具(구)
kwai 懷(회), 灰(회)/gwai 外(외)
kwatu 活(활)/gwatu 月(월)
kun 君(군), 訓(훈)/gun 群(군)
ken 軒(헌), 建(건), 硏(연), 見(견)/gen 言(언)
ko 故(고), 固(고), 乎(호), 古(고), 戶(호)/go 五(오)

ta행 ta 多(다)/da 陀(타)
tai 對(대)/dai 大(대), 臺(대), 代(대), 題(제)
tau 唐(당), 當(당), 刀(도)/dau 道(도)
tamu 探(탐)/damu 談(담)
tan 但(단)/dan 斷(단)
tin 陳(진)/din 塵(진)
ten 典(전), 天(천)/den 傳(전)
tou 等(등), 東(동), 燈(등)/dou 同(동)
toku 德(덕), 得(득)/doku 獨(독)

다음과 같은 na행, ma행의 경우도 오음의 특색이다.

na행 nau 納(납) namu 南(남) ni 尼(니), 二(이) niku 宍(육)
nipu 入(입) nimu 任(임) nin 忍(인) nen 年(년) nou 能(능)

ma행 ma 磨(마) mai 邁(매), 每(매) man 萬(만) mi 未(미) mu 無(무), 无(무)
mei 迷(미), 名(명), 明(명), 命(명) metu 滅(멸) men 緬(면) mo 茂(무)
mou 蒙(몽) moku 目(목) mon 門(문), 悶(민)

그러나 乃 dai, zitu 日, 그리고 ba 馬와 같은 한음계의 실현도 있다. 여기의 예시에는 없으나 오음의 nin에 대한 한음의 zin 人의 예도 있다. 한음계로 보이는 譯 eki도 지적되고 있다.

앞서 na행에서 예시한 것은 한음에서 da행으로 실현되는데 다만 宍 ziku(〈diku?), 入 zipu(〈dipu?), 任 zin(〈din?), 忍 zin(〈din?)과 같이 za행으로 실현되지만 괄호에 표시한대로 da행으로 유래하는 것으로 추정할 수 있다.

ma행에서 예시한 것은 한음에서 ba행으로 실현되는데 다만 -ng 운미를 지닌 名, 明, 命의 mei의 실현은 모두 한음과 같다. 오음계는 모두 myoo로 실현된다.

이렇게 본다면 여기의 자음(字音)은 한국의 한자음과 혹사하며 오음은 오음대로 예컨대 ma행의 明 myəng을 myoo로(여기서는 한음과도 같이 mei로), 한음은 한음대로 예컨대 da행 i단음이 di〉zi(마찰음화)로 개신화한 것을 엿볼 수 있다.

4.4.5. iroha자류초(色葉字類抄)

다음은 Tacibana(no)(橘忠兼)가 1144-1181년 사이에 증보를 가하여(原本은 2권) 3권으로 편찬하여 성립한 iroha자류초의 것을 보기로 한다. 서사(書寫)는 1182-4년인 것으로 보고 있는데 前田本과 黑川本의 2종(前田本은 중권 전부 및 하권 일부가 없다.)이 있다. Nakada외(中田祝夫・峰岸明, 1977)를 이용할 것인데, 이것에는 前田本과 黑川本의 것 모두 포함되어 있다.

이 책에는 한자에 일본어 훈과 한자음이 kana로 달아 있는데 여기서는 색인 부분을 이용하여 한자음 부분만 일부 보이기로 한다.

ka행 行(행) kyau 經(경) kyau, kei 脚(각) kaku, kyaku 宮(궁) kyu, kiu, ku 權(권) ken, kwen(복합어 전항에서 kwan) 言(언) kon 金(금) kon 嚴(엄) kon

sa행 自(자), 時(시) zi 就(취) syu 成(성) syau

ta행 大(대) tai 泥(니) tei 遲(지) ti 暖(난) tan 頭(두) tou, tu 奴(노) to 字(자) ti

na행 難(난) nan 女(녀), 仁(인), 兒(아), 迩(니) ni 女(녀) nyo 忍(인) nin 男(남) nan, namu 二(이) ni 人(인) nin/sin, simu 女(녀) nyo, ni, syo

pa행 伴(반) pan 甁(병) pei, pin, pi 微(미), 未(미), 尾(미), 昧(매), 彌(미), 美(미), 媒(매) pai 梅(매) pai, pa 末(말), 馬(마) pai 賣(매) pai 買(매), 媒

(매) pai　馬(마) pa/ma　木(목) poku/moku

ma행　米(미), 未(미) mai　妹(매), 枚(매), 昧(매), 邁(매) mi, ma　末(말), 麻(마), 磨(마)

wa행　和(화) wa, kwa

이상을 보면,

ka행에서 行이 kau(한음), kyau(〈gyau 오음), 經도 kei(한음), kyau(오음), 脚 kaku(한음), kyaku(오음) … 가 보이고,

sa행에서 成 syau(오음)(한음 sei)도 보인다.

ta행도 오음의 탁음이 청음으로 오음의 n 두자음이 한음의 t자음으로 보이고,

na행은 오음 그대로지만 한음계(人 sin, 女 syo)가 보인다.

pa행에서 오음의 m 두자음이 한음의 p자음으로 나타나고 있다. 木은 오음, 한음 병용이다.

ma행은 오음 그대로이다.

이와 같이 행에 따라서는 오음이나 한음의 특징적인 것만이 나타나고 병용되는 것도 나타나는 것을 보면 어느 한 쪽의 계열이라 단정하기는 곤란한 듯싶다. 전통적인 오음계를 지탱하지만 개신적인 한음의 흐름도 억제할 수 없었던 것으로 생각된다.

4.4.6. 왜옥편(倭玉篇)

끝으로 Muromaci 시대 전기(前期)의 성립으로 추정되는, 부수 분류체의 한자 자서(字書)인 왜옥편(3권, 편자 미상)의 경우를 보기로 한다. 한자의 오른쪽에 음을, 아래쪽에 훈이 있다. 모두 katakana로 되어 있다. 여기서는 Nakada외(中田祝夫 外편 1966)의 색인을 이용하고 그 일부를 보인다. 거기 사용된 왜옥편은 1610년(慶長 15년)의 것이다. 둘 이상의 한자음이 있는 경우 괄호에 넣었고, 청탁의 표기는 출전 그대로다.

ka(ga)행	行(행) gau(오)(kau(한)), 經(경) kei(한)(kyau(오)), 脚(각) kyaku(오), 宮(궁) guu(오음)(kiu(한음)), 權(권) gon(오)(ken(한)), 言(언) gen(한)(gon(오))
sa(za)행	就(취) zyu(오), 成(성) zyau(오)(sei(한)), 西(서) sai(오)(sei(한))
ta(da)행	頭(두) tou(한)(du(오)), 遲(지) ti(오), 暖(난) dan(한), 奴(노) to(한), 大(대) tai(한)(dai(오))
na행	女(녀) nyo(오)(dyo(한)), 難(난) nan(오), 男(남) nan(오)(dan(한)), 二(이) ni(오)(zi(한)), 人(인) nin(오)(zin(한)), 日(일) niti(오)(zitu(한))
ma행	未(미) mi(오), 美(미) (mi(오)), 米(미) mai(오)(bei(한)), 買(매) mai(오)(bai(한)), 木(목) moku(오)(boku(한)), 文(문) mon(오)(bun(한))
pa(ba)행	伴(반) pan(한), 馬(마) ba(한)(me, ma(오)), 米(미) bei(한)(mei(오)), 萬(만) ban(한)(man(오)) 返(반) pan(한)(pen(관)), 尾(미) bi(한), 眉(미) bi(한)(mi(오)), 味(미) bi(한)(mi(오)), 微(미) bi(한)(mi(오))
wa행	和(화) wa(오)(kwa(한))

(오)는 오음, (한)은 한음, (관)은 관용음을 나타낸다. 필자가 참고로 기입했다. 여기에는 청탁의 구별이나 모음의 미묘한 차이에 모호한 것도 있다.

이와 같은 오음과 한음의 혼용은 시대의 흐름과 한자 어휘(합성어)의 증가로 더욱 가속화한 것으로 생각된다. 오음이 전래적이고 한음이 개신적인 것이었기에 어느 하나로 합일화하지 않아도 서로가 음운적으로 가까웠기에 병용할 수 있었다고 본다.

제5장 음운의 논의와 관련된 알타이어

보주(補注) 1. (p. 87,96,121) 자음체계

1. 아이누어

자음　ʔ　h　p　t　k　c[tʃ]　s　m　n　r　w　y

자음 수는 12개인데 ʔ를 뺀다면 11개이다.

자음+모음의 연결에서는 ti, wi, yi, wu가 없다. 이는 일본어의 경우와 같은데 t는 구개음화로 yi와 wu는 비슷한 음의 중첩임으로 그럴 수 있으나, wi의 경우는 특이한 경우다. 일본어에는 현재 없으나 고대에는 있었다. kana글자도 ゐ(ヰ)가 있었다.

아이누어가 일본어와 다른 점은 CVC구조라는 점이다. 일본어도 음성적으로는 그러한 구조가 실현되는 점에서 옛적에는 특히 한자음에서 그러한 구조로 실현되었던 것으로 추정된다.

−C로 실현되는 자음은 −p, −t, −k, −r, −s, −m, −n의 7개이고, −w, −y의 경우는 하강적 이중모음으로 쓰이는 경우다. ʔ음소는 일본어의 경우와 마찬가지로 모음을 CV구조로 세우기 위한 것이므로 −C로는 나타나지 않고 그 외 −c[tʃ], h도 말자음에 서지 않는다. 한국어에도 −c(ㅈ), h(ㅎ)는 표기상으로 어말에 쓰이지만 t에 중화되어서 쓰이지 않는 것과 비슷하다. 한국어에서는 이들과도 함께 −s(ㅅ)도 중화되는데 아이누어의 경우 s(i)와도 같이 약한 −i가 따라오는 소리다. 보기. cas 잣(이).

−C에 ŋ이 없는 것도 특색이다. 한국어는 어두에 서지 않으나 어말에는 있다. ŋ 음소가 없는 것은 일본어도 마찬가지다.

아이누어 자음에서 음운적으로 무성 : 유성의 대립이 없다. 그러나 음성적인 이음(異音)으로 실현된다. 이를 정리해 보면(김공칠, 2000:49-50),

	음운		이음	
	무성	유성	무성	유성
파열음	p			b
	t			d
	k			g
마찰음	h		x ç Φ	
	s		ʃ	
파찰음	c		ts	dz dʒ ʒ
유 음		r	r̥	
비 음		m		
		n		ń ŋ

이는 음성적으로는 유성음의 이음은 지각은 하고 있었음을 말하며 다만 의미의 구별에까지는 미치지 못하였음을 뜻한다. 이것은 원래 유무 대립이 있었는데 그것이 사라진 것인지 원래부터 오로지 무성음 체계였는지는 확실히 알 수 없다. 한국어도 아이누어처럼 유무 대립이 없는데 일본어는 있다. 알타이제어는 유무 대립이 없다. 원래는 다음처럼 공명음과의 2항 대립이었는데 유성음 계열이 분화한 것으로 보인다.

이렇게 보면 아이누어는 p, t, k, h, s, c (r, m, n)의 서열의 차이만 있고 계열의 차이가 없는 1항 단선 체계지만(반자음 w, y 제외, 이하 동), 공명음을 한 계열로 세우면 다음과 같이 2항 체계의 언어로 보인다.

p	t	s	c	k
m	n	h	r	(ŋ)

순음과 치경음에(연구개음도 있었을 가능성도 있다.) 비음과의 대립이 있는 점에서 그렇다. 다만 괄호에 묶은 ŋ은 아이누어에는 없으니 문제는 있

다(음성적으로 실현된다.).

2. 한국어

3세기경의 위지동이전의 한반도와 왜의 지명(국명)의 분석에서 얻어지는 한일공통적인 자음목록은 다음과 같은데(김공칠, 1995:250-1) ŋ이 보이지 않는 점은 아이누어와 비슷하다. 일부의 유성음의 분화의 조짐을 보여준다.

무성음 계열	p	t	s	c	k
(유성음 계열)		d	z		g
향음 계열	m	n	r		(ŋ)

고대일본어의 자음계열(김공칠, 1981:35)과 대비하면,

무성음 계열	p	t	s	k	h
(유성음 계열)		d	z	g	
향음 계열	m	n	r	(ŋ)	

여기서 문제의 /ŋ/의 분립 여부에 대하여는 의견이 갈린다.

곧 3세기의 유성음 계열은 확실히 분화되지 않고 그 분화되는 조짐이 보이고 있는데 고대 일본어에서는 확실히 분화되었다.

이렇게 본다면 아이누어에서의 유무대립이 없는 1항 체계에서 고대일본어에서의 유성음계열의 분화의 조짐이 보이기 시작하여 고대일본어의 2항 체계로 넘어간 것을 알 수 있다. 원래 1항 체계는 체계성이 빈약한 것이므로 아이누어는 향음계열과 2항 체계를 꾸린 것으로 보아지며 이것의 영향도 있겠지만 무성음계열, 유성음계열과의 분화가 시작되어 오늘의 2항 대립의 체계가 이루어진 것으로 볼 수 있다.

이에 대해 중세한국어의 자음체계는(앞에 보인 체계와 맞추어서),

무성음 계열	p	t	s	č	k	h
유기음 계열	p'	t'		č'	k'	(h')
경음 계열	p'	t'	s'	č'	k'	(h')
향음 계열	m	n	r		ŋ	

아이누어에 대비해서는 유기음과 경음 두 계열이 분화하고, 일본어에 비해서는 유성음 대신 유기음과 경음이 분화한 셈이다.

현대한국어의 체계도 앞의 괄호 분을 제외하면 비슷한 것이 된다. 동부 알타이어군으로 가정되는 아이누어, 일본어, 한국어의 자음은 원래 연음과 경음의 차이와도 같았는데, 다음과 같이 갈린 것으로 보인다.

아이누어　연음 ＞ (무성/유성 혼용)
　　　　　경음

일본어　연음　유성음
　　　　경음　무성음 ——— (유기음 혼용)

한국어　연음　무성음 ——— (무성/유성 양용)
　　　　경음　유기음
　　　　(한국어의 특이한 경음(된소리)은 원래 유성음적일 수도)

3. 만주어

먼저 문어(文語)의 경우를 보게 되면,

로마자 표기로는 다음의 19자다(cf. 河内, 1996:16-).

b	f	d	s	š	j	g	h
p		t			c	k	
m		n		r, l		ng	
w					y		

폐쇄음 g : k, b : p, d : t 그리고 파찰음 j : c의 대립은 연음과 경음의 대립 곧 유성음과 무성음의 대립과도 비슷한 것이었다. 근대에 이르러는

차차로 탈만주화 정책으로 중국어(북경어)화 하여 무성음 : 유기음의 대립으로 바뀌게 된다. 따라서 오래된 문어의 경우는 로마자 그대로 무성 : 유성의 표기로 볼 수 있지만, 비교적 새로운 문어는 현대중국어의 문자표기로 쓰이는 그대로(b는 무성음, p는 유기음처럼) 무성음 : 유기음의 표기로 보게 된다.

이들 자음의 이음(異音) 중에 중요한 것을 들면 k는 a, o, ū 앞에서 q, g는 a, o, ū 앞에서 ɢ, h는 [x]이며 a, o, ū 앞에서 χ이다. š는 s가 i 앞에서 실현되는 ʃ와 같고, 그 자체는 i 앞에서 ʂ이다.

앞의 자음들을 조음 위치와 방법에 따라 분류하면,

	순음	치경음	경구개음	연구개음	성문음
폐쇄음	p b	t d		k g	
파찰음			c j		
마찰음	f	s	š		h
비음	m	n		ng	
측음		l			
설전음		r			
반모음 (반자음)	w		y		

앞에서 언급한 대로 p, b의 상대적 위치상 무성 : 유성의 관계로만 볼 수 없는 것은 사용 시기나 기록자에 의해 유기 : 무성의 관계가 될 수 있다는 점이 있음을 유의할 필요가 있다.

f는 현대는 중국어와 영어에서 쓰이는 순치음 그대로의 f지만 본래는 일본어의 hu[ɸɯ]의 두자음과 같았을 가능성이 지적되기도 한다(津曲, 2002:9). š도 일본어의 si[ʃi]를 고려하면 전체적으로 l와 r의 구별 외에는 일본어의 경우와 비슷하다. 그러나 무성 : 유성의 대립이 유기음 : 무성음의 대립으로 바뀌고 나서는(기타 권설음 ʂ의 존재) 체계는 많이 달라진다.

愛新覺羅 외(1983:20)에서 ng[ŋ]이 빠져서 자음 수가 18로 되어있고 季

永海외(1986:71-)에서는 ng이 있으며 폐쇄음, 파찰음의 대립을 무성음(무기음) : 유기음의 대립으로 되어 있다. Kawaci(河內)에서 š가 i 앞에서 [ʂ]의 권설음 표기자가, 季永海외에서는 š[ʂ], j[tʂ], c[tʂ']가 보인다. 이러한 권설음 표기로 보아서 중국어의 권설음의 침투가 조금씩 늘어나는 현상을 보여준다고 생각된다.

또한 季永海외(1986:41)의 자음 분류표를 보면 Kawaci(河內)에서 k : g : h가 a, o, ū 앞에서 q, ɢ, x의 이음으로 실현된다고 본 것에 대해 소설음(小舌音)란을 따로 마련하여 g[q], k[q'], h[χ]를 따로 세운 점이 다르다.

다음 만주어의 구어(방언의 경우가 됨)의 경우를 보면 먼저 Hattori(服部)와 Yamamoto(山本)가 조사한 신강성(新疆省)의 iri(伊犁)지방의 Sibe(錫伯)의 경우를 보면(山本, 1969:4, 11~)

폐쇄음	b	d	g	ɢ	(무기음)
	p	t	k	q	(유기음)

무기음은 유성음 사이에서는 유성음이 되고(한국어의 경우와 비슷), 유기음은 말음 위치에서 후행어의 모음과 결합 시에는 유기성이 사라진다. 유기음의 후발달성을 암시하는 것이라면 원래 이들은 유성 : 무성의 대립에서 온 가능성을 보여준다. g, k는 중설면과 경구개 내지 연구개 전부의 폐쇄로 이루어지는데 ɢ, q는 후설면과 연구개 후부의 폐쇄로 이루어지는 차이가 있는데, 문어에서 Kawaci(河內)가 ɢ, q가 a, o, ū 앞에서의 g, k의 이음으로 본 것을 참조하면 방언에서의 분포를 면밀히 살펴볼 필요가 있다.

파찰음	c	j	ˀ

c는 [tʂ, tʃ], j는 [dʐ, dʒ]로 권설음이 실현되기도 한다. 새로운 것으로 본다. ˀ는 일본어의 경우와 같다.

마찰음	f	v	s	(z)	š	x	h	(z)는 예가 적은 것이다.

f(그리고 v)는 Cumagari(津曲)가 문어에서 일본어의 ɸ(v는 유성이기에 β일 수도, 필자 주)와 같을 수도 있다고 하였다. š(앞에서는 š)는 권설마찰음(ʂ)인데 i 앞에서 [ʃ]이다.

š도 없는 방언도 있고 i 앞에서 s와 š가 중화하는 곳도 있으니 역시 권설음은 뿌리 깊은 것은 아니라고 볼 수 있다.

x는 중설면이 경구개 내지 연구개 전부에서의 마찰에서, h는 후설면 연구개 후부에서의 마찰에서 생기는 차이가 있는데, 문어에서 h는 [x]이며 a, o, ū 앞에서 χ인 점을 고려하면 원래 상보적 분포를 이루었던 것이 이 방언에 변별성이 있게 된 것으로 볼 수 있다.

비음 m n ŋ N

N은 음절 말에서 1 mora를 이룬다는 점에서 일본어의 N과도 같다. ŋ은 어중 외에는 어두에도 어말에도 오지 못하는 것은 일본어와도 비슷하다.

유음 l r

l은 어두에 나타나나 r은 어두에 나타나지 않는다.

l와 r의 변별성이 약화되는 조짐을 나타낸다 할 수 있다.

반모음 y

모두 22가지다.(ʔ, N, (Z)를 포함하면 25가지)

이상 전체적으로 볼 때, 연음과 경음의 대립이 무성과 유기의 대립으로 바뀐 것, 파찰음과 마찰음에서 권설음의 신생음이 실현된다는 것, 그리고 반모음에 w가 없다는 것이 일본어의 경우가 다르다는 것을 알 수 있다.

다음은 李樹蘭외(1986:8)에서 보이는 Sibe어의 자음 분류를 보면,

(용어는 필자가 일부 고쳤고 발음기호로 무성 : 유기의 대립으로 고쳤다.)

조음위치 / 조음방법		양순음	순치음	치경음 (설첨음)	권설음	경구개음 (설면음)	연구개음 (설근음)	후음 (小舌음)
폐쇄음	무기	p		t			k	G(q)
	유기	p‘		t‘			k‘	q(q‘)
파찰음	무기			ts	tʂ	tɕ		
	유기			ts‘	tʂ‘	tɕ‘		
마찰음	무성		f	s	ʂ	ɕ	x	χ
	유성		v		ʐ			
비 음	유성	m		n			ŋ	
설측음				l				
설전음				r				
반모음		w						

모두 29개이다. 李樹蘭외(1984:7)에서는 권설음의 ʐ가 빠져 28개이다. ‘小舌음’에서 G는 원래 유성구개수파열음을 나타내는 것인데 여기서는 무성임을 나타내야 하므로 ( ) 속에 q로 나타냈다. 따라서 그 유기음을 q‘로 했다.

앞의 Yamamoto(山本 1969)와 맞춰보면

山本	ʔ	N	(z)	×	×	×	×	×
李樹蘭	×	×	×	w	ʑ	ts	ts‘	ɕ

차이 정도로 파악된다. ʔ는 제로음소의 음운적 해석의 차이로 볼 수 있고 ts, ç, N은 t와 h 그리고 ŋ의 이음으로 실현된다고 보면 크게 다를 바 없다. 권설음의 경우는 그 변별력이 커져서 독립음소로 따로 세우느냐의 차이로 볼 수 있다. 다만 w가 한쪽에 안 보이는 것은 특이한데 v의 이음으로의 함유 여부에 있었지 않았나도 생각된다.

趙杰(1989:16)이 연구한 依布氣 방언의 경우 李樹蘭(1986:8)에 비해 권설음에 ʐ가 없으며 설전음의 r도 없다. 후음(小舌音)도 없다. 그래서 자음 수는 24개다.

r는 l의 변이음으로 다루고 있다. l와 r의 변별적 기능이 더러 보이나 중화되

어가는 것으로 보인다. q는 k의, χ는 x의 변이음으로 해서 줄어들었다. 청대(淸代)의 tɕ는 ts, ts', ʂ의 구개음화에서 유래한다고 하였다(p.24).

趙阿平 외(2000)의 흑룡강방언의 연구에 의하면 阿勒楚喀 방언은 趙杰에 비해 tʂ가 없어 24개의 자음이, 巴拉 방언에서는 그보다 ʐ가 목록화되어 있다.

전체적으로 보아왔을 때 저해음의 무성 : 유성/무성 : 유기의 대립의 어느 한 가지인가라는 문제와 방언에서의 권설음의 신생의 양상 그리고 소설음(小舌音)의 독립음소 여부의 차이에서 자음목록의 차이는 있으나 근간은 문어의 체계에 서고 있으며 그렇다면 일본어하고는 큰 차이가 없는 체계에 입각하고 있다고 말할 수 있다. 일본어도 특수한 권설음의 경우를 제외하고는 방언에서는 예컨대 l 자음처럼 이음으로서 공통어에서 안 보이는 자음이 더러 보이곤 한다.

4. 에벤키어

에벤키어는 앞서의 만주어하고는 크게 하나의 만주·퉁구스 어족을 이룬다. 곧 에벤키어는 시베리아와 북중국에 사용되는 9개의 퉁구스어 중의 하나이며 사용 인구로 보아서는 퉁구스어에서 최대의 것이며 많은 방언(그리고 하위방언)을 가졌다. 20세기 초까지 에벤키어는 퉁구스어라고 불릴 만큼 그 본래적인 것이다.

퉁구스어군은 다음의 1), 2), 3)의 세 가지로 나누기도 하고 1), 2)(+3))의 두 가지로 나누기도 한다.

1) 북방퉁구스어	시베리아, 중국 동북부의 일부 등지(Evenki, Lamut, Negidal, Solon 등)
2) 남방퉁구스어	아무르강 및 그 지류 연안, 사할린 등지(Nanai(Goldi), Oroki, Orochi, Udehe, Ulcha)
3) 만주어	중국 동북부, 옛 만주의 북부(흑룡강성), 신장성(Sibe어) 고대는 여진어(女眞語, Juchen)

따라서 앞서의 만주어는 남부의 대표어로, 여기서의 에벤키어는 북부의 대표어로 다루게 되는 것이다.

Nedjalkov(1997:309)의 자음분류표를 필자 나름으로 손질해 보이면,

조음위치 / 조음방법	양순음	치경음	경구개음	연구개음
폐쇄음	p b	t d		k g
파찰음			ʧ d’	
마찰음	v	s	j	h
비음	m	n	ɲ	ŋ
유음(측음)		l		
설전음		r		

이 외에 /ʒ, z, f, t͡s, ʃ, ʃtʃ/와 같은 것도 생기하나 러시아어 차용어에서만 쓰인다. 방언에서 [f], [ʃ]가 보이나 이는 /v/와 /s/의 이음이다.

위의 분류표에서 치경음은 원문에 치음(dental)과 치경음(alveolar)으로 경구개음을 사이에 두고 분리된 것을 필자가 하나로 묶은 것이다. 경구개음 자리에 있던 ʧ와 d’를 원문에 없는 파찰음 칸을 만들어 그 자리에 옮겨 놓았다.

앞 표에서 마찰음에 배치한 j는 원문에 마찰음 다음에 sonorants(유성음적인 것)칸을 마련하여 비음, 유음, 설전음을 일관하는 식으로 놓여있는 것을 마찰음 자리에 옮겨놓았다. 일반적으로 sonorants칸을 따로 세우는 예가 없기 때문이다.

음성기호의 설명에서 j /j/는 dorso-palatal(경구개설음 혹은 설배경구개음) 유성마찰음으로 되어 있으니 무리한 일은 아니다. 이 소리는 무성음 ɕ와 상대된다. 설배(舌背)는 설선(舌先)과 설근(舌根)사이의 혀의 상부를 가리키는데 그 부분이 입천장에 접근시켜서 내는 소리다. 이는 경구개음(구개화)의 일반적인 특성이다. [ʒ]소리로 추정된다.

자음 기호 중에 지금까지 보아온 바와 다른 것은 d’의 표기이다. 이는

dorso-palatal 유성파찰음으로 되어 있다. [dʒ]-[dz]와 같은 소리로 추정된다. 그렇다면 d'는 파찰음, j는 마찰음으로 제 자리를 차지한 셈이다.

Nedjalkov(1997:310)와 Bulatova외(1999:4)에서는 glide와 반모음은 없는 것으로 되어 있다. /j/를 yes의 두자음으로 예시하는 것을 보면 앞서의 경구개설음의 구개에의 접근이 벌어지면 실현될 수 있는 것으로 추측된다.

필자 나름대로 분류표를 조정한 것은 지금까지의 여러 분류표와의 대조에 수월하고 다음의 분류표와의 대조에도 쉬워질 수 있기 위해서이다.

어떻든 Nedjalkov는 18개의 자음을 보였는데 일본어와 대비했을 때 v 이외에는 큰 차이가 보이지 않는다.

Bulatova외(1999:4) 역시 18개의 자음을 보였는데,

조음위치 / 조음방법	양순음	치경음	경구개음	연구개음	후음
폐쇄음	p b	t d		k g	
마찰음	β	s			h
파찰음		č ǯ			
비음	m	n	ɲ	ŋ	
설측음		l	j		
설전음		r			

마찰음 /β/는 어말에서는 [f]로, /g/는 모음사이에서 [γ]로 된다.

앞의 Nedjalkov와 대비해서 /h/가 후음 자리에 있고 자음 표기에서 /tʃ/는 č로, /d'/를 ǯ로, /v/를 β로 맞추면 차이가 없다. v가 β로 표기되는 것은 주목되는데 β는 한국어에서 중세의 순경음(ㅸ)으로 또 일본어에서도 /b/의 이음으로 실현되는 소리다.

朝克(1995:7-8)에 열거된 자음을 필자는 다음과 같이 분류하였다.

조음방법＼조음위치		양순음	치경음	경구개음	연구개음	후음
폐쇄음	무성	p	t		k	
	유기	p‘	t‘		k‘	
파찰음	무성			tʃ		
	유기			tʃ‘		
마찰음			s	ʃ j		x
비음		m	n		ŋ	
설측음			l			
설전음			r			
반모음		w				

앞의 것과 대비해서 v(혹은 β)가 없고 ɲ도 없다. 원래 이들은 음운성이 약한 것이다. 대신 ʃ와 w가 늘어났다. 자음 수 18개는 마찬가지가 된다.

다만 두드러진 특색은 시베리아 방언 쪽은 무성/유성의 대립이, 내몽고 쪽에서는 무성/유기의 대립이, 새로운 문어나 Sibe어 및 기타 방언에서는 무성/유기의 대립으로 바뀌고 있는 것이다. 만주어도 오랜 문어에서는 무성/유성의 대립으로 바뀐 것을 앞에서 본 바 있다.

胡增益(1984:61)에서는 자음수 15로 줄어있다. 朝克(1995)에 비해서 k‘, tʃ‘ 그리고 s가 없어서 15음이다. 胡增益이 조사한 방언에서는 그 세 가지가 실현되기는 하지만 음운에까지 이르지 못한 것으로 본 것의 차이다.

이들 에벤키어의 자음목록을 만주어와 대비할 때는 권설음이 흔적이 전연 안 보이는 점에서 그 점에서는 만주어보다 에벤키어의 자음이 본래의 모습을 보여준다고 볼 수 있다. 따라서 에벤키어의 자음의 발음은 일본어에서 내는 발음 그대로 적용된다고 볼 수 있다. 다만 저해음의 무성/유성의 대립이 시베리아 쪽에만 유지된다는 점을 유의할 필요가 있다.

5. 몽골어

문어의 자음은 Poppe(1954:12)에서 보인 것을 그 조음위치는 거의 원문 그대로 하고 조음 방법은 Poppe의 설명을 참고하여 필자가 임의로 추기하여 배치해보면

조음위치 / 조음방법	양순음	치음·치경음	경구개음	연구개음	후음
폐쇄음	p b	t d		k/q g/γ	
파찰음		č ǯ			
마찰음	v	s, š			h
비음	m	n		ng	
설측음		l			
전설음		r			
반모음			y		

이 중에 p는 외래어의 어두와 어중에만 나온다. 유기성의 [p‘]의 음이다. v, h도 차용어(중국어, 티벳어, 산스크리트어 기타)에 쓰이며 v는 [w]의 음이다. č와 š는 보통 경구개음에 분류되는 것이다.

r는 어두에는 안 나오고 어중이나 어말에 쓰인다(외래어에서는 어두에도 쓰임). š는 s에 i가 후행시 되는 것으로 일본어 등 다른 언어와도 같이 s의 이음으로 볼 수 있는 것이다. 다만 어말에서 s/š가 나타난다.

k/q 그리고 g/γ는 다음처럼 후행모음 여하에 의해 구별됨을 보면(p.15),

qɑ qo qu qi (qi는 先고전어일 때만)
ke kö kü ki
γɑ γo γu γi
ge gö gü gi

후설모음/전설모음 앞이라는 상보적 분포 관계에 있음을 알 수 있기에 하나의 음운으로 다룰 수 있다. 다만 어말에서 대립을 이룬다면 별개의 음

운으로 볼 수밖에 없는데, 어말은 b, d, g, γ, l, m, n, r, s, š의 10종성인데 g/γ의 대립이 보인다.

10종성 중에서 유사한 g, γ, s, š를 각각 합쳐진다면 한국어와 같은 8종성의 숫자와 같아진다. 단 한국어의 경우 l/r의 구별이 없고 ŋ이 더 있다.

Poppe(1955:95)에서는 공통몽골어로서의 자음 분류표가 제시되어 있지만, 앞의 것과 맞춰보면 조음위치에서 후음이 빠져 있어 h자음이 안 보인다.

그리고 k/q와 g/γ의 대립은, 연구개음을 연구개음/후부연구개음(velar/deep-velar)으로 나누어 분류하고 대립시키고 있다.

앞에서는 필자가 y를 반모음으로 배치시켰지만 여기서는 j로서 경구개음 마찰유성으로 자리에 놓여 있다. 또 v는 β로 바뀌어 있다.

현대어의 경우도 문어와도 대차가 없는 것으로 파악된다. 이번의 분류표에서는 음소의 음가를 지니는 현대몽골어의 문자를 ( )속에 병기했다.

조음위치 / 조음방법	양순음	치음·치경음	경구개음	연구개음	후음
폐쇄음	p(п) b(Б)	t(т) d(д)		k(к) g(г)	(ɢ(г))
파찰음		č(ч) ǰ(ж)			
마찰음	v(в)	s(c), š(ш)		q γ(г)	h(x)
비음	m(м)	n(н)		ng(н)	
설측음		l(л)			
전설음		r(p)			
반모음			y(й)		

연구개음 및 후음에서 동일기호가 걸쳐 있는 것은 다음과 같이 구별된다. г의 문자는 남성모음(a, o, y(ы)) 앞에서는 ɢ(목 안의 폐쇄음), 여성모음(э, ү, ө) 그리고 중성모음(и) 앞에서는 г(g와 비슷), 연구개음의 г가 전후에 남성모음이 있고 뒤의 남성모음이 장모음 또는 이중모음일 때는 마찰음(x의 유성음)이다.

위에서 k(к), p(п)는 외래어(p는 의태어와 의성어에도)에 쓰인다. 이외에도 외래어, 차용어(러시아어로부터)에 Ф(ф), щ(ʃtʃ)의 음이 있는데 앞에 포함되지 않았다.

그리고 몽골어 문자 Н[n]에는 두 가지 음이 있다. 앞 분류표에서 n과 ng(ŋ)의 경우이다. Н 다음에 모음이 오면 n이고, Н가 모음 뒤에서 어말음이 되면 ŋ이 된다. 그리고 ʋ(в)는 [w]에 가까운 음이 된다.

č(ч)는 [tʃ], ǰ(ж)는 [dʒ]로서 일본의 ta행, da행의 i단(어두)에서 실현되는 음과 같다.

따라서 연구개음 및 후음에서 동일자가 걸쳐있는 사항(그리고 일부 특수 문자) 외에는 일본어와도 크게 다를 바 없는 소리체계라고 볼 수 있다.

道布(1983:7-8)에 의한 내몽고 자치구에서의 자음의 분류를 앞서의 분류체계에 맞추어 고쳐 쓰면,

조음위치		양순음	치경음	치경후음(舌葉音)	경구개음(舌面音)	연구개음
폐쇄음	무성	p	t			k
	유기	p‘	t‘			k‘
파찰음	무성			tʃ		
	유기			tʃ‘		
마찰음	무성	ɸ	s	ʃ		x
	유성	w			j	
비음		m	n			ŋ
설측음			l			
설전음			r			

이 중에서 r과 ŋ은 어두에 서지 않으며 w는 어두에만 나타난다. ɸ와 k‘는 차용어에만 나타난다.

다만 k는 ɔ(ɔɔ), w(ww), a(aa)(후설과 중설) 앞에서는 [q], u(uu), o(oo)(후설) 앞에서는 [k‘], i(ii), ɪ, ε(εε)(전설) 혹은 복모음 yi 등 앞에서는 [c]와 같이 변이가 있다.

x도 마찬가지로 ɔ(ɔɔ), ω(후설), a(aa)(중설) 앞에서는 [χ], ə(əə)(중설),

u(uu), o(oo) 앞에서는 [x], i(ii), ɪ, ɛ(ɛɛ)(전설) 그리고 복모음 yi의 앞에서는 [ç]와 같이 변이가 있다. 또한 어중에서 혹은 어말에서 ŋ의 뒤에서는 [k‘]가 된다.

이들을 모두 상보적 분포를 이룬다고 보아서 분류표상으로 k와 x의 두자음으로 추상화한 것이 된다.

이상을 보건대, 문어와 현대어는 일본어와도 같이 저해음에서 무성 : 유성 체계를 유지하고 있는데 내몽고에서는 무성과 유기의 체계로 바뀌고 있음을 볼 수 있고 연구개음과 후음에 걸치는 문제로 k, h(x)와 관련된 변이음의 문제가 있으나 이들의 변이음이 일본어에도 실현되는 점에서 일본어와의 연관성도 충분히 고려될 수 있는 일이라고 생각된다.

6. 튀르크어

고대튀르크어의 자음 분류에 대하여 Menges(1968:81)가 제시한 것을 앞서의 분류표에 맞추어 필자 나름대로 고쳐 보이면,

조음위치 / 조음방법	양순음	치(경)음	경구개치경음	연구개음	후음
폐쇄음	p b	t d		k g	q
파찰음			č ǯ		
치찰음 (sibilants)		s z			
마찰음	(f) v?	(ð)	š	(x)	(ḫ) γ
비음	m	n	ň	ŋ	
유음		l r ɫ			
반모음	w		j		

조음 위치에 pre-palatal(k, g, (x))의 칸이 따로 있는 것을 velar(연구개음)에 필자가 합쳤다. 그리고 lingual(설음)(r)도 따로 있는 것을 치(경)음에 합쳤다.

조음방법에서 치찰음(齒擦音)이 따로 칸이 있는데 현대어에서는 마찰음

에 포함된다.

p는 어두에서는 드물게 쓰이고, v는 –b에서 2차적으로 파생한 것이다. 유음은 어두에 서지 않는다. 비음에서 유일하게 m만이 어두에 선다. 앞의 자음 중에서 현대에 없어진 것은 없고 약간만 늘었다.

어중에서 ʒ와 괄호에 묶은 것 그리고 반모음 외에는 모두 나타나고, 어말 위치에서는 –C 하나가 나타난다. 유음이나 비음 또는 치찰음이면 –CC의 실현이 가능하다(–nt, –nč, –rs, –st).

Erdal(1998:139)의 자음 분류에서는 양순음에서 p(무성)/ʋ(유성) 그리고 경구개음에서 č(무성)/y(유성) 또 치찰음에서 s, š(무성)/z(유성)가 짝이 되어 있다. Menges의 분류표에서 괄호 친 부분의 자음과 q, γ가 빠져있다. q는 k의, γ는 g의 이음이다.

현대의 튀르크어의 자음체계는 Macutani(松谷, 1990:49)에 의하면(조음 위치명은 앞의 분류표에 맞추어 필자 나름대로 고쳤다),

조음위치 / 조음방법	양순음	순치음	치경음	경구개음	연구개음		후음
					전부	후부	
폐쇄음	p b		t d		k(a) g(a)	k(e) g(e)	
파찰음				ç c			
마찰음		f v	s z r	ş j			(r)
비음	m		n		ng	nk	
설측음			l	l(a)	l(a)	l	
설전음			r				
반모음	(v)		j			y	h

조음방법의 순서도 좀 고쳤으며 r는 마찰음의 치경음 자리에 s, z, r와 같이 나란히 있는 것을 설전음의 칸을 더 만들어 치경음 자리에 옮겼다. 이 r는 어두에 서지 않으며, 어두에 서는 자립어가 더러 있지만 그것은 모두 외래어(아라비아어, 페르시아어, 프랑스어 등)의 경우다.

j[ʒ]도 고유어에는 없고 j로 시작하는 것은 모두 외래어 또는 외국어의 전사의 경우다. c[dʒ]로 바뀌어 발음된다. 그와 상대되는 ç는 [tʃ]이다.

연구개음의 (a)와 (e)의 표시는 전자는 후설모음, 후자는 전설모음의 표시인데 그 모음의 조음위치에서 발음을 나타내므로 후자음/전자음으로 구별된다(약간의 예외는 있다.). 그렇다면 앞의 분류표의 (a), (e)는 뒤바뀐 것이 아닌가 한다. l도 조음위치에 따라 후모음에 따라 여러 가지가 있음을 보여주고 있다. 음운으로서는 하나다.

튀르크어에는 어말의 무성자음(−ç, −k, −p, −t)은 다음에 모음으로 시작하는 접미사가 뒤따를 때에 유성자음(−c, −ğ, −b, −d)이 되는데 −nk의 경우는 −ng이 되기에 상대항으로 nk가 기재된 듯. nk가 하나의 독립적인 음운은 아니다. 여기에 보이고 튀르크문자에도 보이는 ğ(대문자 Ğ)는 극히 약한 구개수 마찰음의 한 가지로 그 발음에는 다음 세 가지가 있다.

1. 전설모음(e, i, ü, ö) 사이에 있는 경우 [ğ] → [y]
2. 후설모음(a, ı, u, o) 사이에 있는 경우 [ğ] → ø(제로)
3. 음절 말에 있는 경우 선행모음을 장음화한다.

이러한 특성으로 자음음소 목록에는 빠져있다. 음운으로 따로 세울 것인가 g의 이음으로 볼 것인가의 문제는 있다. 마찰음 경구음 자리에 있는 ş는 치경음의 [s]에 대해 경구개음의 [ʃ]의 소리다.

결국 Macutani(松谷)의 자음 표시는 현행의 튀르크어 문자에 입각한 것이므로 여기서 예시한 음성 표기에 유의할 필요가 있다.

이렇게 보았을 때 다른 알타이어와도 마찬가지로 특이한 것은 없다. 저해음에서 무성 : 유성을 유지하고 무성 : 유기의 변화는 안 보인다. 그러한 점에서 일본어의 자음체계와도 현저히 다른 점은 없다고 본다. 앞서의 분류표 상으로 특히 연구개음의 후행모음 여하에 따른 분포가 두 가지로 나뉜 것으로 번잡한 듯 보이지만 하나의 음운으로 추상화하면 간략한 것이 된다.

이에 대해 한국어의 경우는 유별하게 무성 : 유기 외에도 경음계열이 하나 더 있는 것이 특색이다. 앞에도 언급한 바 있지만 연음 → 무성, 경음 → 유기의 과정에서 본래의 유성성을 살리고 중국의 중고한자음의 유성성에 대응하기 위해 한국에서만이 파생된 것이 아닌가 싶어진다.

보주(補注) 2. (p.90,122,552) 모음체계

1. 아이누어

아이누어의 모음이 5모음(a, i, u, e, o)인 점은 일본어와도 같지만 o와 u는 일본어보다 원순성이 있다.

그리고 아이누어는 일본어와 달리 모음의 장단의 구별이 없다. 곧 CVV 구조는 없다. 그러나 아이누어 조어(祖語)에서는 모음의 장단의 대립이 있었다고 보고 있다(服部, 1967:222)(補注 3(p. 502) 참조).

Vovin(1993:42)이 재구한 원시 아이누어 모음체계는 다음과 같은데, 중세 내지 현대의 한국어의 모음체계와 매우 흡사하게 보인다.

i (ü) (ï) u
e (ö) o
E (ë) O
a A

여기서 E는 e보다 더 열린 것, (ü) (ö)는 원순모음, (ï) (ë) A는 전설모음에 대응시킨 것, O는 o보다 더 열린 것을 나타낸다. A는 오히려 후설의 ɐ(ᄋᆞ) 쪽이다.

전설의 원순모음을 제외하면,

e에 2류
o에 2류
a에 2류
u에 2류
i에 2류 ((ï)가 어느 쪽에 가까운가에 따라)

와 같이 되고, a의 2류를 1류로 보면 일본어의 8세기의 8모음 체계와도 같고, a의 2류를 인정하면 한국어의 중세체계와도 비슷한 구조가 된다.

아이누어도 한국어나 일본어와 마찬가지로 3모음 구도에서의 구도의 확대가 동인이 되어 4모음, 8모음체계의 시대가 있었을 것이며 한국어와는 달리 일본어와 아이누어가 일찍이 2류의 모음의 구별이 상실되어 지금의 5모음체계로 된 것으로 해석된다.

2. 일본어 그리고 한국어

아이누어의 모음 조화는 후설 a, u 대 중설 ə 그리고 전설 i의 대립이라는 가장 원초적인 모음조화를 보여주고 있는 점에서 아이누어의 원초적인 모음은 한국어와 마찬가지로 ɑ, i, u의 3모음이다(김공칠, 1995:67). 일본어의 모음생성 과정도 이와 다를 바가 없다.

a에 후행하는 모음도 a(ɑ), i, u의 3모음이고, i에 후행하는 모음도 u에 후행하는 모음도 e(〈a), i, u의 3모음이다(e는 a로부터의 발달음). 일본어 모음구도의 생성과정도 이와 다를 바 없다.

o의 경우는 u와는 별류이기 때문에 e(〈a), i만이 후행한다. 다음의 3각 구도(오른편)에서,

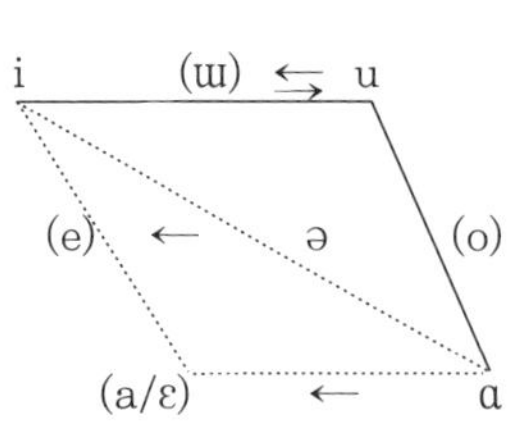

맨 처음 모음구도의 확장에서 ɑ — i 방향으로 ə가 생성되고 ɑ — u 방향으로 o가 생성되었으며, (a)의 방향에서 분화가 이루지 못하고 ε의 실현이 있었을 가능성이 있다. 이렇게 보면 i류를 제외한데서 다음 단계는 Macumoto(松本, 1995:88-)는 a ~ o의 모음교체 현상에 근거하여 3모음에서 4모음으로,

i　　　u

a ~ o

Oono(大野晋, 1980:154)는 가장 오래된 체계로 Macumoto의 3모음에 대해 4모음을 취하였는데 구도는 좀 다르다.

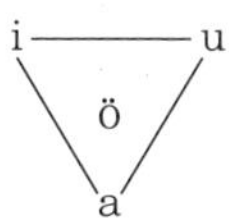

이 4음은 문절의 처음에 설 수 있는 모음이었다. 어느 쪽이든 다음 단계는 Macumoto는 o/u - i 〉ï와 a-i 〉e의 변화에서,

i　ï　u
e　　o
a

와 같은 6모음의 처지고, Oono는 다음의 8모음의 처지다.

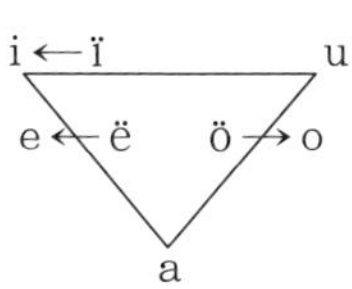

필자는 3모음을 바탕으로 해서 처음에,

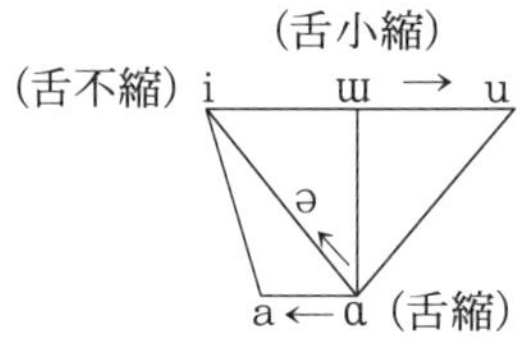

ɑ — i 방향으로 ə가 생성된다.

→는 설근의 후축(RTR, Retracted Tongue Root)이며 ←는 설근의 전진(ATR, Advanced Tongue Root)을 나타낸다.

원초적으로 한국어에서와 같은 a류의 2류(일본어도 그러한 흔적이 있다.) 분화 여부가 한일간의 모음구도의 차이의 분기점으로 본다. 여기에 후설모음의 추이에 의해,

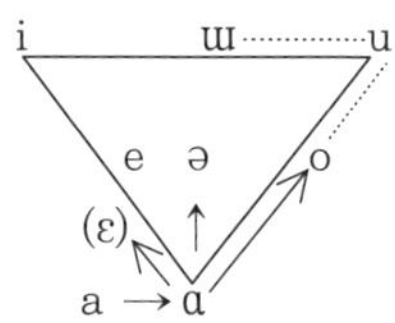

o와 u는, 아이누어의 경우와 마찬가지로 o~u 교체가 보이는 매우 근접한 관계를 갖는다. Macumoto(松本)의 o/u — i 〉ï, a — i 〉e의 변화도 이러한 음운 생성 과정에 의한 것으로 볼 수 있다. 이러한 유사한 분화 과정이 있어서 한일어에서 중고·중세의 유사한 8모음 체계가 형성된 것으로 본다(cf. 김공칠, 1982:40-1).

Oono(大野)의,

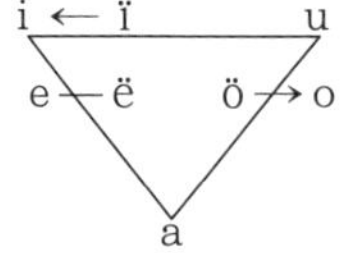

구도의 생성과정을 보면 8모음 체계이고 모음들이 다른 모음과 병합되는 과정을 거쳐 간 것이 일본의 5모음 체계의 형성과정이다. 다만 Oono의

구조는 ö와 o, e와 ë, i와 ï가 8세기에 공존한 사실만을 보여 생성과정을 보여주었다고 보기는 어렵다. 음의 변동이 연쇄적이기 보다 개별적이어서 동인(動因)이 확실하지 않다.

어떻든 이러한 생성과정을 생각한다면,

a류	a	ɑ
i류	i	ï
u류	u	ɯ
e류	e	ɛ
o류	o	ə

의 분화시기가 분명히 있었을 것이며 그것이 사람과 지역과 시대에 따라 변종으로 인지되었을 수도 있다. 지금은 단순한 5모음 체계지만 원초적인 3모음 체계에서 시작하여 모음의 생성과정의 여러 면모를 추정할 수 있다. 그 중심을 이루는 ə음의 음운상의 인지에는 여러 가지였을 것이다. 실지 아이누어의 o 발음의 범위 내에서도 그러한 발음을 청취할 수 있는데 아이누어의 o에는 한국어의 ə에 대비되는 예가 있다.

뎌(彼)	to	시리떡	sito
어느 곳	onon	~어라	ora
(싸움을)걸다	koyki	졋(乳)	to/totto
어머니	onmo		

일본어의 ə(을류의 o)에 대비되는 것에 təmi(富), tomi(寶), tompi(富)가 있다. 일본어도 원초적으로 3모음체계였다고 본다(松本, 1975:148). 이 3모음이 일본어의 어간을 형성하는 가장 기본적인 모음이기 때문이다.

일본어의 8세기의 모음체계는 i와 e와 o가 2류로 나타나는 체계이다. 2류가 1류로 되어서는 5모음체계가 되는 것이다.

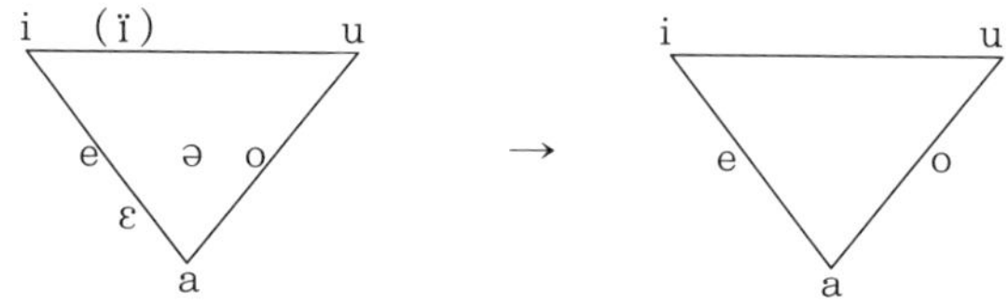

이는 한국어의 중세의 모음체계와도 비슷하다. 다르다면 한국어의 a류에 2류가 있어서 4각조직이 되는 점이다. 원평(圓平)의 대립으로 고쳐 쓴 현대어체계는 오른쪽의 것이다.

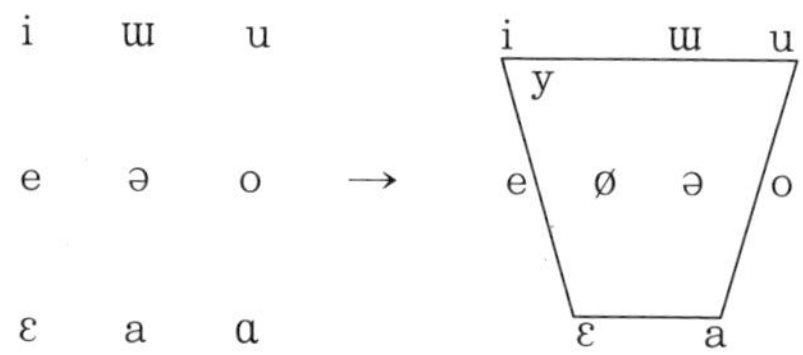

원편의 체계는 가장 안정적으로 보아진다(베트남어, 몬·크멜어도 이러한 체계). 여기서 저변 ε, a 그리고 중설의 ɯ, ə가 없는 현재의 일본어의 3각형구도의 5모음체계도 안정적이다. 현재의 아이누어의 경우도 마찬가지다. 현대의 일본어 5모음체계는 고저와 전후의 두 차원에서 이루어진 2차원의 3각 조직이다. 전후는 원평(圓平)의 대립이 없는 2계열이고 고저는 3간격의 3서열 조직으로 전체적으로 2계 3서의 2차원적 3각 조직이다. 이에 대해 현대한국어는 원평(圓平)의 대립이 있는 3차원의 4각 조직이다. 결국 한국어와 일본어의 모음 체계는 원평의 대립이 있는가 없는가의 차이다. 일본어 쪽에서 원순성을 상실하는 방향으로 간 것으로 보인다.

3. 만주어

먼저 문어의 경우 그 목록은 a, e, i, o, u, ū의 6가지인데 그 구체적 음가에 대해서 일부 의견의 차이가 보인다.

a[ɑ], e[ɤ], i[i], o[ɔ], u[u], ū[u] (河内, 1996:3)
a[a], e[ə], i[i], o[o], u[u], ū[ʊ] (津曲, 2002:7-8)
a[ɑ], e[ə], i[i], o[ɔ], u[u], ū[ɷ] (愛新覺羅외, 1982:1)
a[ɑ], e[ə], i[i], o[o], u[u], ū[ɔ] (季永海외, 1986:34)

이들 모음과 관련된 모음도를 참조하면,

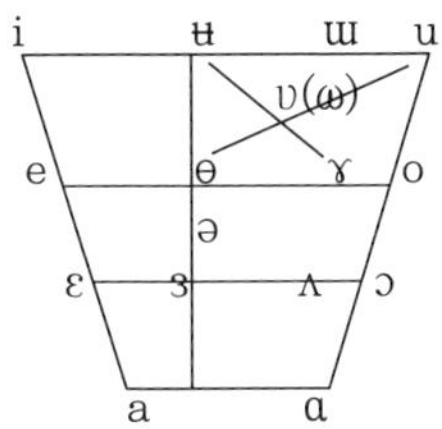

위에서 e[ɤ]는 [ɤ]가 후설모음인 점에서 보다 앞쪽의 중설모음의 [ə]쪽에 가까운 듯. o가 [ɔ]와 [o]로 갈리는 것은 개구도 차이인데 어두에서는 o쪽으로 실현된다.

문제는 ū모음이다. 연구자에 따라 앞에서 [u], [ɷ], ([ʊ]는 이와 동일), [ɔ]가 보였다.

Kawaci(河内, 1996:12)에 의하면 Imanisi(今西春秋)는 ū가 k, g, h에 후행하는 경우는 몽골어의 양성모음 u(몽골문자 y[o]에 대비됨), ū가 k, g, h 이외의 자음에 후행하는 경우는 몽골어의 음성모음 ö(몽골문자 ɵ[ɵ]에 대비됨)가 된다고 한 것을 보면 ū는 ə, ɯ, u 사이의 소리다.

Ikegami(池上, 1999:210)는 ū는 좁은 중설 내지 후설 원순 모음이었음을 추정하고 있다.

유권점자(有圈点字) 만주어에서의 ū에 대해서는 연구자에 따라 [ö], [o] 혹은 [ȯ](앞에 다가선 o)로 보는데 그 중의 것이라 하고 있다(pp.233-4).(유권점자는 1632년 이후 종전의 문자에 점이나 원점을 가하여 음의 구별이 잘 되도록 고친 것〈그 이전의 것은 무권점자〉, 필자주)

Hattori(服部, 1975:11)에서 u를 û로 표기하고 다음과 같이 음운적 해석을 가하고 있다.

gû /ɢu/ hû /χu/ kû /qu/
gu /gu/ hu /xu/ ku /ku/

곧 모음 û와 u는 동일음소이고 그러한 차이가 있는 것은 자음음소의 차이로 보고 있다. 그렇게 되면 자음에 소설음(小舌音)의 구별이 있게 된다. 그러한 자음의 구별도 동일자음의 이음관계로 볼 수 있다고 생각되며 동일자음이나 동일모음이 상호 결합하는 양상에서 자음이나 모음에 서로 변이가 있게 되는 것으로 볼 수 있다.

지금까지의 고찰로 보아서는 ū 음은 후설모음의 추이에 의해서 ɔ – o – ʊ로 상승하여 ə가 중설 중앙에서 shwa 구실을 하듯이 ū는 후설 상부(대각선 중앙부분)에서 shwa 구실을 하지 않았나 생각된다. 음운적으로는 u와 동일한 것이다. 일본어에서 つ(cu)와 く(ku)의 u음이 다르면서 하나의 u음으로 보는 것과 비슷하다. 그렇다면 만주어 문어의 모음은 a, i, u, e, o의 5가지가 되어 일본어와도 같아진다.

만주어의 구어에 대하여는 비교적 고형을 유지하고 있다고 하는 Sibe(錫伯)어에 대해 두 조사의 경우를 보이기로 한다. 본래의 만주 땅에서 중국의 변두리 신장성으로 이주를 당한 이들이 보존하고 있는 만주어이다.

1.	a	o	e		u	i		ə	(山本, 1969:20)
2.	a	o	ɛ	œ	u	i	y	ə	(李樹蘭외, 1986:3)
(3.	a	o	ə	θ	u	i	ü	e)	(李樹蘭외, 1984:5-6)
		[ɔ]	[ɛ]	[œ]				[ɣ]	

괄호에 묶은 3.은 2와 표기상의 차이로 보아진다.

1.의 모음도를 보면(p.20) 대략 다음과 같은 분류표가 이루어진다.

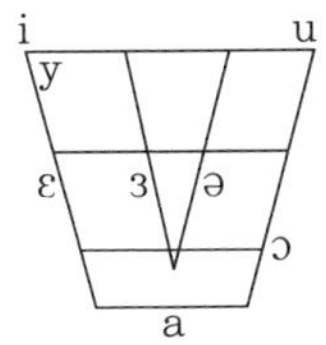

	전설	중설	후설
고모음	i		u
중모음	e	ə	o
저모음		a	

2.의 분류표는 다음과 같다(p.3).

전후 / 원순여부 / 고저	전설		후설	
	비원순	원순	비원순	원순
고	i	y		u
반고			ə	
반저	ɛ	œ		o
저			a	

1.과 2.의 큰 차이는 원순모음의 존재 여부에 있다. 1.은 원순모음이 없는 평면적(2차적)체계이며 2는 원순모음의 차원이 있는 입체적(3차적) 체계이다. 1,은 현재의 일본어 5모음체계에 가깝고 2는 한국어의 모음체계와 비슷하다.

조사자와 조사지점의 차이에 따라 다른 양상을 보여주고 있는데 만주어도 오래 전에는 8세기의 일본어가 i, e, o에 2류가 있어 8모음체계를 이루고 있었듯이 2.의 8모음체계를 지닌 시대가 있었음을 추정하게 한다.

다음에 만주어의 다른 지방 방언의 경우를 보게 되면

1.	i	y	e	ɛ	ɑ	ɤ	o		u		8개	(依布氣 방언)
2.	i	y	ə		ɑ		o	ɔ	u	ʊ	8개	(三家子 방언)
3.	i		ə		ɑ		o	ɔ	u	ʊ	7개	(阿勒楚喀 방언)
4.	i		ə		ɑ			ɔ	u	ʊ	6개	(拉林 방언)
5.	i		ə		ɑ			ɔ	u		5개	(巴拉 방언)

1.은 趙杰(1989)에 의한 것이고, 2.이하는 趙阿平외(2001)의 흑용강성

의 방언조사에 의한 것이다.

1.과 2.에서 모음수가 많은 것은 언어보존이 비교적 좋은 곳이기에 그렇다 볼 수 있다. 이들 모음이 모두 나타나는 모음도를 그려보면,

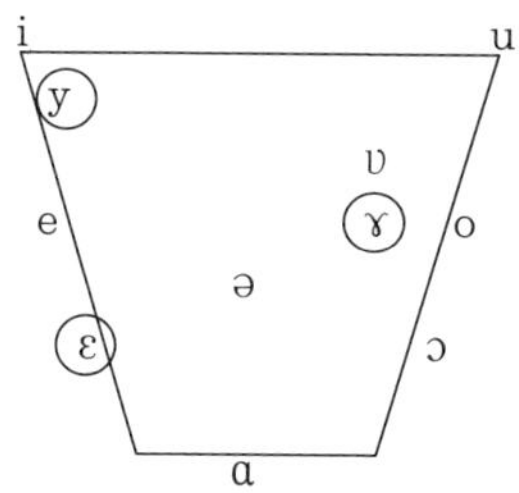

依布氣 방언의 y, ε, ɤ가 중요한 포인트가 된다. 이 세 가지가 고대로부터 전승된 것이라면 모음체계는 원순(i : y, ɤ : o)의 대립이 있는 3차원 조직이 되고 전설의 ε(후설의 ɔ는 안 보이나)를 생각하면 4서 조직이었던 것을 알 수 있다. 다른 방언에서 o : ɔ의 대립이 있는 점에서 그런 가능성이 있다. 그렇다면 한국어의 모음체계와 비슷하게 된다.

한편, 가장 줄어든 巴拉 방언의 경우를 보면 일본어의 5모음체계와 비슷하게 된다. 일본어의 e모음도 ə의 전설화에서, o의 모음도 ɔ의 상승에서 왔다고 볼 수 있기 때문이다.

한편 일본어에도 방언에 따라서는 y(名古屋 방언), ε(新潟県 남부방언), ɔ(新潟県 남부방언)가 잔존해있고, ə는 8세기의 문헌의 만엽kana 표기에 o의 을류로도 보이는 점에서 만주어 현존 방언에서 보이는 모음 가지수를 원래 지녔다고 볼 수 있다. 만주어에 원래의 8모음체계가 만주어 문어의 6모음의 기반이라면 만주의 북방 방언의 7-6-5 체계처럼 변해 온 것으로 볼 수 있듯이 일본어도 그러한 변화를 거쳐 온 것으로 볼 수 있다.

4. 에벤키어

Nedjalkov(1997:309)에서는 13모음이 제시되어 있는데 장모음을 제외

한 단모음은 6모음이다(괄호 친 je를 e의 이음으로 본다면 7모음이다.).

전후별 / 원순여부 / 고저	전설		후설	
	비원순	원순	비원순	원순
고모음	ı		ɯ	ʊ
중모음	(je)		ε	o
저모음	a			

여기의 ı는 i, ʊ는 u, ε는 e의 음운표기로 보인다.

후설에 비원순/원순의 대립이 있는 것이 주목된다. /ε/가 후설이 되어 있는 것이 특이하고 이는 ə의 이음으로 본다면 다음 체계와 가까워진다.

Bulatova(1999:4)에서는 11개 모음이 제시되어 있으나 장모음을 제외하면 단모음은 5모음이다. 앞의 것과 대비해서 e와 ɯ가 없다. 원순의 대립도 없다. a를 앞의 것과 마찬가지로 전설에 배치한 것도 특이하다.

전후 / 고저	전설	중설	후설
고모음	i		u
중모음	e	ə	o
저모음	a		

이를 필자 나름대로 모음도로 고쳐 쓴다면,

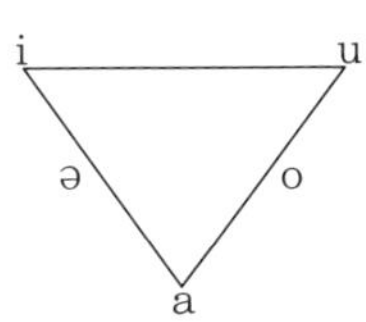

와 같이 되어 일본어나 만주어 문어의 5모음체계와 비슷해진다. Nedjalkov의 표기에서 ɯ를 추가한다면 일본어의 5모음체계의 u의 이음으로 실현되는 양상과도 같아진다. 다른 모음은 장단의 음운적 변별이 있는데 ɯ에서는 그것이 없는 것을 보아도 독립음운성이 약했던 것이 아닌가 싶다.

朝克외(2005:107)에서 보인 것에는 비원순의 ɯ가 안 보인다. 물론 조사지역이 중국 내 몽고자치구의 남부의 것이므로 다를 수밖에 없다. 다음에서 보듯 중설과 후설에서 비원순/원순의 대립을 설정한 것은 주목된다.

여기서는 a가 후설의 위치에 있다.

전후 / 원순여부 / 고저	전설	중설		후설	
	비원순	비원순	원순	비원순	원순
고모음	i		ʉ		u
중모음	e	ə	ɵ		o
저모음				a	

중설원순의 고모음 ʉ는 몽골어의 ʏ(우에 가까운)에 상당하며 그 변이음이 ɯ이다.

중설원순의 중모음 ɵ 역시 몽골어의 ɵ(어~으에 가까움)에 상당하다. 비원순의 ə(어에 상당)와 중설에서 원순/비원순의 대립만을 이르는 특이점이 있다.

모음도에 그리면,

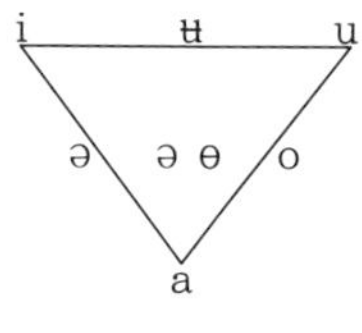

중간이 불룩한 모양이다. 흔히 볼 수 없는 모양이다.

역시 내몽고 자치구의 것을 조사한 胡增益(1984:60)에 의하면 장모음을 제외한 단모음은 다음의 10모음이다.

전설모음 i ɪ e E
중설모음 ə
후설모음 u ʊ o ɔ a

이는 양성/음성 모음으로 구분된다(p. 61).

음성모음 i e ə o u
양성모음 ı E a ɔ ʊ

음성모음은 양성모음에 비해 혀의 위치가 높고 앞쪽(후설은 뒤쪽)에 있다. 모음도를 필자가 그려보면,

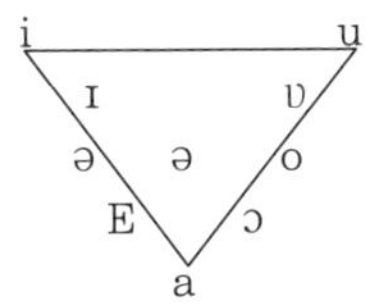

이 모음도는 아래로 내려올수록 모음수가 줄어들어 흔한 모양이다. 만주어의 흑용강의 三家子방언과는 e, E 외는 같고, 依布氣방언과는 ʊ, ɔ 외는 같다.

어떻든 許增益의 체계에서는 다른 데의 것과 대비해서 i, ı, e, E, o, ɔ, ʊ, u의 2류가 구별되어 있는 것이 특징이다.

한국어는 이러한 2류의 구별이 대체로 유지되어 있다면, 8세기의 일본어도 이와 비슷한 체계를 보여준 때가 있었지만 지금의 공통어는 그러한 구별이 상실한 처지다.

어느 언어든 지금은 없지만 방언에는 예전의 것을 보존하고 있거나 방언 나름대로 신생(新生)의 것이 있기 마련이다. 필자의 생각은 특별한 경우 외는 옛적의 것을 보존하는 것으로 본다.

5. 몽골어

현대의 몽골어의 모음은 다음의 7모음 체계다.

남성모음	a	o	y
여성모음	э	ɵ	ү
중성모음	и		

문어의 경우도 7모음 체계다(Poppe, 1954:9).

후설모음	ɑ	o	u
전설모음	e	ö	ü
중성모음	i		

후설모음에 강모음·남성모음, 전설모음에 약모음·여성모음의 이름이 있다(Kullmann, 1996:7). Poppe(1954:11)에서는 원시몽골어에는 전설의 i와 후설의 ï의 대립이 있어 중성모음은 없었던 것으로 보고 있다. 그것이 문어 내지 현대어에는 i로 병합되었다고 보고 있다.

Poppe(1954:9)는 ö를 독일어의 ö(Grønbech외(1955:17)도 마찬가지)에 맞추면서 다른 몽골인의 발음에서는 고설이면서 넓은 원순의 소리와 중설이면서 좁은 원순의 사이에 나오는 소리라고 하고 있다. 원순 중설 반폐음의 ɵ에 가까운 소리라면 현대의 몽골의 ɵ와도 같아진다.

ü도 독일어의 ü에 맞추면서(Grønbech외(1955:17)도 마찬가지) 다른 몽골인의 발음에도 고설이면서 좁은 원순모음으로 나타난다고 하였다. 고설이며 좁은 원순모음이면 [u]와 같은 것인데 현대어의 ү 문자의 음가와 가까워진다.

현대어와 맞추어볼 때 시대의 변화에도 큰 변화가 없었다면 ɵ = ö, ү = ü로 맞춰볼 수 있지 않을까 한다. 독일어식의 ö, ü 표기는 전설의 원순모음인 점에서 전설 대 후설의 대립이 성립한다고 본 듯 하다.

그러한 전제 하에서 모음도를 그려서 모음분류의 대립을 그려보면

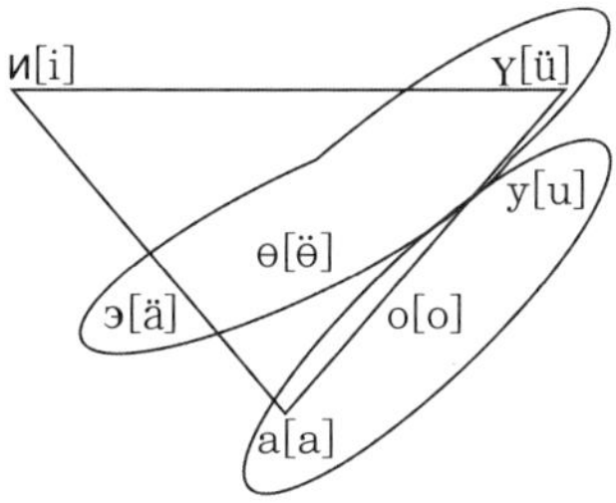

전설/후설의 대립으로 보기 어렵고 한편 광모음/협모음의 대립으로 보기 어렵다. 대각선적인 대립이다. 이 원인은 o[ɔ]의 상승과 같은 후모음의 추이에 의한 것으로 필자는 본다.

Zyoo'o(城生, 1976:54)는 모음의 음가나 대립을 다음과 같이 보고 있는데,

ä — e̱ (э)
a — a̱ (a)
ü — u̟ (Y)
u — o (y)
ö — ө (ө)
o — ɔ (o)

이것은 ü(Y) — u(y)
ö(ө) — o(o)
ä(э) — a(a)

와 같이 사선(斜線)의 대립으로 그리고 있다(p.57). (위에서 괄호 안 문자는 현대 몽골어문자로 필자가 보탠 것)

현대의 몽골어의 발음이 중세 한국어의,

양성모음	아	ᄋᆞ	오
음성모음	어	으(/어)	우
중성모음	이		

와 비슷한 점에서 문어의 경우도 구체적인 음가에 다소의 차이가 있을지라도 음운적인 틀은 그대로 유지해온 것으로 풀이한다.

Grønbech(1955:17)는 e(ɘ), ö(ɵ), ü(ʏ)는 혀의 중간부분이, o, u(y)는 조음기관이 좁혀서 발음된다고 하였다.

Ozawa(小沢, 1997:13)에서 o는 후설의 [ɔ]이고 사람에 의해 [ɒ]에 가깝게 들린다고 하였다. 한국어의 'ᄋᆞ'에 맞춰볼 수 있다. u(y)도 일본어의 o소리와 비슷하나 그것보다 원순과 긴장도가 강하다고 하였고 일본어의 o와 u[ɯ]의 중간소리로 나기도 한다고 하였다. 한국어의 '오' 내지 '우'에 가깝다. ö(ɵ)도 일본어의 o와 u 그리고 e가 섞인 음색을 지닌다고 했으니 한국어의 '어'와 '으'에 걸치는 소리로 볼 수 있다.

그리고 ü(ʏ)는 일본어의 u[ɯ] 소리로 내면 다른 소리와 혼동되지 않는다고 했으니 앞의 소리와 혼동되지 않는 부분의 한국어의 '우'소리로 비겨볼 수 있다. 이러한 이유로 필자가 그린 앞에서의 모음도와 대체로 맞아든다고 할 수 있다.

Arisaka(有坂, 1969:115-6)에서 보인 고대일본어의 8모음에서 중모음을 제외한 5모음을 보면 다음과 같은데,

양성(남성)	a	o	u
음성(여성)	ö		
중성	i		

한국어와 몽골어와 대비해보면 일본어의 o는 원래 [ɔ]였을 가능성이 있고 u도 원래 [o]였을 가능성이 크다. 그리고 일본어의 ö도 ə 혹은 ɵ였을 가능성이 크다. 그래서 앞의 것을 고쳐 쓰면,

양성	a	ɔ	o
음성	ö(ə)	ï	u[ɯ]
중성	i		

와 같이 한국어 및 몽골어의 경우와 거의 같게 된다(사선적 대립으로). 일본어도 고대에 [ɔ]의 소실 내지 상승에 의해 ɔ → o, o → u, u → ɯ와 같은 추이가 있었음을 보여준다. 실지 일본어의 /o/는 음성적으로 [ɔ] 상승음이다. [ɔ]의 변동이

a	o	u
ö		
i		

의 체계로 표현되고 있지만 모음조화 면에서는 어울릴 수 없는 무리를 이룬다고 보아진다.

6. 튀르크어

고대 튀르크어에서 모음은 다음의 두 계열이 있었고 그 중 i 모음은 양계열에 걸치기도 하였다(Gabaın, 1950:47). 8모음체계다.

후설모음	ɑ	o	u	ï
전설모음	ä	ö	ü	i

Erdal(1998:138)에서는 ɑ에 e와 ė의 두 가지가 있어 9모음으로 되어 있다. 현대어에서도 이 분류가 행해진다. 이들의 현대음은,

a [ɑ]	o [o]	u [u]	ï [ɪ](ɯ 또는 ɨ)
ä [e][ɛ]	ö [œ:]	ü [y]	i [i]

Menges(1968:75)는 ä와 i 사이에 있는 e는 공통 튀르크어의 음운에서 가정하지 않는다. 방언에서의 ä와 i의 이음으로 본다. 이들 모음에 비원순/

원순과 개/폐모음의 구별을 보이면(괄호 안의 것은 필자가),

	비원순		원순	
	개모음	폐모음	개모음	폐모음
후설모음 (남성/경(硬) 모음)	a	y(ï, ı)	o	u
전설모음 (여성/연(軟) 모음)	ä (e)	i	ö	ü

Menges(1968:75)에서는 후설은 velar, 전설은 palatal로 부르고 비원순 연구개 폐모음 ɪ를 y로 적고 있다.

모음목록 중에서 o와 ö는 외래어나 복합어의 경우를 제외하고는 제1음절에만 나타난다. 튀르크어의 모음은 단모음뿐이고 외래어에서는 본래의 장모음 그대로 발음하기도 한다.

다음과 같이 모음 자질의 구분으로 구별하기도 한다.

	a	e	o	ö	u	ü	ï(ɪ)	i
후설성(back)	+	−	+	−	+	−	+	−
고설성(high)	−	−	−	−	+	+	+	+
원순성(round)	−	−	+	+	+	+	−	−

후설성의 자질은 전설/후설, 고설성의 자질은 폐모음/개모음, 원순성은 원순/비원순을 구별한다.

이러한 모음의 대립의 구도를 다음의 4각의 입방체로서 그 상관관계를 나타낸다.

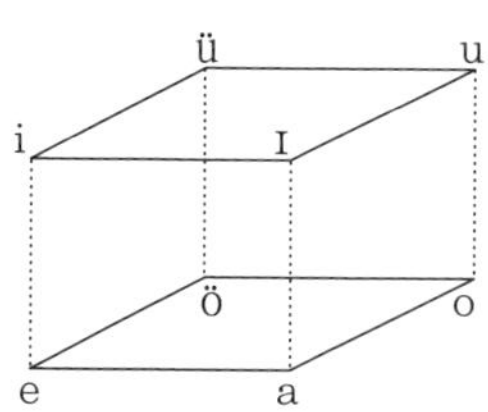

상면의 평면의 모음은 폐모음이고, 하면의 평면의 모음은 개모음이다. 후면은 원순모음이고 전면은 비원순모음이다.

좌면은 전설모음이고 후면은 후설모음이다. 아주 정연한 체계임을 보여준다.

필자의 보기로는 여기서 문제되는 것은 a(비원순) : o(원순), ö(전설) : o(후설)의 구도이다. 그것은 o를 Hattori(服部, 1978=1989:336)가 추정한 대로 o [ɔ]로 본다면 o가 보다 오른쪽으로 다가서다보면 좌면보다 우면이 아래로 기울어진 형세가 된다.

다음의 모음 3각형으로 고쳐 쓸 수 있지 않을까 한다.

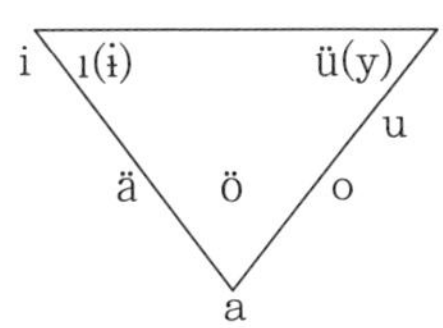

튀르크어 ä, ö, ü는 독일어 문자의 umlaut의 소리처럼 상대모음보다 전부적인 음이다. 또한 전설에서의 i : ı [ɨ], ä [ɛ] : a, 후설에서의 ö [œ] : o, ü [y] : u의 사선적인 구도를 이룬다고 볼 수 있다.

ü : u의 구도가 문제가 되지만 후설모음의 추이성 ɑ → ɔ → o — u를 예상했을 때 o와 u의 간격이 가깝지 않았나 생각된다. 모음조화에서 선행모음 o일 때 후행모음이 a, u인 점도 참고가 된다. 모음조화의 그룹은 ä(e), ö, ü와 a, u, o 그룹으로 나뉘는 것도 이 두 그룹이 사선적으로 상대하고 있음을 말해준다. 각도를 바꿔서 원순/비원순의 차원을 따로 마련해서 3차원체계로 할 수 있다.

(오른쪽은 Johanson et al(eds) (1998:70)에서의 원시튀르크어의 두음절 단모음)

i ü ı u	i ü ï u
e ö o	ė ö o
a	e a

i : ü, e : ö, ɪ : u의 원순/비원순의 대립은 앞에 것과 좀 어긋나 보인다. 이러한 것이 고형에서 바뀐 것인지 원래 고형이 이러했는지 지금으로서는 알 길이 없지만, 어떻든 변화는 있기 마련이고 체계적인 관점도 달라질 수 있다.

사실 언어에 따라서는 i : ü의 자리가 음가가 i : y, 혹은 i : ï(또는 ɨ)로, e : ö의 자리도 e : ø 또는 e : 제로, ɪ : u의 자리가 ɯ : u, 제로 : o의 위치가 ö(혹은 ə) : o 와도 같이 변동할 수 있는 일이고 또 그러한 일부의 변동으로 체계의 변이성이 있게 되는 것은 자연스러운 일이다.

아이누어, 일본어에서는 원순성이 사라진 5모음체계(일본 방언에는 다른 모음의 잔존이 있다.)지만 한국어는 균형 잡힌 원순의 차원이 있고 고대 일본어에는 원순성은 결하나 8모음체계였고, 만주어도 5모음체계가 기본인데 일부 방언에서는 전설에 원설의 대립(i : y)이 있는가 하면, 에벤키어는 반대로 후설에 원순의 대립이 있든지(ɯ : o, ɛ : o), 혹은 중설에 그러한 대립(ə : ɵ)이 있든지 하고 있다. 튀르크어도 앞에서의 언어들과 마찬가지로 기본적으로 5모음체계이고 한국어와도 같은 원순/비원순의 차원을 가졌던 시대가 있는 언어라는 것을 추정하게 한다.

보주(補注) 3. (p.92) 장모음(長母音)

1. 알타이어

먼저 알타이어의 모음의 모습을 개관해보면, Ramstedt(1953:10)는 알타이어의 원형모음의 알타이제어에의 반영형으로 다음을 보였다.

원어	ɑ	o	u	ɤ	ä	ö	ü	i
튀르크어	ɑ	o	u	ɤ	ä, e	ö	ü, i	i
몽골어	ɑ	o	u	i	e	ö	ü	i
퉁구스어	ɑ	o, u	u	i, e	ę	u	u, i	i
한국어	ɑ	o, ɑ̨	o	i	ę	u	j̨	i

Poppe(1960:94-)에서는 제1음절에서 단모음과 장모음의 대립관계가 제시되어 있다.

	*ɑ *ā	*o *ō	*u *ū	*i *ī		*ï *ï̄
원시몽골어	*ɑ *ā	*o *ō	*u *ū	*i *ī		*ï *ï̄
문어몽골어	ɑ ɑ	o o	u u	i i		i i
칼무크어	ɑ ɑ	o o	u u	i i		i i
퉁구스어	ɑ ā	o ō	u û	i i	=(만주어 에벤키어)=	i i(만주어) (에벤키어 j ï)
튀르크멘어	ɑ ā	o ō	u û	i i(ij)		ï(i) ï̄(i)
야쿠트어	ɑ ā	o uo	u û	i ī		ï ï̄

(e, ē, ö, ȫ, ü, ǖ 생략함)

원시 알타이어에 모음의 장단의 대립이 있음을 단어의 예시를 통해서 나타냈다. Poppe(1965: 202)를 보더라도 다음의 대비처럼 모음의 장단의 대립을 확인할 수 있다.

알타이조어	만주·퉁구스어	몽골어(몽구올어)	튀르크어(튀르크멘어)
*a	a	a	a
*ā	ā	ā	ā
*o	o	o	o
*ō	ō	ō	ō
*u	u	u	u
*ū	ū	ū	ū
(이하생략)			

Street(1962)는 Poppe(1960)의 서평에서 Poppe가 알타이언어의 총체를 튀르크어, 몽골어, 만주어·퉁구스어의 언어총체와 원시한국어로 2분한데 대해, 원시 북아시아어 아래 먼저 한국어, 일본어, 아이누어를 포괄하는 ?가 분리하고 그 다음에 원시 서부 알타이어(튀르크어, 츄바시어)와 원시동부 알타이어(원시몽골어, 원시퉁구스어)로 2분하는 수정안을 제시하면서

(p.95), 의심의 여지없이 Poppe의 큰 기여는 원시알타이어에서의 장모음과 악센트의 전개의 설명이라고 하고 있다(p.97).

서부 알타이어의 경우 선(先)서부알타이어 시기의 장모음은 짧아지고 비어두음절(악센트의 지탱이 없어서)에서는 단모음과 같아지고 따라서 어두에서만 모음의 장단이 대립된다. 이러한 어두에서의 대립은 나중에는 튀르크어와 야크트어를 제외하고는 상실된다.

앞에서 원시알타이어에서 Street는 몽골어, 퉁구스어를 동부로 분류하였지만 필자는 이를 중부로, 한국어, 일본어, 아이누어를 동부로 해서 나누고 싶다. 이하 동쪽의 아이누어로부터 시작해서 모음의 장단의 대립의 문제를 다루고자 한다.

2. 아이누어

아이누어는 고저 악센트를 지니는 언어로 음의 강약이나 장단으로 의미를 구별하는 일은 없다.

그러나 아이누 출신인 언어학자인 Ciri(知里, 1956:123-4)에서는 음성적인 장음이 존재한 것을 예시하고 있다. 모음은 원칙적으로 짧게 발음하지만 악센트가 있는 어두의 개음절은 길게 발음하는 경향이 있다고 한다. 어두가 아니면 악센트가 있는 개음절은 높게 발음하지 않는다.

yúkar 詞曲 ⟶ yú:kar
húre 赤 ⟶ hú:re

이 장음화의 경향은 방언에 따라 강약이 있다. 북해도 남서부의 Horobecu 방언에서는 예컨대 réra(風), húra(臭)로 발음하는데, Sakhalin(樺太) 방언에서는 ré:ra, hú:ra로 발음하는 것이 일반적이라고 한다. 그러나 이들을 짧게 발음해도 아무 상관이 없는 것이다.

이미 Ciri(知里)외(1936:1(주2))에서도 개음절의 1 음절어의 경우 그것만을 소리 낼 때는 다소 길게 들린다고 하였다. 예컨대 ka˙(絲), mi¨(着), nu˙(듣다), ya˙(絹) 등의 경우이다. 그렇지만 이를 의식적으로 짧게 발음해도 아무런 지장이 없다. 그리고 이들 1 음절어가 다른 단어와 결합할 때는 반드시 짧은 소리가 된다.

Hattori(服部, 1959:282)에서 Sakhalin의 라이치시카 방언의 장모음을 포함하는 제1음절 CVV에 북해도 방언의 악센트핵 있는 V́C가 대응하는 예를 들고,

	가늘다	味	뜨겁다	웃다	붉다
북해도	áne	kéra	sések	mína	húre
라이치시카	aane	keera	seeseh	miina	hure

(어두 모음의 ' 생략)

여기서 아이누어에는 라이치시카방언처럼(장모음을 지니고) 악센트소(素)의 대립이 없었는데, 장모음이 짧아짐으로 악센트소의 대립이 생긴 개연성이 높다 하고, 고저악센트 발생에는 이와 같은 경위도 있음을 고려해야 된다고 하고 있다.

이와 같이 장모음은 본래부터 존재하고 그것이 짧아짐으로 그 대상(代償)의 고저악센트가 생긴 것인지 아니면 고저악센트가 본래부터 있고 높던 악센트가 길어져서 장모음이 있게 된 것인지 혹은 두 가지가 겹쳐있던 것이 그 어느 하나로 갈린 것인지 생각할 여지는 많다.

3. 일본어

현대일본어에서는 어두에서 어중에서도 장모음이 존재하고 단모음과 음운적 대립을 이룬다.

Chamberlain(1985=1964:13)이 기술한 류큐어(琉球語)의 모음조직에

a ā
ē ō
i ī u ū

처럼 기본적인 3모음 a, i, u에는 단모음, 장모음의 두 가지가 있다. 그리고 그 중간음 e와 o는 장모음 만으로 나타난다.

이러한 장모음은 모음축약에서 온 것도 찾아볼 수 있고,

ka-u-be → kōbe 頭
o-ho-sakɑ → ōsaka (지명)
sufu → sū (suu로 표기) 吸

그러나 kī(木)(Jap. ki), mî(目)(Jap. me) 같은 것은 모음축약으로 설명할 수가 없다. 그리고 일본어의 단모음형이 일본어에서 단모음/장모음으로 갈리는 것의 설명이 어렵다 하고 그것은 일본어와 류큐어가 분화할 때의 공통조어는 단모음 a, i, u와 장모음 ā, ī, ū를 가졌던 것이 북쪽의 일본어에서는 8세기초경에 그 대립이 소멸하고 남쪽의 딸언어인 류큐어에서는 남아있는 것으로 가정하였다(p.14).

Murayama(村山, 1980:27)는 알타이어계 언어와 공통으로 보이는 일본어 단어의 악센트를 유취명의초(類聚名義抄)(이하 RM로)를 조사하여 알타이적 장모음과 단모음을 RM에 있어서의 고평조(高平調)와 저평조(低平調)에 대응한다고 보았다. RM의 고평조의 음절의 모음은 장모음에 전환하면 알타이어와 일치하는 어형이 얻어진다는 것이다.

알타이어계의 분파언어가 일본 열도에 도래한 당시 기층 언어의 고저악센트의 영향에 의해 모음의 양적인 구별에서 음악적인 고저의 구별로 전환되었다고 보고 있다.

Murayama가 예거한 예(p.13~)를 줄여서 몇 가지만 보이면(일본어의 상선은 고평조, 하선은 저평조),

RM	알타이계어(예어는 필자가 취사선택함)
iru 入	퉁구스조어 *i- 入
	몽골문어 ire- 來〈*ī-re-
m̄id̄u 水	에벤키어 mū〈*mȫ 水
m̄or̄i 森 *m̄o 木	퉁구스조어 *mō 木
	만주어 moo 木
öru 織	튀르크멘어 ȫr- 뜨다(編)
	원시튀르크어 *ȫr 뜨다(編)
w̄ori 있다(居)〈*bōli	몽구올어 ōli- 되다
	고대튀르크어 bol 되다
yȫ〈*dȫ 4	중기몽골어 dȫrben 4
	몽구올어 diēran 5
	에벤키어 digin〈*dǖ-gün〈*dȫ-gûn 4
	튀르크만어 dȫıt 4

이상은 알타이제어의 장모음에 대해 일본어에서는 RM의 고평조에 보인다고 생각한 것이다. RM에서의 저평조가 알타이제어의 단모음에 대응한다고 보는 예시도 있으나 여기서는 생략하기로 한다.

Murayama(村山七郎編訳, 1976:83)에 의하면 Polivanov는 일본에서의 고저악센트의 체계는 서부지방의 여러 방언에서 보인다 하고 그 대표격이 경도방언과 Tosa(土佐)방언이라고 하였다. 이들은 RM의 후신형으로 동류(同類)의 악센트체계를 지닌다. 특히 주기를 통하여 Tosa방언은 대단히 특수성을 보존하였기에 일본방언학의 하나의 산스크리트라고 하고 있다. 이들의 서부 일본어 체계는 원시일본어의 체계와 동일하게 보고 있고, 동부(그리고 북동부) 제방언은 그 체계들을 단순화한 것이라고 하였다.

Hattori(服部, 1951b:47)는 RM의 악센트를 잠정적으로 2음절(上上, 上平, 平上, 平平), 3음절(上上上, 上上平, 上平平, 平上上, 平上平, 平平上, 平平平)의 패턴을 제시하고 원시일본어의 악센트는 이러한 RM과 현대 여러 방언의 악센트에의 발전이 무리 없이 설명되는 것이라야 한다고 했다. 이렇든 RM이 원시 일본어에 있어서의 악센트나 장모음의 유무 여부를 헤아리는데 중요한 몫을 하고 있음을 알 수 있다.

이와 같이 일본어의 딸언어인 류큐방언에 존재하고 또 원시일본어의 악센트체계를 이어받은 것으로 생각되는 RM에서의 악센트가 알타이적 장모음(과 단모음)의 흔적으로 볼 수 있는 어례가 다수 보이는 것 그리고 고대—중고에 걸치는 시기에 장모음의 표기례(蛟蚋 加安), 근대어 시기에도 연모음의 축약에 의한 장모음의 실현, o단에서의 au 〉 ao 〉 ɔː의 개음(開音)의 경우가 있고 합음(合音)의 [oː]의 경우가 있는 등 장음의 기저는 뿌리 깊은 것으로 보아진다.

현대방언에서도 연모음의 축약으로 장모음으로 실현되는 예가 있다(馬渕, 1971:35 하단). 동경방언에서 大工[dɛːk], Nagoya 방언에서 大工[dæːkɯ], 기타방언에서도 보인다고 한다.

그러한 음운현상은 장모음의 뿌리가 깊은 한, 그것이 실현되는 음성적, 음운적 환경이 조성되는 한, 어느 시대 어느 곳에서도 실현되는 점에서 장모음의 존재는 부정할 수 없는 것으로 보인다.

다만 일본에서의 고저악센트나 한반도 남부에서의 고저악센트가 뚜렷한 것이, 장모음의 소실에 의한 보상에서 연유한 것인지 장모음과 성조의 병존(두음절에서)에서 온 것인지, 원래는 고저의 성조체계인 것이 부분적으로 장모음으로 실현된 것인지는 좀 더 생각해 볼 일이다.

4. 한국어

Ramstedt(1957:166)는 현대한국어에서 장모음을 보게 되는데 그러한 구별이 단어의 의미를 가끔 결정짓게 한다 하고 그 예로 pɑm(夜), pɑ̄m(栗)(이 뜻을 Persimmon과 Dattelpflaume을 예시하고 있지만 의미가 어긋나는 듯, 필자), ɑrḭm(아름), ɑ̄rḭm(앎을 알음으로?, 필자), nun(眼), nūn(雪)을 들었다.

한편으로 다른 경우에는 장모음은 어중에서 모음 사이에 있는 자음의 탈락으로 인한 모음축약의 결과 내지는 후행음의 탈락에 의한 모음의 보상연장의 결과이다. 그러한 예시는 없지만 다음과 같은 것을 들 수 있다. 곧 한국어의 저고(低高)에서 어중 r음 탈락으로 장음(상성)이 되는 경우다(각 우단(右端)은 일본어의 예다)(cf. 김공칠, 2006:86).

		Jap.
nari^3〉*nai〉nε^2	내́ (川)	
*mori(~moro^3(龍歌))〉*moi〉mø^2	뫼́(山)	mo^{2}ri^2
nuri^3〉nui^2〉nwi^2	뉘́(世)	yo^2
*ori^3〉*oi〉ø^2	외́(瓜)	uri^2
*nirim^3〉*niim〉nim^2	님(君)	nirimu
*karam^3〉*kaam^2〉ka(r)m^2	갊(藏)	karamu

어깨글자의 숫자는 한국어의 경우 2는 상성, 3은 거성, 일본어의 경우 2는 고평(高平)(한국어의 3의 거성에 해당)이다. 그것에 맞추어 한국어의 1단계를 재구할 수 있다(nuri^{3}는 문헌어). 상선(추기부분) /는 상성(-는 거성)을 나타낸다.

이기문(李基文)외(1984:53)에서는 표준국어의 다음 예들에서 모음의 장단이 변별적인 기능 곧 음운론적 기능을 발휘하고 있다고 하였다.

눈 [nun] 眼, [nu:n] 雪
갈다 [kalda] 換, [kal:da] 磨

1947년에 간행된 조선어학회의 조선말 큰 사전(1)(을유문화사 간행)에서,

가래(농기구) 가̄래(맷돌)
가마(가마솥) 가̄마(步轎)
갈(갈대) 갈̄(갈래)

등을 예시할 수 있는데, 한자어의 경우는 무수히 많다.

이 외에 허웅(許雄, 1955:91)에는,

말 ma:l (語)　　mal(斗, 馬)
발 pa:l (簾)　　pal(足)
돌 to:l(石)　　tor(돐)
낫다(낫다) na:t-ta(勝)　　nat-ta(低)
산다　　sa:n-da(居)　　san-da(買)
준다　　tʃu:n-da(減)　　tʃun-da(與)

가 예시되어 있다. 다른 방언에서 이러한 모음의 장단의 변별성이 보이지 않은 것 같은데 그렇다면 한반도의 중심부에 하나의 섬을 이루고 있는 셈이다.

중세한국어에서의 平(무점), 上(2점), 去(1점), 入(k, t, p 말음) 구별의 방점 표기에서 2점의 상성은 낮다가 높아가는 소리이기에 다른 것과는 달리 장음성을 지녔다고 보는 것이 온당하다. 이들 상성의 말은 서울말에서 장음으로 나는 점도 고려할 필요가 있다.

허웅(許雄)은 방언과 방점과의 규칙적인 대응에서(p.165),

고(古)성조	방언성조
평성(低)	고조
거성(高)	중조
상성(低高)	저조

와 같이 서로 반대되는 양상을 보여주고 있다.

이에 대한 한 가지 가설로는 이조 초기는 중부지방이나 경상도나 동일 성조이던 것이 경상도 쪽이 앞의 방언 성조처럼 변하고 고성조 쪽이 소멸했다는 것이고, 다른 한 가지는 이조 초기에 이미 중부지방과 경상도는 다른 성조를 가지고 있었는데 중부지방에서 고저가 소멸하고 경상도는 예전 그대로 보존하였다는 것이다(p.166-7).

지금의 일본의 동경악센트와 경도악센트가 다른 것처럼 다른 성조를 지녔던 중부방언과 경상도방언이었는데 중부지방에서 높은 거성이 낮은 평성으로 변하기 시작하고 상성은 平, 去에 비해 다소 긴 소리였기에 고저가 평탄함에 따라 높낮이가 없는 단순한 긴 소리로 변한 것으로 보는 것이다.

앞으로 다른 알타이어계의 장모음에 대해 언급하겠지만 이렇게 음의 고저에서 일부지역이 음의 장단으로 바뀌는 계기보다 음의 장단에서 음의 고저로 바뀌는 계기가 있음을 볼 때 한반도 언어도 중부방언처럼 음의 장단의 구별이 있었으나 기층 언어의 고저악센트의 벽에 부딪혔다고도 볼 수 있고, 아니면 장모음의 음운적 기능의 약화로 그 대상(代償)으로 고저악센트가 생겼다든지, 중세한국어의 특유한 상성의 음조는 장음성과 고조성을 띤 점으로 미루어 원래 어두 음절은 그러한 특성을 지녀서 지역에 따라 시대에 따라 장음화, 고조화의 이중성으로 나타날 수 있었던 것이 아닌가 생각된다.

Hattori(服部 1932=1959a:327)에 의하면 일본의 본토방언(원문에는 內地방언)과 유구어(琉球語)의 북부방언에 속하는 몇 개의 방언에서의 악센트의 대응 예를 보여주고,

內地방언	iki(息)	usu(臼)	oke(桶)
首里방언	iːtʃi	uːsi	wuːki
与那嶺방언	itʃi̥	úʃi̥	húki̥
阿伝방언	itʃi̥	úsu	wi(〈wúhi)

평판형의 首里방언의 장음은 1) 옛적에 제1음절에 악센트가 있었거나 아니면 2) 오래전에 장모음을 지녔거나 어떻든 악센트와 관계가 있는 것으로 보았다(후일엔 2)쪽으로).

참고로 본토방언의 위의 어례들의 악센트가 방언에 따라 다름을 적어둔다.

동경방언	íki	úsu	óke
경도방언	ikí	usú	oké

5. 퉁구스어

Benzing(1956:19)은 퉁구스제어의 비교를 통하여 대부분의 언어가 장모음과 단모음을 구별하고 그것을 보존하고 있음을 보였다. 그러나 유감스럽게도 문어의 정서법에서는 대체적으로 구별되어 있지 않고(에벤키어, 라무

트어에서의 ə / ə̄의 구별을 제외하고) 언어학적인 기록 자체로는 없거나 혹은 식별에 결함이 있을 뿐이지만 그럼에도 장단의 구별은 음운론적인 가치를 지닌다고 보고 있다.

Street(1962:67)에 의하면 원시퉁구스어에서 유지되는 장모음은 대부분 북퉁구스어에서이고 남퉁구스어에서는 짧아졌다.

Murayama(村山, 1980:5)에 의해 소개된 В. Н. Цинциус(친 츼우수, 퉁구스·만주제어 비교음성학 1949)의 퉁구스·만주제어에 있어서의 본원적(本源的) 장모음 대응표를 보면(표의 가로/세로를 필자 고쳐 씀),

	*ā	*ō	*ə̄	*ē	*ī	*ū	*û̄
Evenki	ā	ō–ā	ə̄	ī	ī	ū	ū
Lamut	ā	ō	ə̄	ī–e	ī, ie	ū	ū, û
Solon	ā	ō	ə̄	ı	ī	ū	û̄
Negidal	ā~a	ō–o	ə̄~ạ̄~ō	ī, ē	ī	ō–ū	ū–u
Orochi	ā–a	ō–o	ə̄–ə	ī–i	ī–i	ū–u	ū–u
Udehe	ā–a	ō–o	ə̄~a~o	ī~i	ī–i	ū–u	ū–u
Oroki	ā–a	ō–o	ə̄~ə	ī	ī	ū	ū
Ulcha	ā–a	ō–o	ə̄~ə	ī~i	ī–i	ū–u	û̄–u̇
Nanai	ā–a	ō–o	ə̄~ə	ī~e͡ə	ī~i͡ə	ʊ̄–ū	ū–u
Manchu	a	oo, o	ə	i͡	i͡	u	u

표 중에 중간의 두 줄은 위쪽은 북퉁구스어, 아래쪽은 남퉁구스어를 나타낸다.

남퉁구스어의 만주어계(앞 표에서 Oroch 이하)에서 만주어에는 장단의 구별은 없으나 나머지는 구별을 보여주고 있다.

현대만주어에 관한 한 '依布氣'방언이나 '錫伯語'구어, 흑룡강 여러 방언에서는 모음의 장단의 대립이 보이지 않는다. 다만 '阿勒楚喀'방언, 巴拉방언에서 ɔɔ의 하나의 장모음이 있다(趙阿平 外, 2001:16, 113). 만주문어의 경우도 마찬가지지만 연속모음 자모 oo의 철자가 보이는 점에서(그 외도 ii가 있다.) 이들 중에는 장모음이었을 가능성도 있다(津曲, 2002:8).

성백인(1985=1999:548)에서 만주문어의 그러한 표기에서 문어에 장모음이 존재했을 가능성을 언급하고 있으나 이들이 주로 어두음절에 나타나고 단모음과의 유동성을 보이는 점에서 비변별적인 것으로 보고 있다.

또한 현대만주어의 경우 CV 단음절의 경우 V는 어느 방언에서나 장모음으로 실현되고 CVCV유형의 경우 그 전후모음의 상대적인 개구도에 의해 개구도가 넓은 쪽에, 개구도가 같은 경우 제1모음이 장모음으로 실현되는데 그것에는 반드시 강세가 따른다고 하였다. 어느 경우든 모음 길이는 비변별적으로 보고 있다.

북퉁구스어의 대표적인 에벤키의 경우에는 단모음과 장모음의 구별이 분명히 나타난다.

ahiŋ 兄	aahiŋ 肝	
əhiŋ 姉	əəhiŋ 肺	
oroŋ 지위	ooroŋ 주다	orooŋ 上面
həggə 함정	həəggŋ 다리(橋)	

(朝克외, 2005:107-8)

輝 방언을 기초로 해서 서술한 朝克(1995:1)에서,

단모음	i	e	a	o	u	ɵ	ʉ	ə
장모음	ii	ee	aa	oo	uu	ɵɵ	ʉʉ	əə

가 예시되었고 예어도 전출과 비슷한 것이 나온다(axiŋ 哥哥, aaxiŋ 肝).

Nedjalkov(1997:309)에서 에벤키의 남부방언의 하나의 기술 중에,

I I:, U U:, ɛ ɛ:, o o:, a a:

의 목록이 보인다.

Bulatova외(1999:4)는 모음의 장단의 길이는 음운적이라 하고 다음의 minimal pair를 들었다.

o:si:kta 별　　osi:kta 손톱
bu:　　주다　bu　　죽다

이와 같은 기술을 볼 때 에벤키에서의 모음의 장단의 변별성이 확인된다.

6. 몽골어

현대몽골어에는 모음의 장단의 구별은 있다. 장모음은 동일모음의 연속으로 나타낸다.

а	э	и	о	ө	у	Y
аа	ээ	ий	оо	өө	уу	YY

단모음과 장모음의 음운적 변별성을 지닌다. Bosson(1964:14)에 다음의 minimal pair가 예시되어 있다.

ул　발바닥　　　уул　산
дэр 기둥　　　дээр 위에
дарах 누르다　　даарах 춥게 느끼다

문어 몽골어에서도 단모음과 장모음의 구별은 요긴하다.

Street(1962:97)에 의하면 선몽골어에는 장모음과 단모음은 모든 음절에서 가졌다. 그 중에는 원래적인 것도 있고 어떤 것은 선동부 알타이어 시기에 고성조 아래서 길어진데서 온 것도 있다고 했다.

원시몽골어에서의 장모음에 대해서는 그 일부는 어두음절에서 다구르어와 몽구올어에서 유지되었고 어떤 것은 짧아져서 본래적인 단모음과 같아졌다 (p.98).

Hattori(服部, 1959b=1989:90-)는 모든 몽고 제방언은 장모음 /VV/와 음운연속 /VgV/가 몽고문어의 VrV와 VgV에 대응한다고 하였다. 이 대립관계는 주기(注記)에 의하면,

문어몽골어	몽골어방언
VrV	/VV/
VgV	/VgV/

로서가 아니고,

VrV	/VV/	/VgV/
VgV	/VV/	/VgV/

라는 관계로 파악하고 있다.

여기서 몽골문어의 정서법이 이 언어의 보다 오랜 발달단계를 반영한다고 생각하면 현대 몽골어에서 /VV/와 /VgV/의 차이가 생긴 것은 무엇 때문일까? 여러 의견들이 있지만 Hattori는 문제의 음 연속의 분기적 발달의 원인은 /*g/의 직후에 오는 모음의 길이의 음운적 차이에서 온 개연성이 크다고 보고 있다. 제2음절 그리고 그 이후의 음절에서의 장모음은 같은 위치에 있는 단모음보다 강하고 뚜렷이 발음하였기에 그것에 직접 선행하는 /*-g-/를 약화시킨 것으로 본다.

Hattori(服部 1983c:104)의 예시를 보면,

몽골문어	몽골조어		元朝秘史	오르도스방언
abaɣa	*abaga	→	abaɢa	aʙaga(백부)
baɣatur	*baga:tur	→	ba'a:tur	ba:tur(영웅)

몽골조어에 있어서의 *a 사이에 있는 *-g-는 직후의 *-a가 짧은 경우에 현재까지 지탱하고 그것이 긴 경우는 소실하였다는 것이다. 이러한 가설에서 몽골조어에서 모음의 장단의 음운적 대립이 있었다는 것이다.

또한 Hattori(服部, 1959b=1989:96-)는 몽골문어와 Monguor방언과의 비교를 통하여 몽골어조어의 장모음을 가정하고 있다. 곧 Monguor방언에는 여러 가지 환경에서 여러 가지 장모음의 예가 보인다. 몇 가지만 예시하면,

몽골문어	Monguor
yɑrɑ	yāra(상처)
qɑrɑ	xara(검다)
ol-	ōli(찾아내다)
bol-	bali(성숙하다)
ös	ōsə(자라다)
bos-	bosa(일어나다)
nurɑ-	ñura(무너지다)
quriyɑ-	xurā(모으다)

이들 예에서 Monguor에서 어두음절 모음 길이의 분기적 발달을 야기한 듯한 음운적 현상의 차이의 어떠한 것도 보이지 않기에 Mongour방언이 장모음을 지닌 데에 몽골조어의 장모음을 재구하는 것은 정당한 것으로 보는 것이다.

Nomura(野村, 1974:11-2)도 Monguor방언의 장모음은 다른 여러 방언에서, 이미 상실한 원초적으로 음운적인 장모음/단모음의 대립을 흔적으로 보존되고 있는 가능성이 있을 수 있다고 하였다.

그리고 다른 언어와의 비교의 어례를 개관하여 다음과 같이 대비하고 있다(일부생략).

원몽골어	원튀르크어	원퉁구스어	
*ā	*ā	*ā *a	
*ō	*ō-o	*ō(~o)	에벤키 ō-o 라무트 a u
*ū(~ɨ̄)	*a(~a)~*ɨ	*u	
*ǟ	*ǟ	*ǟ	
*ȫ	*ȫ	*ü	

Nomura(野村, 1979:145-6)에서 원시몽골어에서도 튀르크어의 경우와 마찬가지로 단모음과 장모음은 음운적인 대립을 하고 있을 것이라 하고 이들 언어의 대응 어례를 예시하고 있다.

7. 튀르크어

현대튀르크어의 모음은 단모음이다. 다만 아라비아어, 페르시아어로부터의 약간의 외래어는 그 원래의 장모음을 지니고 있다.

Ramstedt(1957:164)는 후기 튀르크어에서는 처음에는 두 개의 모음의 축약으로서 내지는 모음과 반모음의 융합에서 장음이 있게 되고 이러한 데서 유래하지 않는 모음은 양적으로 짧았다고 하여 이런 면에서 선튀르크어에 장단의 특징을 지울 수 있는지는 문제가 복잡하다고 하였다. 그렇지만 단모음과 장모음 사이의 구별은 선튀르크어에서 존재하였으리라는 것은 아마도 야크트방언과의 비교의 토대 위에서 제대로 받아들여진다고 보았다 (예시는 여기서 줄임).

Murayama(1980:30)에 Polivanov의 튀르크어 장모음에 관한 두 개의 논문(村山, 1978:294-300에 수록)이 요약적으로 소개되어 있다. 하나의 논문(공통튀르크어의 모음의 길이에 문제에 대하여)에서 W. 라도로프(북방튀르크어 음성학자)가 야쿠트어의 장모음이 두 개의 음절의 융합에서 온다고 설명하고 있는데 대해(그것은 공통튀르크어 시대에 장모음이 존재했다는 것을 부정하는 것과 같다.) Polivanov는 야크트어와 Turkman의 장모음의 대응에 입각해서 직접으로 공통튀르크조어의 장모음(나중에 다른 튀르크어에서 단축)을 복원할 수 있다하여 다음을 예시하였다.

Yakut	Turkman	
ta:s (돌)	da:ʃ	cf. daʃ(멀다)
sa:s〈ja:z (봄)	ja:z	cf. jaz(쓰다)
ba:r (있다)	ba:r	cf. bar(가다)

그러나 다음과 같은 예는,

Yakut	Turkman
a:t (이름)	a:d

영어와 같이 유성음 앞에서 단모음이 길어지는 것(半長音)과 같이 야쿠트어도 그와 같은 경우로 가정할 수 있다.

또 하나의 논문(공통 튀르크조어에 있어서의 장모음의 문제에 대하여)에서는 다음과 같은 예들이 예시되고 있다(일부만 예시).

	Yakut	Turkman	Chubash	기타방언
*baːr (있다)	baːr	baːr	pur-	
(*bar (가다)		bar	pɯr-)	
*baːš (상처)	baːs	baːš		
(*baš (머리)	bas	baš)		
*jaːz	saːs (봄)	jaːð (여름)		jaːz (우즈베크)
(*jaz (써라)		jað		jaz (우즈베크)
*aːd (이름)	aːt	aːd		aːd (우즈베크)
(*at 말(馬)	at	at)		at (우즈베크)
*taːš (돌)	taːs	daːs (das 멀다)		

이 어례는 알타이어의 대응 예로 다음이 예거되어 왔다.

츄와시 čul, 몽골어 čilaγun, 오로촌 джоло, 한국어 tol.

앞의 *jaːz도 만주어 nijarxun(녹색의, 신선한), 한국어 ni̯ərɯm(여름), 몽골어 nirai(新生의)와 비교되어 왔다.

이상을 간단히 마무리하면, 동부알타이어계(아이누어, 일본어, 한국어)에서는 현재는 일본어를 제외하고는 음운적인 장단의 구별은 없어도 방언에 따라 그리고 예전에는 그러한 구별이 있었음을 보여주고 있다.

중부알타이어계(퉁구스어, 몽골어)의 경우는 만주어를 제외하고는 대부분의 언어의 모음의 장단의 구별을 보존하고 있다. 만주어의 경우도 그러한 흔적을 보여준다. 서부알타이어계(튀르크어)는 현재는 모음의 장단의 구별은 없어도 선튀르크어와 공통튀르크어에서는 여러 방언에서 구별이 유지되는 점에서 존재하였다고 보고 있다. 이를 보아서는 중부알타이가 중심적으로 거의 보존하고 동서의 알타이어에서는 일본어를 제외하고는 현재에 이르는 동안 구별이 약화된 현상을 보여준다고 할 수 있다.

보주(補注) 4. (p.158,162) 음절 · 악센트

一. 음절

1. 아이누어

아이누어의 음절구조는 기본적으로 CVC구조이다. 초성 C- 및 종성 -C는 각각 1개만 허용되고 CC- 또는 -CC의 경우는 없다.

음절유형으로 다음 네 가지가 있으나,

1) V
2) CV
3) VC
4) CVV

기본적으로 CVC 구조로 해석된다. 그 경우,

1)이면 C-는 ', -C는 ' 또는 h이다.
2)면 C-는 모든 자음, -C는 1)의 경우와 같다.
3)이면 C-는 ', -C는 -p, -t, -k, -s, -r, -m, -n, (-w, -y)
4)이면 2)의 C-와 (3)의 -C와 같다.

일본어는 음운적으로는 -C는 없으나 음성적으로 -C는 실현된다. 그 때 r 이외(s는 ʃ로)는 동일하다(-ŋ이 더 있다.).

음절표에서 일본어의 50음도의 체계로 볼 때 일본어에는 다음은 존재하지 않는데,

ti tu
ca ce co
wi wu we wo
yi ye

아이누어에서는 다음만이 제외된다.

ti
wi wu
yi

이상을 볼 때 아이누어의 음절구조나 음절표가 한국어와 매우 가깝다. 아이누어에 실현되지 않는 wi는 한국어에서는 실현된다.

2. 한국어

음절유형은 아이누어의 경우와 같고 기본적으로 CVC이다.

초성의 C-, 종성의 -C는 각 1개이다. 중세에는 CC-형이 있었으나 이는 CVC에서의 V의 탈락에서 유래한다. 표기상으로 -CC형이 보여도 실지 발음은 하나의 -C가 제외되므로 하나의 -C이다. -C 자리에 오는 자음은 아이누어의 경우와 같다. 아이누어에 비해 -ŋ이 더 있다(이 점에서는 일본어와 같다.).

그러나 필자가 듣기로는 어말의 -n은 몽골어의 -n과도 같이 -ŋ음에 가까운 것이고 어중에서(-k 앞에서) n이 ŋ이 실현되기도 하므로 음성적으로는 -ŋ이 존재한다.

3. 만주어

음절구조의 패턴으로 愛新覚羅외(1983:18), 季永海외 편(1986:91)에서,

1) V
2) VC
3) CV
4) CVC
5) VV
6) CVV

이 외에 특수한 것으로 愛新覚羅에서 CVVV, CVCC가 예시되지만(극소수에 불과하다), 5), 6)의 경우와 함께 장모음의 해석과 관련된 것이므로 제외하면 이러한 패턴은 한국어와 일본어에서 보통 볼 수 있는 것이고 다만 일본어는 앞에서 말한 대로 음성적 음절의 경우이다.

어말에 오는 자음은 Kawaci(河内, 1996:16-8)와 愛新覚羅(1982:19)에 의하면 k, b, s, t, l, m, r, ng, n 의 9개이다.

이 중에서 b를 p에 가깝다 보고 l과 r의 구별이 없는 한국어는 8개, 일본어에서는 l도 r도 없으니 7개가 있는 것이 되어 크게 다름이 없다.

동일한 패턴이라도 개별언어에서의 구조적 제약이 있는 법인데 愛新覚羅는 2)에서 et, it, ub는 불가능하고, CV에서 wi, wo, wu, wū, pe, pi, yi는 불가능하고 ū는 k, g, h의 뒤에서만 올 수 있음을 지적하고 있다.

李樹蘭외(1984:15)가 조사한 Sibe어의 음절은 특이한 면을 보여준다. 곧 음절말 자음군이 있는 점이다.

1) V
2) VC
3) VCC
4) VCCC
5) CV
6) CVC
7) CVCC (흑룡강성의 依布氣 방언에도, CVVC형도 보임. 趙杰, 1989:65)
8) CVCCC

예전의 만주어는 알타이어와 마찬가지로 6)의 폐음절 구조인데 지금의 만주어는 일반적으로 1)과 5)의 개음절이다. 이는 CVC에서 -C를 삭제하는 방향으로 나간 것이다. 따라서 만주어는 ①원래의 CVC를 유지하는 방향, ②-C를 삭제하는 방향, ③오히려 -C를 보강하는 방향의 세 갈레로 갈렸다고 보면 여기의 Sibe어는 ③의 방향으로 갈린 것으로 보인다. 공통어는 ②의 방향이다.

3)에서 마지막 C 자리에 x, χ가 많이 눈에 띤다. 한국어의 ㅎ 종성과도 같이 강세의 구실을 하는 것으로 보아진다. 자음군의 예로, tk, tx, tχ, nd, nt, ns, nk, nq, lf, lt, lx, lχ, rf, rd, rt, rs, rχ, sx, sq, sχ가 보이는데, 이는 중세한국어(일부 제외하고 현재도)에도 ㅭ, ㅀ, ㄺ, ㄶ, ㄳ, ㅧ, ㅨ, ㄵ, ㄶ, ㄺ, ㅪ, ㄻ, ㄼ, ㄽ, ㅬ, ㅭ, ㄾ, ㅀ, ㅁㄱ, ㅯ, ㅰ, ㅄ, ㅺ, ㅼ의 예가 있다. n과 1 그리고 s 다음에 많이 오는 것은 닮은 데가 있다. tk, tx, tχ는 특이하다.

흑룡강성의 방언의 기술(趙阿平 외, 2001:4)에서는 개음절이 많다 하고 주요 패턴으로 다음 네 가지를 들고 있다.

V, VC, CV, CVC

그리고 자음 ŋ 그리고 r는 기본적으로 어두에 쓰이지 않는다고 하였다. 지금까지 VV(CVV, CVVC)의 구조는 논외로 했지만 그것이 동일모음의 연속이면 장모음 구조로, u/i-V 구조면 상승적 이중모음 구조(sV), V-i/u면 하강적 이중모음으로(Vs) 해석될 수 있는 여지가 있다. 그렇지 않으면 일본어처럼 단모음의 2 mora 구조로 볼 수 있다. -C의 N/T 화로 음절구조가 mora 구조로 바뀐 것이라고 할 수 있다.

4. 에벤키어

Nedjalkov(1997:313-4)에 의하면 에벤키어의 기본적인 음절은 CV이고 이외에,

V
VC
CVC
(VCV) (괄호는 필자가, 2음절인 듯)

가 있다(胡增益(1984:61-2)도 (VCV)외는 동일).

어두의 CC-는 없으며, C- 다음에는 어떤 모음이든지 온다. 어말의 -CC는 없으며, -C 앞에는 어떤 모음이든지 올 수 있다.

어중의 -CC-는 VC-CV와 같이 선후 음절모음에 연결되어 분절된다. 이는 한국이나 일본의 음절과 다를 바 없다. 다만 일본어는 음성적음절의 경우다.

Bulatova외(1999:5)도 에벤키어의 음절은 개음절(CV) 아니면 폐음절(CVC)인데, 개음절의 경향이 강하다고 한다.

r- 두자음은 회피되고 있으며 자음 연속 CC는 어중에서만 제한적이며, 러시아어에서 어두 CC-를 차용할 경우는 CC-를 피하기 위해 모음을 어두에 부가하든지(보기 러시아어의 škola ‘school’ → iskola), CC- 사이에 모음을 삽입시킨다(보기 러시아어 klub ‘club’ → kilub).

r-로 시작되는 차용어에도 어두에 모음을 부가하든지 아니면 r를 도치시킨다(러시아어 rubaška ‘shirt’ → urbaska).

朝克(1995:20-1)은 다음의 6가지의 음절 유형을 제시하였지만,

1) V
2) VC
3) VCC
4) CV
5) CVC
6) CVCC

가장 많이 사용하는 것은 1), 2), 4), 5)의 4가지이며(Nedjalkov의 것과 동일), 3)과 6)의 -CC 구조는 사용이 매우 적다고 하였다. 어중의 -CC-에

서의 각 C는 2개의 음절에 분속하고 만일 VCCCV나 CVCCCV의 형식이 있다면 CC-C로 쪼개진다. -CC가 드물게 쓰인다 해도 유별히 내몽고 쪽에서 -CC구조가 나타나는 것은 주목된다.

이상으로 보아 에벤키어의 음절구조는 매우 간단하여 원칙적으로 다른 알타이어계의 경우와 마찬가지로 CVC(일본어는 음성적 음절의 경우에만) 구조이며 #CCV-와 VCC#는 없는 것으로 해석할 수 있다.

5. 몽골어

다음에서 a.는 몽골어 본유의 것이고, b.는 몽골의 신문자 이후 나온 표기체계다(cf. Kullmann, 1996:22).

a. 1) V
   2) VC
   3) CV
   4) CVC
b. 5) VCC эмч(emči) 의사
   6) CVCC хамтраʌ(qamtural) 집단농장
   7) VCCC эрхтэн(erketen) 지배자
   8) CVCCC төрөʌхтөн(törülkiten) 동물

5), 6)에서 -CC가 연속하고 있지만 괄호 속의 문어처럼 -C·CV와 같이 분절되었던 것이다. 7), 8)에서와 같은 -CCC 구조도 원래 모음이 개재하는 형태였다. 그러한 중간 모음의 탈락으로 신문자 체계의 자음군이 형성되었다기보다는 표기문자(자음이 V의 수반)의 특성으로 인한 가능성이 있다.

그렇게 보면 몽골어의 음절구조도 일본어의 음성적인 구조나 앞에서 보아온 언어의 음절 구조와 다를 바 없다는 것을 알 수 있다.

내몽고의 몽골어의 경우 (cf. 道布, 1983:10-1)도 다음의 6가지가 제시되는데,

1) V
2) VC
3) VCC
4) CV
5) CVC
6) CVCC

-CC의 예로 ɑɑldʒ '거미'와 yild-bǝ̆r '공장'이 예시되는데 전자는 신문자로 aaʌз(aн)(문어 aɢalji-n) 후자는 ʏйʌдвэр(문어 üiledbüri)이다. 여기서 -CC의 연속체는 문어처럼 -C·CV와 같이 분절되었던 것을 알 수 있다.

앞에 나온 공통어의 эрхтэн의 예나 내몽고에서의 эгх-lǝ̆n '주관자/지배자'의 예처럼 제1음절에서의 VCCC의 예처럼 특이한 것도 있으나 우선 VCC-CV로 분절되는 것이고, VCC도 VC-CV에서 연유한다고 보면 몽골어의 공통어나 방언에서의 어말자음은 -C의 경우가 본래의 모습이고, -CC(혹은 -CCC)의 출현은 나름대로의 특수 사정에 의한 것임을 알 수 있다.

6. 튀르크어

튀르크어의 음절은 어느 언어의 경우와도 마찬가지로 모음을 중심으로 구획된다.

1) V
2) CV
3) VC
4) CVC
5) VCC　　üst '위'
6) CVCC　　Türk '튀르크 사람'

이는 몽골어의 경우와도 같다.

튀르크어에서는 2음절어의 단어에 모음으로 시작되는 접사가 붙으면 단어의 두 번째의 음절모음이 탈락하는 현상이 있다.

ilim '학문' ilm-i '학문을'

VCC가 이러한 모음탈락에서 연유한다고 볼 수 있고 VCC-V는 VC-CV가 된다. ekmek → ek-mek '빵'

튀르크어는 다른 언어와도 같이 VCV는 V-CV가 원칙이다. 종성자음에 모음접미사가 붙는 경우도 마찬가지다.

VC(어간말자음) + V(모음두음접미사) → V-CV baş-a → ba-şa '머리에'

모음은 선행자음이 있으면 하나까지 취하여 음절을 이룬다.

다만 ğ[gh]문자(: /j/ø)는 어두에 나오지 않는다. 곧 a-ğır가 아닌 ağ-ır(→ a-ır) '무겁다'이다.

외래어에서는 외래어의 CCV형이 예외적으로 있다. 이 처리에 대해서는 두 가지가 있다.

1. 외래어 그대로 쓰는 것 stereo '스테레오'
2. CCV의 어두에 모음 i 또는 ı를 얹히는 것 i/ı C-CV
   ıstampa ← stamp(이태리어) '스탬프'

二. 악센트

1. 아이누어

아이누어의 악센트는 고저 악센트로서 고저의 2단 조직으로 되어 있다. 이 점에서는 일본어의 경우와 다름없다. 다만 일본어의 경우는 조사 등 부속어에 악센트가 있으며 동일한 방언에서도 악센트형이 몇 가지로 나뉘기도 하고 그 유형도 지방에 따라 달라서 단순하지 않지만 아이누어는 부속어에 악센트가 없고 유형도 지방에 따라 다른 점이 부각되지 않아서 매우 단순하다.

아이누어의 악센트는 1음절어는 H의 한 가지나 2음절어는 제1음절 아니면 제2음절에 H가 있다. 전자를 두고형(頭高型), 후자를 차고형(次高型)

이라 할 수 있다(김공칠, 2000:77).

1음절어에 L의 부속어가 따르면 자연히 HL형이 된다. 두고형은 폐음절에서 시작되는 단어에, 차고형은 개음절에서 시작되는 단어에 보이나(cf. 佐藤, 2008:15) 예외가 많다.

어두음절이 H/L로 갈리는 것은 마치 일본의 동경방언의 경우 제1음절과 제2음절이 반드시 다르게 나타나는 통칙과도 같다.

일본은 지방에 따라 악센트 유형이 몇 가지로 갈리는데 Kagosima 방언의 경우 2음절어에서 HL, LH의 두 갈레가 있는데 마치 이는 아이누어와 같은 타입이라고 할 수 있다.

2. 한국어

중세의 악센트는 고저악센트이며 H/L의 두 평판조의 2단 조직이다(cf. 이기문, 1972:143). 현대어의 경우도 지방에 따라 악센트가 다른 양상이 보이고 성격이 판이하게 다르게 나타나기도 한다. 대표적으로 경상도 방언은 고저악센트인데 중앙부의 서울말은 강약악센트로 보는 이도 있는 만큼 고저악센트가 나타나지 않는 지방도 많다. 허웅(許雄, 1955) 등을 참조하면 2음절어의 경우 원칙적으로 HL 아니면 LH이다. 다만 L과 H의 2단 조직 외에 M(中)을 보태서 3단 조직으로 기술하기도 하여 기술방식이 그렇게 단순하지 않고 여러 가지 양상을 보여준다. 동경악센트처럼 제1음절과 제2음절이 반드시 H/L로 갈리지 않고 HH 또는 LL형이 기술자에 따라 기술되기도 하여 다음의 경도방언의 경우와 비슷하다(다음은 2음절어의 경우).

1. HH
2. HL
3. LL
4. LH

동경어에서는 1., 3.이 나타나지 않는다. 그런 점에서는 경상도 방언의 고저악센트형은 동경식보다 경도식에 가깝다고 할 수 있다.

3. 만주어

만주어 문어에서는 악센트 표시가 없기 때문에 그 내막은 알 수 없다. 다음과 같은 관찰은 문어 외에서 얻은 것으로 보인다.

季永海외(1986:92)에서는 악센트가 있는 음절은 크게 두 가지로 나누는데,

1. 동사를 제외한 단어의 음절의 악센트는 일반적으로 최후에 있다.

ilán (3)　　hūdún (빠르다)

2. 동사의 악센트는 음절은 복잡하나 다음 두 가지로 나눈다(趙阿平외(2001:4)에서도 흑룡강성 방언이 이와 같다고 하였다.).

1) 동사 원형의 악센트는 일반적으로 뒤에서 두 번째 음절에 있다.
   곧 어미 -mbi의 앞음절에 있다.　baicámbi(조사하다)
2) 동사원형 이외의 명령형, 기원형 그리고 얼마 안 되는 다른 형태에서도 최후의 음절에 있다.

yabú (달려라), yaburé (달리는〈形動詞〉), yabuhá (달렸다)

위만 보면 만주어의 악센트는 최후의 음절에 있다. 동사의 기본형의 경우는 어간 말에 있다는 것이고 명령형은 어간 그대로 쓰이므로 어간 말에 악센트가 있는 것과 같다.

일본에서 미고(尾高) 1형의 방언(都城方言)이 있다. 원래 H/L의 대립이 있었지만 H로 통합된 것이다.

Sibe어(錫伯語)의 경우는 Hayata(早田, 1985:96)는 1형의 비변별적인 악센트로서 음운구 말에서 두 번째 mora까지 pitch가 높게 실현되는 것으로 보고 있다. 한편 李樹蘭외(1984:13-4)에서는 제1음절에 약한 악센트가

있고 말미는 조금 올라가는 음조라고 하였다.

sáhurum 冷　　húlam 讀

조사지역이나 조사자가 다르면 다른 결과가 나올 만큼 악센트가 애매해 가는 경향을 보이는 것이 아닌가 한다.

일본에서도 두고(頭高) 1형의 악센트(釙生方言)가 있다. 한편 두고형, 중고형, 미고형의 구별이 있다가도 단어마다 그러한 구별없이 자유로 그 한 가지를 쓰게 되면 일본의 Isikawa(石川)현의 Noto(能登)지방에서 보이는 애매악센트처럼 되어버린다.

4. 에벤키어

Nedjalkov(1997:318)에 의하면 Evenki어는 pitch도 변별적이 아니고 강세 역시 존재하지만 정도를 매길 정도는 아니라고 하였다.

2음절어는 강세가 첫음절 아니면 제2음절에 있고 2음절어 이상에서 끝음절(탈격 혹은 시제형태소 등에)에 있는데 사역형이나 의지형을 나타내는 접미사는 항상 강세가 있다. 다음절어에서는 강세가 두 군데가 있는 경우도 있다는 것이다. 그 주 강세는 마지막 음절에 있고 부 강세는 첫음절에 있다(4음절어에서는 두 번째 음절에).

Bulatova외(1999:5)도 에벤키어에서 단어 강세는 자유적이며 비예측적이나 음절수 외에 음절구조하고도 강세 위치와 어떤 상관성이 있다고 하였다. 2음절어에는 두 번째 음절 곧 끝에 있는 경향이고 첫음절이 개모음이면 끝음절에, 폐모음이면 첫음절에 있고, 다음절어의 경우는 강세는 뚜렷이 어말에 있다고 하였다. 이러한 패턴에도 예외들이 있고 어중에 장모음이 있으면 강세가 주어진다.

내몽고지방(朝克, 1995:21-3)에서도 악센트(강세)는 비변별적이라 하였다. 일반적으로 제1음절에 있고(그러나 朝克외(2005:126)에서는 제2음절에 있다고 함) 장모음의 경우는 위치에 관계없이 강세가 있다. 제1음절과 제2음절이 모두 장모음이면 제1음절이 받게 된다(그러나 朝克외(2005: 126)에서는 제2음절에 있다 하고 있다.).

강세가 없는 음절은 상대적으로 약하기 마련인데 어말음절의 모음이 경우는 모음이 없는 것으로 느껴지게 한다는 것이다.

許增益(1984:62)에서는 에벤키어는 제1음절에 강세가 있으며 이외의 음절이나 장모음 다음에 후속음절은 대략 높은 음조가 된다고 하였다.

이상을 보건대 Evenki어의 악센트는 뚜렷하지 않다고 볼 수 있다. pitch도 보이나 변별적이 아니며(Nedjalkoy), 강세도 자유적이며 비예측적이고(Bulatova) 비변별적이다(朝克). 다만 어말음절이나 장모음 다음의 후속음절이 고조(許增益)임이 주목된다.

이러한 점을 미루어 에벤키어의 악센트는 고저인지 강세인지 확실히 구별되지 않으나 아이누어, 한국어, 만주어가 고저악센트인 점을 미루어 본래 강세악센트의 언어가 아니라는 것을 짐작할 수 있다. 주변의, 예컨대 러시아어와 같은 강세악센트의 언어의 영향을 받았을 수도 있다. 만주어의 악센트가 최후의 음절에 있다는 것과 에벤키어에서 어말음절에 고조가 나타난다(許增益)는 것과 어떤 접점이 있지 않을까 한다. 광활한 분포지역의 어느 한 지점에서라도 옛 악센트의 흔적이 나타날지도 모른다.

5. 몽골어

문어에서는 모음의 길이와는 상관없이 첫음절에 강세가 있으므로 악센트는 따로 표시할 필요가 없다(Poppe, 1954:9). 악센트의 위치는 음절 간에 자유로이 바뀔 수 있는, 음운적으로 무관한 것이다(Grønbech외, 1955:18).

현대의 경우도 강세악센트로 제1음절 이하에 장모음이 없는 한, 항상 제1음절에 있으므로 음운적으로 비변별적이다. 다만 강세 일변도가 아니고 고저악센트도 곁들이고 있다. 예컨대 강세가 있는 제1음절은 낮고 강세가 없는 제2음절이 고조로 나타나는 식이다(小沢 1963a:33-4).

내몽고의 몽골어도 강세악센트로 제1음절에 있다. 한편 고저악센트도 곁들이고 있어서 만일에 제1음절 곧 강세의 악센트음절에 장모음이나 중모음이 있으면 평조이며 단모음이 있으면 저고조이다. 비악센트음절은 일반으로 평조이다(道布, 1983:17).

이와 같이 몽골어의 강세악센트는 음운적으로 비변별적이며 원래는 고저악센트도 지녔던 것으로 보며 만주어, 에벤키어처럼 최후 음절에 H가 나타났던 것으로 보인다. 필자로서는 미확인의 것이지만 일찍이 이기문 교수가 중세몽골어를 차용한 한국어의 악센트가 어말에 실현되는 것이 중세 몽골어의 악센트의 반영으로 보았다는데 그렇다면 차용당시의 몽골어가 어말에 H를 지녔었다고 볼 수 있다.

6. 튀르크어

고대의 악센트는 Gabaın(1950:42)에 의하면 강세였는지 고저였는지 확실하지 않다고 한다.

Menges(1968:74)는 공통알타이어 및 우랄어의 어근음절은 강세를 유지하고 있었는데 나중에는 단어의 최후음절에 혹은 접미사 음절에도 2차적 악센트가 발달하였는데 그것은 고저악센트다. 이러한 일이 튀르크어에도 미쳐서 강세와 고저의 결합악센트가 마지막 음절에 미쳤다고 한다. 오늘의 튀르크어는 원칙적으로 끝음절에 H악센트가 있다(竹内, 1970:15).

예외는 있기 마련이어서 Kacuda(勝田, 1986:4-5)에서는 부사는 원칙적으로 제1음절에 있고 지명, 친족명사, 생물명, 외래어에도 제1음절에 있는 예를 제시하고 있다.

접미사가 있는 경우 그 쪽에 악센트가 이동하나 최후음절 이외의 곳에 악센트가 있으면 이동하는 일은 없다. Türeli(1968:201)는 악센트가 이동하지 않는 곧 악센트를 취하지 않는 접미사(악센트가 없는 접미사라고 함)가 예시되고 있다. 다만 Türeli는 튀르크어는 강세악센트라고 하고 있다.

Macutani(松谷, 1990:53)도 튀르크어의 악센트는 강약악센트라고 하고 있다. 그러나 Hukumori(福盛, 2010:50)는 튀르크어는 음운론적으로 고저

악센트라 하고 있으며, 크게는 내림막이 없는 것(기본악센트), 내림막이 있는 것(예외악센트)로 나누었다.

이를 볼 때 몽골어의 경우와 마찬가지로 강세/고저의 어느 한 가지로 규정하기 어려움을 볼 수 있다. 그 두 가지를 곁들이는 경우가 있어서 그럴 수 있다. 알타이어 전체로 볼 때는 고저악센트쪽이 아닌가 한다. 고저가 약해지면 그 분간에 어려워진 것이 아닌가도 생각된다.

보주(補注) 5. (p.215,219) 원시 알타이어

자음에 대하여, Ramstedt(1957:80)는 알타이어에서 두자음의 자연적인 변화의 추이의 모습을 다음과 같이 보여주고 있다.

원시어	k	g	t	d	p	b	č	ǯ	j	ń	n	m	s
튀르크어	q;k	q;k	t	j	—	b	č	j	j	j	j	m, b	s
몽골어	q;k	γ:g	t	d	fχhś−	b	č	ǯ	j	n	n	m	s, ši
퉁구스어	k	g	t	d	pfh−	b	č	ǯ	j, −	ń	n	m	s, h, ś
한국어	k	k	t	t	p	p	č	č	j, −	n	n	m	s, h
(일본어)	k	(g)	t	(d)	pfh	(b)	č	(ǯ)	j, −	n	n	m	s

오늘날에는 널리 행해지는 후기발달의 직접적인 연속을 보여준다. 한국어에서 무성:유성의 구별이 없는 것이 눈에 띤다. lenis(軟音)가 한국어에서 무성으로, fortis(硬音)가 유기음으로 변한 것으로 추측하기도 한다. 괄호 안의 일본어의 표기는 필자가 임의로 부기한 것인데 현재는 무성음:유성음의 구별이 있으나 이는 원초적인 것이 아니고 한국어처럼 구별이 없던 것이 유성음간의 무성음이 유성화하고 그것이 나중에 별개의 음운으로 된 후기발달형으로 보고 유성음을 괄호 안에 넣었다.

원래는 하나는 무성음, 하나는 유성음이라고 간단히 말하기 어려웠던 것으로 보인다. k, t, p는 기식음(氣息音)(거의 k‘, t‘, p‘), g, d, b는 기식음 없는 유성음으로서 무성음(G, D, B)으로 보기도 하는데, 결국 fortis와 lenis 쪽으로 가름한다. 그렇다면 fortis에서(또는 무성음에서) 기식성이 중요했던 것을 말해준다.

어떻든, 일본어에서 원래 무성:유성이 대립이 있었다면 잠시 대립이 사라졌다가 다시 대립이 재생한 것이 되는 것이다.

그 외에 눈에 띄는 것은 p-음인데 몽골어, 퉁구스어, 일본어가 비슷한 변화양상을 보여주는 것은 주목된다. 기타 현대의 일본어에서 하나의 /z/ 음이 인정되는데 다른 언어에서 보이지 않는 듯하지만 /z/ 역시 /s/의 유성음으로, 또 č의 유성음으로 da행, za행의 i단에서 실현되므로(ʒ)(ń은 na행의 i단에서, ś는 sa행의 i단에서) 자음에 관한 한, 일본어는 알타이어계와 근본적으로 다른 점이 없다고 할 수 있다.

모음에 대하여 Ramstedt(1957:137)는 원시알타이어 모음체계와 각 언어의 모음과의 대응관계를 첫음절의 경우를 들어 보이고 있다. 첫음절에서는 모음의 음가가 확실하게 나타날 수 있다.

원시어	ɑ	o	u	ɏ	e	ö	ü	i
튀르크어	ɑ	o	u(o)	ɏ	e, ä	ö	ü(i)	i
몽골어	ɑ	o	u	i	e	ö(burj. ɰ)	ü(burj. ẅ)	i, e
퉁구스어	ɑ	o, u	u(o)	ị(go. e)	ę(ę~ä>ȯ)	u, u̇	u̇, i	i, e
한국어	ɑ	o	o	i	ę(o)	u(ę?)	ị(u)	i
(일본어)	ɑ	o_2	o_1	i_2	e_2	ɯ	ɯ	i, e

(일본어)는 필자가 임의로 그것도 잠정적으로 8세기의 일본어 모음을 부기한 것으로 적절한 위치에 놓은 것인지는 더 고려할 필요가 있다.

위에서 ö의 음가에 대해서는 몽고어 문어를 참조했을 때 현대의 ɵ(어/으 상당)에 상당한다고 본다. ü에 대하여도 문어상으로 현대의 ʏ(우에 상당)에 상당한다고 본다. 독일어의 ö, ü처럼 움라우트적인 발음인 것 같지만(현대의 튀르크어에는 그러한 모음이 존재하지만) 원시어에 과연 그러한 단음이 존재하였는가는 의문이다. Zyoo'o(城生, 1976:54)는 음성기호로

ü=[u̟], ö=[ɵ]로 나타내고 있다(참고로 다른 o=[ɔ], u=[o]).

앞에서 본대로 o, u, ö, ü의 동일한 표기도 언어에 따라 음가가 다르게 사용되고 있음을 유의할 필요도 있다. 일본어의 o도 실지는 비원순음이다.

퉁구스어의 ḙ는 Ramstedt는 보통 넓고 강한 뒤쪽의 e표기에 쓰고 있다. 국제음성기호로 ä로 표시한다고 하였다. 역시 퉁구스어의 ů는 앞쪽의 좁은 u이며 한국어의 u(ɯ인 듯, 필자), 몽골어(omo. kh. burj.)에서 ɯ이다 (p.138). ḭ는 Ramstedt가 한국어의 ɯ표시에 썼던 것이다.

위에서 원시어, 튀르크어, 몽골어의 e가 퉁구스어에서 ḙ가 되고 있는데 이는 Ramstedt(1957:137)에 의하면 e가 동부지방(한국어, 퉁구스어 쪽)에서 점점 뒤로 밀리고(움직이고), 마치 중설의 애매모음 ö와 같이 되었다는 것이다. 이 ö는 소수의 퉁구스어 방언에 있고 한국어는 이미 o음에 도달하였다고 보고 있다. 필자는 일본어가 그렇게 되었고 한국어는 거기까지 이르지 않는 것으로 보고 있다.

모음 추이의 시발이 e에서 비롯되었다는 것을 보여주는데 이기문(李基文, 1977:117)도 한국에서의 14세기의 모음추이도 'ㅓ'에서 비롯되었다고 보고 있다.

Ramstedt의 8모음 체계에 대해 Poppe(1965:202)에서는 8모음(+장모음)체계이다. 다음과 같이 알타이제언어와 재구되는 공통모음의 대비표를 제시하고 있다. 좌단의 번호순에서 빠진 것은 필자가 비고란을 마련하여 앞 모음이 장음임을 표시하였다.

번호	만주·퉁구스어	몽골어 (몽궐어)	튀르크어 (튀르크멘어)	재건된 공통모음	비고 (필자가 부기한 것)
1	ɑ	ɑ	ɑ	*ɑ	
3	o	o	o	*o	2번은 1번의 장음
5	u	u	u	*u	4번은 3번의 장음
7	i	i		*	6번은 5번의 장음
9	ḙ	ḙ	ä	*e	8번은 7번의 장음

10	ę	ę	i	*ė	e보다 ė가 high
13	u	o	ö	*ö	11번, 12번 장음
15	u, i	u	ü	*ü	14번은 u를 제외한 13번의 장음
17	i	i	i	*i	16번은 만주·퉁구 스어를 제외한 장음
18					18번은 17번의 장음

Patrie(1982:55)에서 보여준 알타이조어와 아이누어 모음의 대비를 보이면,

알타이조어	아이누어
*a	a
*i	i
*u	u
*e	e
*o	o

여기서 알타이조어의 것은 대비되는 모음만을 추출한 것으로 보인다. Starostin et al(2003:90-1)도 원시알타이어 모음을 동일하게

*i, *e, *u, *o, *a

의 5모음이 제시되고 있다. 유별한 것은 세 개의 중모음

*i̯u, *i̯o, *i̯a

를 마련하고 있는데, 이는 어두에만 실현된다고 하고 있다.

앞서의 Ramstedt나 Poppe의 리스트 중에서 u가 2류(u, ü), o가 2류(o, ö), i가 2류(i, ï), e류가 2류(ė, ɑ)로 되어 있는데 이들이 분화되지 않았으면 5모음과도 같아진다. 이는 마치 일본의 고대(8세기)의 8모음체계가 이들 모음의 합류로 현대의 5모음이 된 것과 역으로 되어 있다. 일본어도 분

화-합류의 과정을 거쳤는지 모른다.

보주(補注) 6. (p.261) i의 꺾임

Ramstedt(1926)에서 보이는 i의 꺾임의 논의는 Poppe(1956), Lee(李基文, 1959)에 의해 많은 어례가 제시되었다.

먼저 i의 꺾임에 대한 규정을 보면, Lee(1959:131-)는 i의 꺾임은 후속음절의 모음에 의해 첫음절의 *i가 역행동화하는 것이라 하고, 이 현상은 몽골어에 현저하고 중세몽골어에서 일어나기 시작하였는데 한국어에도 이 흔적을 찾을 수 있으며 먼 고대에 있었던 흔적을 제시하기도 하였다. 한국어에서는 첫음절의 i모음 외도 ja 또는 jẹ가 알타이 동계어에서의 첫음절의 i, 두 번째 음절의 a 또는 e의 단어와 대응하는 예를 보였다.

Poppe(1956:43-)는 i의 꺾임은 첫음절에서의 i모음의 두 번째 음절의 모음에 의해 동화되는 것이라고 하였다. SAнžEYEVT가 연대적으로 다른 세 가지의 i의 꺾임을 주장하였는데(첫 번째가 7세기-10세기 사이, 두 번째가 10세기-12세기 사이, 세 번째는 14세기-15세기 사이), Poppe는 i의 꺾임이 시작된 것은 중세어 몽골어 시기 정확히는 13세기 전반기(10세기-12세기는 아님)에 시작하였다고 언급하고 있다.

그리고 해당어휘는 전적으로 혹은 대부분 i모음이었던 것으로 보고 있다. i의 꺾임은 모든 단계에서 일어났던 것도 아니고 모든 방언이 동시에 일어난 것도 아니며, i의 꺾임의 과정은 지금도 멈춘 것은 아니라고 하고 있다(p.48).

KALUŻYŃSKI(1965:340-)에서는 i의 꺾임은 몽골어에 있어서 하나의 역행동화를 나타내는데, 곧 첫음절에서의 원래의 원초적인 i가 후속음절에 동화되는 것이라 하면서 후속음절이 확대되어 a, o, ö, ü 등이 첫 번째 또는 두 번째 위치에 있는 경우에도 일어난다고 하고 있다. 그 예로서 다음 예를 들었다.

mo. miqɑn 〉 kh. mɑxo '肉'
mo. niruɤun 〉 kh. nurü '背'
mo. šidün 〉 kh. šüd '齒'

구체적으로는 1) 제2음절에서의 u와 ü의 앞의 i의 경우, 그리고 2) 제2음절에서 ɑ 앞의 i의 경우의 많은 비교 례가 예시되고 있다. 그 예어들의 대부분은 어두모음이 대부분 č, ǯ의 파찰음 그리고 š의 마찰음에 후행하는 경우고, 간혹 n, k에 후행하거나 i 모음이 노출되는 경우다.

Kuribayasi(栗林, 1981)는 Poppe가 모음의 *i가 일정의 위치에서 다른 모음이 되었다는 기술 부분이 *i의 꺾임으로 불리고 있다고 하였다(p.34). 몽고문어의 i에 대응하는 여러 반영은 매우 복잡한 양상을 띠고 방언에 따라 i의 꺾임으로 다른 모음으로 나타나는 경우, 그리고 그대로 i가 보존되고 있는 경우가 있다 하고 있다.

*i가 i로서 보존되는 경우는 a) 단음절의 어간, b) 제2음절에 *i나 *e를 포함하는 2음절 이상의 어간이라는 조건의 경우인데, 예외적으로 Buriat어에서는 b)의 경우는 e(어두에서는 je)가 된다고 했다.

이러한 특징에 대한 예외로는, c) Mongour어에서는 어두의 *b의 영향에 의해 *i가 u가 되고, d) 소수의 단어에서 *i가 e가 되는 것이고, Khalkha방언에서는 *a의 앞이라는 같은 조건이면서 다음과 같이 다르게 나타나는 경우가 있음을 지적하고(이하 Khalkha방언 중심으로 논의를 전개).

몽고문어 mingɤan Khalkha방언 mjangɐ(мянга) '千'
몽고문어 miqan Khalkha방언 maxxɐ(мах) '肉'

첫째 mi-가 mja-로 변한 경우를 불완전한 꺾임, 다음 예의 mi-가 ma로 변한 경우를 완전한 꺾임으로 구별하고 있다.

Khalkha방언에서 불완전한 꺾임은 오로지 어두 자음이 *b, *m, *n, *g,

*k의 경우로, 곧 제2음절의 *a 앞에서 *bi->b^{i}ȧ(бя), *mi->m^{i}ȧ-(мя-)로 되는 것과 같다(이는 *i가 어두자음과 구개화한 모음 ȧ사이에 과도음화한 것을 뜻한다.).

Khalkha방언에서는 *a 앞에 위치하는 *i의 불완전한 꺾임이 오히려 규칙적이고, 완전한 꺾임이 극히 소수의 일로 보고 있다. 이에 대해 Ordos방언과 Khalkha방언에서는 Khalkha방언의 불완전 꺾임에 대해 규칙적으로 i가 보존된다고 하였다.

Kuribayasi(栗林, 1981:43)가 보여준 *a와 *u앞에서의 *i의 불완전 또는 완전의 꺾임을 보이면(일부 생략),

후속모음 / 꺾임의 종류 / 어두자음	*a 앞에		*u 앞에	
	불완전한 꺾임	완전한 꺾임	불완전한 꺾임	완전한 꺾임
*b, *m, *g, *k, *n	^{i}ȧ	a	^{i}ȧ	u
*ǰ / *č	dž / tš } +a	dz / ts } +a	dž / tš } +u	dz / ts } +u

불완전한 꺾임은 완전한 꺾임과는 이질(異質)적으로 i의 보전과 병행관계를 지닌다고 보았다.

	*i의 흔적의 보존 ↔ *i의 완전한 소실
*a, *u 앞	불완전한 꺾임 ↔ 완전한 꺾임
*e, *ü 앞	i의 보존 ↔ 꺾임

불완전한 꺾임과 i의 보존을 제1류, 그 이외의 꺾임을 제2류로 해서 대립시킬 필요가 있다고 하고 다음과 같이 도식화하였다(일부생략).

제1류의 도식 (1) *a 앞의 *i → ⁱȧ
⋮
(3) *e 앞의 *i → i

제2류의 도식 (1) *a 앞의 *i → a
⋮
(3) *e 앞의 *i → e

Hattori(服部, 1983a:110-)는 *i의 꺾임은 제1음절의 *i가 후속음절의 모음의 영향에 의하여 통시적으로 그것에 동화하는 것이라고 규정하였고, Hattori(1983b:100)에서는 i의 꺾임은 제1음절의 *i가 그것에 후속하는 자음 및 모음의 영향에 의하여 다른 모음(혹은 이중모음)에 통시적으로 변화하는 현상이라고 규정하고 있다.

다른 데서 별로 언급되지 않은 몽고문어와 Ordos방언의 경우의 예가 많이 거례되고 있다. Ordos방언에서 제2음절에 장모음 또는 이중모음이 있는데도 *i꺾임이 일어나지 않는 예를 듣고 그 이유로는 어중 -l-, -r-와 어두의 m-, n- 때문으로 보았다. 한편으로 제2음절에 단모음 *a가 있음에도 꺾임이 일어난 예를 듣고 그것은 제1모음 직후의 연구개, 구개수음의 영향 때문이라고 하였다. 이 같이 *i꺾임이 여러 가지 나타나는 예를 들고 그렇게 되는 이유를 설명해야 할 것을 주장하고 있다.

앞에서의 논의들은 몽골문어와 몽골어 내부 방언 사이에 보이는 일들을 다루고 있는데, Lee(1959)에서는 만주·퉁구스어, 한국어, 일본어의 예들을 광범위로 다루고 있다. Ramstedt(1926)가 한국어의 '섬'이 일본어의 sima의 i꺾임의 예로 제시한 것도 소개하고 있다(p.132). 이하에 Lee가 제시한, 중세한국어(MK) 내지 현대한국어(K), 몽골어(방언), 만주어, 일본어에서 i꺾임과 관련된 것을 필자 나름대로 가려서 제시해본다.

MK. jẹm, jẹm-sjo 'goat' = Ma. niman 'goat', Gol. jɑmɑ 'id.' Mo. imɑγɑn 'id.'
MK. jẹr 'gall' = Tng. ilẹn 'gall'

MK. jes 'to peep' = Sol. isẹ, issẹ 'to see', La. ic. 'id.'

MK. sɑr 'arrow' 〈 *sɑrɑ 〈 *sirɑ = Ma. sirdɑn 'arrow'

MK. sẹr-i 'frost', Ma. silenggi 'dew'

Ko. pẹl 'plain' 〈 *pẹlẹ 〈 *pilẹ = Tng. hilẹ-kẹ̄n 'open field', even ground = Jap. hɑrɑ, dial. hirɑ 'plain'

MK. hjẹ 'tongue' 〈 AK. *hjẹr 'id.' = Gol. sirmu, sigmu 'tongue'

MK. sjẹm 'island' 〈 *sjẹmẹ 〈 *simɑ = Jap. simɑ 'id.'

MK. sẹp 'fire-wood' 〈 *sẹbẹ = Jap. sibɑ 'brushwood, fire-wood'

MK. hạrk 'earth, soil' = Gol. siru 'sɑnd' Ol. sijɑ, siru 'id.' Sol. širukɑɑ̄ 'id.'

MK. sạrp 'to say, tell' 〈 *solbo- 〈 *silbo = Sol. silbɑ-, to teach, name, call' TngC. silbɑm 'to show(the way)'

MK. hại 'sun' 〈 *sogo- 〈 *sigo = Ma. šun 'sun' 〈 *siun 〈 *sigun Gol. siú 〈 *sigu 'id.' Sol. šigɯ̄ɯ̄ 〈 *sigun 'id.' Tng. sigun 'id.'

MK. sạr 'to burn' 〈 *solo- 〈 *silo = Ma. šolo 'to burn'(a skewer)' 〈 *silo-, šolo-n 'skewer' Solo. širɑ- 'to burn'

MK. nạr 'raw'(food) 〈 *nolo 〈 *nilo = Ma. nijɑrhûn 'fresh(food)' Gol. neɑlun, ńɑlun 'fresh, uncooked(fish, meat)' = Mo. nilɑγun 'raw, fresh(food)'

Ko. čoč 'penis' 〈 *čolčo 〈 *čilčo 〈 čilču = Ma. čočo 'penis' 〈 čilčo Ol. čiču 'id.' 〈 *čilču Gol. čilču id.

앞에서 몽골어(Mo.)는 1 예(nilɑγun 'raw fresh(food)')만 들었고, 나머지는 주로 만주어(Ma.), 퉁구스어(Tng.) 그리고 그 방언들 Olcha(Ol.), Goldi(Gol.), Solon(Sol.) 등의 것이다. 일본어도 나와있다. 이들에서 한국어가 i 꺾임을 겪은 것이 된다.

필자는 Jap. sima 〉 Kor. si̯əm '島', Jap. sita 〉 Kor. hi̯ə '舌' 등의 경우는 i 꺾임이 아닌, 반대로 한국어의 개(介)모음 음절의 악센트에 의한 분화규칙에 의하여 오히려 Kor. si̯əm 〉 Jap. sima로 변하였다고 보았다(김공칠 1989).

이하에, 이에 해당한 어례들을 보이면(악센트 표시 생략)(김공칠 2006:

96-),

1. 한국어 i̯ə → 일본어 i (이 경우는 한국어의 악센트가 고조로서 i̯가 분명하게 나타나는 경우다.)

島	si̯əm	sima
舌(한자어)	si̯ət	sita
乳	ci̯ət	ti(ci)
柴	si̯əp‘〉səp‘	siba
板	*ni̯ər(t)〉nər	*nita〉ita
地	*si̯əta〉sta	sita
行	ni̯əta	iku

2. 한국어 i̯ə → 일본어 a (이 경우는 한국어의 악센트가 저조여서 i̯보다 ə가 분명한 경우)

傍	ki̯ət	kata
鎌(한자어)	ki̯əm	kama
時	*ci̯ək〉cək	saka(-hi) '際'
族	ki̯ərɐi	kara
卽時	ki̯ərai/ki̯əre	kara '始發, 卽時'
時	ki̯ər	kata '方, 頃'
淺	ni̯ət	asai
夏	ni̯ər(ɯm)	natu

3. 한국어 i̯ə → 일본어 i/a (일본어 쪽의 의미 분화의 사정과 관련된 듯)

時	si̯ətɐi	sida/sada
開, 展	*pi̯ər〉p‘i̯ər	piraku/paraku
居世, 王	ki̯əsi	kisi '吉師, 首'/kasi(-ra) '頭, 首'

앞 예에서 악센트 면에서 예외적인 경우가 있으나, 이에 대해 그 사연을 가급적 언급하도록 하였다. 그리고 참고로, 일본어 쪽의 후미의 -a(간혹 -i)는 한국어의 폐음절을 개음절화한 기생(寄生)모음이 부가된 것이다. 일

본 쪽의 기생모음은 한국어의 모음과 동일한(혹은 유사한 〈ə는 a로〉) 모음으로 부가된다. 그리고 일본어가 명사 외의 활용어인 경우 그 어미가 부가되고 있다.

보주(補注) 7. (p.363) 모음조화

1. 아이누어

아이누어의 어사구성을 보면 선행모음에는 a, i, u, e, o의 다섯 가지가 있다. 선행모음 a의 경우에는 o 이외의 모두를 후행시키는 점에서 a와 o는 별류로 볼 수 있다. o가 선행하는 경우도 a를 후행시키지 않는 점에서 a와 o하고는 결정적으로 별류이다.

o는 a 이외에 u 하고도 공존하지 않으며 u도 o를 후행시키지 않는 점에서 o와 u하고도 별류라고 할 수 있다.

아이누어의 원초적인 모음은 3모음이다. a에 후행하는 모음도 a, i, u의 3모음이다. 나머지의 e음은 a로부터 발달음으로 본다면 결국 아이누어의 모음은 다음과 같이 나눌 수 있다.

a) a(〉e) u
b) o
c) i

타동사형성 접미사는 a-a, a-i, a-u, a-e처럼 중성(i)을 포함해서 a)그룹끼리 어울리고 있다. b)의 o는 타동사형 접미사에서 o-o, o-i, o-e처럼 중성(i)을 포함해서(변동형 e도) o끼리 어울리고 있다. 개음절 인칭어간의 경우도 a-a, o-o를 보인다(cf. 김공칠, 2000:37-38).

e가 a-e 혹은 o-e로 나타나는 것을 보면 e도 2류가 있어서 a에 어울리는 e(〈ai), o에 어울리는 e(〈əi)가 있었다고 본다(한국어나 일본어에서도 볼 수 있는 것).

i모음은 a)에도 어울리고 b)에도 어울리고 있는 점에서 중성모음이라 할 수 있다.

여기서 아이누어 모음의 생성과정을 생각해보면 원초적으로는 다음과 같이,

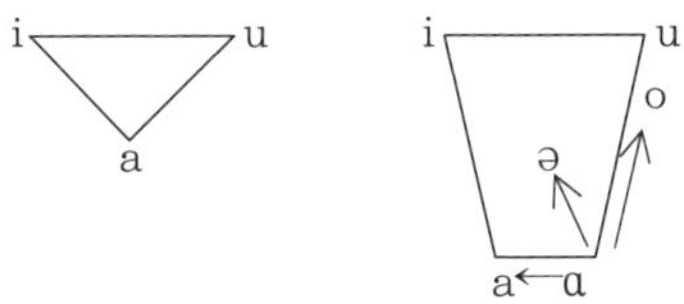

일본어나 한국어와 같은 중설의 ə와 후설의 o의 생성을 가정할 수 있다. 아이누어도 일본어와 마찬가지로 o는 ə와 o의 양면성을 띠고 있어서 원래의 어사구성에 참여한 o는 ə류 곧 음성모음계로 분류될 수 있는 것이다. 따라서 a)류는 양성모음으로 후설모음계, b)류는 음성모음으로 중설모음계, c)류는 중성모음으로 전설모음계이다.

2. 한국어

현대의 일본어나 한국어에서 뚜렷한 모음조화 현상을 보기 어렵다. 다만 한국어에서는 아이누어의 경우처럼 어간-어미의 결합에서 보이는 정도다.

그러나 고대일본어나 중세한국어의 문헌에서 보이는 모음조화 현상에 대해 제3장의 음운사의 3. 5. 4. 4.에서 본 바 있다. 여기에 간단히 부연하면, 한국어의 중세의 모음체계는 7모음인데(에.애 제외) 상대 모음과의 관계를,

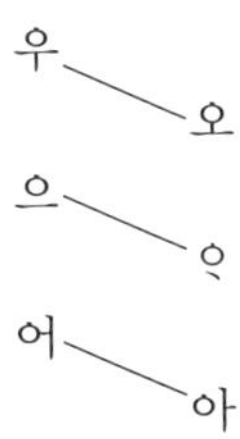

와 같이 사선적으로 잡아서 사선적 모음조화를 이루는 것으로 보았고, 일본어의 모음 분류도 다음과 같이 수정해서(e_1과 e_2 제외),

1, a　ɔ(〉o)　o(〉u)
2. ü(〈u)　ö
3. i

다음처럼 사선(대각선)적인 모음조화로 보았다.

u — o(〉u)
ï — ɔ(〉o)
ö — a

3. 만주어

만주어도 모음조화가 비교적 엄격하였으나 차용어 등에서 예외가 많이 있게 되고 음성모음의 중성화로 모음조화가 느슨하게 된다.

문어의 경우를 보게 되면(河内, 1996:15), 만주어에서 제1음절과 제2음절의 연결에 모음 간의 상응규칙이 있다.

그 상응하는 모음 사이에 다음과 같은 구별이 있다.

양성모음	a	o	ū
음성모음	e	(u)	
중성모음	i	u	

o의 경우는 a-o의 경우는 적고 o-o의 경우가 많다. ū는 k [q′], g [q], h [χ]의 다음의 경우다. k [k‘], g [k], h [x]에 이어지는 u를 음성모음으로 보기도 한다.

만주어의 모음조화도 붕괴되어 양성모음도 음성모음도 한 단어 중에 공

존하는 일이 적어졌다. 모음조화가 보이는 예로는,

1) 복수접미사 -sa/-se/-so

bayan 부자	baya-sa 부자들
mergen 현자	merge-se 현자들
monggo 몽고인	monggo-so 몽고인들

2) 명사화 접미사 -kū/-ku

afambi 싸우다	afa-kū 전사(戰士)
fushembi 부채질하다	fushe-ku 부채 (어례 河內, 1996:15)

3) 동사의 과거형 어미

ala-ha	고하였다
gene-he	갔다
o-ho	되었다 (어례 津曲, 2002:12)

愛新覺羅외(1982:24)에도 모음유별은 거의 동일하며, 季永海외(1986:86)에서는 u가 음성모음에서 중성모음자리로 옮겨있다.

愛新覺羅외(1982:27)가 예시한 제1음절과 제2음절 이하에서의 모음배합을 보면,

제1음절	제2음절
ɑ(양성)	ɑ ū(이상 양성) i, u(이상 중성) 예외로 e가 있다.
o(양성)	ɑ ū o(이상 양성) i(중성)
e(음성)	e(음성) u, i(중성)
u, i } (중성)	ɑ(양성) e(음성) u, i(중성)

趙杰(1989:43)의 모음분류는 愛新覺羅외(1982:24)와 같으며 다만 음성기호가 ū는 趙杰은 [o̧]인데 愛新覺羅외는 [ɷ](p.1), 季永海외는 [ɔ](p.36)이다. o가 愛新覺羅는 [ɔ]이다. 만주어도 후부모음의 추이가 있었던 것으로 보인다. 음성의 e모음은 공통적으로 [ə]이다.

季永海외(1986:86)의 다음의 체계가 새로운 변화를 거친 체계이고,

양성 ɑ [ɑ] o [o] ū [ɔ]
음성 e [ə]
중성 i [i], u [u]

趙阿平외(2001:3)도 만주어의 모음을 이와 비슷하게 언급하고 있다.

愛新覺羅외(1982:24, 趙杰, 1989:43)의 다음 체계가 보다 이른 체계로 보는데,

양성 ɑ [ɑ]
o [ɔ]
ū [ɷ]
음성 u [u]
e [ə]
중성 i [i]

이들 체계에 입각해서,

u_1 — [ɷ]/[ɔ]/[ǫ]
u_2 — o[ɔ]
e[ə] — a[a]

와 같이 대각선적으로 상대시킬 수 있다. u_1과 u_2는 전자는 모음추이에 의한 것(u → ɯ), 후자는 본래의 ɯ의 것으로 가정하는 것이며 이들이 혼동하고 중성화되는 과정에서 모음체계가 바뀌어간 것으로 보아진다(물론 음가의 변동도 있게 되고).

이렇게 보았을 때 앞에서 제시한 바 있는 한국어 및 일본어의 모음조화의 패턴과 아주 가깝게 볼 수 있게 된다.

다음 만주어의 구어이며 방언인 Sibe(錫伯)어의 경우를 보면 Yamamoto

(山本, 1969:26)에 의하면 제1 mora에 나타나는 모음에 따라 제2 mora에 나타나는 모음에 제한이 있다.

제1mora	제2mora
a	a e u i ə
o	o u i ə
e	e u i ə
u, i	a e u i ə

여기의 모음은 ə를 제외하고는 모두 단모음(V)/장모음(VV)의 경우를 포함한다. 이 모음목록에서 Sibe어의 특색은 ə의 존재다. 짧은 소리이고 선행 모든 모음과 어울리는 애매모음과 같은 것이다. 일단 이를 제외하고, 모든 모음이 뒤따르는 u, i를 중성모음으로 보면,

a —— a (양성)
a —— e (음성) (예외적)
o —— o (양성)
e —— e (음성)

와 같이 양성/음성/중성의 구별을 지울 수 있고 앞에서의 문어의 경우와 대비할 수 있다. 다만 ū음이 없는 차이인데 이것이 애매모음화 했다면 문제의 ə와 맞춰볼 수 있다.

제1음절과 제2음절의 결합제한도 愛新覺羅외(1982:27)가 제시한 것과 대비해서 문제의 ū와 ə를 제외하고는 큰 다름이 없다.

李樹蘭외(1986:19)에서는,

양성모음	a ɛ / o œ
음성모음	ə
중성모음	u y / i

처럼 ə가 e를 대신해서 음성모음으로 되어있고 양성에 ɛ와 œ가 추가되어 있다.

그리고 양성과 중성을 2류로 나뉘고 있는데 그만큼 규칙이 복잡해지게 되면 예외도 있게 되어 모음조화가 느슨해질 수밖에 없다. 차차로 해체의 과정에 이르게 될 수밖에 없다. 여기에는 음운변화나 자유악센트 그리고 꾸준한 차용어의 침투가 예거된다.

Austin(1962)도 Iri지구의 Sibe어에 대한 언급한 것을 참고하면 6모음체계를 보여준다. 李樹蘭의 ɛ음운이 e음운의 이음으로 되어있다. 다음과 같이 6모음에 이음을 첨기하고 있는 것을 보이면(p.17),

/i/	[i]			/u/	[u]
	[ɪ]				[ʊ]
/e/	[e]	/ô/	[ó]	/o/	[o]
	[ɛ]	/a/	[a]		[ɔ]

중설원순모음 /ô/ (ü로 기술하는 이도)를 o로 해석한다면 다음과 같은 구조를 얻을 수 있다고 하였다.

i　　　　u
　　　　o
e　　　ɔ
　　a

o의 이음으로 보면서 ɔ를 따로 세우고 있다. u, o, ɔ는 원순계열이고 i, e, u는 비원순 계열이 되어 전후의 대립이 있는 셈인데 필자는 다음과 같이 해석하여,

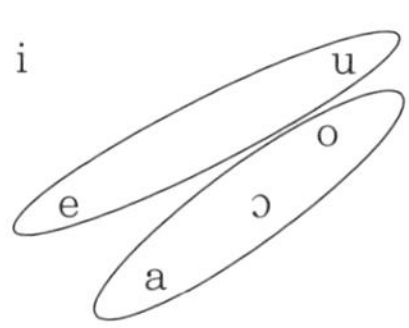

대각선상의 대립의 2군이 모음조화를 이룬다고 보고 싶다. 그렇게 되면 일본어, 한국어 및 앞서의 만주어의 경우에 있어서의 모음조화와 매우 가까운 것이 된다.

李樹蘭에서나 Austin에서 보이는 ε음이(음운으로든 이음으로든) 신생의 것인지 오래 전의 것인지 필자로서는 확인할 수 없어도 趙杰(1989:8)에서도 보이는 점에서(8모음체계 중에) 예전에는 중세의 한국어나 고대의 일본어에서처럼 지금의 5-6모음보다 많은 모음목록을 지니고 있었다고 본다.

김주원(1990:22-3)은 만주어의 모음체계와 모음조화의 변천을 다음과 같이 보여주고 있는데,

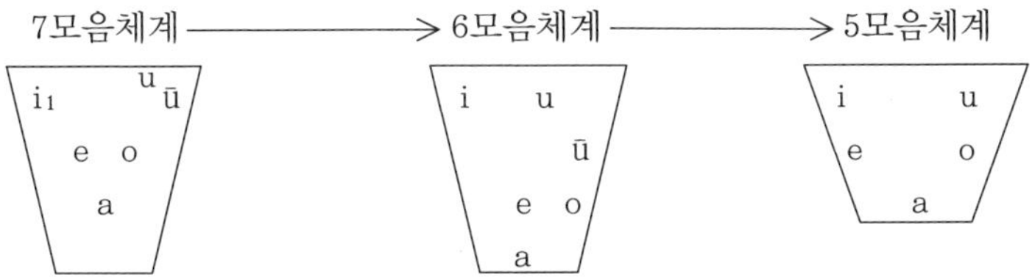

7모음체계	6모음체계	5모음체계
음성 *i, *e, *u	음성 e u	음성 e
양성 *ı, *a, *o, *ū	양성 a o ū	양성 a o (ū)
	중성 i	중성 i u

눈에 띠는 것은 7모음체계에서 *ı가 재구되고 5모음체계에서는 ū가 없는 것이다. 관심이 가는 것은 u와 ū(ʊ, ɷ)의 위치인데 만주어에서 ū의 처리에 따라 체계가 바뀌는 점에서 매우 중요한 일이다.

그리고 u가 [ɯ]의 음가를 가진 것이라면 대각선적인 모음조화의 상정도 가능하고 음성→중성의 변화도 예견할 수 있다. 7모음체계에 앞서의 Sibe어 또는 기타 방언에서 보이는 ε음이 가미된다면 8모음체계가 되어(趙杰, 1989:7-9, 8모음체계 참조) 한국어나 일본어의 이전의 체계와 견주어볼 수도 있게 된다.

4. 에벤키어

분포지역이 넓어서 조사지역과 조사자에 따라 다양하게 보인다. 여기서는 세부적인 것은 줄이고 요약적으로 간추리기로 한다. 에벤키어의 모음조화는 형태소 내부에서만 보이는 것도 있고 일부 부가성분(접미사)의 연결에서도 보이기도 한다.

먼저 Nedjalkov(1997:310)의 모음목록은(장모음 제외),

고모음　ɪ(i로 표기)　ɯ　ʊ(u로 표기)
중모음　　ɛ(e로 표기)　o
저모음　　　a

어간 모음(장모음을 제외하고)과 후속모음의 대응은(p.314),

a —— a
e ɯ —— e
o —— o

후속모음의 형태가 크게 세 가지인데 이를 a류, e류, o류로 나뉜다. 예컨대 특정대격 표지는 -ʋa/-ʋe/-ʋo, 비미래 시제 표지는 -ra/-re/-ro 와도 같다.

복잡한 문제가 얽히는 것은 i와 u가 있는 경우인데 이 고모음은 중성모음에 해당된다. 이에 대해 a, o는 양성을, e는 음성류가 되는 셈이다. 따라서 장모음이 있는 경우를 제외하면 비교적 단순하여 만주어와 크게 다를 바 없다.

Bulatova(1999:4)의 모음목록(장모음 제외)은,

고모음　i　u　(Nedjalkov에 비해 하나 빠짐)
중모음　e　ə　o
저모음　a

여기서 고모음 i　u가 중성모음, ə — ə의 결합형이 음성류, a — a의 결

합형이 양성류이다(물론 o—o도).

朝克(1995:17)의 모음분류는 단모음(모두 장모음을 지닌다)으로 보이면,

양성모음　a　o　u
음성모음　ə　ɵ　ʉ
중성모음　i　e

형태소 내부의 모음조화가 많은데 특히 양성의 a—a, 음성의 ə—ə의 경우가 가장 많다. o—o, ɵ—ɵ, ʉ—ʉ, i—i도 많은 편이다. u—u, e—e는 많지 않다.

음성모음에 ɵ와 ʉ가 추가되고 중성모음이 i, e로 된 것이 특이하다.

許增益(1984:60-1)은 10개의 단모음(장모음은 8개)을 다음처럼 나누었다.

전설모음　i　ı　e　E
중설모음　ə
후설모음　u　ʊ　o　ɔ　a

이를 음성모음과 양성모음으로 나누어 상대시키면,

음성모음　i　e　ə　o　u
양성모음　ı　E　a　ɔ　ʊ

일반적으로 한 단어 안에 동류의 모음이 나온다. o—o, ɔ—ɔ와 같은 구성인데 이 경우도 부가성분이 따를 때 다른 모음이 나오기도 한다.

음성모음이 양성모음에 비해 혀의 위치가 높은 편이다. 그렇다면 이들 모두의 상대성은 o:ɔ 외에는 사선적(대각적)이다.

i ＼ ı　　e ＼ E　　ə ＼ a　　u ＼ ʊ

여기서 u의 음가가 [ɯ] 혹은 [ʉ]의 가능성이 있고 o와 ɔ의 상대성은 ɤ:ɔ로, 혹은 앞의 朝克의 음성모음에서 보인 ɵ로 상대되는 것이 아닌가도

여겨진다.

이상과 같은 요약으로 볼 때는 에벤키어의 모음조화도 한국어, 일본어, 만주어의 그것과 대비될 수 있는, 그리 복잡한 것 아닌 듯 보이지만, 장모음까지 포함하게 되면 그리 단순한 것만은 아니다. 어느 언어든 개별적인 특수성은 있기 마련이다.

중성모음은 한국어나 일본어는 i(두 언어에서 i, u로 보는 의견도 있다.), 만주어는 ī 또는 i, u, 에벤키어는 ø, i, e가 보이는 점에서 모음의 상대성의 변화는 예측되는 일이다.

5. 몽골어와 튀르크어

몽골어와 튀르크어 모음조화에 대해서는 관련된 모음분류와 모음조화의 특성 그리고 일본어와의 대비점 등을 모음체계(보주(補注) 2(p. 483))에서 언급한 바 있으므로 일부 부연하면서도 음절연결에서의 모음조화의 예와 기타 참고 사항을 부기하는데 그치겠다.

1) 몽골어

문어에서의 형태소 내부의 모음연결은(Poppe, 1954:12),

제1음절	비어두음절	
ɑ 또는 u(y)	ɑ u(y)	
o	ɑ o u	
e(з) 또는 ö(ɵ) 또는 ü(ʏ)	e(з) ü(ʏ)	i (괄호 속은 현대몽골문자 필자 주기)
i	ɑ o u e(з) ü(ʏ)	

줄도 필자가 친 것인데 처음 단이 양성모음이다. o는 제1음절에 ɑ 또는 u가 있을 때, 제2음절에 나타날 수 없고 오로지 첫 음절에 o(드물게 i)를

내포할 때만 후행한다. o 음가의 특수성에서 오는 것으로 사료된다.

제2단은 음성모음이고 ö는 첫음절에 ö가 내포했을 때만 후행음절에 나타난다.

제3단은 중성모음이고 i는 오직 모든 단어에 후속할 수 있는 것이다.

현대어에서의 경우는(장모음제외),

제1음절		제2음절 이하		
a	y(u)	ɑ	y	и
o		o	y(u)	и
э(e)	ʏ(ü)	э(e)	(ʏʏ)	и
ɵ(ö)	э(e)	ɵ(ö)	ʏ(ü)	и
u(i)		э(e)	ʏ(ü)	и

문어와 대비해서 크게 다를 바 없다. 모음체계는 그렇게 쉽게 변하지 않는다는 것을 보여준다. 다만 모음의 연결에서 i다음에 문어에서는 ɑ, o, u가 연결되고 있는데 현대어에서는 그것이 i 다음에 뒤따르지 않는다는 것이다. 그것은 몽골어에서는 제1음절의 i가 후속모음(특히 양성모음에)이 역행동화되어 변음하는 일(소위 i의 꺾임)이 있어 이 이후에 만들어진 신문자의 몽골어에서는 i(и) 다음에 호응하는 것은 음성모음만이 되었기 때문이다.

2) 튀르크어

튀르크어의 모음체계에 대해 Gabaın과 Erdal 그리고 Menges의 분류를 언급하였었는데 여기서 Menges(1968:76)를 다시 보이고,

	non-labial(비순음)		labial(순음)	
	open(개모음)	closed(폐모음)	open(개모음)	closed(폐모음)
velar (연구개음)	a	y	o	u
palatal (구개음)	ä	i	ö	ü

첫음절의 모음의 성격이 뒤따르는 모든 음절의 성격을 결정한다. 오직 연구개음인가 구개음인가에 의한다.

첫음절 아닌 데서는 o와 ö는 나타나지 않는다. 따라서 어간과 접미사의 모음은 오직 a/ä 또는 y/i 그리고 u/ü인가에 따르는 것이다. 고대 튀르크어의 어간과 접미사의 모음은 ɑ/ɑ̈ 또는 y/i였다. 그 y/i는 원순모음을 지닌 선행음절 뒤에서는 가끔 u/ü가 된다.

현대어에서 다음과 같이 후설/전설로 나뉜다.

후설모음(남성모음)	a	ɪ	(ï, ɯ)	o	u
전설모음(여성모음)	ä	i		ö	ü

이외에 폐모음/개모음의 구분도 있다(竹內, 1970:16).

폐모음	i	ü	ı	u
개모음	e(ä)	ö	a	o

곧 튀르크어에서는 어떤 명사의 최후음절이 후설모음이면 예컨대 방향의 접미사는 후설모음의 a를 접미하고, 최후음절이 전설모음이면 전설모음의 e가 접미한다.

또 어떤 명사의 최후음절이 폐모음이면 예컨대 대상의 접미사는 폐모음으로, 개모음이면 그것과 대립되는 폐모음(예 a에 대해 ı)의 것이 접미한다.

후설/전설 여부에서는 a/ä(e)의 교체, 폐모음/개모음 여부에서는 폐모음끼리(선행폐모음에 따르거나 개모음에 대립되는 폐모음)의 교체가 있다.

Hayasi(林徹, 1988:97)에서는,

평순모음	e	a	i	ı
원순모음	ö	o	ü	u

로 나뉘기도 하고, 접미사가 결합할 때의 모음조화는 다음의 두 가지 방법으로 설명하고 있다.

1. 저모음(단(순음의) o, ö 제외)(그렇다면 a, ä)끼리 교체하는 것
2. 고모음(a/e 이외의 모음)끼리 교체하는 것

1.의 경우는, 전설 다음에 전설, 후설 다음에 후설이 오게 하는 것

kulak-la 귀로(도구격)
gögüs-le 가슴으로

2.의 경우는 이외에,

평순모음끼리, 원순모음끼리 교체한다.

kulak-mı 귀인가(의문조사)
gögüs-mü 가슴인가

그리고 접미사가 몇 개 이어질 때는 직전의 접미사의 최종모음에 따라 결정된다.

Türeli(1968:6)에서는 단어의 제1음절 모음과 그것에 후속하는 모음이 예거되고 있다(표시 방식에 필자가 약간 손질).

제1음절모음		후속음절모음
a(후설)	———	a(후설) / ı(후설)
e(전설)	———	e(전설) / i(전설)
ı(후설)	———	a(후설) / ı(후설)
i(전설)	———	e(전설) / i(전설)
o(후설)	———	a(후설) / u(후설)
ö(전설)	———	e(전설) / ü(전설)
u(후설)	———	a(후설) / u(후설)
ü(전설)	———	e(전설) / ü(전설

후속모음에 o, ö가 안 보이는 것은 이 모음은 제1음절에만 오기 때문이다.

이 예시에서는 원칙적으로 후설에는 후설이, 전설에는 전설이 연결됨을 보여준다. 후설에는 -a가, 전설에는 -e가 대표적이다.

앞에서의 폐모음 대 개모음의 분류와 여기서의 제1음절 모음에서 ü, ı가 합쳐지고 ö가 중설의 위치에 있게 되면 일본어의 예전의 다음 모음삼각형과 같아진다.

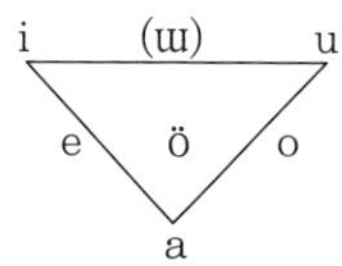

그러한 모음변동은 연동적이어서 전혀 가능성이 없는 것은 아니다. 여기에 후부모음의 추이가 있게 되면 대각선(사선적)의 모음상대성이 이루어질 수 있다. 튀르크어와 같은 후설 대 전설의 상대성(개별항은 수평적이나 전후의 전체항은 수직적이다)이 본래적인 것인지 한국어, 일본어, 기타 알타이어에서 보이는 사선적인 상대성이 본래적인 것인지 지금으로서는 확언할 수 없으나 튀르크어의 균형잡힌 4각의 입방체가 어쩌다가 이루어졌다기보다 오랜 세월에 걸쳐 다듬어졌다면 1각 내지 2각이 잘 잡히지 않는 상태의 것이 본유적인 옛 것으로도 볼 수 있다.

참고문헌 (1)

姜斗興(1982) 史読と万葉仮名の研究, 和泉書院.

金公七(1978) 日本語學槪論, 平和出版社.

______(1980) 원시 한·일어의 연구, 한글 168, 한글학회.

______(1981) 魏志東夷傳 倭人條に現われる國名についての一考察, 韓國外國語大學大學院(碩士學位論文).

______(1982) 原始韓日 두 言語의 母音體系에 대하여, 국어국문학 87, 국어국문학회.

______(1983) 日本語音韻論, 學文社.

______(1987) 日本語語彙論, 學文社.

______(1989) 한일어공통어휘연구—공통어휘의 발견과 설명—, 한글 203, 한글학회.

______(1990) 耽羅語研究 — 古代日本語와의 比較 — 第1部 耽羅語와 倭人語, 日本學報 25, 한국일본학회.

______(1991) 倭人語研究, 日本學報 27, 한국일본학회.

______(1994) 日語學槪論, 時事日本語社.

______(1995) 원시한일공통어의 연구, 한국문화사.

______(1996) 일어생성음운론, 한국문화사.

______(1999) 耽羅語研究, 한국문화사.

______(2000) 아이누어 研究 — 韓日語와의 비교의 관점에서— , 한국문화사.

______(2006) 한일공통어휘 연구, 한국문화사.

______(2011) 제주방언통사론 — 비교통사론 — , 백산출판.

______(2013) 일본어 현대문법, 백산출판.

______(2014) 고대제주도의 언어와 역사 — 일본 등 주변지역과의 비교를 통한 재구— , 백산출판.

金昇坤(1976) 一般音聲學, 教文社.

金完鎭(1963) 母音體系의 新考察, 震檀學報 24, 金完鎭(1971)에 재록.
金完鎭(1971) 國語音韻體系의 研究, 一潮閣.
______(1978) 母音體系와 母音調和에 대한 反省, 語學研究 14-2, 서울大學校語學研究所.
宋敏(1975) 上代日本語의 母音體系, 日本學報 3, 韓國日本學會.
____(1978) 韓國漢字音과 萬葉假名 o段의 音聲資質, 언어학 3, 한국언어학회.
李基文(1972) 改訂國語史概說, 民衆書館.
______(1977) 國語音韻史研究, 塔出版社.
李基文외(1985) 國語音韻論, 學研社.
崔鶴根(1987) 韓國方言辭典, 明文堂.
許雄(1955) 旁點研究 — 慶尙道方言聲調와의 比較 —, 東方學志 2 (延禧大).

秋元吉德외(1976) 古語拾遺・高橋氏文, 新撰日本古典文庫 4, 現代思潮社.
有坂秀世(1931) 國語にあらはれる一種の母音交替について, 音聲の研究 4, 有坂(1969) 재록.
_______(1934) 古代日本語に於ける音節結合の法則, 國語と國文學 1934年1月号, 有坂(1969)에 재록.
_______(1955) 上代音韻攷, 三省堂.
_______(1959) 音韻論(增補版), 三省堂.
_______(1969) 國語音韻史の研究(增補新版), 三省堂.
石塚晴通(1968) 古事記に於ける□上・□去の表記, 五味智英先生還曆記念上代文學論叢, 桜風社.
石塚龍磨(1798) 假字遣奥山路 上卷, 正宗敦夫編纂校訂 日本古典全集, 日本古典全集刊行會(1931).
井上和子외(1999) 生成言語学入門, 大修館書店.
上田功(2001) 方言差異と最適性理論, 言語 30-10, 大修館書店.
大野晋(1953) 上代假名遣の研究—日本書紀の假名を中心として—, 岩波書店.
______(1976) 上代日本語の母音体系について, 言語 5-8, 大修館書店.

大野晋(1980) 日本語の成立, 日本語の世界, 中央公論社.
大野透(1977) 新訂萬葉假名の研究, 高山本店.
大矢透(1911) 假名原流考, 國定教科書共同販賣所. 大矢透(1970) 재록.
大矢透(1970) 仮名原流考及証本写真, 勉誠社.
奥村三雄(1972) 古代の音韻, 講座國語史 2 音韻史・文字史, 大修館書店.
長田夏樹(1979) 邪馬台国の言語, 学生社.
澤瀉久孝 외(1967) 時代別国語大辭典 上代篇, 三省堂.
金城朝永(1944) 那覇方言概説, 金城朝永全集 上卷 言語・文学編, 沖縄タイム社 재록(1974).
亀井孝(1943) 上代和音の舌內撥音尾と脣內鼻音尾, 國語と國文學 20-4, 東京大國文學研究室.
______(1960) 在唐記の「本鄉波字音」に関する解釈, 國語學 40, 國語學會.
______(1973) 文献以前の時代の日本語, 亀井孝論文集 2, 日本語系統論のみち, 吉川弘文館.
神田秀夫(1962) 古事記, 朝日古典全集(필자 未見).
金田一京助(1932) 國語音韻論, 刀江書院.
金田一春彦(1950) 里親と砂糖屋 — 引き音節の提唱—, 國語と國文學 27-1, 東京大國語國文學會, (金田一(1967)에 재록)
__________(1960) 国語アクセントの時代的変遷, 國語と國文學 37-10, 東京大國語國文學會, 至文堂.
__________(1967) 日本語音韻の研究, 東京堂出版.
__________(1974) 国語アクセントの史的研究—原理と方法—, 塙書房.
国広哲弥(1962) 国語長母音の音韻的解釈, 国語学 50, 国語学会, 武蔵野書院.
窪薗晴夫(1995) 語形成と音韻構造, くろしお出版.
窪薗晴夫 외(1998) 音韻構造とアクセント, 研究社出版.
蔵中進(1975) 上代日本語音韻の一研究—未確認音韻への視点—. 神戸学術出版.
黑田成幸(1966) 促音及び撥音について, 言語研究 50, 日本言語學會.

景戒(789-822) 日本靈異記, 日本古典文學大系 70, 岩波書店(1967).
契沖(1694) 和字正濫鈔, 契沖全集 第10卷 語學, 岩波書店(1973) 수록.
____(1697) 和字正濫通妨鈔, 契沖全集第10卷 語學, 岩波書店(1973) 수록.
筧寿雄외(1981) 生成音韻論—理論と分析—, 英宝社.
斎藤純男(1997) 日本語音声学入門, 三省堂.
佐藤喜代治(1979) 日本語における清濁の起源, 言語 8-1, 大修館書店.
清水克正(1978) 生成音韻論概説, 篠崎書林.
城生佰太郎(1982) 音声学—国際音声字母付—, アポロン.
城田俊(1995) 日本語の音, ひつじ書房.
高山倫明(1983) 日本書紀の音仮名とその原音調について— 上代アクセントの相関性を考える—, 金田一春彦博士古稀記念論文集 第1卷 国語学編, 三省堂.
田中卓(1955) 邪馬臺國の所在と上代特殊假名遣, 國語國文 24-25, 京都大國文學會.
築島裕(1951) 淨辯本拾遺和歌集所載のアクセントに就いて, 國語アクセント論叢, 法政大學出版局.
______(1977) 国語の歴史, 東京大学出版会.
土井忠生외 編訳(1980) 邦訳日葡辞書, 岩波書店.
日本音聲學會(1976) 音聲學大辞典, 三修社.
根間弘海(1978) 初歩生成音韻論, 中部日本教育文化会.
________(1979) 生成音韻論接近法, 晃学出版.
________(1980) 音声構造と規則性, 文化評論出版.
橋本進吉(1917) 國語假名遣研究史上の一發見— 石塚龍麿の假名奥山路について, 帝國文學 23-11, 橋本進吉(1949)에 재록.
________(1927) 國語音聲史の研究, 橋本進吉(1966) 재록.
________(1932) 國語音聲史, 橋本進吉(1966) 재록.
________(1941) 上代文獻に存する特殊の假名遣と當時の語法, 橋本進吉(1949) 재록.
________(1942) 國語音韻史の研究, 橋本進吉(1966) 재록.

橋本進吉(1943) 古代國語の音韻に就いて, 橋本進吉(1950) 재록.
________(1949) 文字及び假名遣の研究, 岩波書店.
________(1950) 國語音韻の研究, 岩波書店.
________(1966) 國語音韻史, 岩波書店.
濱田敦(1946) 促音沿革考, 國語國文 14-10, 京都大國文學會.
______(1952) 魏志倭人伝などに所見の国語語彙に関する 二, 三の 問題, 人文研究 3-8.
服部四郎(1951a) 音聲學, 岩波書店.
________(1951b) 原始日本語のアクセント, 国語アクセント論叢, 法政大学出版部.
________(1959a) 日本語の系統, 岩波書店.
________(1960) 言語學の方法, 岩波書店.
________(1976) 上代日本語の母音音素は六つであって八つではない, 言語 1976年12月号, 大修館書店.
________(1977) 上代日本語のいわゆる八母音について, 日本学士院紀要 34-1.
________(1983d) 橋本進吉先生の学恩—元朝秘史漢字の使用法に言及しつつ—, 國語學 133, 國語學會.
________(1984) 音声学, 岩波書店.
服部四郎・山本謙吾(1956) 滿洲語口語の音韻の体系と構造, 言語研究 30, 日本言語学会.
早田輝洋(1988)「アクセント」早わかり, 言語 17-3, 大修館書店.
平山輝男(1985) 無型アクセント方言の有型化について—八丈方言の場合—, 言語 14-7, 大修館書店.
平山輝男(편)(1960) 全国アクセント辞典, 東京堂出版.
福田良輔(1965) 奈良時代東国方言の研究, 風間書房.
________(1964) 古代日本語における語構成と音節結合について, 國語と國文學 41-3, 東京大國語國文學會.
藤井信男(1944) 古事記に於ける四聲の注記について, 國語と國文學 21-1, 東京大國文學研究室.

松本克己(1975) 古代日本語母音組織考―内的再建の試み―, 金沢大学文学部論集 文学編.
________(1976) 日本語の母音組織, 言語 5-6, 大修館書店.
________(1995) 古代日本語母音論-上代特殊仮名遣の再解釈, ひつじ書房.
馬渕和夫(1961) 円仁「在唐記」梵字対注の解釈について, 國語學 43, 國語學會.
________(1970a) 上代のことば, 至文堂.
________(1971) 国語音韻論, 笠間書房.
水野祐(1987) 評釈魏志倭人伝, 雄山閣出版.
三宅武郎(1932) 濁音考, 音聲の研究 5, 日本音聲學會
宮島達夫(1961) 母音の無声化はいつからあったか, 国語学 45, 国語学会.
村山七郎(1954) 連濁について, 言語研究 26·27号, 日本言語学会.
村山七郎 편역(1976) E. D. ポリワーノフ日本語研究, 弘文堂.
望月郁子(편)(1974) 類聚名義抄四種声点付加和訓集成, 笠間書房.
本居宣長(1776) 字音假字用格, 本居宣長全集 5, 筑摩書房(1970).
森博達(1981) 漢字音より観た上代日本語の母音組織, 國語學 126, 國語學會.
森博達외(1985) 日本の古代 1, 倭人の登場, 中央公論社.
森山重(1960) 在唐記梵字注の構成とその解釈, 國語國文 27, 京都大國文學會.
森山隆(1968) 上代ア列の後母音性, 国語学 74, 森山隆(1971) 재록.
______(1971) 上代国語音韻の研究, 桜楓社.
和田實(1952) 古事記の聲の註, 國語と國文學 29-6, 東京大國文學研究室.

Bloch. B.(Miller, R. A. 편, 林栄一 역)(1975)ブロック日本語論考, 研究社.
Chomsky, N. and M. Halle(1968) The Sound Patterns of English, Harper and Row Publishers.
Clements, G. N.(et al.)(1983) CV Phonology-A Generative Theory of the Syllable, The MIT Press.
Collado, D.(1632) 日本文典, 大塚重信 역 コリャード日本文典, 風間書房

(1957).

Elgin, S. H.(1973) What is Linguistics? Prentice-Halle INC.

Fromkin, V.(1978) Tone : a Linguistic Survey, Academic Press.

Gregerson(1976) Tongue-root and Register in Mon-Khmer, in Jenner, P. N. (ed.) Austoasiatic Studies Part 1., The University Press of Hawai.

Haraguchi, S.(1977) The Tone Pattern of Japanese : An Autosegmental Theory of Tonology, Kaitakusha.

Hyman, L. M. (ed.)(1977) Studies in Stress and Accent, University of Southern California.

Ito, J.(1988) Syllable Theory in Prosodic Phonology, Garland Publishing.

Jakobson, R. (et al.)(1969) Preliminaries to Speech Analisis, the Distinctive Features and their Correlates, The MIT Press.

Jespersen, O.(1913) Lehrbuch der Phonetik(Zweite Auflage), B. G. Teubner.

Johns, D.(1960) An Outline of English Phonetics. (9th Edition)(Repinted in Japan)

Kahn, D.(1976) Syllable-Based Generalizations in English Phonology, Indiana University Linguistic Club.

Lange, R. A.(1973) The Phonology of Eighth-Century Japanese, Sophia University.

Malmberg, B.(1963) Phonetics, Dover Publications.

Malmberg, B.(大橋保夫 역)(1970) 音声学, 白水社.

McCawley, J. D.(1968) The Phonological Component of a Grammar of Japanese, Mouton.

____________(1977) Accent in Japanese, in Hyman, L. M. (ed.) (1977).

____________(1978) What is a Tone Language? in Fromkin, V.(1978)

Miller, R. A. (ed.)(1970) Bernard Bloch on Japanese, Yale University Press.

Mohaman, K. P.(1982) Lexical Phonology, Indiana University Linguistic Club.

________________(1986) The Theory of Lexical Phonology, D. Reidel Publishing Company.

Pagel, E.(1926) Was Wissen Wir von den Lauten des Altjapanischen, Asia Major vol. iii.

Pike, K. L.(1972) Phonetics, The University of Michigan Press.

Rodriguez, I.(1604) 日本大文典, 長崎學林. (土井忠生 역주, 三省堂 1955.)

Schane, S. A.(1973) Generative Phonology, Prentice-Hall INC.

Schubiger, M.(1970) Einführung in die Phonetik, Walter de Gruyter & Co.

Schubiger, M.(小泉保 역) (1973) 音声学入門, 大修館書店.

Teruya, S.(1979) A Concrete Approach to Generative Phonology of Japanese, The University of Texas at Austin.

Trubetzkoy, N. S.(1989) Grundzüge der Phonologie(7. Auflage), Vandenhoeck & Ruprecht.

Yoshitake, S.(1934) The Phonetic System of Ancient Japanese, The Royal Asiatic Society.

참고문헌 (2)

俞昌均(1980) 韓國古代漢字音의 硏究 1. 啓明大學校出版部.

張三植(편)(1975) 大漢韓辭典, 博文出版社.

訓蒙字會, 千字文, 新增類合 檀國大東洋學硏究所 影印.

牛島德次외(1967) 言語, 中国文化叢書 1, 大修館書店.

大島正健(1931) 漢音呉音の硏究, 第一書房.

小倉肇(1980) 法華經單字反切攷(1, 2) 弘前大学教育学部紀要 44, 46.

______(1995) 日本呉音の硏究, 新典社.

尾崎雄二郎(1980) 中国音韻史の硏究, 創文社.

慶谷壽信(1978) 董同龢「上代音韻表稿」索引, 文海出版社.

河野六郎(1968) 朝鮮漢字音の硏究, 天理時報社.

坂井健一(1975) 魏晋南北朝字音硏究, 汲古書院.

高松政雄(1962) 日本漢字音の硏究, 風間書房.

________(1986) 日本漢字音概論, 風間書房.

築島裕(1955) 知恩藏大唐三藏玄奘法師表啓古點, 訓點語と訓點資料 4, 訓點語學會.

______(1995) 日本漢字音史論輯, 汲古書院.

築島裕(편)(1990) 長承本蒙求, 汲古書院.

藤堂明保(1957) 中國語音韻論, 江南書院.

________(1969) 漢語と日本語, 秀英出版.

藤堂明保외(1971) 音注韻鏡校本, 木耳社.

藤堂明保(편)(1978) 漢和大字典, 学習硏究社.

中田祝夫(1954) 正倉院·聖語藏·東大寺 圖書館藏 地藏十輪經元慶元年加點本に見えたる字音資料(稿), 訓點語と訓點資料 1. 訓點語學會.

中田祝夫(편)(1977) 色葉字類抄研究並びに總合索引, 索引篇, 風間書房.
中田祝夫외(편)(1966) 倭玉篇研究並びに索引, 風間書房.
沼本克明(1986) 日本漢字音の歷史, 東京堂出版.
________(1995) 吳音·漢音分韻表, 築島(1995)所收.
平山久雄(1967) 中古漢語の音韻, 牛島德次외, 言語, 大修館書店.
馬渕和夫(1970b) 韻鏡校本と廣韻索引(新訂版), 巖南堂書店.
水谷真成(1967) 上中古の間における音韻史上の諸門題, 牛島德次외 言語, 大修館書店.
本居宣長(1785) 漢字三音考, 本居宣長全集 5, 筑摩書房(1970).
________(1798) 古事記傳 1., 本居宣長全集 9, 筑摩書房(1968).
山田孝雄(1958) 國語の中に於ける漢語の研究, 宝文館出版.
吉田金彦(1957) 中古日本吳音の表記史的考察 — 法華経単子の反切と字音をめぐって—, 靜岡女子短期大学紀要 4.

董同龢(1944) 上古音韻表稿, 中央研究院歷史語言研究所(單刊甲種) 21.
______(1981) 漢語音韻學, 文史哲出版社.
胡明揚(1963)《老乞大諺解》和《朴通事諺解》中所見的漢語, 朝鮮語對音, 中國語文 1968年 第3期.
羅常培(1933) 唐五代西北方言, 中央研究院歷史語言研究所單刊甲種之 12.
李方桂(1982) 上古音研究, 商務印書館.
李珍華외(편)(1999) 漢字古今音表(漢語語音發展史略), 中華書局.
王力(1987) 漢語語音史, 王力文集 10卷, 山東教育出版社.
周法高외(편)(1973) 漢字古今音彙, 香港中文大學出版.
校正宋本廣韻(大宋重修廣韻), 藝文印書館(1981, 校正 3版).

Karlgren, B.(1940) Grammata Serica, Paragon Book Gallery.
___________(1949) The Chinese Language – An Essay on its Nature and History, The Ronald Press Company.
___________(1954) Compendium of Phonetics in Ancient and Archaic

Chinese, Reprinted from the Museum of Far Eastern Antiquittes Stockholm Bulletin No. 16.

Karlgren, B.(高木漢)(趙元任외 역)(1948) 中國音韻學硏究, 商務印書館出版.

참고문헌 (3)

김주원(1990) 만주어 모음체계의 변천에 대하여, 알타이학보 2, 한국알타이학회.

성백인(1985) 만주어의 모음의 길이, 歷史言語學, 전예원. 만주어와 알타이어학, 태학사(1999) 재록.

池上二郎(1999) 滿洲語研究, 汲古書院.

小沢重男(1963a) モンゴル語四週間, 大学書林.

________(1963b) 原始日本語に於ける語頭濁音存在の可能性について ― アルタイ諸語 特にモンゴル語との比較を通して ―, 東京外國語大學論集 10.

________(1997) 蒙古語文語文法講義, 大學書林.

勝田茂(1986) トルコ語文法読本, 大学書林.

河內良好(1996) 滿洲語文語文典, 京都大学学術出版会.

栗林均(1981) 「*iの折れ」考—蒙古語における*i音の發展の規則性と不規則性—, モンゴル語研究 12, 日本モンゴル学会.

佐藤知己(2008) アイヌ語文法の基礎, 大学書林.

城生伯太郎(1976) モンゴル語母音調和, 言語 1976年 6月号 大修館書店.

竹內和夫(1970) トルコ語文法入門, 大学書林.

知里眞志保(1942) アイヌ語法研究 ― 樺太方言を中心として—, 樺太廳博物館報告 4-4.

__________(1956) アイヌ語入門, 楡書房.

知里眞志保외(1936) アイヌ語法概說, 岩波書店.

津曲敏郎(2002) 滿洲語入門20講, 大学書林.

野村正良(1974) モングォル方言の長母音と原蒙古語に於ける長母音存在の可能性, 名古屋大学文学部研究論集 LX1, 文学 21.

________(1979) 原蒙古語の母音体系に就いての研究 ― 蒙古語比較音韻論

研究一, 采華書林.

服部四郎(1932)「琉球語」と「國語」との音韻法則, 方言 2-8, 10, 12. 服部(1959a) 재록.

________(1959b) 蒙古祖語の母音の長さ, 言語研究 36, 日本言語学会.

________(1964) アイヌ語方言辞典, 岩波書店.

________(1967) アイヌ語の音韻構造とアクセント, 音声の研究 13, 日本音聲學會.

________(1975) 母音調和と中期朝鮮語の母音体系, 言語の科學, 東京言語研究所.

________(1978) アルタイ諸言語・朝鮮語・日本語の母音調和, 言語 7-4, 大修館書店, 服部四郎(1989)재록.

________(1983a) 蒙古諸言語の「*iの折れ」, 言語 12-6, 大修館書店.

________(1983b) 蒙古諸言語の「*iの折れ」再説 (上), 言語 12-11, 大修館書店.

________(1983c) 蒙古諸言語の「*iの折れ」再説 (下), 言語 12-12, 大修館書店.

________(1989) アルタイ諸言語の研究 3, 三省堂.

林徹(1988) トルコ語のすすめ 1., 言語 17-11, 大修館書店.

早田輝洋(1985) シボ語について, 言語 14-7, 大修館書店.

福盛貴弘(2010) トルコ語のアクセントについて, 言語研究 137, 日本言語学会.

松谷浩尚(1990) トルコ言語学概論, 泰流社.

松本克己(1978) ユーラシアにおける母音調和の二つのタイプ, 言語研究 114, 日本言語学会.

村山七郎(1969) 中期モンゴル語に保存されたモンゴル語の非派生的長母音, 福田良輔教授退官記念論文集, 九州大学文学部.

________(1978) 日本語系統の探求, 大修館書店.

________(1980) 原始アルタイ語の母音の長さの日本語におけるReflex, 京都産業大学國際言語科学所報 5.

________(1986) 日本語の系統の問題について, 日本語の起源, 武蔵野書院.
山本謙吾(1969) 滿洲語口語基礎語彙集, アジア・アフリカ言語文化研究所 편.

愛新覺羅외(편)(1983) 滿洲語法, 內蒙古人民出版社.
朝克(1995) 鄂溫克語硏究, 民族出版社.
朝克・中嶋幹起(2005) エウェンキ語への招待, 大学書林.
道布(1983) 蒙古語簡志, 民族出版社.
胡增益(1984) 顎溫克語槪況, 民族語文 1984年 第1期.
季永海외(편)(1986) 滿洲語法, 民族出版社.
李兵(1978) 論通古斯語言元音和諧的語音學基礎, 民族語文 1998年 第3期.
李樹蘭외(1984) 錫伯語口語硏究, 民族出版社.
_________(1986) 錫伯語簡志, 民族出版社.
趙阿平・朝克(2001) 黑龍江現代滿語硏究, 黑龍江教育出版社.
趙杰(1989) 現代滿語硏究, 民族出版社.

Aoki, H.(1968) Toward a Typoplogy of Vowel Harmony, International Journal of American Linguistics 34.
Austin, W. M.(1962) The Phonemics and Morphophonemics of Manchu, in Poppe, N. (ed.) American Studies in Altaic Languages.
Benzing, J.(1956) Die tungusichen Sprachen, Versuh einer vergleichenden Grammatik, Wiesbaden.
Bosson, J. E.(1964) Modern Mongolian, Indiana University.
Bulatova, N.(et al.)(1999) Evenki, Lincom Europa.
Chamberlain, B. H.(1895) Essay in Aid of a Grammar and Dictionary of the Luchuan Language, reprinted by Yushodo Bookseller LTD. (1964)
Erdal M.(1998) Old Turkic, Johanson, L.(et al.)(eds.) The Turkic Languages, Routledge.

Gabaın, A.(1950) Alttürkische Grammatik, Otto Harrassowitz.
Grønbech, K. and J. R. Kruger(1955) An Introduction to Classical(Literary) Mongolian. Otto Harrassowitz.
Johanson, L.(1998) The Structure of Turkic, in Johanson L.(et al.)(eds.) The Turkic Languages, Routledge.
KALUŻYŃSKI, S.(1965) Zur Frage der i-Brechung im Mongolian, Uralaltaische Jahrbuch 37.
Kullmann, R.(1996) Mongolian Grammar, Jensco Ltd.
Lee, ki-Moon(1959) On the Breaking of *i in Korean, 亜細亜研究 2-2 (高麗大).
Lee, Sang-Oak(1984) An Overview of Issues in the Vowel System and Vowel Harmony of Korea, Language Research 20-4.
Li, B.(1996) Tungusic Vowel Harmony, Holland Academic Graphics.
Menges, K. H.(1968) The Turkic Language and Peoples, Otto Harrassowitz.
Nedjalkov. I.(1997) Evenki, Routledge.
Norman, J.(1978) A Concise Manch-English Lexicon, University of Washington.
Patrie, J.(1982) The Genetic Relationship of the Ainu Language, The University Press of Hawaii.
Poppe, N.(1954) Grammar of Written Mongolian, Otto Harrassowitz.
__________(1955) Introduction to Mongolian Comparative Studies, Helsinky.
__________(1956) On the So-called Breaking of *i in Mongolian, U. A. J. 28.
__________(1960) Vergleichende Grammatik die altaischen Sprachen 1., Vergleichende Lautlehre, Otto Harrassowitz.
__________(1965) Introduction to Altaic Linguistics, Otto Harrassowitz.
Ramstedt, G. J.(1953) Studies in Korean Etymology Ⅱ, Helsinky.

______________(1957) Einführung in die altaische Sprachwissenschaft 1., Lautlehre, Helsinky.

Ramstedt, G. J. (金田一京助 역)(1926) 朝鮮及日本の二單語に就て, 民族 第1巻, 第6号.

Starostin, S. A.(et al.)(2003) Etymological Dictionary of the Altaic Languages, vol. 8-1, Brille.

Street, J. C.(1962) Poppe, N. (1960)의 Review, Language 28-1.

Türeli, O. (1968) トルコ語文法, 会話.

Vovin, A. (1993) A Reconstruction of Proto-Ainu. E. J. Brill.

Yi Pyŏng-kŭn (1972) Vue d'ensemble sur les dialectes du coréen contemporain, Revue de corée 4-4.

찾아보기

ㄱ

ㄴ

ㄷ

ㄹ

ㅁ

ㅇ

ㅊ

A

B

C

N

O

U

V

W

Y

Z

기타

부기(付記) 왜인kana와 Suiko조kana 요목

김공칠

1934년생
공주사범대학 국문과 졸업
일본 동북대학 대학원 언어학과에서 연구
한국외국어대학 대학원 일본어과 수료(문학석사)
일본 동경대학 대학원 일어일문과정에서 연구
중앙대학교 대학원 일어일문학과 수료(문학박사)
중앙대학교 대학원, 동국대학교 대학원 일문과 강사 역임
일본 북해도대학 문학부에서 외국인연구자로서 연구
제주대학교 인문대학 교수 정년퇴임

[저서]
방언학(1977), 일본어학개론(1978), 일본어고전문법(1981), 일본어어휘론(1987), 언어연구의 기초이론(1989), 일어학개론(1994), 일어통사론(1995), 萬葉集と古代韓國語(1998), 고대일본어-문법의 기술과 비교(1998), 김공칠 저작집(1~8)

김공칠 저작집 9
일본어의 음운

2017년 12월 30일 초판 1쇄 펴냄

저　자 김공칠
출판인 김공칠
발행처 백산출판

책임편집 이경민
표지디자인 손정자

등록 2010년 9월 17일 제 651-2010-000018호
주소 제주시 이도이동 1172번지 11 (동광로 8길 15-1)
전화 (064) 722-0238
팩스 (064) 722-0238
메일 imongil@naver.com

ISBN 978-89-966229-3-2 93730

정가 30,000원